张家界年鉴

ZHANG JIA JIE NIAN JIAN

2019

张家界市人民政府　　主办
张家界市地方志编纂室　编

东北师范大学出版社
NORTHEAST NORMAL UNIVERSITY PRESS

图书在版编目（CIP）数据

张家界年鉴. 2019 / 张家界市地方志编纂室编. —长春：东北师范大学出版社，2020.6
ISBN 978-7-5681-6948-6

Ⅰ. ①张… Ⅱ. ①张… Ⅲ. ①张家界市－2019－年鉴
Ⅳ. ①Z526.43

中国版本图书馆CIP数据核字（2020）第112468号

责任编辑：包瑞峰　　封面设计：杨凤鸣
责任校对：张　彬　　责任印制：许　冰

东北师范大学出版社出版发行
长春净月经济开发区金宝街118号（邮政编码：130117）
电话：0431-84568126
网址：http://www.nenup.com
厦门市竞成印刷有限公司
厦门市湖里区后坑前社37号
2020年6月第1版　2020年6月第1版第1次印刷
幅面尺寸：210mm×285mm　印张：19.5　字数：744千

定价：298.00元

《张家界年鉴（2019）》编辑委员会

《张家界年鉴（2019）》编辑部

2018 年 12 月 6 日，中国共产党张家界市第七届委员会第六次全体会议召开。 张　潘 / 摄

2018 年 12 月 20 日，张家界新盛旅游管理股份有限公司在北京举行“新三板”挂牌仪式，市委书记、市人大常委会主任虢正贵出席。
李国强 / 摄

2018 年 1 月 4 日，市委书记、市人大常委会主任虢正贵参加市七届人大二次会议桑植代表团分组审议。

邵　颖 / 摄

2018 年 1 月 4 日，张家界市七届人大三次会议在市人大会堂举行第二次全体会议。市人大常委会党组书记、常务副主任佘怀民作市人大常委会工作报告。

邵　颖 / 摄

2018 年 1 月 3 日至 5 日，张家界市第七届人民代表大会第二次会议在市人大会堂举行。300 多位人大代表带着全市人民的重托，汇聚一堂，共商张家界市发展大计。

邵　颖 / 摄

2018 年 12 月 29 日，张家界市人民政府七届四次全会召开。 张　潘 / 摄

2018 年 12 月 29 日，张家界市人民政府市长刘革安在市人民政府七届四次会议上作报告。 张　潘 / 摄

2019 年 1 月 15 日，中国人民政治协商会议张家界市第七届委员会第三次会议开幕式在市委礼堂举行。　张　潘／摄

2019 年 1 月 15 日，在市委礼堂举行的中国人民政治协商会议张家界市第七届委员会第三次会议上，市政协党组书记、主席汪业元作市政协常委会工作报告。　张　潘／摄

2018 年 1 月 19 日，张家界市人民政府分别与大唐西市集团、丝绸之路国际总商会签署战略合作框架协议。　　张　潘 / 摄

2018 年 2 月 6 日，张家界市人民政府与康美集团签署战略合作协议。康美集团计划总投资约 100 亿元，与张家界市在中药材林下种植、现代医药物流延伸服务、医院合作、国家级康养综合项目等领域开展合作。　　张　潘 / 摄

2018 年 3 月 13 日，张家界市旅游发展暨全域旅游推进大会召开。 张潘 / 摄

2018 年 3 月 28 日，张家界市 2018 年度第一次重大招商项目签约暨贯彻落实“创新引领、开放崛起”战略推进会召开，大唐西市张家界丝绸之路国际旅游文化产业园项目等 19 个项目签约，涉及“旅游 + 文化 + 工业 + 康养”等内容，签约金额达 668.07 亿元。 张潘 / 摄

2018 年 5 月 4 日，张家界仙踪林农业科技开发有限公司“湖南省院士专家工作站”院士进站授牌仪式举行，张家界市院士专家工作站入驻实现零的突破。 张潘 / 摄

2018 年 7 月 23 日，2018 湖南——长三角经贸合作洽谈周张家界招商推介会暨项目签约仪式在上海市举行，张家界市签约 13 个项目，涵盖旅游、农业、环保等多个领域，签约总额达到 182.5 亿元。 张潘 / 摄

2018 年 10 月 29 日，东北亚地区地方政府联合会第十二次全体会议在张家界市召开。 陆波 / 摄

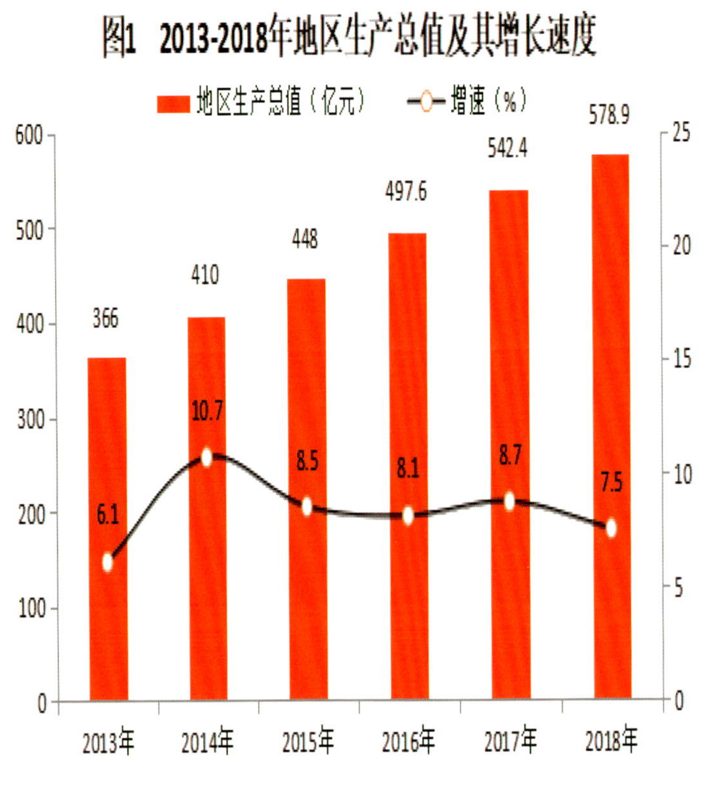

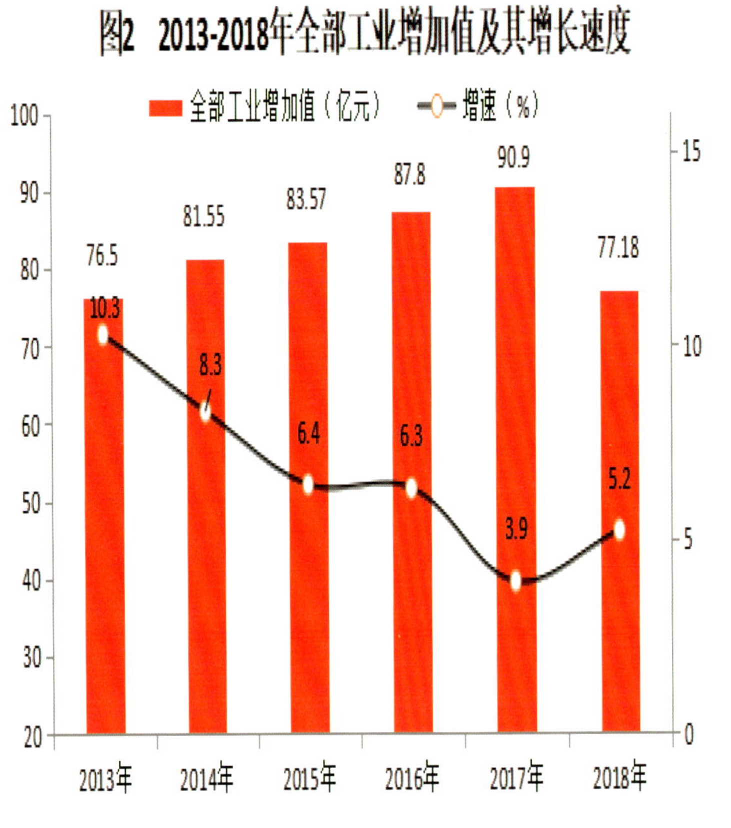

2013–2018年，全市地区生产总值及全部工业增加值统计图。

张家界市统计局 / 供稿

编　辑　说　明

一、《张家界年鉴》是由张家界市人民政府主办，张家界市地方志编纂室编辑，记述张家界市情的年度资料性文献。《张家界年鉴（2019）》记载2018年张家界市自然、政治、经济、文化和社会等方面的基本情况，旨在为社会各界人士全面了解张家界市提供信息资料，所发信息资料具有真实性和权威性。

二、本年鉴以马克思列宁主义、毛泽东思想、邓小平理论、“三个代表”重要思想、科学发展观、习近平新时代中国特色社会主义思想为指导，坚持辩证唯物主义和历史唯物主义的立场、观点和方法，存真求实，全面、客观、系统地记述张家界市年度发展情况。

三、本年鉴采用分类编辑法，框架结构分为类目、分目、条目三个层次。全书共设类目32个。以条目作为记述的基本形式，条目标题统一用黑体加【 】表示。

四、本年鉴记述时间断限为2018年1月1日至12月31日，特载、图片专辑部分内容涉及2019年。所载市领导名单以2018年12月31日在职为准。

五、本年鉴所载文字和数据均由市直各部门、各单位、中央和省驻张单位、区（县）提供，并经各供稿单位主要领导审定。采用的数据由张家界市统计局提供。

《张家界年鉴（2019）》编辑部

2019年10月

目　　录

图片专辑

特　载

大事记

张家界市概况

政 治

军 事

法 治

综合监督与管理

园区经济

农业·林业·水利

工 业

城乡建设与房地产业

生态环境保护

交通·邮政·通信

国内贸易

对外经济贸易

旅游业

财政·税务

银行·保险·证券

民营经济

科学技术与科技服务

社会科学

教　育

文化事业

新闻广电

文学艺术

卫生与健康

体 育

社会生活

区县概况

人　物

主要统计资料

2019

特　载

·张家界年鉴·

张家界市委全会工作报告

——在中共张家界市委七届六次全体会议上

中共张家界市委书记、张家界市人大常委会主任虢正贵

（2018年12月6日）

今年以来，市委常委会在以习近平为核心的党中央坚强领导下，坚持以习近平新时代中国特色社会主义思想为指导，自觉践行“两个维护”，做到“三个坚决”，树牢“四个意识”，坚定“四个自信”，全面贯彻落实党的十九大和十九届二中、三中全会精神，统筹推进“五位一体”总体布局，协调推进“四个全面”战略布局，认真落实中央、省委各项决策部署，大力实施省委创新引领开放崛起战略和市委对标提质旅游强市战略，始终把人民群众对美好生活的向往作为奋斗目标，着力构建山清水秀的自然生态、风清气正的政治生态和安定和谐的社会生态，全市各项事业取得了新进展、新成绩。主要抓了以下九个方面工作：

一、深入学习贯彻习近平新时代中国特色社会主义思想

市委常委会认为，习近平新时代中国特色社会主义思想是推动各项工作的强大思想武器和根本行动指南。我们坚持把学习贯彻习近平新时代中国特色社会主义思想和党的十九大精神作为首要政治任务，下发《关于进一步深化学习贯彻党的十九大精神的通知》，深入学习宣传《习近平谈治国理政（第二卷）》《习近平新时代中国特色社会主义思想三十讲》等重要理论著作。市委理论学习中心组开展11次集中学习，组织市县（区）乡（镇）三级宣讲、党的十九大精神知识竞赛、演讲比赛等活动，开办新时代党员群众讲习所，推动党的创新理论进入田间地头、“飞入寻常百姓家”，组织680余名副处级以上干部进行党的十九大精神知识集中闭卷考试，分系统分单位组织全市副科级以上干部集中闭卷考试，对1080名市管干部开展党的十九大精神学习轮训，实现了宣讲、考试、轮训“三个全覆盖”。扎实深入开展习近平总书记对湖南做出的“精准扶贫”“一带一部”“三个着力”“守护好一江碧水”等系列重要讲话指示精神的再学习、再领会、再提高，对习近平总书记在全国“两会”、长江经济带发展座谈会、全国生态环境保护大会、全国组织工作会议、全国宣传思想工作会议等会议上的系列重要讲话精神，第一时间传达学习、第一时间贯彻落实，深刻领会把握习近平总书记重要讲话指示的精神实质和内在联系，做到温故知新、常学常新，切实用以指导实践、推动发展。部署开展习近平总书记重要指示批示精神贯彻落实“回头看”，梳理2017年以来中办、省办下发转发习近平总书记重要指示批示文件11份，制订“回头看”实施方案，切实抓好贯彻落实。

二、着力推动高质量发展

市委常委会认为，推动高质量发展是当前和今后一个时期的根本要求，必须坚持稳中求进工作总基调，深入践行新发展理念，以推进供给

侧结构性改革为主线，大力实施省委创新引领开放崛起战略、市委对标提质旅游强市战略和“11567”总体思路，加快经济转型升级，保持经济中高速增长，不断提升发展的质量和效益。

我们切实加强经济运行研判调度，开展区县开局工作、“旅游+”产业跨界融合、国企改革发展和抓重点、补短板、强弱项等系列专题调研，多次召开市委常委会议，对重点经济工作以及经济形势、政策走向进行研究，召开市委经济工作会议、半年经济形势分析会议、经济工作务虚会，对全市经济运行进行研判和调度；组织召开旅游产业暨全域旅游、金融服务实体经济、民营经济、项目建设观摩暨开放强市等专题会议，在推进产业项目建设、发展实体经济、激发金融活力等方面采取了一系列有效举措，牢牢掌握经济工作主动权，推动各项经济指标稳中有进、平稳运行；预计全市地区生产总值增长7.5%、固定资产投资增长12%、一般公共预算收入增长10%、社会消费品零售总额增长10.4%。

我们坚持把项目建设作为高质量发展的重要支撑，牢牢抓住项目建设“牛鼻子”，扎实开展“产业项目建设年”活动。全年铺排重点项目172个（后压减为127个），预计完成投资240亿元。积极对接省委“5个100”工程，实施“52151”行动计划，西线旅游、大鲵深加工、康美大德等7个项目纳入全省“5个100”项目；1—11月，51个重大产业项目完成投资77亿元，占年度投资计划的72%。加快推进张吉怀、黔张常高铁建设，安慈高速全线开工，抓好张石高铁、桑龙高速前期工作，武陵山大道、沙堤大道建成通车，杨家界大道即将建成。

我们着力推动全域旅游优质发展，加快创建全国全域旅游示范区。武陵源核心景区、大峡谷国际旅游经济区、天门山景区竞相发展，实施核心景区天子山安置区移民搬迁工程，支持张家界大峡谷创建5A级景区，西线旅游今年6月对外营业，“三星拱月、月照三星”的全域旅游格局基本成型。大庸古城、冰雪世界、韩国特色风情街、张家界千古情、桃花溪欢乐谷等项目持续推进，游客中心、“厕所革命”、宾馆酒店等配套设施不断完善，新建改建旅游厕所137座，特色民俗客栈达1280家，涌现出水木潇湘、梓山漫居、水涌金江等一批高端民俗客栈，旅游接待服务呈现多元化格局。以壮士断腕的决心扎实推进“铁腕治旅”10大重点整治行动，做出优质高效服务游客6项响亮承诺，制订完善市场秩序6项工作机制，实施优化提质旅游市场秩序的“166”工程，进一步营造优质、规范的旅游市场环境。截至目前，立案调查涉旅案件75件，处罚旅行企业16家。预计全年旅游接待人次达8436万人次、旅游总收入748亿元，分别增长15%、20%。旅游接待人次2015—2018年连续突破5000万、6000万、7000万、8000万大关，实现了“4连跳”。

我们坚定不移深化供给侧结构性改革，着力推动产业结构转型提质升级。大力实施“旅游+”，促进“旅游+新型工业、+现代农业、+文化演艺、+康养”等跨界融合发展。以“一区三园”为平台，大力发展新型工业，完善园区基础设施建设，深化体制机制改革，加快康美大德、昱辰手机、湘丰茶业、三诺智能等重点产业项目建设，扶持久瑞生物、乾坤生物、远大住工等企业做大做强，推动9个项目纳入湖南制造强省项目，市经开区成功创建为省级高新区，预计全年新增入规企业18家，规模工业增加值增长6.9%。以“三个百千万”工程为载体稳步推进现代农业，大力发展大鲵、茶叶、蔬菜、水果四大特色产业，“硒有慈利”县域公用品牌实现产业化、标准化发展，“茅岩莓”品牌影响力不断扩大，桑植“金鲵及图”被评为中国驰名商标，新培育市级农业龙头企业22家。加快完善电子商务体系，永定区、慈利县被纳入全国电子商务进农村综合示范区县，武陵山珍馆、农副产品交易市场、慈利县电商公共服务中心等建成运营，宁邦国际广场、义乌国际商贸城、吃遍中国等项目加快建设，“吃住行游购娱”传统服务业提质升级，现代物流、现代金融、展览节会等新业态新模式发展迅速。

我们不断统筹城乡协调发展，紧扣建设国内外知名旅游胜地目标，坚持用国际化视野，推动“五城一体”国际精品旅游城市建设。“四路”

工程建成竣工，绕城公路实现通车，开工建设茅溪河、红壁岩大桥，实施15081二期工程、大庸桥立交桥工程，大力改造背街小巷，有序实施城市“双修工程”，改造棚户区13740户，积极推进城市社区“微建设”，畅通城市交通“微循环”，城市功能不断完善。加强“智慧张家界”建设，智慧旅游、智慧政务、天网工程、智慧交通取得初步成效。加快县城和小城镇建设，完善慈利、桑植新城区综合承载功能，加强乡镇“四项标配”建设，持续巩固旅游特色风情镇建设成效。深入实施“六城同创”，省级文明城市创建取得阶段性成果，成功创建省级园林城市。大力实施乡村振兴战略，深入开展美丽乡村建设和“美丽庭院”创建活动，完成158个重点村规划编制；着力改善农村基础设施，整治农村综合环境，完善乡村治理体系，打造了一批美丽庭院、美丽村落、美丽田园。

三、全力打赢打好三大攻坚战

市委常委会坚持把防范化解重大风险、精准脱贫和污染防治攻坚战作为重要政治任务，压实责任，强化措施，扎实推进。

我们坚持牢牢守住防范化解重大风险的底线，认真贯彻落实中央金融工作会议精神，不折不扣落实中央、省委防范和化解政府债务风险各项部署，坚持全面清理总量，切实消化存量，坚决控制增量，提高发展质量，全面完成地方债务清理核实，采取“停、缓、调、撤”等举措，压减项目128个，涉及投资479.8亿元。成立投融资决策委员会，组建担保集团公司，出台防范和化解债务风险“十条措施”，加强投融资平台监管，注销、合并平台公司8家，制订化债工作方案，置换存量债务7.03亿元，清理退库PPP项目7个，确保市、区县政府债务风险整体可控，市本级由上年的橙色预警地区降为风险提示地区。

我们深入开展脱贫攻坚作风建设年活动，重点部署、梯次推进“春季春风、夏季推进、秋季攻坚、冬季冲刺”脱贫攻坚专项行动，加强行业扶贫调度，出台打好打赢永定区、慈利县脱贫摘帽攻坚战意见，扎实开展“三走访三签字”和“深入贫困村、集中解难题”活动，实现市级领导联系预出列村“全覆盖”，全面整改脱贫攻坚突出问题和处理信访件，511件信访件办结率达98%。成功承办全国乡村旅游与旅游扶贫工作推进大会。我市旅游扶贫的“四条路径”和“十大模式”在大会上推介，旅游脱贫贡献率达40%。预计今年可实现永定区、慈利县整体摘帽，180个贫困村退出，6.48万贫困人口脱贫，贫困发生率下降至2.17%。

我们认真践行“绿水青山就是金山银山”理念，坚持生态优先、绿色发展，共抓大保护，不搞大开发，出台《关于深入实施长江经济带发展战略建设生态绿色张家界推动高质量发展的决定》，大力实施生态绿色张家界建设“先导工程”，统筹推进碧水守护、蓝天保卫、净土攻坚、大地增绿、城乡洁净“五大行动”，形成了“1+1+N”生态绿色张家界建设框架体系。完成生态保护红线划定，强化自然遗产、自然保护区、森林公园、风景名胜区的保护和管理，加强41个生态文明建设示范村镇创建，全面落实河长制，全市所有地表水监测断面保持Ⅱ类水质，城市所有在用集中式饮用水水质达标率为100%，在全国饮用水源地专项整治行动中获生态环境部通报表扬。扎实开展中央环保督察“回头看”，认真配合开展省级环保督察，成立环保督察整改工作领导小组，召开一系列会议研究部署整改落实工作，制订具体整改方案，逐一明确责任领导、责任单位、整改措施和时限要求，以钉钉子精神抓好整改。大鲵自然保护区内29个采砂项目全部取缔，19个水电站退出，中央环保督察“回头看”交办的87件信访件已办结62件，省级环保督察交办的252件信访件已办结208件。1—11月，市城区环境空气质量优良天数达到313天，空气优良率达93.7%，有望超额完成省定环境空气质量改善目标，并提前一年实现环境空气质量达标城市创建。武陵源区获第二批国家生态文明建设示范市县。

四、全面深化改革开放

市委常委会认为，全面深化改革已进入施工高峰期，必须始终把改革作为“关键一招”，对标中央和省委改革部署、对标基层实际需求，确保中央确定的方向不偏离、省委提出的战略不落空，以改革的主动赢得发展的主动。

我们突出抓好中央和省委、市委出台的重大改革措施的贯彻落实，市委常委会、市深改组先后召开9次会议，稳步推进11大类53大项124个改革事项，经济发展、社会治理、生态环保、民生保障、党的建设等关键领域重大改革全面铺开。扎实推进党政机构改革，以“最多跑一次”改革为突破口，深化“放管服”改革，市本级“最多跑一次”网上办理事项达62.7%，超过省定标准。乡村振兴、污染治理等系列改革方案相继出台。深入推进旅游企业门票及发票“一票制”改革和全域旅游“公对公”改革等，深化武陵源“区局合一”改革，推行国有景区门票降价改革，武陵源核心景区门票综合降价率达23%。完成农村土地承包经营权确权办证，深化集体产权制度改革，提前1个月完成全市1016个村居（社区）集体资产清产核资工作。实施美丽乡村规范化标准化试点，创建7个省级美丽乡村示范村。创新社会救助机制，设立特困救助基金。率先在全省出台工程建设领域保障农民工工资支付监管办法和实现健康扶贫“一站式”结算全覆盖。探索启动“路长制”改革，推进运输市场监管体制改革，加快临空产业园体制机制建设。大力推进“4+X”警务机制改革和“一村一辅警”治安管理模式，进一步深化干部人事“1+N”制度改革，体制机制活力得到释放。

我们以纪念改革开放40周年为契机，总结建市30周年实践经验，深入践行习近平总书记“一带一路”倡议，成功承办2018丝绸之路工商领导人（张家界）峰会、第十二届东北亚地区地方政府联合会全体会议等国际性会议，我市成为丝绸之路友好城市协作体首任轮值主席城市，投资350亿元的丝路荷花国际文化旅游城奠基动工；在俄罗斯、哈萨克斯坦、以色列、捷克等“一带一路”沿线国家建立“旅游丝路驿站”，在欧美、东南亚等几十个国家和地区开展营销活动，与日本滋贺县甲贺市正式结成友好城市，境外客源市场达到117个国家和地区。1—11月，全市接待境外游客达484.5万人次、增长61.5%。加大招商引资力度，瞄准世界、中国、民营“500强”企业，积极对接全省“五大开放行动”，参加、举办各类招商推介活动60余次，先后接洽了泛华集团、正威集团、农夫山泉、绿地集团、宋城演艺集团等知名企业，已履约重大招商项目29个，沙堤高铁新城等7个项目开工建设，预计全年签约重大招商项目50个、总签约金额达916亿元；利用外资1.3亿美元，同比增长10.2%。加大航空口岸建设力度，规划建设临空产业园，成功创建国家级生态原产地保护产品示范市、省级出口食品农产品质量安全示范区，完成丰泽公共保税仓、全球保税直购中心建设，新开通张家界至河内、胡志明市、雅加达等国际航班。1—11月，荷花国际机场旅客吞吐量突破210万人次，迈入全国中型机场行列。

五、积极发展社会主义民主政治

市委常委会坚持党的领导、人民当家做主、依法治国有机统一，坚定不移走中国特色社会主义政治发展道路，坚定不移推进社会主义民主政治建设。市委常委会听取市人大常委会、市人民政府、市政协和市法院、市检察院党组工作汇报，支持和保证同级国家机关和其他组织依法依章程履行职能、开展工作、发挥作用。

我们坚持和完善人民代表大会制度，支持市人大及其常委会依法履行立法、监督、决定、任免等职权。市人大常委会研究制定《湖南张家界市八大公山国家自然保护区条例》，颁布施行了全国首部全域旅游地方性法规——《张家界市全域旅游促进条例》。加强县乡人大建设，建立完善人大代表联系群众平台。深入开展宪法学习宣传活动，健全完善向宪法宣誓等制度，人大工作法治化、规范化水平不断提高。

我们注重发挥社会主义协商民主的重要作用，认真贯彻落实党中央《关于加强新时代人民政协党的建设工作的若干意见》，支持市政协围绕团结和民主两大主题履行政治协商、民主监督、参政议政职能，坚持党委、政府、政协联合制订年度协商和监督计划，发挥武陵山片区政协主席联席会作用，主办澧水流域生态保护课题组第二次会议，着力推进“加快西线旅游开发”“建设张家界本地大学”“澧水流域生态保护”等重点调研协商课题成果转化。

我们巩固和发展爱国统一战线，支持各民主党派、工商联、无党派人士开展纪念中共中央发布“五一口号”70周年系列活动和“不忘合作初心，共担历史使命”等主题活动，组织引导各民主党派、工商联和无党派人士围绕“六城同创”、乡村振兴、三大攻坚战等全市中心工作开展调研。统筹加强民族、外事、侨务、港澳、对台等各方面工作。以“去四化”“强三性”为目标，扎实推进工会、共青团、妇联、侨联等群团组织改革，支持工青妇及科协、残联等群团组织依法依章程开展工作。我们高度重视国防动员和后备力量建设，加强党管武装，深化全民国防教育，推动军民融合深度发展。

六、加强宣传思想文化工作

市委常委会坚持把宣传思想工作摆在全局工作的重要位置，自觉承担起举旗帜、聚民心、育新人、兴文化、展形象的使命任务，唱响主旋律，弘扬正能量，为全市改革发展稳定事业凝神聚力，为全面建成小康社会和国内外知名旅游胜地提供理论支撑、舆论支持和道德滋养。

我们持续深化“凝心聚力开放奋起”解放思想大讨论活动，深入开展“学习贯彻党的十九大”“新时代新作为新篇章”等重大主题宣传活动，扎实开展爱国主义和理想信念教育，进一步凝聚了全市团结奋进、担当作为、干事创业的浓厚氛围。

我们坚持党对意识形态工作的领导不动摇，严格落实意识形态工作责任制，出台意识形态工作责任制考核问责办法，把意识形态工作纳入党的建设和政权建设、领导班子和领导干部年度述职评议和考核考察的重要内容，分3轮对83个市直单位落实意识形态工作责任制开展专项督查，强化舆情管控，加强对宗教活动的管理和引导。

我们大力培育和践行社会主义核心价值观，把核心价值观融入法治建设，建立15处爱国主义教育基地，红二方面军长征出发地纪念馆建成开放。广泛开展群众性精神文明创建活动，推进乡风文明建设，“人情风”“赈酒风”等不文明现象得到遏制。

我们大力发展文化事业和文化产业，推动文化与旅游等产业融合发展。抓好文艺创作，推出《巾帼公仆》《赈酒风波》等具有本地特色的精品力作，深受群众喜爱。实施文化惠民工程，加快现代公共文化服务体系建设，举办云顶会乌克兰交响乐、黄龙音乐季、国际旅游诗歌节、元宵灯会、世界翼装飞行大赛等活动，“东西南北贺新春”“书香张家界·天门讲坛”等群众文化活动丰富多彩。中宣部“壮阔东方潮奋进新时代”庆祝改革开放40周年主题采访活动把我市列为全省唯一报道对象。

七、着力保障和改善民生

市委常委会认为，必须坚持以人民为中心的发展思想，牢牢守住民生、安全、稳定底线，切实保障改善民生，让人民群众有更多的获得感、幸福感。预计全年城乡居民人均可支配收入分别增长8.1%、10.4%。我们下大力气补齐民生短板，1—11月，全市民生支出累计达到111.6亿元，同比增长9.96%，占财政总支出的78.6%，扎实推进30件40个省市重点民生实事项目，统筹抓好各项民生工作。实施就业优先战略和更加积极的就业政策，新增城镇就业10038人，超额完成省定任务。织密扎牢社会保障安全网，全面实施全民参保计划和城乡居民大病保险，企业退休人员养老金实现“十四连增”。今年5月起，两区两县均开通健康扶贫“一站式”结算平台，一次性完成“六重医疗保障”救助。大力发展教育、科技、文化、体育、卫生计生等社会事业，推进“健康张家界”建设，化解义务教育超大班额332个，金海实验学校、崇实北校等社会民生项目投入使用，实施100所农村义务教育标准化学校（教学点）和5所乡镇卫生院标准化建设；积极开展全民健身、全民阅读、送戏下乡等活动，加快公共体育服务体系建设，建成960个村级综合服务平台；实施危房改造7019户、易地扶贫搬迁16793人。

八、切实维护社会和谐稳定

市委常委会认为，发展是第一要务，稳定是第一责任，必须扛起“促一方发展、保一方平安”的政治责任，切实促进社会和谐稳定。

我们贯彻国家总体安全观，切实维护国家政治安全，重点聚焦暴恐袭击、网络安全风险，深入开展反渗透、反间谍、反恐怖、反邪教斗争和打击网络谣言专项行动，深入开展扫黑除恶专项斗争，破获涉黑涉恶案件66起，打掉涉黑涉恶团伙14个，全市没有发生政治安全事件、暴恐袭击事件、重大敏感事件。

我们着力打造共建共治共享的社会治理格局，大力建设“法治张家界”“平安张家界”，加强治安防控，严厉打击犯罪，强化治理创新，完善矛盾多元化解机制，妥善处置“8·9”涉旅事件，落实重大事项社会稳定风险评估机制，推进公共法律服务体系建设。

我们坚决落实安全生产党政同责，持续强化安全生产监管执法，排查整治公共安全隐患，开展道路交通安全“大排查大整治大督查”活动，保持“打非治违”高压态势，不断筑牢安全生产屏障，实现生产事故起数、死亡人数、受伤人数、直接经济损失“四个下降”。加快创建国家食品安全示范城市，以“四个最严”要求加强食品安全依法治理，保障人民群众“舌尖上的安全”。认真开展防汛备汛工作，严密防范地质灾害，确保人民群众生命财产安全。

九、以政治建设为统领，推动全面从严治党向纵深发展

市委常委会始终坚持党要管党、全面从严治党，把加强党的政治建设摆在首位，把严的要求贯彻到管党治党全过程、落实到党的建设各方面。

我们把中央巡视组巡视湖南反馈问题整改作为维护党中央权威、落实党中央决策部署的实际行动，成立巡视整改工作领导小组和督查小组，对照中央巡视组反馈的6个方面18个问题和专项检查、专题报告中指出的问题，第一时间制订整改实施方案，按照“共性问题制度解决、突出问题整治解决、个别问题立即解决”的办法，逐一整改落实，及时报告情况。对中央巡视组下沉调研交换提醒的4个问题，即知即改，立行立改，在落实省委“约法三章”基础上，增加严禁违规发放津补贴、严禁违规操办婚丧喜庆事宜的治理内容，共发现涉嫌违规发放津补贴问题118个，退缴资金685.8万元，给予党纪政务处分40人；发现违规操办婚丧喜庆事宜问题51个，给予党纪政务处分26人。出台禁止违规饮酒的规定和公务接待、招商引资公务接待、外宾接待、公务活动景区通行、公务用车等管理办法。中央巡视组移交的91件信访件全部办结，98件群众身边问题件已办结96件，做到了“事事有人管、件件有着落”。省委第二巡视组进驻后，我们以最严格的要求、最严明的纪律、最坚定的态度配合省委巡视组开展巡视工作，对巡视组指出的问题做到立行立改、边巡边改、严肃整改，扎实办理省委巡视组20件交办事项和5批654件信访交办件，开展禁赌限牌、违规借贷、“提篮子”专项治理，切实推动问题整改。

我们坚持把政治纪律和政治规矩作为最重要、最根本的纪律，严格落实党内报告制度，向省委请示报告重大事项44件，不断推动请示报告工作制度化、规范化、常态化。以“五个政治”

为标尺，出台地方和部门政治生态档案动态管理系统实施办法，对4个区县和97家市直单位建立政治生态档案。深化拓展党政正职政治建设考察，配合做好省委对县市区党政正职政治建设考察和中组部来湘调研。

我们认真贯彻落实新时代党的组织路线，坚持党管干部原则，坚持政治标准、好干部标准选人用人，树立“三个用起来”选人用人导向，锻造忠诚干净担当的干部队伍。今年来，研究干部6批72人次，提拔重用6人次，推介罗智斌等15名新时代新担当新作为干部典型。加强干部教育管理，出台市管干部“八小时以外”监督办法，建立表现档案。加强优秀年轻干部培养选拔工作，建立市委常委联系人才工作机制，引进高学历（高职称）人才28人，柔性引进两院院士1名，张家界人才行动计划被新华网专题推介。

我们牢固树立抓基层强基础的鲜明导向，切实强化基层党建主体责任，对21个市直单位党组织基层党建开展专项巡察，在全省率先出台主体责任提醒卡制度。深入开展基层党建质量提升年活动，以推进“四力”工程建设年为载体，将党支部“五化”建设纳入基层党建述职考核评议和支部书记“双述双评”的重要内容。深化全域旅游“创三优”、农村“四培四带”、社区“三联四建”等活动，深入推进村级党务村务“五公开”试点，加大对91个软弱涣散党组织整顿力度，基层党建质量不断提升。

我们着力净化政治生态，认真贯彻执行中央八项规定精神和省委、市委实施办法，深入开展“抓重点、补短板、强弱项”大调研活动。36名市级领导分别牵头1个以上调研课题，梳理、查找群众反映的困难和问题1086个，解决938个；坚持从严控制会议和文件，认真执行年度重要议题、重要文件、重要会议、重大活动计划；组织开展办公用房集中督查，封存超标准办公用房358间、9063平方米。1—11月，全市共发现各类“四风”问题线索363条，给予党纪政务处分286人。深化监察体制改革，成立市、县两级监委，支持各级派驻纪检组深化“三转”工作，强化政治巡察，组织开展七届市委四轮巡察，对4个区县开展脱贫攻坚专项巡察，对9个单位开展扫黑除恶专项巡察。持续保持反腐败高压态势，大力开展公职人员涉旅涉砂涉矿经营、金融领域以权谋私、违规招投标、涉黑腐败等问题专项整治，严肃查处了郑文举、胡政洲、覃遵月、黄华、钟文平等一批典型案件，从张功敏案件中深刻反思，举一反三，督促有问题干部尽快主动向组织交代，全面彻底肃清其影响。1—11月，全市共立案927件，结案771件，给予党纪政务处分747人，移送司法机关23人，真正形成了“有腐必惩”的强大震慑。

同志们，一年来，市委常委会切实加强自身建设，坚持旗帜鲜明讲政治，带头树牢“四个意识”，坚定“四个自信”，始终做到“三个坚决”，不断增强“八大本领”，坚决维护习近平总书记党中央的核心、全党的核心地位，坚决维护党中央权威和集中统一领导。充分发挥市委总揽全局、协调各方的作用，修订完善加强常委会自身建设的意见和市委全会、市委常委会工作规则，建立和完善市级领导活动统筹协调机制，确保各项工作都在党委坚强领导之下。召开市委常委民主生活会2次，认真开展批评与自我批评，严格执行民主集中制、“三会一课”“三重一大”事项集体决策等制度，切实增强党内政治生活的政治性、时代性、原则性、战斗性。

这些成绩的取得，是以习近平为核心的党中央坚强领导和省委正确领导的结果，是全市广大人民群众团结奋斗的结果，是全市各级党组织和广大党员、干部勤奋工作的结果。各位市委委员、候补委员在各自岗位上胸怀大局、敬业奉献、扎实工作，对市委常委会的工作给予了大力支持。

在总结工作的同时，市委常委会分析了面临的挑战和存在的问题。主要是：经济总量和人均均量小，经济发展质量和效益还不高，重大产业项目偏少、创新项目不多，项目落地见效不够；旅游消费和国际化水平不高，旅游产业链条还不健全，具有较高国际水准和知名度的休闲旅游产品不多，旅游产业跨界融合发展水平有待提升；工业体量小，结构不合理，支撑型、骨干型企业不足，对经济增长和财政收入的贡献不大；财源税源培植力度不够，民生领域支出压力大，财政收支困难；城乡居民特别是困难群众收入水平不高，脱贫成效巩固压力较大；高新技术产业薄弱，新型科技创新机构和创新创业平台缺乏；营商环境有待进一步优化；社会事业发展和公共服务领域仍然存在不少短板；少数干部群众存在观念狭隘、小绩即满、固步不前的思想，创新意识、担当意识、进取意识不够强；党员干部抓经济工作、服务群众工作的能力有待提升，作风有待进一步改进。对这些问题，市委常委会将深入研究，拿出过硬举措切实加以解决；也希望同志们对市委常委会的工作多提意见和建议，我们将认真听取、积极改进。

张家界市人民代表大会常务委员会工作报告

——在张家界市第七届人民代表大会第三次会议上

张家界市人大常委会党组书记、常务副主任余怀民

（2019年1月17日）

2018年的主要工作

2018年，市人大常委会以习近平新时代中国特色社会主义思想为指导，深入贯彻落实党的十九大及十九届二中、三中全会精神，始终坚持党的领导、人民当家做主、依法治国有机统一，在市委的坚强领导下，认真履行宪法和法律赋予的职权，圆满完成了2018年确定的各项工作任务，有力推动了全市经济社会和人大工作高质量发展。

一年来，共召开常委会会议7次，主任会议19次。听取和审议“一府一委两院”专项工作报告16项，做出决议决定9项，审议通过地方性法规2部，开展了5部法律法规实施情况的执法检查和调研。

一、牢固树立“四个意识”，不断强化党领导下的政治机关建设

人大及其常委会是党领导下的政治机关。一年来，常委会牢固树立“四个意识”、坚定“四个自信”，坚决做到“两个维护”，全面加强了党领导下的政治机关建设。

（一）全面加强理论武装。自觉把深入学习和全面贯彻党的十九大精神、习近平新时代中国特色社会主义思想作为首要的政治任务，认真学习研究宣传贯彻习近平总书记关于坚持和完善人民代表大会制度的重要思想。通过专家讲座、专题研讨等方式，系统学习、深刻领会精神实质。力求把党的十九大精神和党中央关于坚持和完善人民代表大会制度的新部署新要求，贯彻落实到人大工作的各个方面各个环节。

（二）坚决做到“两个维护”。自觉在思想上、政治上、行动上同以习近平为核心的党中央

保持高度一致，坚决维护习近平总书记党中央的核心、全党的核心地位，坚决维护以习近平为核心的党中央权威和集中统一领导，进一步树牢政治意识、大局意识、核心意识、看齐意识，更加坚定道路自信、理论自信、制度自信、文化自信。

（三）自觉坚持党的领导。牢牢把握人民代表大会制度是坚持党的领导、人民当家做主、依法治国有机统一的根本制度安排，始终把党的领导贯穿于人大工作的全过程、各方面，自觉维护市委统揽全局、协调各方的领导地位。围绕市委全力打好“三大攻坚战”“产业项目建设年”等重大决策部署，安排常委会重点工作，确保我市人大工作与市委决策部署同频共振。充分发挥党组作用，认真落实重大事项向市委请示报告制度，切实保证市委的决策部署通过人大法定程序成为全市人民的共同意志。

二、切实履行法定职权，全面加强宪法法律赋予各项职责的工作机关建设

人大及其常委会是宪法和法律赋予各项职责的工作机关。一年来，常委会依法行使立法权、监督权、决定权、任免权，全面担负起宪法和法律赋予的各项职责。

（一）完善机制、严格程序，立法工作稳步推进。常委会始终坚持市委对立法工作的领导，以问题为导向，以质量为根本，立法工作稳步推进。

立法机制更加完善。市委领导、人大主导、政府依托、各方参与的立法机制基本确立，立法途径不断拓宽。为人民群众实现对国家和社会事务的知情权、参与权、表达权、监督权，提供更加切实有效的途径。

立法水平不断提高。牢牢把握“不抵触、可操作、有特点”的立法原则，严格立法程序、突出地方特色、提高立法质量。为促进全域旅游健康发展，制订了《张家界市全域旅游促进条例》，已于2018年5月1日正式施行，走在了全国前列。为加强八大公山国家级自然保护区的保护和管理，制订了《张家界市八大公山国家级自然保护区条例》，将于今年3月1日正式施行。启动了《张家界市爱国卫生条例》立法工作。

立法成效不断显现。良法不足以自行。常委会高度重视法规的实施效果，开展了《张家界市扬尘污染防治条例》执法调研，对法规实施中存在的突出问题，提出了工作建议，督促市人民政府整改落实。听取和审议了《张家界市城镇绿化条例》贯彻实施审议意见研究处理情况的报告，保障了法规有效施行。完善备案审查制度，细化备案审查工作流程，完成了42件规范性文件的备案审查工作。

（二）正确监督，有效监督，监督实效不断增强。常委会紧紧围绕全市发展大局和人民群众普遍关心的热点、难点问题，坚持正确监督、有效监督，监督实效不断增强。

强化经济运行监督。听取和审议了我市国民经济和社会发展“十三五”规划纲要实施中期情况的报告、2018年上半年国民经济和社会发展计划执行情况的报告、全市重点建设项目计划及上半年进展情况的报告，对规划实施、计划执行和重点项目建设中存在的突出问题提出了审议意见，保障了重点战略任务和重大项目扎实推进。为规范政府债务管理、防范化解重大风险，开展了政府性债务专题调研，促进了经济社会健康发展。

加强财政监督。积极推进预算联网监督建设，与财政实现了数据连通。听取和审议了2017年全市及市本级财政决算情况的报告、2017年度市本级预算执行和其他财政收支情况的审计工作报告、2018年上半年预算执行情况的报告，开展了预算法执法检查。为加强国有资产管理，充分发挥国有资产在经济发展中的重要作用，首次听取并审议了市属国有资产管理情况综合报告和市属企业国有资产管理情况专项报告。强化审计发现问题的督促整改，要求市财政局、市教育局、市交通运输局等3家审计重点单位直接向市人大常委会报告审计整改情况，有力地推动了审计整改工作，维护了良好的财经秩序。

聚焦民生监督。坚持“绿水青山就是金山银山”的发展理念，围绕打好污染防治战，开展了城区黑臭水体污染治理、全市河长制实施情况专

题调研，组织了大气污染防治法贯彻实施情况执法检查。为推动打赢脱贫攻坚战，听取并审议了全市产业扶贫工作情况的报告，组织驻张全国和省人大代表开展了乡村振兴与脱贫攻坚情况专题调研。为推动美丽乡村建设，听取和审议了全市开展村庄规划编制“全覆盖”工作情况的报告，开展了农村村庄建设、农村人才队伍建设、农村电商发展等专题调研。为促进全域旅游发展，听取和审议了全市旅游国际化工作报告、全市民族特色建筑推广和民族文化传承有关工作情况的报告；开展了文化产业与旅游产业融合发展、西线旅游项目建设专题调研；听取和审议了贯彻实施武陵源自然遗产保护条例、推进核心景区移民搬迁工作情况的报告。围绕重点民生问题，深入开展“三湘农产品质量安全行”活动，组织开展了人民防空法、食品安全法等法律法规贯彻实施情况的执法检查。配合省人大常委会开展了贯彻实施促进科技成果转化法和湖南省实施办法的执法检查。

加强执法和司法监督。组织召开了深入学习宣传和贯彻实施《中华人民共和国宪法》座谈会。听取和审议了市政府开展“扫黑除恶”专项斗争和打击惩治“黄赌毒”等违法犯罪活动、依法行政及“两法衔接”等工作情况的报告；听取和审议了市中级人民法院关于刑事审判工作情况的报告、全市检察系统行政检察工作审议意见研究处理情况的报告；组织41名代表旁听市中级人民法院庭审；有效促进了依法行政和司法公正。

（三）立足全局、依法依规，认真行使重大事项决定权和人事任免权。常委会围绕市委决策部署，贯彻市委人事安排意图，认真行使重大事项决定权和人事任免权。

为提升城市品位，完善城市配套设施，改善人居环境，常委会审议并决定，将张家界市中心城区2017年棚户区改造项目等三个项目政府购买公共服务资金列入市财政预算、将2018年度市城区棚户区改造项目纳入国民经济和社会发展年度计划。坚持“无预算不支出”的原则，审议并批准了张家界市降低非税收入占比、调整一般公共预算收入预期目标的报告、张家界市2018年市本级预算调整方案的报告。为促进城市科学发展和生态保护，审议并批准了张家界市城市总体规划（2017年修改）的议案和中心城区第一批永久性保护绿地名录。审议并批准了张家界市与法国艾克斯莱班市、日本甲贺市建立友好城市关系的议案，依法对市人民政府提请审议的张家界国家森林公园小学综合楼项目等议案做出批准决定。

常委会坚持党管干部原则与依法行使任免权相统一，依法任免国家机关工作人员25人次，其中，任命专门委员会委员5人，任免市监察委组成人员9人次，任免法官、检察官5人，决定任免市人民政府组成人员3人，决定接受辞职3人。对常委会依法选举和任命的国家工作人员组织了任前法律知识考试和宪法宣誓仪式，增强了国家工作人员的宪法意识、责任意识和公仆意识。

三、始终坚持为民当家做主，努力深化密切联系人民群众的代表机关建设

人大及其常委会是同人民群众保持密切联系的代表机关。常委会注重人大代表的主体地位，充分发挥人大代表作用，加强了同人民群众的密切联系。

（一）代表作用发挥更加充分。继续深化“三联”工作，广泛听取群众意见建议，及时回应群众关切的问题。进一步抓实乡、村两级代表平台建设，全市乡镇（街道）实现代表联系群众工作平台全覆盖。指导各级人大代表通过平台开展活动，推动各级人大代表进站接待群众制度化，及时掌握基层群众的诉求，形成常态化的社情民意汇聚渠道。扩大代表参与常委会工作的广度和深度，先后邀请了48名代表列席常委会会议、一百多名代表参与常委会重要活动和重点工作。接待群众来信来访1562人次，上访群众的情绪得到有效疏导，一批重点信访案件得到有效化解。

（二）代表履职管理和服务逐步完善。进一步完善市人大代表履职网络平台，推行市人大代

表利用钉钉软件平台报告履职情况，完善代表履职档案，通报代表履职情况。探索市人大代表向区县人大常委会报告履职情况、接受原选举单位的监督。组织国、省代表参加多种学习培训，注重提升培训实效。

（三）代表建议办理更具成效。市七届人大二次会议以来，市人大代表提出建议、批评和意见141件，分别交由市人民政府和市监察委员会办理，实现了“见面率、办结率”100%，“满意率”98%。常委会以督办重点建议为切入点，全面加强代表建议的办理，有效解决了一些实际问题。如通过督办王攀代表关于对重要区域进行天门山景观视线控制的建议，推动市政府出台了中心城区景观视线控制管理办法，促进了城市规划水平的提升。

（四）上下级人大工作联系更加紧密。主动与省人大常委会保持工作联系，自觉接受他们的监督和指导。组织召开了全市人大工作座谈会，密切与区县人大常委会的工作联系，加强对他们的监督和指导。确立了13个乡镇人大工作示范点，举办了全市乡镇人大主席、街道人大工委主任培训班，配合省人大常委会开展乡镇人大工作和建设情况调研，推进和规范了乡镇人大工作。

四、着力提升自身素质，全面开展提高履职水平的文明机关建设

常委会以创建省级文明单位为契机，统筹常委会及机关的自身建设，全面提高履职水平和服务保障能力。

（一）加强常委会自身建设。完善常委会议事规则，提高科学决策、民主决策、依法决策能力。强化理论武装，严格执行常委会党组中心组、常委会组成人员学习制度。精心安排选题，全年共组织13次中心组集体学习，5次专题讲座，提升了常委会组成人员及人大干部的理论水平和履职能力。高度重视意识形态工作，着力加强理论研究与新闻宣传工作，召开了全市人大系统理论研究与新闻宣传工作座谈会。

（二）加强机关党建工作。高度重视机关党建工作，认真落实“一岗双责”，把党建工作和人大工作同安排、同部署、同落实。建立了党组成员联系支部制度，加强对支部工作的领导。全面开展党支部“五化建设”，扎实开展“三会一课”、主题党日等活动。支持市纪委监委派驻市人大纪检监察组开展工作，全面加强党风廉政建设，严肃党性党风党纪教育，驰而不息纠“四风”。有效发挥了党组织的战斗堡垒作用和党员的先锋模范作用。

（三）深化“四型机关”建设。对标省级文明单位创建要求，深入开展学习型、规范型、和谐型、廉洁型机关创建工作，成立了市人大机关志愿者服务队，开设了道德讲堂，主办了全市人大系统首届干部职工运动会，协助驻村帮扶村虎势岗成功举办了首个农民丰收节。严格规范机关管理，激发了机关正能量，提振了干部精气神，营造了积极向上、文明和谐、风清气正、干事创业的良好氛围。

常委会加强与外国地方议会和友好城市的交往，围绕年度出访任务，将外事工作融入常委会履职过程中。加强了与日本鸣门市、甲贺市和韩国河东郡议会的交流，与芬兰科沃拉市签订了友好备忘录，积极宣传了人民代表大会制度。

此外，常委会还圆满完成了市委交办的驻村帮扶、社区三联四建、重点项目建设、旅游促销等工作任务。

各位代表，一年来，市七届人大常委会依法履职，圆满完成了各项工作任务。这些成绩的取得，根本在于习近平新时代中国特色社会主义思想的科学指导，关键在于市委的坚强领导。是全体市人大代表监督支持的结果，也是“一府一委两院”、各区县人大及其常委会协同配合、共同努力的结果，更是全市广大人民群众热情参与、大力支持的结果。在此，我代表市人大常委会，向所有关心、支持、帮助人大工作的同志们表示衷心的感谢！

各位代表，回顾过去一年的工作，我们也清醒地认识到，常委会的工作还存在许多不足：一是学习贯彻习近平总书记关于坚持和完善人民代

表大会制度重要思想有待深入；二是履行法定职权的实效有待提升；三是人大代表的服务管理监督机制有待完善、部分代表履职意识有待增强；四是对区县人大工作的联系指导有待加强；五是常委会及机关的自身建设有待深化。这些都需要我们在今后的工作中认真加以解决。

2019年工作安排

2019年是新中国成立70周年、人民代表大会制度建立65周年、地方人大设立常委会40周年，也是新时代将改革开放进行到底的新起点。

站在新时代新起点，我们必须不忘初心。中国共产党团结带领全国各族人民，经过长期浴血奋战，建立了新中国，确立了社会主义基本制度，创立了人民当家做主的根本政治制度，奠定了新中国一切发展进步的根本政治前提和制度基础。历史雄辩地证明，人民代表大会制度是符合中国国情和实际、体现社会主义国家性质、保证人民当家做主、保障中华民族伟大复兴的好制度，我们必须长期坚持、不断完善发展。

站在新时代新起点，我们必须牢记使命。党的十八以来，以习近平为核心的党中央高度重视、全面加强了对人大工作的领导，推动人民代表大会制度理论和实践取得新进展，推动人大工作取得了历史性成就，拓展了人民代表大会制度的科学内涵、基本特征和本质要求，丰富和发展了人民代表大会制度理论，形成了习近平总书记关于坚持和完善人民代表大会制度的重要思想，为新时代长期坚持、不断完善人民代表大会制度、做好人大工作提供了方向指引、根本遵循和行动指南。我们必须深刻领会、准确把握这一重要思想的丰富内涵和精神实质，始终坚持把中国共产党的领导、人民当家做主、依法治国真正打通、有机统一起来；始终坚持走中国特色社会主义政治发展道路，坚持和完善人民代表大会制度，坚持民主集中制；始终坚持全面贯彻宪法，以良法促进发展、保障善治；始终坚持正确监督、有效监督，支持和监督“一府一委两院”依法行政、依法监察和公正司法；始终坚持以人民为中心的发展理念，坚持民有所呼、我有所应。

站在新时代新起点，我们要以习近平新时代中国特色社会主义思想为指导，全面贯彻党的十九大及十九届二中、三中全会精神，认真贯彻落实习近平总书记关于坚持和完善人民代表大会制度的重要思想，在市委的坚强领导下，围绕“对标提质旅游强市”战略和“11567”总体思路，服务服从全市发展大局，锐意改革创新、依法履行职责，为推动全市经济社会高质量发展做出更大贡献。

（一）全面加强党的领导。始终坚持党对人大工作的领导，树牢“四个意识”，坚定“四个自信”，自觉践行“两个维护”，全面贯彻落实党的十九大和十九届二中、三中全会精神，深入学习研究宣传贯彻习近平总书记关于坚持和完善人民代表大会制度的重要思想。进一步加强理论武装，提高政治站位，认真贯彻落实党中央、省委和市委的决策部署，更好发挥国家权力机关作用。

（二）依法履行职责。一是提升为民立法水平。坚持党对立法工作的领导，充分发挥常委会在立法中的主导作用，认真实施立法规划，完善代表参与立法的工作机制，不断拓展公众有序参与立法的途径，切实提高立法质量，注重有效、管用。加快《张家界市文明行为促进条例》《张家界市爱国卫生条例》立法进程。二是实施正确监督、有效监督。根据党中央决策部署和宪法法律规定，围绕市委安排部署和人民群众关心的热点难点问题，依法综合运用各种监督方式，增强监督刚性，提高监督实效，支持和督促“一府一委两院”依法履职。重点对宏观经济运行、财政预决算、重大项目建设、打赢“三大攻坚战”、教育资源公平等领域开展监督，发挥“法律巡视”监督利剑作用，依法开展生态环保等领域有关法律法规的执法检查。加强对常委会已制定实施的地方性法规、2018年重点监督事项贯彻落实情况的跟踪监督，确保监督实效。三是加强重大事项决定和人事任免工作。围绕市委中心工作和全市发展大局，深入开展调查研究，依法做出决议决定。坚持党管干部与人大常委会依法任免干部的有机统一，充分发扬民主，严格依法办事，切实行使好人事任免权。四是加强代表工作。尊重代表主体地位、充分发挥代表作用，支持和保障代表依法履职，继续加强代表思想政治教育和专题培训，提高代表履职水平。继续落实“三联”工作机制，加强代表联系群众工作平台建设，健全代表履职档案，加强代表履职宣传、展现代表履职风采；提高代表建议交办的精准度，增强代表建议办理的时效性，加大代表建议督办力度，提高办理质量和效果。

（三）推动人大工作一体化进程。加强与全国人大、省人大的互动联系，主动报告相关工作，及时请示有关问题；继续推动中央、省委和市委关于加强县乡人大工作和建设精神的贯彻落实，加强对县乡人大工作的监督、指导和联系，着力解决县乡人大工作和建设中的突出问题，努力提高全市人大工作整体水平。

（四）加强常委会自身建设。加强常委会政治建设，提高常委会组成人员的政治站位，提升常委会决策能力和履职水平。全面加强党建工作，强化党风廉政建设，提高机关服务保障能力，推动人大工作高质量发展。

各位代表，新的一年，挑战与机遇并存。让我们以习近平新时代中国特色社会主义思想为指导，在市委的坚强领导下，主动担当、依法履职，不断开创我市人大工作新局面，为全市经济社会高质量发展贡献力量！

张家界市人民政府工作报告

——在张家界市第七届人民代表大会第三次会议上

张家界市人民政府市长　刘革安

（2019年1月16日）

一、2018年工作回顾

刚刚过去的一年，是经济形势复杂多变、下行压力持续加大、多重困难层层叠加的一年，也是打好防范化解重大风险、精准脱贫、污染防治“三大攻坚战”任务极其繁重的一年。一年来，在省委、省政府和市委的坚强领导下，我们坚持以习近平新时代中国特色社会主义思想为指导，全面落实新发展理念，深入实施“对标提质、旅游强市”战略和“11567”总体思路，凝心聚力、攻坚克难，扎实推进“六稳”工作，保持了经济社会持续健康发展。

（一）高质量发展态势初步显现。主要经济指标平稳增长。实现地区生产总值580亿元（预计数，下同），增长7.5%；固定资产投资增长10.2%，增速高于全省平均水平；完成同口径一般公共预算收入63.76亿元，增长14.57%；城乡居民人均可支配收入分别达24802元和9596元，分别增长8.1%和10.4%；实现社会消费品零售总额241.57亿元，增长10.2%。财税质量不断提升。一般公共预算收入占地区生产总值比重达到11%，税收收入占地方财政收入比重达到67.11%，非税收入占比下降10.86个百分点。实体经济不断壮大。新增各类市场主体1.69万户，增长15.78%；完成“个转企”393户、“小升规”125户；新增注册商标1776件，增长50.6%。

（二）*三大攻坚战成效明显*。防范化解重大风险有力有效。出台政府隐性债务防范化解方案和严控地方政府债务十项举措，全面清理核实政府性债务，偿还2018年到期债务51.29亿元；“停缓调撤”项目128个，压减投资总额479.8亿元，其中压减2018年计划投资54.98亿元；抓好平台公司清理整顿和市场化转型，17家平台公司整合压减到10家；成立投融资决策委员会，组建担保集团，加强国库资金监管，做好存量债务置换，全市政府债务风险总体可控。打击处置非法集资，金融稳定发展态势得到巩固。精准脱贫取得新突破。扎实开展脱贫攻坚“春夏秋冬”四场战役，实现6.47万贫困人口脱贫，180个贫困村脱贫出列，永定区、慈利县脱贫摘帽正在验收。解决2.95万贫困人口饮水问题，实施220个村电网改造，完成自然村通水泥路1850千米，易地扶贫搬迁16793人、农村危房改造9088户。电商扶贫、旅游扶贫精准高效，358个贫困村电商服务站全部建成，实现农产品交易额7.66亿元；全国乡村旅游暨旅游扶贫工作推进大会在我市召开，旅游扶贫“张家界样本”得到推介。深入实施脱贫攻坚作风建设年，上级反馈交办的突出问题整改到位，387件信访件全部办结。污染防治力度空前。持续打好大气、水、土壤污染防治“三大战役”，全面落实河长制，深入开展“绿盾2018”专项行动和“夏季攻势”，强力推进中央和省环保督察问题整改，污染防治取得明显成效。中央环保督察交办71件信访件全部办结、反馈9个问题办结销号7个，大鲵自然保护区88座水电站已关停退出34座；整治大鲵自然保护区入河排污口129个、村庄黑臭水体46处，取缔网箱养鱼15.88万平方米，淘汰高排放公交车56台，解决了一批群众反映强烈的突出环境问题。持续加强生态保护，核心景区移民搬迁加快推进，完成人工造林8万亩。武陵源区获批国家生态文明建设示范市县，我市成功创建环境空气质量达标城市。

（三）*旅游龙头作用进一步凸显*。全年接待游客8521.7万人次、实现旅游总收入756.8亿元，分别增长16.17%和21.33%。全域旅游基地建设成效明显。核心景区空中田园观光游览线顺利开通，九天峰恋旅游区、红二方面军长征出发地纪念馆对外开放，大峡谷、天门山周边环境整治取得实效。文旅融合、农旅融合、体旅融合等新业态不断涌现，张家界千古情、桃花溪谷等项目加快建设，梓山漫居、水木潇湘等精品民宿深受市场青睐，马儿山、红岩岭等乡村旅游景点快速发展，15条旅游线路分别入选武陵山片区房车旅游、大湘西地区文化生态旅游、全省美丽乡村旅游精品线路。旅游国际化步伐加快。成功主办2018丝绸之路工商领导人峰会、东北亚地区地方政府联合会第十二次全体会议、首届芦笋大健康亚洲论坛等国际性会议，世界翼装飞行锦标赛、黄龙音乐季、国际旅游诗歌节等赛事活动成功举行，开通河内、胡志明市、雅加达等国际航线，设立布拉格丝路驿站，张家界国际影响力不断扩大，境外客源地达到117个国家和地区，接待境外游客562万人次，增幅达57.96%。旅游服务管理水平大幅提升。全国首部全域旅游地方性法规《张家界市全域旅游促进条例》出台、施行。全域通系统不断完善，“智慧旅游”提质升级。吴家峪游客服务中心基本建成，新改建旅游厕所137座，邢大、利九等旅游公路建成通车。开展“铁腕治旅”，实施十大重点整治行动，兑现六大承诺，落实六大机制，拆除封闭旅游购物场所包厢415个，停业整顿旅行社22家，擦亮了张家界旅游“金字招牌”。

（四）*产业转型升级不断加快*。扎实推进“产业发展年”活动，积极对接省“五个100”项目，完成“52151行动计划”投资85.9亿元。以旅游业为主导的现代产业体系加快形成，产业结构不断优化。工业经济趋稳向好。工业固定资产投资和技改投资分别增长10%、15%；实现工业税收4.69亿元，增长30.84%；新增入规企业17家，规模工业增加值增长6.8%。“三区一园”加快建设，新增入园企业20家，新开工项目19个，竣工投产18个，园区工业增加值占全部规模工业增加值比重超过50%。张家界经开区获批省级高新区。农业农村经济加快发展。大鲵养殖达到263.68万尾，商品蔬菜基地、茶园和水果种植面积分别达到34.61万亩、12.92万亩、58万亩。市农业投资公司成功组建，累计流转土地46.88万亩，新增家庭农场231家、农民专业合作社300家。永定区、慈利县获批全国农村三次产业融合发展先导区和试点县。现代服务业水平不断提升。市县两级电商公共服务中心开业运营，电商交易额达55亿元，增长37%。武陵山珍馆、张家界农副产品综合交易大市场建成营业，10个乡镇农贸市场建成使用，义乌国际商贸城、吃遍中国等项目加快建设。金融服务实体经济能力不断增强，11家省级金融机构协议支持1131亿元推动绿色经济发展，市担保集团提供融资担保6.75亿元；金融机构存贷款余额分别增长7.35%、18.75%，新增存款58.5亿元、贷款104.5亿元，存贷比77.5%。物流、会议会展、汽车服务业加快发展。

（五）城市品位明显提升。规划体系进一步健全。完成城市总体规划修改和城乡规划技术规定修订，编制了沙堤片区、且住岗组团控制性详细规划和657个村庄规划，三维仿真辅助决策系统建成使用，建筑高度、容积率等规划要素得到有效管控。城市功能进一步增强。黔张常铁路、张吉怀铁路、安慈高速路加快建设。武陵山大道、沙堤大道、子午西路延伸段、绕城公路城西段建成通车，且住岗路、大桥路拓宽改造、陈家溪桥等项目竣工使用，茅溪河大桥、红壁岩大桥、大庸桥立交桥等项目加速推进，城市路网体系不断完善。8个公共停车场、30座高标准公共厕所建成使用，张家界旅游客运综合枢纽等项目开工建设。大栗坡郊野公园、回龙观和宝塔岗公园二期建成开放。云计算大数据中心全面建成，智慧城市建设取得阶段性成果。以“六城同创”为抓手，加强城市管理，拆除各类违规广告3.7万平方米。开建、配建一批限价商品房，房地产市场稳定可控。加强群众性精神文明建设，省级文明城市创建成效明显。县城和小城镇建设进一步加快。慈利新区路网基本形成，桑植高铁新区加快建设。沅古坪、中湖、阳和、刘家坪等特色小镇魅力初显。乡村振兴战略加快实施，农村“双改”深入推进，全面完成900个农村综合服务平台建设任务，建成12个乡镇污水处理厂，成功创建7个省级美丽乡村示范村。

（六）改革开放深入推进。重点领域改革实现新突破。深入推进“放管服”改革，取消、调整行政权力事项53项，清理行政审批中介服务事项77项，新政务服务大厅正式启用，群众办事“只进一扇门”、项目交易“只需一张网”、热线服务“只拨一个号”迈出实质性步伐，“互联网+政务服务”“最多跑一次”改革取得重要成效。农村承包地确权登记颁证、农村集体资产清产核资基本完成。旅游企业发票门票“一票制”改革全面推开，全域旅游“公对公”结算改革试点推进。财税、文化、司法等领域改革取得实效。创新发展取得新成效。张家界农业科技园成功创建国家农业科技园区，五倍子、大鲵繁育与精深加工技术研究中心获批省级工程技术中心，首个院士专家工作站入驻。降低创业门槛和成本，发放创业担保贷款4600余万元，新建星创天地3家、省级众创空间2家，创新创业生态更加优化。扩大开放再创新优势。荷花国际机场旅客吞吐量突破220万人次，迈入全国中型机场行列。首家离境退税店挂牌营业，四个进境指定口岸建设进展顺利，公共保税仓、保税商品展示中心建成。招商引资取得新突破，新引进4家500强企业，全年签约康美大德等重大项目50个，丝路荷花国际文化旅游城、宁邦国际广场等项目开工建设。外贸进出口和利用外资分别增长5.2%、10.7%。国际友城工作积极推进，日本甲贺市成为我市第4个友好城市。

（七）民生福祉持续改善。民生支出占一般公共预算支出比重达78.3%，30件40个省市重点民生实事项目全面完成。民生保障持续加强。新增城镇就业1万余人、农村劳动力转移就业1.3万余人、失业人员再就业3000余人；城乡基础养老金最低标准由85元提高到103元，企业退休人员养老金待遇月人均增加133.06元；残疾人、低保对象等困难群众补助标准进一步提高；医疗保障“一站式”结算服务、乡镇社工站建设走在全省前列。社会事业不断进步。改造41所农村义务教育薄弱学校，完成100所义务教育学校标准化建设，扩建永定中学，建成崇实北校、张家界金海实验学校，较好完成义务教育“超大班额”化解任务，永定、慈利义务教育均衡发展通过国家督导评估验收。市人民医院新院建设顺利推进，全市公立医疗卫生机构取消药品加成，实施药品集中配送，公立医院分级诊疗人次同比增长10.8倍。计划生育工作实现保类进位。国家卫生城市和食品安全示范城市创建取得阶段性成果，食用农产品总体合格率达到99.7%。“一宫四中心”建设加快推进，举办首届“健康湖南·美丽张家界”全民健身运动会等系列文体活动，送戏下乡等文化惠民工程扎实推进。非洲猪瘟防控有力，全市未发生疫情，松材线虫病防治取得明显成效。社会大局和谐稳定。化解信访积案40件，中央第八巡视组移交91件信访件全部办结，一批信访突出问题得到妥善化解。持续强化安全生产监管执法，责任事故、死亡人数、受伤人数和经济损失全面下降，我市被评为全省安全生产工作优秀单位。着力构建天网地网人网“三维一体”的治安防控体系，深入开展扫黑除恶专项斗争，侦办黑恶势力犯罪团伙14个，破获刑事案件111起，人民群众安全感和满意度不断提升。

（八）*政府自身建设全面加强*。坚持把习近平新时代中国特色社会主义思想作为政府工作的根本遵循，把全面从严治党贯穿于政府建设始终。政治建设深入推进。始终把加强党的政治建设摆在首位，旗帜鲜明讲政治，树牢“四个意识”、坚定“四个自信”，坚决做到“两个维护”，牢牢把握政府工作正确的政治方向。依法行政全面推进。自觉接受市人大及其常委会法律监督、工作监督和市政协民主监督，304件省市人大代表建议和政协提案见面率、办结率达到100%，满意率达99.7%。开展政府任命国家工作人员集体宪法宣誓。加强规范性文件、行政复议、行政应诉和合同管理。政府网站建设管理走在全省前列。行政效能不断提升。进一步健全落实重点项目联席会议等工作机制，不断增强服务意识，改善营商环境，抓好统计体系建设，严格绩效考核，狠抓督查督办，推动履职尽责。廉政建设持续深化。坚持把纪律和规矩挺在前面，严格落实中央八项规定精神，抓牢抓实党风廉政建设“两个责任”，驰而不息纠“四风”。强化行政监督和审计监督，公共权力运行、公共资源交易、专项经费使用得到有效监管。

一年来，国防动员、后备力量及人民防空建设持续加强，编制、民族、宗教、侨务、对台、档案、史志、地震、残联、移民等工作取得新进步，通信、电力、烟草、气象、水文等驻张单位和市政府驻外机构取得新成绩，工会、共青团、妇联等群团组织在经济社会发展中发挥了重要作用。

各位代表，2018年是改革开放40周年，是张家界建市30周年。30年来，历届市委、市政府在党中央、国务院和省委、省政府的正确领导下，团结带领全市各族人民，顺应时代潮流，推进改革开放，励精图治、奋力拼搏，干成了一件又一件大事、实现了一个又一个目标，张家界发生了翻天覆地的历史性巨变，实现了从养在深闺到享誉中外的历史性跨越。30年来，全市地区生产总值增长41倍；旅游人次增长151倍，旅游总收入翻了11番；财政收入翻了六番；城乡居民人均可支配收入分别增长13倍和22倍。中宣部“壮阔东方潮、奋进新时代”主题采访聚焦张家界，多家媒体宣传报道了我市改革发展的辉煌成就！

各位代表，事非经过不知难。成绩的取得实属不易，这是市委总揽全局、科学决策的结果，是市人大及其常委会和市政协监督支持的结果，是全市各族人民团结拼搏、开拓进取的结果。在此，我代表市人民政府，向全市各族人民，向人大代表、政协委员，向各民主党派、工商联、无党派人士和人民团体，向驻张部队、武警官兵、消防指战员和政法干警，向离退休老同志和关心支持张家界发展的各界朋友，表示衷心的感谢并致以崇高的敬意！

在总结成绩的同时，我们也清醒地认识到，当前的发展还面临不少困难和问题。从发展环境看：经济运行稳中有变，外部环境复杂严峻，经济下行压力加大。化解存量政府债务任务繁重，污染治理成本激增，财政收支平衡压力巨大。从目标任务看：主要经济指标与年初目标有一定差距，一批项目因严控地方政府性债务被调整压减。从经济质量看：产业结构欠合理，旅游产业大而不强，工业规模较小，产业集聚度不高，人均GDP、财政收入占地区生产总值比重低于全国、全省平均水平，经济质量效益有待提高。从短板弱项看：总量小、底子薄的市情还未根本改变；产学研体系不够健全，创新能力有待提升；城乡建设管理基础薄弱，教育、医疗、公共场馆建设欠账多，民生保障任务繁重，安全生产、信访维稳压力仍然不小。从自身建设看：政府行政效能有待提高，有的干部精神不振、作风不实、创新意识不强、工作标准不高，工作能力、工作水平还不适应高质量发展要求；“四风”问题仍一定程度存在，营商环境有待优化。对此，我们将高度重视，持续推动问题解决。

二、2019年工作安排

2019年，是新中国成立70周年，是全面建成小康社会关键之年，是脱贫攻坚战决胜之年，做好今年工作意义重大。我们必须把握发展大趋势，抢抓新机遇。今年经济发展面临的环境更严峻，不确定性更凸显，矛盾和问题更突出，但是我国发展仍处于并将长期处于重要战略机遇期，我国经济长期稳中向好的总体势头没有改变，支撑高质量发展的生产要素条件没有改变。中央坚持稳中求进工作总基调，明确提出“巩固、增强、提升、畅通”八字方针，继续实施积极的财政政策和稳健的货币政策，推动改革开放再出发，着力优化营商环境，支持实体经济、民营企业、中小企业发展，实施乡村振兴战略，统筹推进区域协调发展，这些大好机遇将为我市推动高质量发展注入强劲动力。我们必须认清发展大优势，彰显新作为。旅游业作为立市之本，是蓬勃发展的朝阳产业，前景广阔，潜力无限。张家界数千万的游客流量、良好的自然生态和旅游综合改革试验区等系列政策，是吸引产业、资金、人才集聚的最大优势，是推动我市高质量发展的重要支撑。我们必须融入发展大格局，实现新跨越，致力把张家界的发展放在全省、全国、世界发展的大格局中来思考和谋划，提高站位、找准定位，对标国际国内一流旅游目的地和国际精品旅游城市，瞄准世界前沿，主动融入一带一路建设、长江经济带战略、湘南湘西承接产业转移示范区和五大经济圈，大力推进开放强市，不断开创我市高质量发展新局面。

今年政府工作的总体要求是：以习近平新时代中国特色社会主义思想为指导，认真贯彻落实中央、省委和市委经济工作会议精神，坚持稳中求进工作总基调，坚持新发展理念，坚持推动高质量发展，坚持以供给侧结构性改革为主线，坚持深化市场化改革、扩大高水平开放，深入实施创新引领开放崛起战略、对标提质旅游强市战略和“11567”总体思路，着力抓重点、补短板、强弱项，继续打好三大攻坚战，继续开展产业项目建设年活动，扎实开展招商引资项目攻坚年活动，进一步稳就业、稳金融、稳外贸、稳外资、稳投资、稳预期，保持定力、提振信心，迎难而上、担当作为，保持经济持续健康发展和社会大局稳定，奋力迈向优质旅游发展新时代，为全面建成小康社会收官打下决定性基础，以优异成绩庆祝中华人民共和国成立70周年。

今年全市经济社会发展的主要预期目标是：地区生产总值增长8%，规模工业增加值增长7%，固定资产投资增长13%，旅游总收入增长23%，社会消费品零售总额增长10.5%，一般公共预算收入增长10%，城镇居民、农村居民人均可支配收入分别增长9%和11%，城镇登记失业率控制在4.5%以内，居民消费价格指数涨幅控制在4%以内，节能减排、安全生产等完成省定目标。

围绕上述目标任务，重点做好以下十个方面工作：

（一）大力推动旅游业高质量发展。旅游是我市的支柱产业，旅游兴则百业旺。要按照“三星拱月、月照三星”总体布局、“双核三极多点”产业布局，做精做美全域旅游，争创国家旅游经济示范区。坚持核心景区引领，不断丰富旅游产品供给。突出武陵源核心景区主体地位，发挥主导作用，加快景区提质改造；加强张家界大峡谷环境综合整治，支持创建5A级景区；加快建设天门山现代服务业示范集聚区，做大南线旅游经济圈；围绕红色、户外、水资源做活西线旅游，确保全线开放。建成大庸古城、桃花溪谷、冰雪世界、吃遍中国、红军体验园、张家界千古情等项目，推进复华文旅、武陵古镇等项目建设。着力抓好星级酒店、旅游厕所等服务设施建设，引导重点景区周边片区开发特色客栈。依托重点景区梯次开发、依托特色资源点状开发乡村旅游。推进“旅游+”深度融合，加快发展红色旅游、文化旅游、体育旅游等业态，拓展旅游产业链条。坚持统一打好“张家界”品牌，不断扩大旅游国际影响力。以“张家界”品牌整合资源，强化市场营销。以长三角、珠三角、大中城市等为重点开展客源市场大营销，整合武陵山片区、大湘西联盟、张吉怀等地旅游资源开展联合营销。坚持以外促内，持续加大旅游国际营销，主动加强与国际旅游组织、国际一流旅游目的地的交流合作，讲好张家界故事，传递张家界的好声音；支持旅游企业参加国际旅游展，积极争取国际性会议和体育赛事落户张家界；充分利用友好城市、港澳侨务、旅游智库等资源拓展境内外市场。坚持全域服务提升，不断优化旅游市场环境。深化旅游改革创新，大力推进旅游管理服务标准化、精细化、信息化、国际化，加快“智慧旅游”建设，完善“1+3+N”旅游联合执法体系。加强旅行社规范管理，全面推行电子合同使用、全域旅游结算“公对公”、导游归社工作。深入开展“铁腕治旅”专项整治行动，重拳整治旅游乱象，持续用力，常抓不懈，越来越严，久久为功，像保护眼睛一样保护张家界的旅游环境，不断提升我市的旅游美誉度。

（二）*着力弥补工业短板*。工业是实体经济的主体。要聚力园区发展，做大总量、提升质量，以更大力度、更有效举措推进新型工业化。一是狠抓工业园区建设。进一步理顺“三区一园”体制机制，推动土地、金融、技术等要素向园区集中，突出抓好园区基础设施及住房、公交、医疗、教育、商业等配套服务设施建设。加大张家界高新区创建国家级高新区工作力度，支持慈利工业集中区创建省级工业园区，加快推进张家界旅游商品产业园建设。二是狠抓产业集聚发展。依托园区，吸纳优势企业，集中上下游企业，加快形成产业链。围绕农产品加工、生物医药、旅游商品加工、信息与高端装备制造“四大工业支柱产业”，加快推进康美大德、昱辰手机、湘丰茶叶等项目建设，扶持久瑞生物、茅岩莓、乾坤生物等企业做大做强。积极谋划智能制造等前沿产业，推动中德零碳科技项目尽快落地。三是狠抓企业培育服务。以企业为主体、市场为导向、大专院校及科研单位为依托，建立健全产学研体系，推动技术创新、模式创新。以“双联”和“三抓三促”活动为载体，加大企业帮扶力度，落实优惠政策，减轻企业负担，降低生产成本。加强对骨干企业的运行调度，抓好项目签约落地、规模企业培育，力争入园入规企业有新突破。

（三）*深入实施乡村振兴战略*。坚持农业农村优先发展，把乡村振兴作为新时代“三农”工作的总抓手，构建“1+1+6”政策框架体系，强化组织实施，加快实现农业强、农村美、农民富。一是大力发展现代农业。坚持以规模化、特色化、品牌化发展为核心，以工促农、以商活农、以旅带农、科技强农、规模兴农。在稳定粮油总产的基础上，致力发展大鲵、蔬菜、茶叶、水果和中药材“五大农业特色产业”，确保大鲵、商品蔬菜基地、茶园和水果分别达到350万尾、35万亩、13万亩和60万亩；以桑植县成为省中药材种植基地示范县为契机，建成大湘西中药材市场，培育壮大中医药产业链。大力推进“百企千社万户”现代农业发展工程，引导农村土地经营权有序流转，发展农民专业合作社60家、家庭农场100家。实施农产品品牌战略，发展“一县一特”，做强张家界大鲵、张家界莓茶、“硒有慈利”、桑植白茶等区域公用品牌。加快培育一批新型农业经营主体，推进田园综合体建设，发展观光农业、智慧农业、游憩休闲、健康养生等业态。鼓励工商资本进入现代农业，促进农村一二三产业融合发展。二是加快建设美丽乡村。加大农村基础设施投入力度，完成自然村通水泥路352

千米、农村公路窄路加宽300千米，建设村镇供水工程302处，新修和加固堤防28.9千米。持续抓好耕地占补平衡和城乡建设用地增减挂钩，补充耕地3000亩，完成增减挂钩复垦面积7000亩。打好农村人居环境整治首仗，重点做好垃圾污水处理、厕所革命、村容村貌提升，开展农村“空心房”、抛荒耕地整治行动，规范农民建房，推进村庄绿化亮化美化，打造一批美丽村落、美丽庭院、美丽田园。三是深化农村综合改革。加快推进农村集体产权制度、“三权分置”和供销合作社改革，完善农村宅基地、土地征收等制度。推进治理能力现代化，健全自治、法治、德治相结合的乡村治理体系，打造充满活力、和谐有序的善治乡村。强化农业社会化服务，努力把分散的农户组织起来，把农村党员动员起来，把新农人的潜能激发出来，着力培养一支懂农业、爱农村、爱农民的“三农”工作队伍。创新农村金融服务，推动各类政策、项目、资金向强农富农领域集聚。加快农产品电商平台建设，培养市场经纪人、电商带头人，畅通田间到舌尖的渠道，带动农民增收。要通过不懈努力，真正让农业更有奔头、农村更有吸引力、农民更有尊荣感！

（四）培育壮大现代服务业。发展现代服务业是促进旅游城市提质升级的重要引擎。要着力构建电子商务、商贸物流、现代金融、会议会展、健康养老“五大服务产业”，形成多点支撑、多业融合的现代服务业发展格局。加快发展电子商务。继续实施农村电商“个十百千万”工程，着力培育电商示范企业，全面完成慈利、桑植国家电子商务进农村综合示范县建设，力争行政村电商站点覆盖率达到80%以上、电商交易额突破70亿元。加快发展商贸物流业。抓好专业市场建设，加快奇峰市场、义乌国际商贸城二期、农产品批发市场建设，新建7个乡镇农贸市场。完善仓储、冷链物流基础设施，开工建设张家界生态物流园，开展农产品冷链流通标准化示范工作，完善中小商贸流通企业公共服务体系。大力发展“互联网+”物流新业态、新模式。加快发展现代金融。大力创新金融产品，积极引进金融机构，加快融资担保体系建设，完善“政银保担投”金融链条，健全信贷风险缓释机制，推进基金、保险、证券、小额贷款等金融业态发展。加快组建桑植村镇银行，实现“一县两行”县域全覆盖。加快发展会展经济。打造地方会展品牌，引进高层次展会。办好丝绸之路友好城市协作体年会、第十九届国际森林保护节、第三届天门山国际越野赛和亚洲捷兔慢跑大会。加快培育健康养老产业。发挥森林康养、中医药养生、温泉疗养等资源优势，打造“旅游+”健康养老服务产业链，建设中优中医药健康旅游产业园、张家界天伦养生文化产业园。培育发展总部经济、信息经济，促进家政服务、文化体育等服务消费提质扩容，引导旅游地产、家庭旅馆健康发展。

（五）坚决打好“三大攻坚战”。坚持把打好“三大攻坚战”作为决胜全面小康的重中之重，针对突出问题，打好重点战役。一是坚决打好防范化解重大风险攻坚战。认真落实严控地方政府债务十项举措，强化政府性债务管控，稳妥处理地方政府债务风险，做到坚定、可控、有序、适度。进一步规范PPP与政府购买服务项目，严格执行负面清单管理。加大政策支持力度，积极稳妥推进融资平台市场化转型。广泛开辟财源，拓展收入渠道。树立过“紧日子”思想，做好“三保”资金兜底保障。加快推进财政预算绩效管理，不断提高资金使用效益。切实防范化解扶贫小额信贷风险，保持对非法集资的高压严打态势，坚决守住不发生区域性风险和大规模群体性事件两条底线。二是坚决打赢打好精准脱贫攻坚战。全面对标看齐习近平总书记精准扶贫工作重要论述，向脱贫攻坚最后堡垒发起总攻。以桑植县为主战场，深入实施脱贫攻坚“1332”行动计划，确保桑植县脱贫摘帽，所有贫困村出列，全市贫困发生率降至0.4%以下。要一鼓作气，重点解决好实现“两不愁三保障”面临的突出问题，层层压实责任，加强和规范驻村帮扶结对帮扶工作，抓好产业扶贫、农村危房改造、健康扶贫、电商扶贫、教育扶贫、兜底保障等重点工作，着力激发贫困群众内生动力。统筹解决好贫困村和非贫困村工作不平衡的问题，巩固脱贫成果。三是坚决打好污染防治攻坚战。以高度的政治自觉落实“共抓大保护、不搞大开发”要求，大力加强环境整治，持续开展碧水守护、蓝天保卫、净土攻坚、大地增绿、城乡洁净“五大行动”，持续推进农村建房、集镇环境、旅游干线环境、环境整治“6+1”四大专项整治行动，加强河长制、路长制工作。加大环保问题整改力度，确保完成时序进度目标任务。加强自然保护地管理，全面落实松材线虫病等林业有害生物防治工作。深化国家生态文明建设示范市创建，力争创建12个省级生态文明建设示范乡镇、30个省级生态文明建设示范村，支持永定区、慈利县建成省级生态文明建设示范区，支持武陵源区争创全国“绿水青山就是金山银山”实践创新基地。

（六）全力推进重点项目建设。项目建设是推动高质量发展的坚强支撑，要牢牢扭住项目建设“牛鼻子”，扎实推进“产业项目建设年”。一是加强项目谋划。坚持基础设施量力而行、民生项目尽力而为、产业投资全力以赴，注重精算平衡，切实抓好138个重点项目建设，完成投资200亿元。二是加快项目建设。紧扣“五个100”项目，扎实推进“52151行动计划”。建成黔张常铁路，加快张吉怀铁路、安慈高速建设和荷花国际机场配套建设，力争桑龙高速开工，积极做好张石铁路、张官高速、炉慈高速等重大项目前期工作，启动宜冲桥至张清公路连接线前期工作。推进丝路荷花国际文化旅游城、宁邦国际广场等重大产业项目建设，推动市人民医院新院、综合档案馆、垃圾焚烧综合处理、核心景区移民建镇等社会发展和民生项目建设。三是强化要素保障。积极争取金融机构支持，创新融资模式，充分发挥担保集团作用，提升金融服务水平。抓好土地储备和闲置土地处置，依法推进征地拆迁，保障项目建设用地。严格落实重点项目联席会议等工作机制，完善重点项目建设考核奖励办法。从严打击强揽工程、恶意阻工等违法行为，优化项目建设环境。

（七）致力打造国际精品旅游城市。坚持用国际化理念规划城市、国际化标准建设城市、国际化规则管理城市，以“双修双改”为总抓手，推进国际精品旅游城市建设。一是加强城乡规划管控。全面推进新一轮城市总体规划编制、“多规合一”信息平台建设。完成武陵源风景名胜区总体规划修编和枫香岗组团、荷花组团等控制性详细规划修订，严格落实房地产开发项目公共服务设施配建要求。强化规划批后管理，严控临街退让、临水退让、临山退让，让城市显山露水。加强村镇规划建设管理，推动农村建筑风貌协调、彰显特色、安全宜居。严厉整治城乡违章建筑，让违建者付出代价，让管控不力者受到追究。二是加大中心城区建管力度。建成杨家界大道、大庸桥立交桥、月亮湾中西路、融山西路、开明路、张罗公路一期及红壁岩大桥、茅溪河大桥，着力推进荷花滨河路及枫香岗大桥、澄潭大桥等项目建设，开工建设五子坡带状公园、樟树角公园二期、仙人溪和黄沙泉湿地公园。加快建设大湘西天然气长输管网和城市集中供气设施，改扩建城市截污管网5.8千米。加快推进智能公共停车场、充电站、垃圾站厕、地下人行通道等项目建设。改造棚户区6091户87.58万平方米。下大力气抓好城市环境综合整治，重拳整治交通秩序、市容市貌，推进物业管理标准化、规范化，加强出租车、网约车应用管理，提升城市宜居宜游宜业水平。优先推进“智慧城市”建设，加快智慧交通、智慧城管、智慧教育、智慧医疗和天网工程建设。持续抓好“六城同创”，提高市民文化素养，不断增强城市软实力。三是加快县城和小城镇建设。支持慈利撤县设市。完善慈利县城新区、桑植高铁新区和零溪、三官寺、利福塔、茅岩河等中心镇综合承载功能，加快推进乡镇“四项标配”建设。依托产业特点、人文底蕴和生态禀赋，坚持差异化发展、特色化培育，努力打造国家级、省级特色小镇。

（八）全面深化改革开放。要用好改革开放这个关键一招，聚神聚力抓好改革落实，着力打造武陵山片区对外开放新高地。一是扎实推进各项改革。坚持以供给侧结构性改革为主线不动摇，更多采取改革的办法，更多运用市场化、法治化手段，巩固“三去一降一补”成果，增强微观主体活力，提升产业链水平，畅通国民经济循环。深入推进“放管服”改革，推动“互联网+政务服务”向乡村延伸，实现90%以上政务服务事项“最多跑一次”。深化财税体制改革，持续释放减税降费改革红利。深化商事制度改革，进一步放宽市场准入，加强“双随机一公开”监管，实行“证照分离”“证照联办”，大幅缩短企业开办时间。全面完成政府机构改革、武陵源“区局合一”改革。深化国企改革，大力发展混合所有制经济。统筹推进文化、教育、卫生、司法等领域改革，不断释放发展动能。二是着力提升招商引资水平。面对严控政府债务的新要求，招商引资成为稳投资的必然选择。要以“招商引资项目攻坚年”为抓手，努力在产业项目招商、重大招商项目落地上实现新突破。按照国家产业政策导向，立足优势，突出特色，策划包装一批大项目、好项目。实施五大对接行动，组团参加“港洽周”“湘商大会”活动，加强与长三角、珠三角及长株潭等园区的共建合作，力争引进500强项目6个。完善“统分结合、归口管理”和重大项目“一事一议”推进机制，确保项目履约率达到70%以上。三是大力推进创新创业。加大政策、项目、资金扶持力度，激发全社会创新创业活力，加快培育企业核心竞争力，建设5个创业孵化基地。引导全社会加大研发经费投入，力争全社会研发经费支出占地区生产总值比重达0.75%；推动科技成果转化，培育高新技术企业达到45家以上。推进“质量强市”，注重商标培育，扶持品牌发展。四是支持民营经济发展壮大。坚持“两个毫不动摇”，促进多种所有制经济共同发展。落实省委省政府促进民营经济高质量发展的25条政策措施，切实减税降费，改进融资服务，优化营商环境，激发中小企业发展活力，发挥民营经济在吸纳就业、创造税收、促进发展等方面的重要作用。积极引导成立行业协会、异地商会，支持小微企业发展，培育骨干企业，鼓励有条件的企业挂牌上市。五是加快构建开放新格局。积极发挥丝绸之路友好城市协作体桥梁纽带作用，引导和鼓励企业开拓境外市场，推动资源共享、深度合作。开展自贸区先行先试工作，完善口岸功能，推进临空产业园、航空物流园规划建设，建成运营指定口岸；加快保税仓、免税店、离境退税店建设，优化口岸通关环境，发展跨境电商等新业态，不断壮大口岸经济。

（九）着力保障和改善民生。要多谋民生之利，多解民生之忧，让发展更有“温度”。竭诚办好惠民实事。实施好省市30件重点民生实事项目，加强资金和项目调度，严把规划设计关、施工质量关、项目验收关和工程管护关，全力打造精品实事工程。大力繁荣社会事业。落实教育优先发展战略，促进各类教育均衡发展。启动慈利芙蓉学校建设，加快建设雨露学校、丽景小学，建成桑植芙蓉学校、桑植金海实验学校，完成省定大班额化解任务；抓好张家界旅游学校建设，支持张家界市高级技工学校筹建湖南旅游技师学院，加快吉首大学张家界学院转设工作；努力改善教师待遇，加强教师队伍建设。推动文化体育事业加快发展。加快建设贺龙体育中心，建成市“一宫四中心”，大力推进国家公共文化服务体系示范项目创建，实施百村有线电视通村联网工程，打造20个民族民俗文化建设示范点、20个全民健身示范村，办好市第六届全民运动会。加快推进“健康张家界”建设。实施医疗卫生城乡一体化改革，加快推进医联体建设，加强全科医生队伍建设，做实做优家庭医生签约服务；大力开展国家卫生城市创建和爱国卫生运动；进一步优化计划生育服务管理，促进人口长期均衡发展。加强军民融合，深入开展民族团结进步创建工作。着力强化社会保障。抓好高校毕业生、退役军人、农民工、贫困劳动力等重点群体就业创业，确保零就业家庭动态清零，着力解决结构性失业问题。不断扩大社会保险覆盖面，提升保障服务能力和社保待遇水平。健全社会救助体系，提高城乡低保、特困供养标准。注重慰老、爱幼、扶弱、济困，发展社会救助、慈善和残疾人事业，积极推进殡葬改革。强化食品安全综合治理，毫不松懈抓好非洲猪瘟防控等工作，推进国家食品安全示范城市创建。加强和创新社会治理。完善社会矛盾纠纷多元化解机制，持续开展信访积案攻坚，有效化解房地产开发不动产登记等历史遗留问题。全面提升应急能力，科学高效应对突发事件。深化高危行业和重点领域专项整治，力争不发生较大及以上安全生产责任事故。完善社会治安防控体系，深化“雪亮工程”应用，保持“扫黑除恶”高压态势，坚决打击各类违法犯罪行为。

（十）切实加强政府自身建设。始终以人民满意为目标，不断增强政府执行力和公信力。坚定政治信仰。用习近平新时代中国特色社会主义思想统揽政府工作，树牢“四个意识”、坚定“四个自信”，践行“两个维护”，严守政治纪律和政治规矩，在政治立场、政治方向、政治原则、政治道路上同以习近平为核心的党中央保持高度一致。深入开展“不忘初心、牢记使命”主题教育活动，切实做到信念过硬、政治过硬、责任过硬、能力过硬、作风过硬。坚持依法行政。把法治思维贯穿政府工作全过程，自觉带头尊法学法守法用法，推进公共法律服务体系和社会信用体系建设。认真办理人大代表建议和政协委员提案，自觉接受人大、政协和社会监督。加强审计监督，完善政府法律顾问制度，开展好第四次全国经济普查工作。强化使命担当。加快政府职能转变，不断增强质量意识、创新意识、市场意识、风险意识。加强学习和调查研究，不断增强工作本领，推动工作创造性贯彻落实。大力弘扬干事创业精神，健全正向激励、容错纠错机制，旗帜鲜明地为踏实做事、不谋私利的干部撑腰鼓劲，坚决防止布置工作时的官僚主义、检查工作时的本本主义、落实工作时的形式主义。按照高质量发展要求，进一步完善绩效评估制度。筑牢廉政底线。全面加强政府系统作风建设，严格执行廉洁从政各项规定，严格落实党风廉政建设主体责任和“一岗双责”。持续强化对政府投资、工程建设招投标等重点领域、关键环节的监管，从源头上预防腐败，以清廉的政风赢得群众的信任和支持。

各位代表、同志们，行者方致远，奋斗路正长。张家界正处在爬坡过坎、加快发展的关键时期，让我们更加紧密地团结在以习近平为核心的党中央周围，在省委、省政府和市委的坚强领导下，不忘初心、牢记使命，凝心聚力、开放奋起，努力推动经济社会高质量发展，以优异的成绩庆祝新中国70华诞！

政协张家界市第七届委员会常务委员会工作报告

张家界市政协主席　汪业元

（2019年1月15日）

一、坚持党对政协工作的全面领导

坚持中国共产党的领导，是人民政协必须恪守的根本政治原则，是中国共产党领导的多党合作和政治协商这一基本政治制度的应有之义。

2018年，市政协党组突出政治引领，把坚持党的领导具体化，体现为增强“四个意识”，坚定“四个自信”，做到“两个维护”。我们始终坚持在市委领导下谋划、推动工作，重大事项、重要问题及时向市委请示报告，始终把政协工作置于市委的全面领导之下。我们充分发挥党组对市政协工作的领导核心作用，政协重要工作、重大问题和重要人事安排，都由党组研究经市委批准后提交政协会议协商决定。认真学习贯彻中共中央办公厅关于加强新时代人民政协党的建设工作的若干意见，进一步强化党组主体责任，落实了党组成员同委员谈心谈话座谈制度。我们也看到，对委员的政治引领仍是我们工作的弱项，加强党的建设同政协履职相结合还不够紧密。

今年，我们要突出发挥好协商民主这一实现党的领导重要方式的作用，以加强政协组织党的建设推进政协事业发展，把党的主张通过民主程序转化为政协组织的决定，做到人民政协一切重要工作在党的领导下开展，一切重要活动围绕全市中心任务进行，一切重要安排在广泛征求意见基础上报市委审批后实施。

二、坚持人民政协性质定位

坚持人民政协性质定位，是人民政协工作的基石。政协不是权力机关，参政不行政、建言不决策、监督不强制，发挥作用不是靠强制约束力，而是靠政治影响力。

2018年，市政协坚持人民政协性质定位，具体地落实到政协的工作原则、职能任务、方式方法中。我们综合整理委员在市政协七届二次会议协商“一府两院”工作报告、专题协商“加快西线旅游开发”“建设张家界本地大学”的意见与建议，呈送市委、市政府，市政府办印发了委员协商意见采纳落实责任清单，部分职能部门向市政协反馈了委员建议落实情况。就落实虢正贵书记对委员大会发言批示精神，制订清单，报送相关领导和单位，市政协专委会和民主党派市委就落实情况跟踪跟进。主席会议逐条研究落实委员在全会和市政协春秋两季大走访、大调研期间对政协工作提出的意见建议。整理市委、市政府领导参加政协协商时的讲话，印发给委员学习。但目前，市政协作为统一战线组织和多党合作平台的作用发挥还不够充分，平台功能需要进一步加强。

今年，我们要在界别和广大委员中，不断深化对政协性质定位的认识，注重调动政协参加单位、界别和委员的积极性，把协商作为根本的工作方法，突出沟通交流，深化协商出办法、出共识、出感情、出团结的效果，充分发挥人民政协凝聚共识、汇集力量、协调关系、建言献策、服务大局的作用。

三、聚焦市委中心任务履职尽责

坚持围绕中心、服务大局，是人民政协履行职能的根本遵循。人民政协只有在大局下思考、在大局下行动，才能明确主攻方向、把握着力重点、彰显意义价值。

2018年，按照市委、市政府、市政协联合制订的协商监督计划，扎实开展了1项议政性常委会专题协商、6项对口协商、5项界别协商和广泛的提案办理协商，构建了调研协商监督同步、省市县三级政协联动的履职格局。按照市委“抓重点、补短板、强弱项”大调研活动要求，市政协领导牵头组织开展旅游市场秩序整治、推进产业扶贫和科技创新等10多项课题调研。其中，重点开展张家界旅游市场秩序整治深度调研协商，相关建议得到市委、市政府采纳落实，为“铁腕治旅”贡献了力量。目前存在的问题，主要是个别课题与中心扣得不够紧密，调查研究需要更加深入。

今年，我们将按照“市委交办、与省政协联动、市政协特点”三个方面认真谋划和开展协商监督，重点是围绕市委交办的调研协商民主监督课题和企业发展、项目推进、招商引资、脱贫攻坚、“创卫”包保等中心任务，深入调研、深度建言。

四、紧扣保障和改善民生献计出力

人民政协联系社会各界，必须把反映人民意愿、为人民谋福祉作为一切工作的出发点和落脚点。

2018年，市政协支持和鼓励委员密切联系群众，广泛开展社会调查，共受理社情民意信息50多条，编辑社情民意专报17期。致公党市委提供的社情民意信息被省政协、全国政协采用。我们主办了武陵山片区政协主席联席会澧水流域生态保护课题组第二次会议，以“澧水防汛抗旱、造福流域人民”为主题，发出共同倡议，取得系列重要共识。通过参加湘鄂黔渝四省市政协助推武陵山片区旅游产业扶贫合作座谈会、武陵山片区政协主席联席会第三次会议，就我市脱贫攻坚、旅游扶贫、区域发展等民生问题广泛呼吁。9名市政协领导落实“五联”任务，积极帮助企业、项目单位和村、社区解决突出问题。组织委员开展扶贫攻坚“三个一”行动，广泛开展结对帮扶。目前，我市脱贫攻坚任务繁重，困难群体总量不少，困难程度较深，民生欠账较多。

今年，我们要坚持以人民为中心，按照市委部署和省政协“三级联动”的要求，把更好满足人民日益增长的美好生活需要作为工作的出发点和落脚点，围绕澧水源头地区环境保护、推进健康扶贫政策的落实、改善人居环境推动乡村振兴等课题开展调研协商监督，更加深入、更为经常地关注民生问题，努力让人民群众感到政协离自己很近、委员就在身边。

五、发挥社会主义协商民主重要渠道和专门机构作用

人民政协是社会主义协商民主重要渠道和专门协商机构，是国家治理体系的重要组成部分。

2018年，市政协召开主席会议12次、常委会议5次，协商议政9次。常委会组织开展张家界旅游市场秩序整治、金融扶贫课题调研协商。各专委会同相关部门组织开展乡村旅游、推进旅游科技创新、健康教育与促进、“非遗”保护与传承、贯彻国家特殊教育提升计划等对口协商。各民主党派、工商联、无党派界别，组织开展市中心城区商品房开发中垃圾站公厕配套建设、城管运行机制、“个转企、小升规”等界别协商。抓实提案办理协商，把协商办理提案转化为统一认识、转变作风、改进工作的规范动作。但我们也看到，有的课题协商深度还不够，界别协商、对口协商的组织化程度有待提升。

今年，我们要按照协商和民主监督计划，精心组织专题协商，深化提案办理协商，加强界别协商、对口协商组织协调工作，加大协商意见整理报送、转化跟踪工作力度。提倡热烈而不对立的讨论、真诚而不敷衍的交流、尖锐而不极端的批评，营造畅所欲言、各抒己见、理性有度、合法依章的民主氛围，让委员愿讲话、讲真话，在协商中努力找到最大公约数、画出最大同心圆。

六、加强和改进政协民主监督工作

民主监督是政协三大职能之一，也一直是我们以往工作的短板。为此，中央要求加强和改进政协民主监督工作，监督的重点是党和国家重大方针政策、重要决策部署的贯彻落实，目的是协助党委和政府解决问题、改进工作、增进团结、凝心聚力。

2018年，我们及时组织学习贯彻中央、省委关于加强和改进政协民主监督工作的意见和实施意见，充分运用会议监督、视察监督、专项监督等形式，组织开展了旅游市场“追客赶客”违法行为整治专项民主监督，配合省政协在我市开展有关课题协商监督工作，落实相关问题整改监督。支持各民主党派开展脱贫攻坚专题民主监督。组织专门班子，统一评价方式和标准，集中时间，对6个单位提案办理工作、6件重点提案办理情况开展民主评议，由各专委会督办所有提案。市政协将提案民主评议、督办过程中发现的

突出问题报告市委，市委、市政府领导召开专门会议交办问题、整改落实。开展了“市政协委员走进市纪委监委”活动，探讨执纪执法机关刚性监督同政协柔性监督相结合的方式，形成监督合力。目前，市政协民主监督工作还需要聚焦重大问题，进一步加大力度。

今年，市政协将进一步加强组织领导，重点聚焦健康扶贫、民营经济发展等问题，充分利用会议、视察、提案和专项监督等形式，加强协商式民主监督，增强民主监督的针对性，提升民主监督效果。

七、广泛凝聚正能量

坚持“团结、民主”主题，为实现中华民族伟大复兴广泛凝聚正能量，是人民政协的本质要求和标志性特征。

2018年，市政协党组举行12次中心组理论学习，把党的十九大精神和习近平新时代中国特色社会主义思想作为重要内容。专题组织了党章、宪法、政协章程、监察法的学习。在主席会议、常委会议、全市政协工作座谈会上，紧密结合能力建设和调研协商监督课题举办专题讲座，邀请党的十九大代表、十三届全国人大代表和专家学者进行辅导。我们组织开展重大课题调研、安排协商活动、决定协商内容和审议以政协名义向市委、市政府提出的意见建议，都充分听取各民主党派、工商联、无党派人士的意见和建议，邀请各民主党派市委负责人列席主席会议，广泛增进共识、促进团结、凝聚力量。但也存在联系界别群众不够紧密、人民群众诉求表达不够有序的问题。

今年，我们要深入学习党的十九大精神和习近平新时代中国特色社会主义思想，把委员和各界群众思想行动统一到中央、省委、市委决策部署上来。充分利用省“政协云”，加强同人民群众的密切联系，创新履职形式，调动积极因素，化解消极因素，努力增进共识、促进团结。

八、不断加强履职能力建设

加强履职能力建设，是人民政协事业适应中国特色社会主义新时代不断创新发展的迫切需要，是政协组织开展工作、履行职能、发挥作用的前提。

2018年，市政协精心编排委员活动组，开展经常性学习教育活动。统筹安排市、县（区）政协机关干部参加全国、全省政协系统各类学习培训。组织全市政协系统干部、委员100人到浙江大学开展履职能力培训。组织老委员咨询团成员赴延安开展“不忘初心、牢记使命”学习教育。市政协领导春秋两季全面走访市政协委员和区县政协班子成员，宣讲习近平总书记关于加强和改进人民政协工作的重要思想，宣传推广“政协云”，通报政协工作安排及进展。健全常委会组成人员联系委员制度和机制。这次全会，我们将表彰37名优秀政协委员。目前，要进一步调动委员履职热情，努力提升机关服务委员的能力。

今年，我们要突出委员主体地位，坚持“懂政协、会协商、善议政”，“守纪律、讲规矩、重品行”的标准，不断提升能力、锤炼作风。重点引导委员不断提高政治把握能力、调查研究能力、联系群众能力和合作共事能力。全面加强市政协机关建设，认真落实机构改革工作要求，优化市政协机关委室设置，发挥专委会基础性作用，提升信息化水平，提高服务保障效能，增强服务委员能力。

各位委员，同志们：

今年，我们将迎来新中国和人民政协成立70周年。70年披荆斩棘，70年风雨兼程。70年前，中国共产党以豪迈的气概，号召将革命进行到底，各民主党派、无党派人士和各人民团体、各族各界代表热烈响应中国共产党号召，召开中国人民政治协商会议第一届全体会议，实现了建立新中国这一中国人民站起来的历史伟业。70年来，人民政协在中国共产党的领导下，在社会主义革命、建设、改革的伟大征程中，与共和国一道砥砺前行，中华人民共和国迎来了从站起来、富起来到强起来伟大飞跃的光明前景。现在，我们比历史上任何时期都更接近、更有信心和能力实现中华民族伟大复兴的目标。一代人有一代人的使命，一代人有一代人的担当。在新时代，我们要有新作为。让我们高举中国特色社会主义伟大旗帜，紧密团结在以习近平为核心的党中央周围，在市委的坚强领导下，一起拼搏、一起奋斗，为谱写中华民族伟大复兴中国梦的张家界篇章贡献力量！

2019

大事记

·张家界年鉴·

2018年张家界市大事记

1月

2日

△政协张家界市七届二次会议中共党员会议召开。市政协党组书记、主席汪业元主持，市委副书记刘绍建出席并讲话。市领导艾可知、田华玉、彭红、褚新年、向锦云出席会议。

△市七届人大二次会议召开各代表团负责同志和区县党员负责干部会议。

△政协张家界市第七届委员会第二次会议在市委礼堂隆重开幕。

△市委书记、市人大常委会主任虢正贵主持召开市第七届人民代表大会第二次会议主席团第一次会议。

3日

△张家界市第七届人民代表大会第二次会议在市人大礼堂开幕。市委书记、市人大常委会主任、大会主席团常务主席虢正贵主持并宣布大会开幕。市委副书记、代市长刘革安代表市人民政府向大会作《政府工作报告》。

△市委书记、市人大常委会主任虢正贵会见中国工程院院士周宏灏一行，双方就大鲵养殖及大健康产业发展等进行深入交流。

△市委书记、市人大常委会主任虢正贵主持召开市第七届人民代表大会第二次会议主席团第三次会议。

4日

△市七届人大二次会议举行第二次全体会议。市人大常委会党组书记、常务副主任余怀民向大会作工作报告。壮晓阳、赵荣分别作市中级人民法院工作报告和市人民检察院工作报告。

5日

△政协张家界市七届十三次主席会议召开。市政协主席汪业元主持会议。

△政协张家界市第七届委员会第二次会议进行大会选举，邓师煌当选为政协张家界市第七届委员会副主席，吴中书、卓亚、郭金玲、彭树成当选为政协张家界市第七届委员会常务委员会委员。

△市委书记、市人大常委会主任、大会主席团常务主席虢正贵主持召开市第七届人民代表大会二次会议第三次全体会议，向锦云当选为张家界市第七届人民代表大会常务委员会副主任；刘革安当选为张家界市人民政府市长；袁美南当选为张家界市监察委员会主任；向佐谊、许显辉等25人当选为湖南省第十三届人民代表大会代表。市领导艾可知、朱用文担任执行主席，

△中国人民政治协商会议张家界市第七届委员会第二次会议在市委礼堂闭幕。

△市七届人大二次会议闭幕。市人大常委会党组书记、常务副主任余怀民主持。大会采取举手表决的方式，通过了市七届人大二次会议关于政府工作报告、计划、预算、环境保护工作报告和市人大常委会、市中级人民法院、市人民检察院7个报告的决议。

6日

△中国武陵山片区首届房车旅游展暨“十万房车，百万游客走进张家界”房车线路活动启动。

8日

△张家界市召开监察委员会成立大会。市委副书记、市长刘革安主持会议，市委书记、市人大常委会主任、市深化监察体制改革试点工作小组组长虢正贵出席会议并讲话。

9日

△国家文化和旅游部李金早在2018年全国旅游工作会议召开期间，会见市委书记、市人大常委会主任虢正贵一行。

9日至10日

△市委书记、市人大常委会主任虢正贵一行赴康美药业股份有限公司和深圳光启高等理工研究院开展招商考察洽谈活动。揭阳市委常委、普宁市委书记张时义会见考察组一行。

16日

△张家界市长沙商会成立。

△张家界市召开2017年度区县及市直行业系统党（工）委书记抓基层党建、党管意识形态工作述职评议会议。

17日

△市委书记、市人大常委会主任虢正贵主持召开市委全面深化改革领导小组2018年第一次会议。

18日

△湖南省委常委、省军区政委冯毅到桑植县调研精准扶贫和人武工作。

19日

△市人民政府分别与大唐西市集团、丝绸之路国际总商会签署战略合作框架协议，三方将从文化产业和现代服务业等方面开展深入战略合作。

20日

△2018张家界旅游精品城市建设展览会开幕。市领导余怀民、邹菊芳、李培其参加展览会开幕式并现场观展。

22日

△2018年《东西南北贺新春》特别节目张家界分会场在天门山下进行现场录制。

24日

△张家界市召开旅工委2018年第一次主任会议，研究讨论《2018年全市旅游工作要点》等。

25日

△张家界市召开2017年市直机关党委（党组）书记抓基层党建述职评议会。

30日

△张家界市召开西线旅游开发工作协调领导小组2018年第一次会议。

2月

1日

△市委副书记、市长刘革安主持召开中共张家界市第七届纪律检查委员会第三次全体会议。市委书记、市人大常委会主任虢正贵出席会议并讲话。

2日

△张家界市举行市文联成立20周年茶话会暨“百花竞春中国梦”文艺会演。

3日

△市委副书记、市长刘革安就中优中医药健康旅游暨循环经济示范园项目和大唐西市公司拟开发项目进行调研。

5日

△张家界市以“三会合一”的形式召开卫生与健康大会、2018年全市计划生育工作会议、创建国家卫生城市推进大会。市委书记、市人大常委会主任虢正贵出席会议并讲话，市委副书记刘绍建主持会议。

6日

△张家界市召开2018年春节假日旅游接待工作会议。市领导刘绍建、吕毅、欧阳斌出席。

△张家界市人民政府与康美集团签署战略合作协议。市领导虢正贵、刘革安、刘绍建、罗智斌、欧阳斌及康美集团董事长、总裁马兴田，康美集团副董事长、常务副总裁许冬瑾出席签约仪式。

△2018年中国张家界旅游嘉年华暨颁奖典礼举行。市领导刘绍建、吕毅、欧阳斌出席并颁奖。

7日

△省政协副主席、致公党省委主委胡旭晟率相关专家学者在张家界召开致公党湖南省委参与张家界市脱贫攻坚民主监督情况通报会。市委书记、市人大常委会主任虢正贵，省人大常委、致公党省委专职副主委向佐谊，致公党省委副主委谢姿清，市领导刘绍建、汪业元出席会议。

11日

△市委副书记、市长刘革安主持召开张家界市投融资决策委员会第一次会议，研究2018年投融资相关工作。

12日

△市委副书记、市长刘革安主持召开全市政法工作暨扫黑除恶工作会议，市委书记、市人大常委会主任虢正贵出席并讲话。

△张家界市举行“青春践行十九大、不忘记初心跟党走”全市廉政文化“六进”活动启动仪式，市委书记、市人大常委会主任虢正贵出席并讲话。

23日

△市委副书记、市长刘革安深入市城区饮用水源保护区，对部分入河排污口的污水处理现状和整改工作进行调研。

25日

△市委书记、市人大常委会主任虢正贵深入市城区部分旅游文化企业就“旅游+文化”产业发展中存在的问题进行调研，并召开座谈会。

26日

△市委副书记、市长刘革安主持召开2018年市旅工委全体会议，听取2017年全市旅游工作情况汇报，并对2018年全市旅游工作要点进行部署。

27日

△张家界市委农村工作会议召开，市委书记、市人大常委会主任虢正贵出席并讲话，市委副书记、市长刘革安部署相关工作，市委副书记刘绍建主持会议。

△张家界市项目建设、棚户区改造和征拆治违工作推进会召开，市委书记、市人大常委会主任虢正贵出席会议并讲话，市委副书记、市长刘革安主持会议。

28日

△张家界市七届人大常委会第十一次会议召开，市委

书记、市人大常委会主任虢正贵出席会议并讲话。

3月

2日

△2018年湖南省“我们的节日·元宵——文明张家界欢乐元宵节”主题系列活动开幕。湖南省委宣传部副部长、省文明办主任刘进能宣布开幕。

△张家界市召开党委办公室、组织、宣传、统战工作会议，以习近平新时代中国特色社会主义思想为指引，深入贯彻党的十九大精神和十九届三中全会精神，并对全市党委办公室、组织、宣传、统战工作进行回顾总结、安排部署。市委书记、市人大常委会主任虢正贵出席会议并讲话，市委副书记刘绍建主持会议。

5日

△张家界市举行“六城同创青年先行”纪念学雷锋55周年暨“六城同创”推进仪式。

△十三届全国人大一次会议在北京开幕。会后，全国人大代表，市委副书记、市长刘革安接受采访，畅谈了聆听李克强总理所作政府工作报告的感受。

7日

△市委书记、市人大常委会主任虢正贵主持召开全市政府性债务化解工作座谈会。

8日

△市委书记、市人大常委会主任虢正贵深入企业、车间、工地，调研“旅游+农产品加工”产业发展情况。

9日

△张家界市召开创建湖南省文明城市第一次整改推进会议，对创建省级文明城市工作中存在的问题进行通报整改，安排部署下一步工作。

△市委书记、市人大常委会主任虢正贵赴省卫生计生委专题汇报张家界创建国家卫生城市工作。省卫生计生委党组书记、主任陈小春，省卫生计生委党组副书记、副主任，省中医药管理局局长黄惠勇，省卫生计生委党组成员、副主任彭振国，市领导朱用文参加座谈会。

△省民政厅厅长唐白玉一行深入桑植县，就深度贫困县农村建档立卡贫困人口医疗救助试点工作以及脱贫攻坚常态化联点督查工作进行调研，并召开座谈会。

13日

△2018年张家界市旅游发展暨全域旅游推进大会召开。省旅发委党组副书记、副主任王超祥，市委书记、市人大常委会主任虢正贵出席会议并讲话，市委副书记刘绍建主持会议。

△张家界市残疾人联合会第六次代表大会开幕。市委书记、市人大常委会主任虢正贵出席会议并讲话，市委副书记刘绍建主持会议。

14日

△市委书记、市人大常委会主任虢正贵深入永定区调研黔张常铁路张家界西站等项目建设情况。

15日

△市委书记、市人大常委会主任虢正贵主持召开脱贫攻坚领域信访及舆情处置工作调度会。

16日

△市委书记、市人大常委会主任虢正贵深入武陵源区，调研2018年开局工作。

21日

△市委书记、市人大常委会主任虢正贵与吉首大学党委书记游俊座谈，双方就进一步深化校地合作，研究解决吉首大学在张家界办学、校区建设及张家界学院转设等方面存在的困难问题进行交流。

22日

△全市城市基层党建暨城市社区“三联四建”活动推进大会召开。

△全市“两新”党建工作暨服务全域旅游创“三优”竞赛活动推进会召开。市委副书记刘绍建出席并讲话，市委常委、市委组织部部长艾可知主持会议。

25日

△市委书记、市人大常委会主任虢正贵会见俄罗斯圣彼得堡谢斯得罗列茨克市长别利斯基·亚历山大·尼古拉耶维奇一行，双方就旅游营销市场进行对接。

△市委书记、市人大常委会主任虢正贵主持召开工作调研会，专题听取全市“最多跑一次”改革考察情况汇报。

26日

△市委书记、市人大常委会主任虢正贵深入张家界经开区对“旅游+工业”产业发展进行深入调研。

27日

△全市召开交通建设会议，市委副书记、市长刘革安出席会议并讲话。

△张家界市2018年度第一次重大招商项目签约暨贯彻落实“创新引领开放崛起”战略推进会召开，19个“旅游+”项

目集中签约。市领导虢正贵、刘革安、刘绍建、余怀民、罗智斌、单铸飞、朱用文、李传荣、欧阳斌、王光明、李文化、邓师煌出席签约仪式。

29日

△张家界丝绸之路国际文化产业园项目第一次对接会议召开，市委副书记、市长刘革安出席并讲话。

30日

△张家界市2018年市委干部教育工作领导小组会议暨全市党性教育基地建设推进会召开。

△市委副书记、市长刘革安会见协鑫集团公司副总裁、协鑫南方集团公司董事长周支柱一行，双方就张家界静脉产业园和康养智慧新能源小镇建设有关事宜进行洽谈。

31日

△市委副书记、市长刘革安深入沙堤大道、杨家界大道、大庸古城、武陵山珍馆等重点工程建设现场督导项目建设。

4月

2日

△市委书记、市人大常委会主任虢正贵率队赴省财政厅、省住建厅，就张家界经济社会发展有关工作进行沟通对接。

△市委副书记、市长刘革安主持召开项目投资专题会。

4日

△2018年度市委人才工作领导小组会议召开，市领导刘绍建、艾可知参加会议。

△市委书记、市人大常委会主任虢正贵与国网湖南省电力公司董事长、党委书记孟庆强一行进行座谈交流。

12日

△市委副书记、市长刘革安主持召开全市土地管理委员会2018年第二次会议，审议部分划拨供地项目、出让供地项目等相关事宜。

14日至16日

△中央第八巡视组副组长王建平一行7人来张家界开展延伸调研。16日晚召开巡视调研座谈会。会上，向张家界市委市政府交换提醒在张调研交流期间发现的问题。市领导虢正贵、刘革安、邓师煌参加。

16日

△市委书记、市人大常委会主任虢正贵主持召开全市“深入贫困村，集中解难题”活动调研情况汇报会，专题听取由审计、财政、环保、林业等部门组成的脱贫攻坚调研组对全市脱贫攻坚调研情况汇报，安排部署当前重点工作。

18日

△市委副书记、市长刘革安主持召开张家界市创建国家卫生城市工作推进会暨省爱卫专家调研反馈问题整改交办会。

19日

△市委书记、市人大常委会主任虢正贵按照市领导“深入贫困村，集中解难题”活动要求，以问题为导向深入永定区崇文办事处代家湾村实地调研。

20日

△张家界市招商引资已签约项目落地推进会召开。

△市委书记、市人大常委会主任虢正贵主持召开全市“深入贫困村，集中解难题”活动开展情况碰头会。

△市委副书记、市长刘革安深入市城区，就交通站场规划建设相关情况进行调研。

25日

△市委副书记、市长刘革安深入市、区政务服务中心，了解张家界市政务服务工作现状及困难，就全市推行“最多跑一次”改革进行前期调研。

26日

△全市扶贫工作暨作风建设年动员大会召开。市委书记、市人大常委会主任虢正贵，市委副书记、市长刘革安出席会议并讲话。市委副书记刘绍建主持会议。

△全市城乡建设用地增减挂钩工作推进会召开。市领导刘革安、李培其、邓师煌参加会议。

30日

△市委书记、市人大常委会主任虢正贵会见由正威国际集团投资总裁、正威文化集团总裁、深圳文化创意行业协会秘书长陈鹤平带领的企业代表一行，就寻找合作空间、促进联动发展合作共赢进行洽谈交流。

5月

2日

△市委副书记、市长刘革安与深圳文化创意行业协会

考察团进行座谈交流。

△市委书记、市人大常委会主任虢正贵会见中国人民银行长沙中心支行行长马天禄一行。双方就进一步发挥金融服务实体经济作用、助推全市高质量发展交换意见。

3日

△市人民政府与中国人民银行长沙中心支行联合主办“2018年金融服务湖南实体经济·张家界绿色金融行活动”，市委书记、市人大常委会主任虢正贵，中国人民银行长沙中心支行行长马天禄，省政府金融办副主任周晖出席活动并讲话。

6日至7日

△市委副书记、市长刘革安深入湖南张家界南方水泥有限公司等企业，就全市工业经济运行情况进行调研。

7日

△张家界市本级储备土地项目推进及闲置土地工作会召开。

7日至10日

△省政协“更好推进我省产业扶贫”调研组深入全市各区县开展省市县三级政协联动调研产业扶贫工作。省政协副主席胡旭晟，省政协常委、民革省委副主委刘春生，省政协常委、办公厅巡视员、民盟省委副主委汤浊，市领导刘绍建、汪业元、李传荣、彭红、邓师煌参加调研或座谈。

10日

△市委书记、市人大常委会主任虢正贵主持召开张家界市城乡规划委员会2018年第一次全体会议。

△市委副书记、市长刘革安主持召开张家界市土地管理委员会2018年第三次会议，审议部分挂牌出让供地项目相关事宜。

△市委副书记、市长刘革安会见21国驻港澳领团、外交部驻澳门特派员公署副特派员王冬、澳门特区政府礼宾公关外事办公室副主任林晓欣。

14日

△张家界市环城环景产业带绿色发展规划（评审稿）汇报暨专家评审会召开，审议《张家界市环城环景产业带绿色发展规划（2017—2030）》（评审稿）。

21日至22日

△全国人大代表、丝绸之路国际总商会主席、大唐西市集团董事局主席吕建中一行来张家界考察，并就丝绸之路国际旅游文化产业园项目尽快落地张家界市开展洽谈。市领导虢正贵、刘革安、刘绍建、罗智斌、单铸飞、欧阳斌、李文化等参加考察或洽谈。

23日

△市委书记、市人大常委会主任虢正贵会见以老挝丰沙里省委书记兼省长坎坚·冯珀西为团长的老挝北部六省省委书记访华团一行。

24日

△张家界市深化监察体制改革试点工作小组会议召开。市委书记、市人大常委会主任虢正贵主持会议并强调，要切实担起改革的政治责任，不忘初心、牢记使命，鼓足干劲、攻坚克难，坚决完成深化监察体制改革试点各项任务，推动全市党风廉政建设和反腐败工作、全面从严治党向纵深发展。

△市委副书记、市长刘革安主持召开张家界市城乡规划委员会执行委员会2018年第二次会议，对沙堤片区宁邦国际广场项目等用地规划条件及规划方案进行审议。

25日

△中共张家界市第七届委员会第五次全体会议召开，审议通过市委《关于深入实施长江经济带发展战略建设生态绿色张家界推动高质量发展的决定》（简称《决定》）、《生态绿色张家界建设“先导工程”三年行动计划（2018—2020年）》（简称《三年行动计划》）。市委书记、市人大常委会主任虢正贵主持会议并代表市委常委会作总结发言。市委副书记、市长刘革安代表市委常委会向全会报告了张家界市贯彻落实长江经济带发展战略、推进生态环境治理工作的情况。市委副书记刘绍建就《决定》《三年行动计划》起草情况向全会作说明。

27日

△2018中国（郑州）国际旅游城市市长论坛在郑州开幕。张家界市委副书记、市长刘革安应邀出席本届论坛并在市长峰会上发言。

30日

△张家界市召开全市污染防治“2018年夏季攻势”暨河长制工作推进会。

△市委书记、市人大常委会主任虢正贵会见中铁城建集团董事长罗海滨一行。

6月

1日

△市委书记、市人大常委会主任虢正贵深入永定区，调研子午西路延伸段和绕城公路、大粟坡郊野公园、张家界丰泽国际公用保税仓、义乌国际商贸城、大庸古城等重点建设项目。

4日

△市委副书记、市长刘革安主持召开全市重点项目征地拆迁调度会议。

△市委书记、市人大常委会主任虢正贵主持召开全市行业扶贫汇报会。

6日

△市委副书记、市长刘革安主持召开市土地管理委员会2018年第四次会议。

7日

△市委副书记、市长刘革安主持召开张家界市城市管理委员会2018年第一次会议。

11日

△市委书记、市人大常委会主任虢正贵主持召开市委全面深化改革领导小组2018年第四次会议。会议传达学习了中央全面深化改革委员会第二次会议、省委全面深化改革领导小组2018年第二次会议精神，审议通过《张家界市“最多跑一次”改革实施方案》和《关于深化人才发展体制机制改革，加快建成全域旅游人才高地的实施意见》。

△市委书记、市人大常委会主任虢正贵主持召开全市交通行业扶贫工作调度会。

△市委副书记、市长刘革安调研全市外向型经济并主持召开座谈会。

12日

△市委书记、市人大常委会主任虢正贵前往市政务中心新大楼、市住房公积金中心办事大厅、“12345”市政府热线、市交警支队办事大厅，专题调研“最多跑一次”改革工作，要求对标浙江等外地先进经验，加快推进改革步伐。

△市委副书记、市长刘革安主持召开张家界市投融资决策委员会2018年第三次会议。

△市委副书记、市长刘革安会见旺旺集团投资总处长李玉生、新东阳集团董事长麦嘉阳一行，双方就有关项目建设进行交流洽谈。

14日

△市委副书记、市长刘革安深入张家界西站、张吉怀铁路茅溪河特大桥、澧水河大桥建设现场、武陵山大道城市段和景区段、子午西路延伸段等部分重点工程项目建设现场调研，并召开座谈会。

△市委副书记、市长刘革安主持召开且住岗碧桂园文旅小镇项目调度会。

△市委副书记、市长刘革安会见奥地利布尔根兰州州长汉斯·尼塞尔率领的奥地利布尔根兰州代表团一行。

15日

△张家界市长江经济带生态环境保护审计发现问题整改调度工作会召开。市领导刘革安、李培其参加会议。

△省卫生计生委党组书记、主任陈小春带领省卫生计生委调研组一行来张家界市调研基层医疗卫生服务能力建设等工作。

20日

△市委副书记、市长刘革安就全市教育工作暨消除大班额工作进行专题调研并召开座谈会。

△市委副书记、市长刘革安召开全市财政工作座谈会，全面调度财政工作，深入研究具体问题。

21日

△全市优化发展环境暨“最多跑一次”改革动员大会召开。市委书记、市人大常委会主任虢正贵，市委副书记、市长刘革安出席会议并分别作讲话。

△市委书记、市人大常委会主任虢正贵主持召开书记专题会议，专题听取全市第三轮巡察工作情况汇报，安排部署下一步巡察工作。

22日

△市委书记、市人大常委会主任虢正贵会见巴西驻广州总领馆总领事何塞·维森特·莱萨一行。

△省人民政府副省长、溇水省级河长吴桂英带领省直有关部门负责人深入慈利县，巡查溇水并实地调研溇水河长制落实情况。省水利厅副厅长罗毅君、省卫健委副主任易露茜，市领导刘革安参加巡查。

21日至22日

△副省长陈文浩带队来到张家界，就中央环保督察反馈问题整改情况、澧水防汛工作进行调研督导。省政府副秘书长黎咸兴，省环保厅厅长邓立佳，省水利厅副厅长陈绍金，市领导刘革安、李培其参加调研。

23日

△市委书记、市人大常委会主任虢正贵深入永定区，就静脉产业园项目选址情况进行调研。

△市委书记、市人大常委会主任虢正贵先后会见人保财险湖南省分公司党委书记、总经理周有颖，正威文化集团首席运营官栾立银一行。

26日

△张家界市召开禁毒工作会议。市委副书记、市长、市禁毒委员会主任刘革安出席会议并讲话，市委常委、市委政法委书记刘桦主持会议。

27日

△市委书记、市人大常委会主任虢正贵主持召开全市

健康医疗、教育、就业行业扶贫工作调度会。

29日

△市委副书记、市长刘革安深入武陵源区调研项目建设和特色民宿发展。

7月

4日

△市委副书记、市长刘革安主持召开张家界市城乡规划委员会执行委员会2018年第三次会议，审议沙堤片区相关地块规划方案、张家界市15081平战结合人防工程（二期）规划方案、张家界经济开发区相关地块、张家界航院老校区地块的规划方案和陈家溪环境治理暨韩国特色商业街项目用地性质及规划条件调整论证方案，研究张家界经济开发区规划管理权限调整事宜等。

5日

△市委书记、市人大常委会主任虢正贵主持召开调研协商座谈会，围绕重点考察调研课题，就大力推进全市金融扶贫与市政协部分委员、金融扶贫相关单位负责人协商座谈、建言献策。

△市委副书记、市长刘革安主持召开专题会议，听取临空产业园发展规划纲要专题汇报，研究临空经济发展。

6日

△市委书记、市人大常委会主任虢正贵主持召开张家界市精准脱贫“秋季攻坚”行动推进会议，向全市发出2018年精准脱贫“秋季攻坚”行动令。市委副书记、市长刘革安在会上作全市半年脱贫攻坚工作报告。

△市委副书记、市长刘革安主持召开全市城乡建设用地增减挂钩和储备土地项目推进及闲置土地处置工作专题会。

△市委副书记、市长刘革安主持召开市土地管理委员会2018年第五次会议。会议审议了东岳·新外滩东侧、沙堤朱家峪安置点、人防工程项目（二期）、沙堤大道两侧等地块出让的情况；审议了经开区C区部分地块的出让情况和阳湖坪供电所项目划拨供地情况。

7日

△市委书记、市人大常委会主任虢正贵前往张家界西站站位工地、张吉怀茅溪河特大桥工地、张吉怀龙盘岗特大桥工地、张吉怀澧水特大桥工地调研施工进展及征地拆迁情况。

△市委书记、市人大常委会主任虢正贵会见印尼国家旅游部大中华区国际市场部司长文森休斯·介马杜一行，双方就两地文化旅游合作等事项进行对接接洽。

9日

△张家界市召开污染防治攻坚战“夏季攻势”及环保重点工作调度会，梳理总结前段工作，部署交办下阶段工作任务。市委副书记、市长刘革安参加会议并讲话。

△市委副书记、市长刘革安主持召开城市公共设施建设资源配置和房地产开发项目配建公共服务设施工作专题会，研究2018年新建市政项目建设资源配置相关情况，审议房地产开发项目配建公共服务设施相关规定。

10日

△2018年张家界市产业项目集中开工仪式在市经济开发区举行，全市12个重大产业项目同时开工，总投资15.8亿元，全部达产后可实现年产值35亿元。市委书记、市人大常委会主任虢正贵出席并宣布开工，市委副书记、市长刘革安出席并致辞。

11日

△2018年张家界市创建国家食品安全示范城市推进会暨市食安委全体会议召开。

12日

△省委常委、省国资委党委书记张剑飞在张家界市督办信访、扶贫和环保工作。湖南省交通厅副厅长赵平，省扶贫办副主任张智勇，省环保厅总工程师张在峰，省信访局副巡视员曾益民，市领导虢正贵、刘绍建、刘桦、单铸飞、李培其参加调研或座谈。

13日

△市委巡察工作动员部署会召开，会议组织学习贯彻习近平新时代巡视工作思想，传达中央、省委、市委关于巡视巡察工作的新精神，安排部署七届市委第四轮巡察工作。

17日

△市委书记、市人大常委会主任虢正贵主持召开会议，就7月6日市委市政府部署的精准脱贫“秋季攻坚”行动进行专题调度。

18日

△位于张家界市沙堤高铁新区的张家界宁邦广场项目正式开工建设，市委副书记、市长刘革安宣布项目开工并讲话。

20日

△张家界联合国教科文组织世界地质公园2018年再评估意见反馈会召开。联合国教科文组织专家兰迪·米勒博士和马尔科·科马克博士，市领导刘革安、朱用文、李培其参加反馈会。

23日

△在上海举行的“2018湖南—长三角经贸合作洽谈周”张家界招商推介会暨项目签约仪式上，张家界市签约13个项目，涵盖旅游、农业、环保等多个领域，签约总额达到182.5亿元。

24日

△市委书记、市人大常委会主任虢正贵主持召开全市文化、电力、电商、通信、科技、万企帮万村、生态补偿行业扶贫工作调度会。

24日至25日

△在“2018湖南—长三角经济贸易洽谈周”期间，市委副书记、市长刘革安率张家界团分赴上海嘉定再生能源、金汇通用航空、旺旺集团等知名企业，洽谈相关合作事宜。

26日

△湖南省第七环境保护督察组督察工作动员会在张家界市召开，省第七环保督察组组长谈敬纯、副组长范金星就做好督察工作分别讲话。市委书记、市人大常委会主任虢正贵作动员讲话。

27日

△市委书记、市人大常委会主任虢正贵主持召开市委全面深化改革领导小组2018年第五次会议，学习贯彻习近平新时代中国特色社会主义思想和中央、省委改革会议精神，研究审议有关改革方案，安排部署下一阶段深改工作。

△市委书记、市人大常委会主任虢正贵，市委副书记、市长刘革安与正威国际集团董事局主席王文银一行举行洽谈，双方就进一步加强交流、实现合作共赢达成共识。

28日

△市委副书记、市长刘革安到深圳与康美药业、华侨城等知名企业开展对接和洽谈活动。

8月

1日

△市委副书记、市长刘革安主持召开退役军人服务管理工作专题会，传达省委退役军人服务管理工作专题会精神，听取市人社局、市民政局有关工作汇报，对做好退役军人服务管理工作进行安排部署。

△市委副书记、市长刘革安会见湖南圣湘生物科技有限公司董事长戴立忠一行，双方就生物医药开发、旅游+康养产业发展等进行对接洽谈。

2日

△省第七环保督察组组长谈敬纯带队深入慈利县大峡谷景区、江垭水库等地，现场督察调研环境保护工作和相关环保问题整改落实情况。市领导刘革安参加调研。

3日

△张家界市六城同创推进会暨创建国家森林城市表彰会召开，会议总结2018年上半年全市六城同创工作情况，对“创森”工作中做出突出贡献的单位和个人进行表彰，交办第六批问题清单。市委副书记、市长刘革安出席会议并讲话，市委副书记刘绍建主持会议。

7日

△市委副书记、市长刘革安深入市中心城区，就公共停车场、垃圾站、公厕建设进行调研并召开座谈会。

8日至9日

△省委副书记、省长许达哲在张家界调研全域旅游及文化生态旅游精品线路，副省长何报翔，省政府秘书长王群，市领导虢正贵、刘革安参加调研。

13日至14日

△省政协主席李微微赴张家界调研政协工作，详细了解张家界市政协助推“西线旅游”发展、“三个一”扶贫行动等方面的情况。省政协秘书长卿渐伟，市领导虢正贵、汪业元参加调研。

14日

△市委副书记、市长刘革安会见上海台商协会常务副会长胡兴中一行，双方围绕全域旅游、现代农业、棚户区改造等方面进行了沟通交流，并就具体投资项目进行座谈。

15日

△张家界市深入实施长江经济带发展战略建设绿色生态张家界推动高质量发展领导小组召开第一次会议。市委书记、市人大常委会主任虢正贵，市委副书记、市长刘革安参加会议并讲话。

17日

△市委书记、市人大常委会主任虢正贵主持召开整治旅游市场治安秩序严打追客赶客行为专题会，会议听取了市公安局、市综治办、市旅外委、市交通运输局及永定区有关情况汇报，就全市旅游市场治安秩序整治，严打追客赶客行为进行研究部署。

20日

△市委书记、市人大常委会主任虢正贵主持召开全市

旅游市场秩序价格体系治理专题推进会，会议对市发改委拟订的旅游市场价格秩序专项整治工作方案进行了研究，听取了永定区、武陵源区相关情况汇报，对旅游市场价格秩序整治工作进行再研究、再安排、再部署。

△市委书记、市人大常委会主任虢正贵主持召开全市道路交通安全管理工作紧急会议，听取近期道路交通事故情况汇报，分析研判事故频发原因，并就迅速落实好省领导对相关交通事故的重要批示精神和进一步加强全市道路交通安全管理工作做出部署。

21日

△全市农村道路交通安全“大排查、大整治、大督查”动员部署会议召开，在全市范围内开展农村道路交通安全“大排查、大整治、大督查”，全力遏制较大以上道路交通事故发生态势，切实保障人民群众生命财产安全。

22日

△市委书记、市人大常委会主任虢正贵深入武陵源区、慈利县实地考察全国乡村旅游与旅游扶贫工作推进大会筹备工作情况，并主持召开调度会。对各项会务工作进行安排部署。

27日

△张家界市召开涉自然保护区水电项目整改整治专题会议，对环保突出问题整改工作进行再调度、再推进、再落实。市委副书记、市长刘革安出席会议并讲话。

29日

△市委书记、市人大常委会主任虢正贵主持召开贺龙体育中心项目续建情况汇报会，听取市政府法制办、市中级人民法院、市经投集团公司有关情况汇报。

30日

△张家界市旅游市场秩序整治大会召开，部署十大重点整治行动，发布六大承诺，明确六大机制。市委书记、市人大常委会主任虢正贵出席会议并讲话，市委副书记、市长刘革安主持会议。

△市委副书记、市长刘革安会见深圳华侨城资本集团总裁林育德带领的考察团一行，双方就我市旅游资源开发及有关合作事宜进行了交流洽谈。

31日

△市委副书记、市长刘革安深入部分重点项目建设现场，就项目建设相关情况进行调研。

9月

3日至4日

△民进中央副主席兼秘书长、脱贫攻坚民主监督工作领导小组副组长高友东率民进中央脱贫攻坚民主监督调研组来张家界市，深入了解教育精准扶贫的经验和问题。

5日

△张家界市政务服务中心新大厅正式启用，向社会公众提供服务。市委副书记、市长刘革安为市政务服务中心揭牌并宣布新大厅正式启用。

6日

△市委副书记、市长刘革安主持召开巡察国有企业反馈问题整改工作推进会，调度整改工作，研究部署国有企业改革发展各项工作。

△市委书记、市人大常委会主任虢正贵赴丝绸之路国际总商会北京代表处考察，市领导艾可知参加。

△2018年中国—东盟市长论坛在广西南宁市开幕。市委副书记、市长刘革安应邀参加本届论坛并分享张家界跨境合作创新实践经验。

11日至12日

△十三届全国人大代表张家界小组和由张家界选举产生的省十三届人大代表通过实地调研和听取汇报、座谈等形式，对张家界市经济社会发展、乡村振兴和精准脱贫等工作进行专题调研。

13日

△全国乡村旅游与旅游扶贫工作推进大会暨“锦绣潇湘”推介会在张家界市召开。国家文化和旅游部党组副书记、副部长李金早，国务院扶贫办党组书记、主任刘永富出席会议并讲话，文化和旅游部党组成员李世宏出席会议。湖南省人民政府副省长吴桂英作“锦绣潇湘”推介，市委书记、市人大常委会主任虢正贵作典型发言。农业农村部、自然资源部、国家林业和草原局、国家开发银行、中国农业发展银行、中国农业银行等单位相关同志，各省区市旅游、扶贫部门负责人及来自各地的乡村旅游企业代表参会。

17日

△市委副书记、市长刘革安会见德国能源署前署长科勒一行，双方围绕新能源的开发、利用与发展进行交流与沟通。

18日

△市委副书记、市长刘革安会见来张家界考察访问的菲律宾卡洛奥坎市（Kalookan）市长奥斯卡·马拉皮坦一

行，双方就加强和推进两市之间的交流合作进行了亲切交谈，并签订了建立友好城市意向书。

19日

△市委副书记、市长刘革安主持召开会议，专项调研“铁腕治旅”专项整治行动开展情况。

20日

△全市扶贫领域作风问题专项治理工作推进会召开。会议传达贯彻我省扶贫领域作风问题专项治理工作武陵山片区座谈会等精神，对照要求查找问题和不足，以作风建设的实际成效确保打好打赢脱贫攻坚战。

△张家界涉大鲵国家级自然保护区水电站整改工作推进会召开。市委副书记、市长刘革安参加会议并讲话。

22日

△湘皖鄂川致公书画院书画联展开幕式在荷堂艺术馆举行。全国人大常委会委员、环资委副主任委员、致公党中央副主席吕彩霞，湖南省政协副主席、致公党湖南省委主委胡旭晟，中国致公画院副院长、湖南致公书画院院长曾传兴，湖南省人大常委、致公党湖南省委专职副主委向佐谊及市领导刘绍建、田华玉参加。

27日

△市委副书记、市长刘革安对部分供地项目进行现场调研，并主持召开市土地管理委员会2018年第六次会议，审议相关地块的挂牌出让供地方案、有关项目的划拨供地方案和其他相关事项。

27日至28日

△湖南省人民政府副省长陈文浩来张家界调研督导大鲵国家级自然保护区水电项目整改情况。省政府副秘书长黎咸兴，省环保厅总工程师张在峰，省水利厅副厅长陈绍金，省农委副主任兰定国及市领导刘革安、朱用文、尚生龙参加调研。

28日

△市委副书记刘绍建与中国能源工程集团有限公司总裁段玉林一行进行洽谈，双方就清洁能源和环保等领域相关问题进行了深入交流，并就未来合作方向达成了共识。

29日

△湖南省第七环境保护督察组督察张家界市意见反馈会召开。省第七环保督察组组长、省政协社会和法制委员会副主任谈敬纯作反馈讲话，市委副书记、市长刘革安作表态讲话，市委副书记刘绍建主持会议。

△张家界市举行安保维稳“百日会战”誓师大会暨反恐处突大演练，全面检验应急反恐处突能力水平，营造安保维稳“百日会战”强大声势。

10月

8日

△湖南省委第二巡视组巡视张家界市工作动员会召开。会前，省委组织部部务委员、省委非公有制经济组织和社会组织工作委员会书记、省委巡视工作领导小组成员梁平主持召开与张家界市委书记、市人大常委会主任虢正贵的见面沟通会，传达了中央和省委关于巡视工作的指示精神。会上，省委第二巡视组组长张正就即将开展的巡视工作作讲话，梁平就配合做好巡视工作提出要求。虢正贵主持巡视进驻动员会并作表态讲话。

9日

△市委副书记、市长刘革安主持召开市投融资决策委员会第四次会议，审议部分项目建设资金保障等有关事项。

15日

△市委副书记、市长刘革安分别会见应邀参加2018丝绸之路工商领导人（张家界）峰会的柬埔寨暹粒省副省长狄斯哈一行和巴基斯坦国立科技大学中国学研究中心副主任泽米尔·艾哈迈德·阿万率领的中联部“一带一路”智库学者联合考察团一行，并就旅游、经贸等方面问题进行沟通交流。

16日至17日

△2018丝绸之路工商领导人（张家界）峰会在张家界举行。克罗地亚前总统斯捷潘·梅西奇，尼泊尔前议长苏巴斯·内姆旺，全国政协社会和法制委员会副主任陈智敏出席开幕式或致辞，湖南省人民政府副省长何报翔宣布大会开幕。格鲁吉亚环保农业部部长列文·大卫塔什维利，中非内政与公安部部长亨利·旺泽-林吉萨拉，全国政协外事委员会委员、世界中文报业协会主席王树成，中国品牌建设促进会理事长刘平均，商务部原副部长张志刚，国际商会执行董事张燕玲，中国民间组织国际交流促进会副会长窦恩勇等出席峰会。市委书记、市人大常委会主任虢正贵主持开幕式，市委副书记、市长刘革安作特邀演讲。峰会发布《和合与共携手构建国际工商界融合发展的命运共同体——2018丝绸之路工商领导人峰会张家界共识》《中医药针灸与人类健康张家界共识》；形成了《品牌评价旅游目的地》国际标准提案，并发布旅游目的地品牌发展战略；颁发“丝绸之路国际总商会卓越领导人奖”“丝绸之路国际总商会2018年度杰出贡献奖”和中医药国际推广突出贡献证书，以表彰为推动丝绸之路商贸繁荣、经济发展和中医药发展做出突出贡献的国际人士；张家界市当选为丝绸之路国际友好城市协作体首任轮值主席城市，张家界市委副书记、市长刘革安当选为丝绸之路国际友好城市协

作体首位轮值主席。

16日

△2018丝绸之路工商领导人（张家界）峰会举行六大平行论坛，围绕“一带一路”经贸合作、标准制定、品牌建设、金融服务、文化旅游、中医药发展等多个选题交流探讨，积极献言建策，分享真知灼见，促进各国工商界务实合作，共推“一带一路”建设和发展。

17日

△张家界丝路荷花国际文化旅游城项目启动仪式举行。市委副书记、市长刘革安宣布项目正式启动，全国政协社会和法制委员会副主任、中国友谊促进会理事长陈智敏，丝绸之路国际总商会名誉主席、亚太工商会主席杰默·伊纳什维利，市委副书记刘绍建，丝绸之路国际总商会副主席兼秘书长李中航分别致辞。中国国际商会副会长、中国国际贸易促进委员会原副会长张伟，中共中央对外联络部原部长助理、中国民间组织国际交流促进会副会长窦恩勇，大唐西市集团董事局主席、丝绸之路国际总商会主席吕建中，丝绸之路国际总商会执行主席、国际商会原秘书长让·盖·卡里埃，格鲁吉亚伙伴基金主席、黑海经合组织议会大会前任副主席大卫·萨迦涅利泽及市领导汪业元、罗智斌、单铸飞、吴名凤、欧阳斌参加项目启动仪式并共同为项目奠基培土。

△市委副书记、市长刘革安主持召开专题会议，加快推进全市“五个100”项目建设。

18日

△贵州省铜仁市委书记陈昌旭率领党政代表团来张，考察我市核心景区保护开发及管理等情况，并就脱贫攻坚、旅游发展等召开座谈会。

19日

△市委副书记、市长刘革安主持召开中央环保督察交办问题整改“回头看”调度会，对中央环保督察交办问题整改工作再调度、再推进、再落实。

△湖南省扫黑除恶专项斗争第二督导组督导张家界市工作汇报会议召开。省扫黑除恶专项斗争第二督导组组长、省委非公有制经济组织和社会组织工作委员会专职副书记罗缵吉参加会议并讲话，市委副书记、市长刘革安主持汇报会，并作表态发言。

△张家界市与中国投资协会、德国欧瑞府股份有限公司、中海外智慧城市科技集团有限公司就中德（张家界）零碳科技示范区项目签订四方合作协议。市委副书记、市长刘革安见证签约，副市长欧阳斌代表市政府签约。

22日

△受市委书记、市人大常委会主任虢正贵委托，市委副书记、市长刘革安主持召开市委深化机构改革领导小组第一次会议，传达学习全省深化机构改革动员大会和市县机构改革工作培训会议精神，安排部署我市深化机构改革工作。

△张家界市召开第十二届东北亚地区地方政府联合会全体会议筹备工作调度会。

26日

△市委书记、市人大常委会主任虢正贵赴国家科技部，向科技部成果转化与区域创新司汇报张家界市经济开发区申报创建国家高新区推进情况，积极争取国家部委和相关单位支持。

29日

△东北亚地区地方政府联合会第十二次全体会议在我市召开，省委副书记、省长许达哲在开幕式上致辞，并出席主席会员地方政府交接仪式。来自中国、日本、韩国、蒙古、俄罗斯的29个会员地方政府100多名代表参加会议。市委书记、市人大常委会主任虢正贵在开幕式上致辞。

31日

△市委副书记、市长刘革安会见法国驻武汉总领事贵永华一行，双方就旅游发展、经贸合作等方面问题进行交流沟通。

△市委副书记、市长刘革安主持召开全市脱贫攻坚自然村通水泥路建设工作专题调度会，听取工作进展情况，研究解决具体问题和困难。

11月

1日

△市委副书记、市长刘革安主持召开张家界市城市综合交通体系规划汇报会。

6日至7日

△市委书记、市人大常委会主任虢正贵带队在北京会见知名企业家，叩门招商，深入考察，交流学习，促进合作。

7日至8日

△市委副书记、市长刘革安主持召开会议，分别听取双峡片区发展规划、城市三维仿真系统演示、公共文化场馆规划与建筑设计、中心城区城市景观设计管控导则等方案设计情况。

9日

△市委深化机构改革领导小组召开会议，安排部署全

市机构改革工作。

12日

△市委书记、市人大常委会主任虢正贵会见参加首届芦笋大健康亚洲论坛专家学者，并一同参观了芦笋大健康产品展示。

△湖南省与日本滋贺县缔结友好省县关系35周年庆典活动举行。市委副书记、市人民政府市长刘革安与滋贺县甲贺市市长岩永裕贵共同签署《张家界市和甲贺市建立友好城市关系协议书》。在随后“市长友城论坛”上，刘革安就可持续发展和旅游国际化作了专题演讲。

12日至13日

△市委副书记、市长刘革安赴省发改委、省林业局、省统计局对接工作。省发改委主任胡伟林、省林业局局长胡长清、省统计局局长刘崇斌等与刘革安一行座谈交流，帮助寻良策、提建议，助力张家界经济社会发展。

14日

△日本滋贺县·甲贺市在我市举办旅游推介会，市委书记、市人大常委会主任虢正贵出席并致辞，日本滋贺县知事三日月大造，甲贺市长岩永裕贵，甲贺市议会议长林田久充出席推介会。

△市委副书记、市长刘革安主持召开2019年项目建设计划讨论会，研究部署明年我市有关市政项目、重点项目和民生实事项目布局和建设。

△市委副书记、市长刘革安会见来张访问的韩国河东郡郡守尹相基一行。

15日

△我市举行第二届廉政文化优秀节目创作会演。

16日

△张家界市“六城同创”重点问题调度会召开。会议全面梳理、集中研究解决推进六城同创工作中存在的重点问题，扎实推进六城同创各项工作。

19日

△市扶贫开发领导小组会议召开。会议传达《2018年湖南省贫困退出实施方案》《2018年市州、县市区党委和政府脱贫攻坚工作考核实施方案》文件精神，安排部署下阶段相关工作。

20日

△全市组织工作会议召开，市委书记、市人大常委会主任虢正贵出席会议并讲话，市委副书记刘绍建主持会议，市委常委、市委组织部部长艾可知作工作报告。

△市委书记、市人大常委会主任虢正贵与瞭望九州集团董事局主席张铁一行就大健康产业等领域项目合作进行深入洽谈交流。

22日

△市委书记、市人大常委会主任虢正贵与泛华集团董事长杨天举展开合作洽谈，并现场签署战略合作协议。

23日

△市政府召开合作洽谈会，市委副书记、市长刘革安先后与泛华集团董事长杨天举、深圳旭生实业集团董事长林启生一行开展洽谈，就双方合作事宜进行深入交流，推动项目尽快落地、见效。

25日

△市委副书记、市长刘革安深入市中心城区，就2019年市城区停车场拟选址和吾悦广场、农副产品交易中心项目进行调研。

26日

△市委副书记、市长刘革安主持召开智慧城市建设工作调度会，听取当前智慧城市建设工作情况，安排部署下阶段工作。

△市委副书记、市长刘革安主持召开全市配合中央环保督察“回头看”群众信访举报办理工作调度会，调度各项信访件办理工作进度，提升“回头看”群众信访举报办结率，推进污染防治攻坚战各项工作。

△我市与北京市文投集团举行合作洽谈会，双方围绕文化与旅游等领域开展洽谈，通过沟通与交流，寻求合作契合点，双方共推持续发展。

27日

△市委书记、市人大常委会主任虢正贵主持召开市委统一战线工作领导小组2018年第一次全体会议，传达学习相关文件、会议精神，部署安排下阶段全市统一战线工作。

28日至29日

△市委书记、市人大常委会主任虢正贵率四大家领导、市直相关单位和各区县主要负责人，先后深入桑植县、武陵源区、慈利县、永定区和张家界经开区的20多个重点项目建设现场考察，并召开全市项目建设暨开放强市推进大会。市委副书记、市长刘革安作工作报告。

29日

△市委书记、市人大常委会主任虢正贵会见湖南温州商会党委书记、湖南雄华鹰电子科技有限公司董事长郑经雄一行。

30日

△市委副书记、市长刘革安会见韩国庆尚北道知事李喆雨率领的考察团一行，双方围绕文化旅游、产业发展、

人文交流等进行了友好洽谈。

12月

3日

△市委书记、市人大常委会主任虢正贵主持召开武陵源核心景区体制改革专题会。

△市中心城区人民广场棚户区改造项目启动调度会召开。

5日至6日

△市委书记、市人大常委会主任虢正贵主持召开市委经济工作务虚会议。会议客观分析一年来的工作情况和面临的形势，科学谋划2019年经济工作。

6日

中国共产党张家界市第七届委员会第六次全体会议召开。会议全面贯彻习近平总书记在党的十九届三中全会上关于深化党和国家机构改革的重要讲话精神和省委十一届六次全会精神，听取和讨论了市委常委会工作报告，审议通过《张家界机构改革方案（审议稿）》。市委书记、市人大常委会主任虢正贵受市委常委会委托向全会报告工作。市委副书记、市长刘革安作《张家界市机构改革方案》（审议稿）的起草说明。

10日至12日

△市委副书记、市长刘革安率市人民政府考察团赴德国实地考察欧瑞府零碳能源科技园。

11日

△市委书记、市人大常委会主任虢正贵主持召开书记专题会议，研究部署防范化解重大风险和脱贫摘帽考核迎检服务保障等工作。

△市委书记、市人大常委会主任虢正贵会见威胜信息技术股份有限公司执行董事、总裁李鸿一行。

13至14日

△市委副书记、市长刘革安应邀率代表团对奥地利布尔根兰州莫尔比施市进行访问。

15日至19日

△市委书记、市人大常委会主任虢正贵率团赴广州和深圳两地考察学习、招商引资、对接洽谈。

17日

△市委书记、市人大常委会主任虢正贵参加2018中国森林旅游论坛，并作题为“大力发展森林旅游助推高质量发展”的发言。

△张家界市委副书记、市长刘革安率代表团拜访波兰国家旅游局。

20日

△张家界新盛旅游管理股份有限公司在北京举行“新三板”挂牌仪式，市领导虢正贵、单铸飞、朱用文、欧阳斌和企业代表参加挂牌敲钟。

24日

△市委副书记、市长刘革安主持召开张家界市城乡规划委员会执行委员会2018年第五次会议，审议市中心城区有关开发建设项目的规划设计方案和选址意见。

25日

△张家界市举行对接中国“500强”企业集中签约仪式，7个签约项目总投资达183.06亿元。

28日

△武陵山大道全线建成通车。市委书记、市人大常委会主任虢正贵宣布通车，市委副书记、市长刘革安讲话。

△市委经济工作会议召开。会议全面贯彻落实习近平总书记关于湖南工作的重要指示和中央、省委经济工作会议精神，总结2018年工作，分析当前经济形势，部署2019年经济工作。市委书记、市人大常委会主任虢正贵主持会议并讲话。市委副书记、市长刘革安对明年经济工作做出具体部署。

29日

△湖南省张家界市消防救援支队举行迎旗授衔和换装仪式，市委书记、市人大常委会主任虢正贵出席仪式并讲话。

△张家界市人民政府召开七届四次全会，审议《政府工作报告（全会审议稿）》，安排部署岁末年初工作，市委副书记、市长刘革安出席会议并讲话。

2019

张家界市概况

·张家界年鉴·

地　理

【地理位置】 张家界市位于湖南省西北部、武陵山脉腹地。距省会长沙市398千米。位置坐标是：北纬28° 52′ 至29° 48′，东经109° 40′ 至111° 20′ 之间。东与常德市的石门县与桃源县交界，南与怀化市的沅陵县毗连，西与湘西州的永顺县、龙山县接壤，北与湖北省的鹤峰县与宣恩县为邻，东西最长167千米，南北最宽96千米，总面积9533.77平方千米。（郑晴庆　谷忠秋）

【地形地貌】 张家界市地貌复杂，主要有山地、丘陵、山间盆地和河谷平原等。山地面积占全市总面积的76%，其中最具特色的是石英砂岩峰林地貌，为世界罕见。武陵山脉自贵州省云雾山分支，入张家界市后又分成三支山系贯穿城市全境。张家界市境内山峦重叠，地表起伏很大，最高峰八大公山国家自然保护区的斗篷山海拔1890.4米，最低点海拔75米。市境地貌以山地为主，地势西北高，沿着澧水倾斜，中部沿澧水两岸呈北东向缓低，南部山地向沅水递降。（郑晴庆　谷忠秋）

张家界市以其得天独厚的旅游资源闻名于世。以中国第一个国家森林公园张家界、杨家界风景区和天子山、索溪峪两个自然保护区组成的武陵源风景区面积达397.5平方千米，区内以世界罕见的石英砂岩峰林峡谷地貌为主体，藏路、桥、洞、湖、瀑于一身，有“扩大的盆景、缩小的仙山”之美称。（郑晴庆　谷忠秋）

【水系】 张家界市境内水系主要有澧水和沅水。澧水主要发源于湘西州龙山县大安乡翻身村，经桑植、永定到慈利流入常德市石门县。境内淡水资源丰富，5千米以上溪河有212条，水力资源蕴藏量达328万千瓦。（田胜中）

【气候特征】 张家界市属于亚热带季风湿润气候。日照充足，降水充沛，冬暖夏凉，四季温和，无霜期长，严寒期短。境内由于受地形复杂、海拔高等因素影响，天气复杂多变，暴雪、暴雨、洪涝、倒春寒、五月低温、高温热浪、干旱、大风、冰雹、低温冰冻等灾害性天气频发，并且具有梯带气候明显、小气候多样的特点。按照气候平均气温小于10℃为冬季，大于22℃为夏季，10℃—22℃之间为春秋季的划分标准，冬季平均历时106天左右，夏季持续119天左右，春季天数为72天左右，秋季历时68天左右。全市大于等于10℃、积温在4500℃—5300℃持续220—250天。冬少严寒，夏少酷热，无霜期在270天左右，有利于农、林、牧、副、渔业全面发展。

全市历年平均气温为16.8℃。其中，慈利县和永定区16.9℃，桑植县16.2℃，武陵源区13.4℃。全市海拔高度差异大，气温差距亦大，如八大公山年平均气温仅12.2℃，天平山、七星山、天门山年平均气温低于9.9℃，沿澧水河谷盆地年平均气温18℃以上。年平均最高与最低气温之间的温差近似张家界与太原之间的温差，相当于亚热带向北推进到暖温带，使得张家界市这个亚热带地区夹杂多种气候带，呈现气候复杂多变的特点。

全市降水量较为充沛，历年平均降水量1400毫米左右。但是，地域差异大，市境西北部的八大公山地区为全省和市内最大降雨中心，历年平均降水量2300毫米，次中心的天门山、双溪桥、谢家垭、四都坪年平均降水量1600—1900毫米，澧水两岸一般在1400毫米以下。

全市日照在全省属中等，但是分布不均。永定区历年平均日照1450小时，慈利县1560小时，桑植县只有1300小时。全年日照主要集中在4—9月，约占全年总日照时数的70%，尤以7—8月日照时数最长，月平均218小时，2月最少，仅61小时。（黄　骏　陈孟琮）

【气候表现】 2018年，张家界市气温偏高，降水偏少，日照偏多，极端气候事件频发。

一、气温：张家界市年平均气温为17.4℃，较常年偏高0.4℃，各县（区）年平均气温在16.8℃（桑植）—18.0℃（永定）之间，慈利居中，为17.4℃。与常年相比，桑植偏高0.4℃，永定偏高0.8℃，慈利偏高0.1℃。年极端最高气温39.5℃，出现在8月19日（永定）；年极端最低气温－6.7℃，出现在12月31日（慈利）。

二、降水：年平均降水量为1339.9毫米，较常年偏少42.5毫米，各县（区）年降水量在1241.9（永定）—1470.9毫米（桑植）之间，慈利1306.4毫米，与常年相比，桑植偏多52.7毫米，永定偏少103.7毫米，慈利偏少77毫米。区域自动气象站年降水量大致呈北多南少、西多东少分布，桑植西北部的天平山和八大公山分别为2484.8毫米和2328.3毫米。国家气象站年最大日降水量为105.5毫米，出现在7月9日（慈利）。国家气象站共出现暴雨10站次，较历年偏少3.3站次，大暴雨1站次，较常年偏少1.4站次。年内出现2站次以上的暴雨过程2次，分别为5月26日、9月25日。暴雨首日3月18日，暴雨末日9月25日。

日照：年平均日照为1383.5小时，较常年偏多91.0小时。全市各县（区）日照时数在1214.9（桑植）—1523.2小时（慈利）之间，永定居中，为1412.7小时，与常年相比，桑植、永定、慈利分别偏多88.6小时、44.3小时、140.5小时。（黄　骏　陈孟琮）

资 源

【土地资源】 全市土地总面积9533.77平方千米，占全国土地总面积的0.09%，占全省土地总面积的4.5%。现有耕地179.21万亩，占土地总面积的12.58%；划定永久基本农田135.34万亩。全市土地按照用途分类：农用地1336.63万亩，占93.47%；建设用地55.73万亩，占3.89%；未利用地37.71万亩，占2.64%。按照权属分类：集体所有土地面积335851.1公顷，国有土地面积13351.95公顷。

（郑晴庆 谷忠秋）

【矿产资源】 截至2018年，全市发现矿产58种，已探明储量的有32种，其中：能源矿产2种，金属矿产8种，非金属矿产17种，水气矿产1种，镍矿、钼矿、铁矿、方解石矿储量在全省排名靠前。全市矿产储量规模总量25083.1万吨，矿产储量估算价值198.26亿元。全市现有持证矿山272家，其中永定区66家、桑植县113家、慈利县93家，以建筑石料岩、饰面用灰岩、铁矿、石煤等矿种为主。按照发证权限划分，现有省级发证矿山61家，市级发证矿山85家，区县级发证矿山126家。 （郑晴庆 谷忠秋）

【水利资源】 2018年，全市年平均降水量1604.9毫米，较上年偏多4.20%。属正常年景。地表水资源量91.37亿立方米，比上年偏少0.6%，较多年平均偏多6.0%，地下水资源量17.73亿立方米，水资源总量91.37亿立方米。全市有大型水库3座，中型水库15座。总用水量4.972亿立方米，人均水资源量5941立方米，人均用水量323立方米。

（田胜中）

【生物资源】 张家界市是生物资源的宝库，共有木本植物106科320属850种，脊椎动物146种7类，其中有国家级保护植物56种，国家级保护动物40种。珍奇树种有银杏、珙桐、红豆杉等；名贵药材有灵芝、天麻、杜仲等；珍稀动物有娃娃鱼、苏门羚、猕猴、灵猫等。张家界市森林资源丰富，全市有林业用地面积1012亩，占71%。森林覆盖率达70.99%，名列全省第一。 （郑晴庆 谷忠秋）

张家界市矿产资源储量情况表

单位：万吨

矿产名称	储 量	矿产名称	储 量
煤	2025	铁矿石	12588
磷矿石	537.6	铝土矿	16
硅石矿	3387	萤石矿（CaF_2）	23.8
方解石	67.7	硫黄矿	162
镍矿（金属量）	4	钼矿（金属量）	6.3
钒矿（V_2O_5）	10.7	水泥用灰岩矿	6255

【旅游资源】 张家界市是旅游资源大市，境内山水自然风光秀美，红色文化资源丰厚，民族风情浓郁，形成独特的旅游景观。市内旅游资源主要分为三个方面：一是山水自然风光。张家界市拥有张家界、天门山等4个国家森林公园，拥有中国首批、湖南省首个国家级自然保护区——八大公山。二是红色文化遗迹。以桑植起义为基础开辟的湘鄂边苏区是中共中央直接策划创建的最早苏区之一，发展成为湘鄂西苏区；红二、六军团会师后首先选择在大庸县创建的湘鄂川黔革命根据地，是继中央革命根据地之后南方最大的根据地。长期的革命斗争留下丰富的红色文化遗迹，如贺龙故居、红二、六军团长征出发地旧址、湘鄂川黔革命根据地旧址等。三是民族文化。张家界市自古以来就是少数民族聚居区，少数民族众多，主要有土家族、白族、苗族和回族四个世居少数民族。 （田洪曼）

政 区

【建置沿革】 张家界市历史悠久，文化资源底蕴深厚，名胜古迹众多。在20万年以前的旧石器时代早期，澧水流域就有远古人类祖先“早期智人”生存，他们使用打制石器从事砍伐树木、搏斗野兽等活动。夏商周三代，张家界市境内为濮人、巴人、楚人和苗人等古代民族繁衍生息之地。夏代，张家界市境属于《尚书·禹贡》所载九州的荆州三苗之域。商代，张家界市境属于“南裔”所居边陲荒服之地。西周时期，张家界市境属于“百濮”部落。春秋战国时期，张家界市境被楚国纳入版图。在此后两千多年的封建社会，不断更替的历朝历代，张家界政区时有消长，建置也有变化。秦统一六国以后，在澧水流域设置黔中郡慈姑县（县治在今慈利县零阳镇太平居委会），所辖今慈利县、永定区、武陵源区、桑植县、石门县、临澧县、澧县、津市市、安乡县以及湖北省鹤峰县、公安县等区（县）。此后，历代历朝均在澧水流域设置郡县、羁縻州县、府县以及土司、卫所机构等，统治本地各族人民。

（戴楚洲）

【行政区划现状】 2018年末，全市设2区2县，共4个县级行政区划，14个街道办事处（其中6个没有取得湖南省民政厅赋予的行政区划代码）、34个镇、30个乡（含民族乡12个），共78个乡镇级行政区划。 （陈会丽）

【行政区划调整】 2018年张家界市无行政区划调整情况。

2018 年张家界市行政区划统计表（一）

区县名称	街道（个）	镇（个）	乡（个）	民族乡（个）	乡镇总数
永定区	10 (其中 4 个没有行政区划代码)	7	7		14
武陵源区	4 (其中 2 个没有行政区划代码)		2		2
慈利县		15	3	7	25
桑植县		12	6	5	23

2018 年张家界市行政区划统计表（二）

永定区	永定、崇文、南庄坪、大庸桥、西溪坪、官黎坪、后坪、阳湖坪、枫香岗、沙堤 10 个街道（其中阳湖坪、后坪、枫香岗、沙堤街道没有行政区划代码）；王家坪、教字垭、茅岩河、新桥、尹家溪、天门山、沅古坪 7 个镇；桥头、谢家垭、四都坪、合作桥、罗塔坪、罗水、三家馆 7 个乡
武陵源区	军地坪、锣鼓塔、索溪峪、天子山 4 个街道（其中索溪峪、天子山街道没有行政区划代码）；协和、中湖 2 个乡
慈利县	零阳、岩泊渡、溪口、东岳观、通津铺、杉木桥、象市、江垭、苗市、高桥、广福桥、三合、零溪、二坊坪、龙潭河 15 个镇；南山坪、洞溪、杨柳铺 3 个乡；高峰、金岩、阳和、三官寺、许家坊、赵家岗、甘堰 7 个土家族乡
桑植县	瑞塔铺、澧源、利福塔、廖家村、龙潭坪、五道水、人潮溪、官地坪、陈家河、八大公山、凉水口、桥自湾 12 个镇；竹叶坪、空壳树、上洞街、河口、上河溪、沙塔坪 6 个乡；走马坪、刘家坪、洪家关、芙蓉桥、马合口 5 个白族乡

（陈会丽）

人口·民族·宗教

【人口总数】 截至2018年12月31日，全市户籍人口1702199人，较2017年增加4999人，增幅为0.29%。

（闫海林）

【城乡人口】 2018年，张家界市城镇人口473852人，乡村人口1228347人。 （闫海林）

【年龄结构】 2018年，张家界市0至17岁（含）有342057人，占总人口数的20.09%；18至34岁（含）有358521人，占总人口数的21.06%；35至59岁（含）有653403人，占总人口数的38.39%；60岁以上（含）有

348218人，占总人口数的20.46%。（闫海林）

【性别结构】 2018年，张家界市男性人口873661人，占总人口数的51.33%；全市女性人口828538人，占总人口数的48.67%。（闫海林）

【人口流动】 2018年，张家界市有流动人口85106人，较2017年增加18015人，增幅26.85%。（闫海林）

【生育水平】 2018年，张家界市新增出生人口16261人，占总人口的0.95%，与2017年度出生人口相比，减少了2880人，降幅15.05%。（闫海林）

【城镇化水平】 2018年，张家界市城镇化率为27.83%，与2017年度城镇化率相比，提高了2.02%。（闫海林）

【世居少数民族】 张家界市属于少数民族聚居区，全市户籍人口1702199人中有汉族416930人，占总人口的24.5062%，共有少数民族人口1284392人，占总人口的75.4938%。全市现有少数民族43个。其中，人数排名相对靠前的分别有：土家族1127746人，占少数民族人口数的87.804%；白族119385人，占少数民族人口数的9.295%；苗族30881人，占少数民族人口数的2.401%；回族1557人，占少数民族人口数的0.121%；其他少数民族37261人，占少数民族人口数的2.901%。（罗长跃　梅志刚）

【宗教信仰概况】 张家界市是湖南省宗教工作重点市之一，全市共有5大宗教的信仰群众7.6万余人。永定区、慈利县为全省宗教工作重点县区。全市经批准设立登记的宗教活动场所共62处，有宗教教职人员124人。天门山寺、五雷山道观、紫霞观、普光禅寺、张家界基督教福音堂为省级重点宗教活动场所。（罗长跃　王志伟）

国民经济和社会发展

【经济发展综述】 2018年，全市地区生产总值578.92亿元，比上年增长7.5%。其中，一、二、三产业增加值分别为58.76亿元、102.57亿元和417.59亿元，分别增长3.5%、6.4%和8.4%，对经济增长的贡献率分别为4.9%、17.8%和77.3%。按常住人口计算，人均GDP为37719元，增长7.2%。三次产业结构由上年同期的10.8∶20.7∶68.5优化为10.2∶17.7∶72.1。

【产业结构调整】 2018年，全市农业增加值40.59亿元，比上年增长3.5%。拥有农产品加工企业867家，其中国家级、省级龙头企业24家；省级现代农业产业园区21个、市级现代农业产业园区25个；农民专业合作社1890个、专业大户4756户、家庭农场1243个。张家界农业科技园成功创建国家农业科技园区，永定区、慈利县分别荣获全国农村三次产业融合发展先导区和试点县。

全市全部工业实现增加值77.18亿元，比上年增长5.2%。其中，220家规模以上工业企业实现增加值增长7.0%、实现主营业务收入79.2亿元，比上年增长6.9%。实现工业增值税2.91亿元，增长27.8%；完成销售产值102.08亿元，增长11.3%。全年建筑业增加值为25.5亿元，增长18.5%。房屋建筑施工面积424万平方米，增长7.9%，其中新开工面积218万平方米，增长50.6%，房屋建筑竣工面积168万平方米，增长16.6%。

全市第三产业增加值417.59亿元，增长8.4%。《张家界市全域旅游促进条例》实施，全年实现旅游总收入756.8亿元，增长21.3%。全市接待国内旅游人数7959.55万人次，增长14.04%。武陵源风景区、天门山先导区、张家界大峡谷3家省级服务业示范集聚区效应凸现。文艺演艺饮誉中外，高端盛会频聚张家界市，带动信息软件、商贸物流、体育赛事等服务业蓬勃发展。

全市社会消费品零售总额为230.1亿元，比上年增长10.1%。按经营地分，城镇消费品零售总额201亿元，增长9.5%；乡村消费品零售总额29.1亿元，增长14.2%。按行业分，批发业52.4亿元，增长10.3%；零售业135.5亿元，增长10.6%；住宿业14.8亿元，增长8.1%；餐饮业27.3亿元，增长8.4%。

【三项收入】 2018年，全市全年一般公共预算收入60.54亿元，比上年增长7.03%。其中，地方财政收入34.66亿元，增长1.4%;上划中央收入21.17亿元，增长16.2%；上划省级收入4.72亿元，增长13.1%。地方财政收入中，税收收入23.26亿元，增长21%；非税收收入11.4亿元，下降23.7%。一般公共预算支出175.2亿元，增长15%。

全市城镇居民人均可支配收入为24825元，增长8.2%。其中，工资性收入13170元，经营净收入3479元，财产净收入5363元，转移净收入2814元。

全市农村居民人均可支配收入为9562元，增长10%。其中，工资性收入4135元，经营净收入2661元，财产净收入2642元，转移净收入124元。

【重点项目】 2018年，全市实施重点项目127个，比上年增长40.1%，完成投资248亿元，超年度计划24个百分点。12个国省投资项目完成47.23亿元，占年度目标任务的121.1%，其中，黔张常铁路完成8.15亿元、张吉怀高铁完成11.45亿元、安慈高速完成5.15亿元。武陵山大道、沙堤大道、子午西路延伸段、绕城公路等项目建成；崇实北校、红二方面军出发地纪念馆等投入使用；西线旅游开发、大粟坡公园对外开放等。

【城乡发展】 2018年，全市“六城同创”稳步推进，中心城区提质加速，城市骨架快速拓展，城市功能日趋完善，城市面貌焕然一新。慈利县老城区改造及蒋家坪新城区、桑植县高铁新区进展顺利。沅古坪、中湖、阳和、刘家坪等特色小镇活力凸现。岩泊渡、人潮溪镇融合发展项目全面实施。全市城镇化率提高1.2个百分点。农村基础设施明显改善。新建乡镇污水处理厂12个。农村饮水安全受益人口25.15万人。完成自然村水泥路1850千米，改造农村公路743千米。建成7个省级美丽乡村示范村。

【民生支出】 2018年，全市民生支出占财政总支出的78.3%，30件、40个省市为民办实事项目全面完成。实现6.47万贫困人口脱贫，完成易地扶贫搬迁16793人。永定区、慈利县整体脱贫摘帽。180个村退出贫困村序列。改造农村义务教育薄弱学校41所，完成100所义务教育学校标准化建设。医疗保障“一站式”结算服务、乡镇社工站建设走在全省前列。成功创建环境空气质量达标城市。武陵源获国家生态文明建设示范市县。市中心城区绿化覆盖率达40.1%，全市森林覆盖率达70.99%，完成人工造林8万亩。大鲵自然保护区88座水电站关停退出34座。新增城镇就业1万余人，农村劳动力转移就业1.3万余人。市场物价相对平稳，居民消费价格同比温和上涨2.5%。

（本栏撰稿　张　奎）

【重点民生实事】 2018年，张家界市承办省市重点民生实事30件40个项目。按照要求，全市落实省、市党委政府重点民生实事工作部署，扎实办好每一件实事，强化工作措施，加快办理进度，推进实事工作开展，确保30件40个省市重点民生实事完成。

一、全市40个重点民生实事进展情况

（一）超额完成任务的项目15个，占项目总数的37.5%。即：电商扶贫、城镇棚户区改造、救治救助严重性精神疾病住院患者、严重性精神障碍患者救治救助监护奖励、农村适龄妇女“两癌”免费检查、孕产妇免费产前筛查、新增城镇就业人员、骨干电商培训、市工人文化宫建设、基本消除义务教育超大班额、农村饮用水安全巩固提升、提质改造农村公路、实施自然村通水泥（沥青）路、乡镇污水处理厂及配套管网项目、市中心城区奇峰市场建设。

（二）完成实事任务（100%）的项目25个，占项目总数的62.5%。即：易地扶贫搬迁、农村危房改造、困难残疾人生活补贴和重度残疾人护理补贴提标、提高城乡低保标准和救助水平、残疾儿童抢救性康复、众创空间建设、村级综合文化服务中心文体设施配送、城乡义务教育学校建设、市人民医院新院建设、改造和完善行政村10千伏及以下配电网项目、农村公路安保设施建设、市中心城区公共停车场建设、新增社会治安视频监控摄像头、市中心城区郊野公园建设、市中心城区城市公园建设、市中心城区垃圾站和公厕新建改建、中小河流治理、乡镇农贸市场建设、开展县级饮用水水源地环境整治、农村生活垃圾治理、旅游厕所革命建设、贺龙体育中心建设、基层医疗卫生服务能力建设、市中心城区排水防涝项目、乡镇公共停车场。

二、市本级及各区县重点民生实事进展情况

（一）市本级。承担14个省市重点民生实事项目，超额完成任务（100%以上）的项目4个，完成任务（100%）的项目10个，分别占承办项目总数的28.57%、71.43%。

（二）永定区。承担30个省市重点民生实事项目，超额完成任务（100%以上）的项目13个，完成任务（100%）的项目17个，分别占承办项目总数的43.33%、56.67%。

（三）武陵源区。承担24个省市重点民生实事项目，超额完成任务（100%以上）的项目9个，完成任务（100%）的项目15个，分别占承办项目总数的37.5%、62.5%。

（四）慈利县。承担28个省市重点民生实事项目，超额完成任务（100%以上）的项目9个，完成任务（100%）的项目19个，分别占承办项目总数的32.14%、67.85%。

（五）桑植县。承担30个省市重点民生实事项目，超额完成任务（100%以上）的项目9个，完成任务（100%）的项目21个，分别占承办项目总数的30%、70%。

（李优民　黄世江）

【教育事业】 2018年，张家界市有各级各类学校264所，其中，小学155所（包括九年一贯制学校26所），独立初中84所，完全中学5所，独立高中8所，职业中等专业学校9所，特殊教育学校3所。乡村少年宫83所。中小学在校学生186244人，特殊教育学校在校学生244人。全市有幼儿园344所，在园（班）幼儿54850人。全市中小学现有在职教职工13037人，其中义务教育阶段教职工10006人（小学5928人、初中4078人）。全市学前三年儿童毛入园率87.6%，九年义务教育阶段入学巩固率95.9%，高中阶段毛入学率90.8%，残疾少儿入学率94.8%。全市现已形成3所省级示范性普通高中、10所市级示范性普通高中竞先发展格局。

（李祥声　伍贤友）

【科技事业】 2018年，全市共有高新技术企业38家，实现高新技术产值56.15亿元，增加值17.87亿元；省级科技园区2家；省级工程技术研究中心2家；省级产业技术联盟3家；省级重点实验室2家；省级科技企业孵化器2家；国家及省级众创空间5家；院士专家工作站1家；国家级星创天地3家、省级星创天地8家。

（邓　刚）

【卫生健康事业】 2018年，市委、市政府印发《关于加快推进健康张家界建设的实施意见》，健康张家界开启新征程。民生工程进度不断加快。自筹资金全年投入3亿元，市级和区县财政全年投入1750万元，按照一级综合医院标准，对全市5所乡镇卫生院进行标准化建设。慈利县被列为全省远程诊室建设县，2家县级医院和25家乡镇卫生院已完成远程诊室装修。争取中央投资支持妇幼健康和计划生育服务保障、公共卫生服务能力和促进等项目建设，2018年中央投资1710万元、8000万元分别建设桑植县妇幼保健计划生育服务中心儿童保健大楼改扩建项目、桑植县人民医院综合楼建设项目。中央投资建设的市疾病预防控制中心综合业务楼、慈利县人民医院妇儿中心大楼、市中心血站血液检测中心等建设项目按质保量如期推进。（彭　旭）

【新闻出版业】　2018年，张家界市出版、版权工作成效显著。

一、持续加强市场监管。完成印刷企业和出版物发行企业的年检年审、年度统计、内部资料换证审核，完成新闻机构驻地方机构年度核验工作。对全市4家出版物市场和4家印刷企业开展安全检查，规范出版物市场。

二、开展“扫黄打非”。开展“清源”“净网”“护苗”“秋风”“固边”行动，检查文化经营场所268家次，行政处罚立案调查47起，收缴非法音像制品893余盒，收缴非法、盗版书刊1600余册。

三、推进全民阅读。市城区新建5个24小时自助图书馆。做好春节期间全市农家书屋开放工作，延长开放时间，举办各类活动，丰富群众文化生活。启动“书香张家界”全民阅读活动，与张家界市广播电视台联合开办《读书时间》电台广播，举办24期“书香张家界、天门讲坛”活动。

四、开展宣传教育。联合市工商局等，借助“4·26世界知识产权日”，组织开展宣传普及教育活动，提升社会公众版权意识。（张　南）

【交通运输业】　全市形成公路、水路、航空、铁路全覆盖的立体交通格局。全市火车站全年发送旅客215.41万人次。荷花国际机场为4D机场，开通国际和地区航线24条、国内航线55条，全年进出港旅客220.99万人次。2018年末，全市公路通车里程9014千米，其中高速公路168千米。铁路营运里程117千米，铁路电气化率100%。全市拥有水上航道607.4千米，大小船舶2000余艘。全市现有港口3个，码头10个，客运、旅游漂流泊位24个。（朱斐佳）

经济体制改革

一、纵深推进“最多跑一次”改革。出台改革实施方案及系列配套文件，建立健全了考核评估机制。分2批公布了“最多跑一次”事项976项，占市本级群众和企业到政府办事总事项的94%，达到省定要求。市“互联网+政务服务”平台投入使用，完成市平台与省平台“三级四同”政务服务事项的比对审核、政务服务事项实施清单的填报发布工作，数据归集和信息共享工作稳步推进。

二、推进国企国资和混合所有制企业改革。制订下发国有企业董事会、监事会工作规则，印发《张家界市属国有企业违规经营投资损失责任追究办法（试行）》《张家界市人民政府办公室关于促进政府投融资平台公司改革创新转型发展的实施意见》。完成2018年中央、省驻张企业国网供电公司、电信公司三供一业分离移交任务。推进市汽运公司慈利分公司改制、市路桥公司事企分离改制、自来水公司现代化企业制度改革。

三、健全振兴实体经济和发展产业的支持政策和机制。出台《对接北上广优化大环境行动导则》《张家界市加大全社会研发经费投入行动计划》《张家界市大力推进就业创业工作实施方案》等支持政策。设立创新创业带动就业扶持资金。

四、深化投融资体制改革。成立市投融资决策委员会，出台了市投融资决策委员会工作规则。清理整改全市PPP项目清单，全市清理退库7个PPP项目267.77亿元，撤销1个PPP项目22.1亿元。

五、加快推进社会信用体系建设。出台《张家界市社会信用体系建设工作考核办法》《张家界市企业失信行为联合惩戒实施意见》《关于加强全市旅游市场信用体系建设的实施意见》等系列文件。全面建成提升市级及区县信用信息共享交换平台。

六、深化价格体制改革。推进农业用水、居民水电气、交通运输、医疗服务等价格事项改革，制订环保收费、物业服务基准价标准。

七、推进市经开区、区县工业园机制改革。探索设立市级工业园区管理机构，对张家界经济开发区、慈利工业集中区、桑植工业集中区和张家界旅游产业园进行统一管理和考核。（卓　丹　张　奎）

固定资产投资

2018年，全市开展“产业项目建设年”活动，投资增速稳中有升。

一、投资运行向好。全市固定资产投资增长10.2%。投资成为拉动经济增长的主动力，对经济增长贡献率超过了60%。施工项目个数比上年增长40.1%，其中本年新开工项目增长43.4%。

二、投资结构优化。一产业投资同比下降20.7%，二产业投资同比增长38.4%，三产业投资同比增长7.3%。第二产业项目加速实施，纳入省“产业100”4个项目完成投资16.07亿元，超年度计划14.8个百分点。西线旅游开发项目、康美（张家界）产业园项目分别被评为全省“重大产业建设优秀项目”和“引进500强企业优秀项目”。全市“52151行动计划”53个重大产业项目完成投资85.9亿元。

三、投资活力增强。全市投资领域改革步伐加快。民间投资活力显著增强，民间投资同比增长22.4%，比上年提高5.5个百分点。全年房地产开发投资比上年增长77.5%。

四、投资保障有力。全市争取中央和省预算内资金9.18亿元，同比增长17.95%。积极申报并加大项目储备、包装，支持、鼓励平台公司利用企业债券开展直接融资，全市非金融企业及机关团体中长期贷款余额370.25亿元，增长19.2%，支持了武陵山大道、杨家界大道、综合客运枢纽等重大项目建设。（张建华　张　奎）

对外开放

【进出口贸易】 2018年，张家界市外贸进出口总额10999万美元，比上年增长5.2%。其中，出口10294万美元，增长6.6%。永定区实现外贸进出口总额7192万美元，武陵源区实现25万美元，慈利县实现2303万美元，桑植县实现1478万美元。

全年实际利用外资金额1.31亿美元，增长10.7%。新批境外投资企业2家，新批外商投资项目5个，外派劳务1100人。实际引进境内市外资金68.52亿元。引进2亿元以上境内市外项目9个，2亿元以上项目实际到位资金31.57亿元。

（市统计局）

【招商引资】 一是完善招商引资机制。在全省市州范围内，率先创新成立张家界市招商引资委员会和张家界市招商引资项目执行委员会，办公室设在市商务局。出台系列议事规则，明确了招委会、执委会的主要职责、议事内容、议事程序、议事要求等，厘清了两者的关系和工作界限，明确了相关机制、流程。二是创新开展集中签约仪式。先后召开张家界市2018年度第一次重大招商项目签约暨贯彻落实“创新引领开放崛起”战略推进会、2018“洽谈周”张家界招商推介会暨项目签约仪式、张家界市2018年对接500强集中签约仪式，集中签约了涵盖旅游文化、特色小镇、城市基础设施、新兴工业等领域的市级重点招商项目，充分展示招商成果，提高招商热情。三是积极“引进来”和“走出去”。积极参加省人民政府举办的“全国知名民企携手湖南助推中部崛起大会”、2018湖南—长三角经贸合作洽谈周等重大省级经贸活动，举办各类招商推介会、对接洽谈会80余次，接待100余批次600余位客商来张家界市考察洽谈，先后6次由市领导带队开展小分队上门招商，与正威集团、华为公司、比亚迪公司、农夫山泉公司、康美药业公司等“三类500强”企业就相关项目进行对接洽谈。（周雪原）

政治文明建设

【党风廉政建设和反腐败】 2018年，市委加强对党风廉政建设和反腐败工作的领导，严格落实管党治党政治责任；全市各级纪检监察机关担当作为；全市反腐败斗争取得胜利。

一、各级党组织管党治党责任意识明显提高

市委坚持以党的政治建设为统领，深入学习贯彻习近平新时代中国特色社会主义思想和党的十九大精神，坚决落实习近平总书记关于湖南工作的批示指示精神和党中央、省委决策部署。切实发挥、总揽全局、协调各方的作用，突出“关键少数”，突出政治领导力，全面加强市委常委会自身建设，带头履行管党治党政治责任。将各级党委（党组）履行全面从严治党主体责任和各级领导班子成员履行“一岗双责”情况纳入市管领导班子和领导干部年度考核考察重要内容，纳入2018年区县基层党建工作调研考核清单。建立各级党委、人大、政府、政协领导班子党员领导干部廉政谈话情况报告制度，全市各级党委（党组）领导班子党员领导干部共开展廉政谈话13353人次。各地区、各部门党委（党组）结合自身实际，更加认真、主动履行主体责任。大力支持纪检监察机关监督执纪问责。全市严肃查处发表妄议中央大政方针的不当言论、对党不忠诚不老实、对抗组织审查等行为，立案23件23人。严把选人用人政治关、廉洁关、形象关。市纪委共对9971人次/单位做出党风廉政意见回复，对132人次/单位提出不同意见。

二、推进中央和省委巡视交办反馈问题整改

把中央巡视组巡视湖南反馈问题整改作为维护党中央权威、落实党中央决策部署的实际行动，对照中央巡视组反馈的6个方面18个问题和专项检查、专题报告中指出的问题，制订整改实施方案，逐一整改落实。对中央巡视组下沉调研交换提醒的4个问题，即知即改，立行立改，在落实省委“约法三章”基础上，增加严禁违规发放津补贴、严禁违规操办婚丧喜庆事宜的治理内容。对中央巡视组移交的信访件、群众身边问题件进行台账登记管理，做到了“事事有人管、件件有着落”。以最严格的要求、最严明的纪律、最坚定的态度配合省委巡视组开展巡视工作，对巡视组指出的问题立行立改、边巡边改、严肃整改，办理省委巡视组交办件，开展领导干部利用名贵特产类特殊资源谋取私利问题集中整治和禁赌限牌、违规借贷、“提篮子”专项治理，切实推动问题整改。对违规发放加班费、自立名目违规发放奖金、违规为非车改人员造册发放交通补助等个性问题，责成相关部门及时开展自查自纠，已有24个单位清退违规发放资金108.81万元，清理废止市级文件6个，对相关责任人进行严肃问责。省委巡视组在张巡视期间交办的59个立行立改问题，已整改到位58个。

三、深化作风建设，党风政风持续向好

以更加坚决的态度、更加严格的措施落实中央八项规定精神。严格执行省委“约法三章”，出台纠治“四风”十条禁令、禁止违规饮酒等制度，以及公务接待、招商引资公务接待、外宾接待、公务活动景区通行、公务用车等管理办法，扎紧制度笼子。各级纪委、各派驻纪检监察组针对“四风”问题的新动向新表现，持之以恒整治违规公款吃喝、违规发放津补贴、违规操办婚丧喜庆事宜、违规收送红包礼金等问题，加大明察暗访、专项检查、交叉检查、随机抽查力度。全市共发现“四风”问题526个，党纪政务处分402人，组织处理730人。深入推进专项整治工作。针对干部中存在的突出问题，认真开展国家公职人员涉矿涉砂、违规兼职取酬、科级以上干部涉金融等专项整治活动，深入开展教育领域专项整治，创新开展涉旅专项治理，有效纠治了教育行业不正之风，净化了旅游发展环境。

四、坚定不移“打虎”“拍蝇”，反腐败斗争取得胜利

2018年，全市各级纪检监察机关共处置问题线索2677件，立案968件，同比增长6.84%；处分868人，移送司法机关23人，同比增长27.78%。紧紧围绕上级纪委和党委政府关注、人民群众反映强烈的领域，严肃查处了市旅游统计平台、法院、重点项目指挥部、商粮等系统违纪违法案，聚焦“关键少数”“重点岗位”不发散，严肃查处郑文举、胡政洲、黄华、王建军等不收敛、不收手的市管干部，减少腐败存量、遏制腐败增量。严肃查处涉黑涉恶腐败。把扫黑除恶与反腐败斗争和基层“拍蝇”结合起来，开展扫黑除恶专项监督执纪问责工作，严肃惩治涉黑涉恶腐败和“保护伞”问题，全市受理涉黑涉恶腐败和“保护伞”问题线索125条，立案查处7人，给予处分7人，移送司法机关1人。不敢腐的震慑进一步彰显，130余名党员干部投案自首和主动交代问题，上交违纪资金400余万元。

五、推进纪检监察体制改革，完善监督机制

推进监察体制改革试点工作。2018年1月8日，市县（区）两级监察委员会组建完成，全市从检察机关共转隶人员73名，纪法贯通、法法衔接的机制初步形成，提高运用法治思维和法治方式反腐败的水平。推进巡察工作，市本级已完成4轮政治巡察，累计派出22个巡察组，巡察69个副处级以上单位党组织；提级巡察8个区县委管理的党组织，对全市4个区县进行脱贫攻坚专项巡察。深化派驻机构改革工作。紧盯“关键少数”，掌握重点人和事，深化运用“四种形态”，强化监督执纪问责和审查调查处置，提高派驻监督质量，发挥“探头”作用。 （戴　婧）

精神文明建设

【概况】 2018年，我们加强公民思想道德建设，深化群众性精神文明创建，为全市高质量发展提供有力思想保障和道德支撑。

一、推进社会主义核心价值观建设。开展社会主义核心价值观公益广告宣传，新建5个核心价值观主题广场，武陵源区杨家坪社区被评为全省首批社会主义核心价值观建设示范点。组建宣讲报告团深入机关单位、乡镇街道、村（居）社区、学校、企业开展“社会主义核心价值观暨‘六城同创’”主题宣讲活动100多场次，听众达10000多人次。推进社会诚信体系建设，发布诚信“红黑榜”，市、区县人民法院共发布失信被执行人名单信息4批108人次。

二、加强公民思想道德建设。将道德讲堂建设纳入各级文明村镇、单位、校园创建重要内容。为20多名生活困难的道德模范、身边好人、优秀志愿者等解决生活困难。开展“我推荐·我评议”身边好人活动，桑植县金则先获评“中国好人”，18人获评“湖南好人”。举办乡村学校少年宫项目建设推进会暨成果展，抓好乡村学校少年宫、未成年人心理健康咨询室（站）、留守儿童之家等的建、管、用。开展“非遗”进校园活动，在春节、清明节、六一儿童节等，组织开展“学习雷锋·做美德少年”“网上祭英烈”等主题教育实践活动。举办全市庆“六一”暨“美德少年”表彰大会，表彰31名美德少年。

三、开展“讲文明·树新风”活动。编发《张家界市六城同创市民手册》10万册，制作发布“讲文明·树新风”等公益广告4000余幅，遏制违规赈酒等不文明行为，倡导文明新风。举办“老道湾杯”全国文明旅游漫画大赛颁奖典礼暨文明旅游漫画文化艺术节，助推文明旅游。深化“我们的节日”主题活动，承办“文明张家界·欢乐元宵节”2018年全省“我们的节日·元宵”主题活动。启动武陵源区全省新时代文明实践中心示范县（区）创建。

四、推动志愿服务常态化制度化。加强阵地建设，支持市志愿服务总站建设运行，实现文明创建单位、公共设施、街道社区、校园志愿服务站全覆盖。加强队伍建设，扶持张家界市爱心联盟、桑植县10帮1爱心协会等一批公益组织，全市现有湖南志愿服务网注册志愿服务组织400多个、志愿者25万多人。加强活动组织，开展“关爱残疾人·圆梦微心愿”“爱心送考·文明同行”等系列志愿服务活动。加强典型宣传，开展第二届张家界市志愿服务先进典型评选表彰活动，表彰优秀志愿服务组织5个、志愿服务工作先进单位10个、志愿者20人。1个志愿服务项目、3名志愿者获评全省优秀。

五、深化群众性精神文明创建活动。召开创建湖南省

文明城市整改推进会、专题培训班、公益广告宣传推进会、重点行业领域公益广告宣传推进会等，开展2018年城市文明程度指数模拟测评，印发整改问题清单7批，会同市纪委监委、市六创办开展专项督查，通过了省国调队城市文明程度指数测评。深入推进文明村镇、单位、校园创建，桑植县五道水镇桑植坪村荣获全国第五届文明村镇。推荐申报2018届湖南省文明单位16个、文明标兵单位6个、文明校园4个、文明标兵校园2个、文明家庭4个。评选2018届市级文明村镇50个、文明行业3个、文明单位50个、文明标兵单位35个。

六、夯实精神文明建设工作基础。抓好总体谋划，召开第26次市文明委全体（扩大）会议，整合资源，构建“大文明”建设格局。加强队伍建设，举办全市精神文明创建骨干培训班，提升文明创建队伍综合素质。建设工作平台，加强张家界文明网建设管理，积极推进网络精神文明传播。

【创建湖南省文明城市第一次整改推进会议】 2018年3月9日上午，张家界市创建湖南省文明城市第一次整改推进会议召开，通报“城市文明程度指数第一次模拟测评情况”，安排部署湖南省文明城市创建工作和“六城同创”新闻宣传工作。市委副书记刘绍建，市委常委、市委宣传部部长郭天保出席会议。

【精神文明创建骨干培训班】 2018年5月17日至18日，张家界市精神文明创建骨干培训班举行。市委常委、市委宣传部部长、市文明委常务副主任郭天保出席开班仪式。各区县文明办，各级文明单位，新申报文明单位创建工作负责人，市直及永定区文明城市创建工作责任单位负责人和永定区各社区负责人共300余人参与培训。

【庆“六一”暨“美德少年”表彰大会】 2018年5月31日，张家界市庆“六一”暨“美德少年”表彰大会在大门小学举行。会上，对黄翔等31名“张家界美德少年”进行了表彰，向46名贫困留守儿童发放了助学金。市委副书记、市文明委副主任刘绍建，市委常委、宣传部部长、市文明委常务副主任郭天保参加会议。

（本栏撰稿　张　南）

生态文明建设

【概况】 2018年，全市围绕污染防治攻坚战暨“2018年夏季攻势”，协同推进环境空气质量达标城市、国家生态文明建设示范市创建，突出抓好中央环保督察及“回头看”反馈意见整改、省级环保督察反馈意见整改，深入推进生态绿色张家界“先导工程”碧水守护、蓝天保卫、净土攻坚、大地增绿、城乡洁净五大行动，全市生态环境质量保持稳中向好。所有地表水监测断面保持Ⅱ类水质，城市所有在用集中式饮用水源地水质达标率为100%。市城区环境空气质量优良天数340天，优良率为93.2%，同比上升4.4个百分点；PM2.5为32微克/立方米，同比下降23.8%；PM10为58微克/立方米，同比下降13.4%，提前创成环境空气质量达标城市。颁布实施《张家界国家生态文明建设示范市规划（2018—2025年）》，建成生态文明建设示范乡镇12个、生态文明建设示范村21个，武陵源区建成国家生态文明建设示范区。

【污染防治攻坚战“2018年夏季攻势”暨河长制工作推进会】 5月30日，张家界市召开全市污染防治“2018年夏季攻势”暨河长制工作推进会。会议由市委副书记刘绍建主持。会上市委书记、市人大常委会主任虢正贵强调，要深入贯彻落实习近平生态文明思想，按照中央和省委的部署要求，牢固树立“绿水青山就是金山银山”的理念，坚持生态优先、绿色发展，以钉钉子精神落实河长制要求，倾心倾情倾力守护绿水青山。

会议播放环境污染问题明察暗访电视短片。市人民政府副市长李培其、李传荣分别作全市污染防治“2018年夏季攻势”工作报告和全市河长制工作报告。市委常委、市人民政府常务副市长罗智斌宣读《张家界市生态环境保护委员会关于表彰2017年度环境整治“6+1”行动先进单位的通报》《张家界市河长制工作委员会办公室关于聘请雷国文等6位同志为社会监督员的通知》。各区县委分别作表态发言。永定区王家坪镇就创建样板河作表态发言。虢正贵指出，党的十八大以来，习近平总书记高度重视生态环境保护，多次指出河川之危、水源之危是生存环境之危、民族存续之危，强调保护江河湖泊，事关人民群众福祉、事关中华民族长远发展。要深入贯彻落实习近平生态文明思想，按照中央和省委的部署要求，牢固树立“绿水青山就是金山银山”的理念，坚持生态优先、绿色发展，构建人与自然和谐发展新格局；要以问题为导向，查短板、补弱项，把当前发现的突出问题作为“2018年夏季攻势”的第一次战役目标彻底消灭；要进一步提高政治站位，从讲政治、负责任、促发展、惠民生的高度抓紧抓好工作落实，对标对表，全面实现“2018年夏季攻势”既定目标，保障河长制真正全面落实。

虢正贵强调，当前即将进入主汛期，防汛抗旱，事关人民群众生命财产安全，事关社会发展稳定大局，各级各部门要高度重视，切不可掉以轻心、麻痹大意，要超前谋划、提前准备，未雨绸缪、常备不懈，特别是要加强物资、人员和预案的准备，确保实现“不溃一堤一垸，不垮一库一坝，不发生群死群伤”的防汛抗灾目标。

（本栏撰稿　王礼发）

全面深化改革

【概况】 2018年，市委全面深化改革领导小组和各专项小组发挥牵头抓总、统筹协调作用。召开市委常委会议及深改领导小组会议9次，出台《张家界市“最多跑一次”改革实施方案》《张家界市总工会深化改革实施方案》《张家界市统筹推进县域内城乡义务教育一体化改革发展实施方案》等40个改革方案。至年底，改革任务完成102小项。

【旅游综合改革】 张家界市旅游综合改革任务共7大项9小项。出台实施全国首部保障和促进全域旅游地方性法规《张家界市全域旅游促进条例》。全面推行旅游企业发票、门票“一票制”改革，开展全域旅游“公对公”结算改革。推行国有景区门票降价改革，武陵源核心景区门票综合降价率达23%。提升旅游国际化水平，健全对外营销体系，建立加强与国际旅游相关机构联系合作机制。建立乡村旅游规范化特色化发展机制。进一步深化“1+3+N”执法队伍及其运行机制，对10多家旅游经营企业和20多名从业人员的违法经营活动和扰乱旅游市场秩序行为，进行了依法打击处理，旅游市场监管体制机制改革走在全省前列。

【农业农村改革】 张家界市农业农村改革任务共6大项14小项。成功承办全国乡村旅游与旅游扶贫工作推进大会，张家界市旅游扶贫的“四条路径”和“十大模式”在大会上推介，旅游脱贫贡献率达40%。大力实施乡村振兴战略，市、区县制订出台实施方案及系列配套文件，实施美丽乡村规范化标准化试点，创建7个省级乡村示范村。张家界市全力推进农村土地确权登记颁证工作，土地确权登记已通过省确权及农业农村部数据汇交任务，确权信息应用平台建设完成率名列全省第一，其中慈利县土地确权经省确权办验收并被评为全省先进。深化农村集体产权制度改革，张家界市农村集体资产清产核资工作比省定完成任务时间提前1个月。组建完成张家界市农业投资公司。创新完善市县乡村农村电商综合服务体系，永定区、慈利县被纳入全国电子商务进农村综合示范区县。

【社会体制改革】 张家界市社会体制改革任务共7大项18小项。医药卫生体制机制改革进一步深化，实施公立医疗机构药品集中配送，药品价格在省挂网价格的基础上直接让利10%于民，每年可为老百姓减少医药费用负担近7000万元，张家界市公立医院药占比全省排名第一。基层医疗服务能力不断提升，全面做实做优家庭医生签约服务工作，共组建家庭医生签约团队512个，已签约117669人。全面推广健康扶贫“一站式”结算平台，率先在全省实现“一站式”结算全覆盖。创新社会救助机制，设立特困救助基金，健全留守儿童、妇女、老人和残疾人关爱服务体系。率先在全省制订出台工程建设领域保障农民工工资支付监督管理办法，完善治理拖欠农民工工资支付制度建设体系。制订出台路长制改革实施方案及配套文件和道路运输安全“隐患清零”实施细则，完善道路运输安全管理机制。深化安全生产领域改革，制订出台推进出租汽车行业健康发展的实施意见和网络预约出租汽车经营服务管理实施细则。

【生态文明体制改革】 张家界市生态文明体制改革任务共4大项4小项。构建污染防治攻坚体系，制订出台行动计划及系列配套文件，实施生态绿色张家界建设“先导工程”，统筹推进碧水守护、蓝天保卫、净土攻坚、大地增绿、城乡洁净“五大行动”，形成了“1+1+N”生态绿色张家界建设框架体系。2018年，市城区环境空气质量优良天数340天，优良率为93.2%，同比上升4.4个百分点。武陵源区成为第二批国家生态文明建设示范市县。持续深化国家主体功能区建设示范和西部地区生态文明示范工程试点。加快推行环境污染第三方治理模式。

【文化体制改革】 张家界市文化体制改革任务共4大项5小项。出台《张家界市政府购买公共文化服务实施方案》《张家界市群众文艺团队奖励扶持办法》。加大推进文化市场综合执法改革力度。张家界市全年共检查文化经营场所268家次，行政处罚立案调查47起，收缴非法音像制品893余盒，收缴非法、盗版书刊1600余册；慈利县、桑植县完成文化市场综合执法改革。传统媒体和新兴媒体融合发展深入推进，市广播电视台运行爱视网，上线了“智慧张家界”APP。制订出台政府购买公共文化服务管理办法，推进公共文化服务社会化。

【司法体制改革】 张家界市司法体制改革任务共4大项9小项。落实司法责任制及综合配套改革，完成市区县法院检察院人财物统一管理，开展市县法院检察院内设机构改革。慈利法院内设机构由19个调整为10个，永定区检察院内设机构由15个整合为7个副科级内设机构。深化“4+X”警务机制改革快速推进，“四大中心”平台作用明显。推行“一村一辅警”治安管理模式，制订出台了加强“一村一辅警”建设的意见和工作规范。完善公共法律服务体系，已建成5个公共法律服务中心、10个基层法律服务所、72个公共法律服务工作站、906个公共法律服务工作点。

【党的建设制度改革】 张家界市党的建设制度改革任务共5大项8小项。制订出台了《进一步树立“三个用起来”用人导向激励干部干事创业的意见》《关于切实加强和改进优秀年轻干部发现培养选拔工作的实施意见》等深化干部人事制度改革系列文件。其典型经验《三个用起来、激励干部担当》《张家界考核激励脱贫一线干部》《张家界集中推荐“党建活动周”》《张家界“组团式”服务旅游扶贫》在《中国组织人事报》刊登。

【纪律检查体制改革】 张家界市纪律检查体制改革任务共2大项4小项。完成市县（区）两级监察委员会的组建。深化派驻体制机制改革，制订《中共张家界市纪委派驻机构干部管理办法（试行）》《中共张家界市纪委派驻纪检组业务工作管理办法（试行）》，对20个派驻纪检监察组实行划片管理。紧贴实际创新巡察方式方法，出台了《张家界市区县异地交叉巡察办法（试行）》和《张家界市后备干部参加巡察工作办法（试行）》等制度，完成4轮常规巡察，累计派出22个巡察组，巡察了69个副处级以上单位党组织。（本栏撰稿　屈　攀）

全面小康社会建设

为了实现“全面提升、进位争先”目标，市全面小康办坚持工作不松劲，理清区县主体责任、市直配合责任，抓好督促指导、监测指标、突破弱项等工作。

一、理清省对市州、区县2017年考评情况。年中，省里公布了2017年考评情况。我市全面小康总体实现程度为90.2%，较上年增长5.8%，在全省排名第13位；提升幅度得分42.4分，较上年增长0.3分，在全省排名第10位。永定区、武陵源区、慈利县、桑植县实现程度分别为91.7%、92.7%、91%、86.2%，分别比2016年旧指标体系提高了－1.1、－3、3.1、1.1个百分点，考评排名分别为第18、15、19、42名。桑植县全面小康提升幅度在三类县排第4名，获“全面小康推进工作先进单位”奖。

二、部署省对市州、区县2018年考评重大调整后的落实之策。一是省对市州考评已经取消。二是省对区县考评体系进行调整，现有23个指标。与2017年全面小康指标体系相比，增加6个一级指标，修改1个一级指标，减少7个一级指标、1个二级指标。省对区县考核设立两个奖项：一是“全面小康推进工作优秀县”奖项，根据三个类别县（市、区）实现程度考评计分排名，第一类县取前3名，第二、三类县各取前6名；二是“全面小康推进工作先进县”奖项，根据三个类别县（市、区）提升幅度考评计分排名，第一类县取前3名，第二、三类县各取前6名。奖金各为300万元。（肖　洒）

市领导名单

中共张家界市委员会

书　记：虢正贵
副书记：刘革安　刘绍建
常　委：虢正贵　刘革安
刘绍建　罗智斌
袁美南　刘　桦
艾可知　单铸飞
田华玉　郭天保
郭　钰

张家界市人民代表大会常务委员会

主　任：虢正贵
副主任：余怀民　吴名凤
陈红日　羿宝明
向锦云　吕　毅
朱用文　向锦云

张家界市人民政府

市　长：刘革安
副市长：罗智斌　李传荣
邹菊芳　欧阳斌
谢振华　尚生龙
李培其

中国人民政治协商会议张家界市委员会

主　席：汪业元
副主席：彭红覃　仕　斌
张元次　周　芳
褚新年　王光明
李文化　邓师煌

中国人民解放军张家界军分区

党委第一书记：虢正贵
司令员：郭　钰
政治委员：雷体全
副司令员：吴广生

中共张家界市纪律检查委员会张家界市监察委员会

书记主任：袁美南

张家界市中级人民法院

院　长：壮晓阳

张家界市人民检察院

检察长：赵　荣

2019

政　治

中国共产党张家界市委员会市委重要会议

【全市卫生与健康大会】 2018年2月5日，全市卫生与健康大会召开。大会对当前至2030年健康张家界建设等卫生与健康工作进行安排部署，出台《中共张家界市委张家界人民政府关于加快推进健康张家界建设的实施意见》。市委书记、市人大常委会主任虢正贵出席会议并作重要讲话，市委副书记刘绍建主持会议。

会议指出，推进健康张家界建设，既是践行“不忘初心，牢记使命”要求的政治担当，也是决胜全面建成小康社会的关键举措，更是打造国内外知名旅游胜地的必然选择。全市上下要统一思想，深化认识，提升健康张家界建设战略地位，深刻领悟党的十九大和习近平总书记重要讲话精神，清醒认识优先发展人民健康重大而深远的意义，把思想真正统一到党中央、省委决策部署上来，统一到加快推进健康张家界建设上来。

会议强调，必须突出重点，精准发力，推动健康张家界建设向纵深发展，要突出改革攻坚，以推进分级诊疗制度建设为重点优化就医秩序，以建立现代医院管理制度为目标深化公立医院改革，以医保支付方式改革为抓手推动全民基本医保制度提质增效，以药品供应保障体系改革为契机加快理顺医药价格，以构建综合监管体系为基础实施全行业监管，让医改红利更多更好惠及人民群众；要突出疾病防治，重视重大疾病防控，加强重点人群健康保障，实施健康扶贫工程，普及健康文明生活方式，提高人民群众健康水平；要突出基层基础，切实推动卫生健康基础设施建设重心下移，优质医疗卫生技术资源下沉，振兴发展中医药，改善就医环境，全面提升卫生健康服务能力；要突出产业发展，完善规划和政策体系，引导健康产业发展，加快产业跨界融合，促进健康产业发展，积极争取政策支持，推动健康产业发展，不断满足人民群众健康需求；要突出计生服务管理，健全人口与发展的综合决策机制，稳妥有序实施好“全面两孩政策”，不断优化妇幼健康服务，促进家庭发展和流动人口服务均等化，力争在全省排名“进类进位”；要突出国卫创建攻坚，精准对标，明确任务，扎实履职尽责，抓住重点，攻坚克难，全力补短板、强弱项，健全机制，强化责任，确保工作落实，创建如期实现。

【全市政法工作暨扫黑除恶工作会议】 2018年2月12日，全市政法工作暨扫黑除恶工作会议召开。会上，市委书记、市人大常委会主任虢正贵强调，全市政法机关和广大政法干部队伍要进一步振奋精神、凝心聚力，把握新形势，迎接新挑战，为把张家界市建设成国内外知名旅游胜地提供坚强的政法保障。市委副书记、市长刘革安主持会议。

就做好全市政法工作和扫黑除恶专项斗争，会议要求，做好今年的政法工作要把握三个方面的重点：一、以维护国家政治安全和社会安定为重点，切实防范各类风险。要切实加强对敌斗争，坚决依法取缔非法组织，有效防控社会各类风险。二、以打造共建共治共享社会治理新格局为重点，进一步深化平安张家界建设。要健全完善社会治理体系，严厉打击违法犯罪，着力提升防控能力。三、以全面提升法治建设水平为重点，进一步深化法治张家界建设。营造遵法守法浓厚氛围，深入推进司法体制改革，依法维护经济秩序。虢正贵强调，要充分发挥政治优势，形成扫黑除恶的强大合力；打黑要彻底，除恶务尽，迅速形成对黑势力犯罪的压倒性态势；要坚持综合治理源头治理，坚决铲除黑恶势力滋生土壤。要以政治建设为统揽，大力锻造既政治过硬又本领高强的新时代政法工作队伍。全力推动政法工作迈上新台阶，为早日实现旅游胜地梦、全面小康梦提供坚强的政法保障。

会上，市委常委、市委政法委书记刘桦作工作报告；市委常委、市委秘书长单铸飞宣读《中共张家界市委办公室张家界市人民政府办公室关于2017年度全市综治工作考核情况的通报》《关于开展扫黑除恶专项斗争的决定》；副市长谢振华就全市开展扫黑除恶专项斗争提出明确要求；市纪委、市委组织部作了表态发言；各区县递交了《2018年度社会治安综合治理工作责任书》和《扫黑除恶专项斗争责任书》。

【市委农村工作会议】 2018年2月27日，市委农村工作会议召开。市委书记、市人大常委会主任虢正贵作讲话，市委副书记、市长刘革安部署相关工作，市委副书记刘绍建主持会议。

会议指出，要坚持走中国特色社会主义乡村振兴道路，加快推进农业农村现代化。以产业兴旺为重点，着力构建农村现代产业体系；以生态宜居为关键，着力推动乡村绿色发展；以乡风文明为保障，着力提升乡村社会文明程度；以治理有效为基础，着力创新现代乡村社会治理体系；以生活富裕为根本，着力增进农民福祉。要加强和改善党对实施乡村振兴战略的领导，提高新时代党全面领导“三农”工作能力和水平。

会议强调，要加强和改善党对实施乡村振兴战略的领导，切实增强把方向、谋大局、定政策、促改革的能力和定力。完善党全面领导“三农”工作体制机制，全面深化农村综合改革，坚持科学规划、分类推进。要突出抓重点补短板强弱项，确保乡村振兴战略开好局起好步。抓紧完善顶层设计，制订出台张家界市的乡村振兴战略意见。实施脱贫攻坚“总攻行动”，深入实施农村环境综合整治行动，启动实施乡村治理行动，深化农村改革攻坚，推动农业全面升级、农村全面进步、农民全面发展，奋力开创全市“三农”工作新局面。

刘革安在部署全市实施乡村振兴战略时指出，要认真学习习近平总书记关于“三农”工作的论述，理解实施乡村振兴战略的重大意义，学深弄通科学内涵，找准全市实施乡村振兴战略的基本路径；要按照乡村振兴的总要求，落实全市今年及今后一段时期“三农”工作，坚持科学发展，坚持绿色发展，坚持和谐发展，坚持综合整治，坚持补齐短板；要建立健全实施乡村振兴战略的体制机制，坚持规划引领，注重改革先行，强化保障；要将思想和行动统一到党中央、国务院、省委省政府的决策部署上来，努力谱写新时代全市乡村振兴新篇章。

【全市扶贫工作暨作风建设年动员大会】 2018年4月26日，全市扶贫工作暨作风建设年动员大会召开。会议按照中央、省委的总体部署，结合实际，找准问题补短板弱项，正风肃纪抓专项治理，对脱贫攻坚工作再动员、再部署，确保圆满完成年度脱贫攻坚任务。张家界市委书记、市人大常委会主任虢正贵，市委副书记、市长刘革安出席会议并讲话。

会议强调，全市各级各部门要肯定成绩、总结经验，切实增强打好打赢脱贫攻坚战的决心和信心；要把握形势、精准发力，抓牢抓实深化产业扶贫、推进劳务协作扶贫、决战易地扶贫搬迁、推进危房改造、发展教育扶贫、强化健康扶贫、加强兜底脱贫、推动金融扶贫、推进生态保护脱贫、完善基础设施十项脱贫攻坚重点工作；要较真碰硬、高压震慑，加大问题查处力度，减轻基层负担，建立健全长效机制，抓好扶贫领域作风建设专项治理；要突出实干、注重实效，正确处理雪中送炭和锦上添花、精准识别与综合贫困发生率、精准退出与目标任务、干部能力和干部作风、基础工作和形式主义、加大帮扶和加大教育的关系，解决工作重点不清、识贫不准等问题，高质量完成年度脱贫任务。

【中共张家界市第七届委员会第五次全体会议】 2018年5月25日，中共张家界市第七届委员会第五次全体会议召开。会议学习贯彻习近平生态文明思想和长江经济带发展战略思想、考察湖南系列重要指示精神，全国生态环境保护大会和省委十一届五次全会精神，审议通过市委《关于深入实施长江经济带发展战略建设生态绿色张家界推动高质量发展的决定》《生态绿色张家界建设“先导工程”三年行动计划（2018—2020年）》。

市委书记、市人大常委会主任虢正贵主持会议并代表市委常委会作总结发言，市委副书记、市长刘革安代表市委常委会向全会报告张家界市落实长江经济带发展战略、推进生态环境治理工作的情况，市委副书记刘绍建就《决定》《三年行动计划》起草情况向全会作说明。

全会肯定全市近年来实施长江经济带发展战略、推进生态环境治理取得的明显成效。全会要求，要提高政治站位，深刻领会、准确把握习近平生态文明思想、长江经济带发展战略思想，省委深入推进长江经济带发展的部署要求，增强贯彻落实习近平生态文明思想和大力实施长江经济带发展战略的思想自觉、政治自觉和行动自觉；要把握优势和机遇，认识到建设生态绿色张家界，张家界拥有优越自然禀赋和良好工作基础，找准自身定位，走好建设生态绿色张家界的特色发展之路；要坚持问题导向，围绕生态保护认识、空气质量、河道岸线管护、农村面源污染、山体保护、城市“双修”、生态功能区保护与治理、产业发展转型升级等方面的问题，突出重点、深入实施生态绿色张家界建设“先导工程”，协同推进、抓好“五大行动”的系统联动，强化责任、集中优势兵力推动工作落实，加快推进生态绿色张家界“先导工程”；要强化使命担当，解放思想、跳出思想藩篱，担当作为、激发干事活力，改进作风、狠抓工作落实，为推动生态绿色张家界建设和高质量发展提供坚强保障。

全会强调，各级各部门一把手，一定要学会“弹钢琴”，既要抓紧抓好党委中心工作，又要统筹抓好经济发展、深化改革、“三大攻坚战”、信访维稳、安全生产、防汛抗旱、民生改善、社会稳定、巡视整改、全面从严治党等各方面工作，确保中央、省委各项决策部署在张家界贯彻落实不走偏、不走形、不走样。全会最后号召，全市上下要以习近平新时代中国特色社会主义思想为指导，深入贯彻落实党的十九大精神，坚定不移走生态优先绿色发展之路，攻坚克难、撸袖实干，为加快建设生态绿色张家界、大力推动高质量发展，早日实现“旅游胜地梦全面小康梦”做出新的更大的贡献。

【全市优化发展环境暨“最多跑一次”改革动员大会】 2018年6月21日，全市优化发展环境暨“最多跑一次”改革动员大会召开。大会动员全市上下聚焦突出问题，狠抓关键环节，以“最多跑一次”改革为突破口，推动全市发展环境大优化、大提升，为促进产业项目建设和高质量发展提供有力保障。市委书记虢正贵，市委副书记、市长刘革安出席会议并讲话。

会议指出，一个地方要实现高质量发展，发展环境是重要软实力，也是核心竞争力。要提高认识、凝聚共识。要认识到，优化发展环境是深入贯彻中央和省委省政府决策部署的客观要求，是实现高质量发展的先决条件，是践行以人民为中心发展思想的实际举措，是破解当前张家界市突出瓶颈制约的迫切需要。要增强优化发展环境的责任感紧迫感，要突出重点、强化措施，打造招商亲商富商的发展环境。关键要切实转变干部作风，激励干部担当作为，用心用情服务企业，构建“亲”“清”政商关系；重点要抓牢政策环境、政务环境、法治环境、开放环境、生态环境等“五个环境”的提质升级；落脚点要在推动产业发展和项目建设上，推进重点产业和项目建设，加大招商引资力度，坚定不移地发展和壮大园区平台。

会议强调，要牵住“牛鼻子”、推进改革创新，学习借鉴浙江等先进地区和湖南一些先行改革地区的经验，明确张家界市“最多跑一次改革”今年要取得重大实质性进展，群众和企业到政府办事“最多跑一次”事项达到80%，2019年超过90%，2020年达到95%以上这个主要目标，把握群众、企业两个需求导向，推进数字化、系统化、标准化“三化”建设，抓好加快梳理公布事项清单、尽快完成平台建设、实现“两集中两到位”、创新基层治理体系四个关键环节，以“最多跑一次”改革为突破口优化发展环境。要统一思想，增强荣辱意识，把荣誉感看作自身追求的目标，为张家界市的尊严和光荣而奋斗；要加强组织领导，把优化发展环境和“最多跑一次”改革作为“一把手”工程来抓；要强化督查问责，对破坏发展环境的人和事实行“零容忍”；要加强宣传引导，大力宣传好做法、好经验和先进典型，真正做到家喻户晓，接受老百姓和企业的“检阅”，确保全市优化发展环境根本好转。

【全市生态环境保护大会】 2018年6月28日，全市生态环境保护大会召开。会议传达学习习近平生态文明思想，贯彻全国和全省生态环境保护大会精神，深入分析全市生态建设面临的新形势、新任务、新要求，对加强生态环境保护、坚决打好污染防治攻坚战进行全面部署，并对中央、省环保督察反馈问题整改工作进行再动员、再部署。市委书记虢正贵出席会议并讲话，市委副书记、市长刘革安作工作报告，市委常委、常务副市长罗智斌主持会议。

虢正贵强调，要以习近平生态文明思想为指导，深学笃用、深入贯彻习近平生态文明思想，深刻领会、准确把握中央、省委推进生态环境保护的部署要求，不折不扣、全面落实市委加快生态绿色张家界建设的安排部署，把思想和行动统一到中央、省委和市委决策部署要求上来；要以生态绿色张家界建设“先导工程”为抓手，集中力量实施“五大行动”，从紧抓好“六项任务”，统筹做好“五个结合”，坚持把群众满意不满意作为检验污染防治攻坚战成败的最高标准，发动人民群众积极投入和参与到环境保护中来，打一场污染防治攻坚的“人民战争”，提升全市生态文明建设和环境保护工作水平；要以加强党的领导为根本保障，强化领导力，强化执行力，强化向心力，强化推进力，切实履行打好污染防治攻坚战、建设生态文明的政治责任。

刘革安在报告中指出，我们要紧密结合实际深入贯彻习近平生态文明思想，提高站位、坚定信心，入心入脑、学思贯通，认清形势、强化担当；要努力走好建设生态绿色张家界推动高质量发展的路子，抓结构调整，抓环境整治，抓生态保护，抓城乡协调，着力形成生态更美、交通更顺、经济更协调、市场更统一、机制更科学的绿色发展格局；齐心协力治理污染，共建共享美好家园，早日实现生态文明示范市和环境空气质量达标城市创建目标。

【全市旅游市场秩序整治大会】 2018年8月30日，全市旅游市场秩序整治大会召开。大会部署十大重点整治行动，发布六大承诺，明确六大机制。市委书记虢正贵强调，要以统一的思想、统一的步调、统一的行动，重拳出击、铁腕整治，持续深入打好旅游市场秩序整治的攻坚战、歼灭战，不断擦亮张家界旅游这块“金字招牌”，加快建设诚信友善、和美品质的国际精品旅游城市。虢正贵说，要抓住关键，突出重点，全力推进十大重点整治行动，紧盯高速公路出入口、车站、机场、景区景点周边四类重点区域，看紧旅游购物场所、演艺娱乐场所、宾馆酒店、旅行社门店四类重点场所，取缔“黑车、黑导、黑社、黑店”四类重点对象，严打不合理低价、包厢购物、商业贿赂、涉黑涉恶犯罪四类不法行为，提升导游、司机、窗口人员、旅行社管理人员四类人员素质；要牢固树立“一盘棋”思想，统筹调度，综合治理，一个节点一个节点地抓、一项工作一项工作地推进，确保整治行动取得最大成效；要强化责任，整体联动，建立“党委政府主导、部门联动、企业主体、社会参与”的综合整治格局，形成全社会共同维护良好旅游秩序的合力。

虢正贵强调，旅游市场秩序专项整治行动是一项系统工程、全局工程、社会工程，要立足长远，强化保障，在思想上高度重视，在机制上创新突破，在治理上依法推进，在宣传上浓厚氛围，迅速掀起维护旅游市场秩序和谐稳定的新热潮。要以自我革命的精神、壮士断腕的决心、凌厉迅猛的攻势，坚决整治旅游市场乱象，为广大游客提供舒适舒心的旅游环境，确保张家界旅游的“口碑”配得上张家界的“颜值”，把张家界旅游“金字招牌”越擦越亮。

刘革安指出，要提高认识，勇于担当，注重协调合作，强强联动，坚持问题导向，精准施策，压实工作责任，严肃问责，举全市之力抓好旅游市场秩序治理工作，为游客营造文明、有序、安全、便捷、高效的旅游环境，树立诚信、友善的优质服务旅游品牌形象，促进全市旅游业又好又快发展。

【省委第二巡视组巡视张家界市工作动员会】 2018年10月8日下午，省委第二巡视组巡视张家界市工作动员会召开。会前，省委组织部部务委员、省委巡视工作领导小组成员梁平主持召开与张家界市委书记、市人大常委会主任虢正贵的见面沟通会，传达中央和省委关于巡视工作的指示精神。会上，省委第二巡视组组长张正就即将开展的巡视工作作了讲话，梁平就配合做好巡视工作提出要求。虢正贵主持巡视进驻动员会并作表态讲话。

梁平强调，坚决维护习近平总书记核心地位，坚决维护党中央权威和集中统一领导，是新时代党领导人民进行具有很多新的历史特点的伟大斗争的战略选择。张家界市委要把“两个维护”作为根本政治任务，在政治立场、政治方向、政治原则、政治道路上同党中央保持高度一致，持续深入学习贯彻新时代中国特色社会主义思想和党的十九大精神，持续强化管党治党政治责任，持续保持惩治腐败的高压态势，持续纠治“四风”问题，持续净化党内政治生态，认真贯彻落实党中央和省委的决策部署。巡视是党章赋予的重要职责，必须把工作聚焦点、着力点统一到“两个维护”上来，紧盯被巡视党组织的政治立场、政治忠诚、政治责任、政治生态，坚定不移深化政治巡视，深入发现问题，持续推动整改，助推全面从严治党向纵深发展。张家界市委和各级党员领导干部要提高政治站位和政治觉悟，主动接受巡视，自觉接受检查，诚恳接受监督，支持配合省委巡视组工作，加强对巡视组的监督，共同完成好省委交给的巡视任务。

张正指出，根据中央巡视工作方针和省委要求，省委巡视组将把“两个维护”作为根本政治任务，坚守政治巡视职能定位，以党的政治建设为统领，以“四个意识”为政治标杆，以中央巡视组反馈的问题为导向和监督重点，聚焦坚持和加强党的全面领导、新时代党的建设总要求、全面从严治党，结合实际，围绕党的政治建设、思想建设、组织建设、作风建设、纪律建设和夺取反腐败斗争压倒性胜利等方面，深入检查被巡视党组织学习贯彻习近平新时代中国特色社会主义思想和党的十九大精神情况，贯彻落实中央、省委重大决策部署情况，落实意识形态工作责任制情况，贯彻新时代党的组织路线和选人用人、基层党组织建设情况，执行中央八项规定精神和整治“四风”情况，领导干部廉洁自律和整治群众身边腐败问题情况，以及中央巡视和省委上轮巡视整改落实等情况。通过开展巡视监督，发现问题、形成震慑，推动改革、促进发展，推进标本兼治，为全面从严治党提供有力支撑。

虢正贵表示，巡视工作是全面从严治党的重大举措，是党内监督战略性制度安排。全市各级各部门要切实提高政治站位，深刻领会新一轮巡视工作的新形势新任务新要求，准确把握本次省委巡视的主要任务和工作要求，全面认识省委开展巡视工作对张家界市解决问题、推动工作的重要作用，提升接受省委巡视的政治自觉、思想自觉和行动自觉，坚决把思想和行动统一到省委新一轮巡视的部署要求上来。要强化政治担当，高度重视、领导带头，履职尽责、密切配合，严格要求、严明纪律，客观公正、实事求是，坚决支持配合省委巡视工作扎实有序开展。要注重统筹兼顾，切实抓好巡视整改“后半篇文章”，统筹抓好经济社会发展各项工作，着力营造更加风清气正的政治生态，推动接受巡视与做好各项工作两不误、两促进。

【全市项目建设暨开放强市推进大会】 2018年11月28日—29日，市委书记、市人大常委会主任虢正贵率四大家领导、市直相关单位和各区县主要负责人，先后深入桑植、武陵源、慈利、永定和经开区的20多个重点项目建设现场考察。在29日下午召开的推进大会上，虢正贵强调，要以习近平新时代中国特色社会主义思想为指导，全力推进项目建设，加快发展民营经济，奋力开创改革开放新格局，为全市高质量发展做出新的更大贡献。市委副书记、市长刘革安作工作报告。

虢正贵指出，全面深化改革是推动高质量发展的动力源泉，必须用好改革“关键一招”，深入贯彻落实习近平总书记关于全面深化改革重要论述精神，紧扣中央、省委的一系列改革决策部署，坚定不移把改革推向深入。要想清楚改什么，切实融入全国全省改革发展大局；要把握好怎么改，突出要素市场优化配置、“最多跑一次”、旅游门票及管理体制机制以及财税、金融、科技、文化、司法、生态、安全生产和机构等重点领域和关键环节改革；要确保改出成果，破解问题，狠抓落实摆在更加突出的位置，一项一项地研究，一个问题一个问题地解决，以钉钉子的精神推动各项改革在张家界落地见效。

虢正贵指出，扩大对外开放是推动高质量发展的必由之路，必须深化对外合作交流，打造武陵山片区对外开放新高地。要深入贯彻习近平总书记关于对外开放的重要论述，认真落实省委创新引领开放崛起战略，找准“一带一部”战略定位，加大招商引资力度，立足旅游资源禀赋，发挥国际空港优势，优化开放发展布局，厚植开放发展基础，拓展开放发展空间，激发开放发展活动，不断开创张家界对外开放新局面。

虢正贵指出，项目建设是推动高质量发展的坚强支撑，必须牢牢扭住项目建设“牛鼻子”，突出发展产业振兴实体经济。要加强承接项目和产业的平台建设，加大“一区三园”建设，积极推动创建国家级高新区，切实提升园区的承载能力。要大力推进产业项目建设，切实加大招商项目落地力度，全面落实“放管服”改革要求，抓好“5个100”工程，加强产业链建设，力争在旅游商品、生物医药、旅游文创等领域取得突破。要着力补齐基础设施建设短板，抓住国家政策机遇，聚焦脱贫攻坚、生态环保、社会民生等领域，包装储备一批项目，力争更多项目进入国、省规划“笼子”。

刘革安指出，全市上下要以习近平总书记系列重要论述和指示要求作为行动指南，建立健全领导工作机制、责任落实机制、合力推进机制，打造更开放的投资环境、更高效的政务环境、更优质的服务环境，全力推进项目建设、民营经济发展，努力开创全市开放发展新局面。

【中共张家界市第七届委员会第六次全体会议】 2018年12月6日，中国共产党张家界市第七届委员会第六次全体会议召开。会议听取和讨论市委常委会工作报告，审议通过《张家界机构改革方案》。张家界市委书记虢正贵受市委常委会委托向全会报告工作，市委副书记、市长刘革安作《张家界市机构改革方案》的起草说明。

市委常委会向全会报告2018年主要工作：一是坚持把深入学习贯彻习近平新时代中国特色社会主义思想和党的十九大精神作为首要政治任务，实现了宣讲、考试、轮训

“三个全覆盖”，切实用以武装头脑、引领方向、指导实践。二是着力推动高质量发展，切实加强经济运行研判调度，坚持把项目建设作为重要支撑，着力推动全域旅游优质发展，坚定不移深化供给侧结构性改革，不断统筹城乡协调发展，不断提升发展的质量和效益。三是全力打赢打好三大攻坚战，牢牢守住防范化解重大风险的底线，全面完成地方债务清理核实，采取“停、缓、调、撤”等举措，市、区县政府债务风险整体可控；深入开展脱贫攻坚作风建设年活动，扎实开展“三走访三签字”和“深入贫困村、集中解难题”活动，实现市级领导联系预出列村“全覆盖”。今年可实现永定区、慈利县整体摘帽，180个贫困村退出，6.48万贫困人口脱贫，贫困发生率下降至2.17%。认真践行“两山”理论，坚持生态优先、绿色发展，出台《关于深入实施长江经济带发展战略建设生态绿色张家界推动高质量发展的决定》，大力实施生态绿色张家界建设“先导工程”，统筹推进“五大行动”，形成“1+1+N”生态绿色张家界建设框架体系。扎实开展中央环保督察“回头看”，认真配合省级环保督察，持续开展污染防治攻坚专项行动，取得明显实效。四是全面深化改革开放。突出抓好中央和省委、市委出台的重大改革措施的贯彻落实，深入推进党政机构改革等11类53大项124个改革事项。深入践行习近平总书记“一带一路”倡议，成功承办2018丝绸之路工商领导人（张家界）峰会、第十二届东北亚地区地方政府联合会全体会议等国际性会议，境外客源市场达到117个国家和地区。1—11月，全市接待境外游客达484.5万人次，增长61.5%，荷花国际机场旅客吞吐量突破210万人次。五是积极发展社会主义民主政治。坚持党的领导、人民当家做主、依法治国有机统一，坚定不移走中国特色社会主义政治发展道路，坚定不移推进社会主义民主政治建设。六是加强宣传思想文化工作。持续深化“凝心聚力开放奋起”解放思想大讨论活动，深入开展“学习贯彻党的十九大”“新时代新作为新篇章”等重大主题宣传活动；坚持党对意识形态工作的领导不动摇，严格落实意识形态工作责任制，大力培育和践行社会主义核心价值观，建立15处爱国主义教育基地，红二方面军长征出发地纪念馆建成开放，推进乡风文明建设，“人情风”“赈酒风”等不文明现象得到遏制。七是着力保障和改善民生，坚持以人民为中心的发展思想，牢牢守住民生、安全、稳定底线，确保人民群众有更多的获得感、幸福感。八是切实维护社会和谐稳定。贯彻国家总体安全观，切实维护国家政治安全；深入开展扫黑除恶专项斗争，大力建设“法治张家界”“平安张家界”，加强治安防控，严厉打击犯罪，强化治理创新；坚决落实安全生产党政同责，保持“打非治违”高压态势，加快创建国家食品安全示范城市，认真开展防汛备汛工作，严密防范地质灾害，确保人民群众生命财产安全。九是以政治建设为统领推动全面从严治党向纵深发展。市委常委会把中央巡视组巡视湖南反馈问题整改作为维护党中央权威、落实党中央决策部署的实际行动，对照中央巡视组反馈的问题和专项检查、专题报告中指出的问题，对省委巡视组交办事项和信访交办件，第一时间制订整改实施方案，逐一整改落实，及时报告情况，做到了“事事有人管、件件有着落”。坚持把政治纪律和政治规矩作为最重要、最根本的纪律，严格落实党内报告制度；坚持党管干部原则，树立“三个用起来”选人用人导向；切实强化基层党建主体责任，深入开展基层党建质量提升年活动；着力净化政治生态，认真贯彻执行中央八项规定精神和省委、市委实施办法，驰而不息纠“四风”、改作风，严肃查处了一批违纪违法案件；市委常委切实加强自身建设，充分发挥市委总揽全局、协调各方的作用。

【市委经济工作会议】 2018年12月28日，市委经济工作会议召开。市委书记虢正贵主持会议并讲话。会议总结了2018年经济工作，并对2019年经济工作做出安排。市委副书记、市长刘革安在讲话中对明年经济工作做出具体部署。

会议明确2019年经济工作的总体要求：以习近平新时代中国特色社会主义思想为指导，认真贯彻落实中央、省委经济工作会议精神，坚持稳中求进工作总基调，坚持新发展理念，坚持推动高质量发展，坚持以供给侧结构性改革为主线，坚持深化市场化改革、扩大高水平开放，深入实施省委“创新引领开放崛起”战略、市委“对标提质旅游强市”战略和“11567”总体思路，着力抓重点、补短板、强弱项，继续打好“三大攻坚战”，继续开展产业项目建设年活动，扎实开展招商引资项目攻坚年活动，进一步稳就业、稳金融、稳外贸、稳外资、稳投资、稳预期，保持定力、提振信心，迎难而上、担当作为，保持经济持续健康发展和社会大局稳定，奋力迈向优质旅游发展新时代，为全面建成小康社会收官打下决定性基础，以优异成绩庆祝中华人民共和国成立七十周年。

就如何做好全市2019年经济工作，刘革安要求，全市各级各部门要继续坚持创新、协调、绿色、开放、共享的新发展理念，着力推动转型升级跨越发展。要注重挖掘旅游资源内涵，注重扩大品牌影响，注重加强服务管理，全力促进全域旅游发展，全力推动优质旅游；要提高三次产业发展水平，做好“互联网+”“旅游+”文章，大力发展民营经济，推进项目建设，全力推进实体经济发展，提高经济增长质量和效益；要着力防范化解重大风险，全力抓好精准脱贫，大力加强污染防治，持之以恒地解决经济社会发展中存在的突出问题，全力打好“三大攻坚战”；要坚持农业农村优先发展，扎实推进乡村振兴战略，促进城乡协调发展，着力解决好人民群众反映强烈的突出问题；要深化市场化改革，推进高水平开放，深化以供给侧结构性改革为主线的各项改革。（本栏撰稿　彭汇芳）

市委重要文件

2018年1月31日，市委办公室、市政府办公室发出《关于印发〈落实市委“11567”总体思路三年行动计划（2018—2020年）〉的通知》。

2月2日，市委、市政府发出《关于加快推进健康张家界建设的实施意见》。

2月12日，市委、市政府发出《印发〈关于进一步纠正“四风”的十条禁令〉的通知》。

3月19日，市委发出《关于进一步深化学习贯彻党的十九大精神的通知》。

3月29日，市委发出《关于加强市委常委会自身建设的意见》。

4月11日，市委、市政府发出《关于加快推进产业精准扶贫的实施意见》。

4月19日，市委发出《关于树立“三个用起来”用人导向激励干部干事创业的意见》。

4月19日，市委办公室、市政府办公室发出《印发〈关于支持国家工作人员改革创新建立容错免责责任制的实施办法（试行）〉的通知》。

4月25日，市委、市政府发出《关于打好打赢永定区、慈利县脱贫摘帽攻坚战的意见》。

4月25日，市委办公室、市政府办公室发出《关于印发〈张家界市党政机关国内公务接待管理办法〉的通知》。

6月5日，市委、市政府发出《关于深入实施长江经济带发展战略建设生态绿色张家界推动高质量发展的决定》。

6月13日，市委、市政府发出《关于印发〈生态绿色张家界建设“先导工程”三年行动计划（2018—2020年）〉的通知》。

6月19日，市委、市政府发出《关于印发〈张家界市“最多跑一次”改革实施方案〉的通知》。

7月10日，市委、市政府发出《关于稳步推进农村集体产权制度改革的实施意见》。

8月16日，市委、市政府发出《关于开展质量提升行动推进质量强市的实施意见》。

8月17日，市委、市政府发出《关于推进张家界人才行动计划加快建成全域旅游人才高地的实施意见》。

11月9日，市委、市政府发出《关于加强和完善城乡社区治理的实施意见》。

11月9日，市委发出《关于切实加强和改进优秀年轻干部发现培养选拔工作的实施意见》。

12月3日，市委发出《关于贯彻落实〈中国共产党党务公开条例（试行）的实施细则〉的通知》。 （彭汇芳）

组织工作

【概况】 2018年，全市组织工作，积极推进领导班子、干部及人才队伍、基层组织和部门自身建设，各项工作任务取得显著进展，为张家界市发展大局提供组织保证。

一、突出抓理论武装固本培元。分党员和干部两个层次全覆盖抓好习近平新时代中国特色社会主义思想和十九大精神的学习贯彻。抓好贫困村党支部书记、第一书记、乡镇党委书记、党代表履职能力提升，乡村振兴战略、“最多跑一次”改革等专业化能力培训。按“一中心两主线三基地四支撑”思路，启动全市党性教育基地建设，3堂党性教育课程被评为全省精品课。全市党员干部增强“四个意识”、坚定“四个自信”、做到“两个维护”的思想根基更加牢固。

二、突出抓政治建设净化生态。把政治建设贯穿组织工作全过程，执行关于坚定维护党中央集中统一领导的规定、新形势下党内政治生活若干准则，指导落实“三会一课”、民主生活会、领导干部双重组织生活会等制度，在领导班子换届、机构改革、干部日常调整等工作中突出政治把关，牵头抓好中央、省委巡视反馈的政治建设方面相关问题整改，以改到位的实际成效体现良好政治担当。

三、突出抓“四力”工程夯实基层。以提升政治领导力、组织覆盖力、支部凝聚力、发展推动力“四力”工程建设年为总抓手，推动基层党建提质升级。创新“周活动、月调度、季指导、年考核”机制，推行基层党建调研考核清单，探索开展基层党建巡察。为旅游窗口行业选聘大学生党建指导员，实现两新组织指导全覆盖。分类推进党支部“五化”建设，全面落实党员主题党日等基本制度。高标准完成全市农村综合服务平台建设。出台抓党建促脱贫攻坚意见，建立贫困村第一书记固定宿村日和夜巡制度，带动全市76.5%的村有了集体经济收入。集中整顿软弱涣散基层党组织91个。深化开展城市社区“三联四建”、服务全域旅游创“三优”活动，推动资源下沉、引领服务。

四、突出抓导向树立优化吏治。出台树立“三个用起来”用人导向激励干部干事创业的意见，配套出台发现培养选拔优秀年轻干部、脱贫攻坚干部考核激励办法等文件，推介15名新时代新担当新作为干部典型。圆满完成“两会”选举人事工作任务，全年提请市委研究干部人事5批次65人次，有序推进市、区县机构改革及人事调配。认真开展选人用人工作巡察检查，扎实开展领导干部出国（境）管理、个人有关事项查核、返聘退休人员和借调乡镇人员专项清理等整治，全市干部工作体系不断规范。

五、突出抓机制创新引才聚才。出台关于推进张家界人才行动计划加快建成全域旅游人才高地的实施意见，实施八大工程，深化五项改革。市本级全年引进高学历（高职称）人才28名，柔性引进两院院士1名。实施科技人才贫困村“覆盖”工程。举办2018年全域旅游人才（北京大学）精英班，建成全国首个市旅游营销智库，选派9名旅游特派专家指导全域旅游发展，激发人才创新创业活力。

六、突出抓四部建设争创一流。紧扣全面提质进位、争创一流业绩目标，持续推进政治立部、质量强部、文化育部、从严治部。积极创建市级文明标兵单位，举办“组工业务半月谈”，集中开展责任、廉政、保密三项教育，高效落实党的建设制度改革任务，扎实做好组织部门信息宣传和意识形态工作。全市共1个集体、4名组工干部获得省委组织部先进表彰，树立良好形象。（肖　俊）

【全市组织工作会议】 2018年11月20日，全市组织工作会议在市委礼堂召开。中共张家界市委书记、市人大常委会主任虢正贵出席会议并讲话，市委常委、市委组织部部长艾可知作工作报告。

虢正贵从六个方面提出明确要求。一是深入学习贯彻习近平总书记关于党的建设和组织工作重要思想，切实把思想和行动统一到中央、省委部署要求上来。要求深学笃用习近平总书记关于党的建设和组织工作重要思想，认真践行新时代党的组织路线，清醒认识我市党的建设和组织工作面临的形势任务，不断开创全市党的建设和组织工作新局面。二是以党的组织体系建设为重点，努力把全市各级党组织锻造得更加坚强有力。要求突出政治功能、严密组织体系、发挥中坚作用，不断增强全市各级党组织的政治领导力、思想引领力、群众组织力、社会号召力，充分发挥各级党组织的战斗堡垒作用。三是坚持德才兼备、以德为先、任人唯贤，着力建设忠诚干净担当的高素质干部队伍。要抓紧建立健全素质培养、知事识人、选拔任用、从严管理、正向激励“五大体系”，切实抓好干部的培育、选拔、管理、使用工作。四是坚持长远眼光和战略思维，切实加强优秀年轻干部培养选拔。以大力发现储备为基础，以勤于培养锻炼为重点，以科学使用管理为关键，努力建设一支忠实贯彻习近平新时代中国特色社会主义思想、符合新时期好干部标准、忠诚干净担当、堪当张家界未来发展重任的年轻干部队伍。五是实施张家界人才行动计划，打造全域旅游人才高地。要坚持党管人才原则，大力实施人才强市战略，深入实施张家界人才行动计划，努力打造全域旅游人才高地，为张家界加快发展集聚各方面人才。六是强化政治担当，切实加强对党的建设和组织工作的领导。强调全面从严治党是全党的共同责任，全市各级党委（党组）要切实履行好管党治党主体责任。同时要求组织部门以“讲政治、重公道、业务精、作风好”为价值追求，持续建设模范部门，努力打造忠诚干净担当的新时代高素质组工干部队伍。

艾可知从三个方面部署当前和今后一个时期全市组织工作。一是深入学习领会习近平总书记关于党的建设和组织工作重要思想，切实增强做好新时代组织工作的责任担当。二是聚焦践行新时代党的组织路线，坚定不移推动全市党的建设和组织工作任务落地见效。要坚持以政治建设为统领，以组织体系建设为重点，统筹推进领导班子和干部队伍建设、基层党组织和党员队伍建设、人才队伍建设。三是切实担负职责使命，认真落实习近平总书记提出的“讲政治、重公道、业务精、作风好”要求，不断提高新时代组织工作质量和水平，坚定不移推动全市党的建设和组织工作任务落地见效。（何亚丽）

【干部选拔任用工作“1+N”制度体系建设】 2018年，张家界市扎实推进干部选拔任用工作“1+N”制度体系建设。出台《中共张家界市委关于树立“三个用起来”用人导向激励干部干事创业的意见》，旗帜鲜明地提出“讲团结，把搞五湖四海的干部用起来；比实绩，把勇当龙头的干部用起来；重担当，把攻坚克难的干部用起来”，着力破除狭隘地域观念和干部队伍中存在的“庸懒散拖”等突出问题。制订《张家界市脱贫攻坚干部考核激励办法（试行）》，激励干部在脱贫攻坚一线担当作为、干事创业。出台《关于突出干事创业导向进一步激励广大干部新时代新担当新作为的实施意见》，激励广大干部在实施“对标提质旅游强市”战略、决胜全面建成小康社会中主动担当作为，让广大干部能够在制度和规矩范围内放心放手干事创业。制订《关于切实加强和改进优秀年轻干部发现培养选拔工作的实施意见》，为我市建设一支对党忠诚、数量充足、充满活力、堪当时代重任的高素质专业化年轻干部队伍提供制度保障。（王　成）

【公务员管理工作】 2018年，张家界市落实公务员法及公务员管理相关规定，公务员管理各项工作取得长足发展。首次组织实施深度贫困县专项考试录用公务员工作。按照省公务员主管部门的统一部署，完成全市深度贫困县（桑植县）面向本地事业单位人员和退役士兵专项考试录用公务员工作，申报计划13名，实际录用13人。做好全省公务员考试录用工作。按照省里要求，稳妥组织实施全市笔试、面试、体检、考察等工作，全市申报计划215名，实际录用202人，公务员考录实现零事故。按照法律法规和相关规定做好公务员登记、调任、遴选、考核、奖励等工作。圆满完成全市公务员信息系统更新和公务员统计工作。（龚新河）

【干部队伍专业化能力培训】 2018年，张家界市突出目标导向、问题导向、创新导向、质量导向，依托市委党校主阵地，先后举办人大代表履职能力提升、乡镇党委书记履职能力提升、组工干部业务素质提升、乡村振兴战略等4个专题培训班。与双一流高校加强联系，密切合作，先后赴北京大学、浙江大学、上海交通大学、厦门大学等进行交流学习。组织实施“最多跑一次”改革、政协委员履职能力建设、党外知识分子能力提升、工业系统创新发展能力提升、年轻民营企业家能力提升、财政干部业务能力提升、绩效管理等专业化能力培训班，共培训干部570人，有效提升干部队伍专业能力和专业精神。（吴 彬）

【党性教育基地建设】 2018年，张家界市坚持以党性教育为主导，明确以桑植县洪家关、刘家坪为核心，以红二、六军团重大历史事件和战斗轨迹为主线，以贺龙故居及其纪念馆、贺龙公园、湘鄂川黔革命根据地纪念馆、红军路、红二方面军长征出发地及其纪念馆等重要遗址遗迹为主要教学点，采取理论教学、现场教学、体验教学、影视教学等多种形式相结合的方式，推进我市党性教育基地建设。积极协调基础设施建设，在探索中形成桑植县委党校与社会力量协同合作、共建共享党性教育平台新模式，促进桑植党性教育基地建设步伐加快。大力开展党性教育系列教材、精品课程开发，“红二方面军长征的历史贡献及其当代价值”“贺龙精神及其启示”“回家”3堂党性教育课程被评为全省精品课。正式对外承办党性教育专题培训，省公共资源交易中心、怀化市水文水资源勘测局的干部职工来张家界市举办党性教育专题培训班。（吴 彬）

【张家界人才行动计划】 2018年，张家界市印发《中共张家界市委张家界市人民政府关于推进张家界人才行动计划加快建成全域旅游人才高地的实施意见》，提出“实现一个目标、实施八大工程、深化五项改革”。实现“一个目标”，即把张家界市加快建成与国内外知名旅游胜地和全域旅游发展相适应的全域人才高地。实施“八大工程”，即实施科技人才贫困村“覆盖”工程、企业人才“提质”工程、教育人才“双名”工程、医疗卫生人才“名医”工程、旅游人才“优化”工程、“旅游+”产业人才“引领”工程、重点项目人才发展“助力”工程、（国际）招商引才“聚智”工程。深化“五项改革”，即深化人才管理体制改革，推进政府简政放权；深化人才引进制度改革，建设引进“绿色通道”；深化人才创新创业机制改革，激发创造生机活力；深化人才评价激励机制改革，充分发挥人才作用；深化组织领导机制改革，始终坚持党管人才。全年共招录（含公务员招录、事业单位公开招聘）人才699人，其中，柔性引进中国工程院院士1人，全职引进博士2人、硕士78人。完成了“5个100”科技创新人才引进任务。建成国家级众创空间1家、省级2家，国家级星创天地1家、省级3家。选派359名科技人才、组建4个专家服务团开展科技扶贫，实现了科技人才贫困村全覆盖。组建全国首个市级国际旅游营销智库，举办2018·全域旅游人才（北京大学）精英班，选派旅游特派专家9名。

（毛新宇）

【党建运行新机制】 2018年，张家界市出台“党建活动周”、基层党建高质量运行机制等意见通知，分层级分领域固定每月党建活动日，聚力破解基层党建难题，在此基础上，建立“周活动、月调度、季指导、年考核”基层党建高质量运行体系，推动党建工作全面进步、全面提升。我市“党建活动周”工作做法被《中国组织人事报》、省委组织部内刊推介。（梁 猛）

【巡察工作党建专项检查】 2018年，市委开展巡察工作时，由组织部门成立基层党建专项检查组，同步深入21个被巡察单位，深度解剖机关单位抓基层党建情况，切实解决机关党建“灯下黑”和“两张皮”问题。完成对21个市直机关单位基层党建专项检查，约谈党组织负责人15名。

（梁 猛）

【党支部“五化”建设】 2018年，张家界市出台《关于加快推进党支部“五化”建设的实施意见》《张家界市农村（社区）党支部“五化”建设考核标准（试行）》，对全市党支部“五化”建设进行推进部署，明确了目标任务、实施标准、工作步骤、方法措施、各级责任，指导区县、市直行业系统分类制订党支部“五化”建设实施方案和建设考核标准。编写《以严实作风推进党支部“五化”建设培训教材》，印发6000册，下发至全市各基层党组织书记及党务工作者手中。以点带面创建290个党支部“五化”建设示范点，下派党建指导员，打造一批高标准、可带动、可借鉴的示范样板。健全村党组织领导下的村务监督委员会工作，会同民政部门进行专题调研，指导区县出台具体工作方案，提升村党组织领导基层治理能力。

（陈娅丽）

【整顿提升软弱涣散党组织】 2018年，张家界市印发《关于认真做好村级组织班子运行情况排查和软弱涣散基层党组织排查整顿工作的通知》，明确整顿重点、工作步骤、方法措施、领导责任等，建立起常态整顿、联点整顿、督查考核、巩固提升机制。对全市倒排确定的软弱涣散基层党组织，按“六个一”整顿方法措施，安排16名市领导，63名区县党政领导班子成员联点整顿。按照“党务骨干进弱村、经济能人进落后村、政法干部进乱村”的要求选优驻村帮扶队并配强第一书记。（陈娅丽）

【行业系统党建】 2018年，张家界市指导调整理顺市委教育工委、卫计工委党组织关系划转，指导张旅集团、经投集团党委换届、张家界航院增选党委委员，配合完成市国、地税机构合并党组织设置等工作。积极指导国企党建工作。转发中组部、财政部《关于国有企业党组织工作经费问题的通知》文件，督促国有企业落实党组织工作经费纳入企业管理费用，按照企业上年度职工工资总额1%的比例安排，每年年初列入企业年度预算。该项工作落实到位。（陈娅丽）

【服务全域旅游创“三优”活动】 2018年，全市非公有制经济组织、旅游窗口单位党组织和党员充分发挥战斗堡垒作用和先锋模范作用，在服务全域旅游创“三优”活动中积极作为，旅游形象得到了提升，旅游服务得到了改善，旅游业绩得到了促进。全年重点抓好出租车、旅游窗口、景区景点、农家乐等领域的示范创建，分类制订出租汽车行业创“三优”服务标准、景区景点和农家乐行业党员示范岗服务规范，统一服务标准，细化服务内容，提升服务质量。调整提质一批示范联系点，在全市农家乐、度假村等乡村旅游中的重点行业、重点企业建立13个示范联系点。全市服务全域旅游创“三优”（即创优良形象、创优质服务、创优秀业绩）市县两级领导联系的49个示范点，做亮了品牌，实现了引领，成为两新领域一道靓丽的风景线。魅力湘西公司党支部国庆节组织千人在巨型国旗下同唱《爱我中华》《国歌》，被央视新闻报道；老道湾公司党支部组织党员开垦荒地栽种郁金香事迹，被央视4套、13套宣传报道；安顺出租车公司党支部被省委主办的《湖南工作》以《流动的“城市风景线”》登在封页。全市两新党建工作暨服务全域旅游创“三优”竞赛活动推进会对10个红旗标杆党支部、10名优秀党务工作者、25名优秀共产党员、20名优秀党建指导员进行了集中表彰。

（唐　莉）

【城市社区“三联四建”活动】 2018年，是张家界市第五轮城市社区“三联四建”（即领导干部联系社区、职能部门联系项目、党员干部联系“三户”；建好社区综合服务平台、建好社区综治中心平台、建强社区党组织、建强社区志愿者组织）活动的攻坚之年。按照年度重点工作安排，张家界市全力推行党员干部联系“三户”机制，抓好抓实“两个平台”“两个组织”（即社区综合服务平台、社区综治中心平台；社区党组织和社区志愿者组织）建设。20名市领导率先垂范带头联系18个城市社区，深入社区开展调研62次，协调解决重大问题74个。95个市、区县工作组协调资金6059万元，实施建设项目411个和工作项目375个。5164名党员干部结对联系3341户“三户”（即社区贫困户、信访户、拆迁户）对象，开展帮扶活动481次，走访、慰问、帮扶经费达203万元，帮助解决就业、就学、就医、居住等问题315个，化解信访矛盾138个。全年完成4个新社区的综合服务平台建设，帮助2个新社区协调开发商配套了建设平台。全市95个城市社区全部完成网格划分，共划分网格474个，“一格三长四员”（即以单位或居民小区为单元，划分城市管理网格，每个网格分小巷、院落、楼栋，分别明确巷长、院长和楼栋长“三长”，配备网格管理员、治安巡防员、安全信息员、单位小区保安员“四员”，明确工作职责，加强考核管理，构建“一格三长四员”社区治安防控网络）社会治安防控网络逐步形成。强化社区党组织建设，强力推进支部“五化”，社区党组织“五化”建设全面达标。组建志愿者队伍185支，志愿者人数8973人，开展志愿服务活动187次。

（吴凯力）

【全市党员教育管理】 2018年，张家界市开展党员教育培训工作，组训8个班次90人参加中央、省级培训班，完成94名贫困村书记轮训工作，对全市贫困村的353名党员致富带头人进行培训。分季度调度全市358个贫困村近两年发展党员情况，对26个贫困村建立积极分子动态管理台账，实行重点跟踪管理。加强失联党员规范管理和处置。对全市排查出来的失联党员，督促指导严格按照程序处置。开展2013年以来退役军人党员组织关系落实情况排查，已提供组织关系转接“一站式”服务。对发展党员进行“回头看”，督促指导各区县、市直各行业系统对发展不规范、不严格等相关问题进行整改，对相关责任人予以严肃处理。

（王　伟　谭奕星）

宣传工作

【概况】 2018年，张家界市思想战线以学习宣传习近平新时代中国特色社会主义思想和党的十九大精神为主线，开拓进取、主动作为，各项工作成绩显著。

一、理论教育武装进一步强化。围绕习近平新时代中国特色社会主义思想和党的十九大精神，市委理论学习中心组进行了12次集中学习，对83个市直单位党委（党组）中心组学习进行督查。组织全市科级及以上党员干部进行“党的十九大精神知识”测试。制订宣讲菜单，市委宣讲团开展“点单式”宣讲活动600多场次。举行“好声音讲坛——新思想进基层”全市微宣讲大赛，全市开展市县（区）乡（镇）村（社、居）四级百姓微宣讲活动6000多场次。在全市1016个村（社、居）建设“新时代党员群众讲习所”，开展党的创新理论、惠民政策、乡村文明和致富技能等讲习活动4077场次，受众16.1万人次。在全市掀起《厉害了，我的国》观影热潮，举行主题征文，在《光明日报》刊发理论文章。开展理论研修、主题征文、微心得征稿、理论阅评等活动，深入推进习近平新时代中国特色社会主义思想“天天见”“天天新”“天天深”三做一评活动。调研报告《从深闺山水到璀璨明珠——改革开放40周年中国旅游发展的“张家界样本”》列入中宣部“百城百县百企调研行”40强。

二、意识形态安全进一步巩固。市委常委会议9次研究意识形态工作。把意识形态工作纳入党委（党组）重要议事日程、党建工作责任、党纪监督检查、领导班子和领导干部目标管理，列入绩效考核、市委巡察，开展2轮专项督查，召开2次分析研判会，推动责任落实。落实新闻例会、新闻稿件送审、社科论坛讲座备案审批等制度。加强文化市场监管，上网营业场所“文网卫士”监管软件安装覆盖率列全省前三。组织“护苗·网络安全课”进校园、“护苗·绿书签”等活动，开展“清源”“净网”“护苗”“秋风”“固边”等“扫黄打非”专项行动，检查文化经营场所268家次，行政处罚立案调查47起，收缴非法音像制品893余盒，收缴非法、盗版书刊1600余册。围绕中央、省委意识形态专项巡视反馈问题，成立市委意识形态工作领导小组，建立意识形态联席会议制度，印发意识形态工作《提示卡》，加强网络安全管理，补齐基层意识形态工作短板，强化意识形态追责问责，成效明显。

三、新闻宣传影响进一步扩大。组织“学习贯彻党的十九大”“在习近平新时代中国特色社会主义思想指引下——新时代新作为新篇章”等重大主题宣传，营造积极向上舆论氛围。召开“纪念改革开放40周年暨张家界建市30周年——张家界经济社会发展媒体专家咨询座谈会”。配合完成中宣部庆祝改革开放40周年“壮阔东方潮奋进新时代”“百城百县百企调研行”等主题采访活动和中央电视台《新时代中国·春暖花开》《直播长江·湖南》节目录制，CCTV1《新闻联播》《朝闻天下》、新华社等媒体播出《张家界守住绿水青山打造脱贫致富之路》，《新闻联播》播出《张家界产妇命悬一线近千名市民献血救人》等报道。全市在中央主要媒体发稿237篇，《湖南日报》上稿268篇，湖南卫视等省级电视台上稿263条。中央、省级网络媒体发稿3986条，央媒发稿量保持全省前列。坚持社会效益优先，张家界日报社、张家界市广播电视台发布《2018年度履行社会责任报告》。出台《张家界新闻奖评选办法》，并组织评选。6件新闻作品荣获湖南省新闻奖，1名同志荣获全省优秀新闻工作者称号。落实中央八项规定，出台《张家界市新闻媒体记者接待管理办法》。

四、城乡文明底色进一步擦亮。全市新建5处社会主义核心价值观主题公园、广场。武陵源区杨家坪社区获评“全省社会主义核心价值观建设示范点”。建立诚信“红黑榜”，发布失信被执行人名单4批108人次。印发《关于切实加强公益广告内容管理的意见》，建立公益广告联合审查机制。命名公布15处张家界市爱国主义教育基地，开设“张家界英烈谱”专栏，推出专题报道60篇。红二方面军长征出发地纪念馆建成开放。开展“活动变化看成效”“解放思想新征程”专题报道，举行辩论赛，持续深化解放思想大讨论活动。桑植县金则先获评“中国好人”，19人（组）获评“湖南好人”。评选表彰31名张家界市美德少年。桑植县五道水镇桑植坪村荣获全国第五届文明村镇。3名志愿者、1个志愿服务项目获评全省优秀。

五、网络生态治理成效进一步凸显。深入开展习近平新时代中国特色社会主义思想、党的十九大精神网上宣传。全年编发《每日涉张舆情报告》365期、《涉张舆情专报》31期、《网络舆情月报》12期。建立《网络问政留言办理制度》，慈利县2018年网民留言办理工作多次位居全省各区县第一。出台《张家界市重大舆情应急管理工作办法》《涉张旅游网络舆情应对工作机制》，“8·9旅游纠纷突发事件”等涉张舆情处置有力、引导有效。市委常委、宣传部部长带头向党校学员、市直机关及各区县领导干部讲授“网络舆情应对——领导干部的必修课”。全市报送查处政治类有害信息26765条，排名全省前列。开展“清朗”“清网”等净化网上舆论环境专项行动，查处关闭2个涉嫌赌博类网站，2家直播类网站。联合公安部门对散布“慈利交警打人”网络谣言当事人依法行政拘留，约谈违规账号和网站负责人30余人次。出台《关于对国家公职人员履职不力引发负面舆情行为追责的暂行办法》《全市宣传思想文化战线党员干部网络行为“十不准”》，规范党员干部网络行为。

六、文化事业产业发展进一步提质。成功举办第二届国际旅游诗歌节，创作《巾帼公仆》等节目3台，《婆媳买衣》《赈酒风波》亮相湖南省第六届艺术节。歌曲《呀呀呀得儿喂》入选中国梦主题创作歌曲，在全国推广。开展“文艺轻骑兵”送文化进万家活动，惠及5万多名群众。慈利县获评第一批省级现代公共文化服务体系示范区。出台《政府购买公共文化服务实施方案》《张家界市群众文艺团队（团体）奖励扶持办法》，推动社会力量参与公共文化服务。张家界阳戏传习所荣获第七届全国服务农民、服务基层文化建设先进集体称号。桑植县梭子丘村农家书屋荣获“全国示范农家书屋”称号。桑植县芙蓉桥白族乡、慈利县龙潭河镇获“湖南民间文化艺术之乡”称号。“张家界苏木绰”入围大美中国网络人气奖。全市新增3名非物质文化遗产传承保护国家级传承人、4名省级传承人。中红投红色文旅项目签约，乌克兰功勋交响乐团落户张家界。引进丝绸之路国际文化产业园、张家界千古情、大唐西市文化产业园等重大文化项目。张家界千古情、冰雪世界、大庸古城、桃花溪欢乐谷等文旅项目有序推进。

七、张家界知名度美誉度进一步提升。中央电视台在张家界录制“我们的中国梦——东西南北贺新春”特别节目，在春节黄金时段播出，带动天门山景区旅游人次出现井喷。聘请知名青年演员李依晓担任张家界乡村旅游公益大使，开创旅游与文艺公益扶贫融合新模式。全国乡村旅游与旅游扶贫工作推进大会暨“锦绣潇湘”推介会、2018丝绸之路工商领导人（张家界）峰会、东北亚地区地方政府联合会第十二次全体会议等重大活动宣传报道亮点纷呈。黄龙音乐季、天门山翼装飞行世界锦标赛、欧洲艺术家“同绘武陵源，献礼张家界”、2018中国国际进口博览会张家界专场推介会等宣传营销活动影响深远。对接“一带一路”，会同市贸促会在捷克首都布拉格建立丝路驿站，在捷克中欧新闻网开设“今日张家界”专栏。围绕市委市政府重要工作、重大活动、典型成就，举行25场新闻发布会。中俄合作大型纪录片《这里是中国》、“德国媒体湖湘文化行”大型采访活动走进张家界。张家界旅典文化有限公司“乖幺妹”土家织锦远销30多个国家和地区，张家界魅力湘西艺术团连续4年赴俄罗斯、意大利等国开展“欢乐春节”文化展演艺术交流活动，军声砂石画赴德国、越南展出。

【新时代党员群众讲习所建设】 2018年，张家界市在全市1016个村（社、居）建设“新时代党员群众讲习所”，学习宣传党的十九大精神，普及惠民政策，传授技术技能，加强基层党员队伍建设，深受群众追捧。一是“三级”联动强化工作保障。建立健全县（区）、乡（镇、街道）、村（社区）“三级”联动工作机制，各乡镇（街道）的讲习工作由乡镇党委负责统筹规划、综合协调和督促检查。各村（社区）讲习所工作由村（社区）党支部负责组织实施。各驻村帮扶单位和结对帮扶单位为联系贫困村的讲习所建设和讲习活动开展提供必要的经费和人员支持。整合扶贫、人社、农业农村、商粮、林业、畜牧等部门资金，支持讲习所建设。建立健全阵地管理、活动开展、师资建设、资料管理、效果评估、督促检查等管理制度，把讲习所办成启民智、聚民心、激民力、助民富的“大本营”。二是“六有”标准规范讲习所建设。出台《实施方案》，按照“有场地、有机构、有师资、有标识、有制度、有资料”标准建设讲习所，实行讲习计划报备、讲习记录制度，制订讲习学习计划，每季度至少开展1次讲习活动，“讲”“习”结合，把讲习所打造成学习思想理论的平台、宣传政策法规的阵地、沟通人民群众的桥梁、传授技术技能的学校。三是“六类”队伍充实师资力量。广泛发动党员干部、党校教师、先进典型及专家人才等，组建了党的十九大精神、扶贫政策、党建知识、乡村文明、实用技术、科技知识六大类讲习员队伍，组织编写教材，定期开展宣讲。四是“五种”形式丰富讲习活动。采取“夜校”、田间地头流动课堂、生产基地课堂、远程教育课堂、村村响等多种形式，分层分众开展讲习活动，既讲思想理论，又教技能办法。

【对外宣传工作】 2018年，张家界市整合力量，创新方法，组织开展一系列精彩纷呈的外宣活动，完善对外宣传应急管理机制，展示张家界市良好形象，扩大张家界市知名度美誉度。一是以系列外宣活动为媒树立张家界形象。春节民俗文化活动月、黄龙音乐季、天门山翼装飞行世界锦标赛等宣传营销活动影响深远。中央电视台在张家界录制“我们的中国梦——东西南北贺新春”特别节目，在春节黄金时段播出，向全球展示张家界绝美山水和独特风情。中宣部“‘壮阔东方潮奋进新时代’庆祝改革开放40周年”“百城百县百企调研行”两个大型主题采访活动聚焦张家界，全面展示张家界改革开放40年来发生的翻天覆地变化。聘请知名青年演员李依晓担任张家界乡村旅游公益大使，开启文艺公益扶贫新模式。承办全国乡村旅游与旅游扶贫工作推进大会暨“锦绣潇湘”推介会，张家界旅游扶贫“四条路径”“十种模式”走上全国舞台。调研报告《从深闺山水到璀璨明珠——改革开放40年中国旅游发展的“张家界样本”》入选中宣部“百城百县百企调研行”40强。二是借主流媒体之力传播张家界美名。在纽约、莫斯科、哥本哈根等城市举办张家界旅游宣传推介会，在捷克首都布拉格建立张家界丝路驿站，在捷克中欧新闻网站设立“今日张家界”专栏。完善《张家界市新闻发布工作管理规定》，围绕市委市政府重要工作、重大活动、典型成就举行25场新闻发布会。成功举办“同绘武陵源，献礼张家界”活动，大型中俄合拍纪录片《这里是中国》，“德国媒体湖湘文化行”大型采访活动走进张家界，深度挖掘报道张家界文化魅力和绝美风景。2018丝绸之路工商领导人（张家界）峰会和东北亚地区地方政府联合会第十二次全体会议成功召开，进一步提升了张家界旅游国际化水平。三是以对外文化交流为径提升张家界知名度。张家界旅典文化有限公司的“乖幺妹”土家织锦远销30多个国家和地区，张家界魅力湘西艺术团连续4年赴俄罗斯、意大利等国开展“欢乐春节”文化展演艺术交流活动，张家界军声砂石画到德国、越南展出。

【网络舆情引导处置】 2018年，全市网信系统深入学习贯彻习近平新时代中国特色社会主义思想，特别是网络强国战略思想，加强整体谋划，注重统筹协调，依法履职尽责，网络意识形态责任制落实到位，网络舆情监测处置有力有效。一是突出关键重点压实责任。印发《关于认真贯彻执行〈关于规范党员干部网络行为的意见〉的通知》《全市宣传思想文化战线党员干部网络行为十不准》《张家界市重大舆情应急管理工作办法》等文件，强化责任意识，规范公职人员网上行为。对21个市直单位、市内高校和国有企业党委（党组）落实网络意识形态工作责任制情况进行专项检查，确保落实网络意识形态工作责任不虚不空。二是坚持关口前移抓好防范。加强舆情预警监测，把握网上舆论导向，全年编发《每日涉张舆情报告》365期，《涉张舆情专报》31期，《网络舆情月报》12期，切实发挥“气象站”“预警机”作用。建立《网络问政留言办理制度》，主动做好人民网地方领导留言板、红网“问政湖南”“百姓呼声”和华声在线投诉直通车栏目留言的认领和督办工作，强化清单管理，确保件件有着落、事事有回音。据红网大数据显示，张家界市回应网民诉求回复率超过90%。其中，4月、5月、9月和10月，张家界市各级党委政府在红网主动回复率或解决问题数量排名全省第一，1至10月份，慈利县在红网《百姓呼声》《问政湖南》等栏目的留言办理工作连续位居全省县市区第一。三是把握传播规律有序引导。按照“四个第一时间”的要求，先后处置了“6·13天门山游客跳崖”“7·11大峡谷意外落石”“7·28武陵源区财政局张贴错误标语”“8·15桑植县交通事故”等重点舆情，特别是有效处置了“8·9涉旅游突发纠纷”，网信部门24小时监看值班，每两小时推出一期《舆情专报》，累计删除负面信息738条，避免了进一步的发酵炒作。

【“东西南北贺新春”张家界分会场节目】 2018年1月22日，中央电视台“我们的中国梦——东西南北贺新春”特别节目张家界分会场录制工作在张家界天门山广场进行。录制现场由央视主持人朱军、湘籍演员颜丹晨主持，张也、王二妮、春雷等歌唱家与张家界本土歌手共同演绎了一场别具土家风格的歌舞盛宴，中国翼装飞行运动员张树鹏还上演了现场高空飞行祝福桥段。节目以天门山壮美瑰丽的奇峰险壑为背景，民族传统特色元素与现代时尚编织、融合在一起，集中展现了张家界绝美的自然风光，古朴浓郁的民俗风情和悠久独特的民族文化。2月14日（腊月二十九），“东西南北贺新春”在央视综艺频道CCTV-3黄金时间首播，春节期间，在CCTV-1和CCTV-3多次滚动播出。节目播出后，2018年2月份，天门山景区游客量较上年同期增长54%，2至5月份，游客量较上年同期增长25%。

【“文明张家界欢乐元宵节”系列活动】 2018年3月2日，2018年湖南省“我们的节日·元宵——文明张家界欢乐元宵节”系列活动在张家界市永定区人民广场开幕，此次元宵节活动在市城区共设置16个大型表演台，进行戏曲、曲艺、器乐、歌舞、非遗、少儿等专场表演，首次举办了张家界市非物质文化遗产专场展演，并邀请同处武陵山片区的湖北来凤、重庆黔江、贵州铜仁等外地队伍参演，吸引了市民和中外游客近三十万人观看。活动现场还增设了社会主义核心价值观、党的十九大精神、精准扶贫和“六城同创”等大型主题灯组。

【纪念改革开放40周年暨张家界建市30周年】 2018年6月26日，张家界举行“纪念改革开放40周年暨张家界建市30周年——张家界市经济社会发展媒体专家咨询座谈会”，市委书记、市人大常委会主任虢正贵主持会议，省委宣传部副部长周湘出席会议。《光明日报》、《中国日报》、中央电视台、中国新闻社等驻湘媒体负责人及央媒、省媒、港媒记者发言，就张家界市生态文化旅游和经济发展建言献策，表示要发挥媒体主动作用，为张家界市经济社会发展营造更加良好的舆论氛围。周湘在讲话中强调，要准确把握主题，创新报道形式手段，突出宣传张家界市在贯彻省委“创新引领、开放崛起”战略，建设富饶美丽新家园方面所取得的成就，突出宣传张家界市通过实施“对标提质、旅游强市”战略，在全域旅游发展方面做出的有益探索和积累的成功经验。

【张家界文艺公益扶贫暨聘请乡村旅游公益大使】 2018年7月8日，张家界聘请乡村旅游公益大使新闻发布会暨文艺公益扶贫启动仪式在北京举行。演员李依晓被聘请为张家界乡村旅游公益大使，北京市大兴区四各庄村乐平农业集团与张家界市永定区四都坪乡牧笛溪村签订旅游扶贫结对协议，活动现场举办画家作品义卖活动，并将拍卖所得款项用于张家界市乡村旅游扶贫。通过聘请艺术工作者担任乡村旅游公益大使，开展文艺公益扶贫行动，开创旅游与文艺公益扶贫融合新模式。

【全市宣传思想暨网信工作会议】 2018年11月22日，张家界市召开全市宣传思想工作暨网信工作会议，主要任务是深入学习贯彻全国、全省宣传思想工作会议和网信工作会议精神，特别是习近平总书记重要讲话精神，总结五年来全市宣传思想工作和网信工作取得的成绩，认真查找存在的问题和不足，安排部署下步工作。市委书记、市人大常委会主任虢正贵出席会议并讲话。市委常委、市委宣传部部长郭天保作工作报告，市领导汪业元、余怀民、罗智斌、袁美南、刘桦、艾可知、单铸飞、朱用文、邓师煌出席会议。 （本栏撰稿　张　南）

统一战线工作

2018年，张家界市统战工作深入开展，为实现张家界市高质量发展提供支持。

一、强化统一战线成员思想引领。一是强化学习。坚持把学习贯彻习近平新时代中国特色社会主义思想和党的十九大精神作为首要政治任务，面向各级统战干部和广大统战成员开展多形式、分层次、全覆盖的学习，推动统一战线在学懂弄懂做实上下功夫。二是强化宣讲。结合统战工作实际，深入开展了“三学三讲三深入”活动，统战部领导带头深入机关、农村、社区、非公企业、宗教团体、党校、社院主体班宣讲十九大精神，进一步促进了十九大精神贯彻落实。三是强化活动。支持各民主党派、工商联、无党派人士开展纪念中共中央发布“五一口号”70周年系列活动和“不忘合作初心，共担历史使命”等主题活动，支持宗教界人士开展“五进五好”活动，进一步凝聚了统战成员的思想共识。

二、不断推进多党合作事业。一是组织开展调研。下发《2018年度政党协商计划》，开展了形式多样的政党协商。组织引导各民主党派、工商联和无党派代表人士围绕六城同创、乡村振兴、三大攻坚战等全市中心工作深入开展调研活动，形成了7个高质量的调研成果。二是坚持关怀慰问。2018年2月26日，市委书记虢正贵带领市委、市政府、市政协主要领导看望慰问了各民主党派、工商联和无党派代表人士，听取了2017年参政议政专题调研成果汇报。此传统活动已坚持15年。三是发挥特约人员作用。全市规范聘请了300多名党外人士担任各类特约监督员，市县两级政府部门和司法机关实现了特约人员工作全覆盖。

三、着力加强党外代表人士队伍建设。一是加强工作措施。认真落实市委常委会关于全市党外干部队伍建设调研工作的意见精神，制订了本届市委任期内加强党外干部选拔配备工作的具体任务和工作举措，进一步促进党外干部队伍建设调研成果运用。二是加强教育培训。积极推荐、组织民主党派代表人士参加各类专题培训，完成省党外人大代表培训班等11批次23名党外人士的调训任务。三是加强联谊交友。认真落实联谊交友制度规定，协助做好10名市委常委与23名党外代表人士结对联谊交友的协调服务。深化部领导与党外代表人士联谊交友，部领导与50名省市党外人大代表、政协委员进行结对交友和走访谈心。做好政治安排，党外代表人士在市人大代表、市政协委员中的安排数量和比例全部达标。四是加强其他党外代表人士工作。在北京大学举办了张家界市党外知识分子研修班，进一步提升党外知识分子队伍素质。开展新的社会阶层人士工作调研，召开座谈会7场次，发放调查问卷200余份，全市新阶人士摸底统计约8000人，建立了新阶人士统战工作台账和代表人士人物库。

四、全力服务经济社会发展大局。一是服务非公经济发展。认真贯彻落实习近平总书记在民营企业座谈会上的讲话精神，市、区县分别召开了民营企业家座谈会。加强非公经济人士教育培训，组织40多名年轻民营企业家举办了“厦门大学——张家界市年轻一代民营企业家培训班”，进一步提升了非公经济人士的综合素质。加强银企对接，组织召开了民营小微企业“减负增收”金融服务推介会，向300多家中小微企业推介了产品服务。开展企业维权服务工作，为会员提供法律咨询100多次，帮助会员维权20多次。二是开展招商引资活动。组织参加“中国知名民营企业携手湖南助推中部崛起大会”。大会期间牵头组织召开了“张家界市与全国知名民营企业对接座谈会”，向30余家全国知名民营企业推介了14个重点招商项目，推动签约重大项目4个，投资总金额达138亿元。促成总投资34亿“香港铜锣湾城市综合体项目”在慈利县签约落地。三是开展联络联谊活动。开展教育、文化、农业、城市管理等对台交流活动，2018年共组织四批少数民族交流团赴台交流。开展了台湾基层民意代表来张交流活动。加强海外联谊，先后接待了泰国、俄罗斯访问团，中华侨联总会参访团一行来张考察。协助组织了2018年“亲情中华汉语桥”海外华裔青少年湖南夏令营走进张家界活动。四是开展统一战线聚力脱贫攻坚行动。继续支持5个民主党派对口开展脱贫攻坚民主监督工作，推动脱贫攻坚民主监督工作深入开展。扎实推进“万企帮万村”行动，引导一批民营企业、商（协）会结对帮扶贫困村。2018年新增帮扶项目24个，全市共20家商（协）会和181家会员企业结对帮扶贫困村214个，实施扶贫项目578个，带动就业4000多人，累计投入资金13.8亿元，惠及贫困人口33595人。大力实施助学扶贫。认真做好“泛海助学”工作，资助建档立卡贫困户学生505名，发放助学金252.5万元。深入实施“一家一”助学就业温暖工程，各民主党派筹措资金114万元，新办同心班5个，资助贫困学生250名。五是开展“同心美丽乡村”创建。引导广大统一战线成员对接乡村振兴战略实施，积极开展“同心美丽乡村”创建工作。2018年全市共申报创建省级“同心美丽乡村”4个，市级4个、区县级27个，其中永定区马儿山村、武陵源区杨家坪村获批省级“同心美丽乡村”。全省统一战线深化“同心美丽乡村”创建湘西片区调研座谈会在永定区马儿山村召开，省委常委、统战部部长黄兰香出席会议并讲话，高度肯定了张家界市同心美丽乡村创建工作。

五、扎实做好民族宗教工作。一是支持民族地区发展。加大少数民族发展项目资金申报力度，全年共争取落实资金3156万元。深入开展少数民族特色村寨创建工作，助力精准扶贫。认真落实民族乡“逢十庆典”意见，做好慈利县赵家岗、甘堰、阳和3个土家族乡成立20周年庆典活动。二是依法管理宗教事务。认真贯彻落实中央、省委、市委关于宗教工作的重要部署，加大新修订的《宗教事务条例》学习贯彻力度，举办了全市宗教界人士培训班，将宗教理论政策及时纳入了各级党委（党组）中心组学习内容，纳入了各级党校主体班培训内容。2018年，全市共组织各类学习培训20多次，培训各级党政干部、统战宗教干部及宗教界人士1000多人次，进一步加强了党对宗教工作的领导，提高了宗教工作认识。注重宗教领域重点难点问题化解，先后召开了2次全市宗教工作领导小组会议，对全市宗教领域重点问题进行了交办，市委常委、统战部部长田华玉带队深入各区县开展了宗教工作督查，加强了工作指导。在宗教界人士中倡导开展“五进五好”活动，引导信教群众爱国爱教，全市宗教界和谐稳定。

六、不断加强自身建设。一是及时贯彻上级精神。在市委常委会、部务会、党支部大会上，及时传达、全面贯彻全省统战部长会议精神。组织召开了全市统战工作会议，对全年统一战线各项工作进行安排部署、科学调度。二是大兴调查研究之风。紧扣全市开展的“抓重点、补短板、强弱项”调研主题，积极开展统战工作调研活动。加强对统战干部的理论武装、党性教育和能力培养，不断提升统战干部业务水平和综合素质。三是加强党风廉政建设。严格落实中央八项规定及其实施细则精神，配合市委巡察组开展了巡察工作，认真加强问题整改，建立健全各项规章制度，结合实际出台了《市委统战部廉政建设约法三章》等制度，进一步强化了规矩意识，牢牢绷紧干部职工纪律弦。全面加强统战干部队伍建设，不断增强统战队伍活力和战斗力。（崔长青　刘　潇）

政法工作

【概况】　2018年，全市政法战线维护国家政治安全、确保社会大局稳定、促进社会公平正义，保障人民安居乐业，保持连续五年获得“全国社会治安综合治理优秀市”

称号、连续三届荣获全国综治工作最高荣誉——“长安杯”的良好势头。

一、政治社会大局保持稳定。一是政治风险有效防控。聚焦“颜色革命”、暴恐袭击、网络安全风险，深入开展反渗透、反间谍、反恐怖、反邪教斗争，没有发生政治安全、暴恐袭击、重大敏感网络舆情事件。二是公共安全有效保障。合理配置公共区域安保资源，及时排查整改公共安全隐患，全面加强“四类场所”（即车站、广场、公园、农村集贸市场）清理整顿和“六类人员”（即肇事肇祸精神病人、有暴力倾向且曾经被打击处理人员、涉法涉诉信访重点人员及长期闹访缠访人员、重点群体的挑头组织人员、可能肇事肇祸的重症吸毒人员，近期扬言实施打击报复社会的人员）的排查管控，没有发生危害公共安全的个人极端事件。开展农村道路交通安全“大排查大整治大督查”活动，强化铁路护路安全工作，没有发生重特大交通事故，特别是铁路护路联防工作年度考核位居全省第一，并作为全省唯一市州进行典型发言。三是矛盾纠纷有效化解。组织信访“三无创建”（即无到省以上越级访，无到市以上集体访，无极端恶性事件或重大信访负面舆情炒作）和“四大攻坚”（即重点领域、重点群体、重点问题、重点人员四个领域攻坚）行动，加大新时代“枫桥经验”推广应用，开展“四查四防化纠纷，千乡万村创四无”（“四查”是指针对重点人员、重点领域、重点时段、重点案件等四方面存在的矛盾纠纷进行深入排查。“四防”是指解决影响本地区、本部门、本单位群众反映强烈的突出问题以及难点、热点矛盾纠纷和信访积案，防止矛盾扩大、防止纠纷升级、防止排查疏漏、防止隐患发生。“四无”是指实现辖区无因矛盾纠纷排查调解不及时或调处不当而引发“民转刑”、非正常死亡、群体性械斗和群体性上访事件）专项调解活动，调解纠纷案件7135件，调处成功7085件，成功率达99.3%；全市赴省非访“零登记”、进京非访人次同比下降35.3%。加强重大事项社会稳定风险评估，开展特殊敏感时期维稳形势会商研判，稳妥处置涉军非法聚会、“8·9”涉旅事件等突发事件300多起。2018年，全市驻京劝返工作位列全省第四名，全国“两会”特护期维稳工作获得全省先进称号，维稳工作年度考核位居全省前列。

二、社会治理水平稳步提升。一是防控能力明显提高。通过2020年全国“雪亮工程”重点支持城市申报，全市推进“雪亮乡村”建设试点，投资3.5亿元新增的8844个高清视频摄像头投入使用，基本实现重点区域、重点部位和主要景区景点视频监控全覆盖。按要求为860个建制村各配备了1名专职驻村辅警，并于2018年12月底正式上岗，在全省率先完成“一村一辅警”建设任务。二是治安秩序稳步好转。全市公安机关共破获刑事案件1721起，其中破现行1517起，破案率39.1%，同比上升5.6%；刑拘1922人、逮捕1170人，同比分别上升14%、45.9%。2018年，全市刑事案件、侵财案件、“两抢”案件、行政案件发案受案同比分别下降19.2%、30.3%、76.5%、22.4%；省综治办按季度对各市州治安状况的评价指标数据进行汇集和发布，我市得分均大幅超过全省平均水平，且呈现连续攀升态势。三是管理服务创新发展。实行网格化管理服务中心与综治指挥中心一体化运作，覆盖全市的1857个网格共收集上报居民服务事项3.2万件，分流处理1.3万件，成功签收处理率达100%。推进摩托车、电动车物联网防控体系建设，安装防盗卡登记管理3万余台，“两车”盗窃破案率达93.5%。

三、法治建设基础得到夯实。一是法律服务优化。推行法官、检察官、警察、律师“送法下乡”“以案释法”等制度，开展“青少年法治宣传教育周”“农村法治宣传教育月”等活动，公民尊法学法知法守法意识普遍增强。建立法律服务机构和普法宣传平台33个，建成法律服务站点1006个，接待群众来电来访咨询5700多人次，受理法律援助案件1319件，依法减免诉讼费56万元，发放司法救助资金179.5万元。二是司法效能提高。全面深化司法体制改革，创新推进执法司法服务“最多跑一次”改革，全市检察机关共批准逮捕各类刑事犯罪977件1499人、提起公诉1285件1806人，同比分别上升35.8%、17.8%和15.9%、13.5%，无撤回起诉或无罪判决案件；全市法院系统共受理各类案件20970件，审结19329件，结案率92.2%，执行质效五项核心指标均达到第三方评估要求。三是执法监督有力。出台《全市政法机关党组织向党委请示报告重大事项实施办法》，推行重点案件领导包案协调督办制度，开展执法检查和案件评查活动，共组织重大案件协商82次，督办重点案件16件，集中抽调评查案件31件。加强涉法涉诉联合接访中心建设，建立律师参与化解和代理涉法涉诉信访案件制度，共接待来信来访935案次、1758人次，其中律师参与化解和代理案件286案次。

四、扫黑除恶斗争全面推开。一是凝聚斗争合力。在全省率先成立了由市委书记任组长的高规格专项斗争领导小组，并最早召开动员部署会议。市扫黑办先后召开工作调度会20次，组织案件协调督办32次，开展专项督查督导6次，收集群众举报线索746件。特别是推行单位联系点制度和线索摸排承诺制，增强了各部门各单位的责任感和主动性，提高了广大人民群众知晓率和参与度。2018年，我市扫黑除恶专项斗争年度考评位列全省第四名。二是形成打击震慑。全市共侦办涉黑犯罪组织1个、涉恶犯罪团伙13个，破获刑事案件111起，抓获涉案人员220人，其中刑拘187人，逮捕47人，移送起诉143人，一审判决68人，特别是成功侦办了“张家界文化影视城”案件，严厉打击了以“覃某荣”、“覃某慰”和“刘某培”为首的黑社会性质组织团伙，依法查办了黎某、龙某斌等为黑恶势力充当“保护伞”案件。三是深化专项治理。加强基层党组织建设，共摸排整顿软弱涣散村（社区）91个，调整处置违纪违法村（社区）干部256名。开展“铁腕治旅”专项行动，对“一场两站二口”（即机场、火车站、汽车站和高速公路出口等）追客赶客等涉旅治安问题和“黑车、黑证、黑导、黑店”等问题进行了系列整治。2018年，全市共接待游客8521.7万人次，同比增长16.2%，受理游客有效投诉1930起，同比减少62.3%。

五、政法队伍建设多点发力。一是突出思想政治建设。制订政治轮训年度计划和培训方案，组织政法干警深入学习习近平新时代中国特色社会主义思想，特别是市委政法委牵头外请国内知名专家教授，成功举办了600多人参加的全市政法系统领导干部培训班，市、区县政法各单位共组织政治培训180期（次）。全面推广党员责任区、先锋岗、承诺制，彰显了党员领导干部的模范带头作用。二是狠抓履职能力建设。健全“网络+培训”平台，开设普训式大课堂和各种专业小课堂，完善了分层次、多专题培训机制，政法干警的业务水平和履职能力不断提升。2018年，全市政法机关和政法干警受到市级以上表彰和嘉奖分别为98项、247人次，同比上升9.6%和8.3%。三是加强纪律作风建设。充分发挥政治督察、纪检监察、司法巡察、警务督察职能作用，组织精干力量，开展明察暗访，持续整治政法干警在执法办案中“慢作为”“不作为”“乱作为”现象，严肃查处执法犯法、以权谋私、失职渎职等严重违法违纪行为。2018年，全市共查办政法干警违法违纪案件23件，其中组织处理12人、纪律处分13人、移送司法5人。

（向　东　胡友明）

【扫黑除恶专项斗争】 自从2018年1月23日党中央、国务院部署开展扫黑除恶专项斗争以来，张家界市科学谋划、精心组织，全力以赴、攻坚克难，对黑恶势力掀起强大攻势，推动专项斗争取得阶段性成果。

一、维护社会稳定。成立由市委书记为组长，市委副书记、市长为第一副组长的市扫黑除恶专项斗争领导小组，出台《张家界市扫黑除恶专项斗争三年（2018—2020）行动计划》，召开市委常委会议、市委政法工作暨扫黑除恶工作会议、扫黑除恶专项斗争领导小组会议等部署会、调度会、推进会25次，研究部署扫黑除恶工作。明确扫黑除恶工作人员优先选调、经费优先解决、办公条件优先调配“三优先”原则，抽调68名精干人员组成专班统筹各项工作，安排专项经费1200多万元。明确市县乡三级书记一起抓、党政同责抓、分管领导具体抓、班子成员协同抓的专项斗争责任。市委主要领导带头履行第一责任人责任，带头联系督办案情复杂、时间长达14年的张家界永定区文化影视城案；明确4名市委常委联系督导4个区县扫黑除恶专项斗争，形成党委统一领导、领导小组牵头抓总、纪委监委和组织等部门协同并进、社会力量共同参与的工作格局。截至2018年12月31日，全市公安机关共在侦涉黑涉恶团伙14个（涉黑1个），破获案件103起，抓获涉案人员179人；检察机关共起诉涉黑涉恶案件16件79人，审判机关共审理涉黑涉恶案件13件42人，判处有期徒刑以上刑罚41人；查处涉黑涉恶腐败和“保护伞”案件1件1人。张家界市扫黑除恶专项斗争工作在2018年全省综治考评中排名第4，促进全市社会大局和谐稳定。

二、夯实基层基础。深入发动群众，群策群力打一场扫黑除恶的人民战争。深入开展宣传工作。开展扫黑除恶政策法律宣传进单位、进社区、进农村、进家庭、进电视、进报纸、进广播、进网络信息“八进”活动，在高速公路、城市主干道、车站码头、农村集镇、重点景区等公共部位广泛宣传，全市印发扫黑除恶宣传手册120万份，开展各类宣传活动2300余场次。采取党员群众讲习所、地方阳戏、花灯、方言小品等群众喜闻乐见的形式开展宣传，在“送戏下乡”活动中均安排了扫黑除恶节目，阳戏《最牛村霸》深受群众好评。组织吉首大学张家界学院开展“百名大学生大走访大调查”活动。公布举报电话、邮箱、信箱和奖励办法，组织召开“两代表一委员”、企业法人、旅游从业人员、建筑从业人员座谈会，组织乡村干部和驻村辅警深入调查，广泛征集涉黑涉恶线索和工作建议。截至2018年12月31日，全市共摸排收集涉黑涉恶线索771条，全市纪检监察机关共收到涉黑涉恶腐败和“保护伞”问题线索163件。强化基层组织建设。出台在扫黑除恶专项斗争中加强基层组织建设的实施方案，扎实推进党支部“五化”建设，深化农村“四培四带”和社区“三联四建”，积极开展“认清黑恶势力、主动检举揭发”主题党日活动，全市1.5万名党员干部签订不参与涉黑涉恶承诺书。对换届选举工作进行“回头看”，开展新晋村干部县级联审工作，层层把关、道道检验，防止“带病提名”“带病当选”。严肃整顿软弱涣散党组织。按照“抓班子强堡垒、抓队伍强管理、抓产业强经济、抓党建促脱贫”的思路和“六个一”工作要求，整顿提升91个软弱涣散村（社区）党组织，排查带病入党情况17例并按照规定处理到位，处理违纪违法村干部356名，调整不合格不胜任不称职的村（社区）党组织书记50名。开展小区治乱。推动城市社区建设向小区现代治理深化，出台集中推进城市居民小区党支部建设的意见，推动“支部进小区”，开展鑫成君泰等10个小区支部建设试点，组织5538名市、区直单位党员干部到所在小区（社区）报到，加大社区出警、联防力度，在小区构建组织、责任、保障三大体系，筑牢小区拒“乱”屏障。

三、主攻扫黑除恶与打“伞”破“网”。始终保持高压态势，重拳出击，深挖细查。紧盯涉黑涉恶重大案件不放。坚持专案攻坚、异地用警，依法查办中央第八巡视组交办的永定区文化影视城案、覃某荣和覃某慰为首的黑社会性质组织案、涉及多名“保护伞”的刘某培恶势力犯罪团伙案、桑植县邓某隆为首的“地下出警”恶势力犯罪集团案、慈利县王某靖为首的“道子会”恶势力犯罪集团案等大要案件。开展治安乱源专项治理。以扫黑除恶专项斗争为牵引，统筹推进“六大专项行动”，严厉整治黄赌毒、盗抢骗、涉枪涉爆犯罪，成功侦破公安部转交的“1·19”省督陈兵重大组织介绍卖淫团伙案、涉案人员

80余人的“8·28”户外赌博案等，有效整治治安乱源。2018年，张家界市刑事案件发案率同比分别下降22.8%、24.2%。深挖彻查“保护伞”“关系网”。坚持纪检监察机关与政法机关同频共振、高度协同，严格落实“两个一律”“一案三查”，立案查处市检察院原副检察长黎某、永定区法院原党组成员龙某斌、市汽运公司慈利分公司原总经理赵某华、永定公安分局原崇文派出所所长张某民和原沙堤派出所所长罗某强5名“保护伞”。

四、健全完善长效机制。注重在打防并举、标本兼治上下真功夫，初步建立综合治理和源头治理的长效机制。开展行业系统治理。开展“平安满意在张家界”和“平安张家界”创建活动，有效推进旅游、交通、房地产等行业日常监管，深入推进市城区、农村集镇、城乡接合部等区域排查整治，加强社会闲杂人员、刑满释放人员等重点人群的动态管控。开展服务全域旅游创“三优”竞赛活动，部署开展“铁腕治旅”十大专项行动，实施优化提质旅游市场秩序“166”工程，办理涉旅案件308起，处罚旅行社3家，抓获处理违法犯罪嫌疑人318名。二是建立健全工作机制。建立综合协调、线索排查、集中打击、工作督查、纪检监察等管理制度，出台规范性文件15个，制订规章制度14个，建立市直及驻张单位扫黑除恶专项斗争联系点制度，将全市78个乡镇街道明确为市直及驻张单位的扫黑除恶专项斗争联系点。切实加强督查考核。定期不定期对区县扫黑除恶专项斗争情况开展督查，对9个市直单位党组织开展专项巡察，纳入基层党建、脱贫攻坚、舆论宣传、平安建设等考核考评内容，把扫黑除恶专项斗争工作成效作为各级党政班子和领导干部政绩考核的重要依据，以严格的考核考评推动专项斗争落实落地。 （潘代辉）

网络管理

【概况】 2018年，全市网信战线深化网络治理，创新网上宣传，强化涉张舆情处置，为张家界市经济社会发展营造良好网络舆论环境。

一、维护网络意识形态安全。突出“统筹协调、参谋服务、舆情管控”职能，强化网络阵地管理，把握网上舆论导向，加强舆情预警监测，妥善处理突发舆情，建立《每日涉张舆情报告》《网络舆情月报》《舆情专报》“三报制”，为领导决策提供参谋、当好助手。将“维护网络意识形态安全”纳入党委（党组）意识形态工作考核。印发《关于认真贯彻执行〈关于规范党员干部网络行为的意见〉的通知》《全市宣传思想文化战线党员干部网络行为十不准》等文件，强化职责意识，规范公职人员网上行为。建立网络问政留言督办机制，督促涉舆单位或区县加大办理力度，加快办理进度，提高办理质量，全市各级党委政府在人民网、红网等问政栏目的主动回复率及解决问题数量位居全省前列。

二、加强正面宣传舆论引导。主动融入中央电视台录制“东西南北贺新春”特别节目、市城区元宵灯会、网络媒体“新春走基层”、民俗文化活动月等系列主题活动，积极配合完成中宣部“壮阔东方潮、奋进新时代——庆祝改革开放40周年”大型主题采访活动，发表原创稿件40余篇，其中新华社客户端“张家界农民和他的空中田园”文章阅读量达75万余人次，央视2018“东西南北贺新春”特别节目百度检索相关信息约83.4万余条，2018丝绸之路工商领导人（张家界）峰会在新华社客户端、人民网等中央主流媒体单条浏览量达56.8万，点赞1.3万余人次，进一步提升了张家界知名度。

三、坚持依法治理网络空间。组织开展“清朗”“净网”等专项行动，依法关停假冒“张家界新闻网”，查处赌博网站，约谈违规微信账号负责人，组织区县积极报送处理政治类有害信息，有效遏制网上违法违规信息，持续净化网络生态环境。建立新媒体从业人员统战工作联席会议制度，加强对自媒体账号的备案管理，组织全市重点自媒体负责人集中学习，加强警示教育。开展对属地重点自媒体调研，督促自媒体从业人员守底线、正三观、促和谐，做到旗帜鲜明讲政治、崇德从善守法纪、团结一心护形象，自觉服务市委市政府中心工作，为张家界经济社会发展贡献力量。

四、有效应对突发敏感舆情。按照“第一时间畅通舆情、第一时间做出判断、第一时间正面回应、第一时间引导舆情”要求，提升网络舆情管控和应对能力。制订涉张舆情分析研判和应急处置机制，形成“党委统一领导、网信部门指导、涉舆单位处置、相关部门合力”的舆情处置流程。针对“8·9涉旅”舆情，撰写《从网络舆情数据看“8·9”突发事件》《张家界铁腕治旅舆情分析报告》，“8·9涉旅”等网上涉张舆情引导有序有效，积累可操作、可推广的经验，得到中宣部、省委宣传部和省委网信办领导的肯定。举办全市骨干网评员培训班，邀请红网、长沙晚报舆情专家辅导授课，提升舆情应对能力。

五、全面推进网信机构建设。组织全市网信战线人员深入学习贯彻全国、全省网络安全和信息化工作会议精神，围绕“一个机构、两块牌子”的定位，立足“政治机关、行政机构、技术部门”的属性，完善网信工作体制机制，加快推进区县网信机构建设。开展“抓重点、补短板、强弱项”专题调研，调研报告《加强网络意识形态阵地管理研究》被湖南省委网信办评为三等奖。

【全市网信办主任会议】 2018年3月9日，张家界市委网信办组织召开全市网信办主任会议，传达全省网信办主任会议和全市宣传部长会议精神，要求全市网信战线掌握网上意识形态工作领导权，统筹做好改革开放40周年、建市30周年等主题宣传，提高网上正面宣传影响力，完善网信工作体制机制，着力打造忠诚干净担当的网信铁军。

【全市骨干网评员培训班】 2018年9月21日，张家界市委网信办举办全市骨干网评员培训班。邀请湖南红网新媒体集团党委副书记、总编辑贺弘联，长沙晚报新媒体中心舆情工作室主任张辉东授课，讲授网络舆情应对的方法与技巧，帮助学员掌握舆论引导技能。各区县委宣传部分管副部长、网信办主任，市属重点新闻网站负责人、市直相关单位和各区县骨干网评员等60余人参加培训。

（本栏撰稿 向国权）

政策研究工作

2018年，张家界市委政研室（市委改革办）高质量完成各项工作任务。

一、文稿撰写工作。完成市委主要领导在市委农村工作会、全市优化发展环境暨“最多跑一次”改革动员大会、市委经济工作务虚会、市委经济工作会等重大会议上的讲话稿。拟写了市委关于中央第八巡视组反馈意见整改情况汇报材料、关于对2019年省委重点工作的意见建议等各类文稿。撰写了《全面贯彻落实党的十九大精神开启对标提质旅游强市新征程》《全力打造美丽中国“张家界名片”》等署名文章，并分别以市委主要领导名义在《湖南工作》（2018年第2期）、《新湘评论》（2018年第20期）刊载，为市领导谋划全局提供了决策依据。会同有关单位共同起草《关于深入实施长江经济带发展战略建设生态绿色张家界推动高质量发展的决定》（张发〔2018〕13号）、《生态绿色张家界建设“先导工程”三年行动计划（2018—2020年）》、《关于支持国家工作人员改革创新建立容错免责机制的实施办法（试行）》（张办发〔2018〕12号）等市委市政府重要决策文件。

二、调查研究工作。组织开展了全市“抓重点、补短板、强弱项”大调研活动，出台了全面从严治党、防范化解重大风险、推动产业转型升级、旅游扶贫等领域50余篇高质量的调研成果，高效地服务了市委市政府决策。撰写的调研报告《从深闺山水到璀璨明珠——改革开放40周年中国旅游业发展的“张家界样本”》入选中宣部“百城百县百企调研行”40强，中央电视台、《光明日报》等央媒多次报道。认真撰写了《做好“旅游+”做强大产业在“锦绣潇湘”全域旅游基地建设中当龙头作示范》《张家界市全域旅游体制机制调研报告》《关于浙江省衢州市、广东省江门市“最多跑一次”改革的考察报告》《用大调研大走访大整改推动脱贫攻坚落地见效》《乡村规划管理体制机制改革调研报告》《关于加强党的政治建设的几点建议》《关于大力推进湘鄂西、湘鄂川（渝）黔革命老区振兴发展的调研报告》等调研报告，针对查找出来的突出问题进行深入分析研究，切实提出并尽力完善解决问题的举措，促进调研成果转化成了促进全市经济社会高质量发展的政策措施。

三、信息服务工作。创办的《张家界通讯》紧紧围绕市委中心工作，力求栏目编排的多层次和多样性，坚持严谨细致、精益求精的原则，严把编辑质量关，增强了刊物的针对性、可读性和精确性。全年共编刊发行了《张家界通讯》7期，其中一期为“改革开放40周年专刊”，对外交流800份，成为推介张家界的“窗口”。《送阅件·决策参考》坚持正确的办刊宗旨，突出办刊特色，着力在“专业、高效、务实、价值”上下功夫，精心挑选符合刊物定位和宗旨的稿件，着力打造和致力成为市委决策咨询服务的领导者和“第一平台”。全年共编辑出刊了20余期《送阅件·决策参考》和《巡视整改工作简报》，并分发到在职市级领导、区县主要领导和市直单位一把手，受到了各方好评和肯定。

四、深化改革工作。科学谋划、统筹推进全市11大类53大项124小项重点改革任务，经济发展、社会治理、生态环保、民生保障、党的建设等关键领域重大改革全面铺开，“最多跑一次”改革、乡村振兴、全域旅游促进条例等系列改革方案和地方性法规相继出台，健康扶贫“一站式”结算、“一村一辅警”等探索性改革取得突破，全市改革呈现全面发力、多点突破、蹄疾步稳、纵深推进的良好态势。深入开展全域旅游监管体制改革专题调研，先后赴广东省江门市、浙江省衢州市等开展“最多跑一次”改革调研，形成了高质量的调研报告、“三清单”和改革方案初稿。积极向省委改革办报送旅游综合改革、桑植县“规内全报销、结算一站式”健康扶贫模式、监察体制改革、人才改革创新等改革案例。配合完成省委群团改革督察调研工作，对区县、市直相关单位开展改革专题督察，每季度按时完成省委改革办改革督察报备。

五、全面小康工作。理清省对市州、区县2017年小康考评情况。我市2017年全面小康总体实现程度为90.2%，较上年增长5.8%，在全省排名第13位；各区县全面小康实现程度较2016年新指标体系均有所提高，其中桑植县全面小康提升幅度在三类县排第4名，获“全面小康推进工作先进单位”奖。部署省对市州、区县2018年考评重大调整后的落实措施。举办全面小康推进暨业务培训会，指导区县做好任务分解，进一步厘清市直各相关单位的工作职责，明确数据报送程序。各区县分别召开推进会和培训会，分解

相关任务，逐项指标推进。（肖　洒）

市直机关党建工作

2018年，市直机关工委4名班子成员分别与84家市直单位457个基层党组织建立片区联络工作机制，每季度召开一次片区联络座谈会议，对市直机关基层党组织进行3轮全覆盖督查和1轮年度党建督查考核。2018年1月25日，组织开展2017年度市直78家单位党委（党组）书记抓基层党建述职评议，其中51个单位评定为“好”等次，17个单位评定为“较好”等次，9个单位评定为“一般”等次。

（秦　俭）

机构编制工作

2018年，张家界市机构编制工作高质量完成各项目标任务。

一、深入推进“放管服”改革。加大“放”的力度，使权力运行更加顺畅。2018年，市本级取消行政审批事项3项，取消证明事项26项。全市31个部门保留行政审批事项共计126项，相比2013年保留的323项行政审批事项，精简了近61%。增强“管”的能力，使监管工作更加规范。全面推进“双随机、一公开”监管，做好“双告知”工作。依托“双随机”监管平台，建立了市场主体名录库、执法检查人员名录库和抽查计划。2018年，来企业公示信息及登记事项、直销违法行为“双随机、一公开”联合检查755户。提升“服”的水平，使服务更加高效。深入推进“最多跑一次”改革，分两批对外公布群众和企业到政府办事“最多跑一次”事项共计976项，占市本级事项数的94%。全面升级市级政务服务大厅和“互联网+政务服务”一体化平台，群众和企业到政府办事实现了更多事项“只进一扇门”，“最多跑一次”。

二、统筹推进机构改革。一是强化组织领导，明确改革任务。成立市委深化机构改革领导小组及其办公室，办公室下设综合协调组、机构改革组和后勤保障组，分领域设7个机构改革专项组，明确了改革组织领导、责任分工、工作步骤和工作纪律。区县党委相应成立工作专班，组织工作力量，有序开展工作。改革启动以来，市委多次召开常委会议研究机构改革工作；市委全会审定了改革方案；领导小组及其办公室多次召开全体会议和主任会议，研究相关事项。市编办具体统筹推进，先后8次到省委机构改革办市县改革组衔接沟通。二是深入调查研究，充分酝酿论证。市委编办坚持问题导向，构建纵向分析和横向比较的操作办法。一方面通过多种渠道了解中央和其他省区市改革做法，参照学习其他地区先进经验。另一方面制订了机构编制和职能调整调查表，对市本级机构职能体系开展调查摸底。9月上旬，市编办集中时间和精力深入市直27个主要涉改部门开展专题调研，进一步将涉改部门职能调整和人员划转情况弄准做细，进一步掌握改革中存在的矛盾与困难。三是主动衔接，反复完善方案。根据省里下发的总体意见、政策口径、方案模板，市编办起草了机构改革方案。方案起草过程中征求了相关市领导意见，3次到省委机构改革办市县改革组衔接沟通，根据市领导和省里反馈的指导意见，反复修改，数易其稿，形成了《张家界市机构改革方案（送审稿）》。市委市政府领导十分重视方案起草工作，多次听取专题汇报，对方案起草工作做出指示。相关工作得到了省委编办的充分肯定和精心指导。我市方案报送早、质量高，区县改革方案为全省第一个报送、全市机构改革方案为全省第二个印发。四是通盘谋划实施，同步拟订预案。起草了全市机构改革实施方案、机构编制职数框架和部门职责划转、内设机构设置、编制精简、职数核定及事业单位划转调整等政策口径。机构编制部门配合相关部门研究涉改领导班子配备、资产债权债务处置、办公用房调配、档案交接、新组建单位挂牌运行等事项，并拟订了预案。

三、深化行政体制改革。一是完成巡察和纪检监察行政体制改革。市本级纪检监察体制改革涉及的编制事项全面落实到位。完成纪检监察体制改革涉及的政法专项编制置换工作。设立市公安局巡特警支队监察对象看护大队。落实市纪委派驻纪检组更名等有关具体的机构编制事项。11月1日，市编委第二次会议审定市巡察办巡察组机构职数事项，明确了市巡察办内设机构职能职责，基本完成巡察体制改革工作。二是协同推进盐业监管体制改革。按照《张家界市盐业监管体制改革实施方案》规定，落实了食药监部门食盐质量安全监管和盐政执法等职责，完成了市区县盐业监管体制改革涉及的机构编制调整工作。三是配合开展群团组织等重点领域改革。按照“强三性，去四化”的改革要求，完成团市委、市总工会改革涉及的机构编制调整工作。配合推进城管、党校、武陵源核心景区等相关体制改革工作。

四、全面推进事业单位分类改革。出台了《关于加快推进全市经营类事业单位改革工作的通知》，加快推进经营类事业单位改革。11月1日，市编委第2次会议审定通过市委招待所、张家界市路灯管理所的改革方案，今年内完成上述2家经营类事业单位改革机构编制调整事项。全面清理市本级承担行政职能的事业单位，拟订改革方案，与党政机构改革统筹推进。

五、强化机构编制严控严管。一是明确审批权限和程序。修订《张家界市机构编制委员会工作规则》，进一步明确编委组成人员和主要职责、会议制度及机构编制审批权限和程序。出台《张家界市机构编制委员会审批原则》，提升了编委会研究审批机构编制事项的规范化和科学化水平。全市机构编制部门严格按政策规定、依程序权限研究审批机构编制事项，全年没有违规审批行为发生。二是严格机构编制总量控制。机构设置坚持“撤一建一”原则，没有突破机构限额。各级行政编制均在上级下达的总量内分配使用。严格执行编制收回、连人带编划转、空编调剂等事业编制控减机制。全年继续保持了编制总量“零增长”。三是保障重点急需机构编制需求。对中央和省里明确规定的和我市经济社会发展迫切急需的机构编制需求，予以重点保障。编制通过总量内整合、调剂、划转等办法解决。今年来，重点保障了纪检监察、盐业执法、残疾人康复托养、绩效评估、办公用房管理、档案、保密等领域机构编制需求。（张力文）

对台工作

2018年，张家界市积极做好对台工作，取得一定成效。

一、涉台宣传教育日益深入。多形式、多渠道宣传中央对台方针政策。开展赴台交流行前座谈，对5批因公赴台交流人员开展行前教育，学习入台注意事项。协助中央广播电视台、你好台湾网“名山·诗韵——跟着诗歌去旅行”到我市核心景区和天门山景区开展网络直播。慈利县台办和慈利县委宣传部召开“保卫台湾——孙提督与子女们”改稿会暨中国慈利孙开华研讨会，宣传抗法保台民族英雄。以赴台交流为契机，向岛内输送张家界风光碟、招商引资项目资料等宣传品1000余份，加强对张家界的宣传。

二、张台交流交往呈现新气象。成功举办向国台办和省台办争取的“台湾基层民意代表张家界社区交流活动”和“两岸中小学教师张家界交流活动”。组织了“张家界市教育交流团”“永定区现代农业交流团”“桑植县现代农业交流团”“桑植县民族文化交流团”“武陵源卫生医疗交流团”等5批次人员赴台交流。为张家界天马国际旅行社、张家界中旅等旅行社办理商务交流29批次。接待了台湾中华文化永续发展基金会董事长刘兆玄夫妇、台湾新党主席郁慕明、国民党籍“立委”赖士葆夫妇、台东县议会国民党团书记长林琮翰、台东县议会秘书长陈剑贤率领台东县体育发展基金会、台东青年团、第十届海峡论坛（台湾）基层调解员联谊交流代表团等到张家界交流参访。协助台湾18名残疾同胞圆梦张家界。市区县台办与市台协共同举办台胞台属端午联谊会，市台办举办了全市台商台胞“迎中秋、话团圆、促发展”座谈会。

三、张台经贸合作迈出新步伐。我市组织全市台胞台商学习《关于深化湘台经济文化交流合作的实施意见》（湘政办发〔2018〕61号）（湘版“59条惠台”），广泛听取政策落实过程中存在的问题和建议。接待了台湾区电子电机工业同业公会大陆首席代表颜素秋、台湾工业总会副理事长詹正天一行等来张考察。慈利县台湾风情小镇项目建设迈出实质性步伐。推进“台湾产业园”建设。

四、维护涉台社会稳定。制订了《中共张家界市委台湾工作办公室防范涉台舆情风险工作预案》。妥善处理来张旅游台胞王胜顺因病抢救无效死亡事件和在慈利工作的台胞江锦裕突发心肌梗死事件。积极处理台商陈顺武关于桑植县五道水长元水电站拆除投诉案件。没有给张家界市造成任何不良影响。（彭汇芳）

保密工作

2018年，张家界市保密工作有新的起色、新的进展。

一、认真贯彻落实中央、省委、市委关于加强保密工作的决策部署。一是规范保密委委员组成。对市委保密委成员单位进行了调整，将市检察院、市中级人民法院、市委网信办、市国资委等与保密工作联系紧密的单位纳入了市委保密委成员单位。二是保密工作机构队伍进一步加强。市委保密办升格为市委工作机构，科室设置进一步完善，工作力量进一步增强。各区县认真落实省编办关于跨层级调整行政编制通知，进一步配备落实了保密专职干部。三是加强了涉密人员管理，严格落实涉密人员管理要求，建立了涉密人员数据库。四是抓好有关工作的落实。联合有关部门加强保密教育提醒工作，制作并下发保密提示卡。配合有关部门建设完成了我市涉密网络建设并顺利通过了测评。充分发挥保密科技的支撑引领作用，制订了有关规划，加大了保密设施设备的配备力度。10月，组织区县保密局和市直部分单位信息化管理部门负责同志去青岛参加了2018年全国保密技术交流大会暨产品博览会。进一步加强保密要害部门部位保密工作，建立了相关机制和议事规则。

二、抓保密宣传教育，强化保密工作意识。一是认真传达贯彻上级领导关于保密工作指示和全省保密工作会议精神。及时向市委、市政府有关领导传达了上级保密部门下发的文件和召开的会议精神。向市委秘书长会议进行了保密工作专题汇报。研究制订了全市保密工作要点。二是利用电教片开展保密宣传教育。2018年，组织各区县和市直单位观看保密电视教育片。6月，在全市招生考试会议上要求教育部门组织参加考务工作培训会议人员认真观看考试泄密案例警示教育片，提高考务人员的保密意识。三是认真抓好涉密人员和党政领导干部保密培训工作。市、区县委党校进一步落实了保密教育课，对学员进行了保密教育。市人社局将保密教育培训纳入公务员初任培训。市委讲师团将保密法律法规列入了2018年各级中心组学习内容，加强了各级领导班子及全体工作人员的保密教育。4月，邀请省保密局领导为全市办公室业务培训班280多名学员授课，区县保密干部和市直单位涉密人员业务能力进一步提升。市保密局为市直单位和区县开展保密专题知识讲座15场，听众达700多人。四是利用情况通报和保密检查进行保密提醒。将全省保密检查情况通报和泄密案例及时转发各区县和市直单位学习，对本市检查发现的问题及时通报检查单位，提醒各单位举一反三，从中吸取教训，注重加强相关保密工作，防止泄密事件发生。五是认真抓好《保密工作》和有关图书资料的征订发行。狠抓了《保密工作》杂志的发行。结合贯彻十九大精神，下发了《关于做好保密宣传资料征订的通知》，通过购买保密图书、挂图、音像等资料，广泛进行了保密宣传教育。六是开展了保密教育调研专题活动。制订了调研方案，下发问卷调查表80余份，召开座谈会4个，通过座谈，对有关单位进行了保密教育业务指导，为开展保密教育针对性和实效性提供了决策依据。七是开展了“七五”保密普法中期督导工作。结合保密检查，对市直单位普法工作进行了中期督导检查，加强了保密法制宣传工作。

三、确保国家秘密载体安全保密。一是确保了普通高考试卷保密工作。市保密局配合市考试院加强试卷安全与保密，确保了试卷运送、保存保管、发放全过程安全与保密管理。5月下旬，对两区两县的考点保密室进行了检查，督促各区县制订了高考保密方案和应急预案，完善保密硬件设施。6月上旬，对各考点试卷保密工作情况进行了巡视检查，确保了我市高考保密工作万无一失。二是加强涉密载体清退销毁管理。2018年，对市直单位国家秘密载体销毁情况进行了检查。三是抓好定密管理工作。2018年，市保密局加强了对定密工作业务指导检查，指导制订了涉密事项一览表，确保定密工作质量。四是加强涉密资质单位管理和指导工作。对申请涉密载体定点复制资质的企业和申请涉密系统集成资质的企业进行了现场检查指导，要求他们管好涉密载体，加强涉密人员保密教育，建立健全有关保密制度，保证涉密载体安全保密。

四、开展保密检查，促进依法治密工作。一是开展对党政机关单位保密工作检查。6月至10月，市保密局组织两个检查组，对区县和市直单位开展了保密检查。各区县和市直单位积极开展保密自查自评，推动保密检查全面开展。二是开展对党政门户网站信息发布保密专项检查。2018年，市、区县保密部门结合督查保密自查自评工作，开展党政门户网站信息发布保密专项检查。各级各部门建立健全信息发布保密审查机制，门户网站主办单位信息上网发布流程和保密审查进一步规范，确保我市2018年全市无门户网站泄密事件发生。三是对涉密计算机非法外联报警信息和涉嫌被控电脑及时进行了技术核查。四是依法对测评通过的涉密网络开展了审批。12月，市保密局对通过测评的涉密网络开展书面和现场审查，全部完成审批工作，发放涉密网络运行许可证。

（肖大度）

市委党校工作

2018年，中共张家界市委党校、张家界市行政学院、张家界市社会主义学院各项工作有条不紊，成效较好。

一、培训工作常抓不懈

全年共举办培训班7期，培训干部410人。其中中青班51人，科干班87人，处干班42人，初任公务员培训班71人；全市乡镇街道党（工）委书记培训班74人，全市乡镇街道人大主席培训班66人。省委党校张家界教学点在职研究生38人通过论文答辩，其中6人论文评为优秀；2016级学员论文开题报告通过46人，通过率达100%，到课率82%，位居全省前列。

二、教学工作提质升级

优化教学布局。将习近平新时代中国特色社会主义思想和党的十九大精神作为主体班教学重点，新增党的十九大精神专题课程15堂。开设了《共产党宣言》《资本论》《矛盾论》等经典原著导读，结合对标提质旅游强市战略，新开发了“张家界康养旅游发展探讨”“大力实施乡村振兴战略”等课程6堂，专题设置满意率达93%，教学测评优良率达97%以上。重视现场教学和异地培训。组织主体班学员到贺龙纪念馆、湘鄂川黔革命根据地纪念馆、市职务犯罪警示教育中心、大榕溪光荣院等场馆开展现场教学，组织1期中青班学员到井冈山开展异地教学，接受红色洗礼，还组织了进村入户、现场调研等系列活动，切实做到学以致用。党性教育取得突破。精研细磨，选送5堂党性教育专题课程参与全省评比，有市委党校彭梦春副教授的“贺龙精神及其启示”、永定区委党校童路雯老师的“红二方面军对长征的历史贡献及其当代价值”、贺龙纪念馆谷秀芹老师的“‘我贺龙一定会回来的’——贺帅七十四年风雨回家路”3堂入选全省党性教育精品课题库。邀请省公共资源交易中心开办了张家界首期党性教育培训班。

三、科研工作卓有成效

全年共结项了“贫困地区脱贫后其返贫防控对策研究”（吴正明）、“国家自然保护区周边乡村精准扶贫实证研究”（田开春）、“张家界‘旅游+康养’产业发展研究”（李宗利）省委党校社科规划课题3个，成功获得市委主要领导批示肯定的市政协提案1个；全市党校系统获批立项省级课题5个，在各类理论研讨会获奖12个，其中一等奖1个，二等奖8个，在省部级以上刊物发表论文15篇。

四、校园建设扎实推进

2018年10月22日，市委副书记、市长刘革安在市、区委党校现场调研后立即召开座谈会，决定将市委党校、永定区委党校、武陵源区委党校三校合一，整合资源，在永

定区委党校现有设施的基础上扩建新的市委党校，形成布局合理、资源共享的全市干部教育良好格局。（王　森）

党史和地方志工作

【概况】 2018年，张家界市党史和地方志工作持续发展。推动机关建设制度化进程，探索史志业务工作规范。党史征集、编写等工作取得显著成绩，“一年一鉴，公开出版”任务取得新进展，史志理论研究成果不断，史志宣教获得较大反响，较好完成全年各项工作任务。

【史志编纂】 2018年，出版张家界市红色历史现场教学资料——《张家界革命老区大事纪实》；完成《桑植起义》（新编）送审稿；征编《难忘的历程——回忆录之七》；加快《张家界年鉴》编纂进度，完成送审稿；推进《湖南省特色志.武陵源风景志》撰稿工作。

【资政育人】 2018年，配合全市党性教育基地建设，启动《张家界红色故事》组稿工作，收集各类红色故事线索百余条；指导桑植县举办红二方面军长征历史研讨会；参与编纂《湖湘文化区域精粹·张家界篇》一书，完成《杰出人物：风云际会的造化》稿件2万余字；完成《湖南党委工作纪事》（2017年卷）市州委书记“要论摘编”、市州及所辖县市区委执政纪事组稿；撰写改革开放实录专题，组织上报《全域旅游：张家界西线旅游的涅槃重生》《永定区“建设绿色新永定”的实践与探索》；协助编写《湖湘红色手迹》《湖湘红色诗选》《湖湘红色遗址概览》《湖南剿匪》，上报各类资料5万余字，照片100多张。

【史志宣教】 2018年，张家界史志网不断更新。坚持开门办史志，保持网站健康运行。以地方志资源利用与开发为契机，抓住时间节点，推出特色栏目。全年更新动态100余条，更新文字10余万字，上传图片近百幅；在百年湘潮网、湖南省地方志编纂委员会官网，刊发动态信息10余条；加大政策法规宣传，将已有的地方志成果电子化、信息化。

【学术成果】 2018年，组织开展“反对历史虚无主义”主题调研，形成调研报告近万字，调研活动被中国共产党历史网、百年湘潮网等媒体报道；《伟大壮举，光辉永恒》等纪念桑植起义90周年相关文章在《张家界日报》《湖南国防教育》发表；加强对红色历史的研究，初步开发3堂党性教育精品课程；组织参加省地方志编纂委员会的论文评奖活动，3人在“湘志杯”地方志理论研究征文活动中获奖。

【“一年一鉴，公开出版”】 2018年，督促区县完成“一年一鉴”工作。对两区两县分类指导、加强联络，开展专项督查1次，发放督查通报1份，多次开展业务指导。2018年12月底，武陵源区完成出版《武陵源年鉴（2018）》。

【张家界英烈谱】 2018年，联合市委宣传部及张家界日报、张家界电视台、红网张家界站等主流媒体，推出《张家界英烈谱》系列报道，撰写第一批60位张家界英烈事迹，截至2018年底，相关报道点击量（不含收视率）超过10万人次。（本栏撰稿　张海峰　赵　琳　黄真龙）

老干部工作

2018年，张家界市老干部工作呈现新特点，取得新成绩。

一、做好思想政治建设。以习近平新时代中国特色社会主义思想武装头脑，统一思想，指导工作；围绕中心，服务大局，充分履职；突出重点，找准坐标，找到对标，推动工作上新水平。开展“抓重点、补短板、强弱项”大调研活动。深入贯彻落实湘办发〔2018〕2号文件精神。转发省局《关于组织离退休干部开展学习教育活动有关安全事项的通知》和《有关离休干部交通费标准的通知》。

二、抓好离退休干部“三项建设”。市县两级工委已经全面配备专职副书记，初步形成工委指导抓总、部门单位具体负责、离退休干部党支部自我教育管理的工作机制，共同促进全市离退休干部党建工作的规范化、常态化、制度化。制订出台《全市示范离退休干部党支部考核标准》。以“五化”（组织设置网格化、工作运行民主化、党员管理一体化、服务群众品牌化、保障机制标准化）为要求，五好为标准，争创示范为目标，指导协调好离退休干部党支部“五化”建设，各行业系统在“五化”建设中参照实施方案，推动离退休干部党组织建设。全面落实离退休党支部的工作经费及离退休党支部负责人的工作补贴。深入学习贯彻党的十九大精神，认真做好“不忘初心、牢记使命”主题教育。举办学习全国“两会”精神专题报告会，邀请张家界市第十三届全国人大代表童路雯传达全国“两会”精神，参加人员共计100多人。市老年大学成立离退休干部临时党总支，下设16个临时党支部。通过上党课、开展主题党日活动，更多的老年人加入了老年大学，接受教育和管理。

三、抓好为党和人民的事业增添正能量活动。下发《市委老干部局、市离退休干部工委“增添正能量、共筑中国梦”活动实施方案》，全年开展了多项大的主题宣传活动。举办纪念改革开放40周年和建市30周年等老年人书法、绘画、摄影展，京剧演唱会；启动“传承红色基因、争做时代新人”和“学雷锋、树新风、做好人”主题教育活动，开展“讲故事、育新人”红色故事宣讲。做大做强张家界市“三送一扶”（送文化、送健康、送温暖，扶贫助学）活动品牌，关注关心关爱贫困家庭学生的健康快乐成长。继续深入开展农村留守儿童“一对一”关爱工作。深入持续开展“传承红色基因、争做时代新人”主题教育，组织全市参加省关工委开展的“传承红色基因、争做时代新人”电视展演活动。开展“学党史、学国史”和“学雷锋”主题教育活动。主动参与“净网”护苗等专项活动。市老年大学在学员中组织开展“感恩回馈·服务社会”活动，组织学员开展文艺下乡、下社区，慰问敬老院老人、环卫工人等，免费撰写春联。组织全市离退休干部党员学习姜开斌同志先进事迹和收听收看《榜样3》专题节目。

四、抓好离退休干部服务管理工作。始终坚持用心用情用力，敬爱致恭地精准服务老同志，为他们做好事、办实事、解难事。完善离退休干部生活医疗保障措施。加大特困离退休干部帮扶力度。今年共帮扶56人，20万多元的帮扶资金发放到位。

五、抓好离退休干部活动和学习阵地建设。开展丰富多彩的精神文化活动，不断满足离退休干部日益增长的精神文化需求。推进全市老年大学建设。办学规模不断扩大，办学水平不断提高，办学条件日益改善，取得了显著的办学成果和社会效益。推动老干部活动中心规范化建设和管理，开展丰富多彩的精神文化活动。市老干活动中心开展2次钓鱼活动，1次时事报告、1次保健讲座。

六、抓好离退休干部工作宣传。利用党报党刊和主要网站等载体，集中开展“增添正能量·共筑中国梦”主题宣传活动，全年上报老干部工作信息20余条，《张家界日报》刊载7篇，重阳节刊登反映市老年大学办学成果的重阳专刊，收集老干部撰写“建市30周年”文章10余篇。

（孟果良）

接待工作

【礼宾接待】 2018年，张家界市完成外宾接待43批次，其中重宾接待有：克罗地亚前总统斯捷潘·梅西奇、克罗地亚前副总理司马安·希莫尼奇、格鲁吉亚环保农业部部长列文·大卫塔什维利、老挝北部六省省委书记及夫人访华团、乌克兰捷尔诺波尔州州长斯捷潘·巴尔纳、泰国正部级代表团、俄罗斯圣彼得堡谢斯得罗列茨克市市长别利斯基·亚历山大·尼古拉耶维奇、老挝万象市外事厅厅长多达·苏里翁。重要人士有：巴基斯坦国际商会主席塔里克·瑞古玛拉、巴勒斯坦国际商会副主席奥马尔·马斯里、哈萨克斯坦丝路文化与经济发展基金主席达乌洛夫·胡塞·希玛拉维奇、格鲁吉亚国家商会荣誉主席杰默·伊纳什维里、乌克兰中国友好协会主席奥列格·斯特尼克、阿拉伯银行联盟主席穆罕默德·萨巴赫、俄罗斯国际合作协会主席谢尔盖·卡拉什尼科夫、中阿合作与发展协会主席卡西姆·特法利、俄罗斯国际合作协会秘书长弗拉基米尔·波罗兹科夫、香港国际投资总会联席主席余延庆、哈萨克斯坦丝路商会主席扎穆扎古丽·阿茫扎诺娃、克罗地亚世界经济发展研究协会主席雅思敏卡·普莱韦尼克、中国东南欧洲商业协会副主席马捷·巴伦、立陶宛工商会联合会主席里曼塔斯·希德劳斯卡斯、泰国国际商会荣誉主席陈卓绵、玻利维亚国家商会副主席罗兰多·坎普·巴奇加卢波、日本国际商会秘书长西谷和雄。马尔代夫、冈比亚、阿尔及利亚、斯洛伐克、毛里求斯、瓦努阿图、摩洛哥、密克罗尼西亚、阿塞拜疆、卡塔尔、纳米比亚、贝宁、立陶宛、塔吉克斯坦、韩国等15国驻华使节来张访问。

（苏 婉 李朝英）

张家界市人大及其常委会

【张家界市人民代表大会常务委员会工作概况】 2018年，市人大常委会以习近平新时代中国特色社会主义思想为指导，深入贯彻落实党的十九大及十九届二中、三中全会精神，始终坚持党的领导、人民当家做主、依法治国有机统一，在市委的坚强领导下，认真履行宪法和法律赋予的职权，圆满完成了2018年确定的各项工作任务，有力推动了全市经济社会和人大工作高质量发展。一年来，共召开常委会会议7次，主任会议19次。听取和审议“一府一委两院”专项工作报告16项，做出决议决定9项，审议通过地方性法规2部，开展了5部法律法规实施情况的执法检查和调研。

（杜 博）

【市七届人大二次会议】 2018年1月3日到5日，市七届人民代表大会第二次会议在市区举行。本次会议的议程：听取和审查张家界市人民政府工作报告；审查和批准张家界市2017年国民经济和社会发展计划执行情况与2018年计划草案的报告；批准张家界市2018年国民经济和社会发展计划；审查和批准张家界市2017年预算执行情况与2018年预算草案的报告；批准张家界市2018年市级预算；审查和批准张家界市人民政府环境保护工作报告；听取和审查张家界市人民代表大会常务委员会工作报告；听取和审查张家界市中级人民法院工作报告；听取和审查张家界市人民检察院工作报告；补选张家界市人大常委会副主任；补选张家界市人民政府市长；选举张家界市监察委员会主任；选举应由张家界选举的湖南省第十三届人民代表大会代表。会议通过审议，决定批准市人民政府市长刘革安所作的《政府工作报告》；批准市人民政府提出的张家界市2017年国民经济和社会发展计划执行情况与2018年计划草案的报告；批准市人民政府提出的张家界市2017年预算执行情况与2018年预算草案的报告；批准市人民政府提出的张家界市2018年市级预算及市人民政府环境保护工作报告；决定批准市人大常委会党组书记、常务副主任余怀民所作的张家界市人民代表大会常务委员会工作报告；决定批准市中级人民法院院长壮晓阳所作的张家界市中级人民法院工作报告；决定批准市人民检察院检察长赵荣所作的张家界市人民检察院工作报告。会议审议通过《张家界市第七届人民代表大会第二次会议选举办法》。本次会议补选向锦云为张家界市第七届人民代表大会常务委员会副主任。补选刘革安为张家界市人民政府市长。选举袁美南为张家界市监察委员会主任。选举黄关春、许显辉、常智余、李拥军、刘伟志、向佐谊、毛志刚、艾可知、朱法栋、刘革安、许玲莉、杨小舟、吴菊、余怀民、陈化金、陈希桥、卓大华、罗振坤、罗嗣清、郑小胡、赵云海、高靖生、阙玉英、熊秋蓉、虢正贵为出席湖南省第十三届人民代表大会代表。本次会议收到市人大代表提出建议、批评和意见139件，分别交由市人民政府和市监察委员会办理。

【市人大常委会会议】 2018年1月至12月底，市七届人大常委会共召开会议7次。常委会听取和审议“一府一委两院”专项工作报告16项，依法做出决议决定9项，审议通过地方性法规2部。常委会开展了5部法律法规实施情况的执法检查和调研。常委会会议批准张家界市与日本甲贺市缔结友好城市。常委会会议依法任免国家机关工作人员25人次，其中，任命专门委员会委员5人，任免市监察委组成人员9人次，任免法官、检察官5人，决定任免市人民政府组成人员3人，决定接受辞职3人。

【人大监督】 常委会紧紧围绕全市发展大局和人民群众普遍关心的热点、难点问题，坚持正确监督、有效监督，监督实效不断增强。

（一）强化经济运行监督。听取和审议了张家界市国民经济和社会发展“十三五”规划纲要实施中期情况的报告、2018年上半年国民经济和社会发展计划执行情况的报告、全市重点建设项目计划及上半年进展情况的报告，对规划实施、计划执行和重点项目建设中存在的突出问题提出了审议意见，保障了重点战略任务和重大项目扎实推进。为规范政府债务管理、防范化解重大风险，开展了政府性债务专题调研，促进了经济社会健康发展。

（二）加强财政监督。推进预算联网监督建设，与财政实现数据连通。听取和审议2017年全市及市本级财政决算情况的报告、2017年度市本级预算执行和其他财政收支情况的审计工作报告、2018年上半年预算执行情况的报告，开展预算法执法检查。为加强国有资产管理，发挥国有资产在经济发展中的重要作用，首次听取并审议市属国有资产管理情况综合报告和市属企业国有资产管理情况专项报告。强化审计发现问题的督促整改，要求市财政局、市教育局、市交通运输局等3家审计重点单位直接向市人大常委会报告审计整改情况，推动了审计整改工作，维护了良好的财经秩序。

（三）聚焦民生监督。坚持“绿水青山就是金山银山”的发展理念，围绕打好污染防治战，开展了城区黑臭水体污染治理、全市河长制实施情况专题调研，组织了大气污染防治法贯彻实施情况执法检查。听取并审议了全市产业扶贫工作情况的报告，组织驻张全国和省人大代表开展了乡村振兴与脱贫攻坚情况专题调研。为推动美丽乡村建设，听取和审议了全市开展村庄规划编制“全覆盖”工作情况的报告，开展了农村村庄建设、农村人才队伍建设、农村电商发展等专题调研。为促进全域旅游发展，听取和审议了全市旅游国际化工作报告、全市民族特色建筑推广和民族文化传承有关工作情况的报告；开展了文化产业与旅游产业融合发展、西线旅游项目建设专题调研；听取和审议了贯彻实施武陵源自然遗产保护条例、推进核心景区移民搬迁工作情况的报告。围绕重点民生问题，深入开展“三湘农产品质量安全行”活动，组织开展了人民防空法、食品安全法等法律法规贯彻实施情况的执法检查。配合省人大常委会开展了贯彻实施促进科技成果转化法和湖南省实施办法的执法检查。

（四）加强执法和司法监督。组织召开了深入学习宣传和贯彻实施《中华人民共和国宪法》座谈会。听取和审议了张家界市人民政府开展扫黑除恶专项斗争和打击惩治“黄赌毒”等违法犯罪活动、依法行政及“两法衔接”等工作情况的报告；听取和审议了市中级人民法院关于刑事审判工作情况的报告、全市检察系统行政检察工作审议意见研究处理情况的报告；组织41名代表旁听市中级人民法院庭审；有效促进了依法行政和司法公正。

【代表工作】 市人大常委会注重人大代表的主体地位，充分发挥人大代表作用，加强同人民群众的密切联系。

（一）代表作用发挥更加充分。深化“三联”工作，听取群众意见建议，及时回应群众关切。抓实乡、村两级代表平台建设，张家界市乡镇（街道）实现代表联系群众工作平台全覆盖。指导各级人大代表通过平台开展活动，推动各级人大代表进站接待群众制度化，掌握基层群众的诉求，形成常态化的社情民意汇聚渠道。扩大代表参与常委会工作的广度和深度，先后邀请了48名代表列席常委会会议、一百多名代表参与常委会重要活动和重点工作。接待群众来信来访1562人次，上访群众的情绪得到有效疏导，一批重点信访案件得到有效化解。

（二）代表履职管理和服务逐步完善。进一步完善市人大代表履职网络平台，推行市人大代表利用钉钉软件平台报告履职情况，完善代表履职档案，通报代表履职情况。探索市人大代表向区县人大常委会报告履职情况、接受原选举单位的监督。组织国、省代表参加多种学习培训，注重提升培训实效。

（三）代表建议办理更具成效。市七届人大二次会议以来，市人大代表提出建议、批评和意见141件，分别交由市人民政府和市监察委员会办理，实现了“见面率、办结率”100%，“满意率”98%。常委会以督办重点建议为切入点，全面加强代表建议的办理，有效解决了一些实际问题。如通过督办王攀代表关于对重要节点区域进行天门山景观视线控制的建议，推动市政府出台了中心城区景观视线控制管理办法，促进了城市规划水平的提升。

（四）上下级人大工作联系更加紧密。常委会主动与省人大常委会保持工作联系，自觉接受监督和指导。组织召开了张家界市人大工作座谈会，密切与区县人大常委会的工作联系，加强了监督和指导。确立了13个乡镇人大工作示范点，举办了张家界市乡镇人大主席、街道人大工委主任培训班，配合省人大常委会开展乡镇人大工作和建设情况调研，推进和规范了乡镇人大工作。

（本栏撰稿　杜　博）

张家界市人民政府重要文件

1月11日《张家界市人民政府关于印发〈2018年政府工作报告任务分解方案〉的通知》。

1月19日《张家界市人民政府关于印发〈张家界市统筹推进县域城乡义务教育一体化改革发展实施方案〉的通知》。

2月9日《张家界市人民政府关于印发〈张家界市残疾人事业“十三五”发展规划〉的通知》。

2月25日《张家界市人民政府关于印发〈张家界市“十三五”节能减排综合工作方案〉的通知》。

4月18日《张家界市人民政府关于印发〈张家界市大力推进就业创业工作实施方案〉的通知》。

5月4日《张家界市人民政府关于印发〈张家界市人民政府工作规则〉的通知》。

6月5日《张家界市人民政府关于印发〈张家界市集体土地征收及其房屋拆迁补偿安置办法〉的通知》。

6月15日《张家界市人民政府关于印发〈关于调整张家界市征地补偿标准的通知〉》。

6月30日《张家界市人民政府关于印发〈关于取消和调整一批行政权力事项的通知〉》。

9月17日《张家界市人民政府关于印发〈关于认真做好第三次国土调查工作的通知〉》。

10月19日《张家界市人民政府关于印发〈张家界市污染防治攻坚战三年行动计划（2018—2020年）〉的通知》。

12月31日《张家界市人民政府关于印发〈张家界市城乡规划技术规定〉的通知》。

（杜海波）

综合政务工作

【公文办理】2018年，市政府办公室按照《党政机关公文处理工作条例》等有关规定，全力加强公文处理规范化建设，严把公文审核关、印制关、核发关，不断提高办文效率。全年共制发市人民政府、市人民政府办公室各类文件710件。优化公文流转效能，全年处理上级、外地、下级等各类来文3952件，完成机要文件呈阅处理295件。

【会议服务】　2018年，市政府办公室共承办市人民政府全体会议2次、市人民政府常务会议23次、市人民政府专题会议40次、市人民政府党组会议6次、全国及省级电视电话会议90余次、市级到区县级各种电话电话会议140余次。联络协调市人民政府领导外事活动20余次，沟通衔接和配合服务省领导来张视察活动10次。

【协调服务】　2018年，市政府办公室在工作中协调解决重大政务问题，协助市政府领导就区县经济社会发展、重大基础设施建设、社区联点扶建、精准扶贫、生态环境保护等工作开展调研70余次；做好三大攻坚战、全域旅游基地建设、旅游服务管理、产业转型升级、推进国际精品旅游城市建设、推进重点领域改革、省市重点民生实事项目等工作的综合协调，推动全市经济社会发展。

【政务信息】　2018年，市政府办公室在市人民政府门户网站上公布主动公开类文件147件，其中行政规范性文件48件。全年共编发《张家界政报》12期、《经济工作通报》7期、《调查与研究》2期、《政务信息》34期，共采编、报送政务信息800余条，被国务院办公厅采用10余条，被省人民政府办公厅采用100余条，信息质量综合评分达450分，超额完成全年目标任务。

【督查和建议提案办理】　2018年，市政府办公室狠抓上级政策措施及市委、市政府决策部署的贯彻落实，突出抓好国务院第五次大督查、中央环保督察及“放管服”改革、中央预算内投资项目实施、重点工程建设、河长制实施等11次国、省重点工作专项督查的迎检和发现问题的督促整改工作，组织开展了市人民政府《政府工作报告》确定事项及市人民政府全体会议、市人民政府常务会议、市人民政府专题会议议定事项落实情况的督查工作。全年共组织参与各类督查44次，编发《督查专报》22期，下发督办函9份，办理省委、省人民政府、省直部门及领导的批示交办件26件，办理市领导批示交办件95件。全年组织承办政府系统建议提案304件，见面率、办结率均为100%。

【应急管理】 2018年，市政府办公室进一步加强值守应急和信息报送工作。严格执行24小时专人值班和领导带班制度，落实值班工作岗位责任制，未出现值班脱岗、离岗、无人值班情况。全年接收、处理全市突发事件信息160余条，通过内网向省报送《张家界市值班信息》35期。

（本栏撰稿 杜海波）

【综合调研】 2018年，市政府办公室始终坚持以习近平新时代中国特色社会主义思想为指导，全面落实新发展理念，深入实施对标提质旅游强市战略和“11567”总体思路，紧扣制约张家界市高质量发展的突出问题，聚焦重点难点，开展了产业转型升级、旅游供给侧结构性改革、脱贫攻坚、招商引资等系列调研活动，参谋服务水平不断提升。2018年，共完成综合材料撰写80余篇，编发《张家界政报》12期、《经济工作通报》7期、《调查与研究》2期。

（肖 遥）

政务服务工作

【概况】 2018年，市政务服务中心深化政务公开工作，紧紧抓住“最多跑一次”改革这个牛鼻子，推进新政务大厅装修建设，推行“一窗受理、集成服务”服务模式，优化升级“互联网+政务服务”一体化平台，提高全市政务公开政务服务能力和水平，推进张家界市放管服改革。

一、“一站式”大厅正式启用。2018年9月前，张家界市是全省唯一没有市级政务服务大厅的市州。为弥补这一工作短板，2017年起，张家界市投资1.2亿元，将一栋新建写字楼装修改建成政务服务大厅。经过一年多建设，大厅于9月5日正式启用。新大厅按照“最多跑一次”改革要求，依托“互联网+政务服务”一体化平台，推行“一窗受理，集成服务”模式，共入驻市直单位41家，入驻工作人员近300人，涉及事项893项，其中“最多跑一次”事项739项（第一批）。大厅分为前台服务区和后台支撑区。前台服务区共设投资项目审批、商事登记、不动产登记、社会保障、税费缴纳、公安服务、其他综合服务等7个主题办事大厅，每层办事大厅集中在同一层楼层办公，避免群众“上下跑”。后台支撑区配置了专业档案室、机房、多功能会议室、食堂、员工舒缓区等，为各入驻单位和大厅运行提供强力支撑。除交警办事大厅和住房公积金办事大厅两个分中心外，其他各个部门办事大厅或业务均进驻市政务服务大厅，让群众从“跑多个部门”变为“跑一个部门”，基本实现线下“只进一扇门”。自新政务服务大厅运行以来，共受理办件约15万件，接待办事群众18万次；共受理事项135196件，办结121862，办结率为91%。

二、一体化平台全面应用。一是加快省市平台联通。超额完成事项线办理、事项填报发布、事项问题整改、办件量归集、事项要素审查核对、高频事项网上办理、湖南政务服务网用户注册、咨询投诉服务平台处理等8大重点工作任务，同时按照全省要求，积极推进省、市两级“六统一”。二是推进事项网上办理。公布了张家界市市本级976项“四办”事项清单，其中62.7%事项已实现网上办理，完成了湘政办函〔2018〕64号文件要求“2018年底，市县级主要政务服务事项网上办理率达到60%以上”的工作任务。同时，张家界市积极推广网上办事，培育公众“互联网+”习惯。目前，综合板块涉及的19个市直单位和财政非税缴费已实现与一体化平台的深度融合，实现全程网上可办。通过宣传，网上用户注册数量突破8000人，超额完成省定5000人目标任务。三是拓展便民服务渠道。（1）建立了以政府门户网站为主的网上政务服务渠道，正在推动政务服务向“两微一端”延伸和应用。（2）在城区试建2个24小时“政务超市”，放置“个人征信查询”、“交通违规处罚缴费”和“政务服务一体机”等终端设备和多台电脑等，对于一些简单事项，群众可就近办理。（3）促进一体化平台与实体大厅融合，推动平台向“两微一端”延伸，实现与事项二维码对接，着力打造“指尖政务”。（4）推进一体化平台向区县、乡镇（街道）、村（社区）延伸，实现四级连同。目前正在做对接的准备工作。

三、“最多跑一次”改革深入推进。一是梳理“最多跑一次”事项目录。按照“全面梳理、客观审核、分批公布”的原则及“减环节、减材料、减实现、减费用”的要求，站在群众和企业办事的角度，对权力清单的行政许可、行政确认、行政征收、行政给付、其他行政权力和公共服务事项清单一共六大类进行全面梳理，对办事情形不同的事项根据实际情况进行了拆分，形成事项清单及办事指南，凡是事项目录范围内的事项，在符合法定条件、申请材料齐全的前提下，最多跑一次即可办结。先后分两批发文公布的“最多跑一次”事项共计976项，已经达到94%。二是推行“一窗受理、集成服务”。市政务服务大厅综合业务大厅19个部门的211项服务事项，公安服务板块11项服务事项，人社服务板块55项服务事项，不动产登记54项事项，共331项服务事项实现了“一窗受理”。纳税服务板块作为垂管部门，152项政务服务事项也纳入综合业务大厅集中办理。为减少群众“跑路”次数，市政务大厅全面推行政务快递免费送达业务，只要办事群众在办件时选择快递送达办理结果，窗口将委托EMS快递将相关文书寄给对方，所有费用由政府买单。三是加快数据归集和信息共享。按照全省工作部署，张家界市已搭建好全市政务大数据临时共享交换平台，完成市云计算大数据平台与省云计算大数据共享交换平台对接，归集入库数据近180万条，并开放了API接口；全面清除了“僵尸”政务信息系统，完成了市直45家单位67个业务系统3760项资源目录数据梳理工作。　（张君方）

【行政审批制度改革】 2018年，市政务服务中心推进行政审批制度改革。

一、调整市本级权力清单。贯彻落实《国务院关于取消一批行政许可事项的决定》（国发〔2017〕46号）、《湖南省人民政府关于取消一批行政许可事项的通知》（湘政发〔2018〕8号）精神，加强对市本级行政权力清单的动态管理，依据《张家界市行政权力清单管理办法》，印发《关于调整有关部门权力事项的征求意见函》（张审改办函〔2018〕1号），在书面征求相关单位意见的基础上对权力清单实施调整，并通过市政府第37次常务会议审议，印发《张家界市人民政府关于取消和调整一批行政权力事项的通知》（张政发〔2018〕9号），本次调整共取消行政权力事项12项，增加22项，调整15项，暂不列入4项。

二、推进“减证便民”专项行动。下发《全市减证便民专项行动工作方案》（张审改办发〔2017〕3号），对没有法律法规依据的证明材料、能通过个人现有证照证明的证明材料、能采取申请人书面承诺方式解决的证明材料和能通过网络核验的证明材料一律取消，印发《张家界市人民政府办公室关于印发〈张家界市保留的证明材料清单（第一批）〉和〈张家界市取消的证明材料清单（第一批）〉的通知》（张政办函〔2018〕14号），公布市本级第一批保留的证明材料239项，取消证明材料26项。

三、全面推行审批服务“四办”改革。根据《湖南省人民政府办公厅关于全面推行“马上办网上办就近办一次办”改革深入推进审批服务便民化实施方案》（湘政办发〔2018〕50号）有关要求，全面梳理了市本级“四办”事项清单共976项，其中：“马上办”430项，“网上办”645项，“就近办”98项，“一次办”976项。

四、加强事中事后监管。根据《关于进一步深化行政审批制度改革加强事中事后监管的通知》（湘审改办发〔2017〕7号）精神，结合张家界市深入推进“放管服”改革、加快推进政府职能转变有关要求，印发了《关于进一步深化行政审批制度改革加强事中事后监管的通知》（张审改办发〔2018〕1号）。一是严格管理行政许可事项，实行市场准入负面清单制度，推行市场监管清单制度，进一步明确监管依据和责任；二是实现“双随机、一公开”监管全覆盖，做好“双告知”工作，建立健全信用体系，探索审慎监管，不断拓展监管手段和维度；三是加大行政执法和案件查办力度，强化行政处罚信息公开，推行失信联合惩戒，不断增强执法公信力度。各级各部门制订完善了事中事后监管的实施方案和工作任务台账，按照时间节点落实相应任务。

【政务公开】 2018年，张家界市政务服务中心做好政务公开工作。

一、明确全市2018年政务公开重点任务。按照国务院、省政府政务公开工作要求，起草并报市政府办印发了《张家界市2018年政务公开工作要点》（张政办函〔2018〕74号）。《工作要点》围绕公开解读回应、政务公开平台建设、政务公开制度化规范化三个目标，明确全市各级各部门重点落实完成的14项政务公开工作任务。

二、做好全市政务公开政务服务绩效考核。作为绩效考核数据采集单位之一，对全市各级各部门2017年度政务公开政务服务工作任务完成情况进行考核打分，并及时上报市绩效办。按照国务院、省政府及市政府关于政务公开政务服务工作有关要求，以及张家界市“最多跑一次”改革要求，制订了2018年全市政务公开政务服务考核内容。

三、完成2017年政府信息公开统计工作。3月，按照省政府办公厅要求，对全市2017年政府信息公开情况进行了统计，并按规定在张家界市政府门户网站发布了《张家界市2017年政府信息公开年度报告》（含《张家界市2017年政府信息公开情况统计表》），积极主动接受公众监督。

【慈利县通过基层政务公开标准化规范化试点】 2018年，慈利县通过编制村级便民手册，公布政务公开8大版块，与“互联网+政务服务”“互联网+监督”对接、“慈利政务”微信公众号和“智慧慈利”APP客户端开发应用等工作，通过全省试点验收工作。

信息化工作

【政务网站建设】 张家界市网站建设管理工作按照建设法治政府、创新政府、廉洁政府和服务型政府的要求，加强政府网站建设与管理，打通信息壁垒，推动政务信息资源共享，提升政府网上履职能力和服务水平。

一、全面推进政府网站集约化建设。认真贯彻落实《国务院办公厅关于印发政府网站发展指引的通知》（国办发〔2017〕47号）精神，全面完成全市各区县政府网站集约化建设和37家市直部门政府网站整合工作，张家界市参与全国网站普查的政府网站个数从169个减少到36个。

二、不断提升网站服务水平。张家界市政府门户网站设立新闻中心、走进政府、热门服务、热点关注、回应关切、政务信息等80余个栏目。对市政府门户网站的栏目和框架进行重新规划，增加网站的全文搜索、智能搜索、智能问答功能，搭建形式多样的公众参与和互动平台，整合张家界市政府目录体系，实现政府网站的新媒体推送功能，突出便民“览市情、寻资讯、看政务、找政策、寻解读、享服务、可问政、用数据”等功效。2018年，张家界市政府门户网站发布信息5680余条；张家界市市直部门政府网站主动发布政府信息8200余条；张家界市政府门户网站向湖南省政府门户网站报送并发布信息368条；办理回复市长信箱信件180件，办理回复网民留言12条。

三、进一步规范政府网站管理。张家界市建立政府网站“问题清单”“台账制”“督办制”“销号制”“通报制”“一单四制”日常监测管理机制，实行政府网站管理和监测常态化，全年共发布政府网站检查通报4次。2018年，张家界市在湖南省办公厅组织的4次抽查中合格率达到100%。（熊先武）

【电子政务】 2018年，张家界市电子政务工作紧紧围绕“最多跑一次”改革和加快推进“互联网+政务服务”工作需要，以电子政务外网网络建设为纽带，依托市云计算大数据中心，建设政务数据共享交换平台，推动政务信息系统互联互通和政务数据交换共享，打破信息壁垒，提升全市政府治理能力和公共服务水平，增强人民的获得感和幸福感。

一、完善集中统一的电子政务网络。2018年，完成电子政务外网机房升级改造，电子政务外网承载能力大大提升，达到网络信息安全“三级等保”标准。电子政务外网“纵向网”实现市、区县、乡镇全覆盖，部分覆盖到村居街道；“横向网”实现市直部门全覆盖，基本具备跨层级、跨地域、跨系统、跨部门、跨业务的支撑服务能力。

二、电子政务业务应用不断深入拓展。张家界市电子政务外网平台完成了18个省直部门的纵向业务应用系统建设，完成29个市直部门的横向业务应用系统建设。目前，省、市部署在张家界市电子政务外网上的应用系统达到47家。

三、大力推进政务信息资源共享交换。2018年8月，基本实现市直部门政务信息资源编入市政务信息资源目录。2018年9月，完成市级“互联网+政务服务”一体化平台建设，着力解决跨地区、跨部门、跨层级政务服务信息难以共享、业务难以协同、基础支撑不足等突出问题。2018年12月，市云计算大数据中心和市级数据共享交换平台建设基本完成，全市统一的人口、法人单位、自然资源和空间地理、电子证照、社会信用等五大基础数据库框架基本完成，市云计算大数据中心和市级数据共享交换平台对外提供数据共享交换服务。

【电子政务工程统筹管理】 张家界市于2018年5月23日出台《张家界市电子政务工程建设管理办法》（张政办发〔2018〕14号）。全市实行电子政务工程统筹管理，整合共享和充分利用现有信息资源，强化集约化建设，防止资源浪费和重复建设，取得良好成效。2018年6—12月，对市直7个单位共9个电子政务建设工程项目开展了项目审查和技术评审，申报建设资金总额1.275亿元，技术评审后资金总额9963万元，审减并节约财政资金2787万元。

（本栏撰稿　熊先武）

【“智慧张家界”建设】 “智慧张家界”围绕“五统一支撑、五通道联动、三汇集提升、N智慧发展”基本框架建设，在智慧旅游产业上取得突破，打造突出张家界特色的智慧城市“张家界样本”。2018年，智慧城市重点应用项目建设稳步推进，智慧旅游、智慧政务、平安城市（天网工程）等方面取得显著成效。

一、智慧旅游在全国处于创新和领先地位。智慧旅游一期建设基本完成，建设了智慧宣传与营销系统、智慧交易平台、智慧咨询服务、智慧监管平台、智慧共享等五个板块，形成了全产业链与游客全方位的对接体系、政府与全产业链的服务和监管体系、线上与线下的对接体系、区域与行业的融合体系等四大体系。张家界全域旅游信息化管理系统是国内最知名、最先进的旅游团队信息管理系统。全域旅游佣金公对公监管平台是目前国内唯一试点运行的旅游折扣监管系统，是旅游规范化管理建设中重要的里程碑。市人民政府游客中心门店体系是张家界市建成智慧旅游体系的标志性工程，开创了全国旅游营销的新模式。

二、智慧政务深入推进“互联网+政务服务”体系建设。2018年，张家界市“互联网+政务服务”一体化平台全面应用，推动线上“一网通办”；新建市政务服务大厅正式运行，实现线下“只进一扇门”。线上线下同步推进，739项市本级事项承诺“最多跑一次”，19家重点单位涉及211件事项率先“一窗受理、集成服务”。创新设立审批服务事项“二维码”清单，手机“扫一扫”、办事“码”上跑。

三、平安城市“天网工程”建设为实现世界知名旅游目的地目标保驾护航。2018年，平安城市“天网工程”一期建设基本完成，总投资3.1亿元，共建设视频摄像机12481个。天网工程将基础联网平台、公安综合实战平台、全网运维平台、社会视频资源接入平台、电子卡口平台等五大平台与云计算、云存储、大数据综合分析应用紧密结合，建立起了一个覆盖重点路口路段、人员聚集场所、重点单位场所及全市各乡镇治安复杂地区、安全事故易发地段的视频监控体系，实现天网工程全域覆盖、全网共享、全程可控、全时可用。

【智慧城市建设总体规划编制】 2018年5月，张家界市通过公开招标，由国家信息中心中标张家界智慧城市建设总体规划编制。经过广泛调研、征求意见、专家论证、专家评审，2018年12月，完成《张家界智慧城市建设总体规划（2018—2022年）》文本编制。“智慧张家界”建设框架概括为：“五统一支撑、五通道联动、三汇集提升、N智慧发展”。“五统一”“五通道”是支撑，即以“统一网络、统一平台、统一数据、统一运营、统一安全”，打通数据实现“共享通”、联通应用实现“交互通”、贯通服务实现“服务通”、理通机制实现“管理通”、梳通模式实现“模式通”；“三汇集”是提升目标，即企业集聚、产业集群和创新集成；“N智慧发展”是发展方向，即智慧政务、平安城市、智慧交通、智慧市政、智慧生态、智慧医疗、智慧教育、智慧服务、智慧社区、智慧产业N大领域的智慧应用。结合张家界市自身特点以及旅游发展定位，在智慧旅游产业上取得突破，旨在打造突出张家界市特色的智慧城市“张家界样本”。

【云计算大数据中心建设】　2018年3月，张家界市开始启动市云计算大数据中心建设。该项目由国家信息中心编制《张家界智慧城市云计算大数据中心项目专项设计》，由浪潮软件集团中标建设，落户张家界市联通公司，项目总投资6000余万元，于2018年12月建成使用。张家界市云计算大数据中心建设内容主要包括总体方案、标准规范、政务外网改造、基础设施建设、数据资源建设、应用支撑建设、云管平台建设、安全保障建设、容灾备份建设、机房建设等内容，构建了“一网（电子政务外网）、一云（智慧政务云）、一库（信息共享交换数据库）、一图（时空地理信息图）、N应用（承载多项智慧应用业务）”智慧城市基础支撑体系。打造一个安全可靠、数据融合，资源统一，高速互联的云计算大数据中心，实现IT基础设施集约化建设和管理，资源按需分配，高效使用；构建统一的数据共享交换平台，实现政务数据、企业数据、公民数据、互联网数据、物联网数据的融合共享，打破数据壁垒，开放数据价值；推动部门现有应用迁移上云，提供统一的运维，减少部门维护成本。　（本栏撰稿　熊先武）

民族工作

【概况】　2018年，张家界民族工作以贯彻落实中央、省委和市委民族宗教工作会议精神为指导，按照市委、市政府对标提质、旅游强市战略推动民族工作创新发展，取得成效。

一、学习贯彻党的十九大精神和中央、省委和市委民族工作会议精神。一是突出理论武装。坚持把学习贯彻习近平新时代中国特色社会主义思想和党的十九大精神作为全市民族宗教系统的首要政治任务和头等大事来抓。先后邀请省民宗委副巡视员柏桓等9名专家教授进行专题授课辅导。二是召开了民族工作推进会议。2018年1月19日，召开了全市民族工作推进会议，市委常委、统战部部长田华玉主持会议，市委副书记刘绍建讲话，市民族工作领导小组成员单位、各区县委统战部部长、分管副区县长和民族部门负责人出席会议。三是加强民族政策宣传。2018年9月，在全市开展了民族政策法规宣传月活动，与群众面对面进行民族政策解读，发放传单1万余份。四是积极开展“最多跑一次”改革。完成了3项“最多跑一次”改革事项和31项“互联网+政务服务”事项录入发布工作。

二、积极开展民族团结进步创建活动。一是协助召开“武陵山片区民族团结进步工作推进会”。2018年1月，协助省民宗委在我市召开全省“武陵山片区民族团结进步工作推进会”，国家民委副司长、省民宗委分管领导及全省8个市州和24个民族县的分管领导及业务科室负责人参会。二是有效推进民族团结进步创建活动。2018年1月19日，市委副书记刘绍建在全市民族工作会议上对创建工作进行了动员部署，并下发了《关于创建全国民族团结进步示范市的意见》和《张家界市深入推进全国民族团结进步示范市创建实施方案》讨论稿。永定区军声砂石画院、张家界大峡谷风景区和张家界民族小学为全省民族团结进步创建示范单位。三是加强来张少数民族流动人口服务管理。拟制下发了《来张少数民族人员服务管理工作方案》《来张少数民族人员服务管理综治考评细则》《来张少数民族人员服务管理成员单位职责》，组织召开了全市来张少数民族人员服务管理工作会议。

三、争取落实民族地区优惠政策。一是落实高考民族优惠政策加分。组织开展了普通高校招生享受民族优惠政策审核工作，全市8475名考生通过审核享受了高考民族优惠政策加分。二是支持“两民企业”发展。2018年，按规定上报我市11家民族生产企业享受中央财政贷款补贴。三是争取落实少数民族发展项目资金。积极与国家民委、省民宗委对接，全市民委系统全年共争取落实资金3156万元，完成年度突破3000万元的目标任务。

四、支持民族地区经济社会发展。一是开展民族乡经济社会发展课题研究。联合国家民委派驻张家界市4名挂职副区（县）长申报的“推动民族工作与旅游业融合创新发展，实现民族地区精准脱贫——以武陵山片区张家界为例”民族工作课题，被省民宗委立项。二是推进民族乡产业发展。与吉首大学合作开展了张家界市民族乡经济社会发展产业调查，并积极组织开展了全市12个民族乡国民经济与社会发展基本情况统计上报国家民委和国家统计局，为各级政府制订促进民族乡发展政策提供依据。三是发展“庆典经济”。2018年10月20日，组织慈利县赵家岗、甘堰、阳和3个土家族乡成立20周年庆典活动，市领导汪业元、田华玉、向锦云、李培其、邓师煌出席了庆典仪式，同时为每个民族乡督促落实庆典活动项目资金150万元。四是加强少数民族特色村镇建设。根据《市级少数民族特色村镇发展奖励专项资金管理办法》相关规定，联合市财政局下拨支持全市10个市级少数民族特色村镇发展奖励专项资金67.5万元。永定区四都坪乡牧笛溪村被评为“湖南省最美少数民族特色村镇”。桑植县洪家关白族乡陈家院村、慈利县阳和土家族乡渔浦村被评为“湖南省美丽少数民族特色村镇”。

【承办湖南省“武陵山片区民族团结进步工作推进会”】 2018年1月，协助省民宗委在我市召开全省“武陵山片区民族团结进步工作推进会”，国家民委副司长、省民宗委分管领导及全省8个市州和24个民族县的分管领导及业务科室负责人参会。

【参加湖南省第九届少数民族体育运动会】 10月16日，由谢振华副市长任团长，市民宗委牵头组队参加了在湘西自治州龙山县举行的全省第九届少数民族传统体育运动会，取得了在全省14个市州中团体总分排名第6名的好成绩，并获得了民族表演项目金奖。

【赵家岗、甘堰、阳和3个土家族乡成立20周年庆典】 2018年10月20日，组织慈利县赵家岗、甘堰、阳和3个土家族乡成立20周年庆典活动。省、市祝贺团为3个民族乡赠祝贺牌匾。市领导汪业元、田华玉、向锦云、李培其、邓师煌出席了庆典仪式，同时为每个民族乡督促落实庆典活动项目资金150万元。 （本栏撰稿 罗长跃）

宗教工作

【概况】 2018年，张家界市宗教工作有序推进，有力维护全市宗教领域和谐稳定。

一、贯彻中央、省委关于宗教工作重大决策部署。坚持把十九大报告关于宗教工作的重要论述、习近平总书记关于宗教工作的新思想新观点，中央和省委关于宗教工作的重大决策部署、国务院新修订的《宗教事务条例》作为学习重点，注重创新学习形式，丰富载体。各级宗教部门和宗教界人士采取多种形式，学习党的十九大精神和《宗教事务条例》，全市共宣传培训8101人次，发放宗教政策法规宣传资料2.1万余份。

二、提升宗教工作法治化水平。开展宗教抵渗工作，建立完善宗教抵渗工作协调配合机制，开展强化部门联合执法，得到上级领导肯定。开展基督教私设聚会点治理，采取依法取缔、以堂带点、以点带点管理方式进行综合治理。开展大型露天宗教造像治理，制订“一像一案”的治理方案。开展涉宗教舆情管控工作，强化舆论管控和互联网监督，妥善处理多起涉宗教因素网络舆情。推进宗教领域安全稳定隐患“一单四制”常态化管理。化解历史遗留问题，通过统战、民宗部门主动协调，协调解决张家界基督教福音堂有关房产等宗教重点难点问题，维护宗教领域和谐稳定。

三、引导宗教与社会主义社会相适应。建立健全市区县党委、政府领导与宗教界代表人士联谊交友制度，加强对宗教界代表人士引导，帮助宗教界协调解决有关困难、问题，指导宗教团体和宗教活动场所完善内部管理制度，推荐安排5名宗教界代表人士担任各级人大代表、政协委员，鼓励支持宗教界人士在各级人大、政协中参政议政、建言献策，引导宗教界人士参与慈善公益事业。开展和谐寺观教堂创建活动和“五进五好”主题活动，用中华优秀传统文化浸润宗教，引导宗教与社会主义社会相适应。

四、夯实宗教工作基层基础。健全完善宗教工作领导小组，将宗教工作纳入各级党委政府、市直有关单位绩效考核内容及综治考核、新农村建设考评体系，强化宗教工作考核督查，落实宗教工作三级网络和四级责任制，明确乡镇（街道）分管领导，强化党委领导、政府主管、统战牵头，部门协作的齐抓共管工作机制格局。

【全市宗教界代表人士谈心活动】 2018年11月24日，组织全市宗教界代表谈心活动，集体学习党的十九大精神和习近平总书记重要讲话精神，广泛宣传社会主义核心价值观，开展讲经、谈心、考察等活动。

（本栏撰稿 王志伟）

外事·港澳·侨务工作

【概况】 2018年，张家界外事工作为促进张家界市经济社会持续健康发展做出积极贡献。

一、因公出国（境）工作。张家界市组织的厅级党政领导干部团组有9个：（1）市委副书记、市长刘革安率团赴德国、奥地利、波兰进行零碳科技园项目洽谈。（2）市委副书记刘绍建率团赴越南、泰国、印尼进行友城交流、旅游宣传促销。（3）市人大党组书记、常务副主任余怀民率团赴丹麦、瑞典、芬兰进行友城交流和旅游宣传促销。（4）市委常委、常务副市长罗智斌率团赴意大利、英国、德国参加世界地质公园大会。（5）副市长雍岩率团赴俄罗斯和哈萨克斯坦进行友城交流和设立丝路驿站。（6）市人大常委会党组副书记、副主任吴名凤率团赴日本、韩国对日本的鸣门市、韩国的河东郡两座友城进行友好交流访问。（7）市人大常委会党组副书记、副主任陈红日率团赴南非、埃及进行旅游宣传促销活动。（8）市政协副主席李文化率团赴德国、捷克进行经贸洽谈。（9）市政协副主席彭红率团赴印度、印尼、马来西亚进行旅游宣传促销。

本市全年审核报批因公出国团组25批100人次，省内双跨团组20批33人次。出访的主要工作是，配合国家总体外交，开展旅游宣传促销，开拓张家界的境外旅游市场，进行经贸洽谈、招商引资，开展友城交往，为张家界市旅游经济的发展和壮大起到推动作用。

2018年，新开通越南河内、胡志明市和泰国曼谷3条国际航线，国际航线达到7条。2018年，全市接待境外游客

51.84万人，同比增长34.88%。境外客源覆盖117个国家和地区。

二、外事接待工作。积极配合省外侨办做好外事接待工作，共接待来自美国、日本、加拿大、澳大利亚、越南、韩国、西班牙、奥地利等国家和地区考察团、旅行商、媒体记者36批590人。

三、国际性会议和赛事活动。10月16—17日，2018丝绸之路工商领导人（张家界）峰会在碧桂园酒店成功召开。10月29日，东北亚地区地方政府联合会第十二次全体会议在张家界市成功召开。5月23日，天门山景区成功举办高空走扁带音乐会。8月，黄龙洞景区举办黄龙音乐季，邀请波兰、俄罗斯等国家的著名钢琴家和音乐大师现场观摩和指导。9月15日，天门山景区举办第七届翼装飞行世锦赛。

四、友好城市工作。张家界市准友好关系城市27对，正式友好城市4对。2018年友好城市工作成果有：与奥地利莫尔比施市签署友好合作备忘录；与菲律宾卡洛奥坎市签署友好合作备忘录；与芬兰科沃拉市签署友好城市备忘录；与日本滋贺县甲贺市在长沙签署正式友城协议。全国友协批复同意与法国艾克斯莱班市、泰国芭提雅结好。

五、港澳侨务工作。一是认真落实省外侨办《关于做好“三侨”考生参加高考信息登记工作的通知》文件精神，组织各区县旅外局对“三侨”考生进行摸底并及时上报省办。二是落实省外侨办《关于开展2017年元旦春节侨务慰问活动的通知》文件精神，开展元旦春节涉侨走访慰问活动。三是推进“海外民生工程”建设。配合公安机关出入境管理部门开展海外领事保护工作的宣传，让公民和法人树立海外领事保护的意识。因公出国的出访团组在出访过程中，注重加强与当地地方政府沟通衔接，积极为境外投资企业营造良好的发展环境。四是建立海外引进人才、高层次创新型人才、急需紧缺人才职称直接认定办法，并在《关于推进张家界人才行动计划加快建成全域旅游人才高地的实施意见》（张发〔2018〕18号）确认。组织两期14名教育部门管理人员、中小学校长赴港参加了“湖南大湘西地区教育管理研讨班”。5月10—11日，由驻澳门特派员公署与澳门特区政府礼宾公关外事办公室联合组织了来自亚洲、非洲、大洋洲和南美洲的21个国家驻港澳的总领事和名誉领事42人，市委副书记、市长刘革安会见了参访团。11月14—17日，香港特区政府驻湖南联络处主任叶海仑一行到张家界市，参访了市经开区和天门山公司、昱辰科技公司等港资企业。市港澳办召开了“香港特区政府驻湖南联络处张家界座谈会”。欧阳斌副市长会见了叶海仑主任一行。

【俄罗斯圣彼得堡谢斯得罗列茨克市市长别利斯基·亚历山大·尼古拉耶维奇访问张家界市】 2018年3月25日，俄罗斯圣彼得堡谢斯得罗列茨克市市长别利斯基·亚历山大·尼古拉耶维奇访问张家界市。市委书记、市人大常委会主任虢正贵会见别利斯基·亚历山大·尼古拉耶维奇一行。

【缅甸联邦共和国代表团访问张家界市】 2018年5月30日，缅甸联邦共和国外交部副司长WUNNA HAN（温纳汉）率领缅甸外交部、建设部一行15人，到张家界经济开发区进行访问，考察张家界永兴玻璃有限公司、远大住宅工业集团股份有限公司、张家界占生塑胶制品有限公司、张家界万众新型建筑材料有限公司，并就加强双方合作与交流进行座谈。

【奥地利布尔根兰州代表团访问张家界市】 2018年6月14—15日，布尔根兰州州长汉斯·尼塞尔率领奥地利布尔根兰州代表团访问张家界市，莫尔比施市市长随行。市委副书记、市长刘革安会见了汉斯·尼塞尔一行。布尔根兰州莫尔比施市与张家界市签订建立友好合作关系备忘录。

【2018丝绸之路工商领导人（张家界）峰会】 2018年10月16—17日，“2018丝绸之路工商领导人（张家界）峰会”（以下简称峰会）在张家界市举办。此次峰会在中国国际贸易促进委员会、中国民间组织国际交流促进会、中国品牌建设促进会的指导下，由中国国际商会、张家界市人民政府、中国友谊促进会、湖南省贸促会和丝绸之路国际总商会共同举办。本次峰会包括开幕式、全体会议、六大平行论坛、中外企业对接会等10余项活动。有7个国家部委的10个相关协会共同参与支持，有84个国家和地区的前政要、政府领导、驻华使节、商协会领导等嘉宾出席，尼泊尔前议长、现众议院（下院）副议长苏巴斯·内姆旺，中非内政与公安部部长亨利·旺泽-林吉萨拉全程出席会议。格鲁吉亚总统马尔格韦拉什维利发来视频贺词。菲律宾总统罗德里戈·杜特尔特，立陶宛总理萨乌柳斯·斯克维尔内利斯，黎巴嫩总理萨阿德·哈里里，乌克兰第一副总理兼经贸部长库比夫，尼泊尔副总统南达·巴哈杜尔·普恩，俄罗斯联邦工业和贸易部副部长卡德罗娃、哈萨克斯坦阿斯塔纳市市长巴赫特·苏勒塔诺夫，世界贸易中心协会首席执行官斯科特·弗格森，联合国发展政策委员会秘书长罗兰德·莫里拉斯和香港特区行政长官林郑月娥发来贺信贺电。张家界市18名市级领导参加峰会开幕式等相关活动。湖南省人民政府副省长何报翔出席峰会并宣布开幕。中国国际商会副会长、中国贸促会原副会长张伟，十三届全国政协社会和法治委员会副主任、中国友谊促进会理事长陈智敏，中共中央对外联络部原部长助理、中国民间组织国际交流促进会副会长窦恩勇，十三届全国人大代表、丝绸之路国际总商会主席吕建中，克罗地亚前总统、丝绸之路国际总商会高级顾问斯捷潘·梅西奇在开幕式上致辞，张家界市委书记、市人大常委会主任虢正贵主持开幕式。格鲁吉亚环保农业部部长列文·大卫塔什维利，中国人民大学重阳金融研究院执行院长王文，阿

拉伯银行联盟秘书长维萨姆·法托赫，中国民间组织国际交流促进会副会长、中华文化促进会主席、丝绸之路国际总商会荣誉主席王石，韩国国际旅游展委员长慎重睦等发表主旨演讲。峰会主要成果有：（一）发布《和合与共，构建国际工商界融合发展的命运共同体——2018丝绸之路工商领导人峰会张家界共识》。（二）成立丝绸之路友好城市协作体。张家界市人民政府市长刘革安被选举为协作体首任轮值主席，48个各国州市签署了加入协作体的倡议。（三）形成《品牌评价——旅游目的地》国际标准提案，发布旅游目的地品牌发展战略，构建国际旅游目的地的品牌评价体系。发布《中医药针灸与人类健康张家界共识》。（四）产生组织机构。克罗地亚前总统斯捷潘·梅西奇、保加利亚前副总理亚历山大·托莫夫被聘为丝绸之路国际总商会国际顾问；周大福企业集团、新世界发展有限公司主席郑家纯当选总商会常务副主席。（五）举办中外企业对接会。来自18个国家的近40个政府部门、国际组织和企业参会，参会总人数超过100人。

（本栏撰稿　胡长品）

侨联工作

【概况】 2018年，市侨联落实省侨联和市委全委会议精神，着力侨联自身建设，统筹履行侨联职能，较好地完成了各项工作任务。

一、学习宣传党的十九大精神，着力思想引领侨界。集中学习党的十九大精神，先后参加全市集中宣讲活动2次、统战系统宣讲活动2次、统战部机关党支部与中心组学习6次，组织市机关全体工作人员学习2次、全市侨联系统工作人员学习2次，配合永定区侨联组织60多名侨眷属、归国留学人员开展“畅谈十九大·同圆中华梦”座谈会。多形式宣介党的十九大精神，结合工作实际编印党的十九大精神学习提纲。在春节走访慰问侨眷属、接待海外侨胞及其眷属过程中宣介，在接待招商引资团队、开展海外联谊活动中宣介，在侨商工作会议、侨联委员会议中宣介，在结对帮扶、三联四建工作时宣介。开展党的十九大知识竞赛，组织全市侨联系统工作人员、市侨商会成员、涉侨企业党支部成员等开展党的十九大知识竞赛活动，反响较好。

二、围绕做好新时代侨联工作，加强侨联自身建设。开展专项治理工作。2018年，严格按照《关于开展违反中央八项规定精神突出问题专项治理的实施方案》要求，清理了2013年以来的公务接待、办公用房、红包礼金礼品以及近年来的发放津补贴、操办婚丧喜庆事宜等情况，对在干部交流、调整中有用公款列支餐费现象等问题立即进行了追缴相关费用，对单位存在的为侨商会拨付大额资金问题进行了说明和提供相关批示、证件，督促商会提供支出票据。围绕改革开展调研。4月，开展了相关情况摸底调查，完善了全市侨联系统专职工作人员台账、市与区县侨联领导班子台账、全市各级侨联委员台账等。5月，召开了全市侨联改革调研座谈会，配合省侨联开展了抓重点、补短板、强弱项调研活动，召开了党建带侨建与侨情调研座谈会。加强机关党建工作。7—8月，配合市委第一巡察组开展了对市侨联党组的巡察工作。11月以来，以巡察整改为契机修订市侨联党组中心组学习等机关制度、完善意识形态工作六项制度、制定《意识形态工作风险防控预案》《涉侨舆情防控工作预案》等，强化了党风廉政建设和反腐败工作主体责任，加强了意识形态工作和机关党建。全年组织党员参加了12次主题党日活动、4次党员大会、11次市委统战部中心组学习，承办了“活学活用十九大知识推进精准脱贫攻坚行动”和“面对面倾听故事心贴心关爱老人”主题党日活动。与此同时，创新了党员缴纳党费方式，利用市侨联党员联系微信群做到了党员按月缴纳党费，这一模式得到了市直机关工委、市委组织部的肯定；向市直机关递送了成立市侨联机关党支部的申请。贯彻落实第十次全国侨代会精神。市侨联组织机关干部学习了全国十代会精神，成立了由市侨联党组书记谭贤兵、市侨联秘书长罗国荣、全国十代会基层代表吴盛章组成的宣讲队，印发了张家界市侨联系统《关于认真学习宣传贯彻落实第十次全国归侨侨眷代表大会精神工作方案》。11月23日，市委常委会第37次会议传达学习了第十次全国归侨侨眷代表大会精神。会议明确：市机构改革领导小组办公室结合实际情况，统筹考虑市侨联机构、编制等。

三、紧扣市委市政府中心任务，统筹履行侨联职能。服务经济发展。接待招商引资团队6批次。促成已签约的总投资34亿“香港铜锣湾城市综合体项目”在慈利召开落地推进会；组织侨商会成员参加第十二届湖南·阳明山和文化旅游节暨侨商侨智永州行活动。拓展海外联谊。接待泰国、俄罗斯访问团等海外人员来张8批次，协办了“亲情中华汉语桥”夏令营、中华侨联总会参访等活动。5月，市侨联党组书记赴南非、阿联酋等地开展文化交流和侨情调研活动。积极参政议政。认真组织侨界人大代表、政协委员积极参加市两会，撰写提（议）案7件。开展涉侨宣传。与永定区一道开展了宪法与涉侨知识宣传，配合武汉大学大型人文纪录片《珞珈》摄制组采访市侨联顾问、日本归侨汤原华先生、搜集其父汤商皓的相关资料等，协助汤原华整理出版武汉大学学子汤商皓图文集。通过“张家界亮相美国北加州华人体育运动会”等方式向海外媒体宣传报道。参与精准脱贫。12次到永定区天门山镇黄庄村与11个建档立卡户开展结对帮扶工作，5次到永定区谢家垭乡龙阳村督导驻村帮扶工作，撰写并报送情况汇报与信息4篇，筹资3万元助力三联四建联系点；春节期间走访慰问了16个涉侨户，争取省扶侨帮困专项资金4万元。助力社会公益。10月17日，举行“精准脱贫光明行”启动仪式，积极配合爱尔眼科医院开展“精准脱贫光明行”活动，筛查50场次3002人，筛查出适应症患者1774人，完成公益救助手术338例。牵线达成北京市侨商会在武陵源二中捐建智能教室1间，价值15.1万元，受益人群达1350人。

【全市侨联工作会议暨侨联改革调研座谈会】 2018年5月9日，全市侨联工作会议暨侨联改革调研座谈会召开，市委统战部副部长曹无害出席会议并讲话。会议由市侨联办公室主任尹日初主持。会议表彰了2017年度全市侨联工作先进单位。副主席（兼）姚志军传达省侨联七届五次全委会会议精神。市纪委派驻市委统战部纪检组副组长彭清桂开展廉政警示教育。市侨联党组书记谭贤兵总结2017年度工作，安排2018年重点工作。全市侨联系统工作者、市侨商会负责人参加会议。 （本栏撰稿 尹日初）

民政工作

【临时救助和医疗救助】 2018年，张家界市共实施临时救助49089人次，发放临时救助资金4166.83万元；全市支出医疗救助金3540.2376万元，救助困难群众92780人次。

（杨松柏）

【特困人员救助扶养】 2018年，张家界市有城乡特困扶养对象1.023万人，其中2592人在敬老院集中扶养，城乡特困人员基本生活标准分别为7488元/人/年、4160元/人/年。全市全年发放特困扶养资金6554.43万元。市民政局持续开展敬老院安全生产专项整治活动，组织区县工作力量对敬老院开展安全大排查，并对排查出的隐患及时整改，实现安全规范管理，全年未发生安全事故。 （杨松柏）

【救助管理】 2018年，救助管理机构救助生活无着流浪乞讨人员6703人次，救助保护流浪未成年人25人次，残疾人400人次，疑似精神障碍者39人次，走失人员1人次，医疗救治7人次，护送返乡40人次。开展“寒冬送温暖”“夏季送清凉”专项救助工作，发放各类御寒和防暑降温物品（衣服、被套、毛巾等）1481件（条），食品、矿泉水和药品450余份。全市无一例因救助不到位冻死、冻伤和中暑伤亡事故。长期滞留人员的DNA采集率达到100%，无一例滞留人员非正常死亡。“六一”慰问各区县未成年人40人次，发放慰问金2万元，发放文具用品40套。 （宋宏涛）

【社会工作】 2018年，张家界市持证社工师60人，占张家界市人口比例为万分之0.35，建成乡镇社工站64个，配备社工118名。民办社工机构8个。举办社会工作专业知识培训班1期，培训党政干部、社区工作人员和其他社会工作者400人。 （卓 芳）

【基层政权和社区建设】 出台《关于加强乡镇政府服务能力建设实施方案》《关于加强和完善城乡社区治理的实施意见》《张家界市乡村治理三年行动实施方案（2018—2020年）》，对张家界市基层社区工作的开展具有纲领性指导作用。出台《关于在全市开展“修订村规民约、树立婚丧喜庆事宜文明新风”工作的通知》，弘扬勤俭节约的传统美德，推动移风易俗，破除陈规陋习，促进社风民风持续向上向善。4月底，全市860个村村务公开栏建设工作全部完成，在全省率先完成此项工作，基本形成村务公开内容更新管理长效机制。组织各区县民政局分管领导和部分社区书记先后参加杭州培训和到福州考察学习社区工作，培训人员都认为这两次培训和学习收获很大。

（李任飞）

【社会组织党建工作】 2018年，根据市委两新工委《关于调整市非公有制经济组织和社会组织党组织领导管理体制的通知》精神，将全市文联作为业务主管单位的14个社会组织党组织和1个市律师行业协会党组织移交给新成立党委，划转后，张家界市本级还有社会组织党组织94个。依托社会组织孵化基地加强社会组织党组织阵地建设，成立了市社会组织党建指导中心，完善组织架构，健全功能配置，加强党建工作政策宣传和活动展示。举办社会组织党组织书记培训班一次。组织了“聚焦新时代提升组织力——社会组织党建怎么干”大讨论活动。以党建促社会组织发展为引领，将社会组织党建与扶贫攻坚深度融合，市森贸科技五倍子协会党支部组织村民、建档立卡户、农村参战老兵及伤残退伍军人共150余人参与的五倍子种植活动，构建了支部党建促脱贫工作格局，切实发挥了社会组织党组织在精准扶贫中统筹规划和示范带动作用。

（李 益）

【社会组织精准扶贫】 2018年，张家界市、区县共856家社会组织积极参与精准扶贫，结对帮扶1376户贫困户和21个贫困村，投入帮扶资金和物资折合人民币共计1230余万元。全年有5800余名社会组织成员参与精准扶贫，制订扶贫工作计划856个，支持扶贫开发项目21个，受益贫困人口数达到6711人。社会组织参与精准扶贫助推了脱贫攻坚步伐。 （李 益）

【社会组织孵化基地建设】 2018年，全市建成社会组织孵化基地5个，其中市级1个，区县4个，累计投入建设资金545万余元。市级和慈利县基地通过招标程序交由第三方湖南省乐善社会工作发展中心运营，投入运营费用123万元；永定区、武陵源区和桑植县由民政部门自行试营。基地全年共孵化出壳社会组织24家。年底，孵化中的社会组织有4家。基地的建成和运行，加速了社会组织培育发展，提升了社会组织的服务能力和水平，取得了较好的社会效益。

（李 益）

【社会组织监督管理】 2018年3—5月，全市完成了社会组织2017年度检查工作。全市应检社会组织885家，已检832家，参检率达94%，年检合格率达99%。对23家连续两年未参加年检或年检不合格的社会组织予以劝其注销登记。督促指导全市137家社会组织进行换届。加强执法监督，按照全省统一部署，积极开展打击非法社会组织专项行动，全市共查处非法社会组织17家，查处社会组织非法活动2起。稳定推进实名制登记工作，按照省市工作要求建立健全重点领域实名登记制度。完成与民政部、省民政厅社会组织统一信用代码基本信息库对接工作，传递16000多条社会组织基本信息，保证基本信息实时更新，及时做好证件换发工作。 （李 益）

【社会组织登记工作】 2018年底，全市登记在册的社会组织共1019家。其中社会团体550家、民办非企业单位468家、基金会1家，平均每万人拥有社会组织达6个。全年全市新增社会组织103家，其中社会团体28家，民办非企业单位75家。市本级新成立社会团体9家，民办非企业单位4家。分别是：张家界市常德商会，张家界市校园文学艺术界联合会，张家界市互联网协会，张家界市勿忘军旅诗书画协会，张家界市汽车摩托车运动协会，张家界市信鸽协会，张家界市聋人协会，张家界市莓茶协会，张家界市跆拳道运动协会，张家界市荷堂艺术馆，张家界市神墨教育培训中心，张家界市阳光普惠社会服务中心，张家界市猕猴桃研究院。 （李 益）

【殡葬改革工作】 2018年，张家界市4个区县的殡仪馆新建项目在各级党委政府的推动下，基本完成项目审批。其中桑植县殡仪馆新建项目得到了省厅扶持资金1240万元。争取到2019年4个区县殡仪馆新建项目动工建设，到2021年基本实现“一县一馆一公墓”目标。2018年全市火化遗体290具。永定区、武陵源区已推行惠民殡葬政策。

（杨 熊）

【行政区划界线管理】 2017年，张家界市配合湖北恩施州完成鄂湘线省界界线第三轮联合检查工作。2018年督促指导区县完成“桑慈线”县界界线联合检查工作。

（陈会丽）

【地名管理】 2018年，张家界市完成第二次全国地名普查第二阶段任务，采集地名5.8万条，入库地名5.1万条。编制出台《张家界市图录典志编纂规范》。持续推进清理整治不规范地名工作，清理整顿“大、洋、怪、重”等不规范地名9条。 （陈会丽）

退役军人事务

【优抚工作】 2018年，张家界市积极开展优抚工作。落实军烈属优待政策。义务兵家庭优待金由原来的农村每户每年6000元、城镇每户每年12000元的标准，统一调整为每户每年12000元标准并及时发放到位。志愿到新疆、西藏等艰苦地区服役的士兵有当地政府一次性奖励10000元。全年按政策办理提、评残32人。按照省民政厅要求，从8月1日起对享受国家定期抚恤补助的优抚对象进行了提标，各类对象平均提标幅度达10%以上，各类抚恤补助资金及时足额发放到位，全市各类重点优抚对象都达到国家规定的保障水平。依托有资质医院为3000名优抚对象送医送药；分期分批组织优抚对象短期疗养，全年开展重点优抚对象短期疗养26批次，1300人次。完善医疗保障制度，完成优抚医疗费用“一站式”即时结算网络平台建设任务，为优抚对象提供方便、快捷的医疗费用即时结算服务。“清明节”“9·30”开展烈士公祭活动，宣扬烈士褒扬办法。

（代正飞）

【双拥工作】 2018年年初，召开全市双拥领导小组成员单位会议，明确了全年工作重点，下发各成员单位的职责。两区新建四块永久性双拥宣传牌，设置了一条双拥路，重新建设了双拥共建一条街。春节、“八一”由市委、市人大、市政府、市政协、军分区领导组团分赴区县进行走访慰问优抚对象、驻军官兵。各区县也相应开展走访慰问。 （代正飞）

【安置工作】 2018年，全市接收转业安置士官57人，接收安置复员干部3人。开展退役士兵职业教育技能培训110人。张家界市军供站军供保障“零缺失”。支持深化军队改革，将军转安置计划数30%细分到政法单位，完成51名军转干部安置任务。对撤、并、降、改、移类人员按照中央13号文件精神全部照顾安置到地级市安置。组织全市14名自主择业军转干部参加省里举办的适应性培训，培训合格率达100%。做好我市企业军转干部解困稳定工作，取得连续十年赴省进京“零非访”的成绩。 （童先平）

【军队离退休干部服务管理工作】 2018年，全市接收安置军退人员4名（市军休总站3名军休干部、慈利军干所1名士官）并按相关规定为军休干部订阅党报、党刊，定期组织集中学习，及时召开座谈会，传达上级文件精神，开展有益身心健康的文体活动，落实军休人员政治待遇和生活待遇。年度内安排全市军休“几大节庆”走访慰问活动，并根据省军休办“十三五”规划，加强管理站（所）文化基础设施建设。 （蔡 娟 徐 薇）

人力资源和社会保障

【概况】 2018年，全市城镇新增就业10068人，城镇登记失业率2.05%，为近年最低。全市新增农村劳动力转移就业13159人，失业人员再就业3006人，就业困难人员再就业2007人。全市城镇职工养老、失业、工伤保险参保人数达136.9万人。全市累计征收养老、失业、工伤保险费21.89亿元；社会保障卡持卡人数120万人。

【重点群体就业】 严格落实国家、省就业创业优惠政策的基础上，结合张家界市实际，出台了《张家界市大力推进就业创业工作实施方案》（张政发〔2018〕5号），调整和新增12条促进就业创业的具体措施，为促进全市就业创业工作提供了政策保障。积极推荐就业困难对象参加各类现场招聘会，组织专项就业援助活动，全年新认定就业困难人员1415人，共为841名就业困难人员提供公益性岗位安置，零就业家庭实现动态清零。积极开展高校毕业生就业指导活动，为1085名未就业高校毕业生进行实名制登记，735名实现就业，有意愿就业的毕业生就业率达98.8%。

【公共就业服务】 2018年底，全市14个街道全部建立基层平台，覆盖率达100%；156个社区中有85个社区建立基层平台，覆盖率54.5%。认真组织开展公共就业和人才服务专项活动，开展了“春风行动”系列招聘会、“就业援助月”、“民营企业招聘周”等一系列针对各类群体的公共服务招聘活动，共举办各类招聘会97场次，提供就业岗位51931个，累计达成就业意向15539人。

【职业培训】 2018年，全市人社系统积极贯彻落实面向城乡劳动者，涵盖初、中、高各个技能等级的技能培训体系，组织实施各类培训20675人次。加大高技能人才支持力度，组织评选了5个技能大师工作室、5个技师工作站和10名“胜地工匠”，并给予资金奖补。积极协调省厅、组织专家对市技工学校申报的“预备技师班”进行了评审。全面落实国务院取消的434项职业资格许可，全年组织职业技能鉴定11481人次，取证办结10816人次。大力推动职业技能竞赛，积极参加省厅组织的各项技能竞赛。

【养老保险】 2018年，全市企业养老保险参保人数14.10万人，其中，在职参保人员11.13万人，退休人员2.97万人，抚养比例为2.495∶1。养老保险费征缴11.00亿元，发放待遇7.86亿元。连续第十四年调整提高企业退休人员养老金，月人均养老金2273元。机关事业单位养老保险制度改革重大政策全部落地，全市6.15万人启动新制度经办，其中，在职参保人员4.21万人，退休人员1.94万人。养老保险费征缴9.04亿元，发放待遇11.17亿元，2018年张家界市按照全省统一部署连续第三年提高机关事业单位基本养老金。城乡居民基本养老保险参保人员95.59万人，养老保险费征缴7591万元，发放待遇3.89亿元，基础养老金最低标准提高到每人每月103元，月人均养老金113.31元。2.82万人享受被征地农民养老保险待遇。

【失业保险】 2018年，全市失业保险参保人数10.52万人，基金征缴收入3224万元，待遇发放2098万元。失业保险标准为最低工资标准的85%，月失业保险待遇为1216元。发放稳岗补贴128.66万元，惠及用人单位47户、职工7695人。为121人发放技能提升补贴21.88万元。

【工伤保险】 2018年，全市工伤保险参保人数15.51万人，工伤保险基金总收入9068.8万元，支出待遇3290万元（医疗待遇支出680万元，伤残待遇支出1321万元，工亡待遇支出1254万元），累计结余达1.37亿元。调整建设项目参加工伤保险费率为工程合同造价的3.2‰；全市267个新开工建设项目全部参保，参保率达100%。为75名工伤职工支付了补充工伤保险待遇78.8846万元；依据《关于开展补充工伤保险试点工作的指导意见》（湘人社函〔2017〕36号）、《〈湖南省补充工伤保险试点工作实施办法〉的通知》（湘人社函〔2017〕419号）等文件精神，出台《关于调整补充工伤保险有关政策的通知》（张人社发〔2018〕75号）文件，对张家界市已实施的补充工伤保险有关政策从缴费标准、保障范围、补偿标准等方面进行了调整。完成712份工伤认定申请的处理，其中：予以认定为工伤案681件，不予认定为工伤案27件，撤销立案2件，不予受理案件2件。开展劳动能力鉴定6次，完成266人次的劳动能力鉴定。

【社会保险经办】 城乡居保全面推行银行自主缴费业务，开通手机APP缴费，并进行全面推广，让群众足不出户可以进行缴费。拓展社会保障卡应用范围，全市社会保障卡持卡人数达120万人，完成年度任务的100%。

【人社扶贫】 2018年，张家界市基本形成“1143”就业扶贫工作模式，即：“一套机制（组织领导推进机制）+一个平台（省劳务协作脱贫综合信息服务平台）+四个关键环节（精准识别、精准对接、精准稳岗、精准服务）+三个清单（任务清单、稳岗清单、责任清单）”，促进贫困劳动力转移就业，在2018年省级考核达到零扣分。截至2018年底，累计转移就业41.2314万人。其中：新增农村劳动力转移就业13159人，新增贫困农村贫困劳动力转移就业2902人；贫困家庭“两后生”技能培训502人；建立6个省级就业扶贫基地、28个就业扶贫车间，提供扶贫就业专岗2327个，帮助2547名农村劳动力就地就近就业；整合资源共开发就业扶贫各类专岗67个，累计吸纳了2346名建档立卡贫困劳动力就业；配备964名农村劳务经纪人，有效打通了就业扶贫的“最后一千米”，“311”就业服务行动的全覆盖，为张家界市打赢脱贫攻坚战做出了积极贡献。2018年，全市落实困难人员养老保险参保资助政策，全年为54901名困难人员代缴养老保险费549万元，人均代缴100元。

【人才队伍建设】 2018年，张家界围绕深入实施“对标提质、旅游强市”和人才强市战略，着力推进人才行动计划，聚焦重点产业，提高人才供给质量，加快建成全域旅游人才高地。紧扣全市“52151”行动计划，引进科技创新人才10名，为全市推进“5个100”产业项目建设年活动提供人才智力支持。不断深化职称制度改革，进一步改进职称管理服务方式，结合“放管服”的要求进一步下放职称评审权限。指导区县及中小学教师、农业、工程等系列按照规定完成2018年度全市职称评审工作任务。深入开展专业技术人才服务基层活动，积极组织农业、卫生、科技等方面的专业技术人才开展专家服务基层活动，配合完成国家万名专家服务基层行动计划项目1个。认真做好湘西特聘专家、湖南省121人才培养工程的选拔推荐工作，全市共有4名科技特派员获得“湘西特聘专家”荣誉称号，有1人被纳入湖南省121人才培养工程计划。开展海外引智引才活动，引进外国人才来张服务20人次。继续组织“三支一扶”计划实施工作。2018年度，共招募24名高校毕业生从事“三支一扶”工作，其中：支教8个，支医3个，扶贫8个，就业和社会保障5个。积极做好20名服务期满“三支一扶”人员的考核工作，并在11月底前全部安置到位。

【事业单位人事管理】 2018年，张家界市以深入推进聘用制度、岗位管理制度和公开招聘制度为重点，严格规范事业单位各项人事业务工作，事业单位人事管理工作水平明显提升。按照事业单位岗位设置管理政策规定，继续抓好事业单位岗位设置方案核准工作，启动并推进市直单位参照事业单位岗位设置工作，指导市直设岗位的事业单位抓好人员对岗聘用工作。加强指导、监督和管理，坚持公开、公平、公正，严格核准招聘计划和招聘方案，切实规范招聘工作程序，事业单位公开招聘人员工作稳步推进。严格考核对象、考核内容、考核标准、考核程序及比例，抓好事业单位工作人员年度考核奖励工作。支持鼓励事业单位专业技术人员创新创业，认真抓好创新创业人员备案审查工作。严把统计政策和口径，事业单位人才统计工作如期完成。

【劳动关系维权】 2018年，张家界市累计取得行政许可的劳务派遣公司34家，使用劳务派遣工3646人，市直累计劳动用工备案单位212户，备案6.6万条用工记录。全市累计实施特殊工时制度的单位10家，覆盖1908名劳动者。我市认真贯彻《劳动合同法》及相关法律法规，加强和谐劳动关系源头治理，强化协调劳动关系三方机制建设，从责任监管、制度保障、跟踪服务等方面入手，严格查处农民工劳动欠薪案件，积极做好劳资纠纷排查、信访维稳和社会矛盾化解工作。当期立案受理劳动人事争议案件289件，涉及劳动者413人，涉案金额1982.2万元，当期结案227件，其中调解及和解方式结案135件，调解及和解方式结案率达59.47%。2018年，张家界市在全省率先制订出台《张家界市工程建设领域保障农民工工资支付监督管理办法》，按照谁主管、谁负责的原则，细化了住建、交通、水利等行业主管部门的职能职责，明确了保障农民工工资支付工作的企业主体责任、政府属地管理责任和部门监管责任，特别是对用工管理、工资支付、职责分工、监督管理等环节进行了规定，在开工、竣工、结算等监管环节落实实名制管理、按月发放工资、建立农民工工资专用账户和农民工工资保证金等制度，解决因挂靠承包、违法分包、转包、拖欠工程款、结算纠纷、未交工资保证金等源头问题造成欠薪案件，逐步改变过去人社部门“单打独斗”的被动局面，形成各职能部门齐抓共管的格局，全市农民工工资拖欠问题均及时得到解决，没有发生30人以上的因欠薪引发的群体性事件或极端事件。2018年，全市共办结拖欠农民工工资案件109件，涉及人数1326人，涉及金额3148万元，较2017年同期相比案件下降4%。

【工资福利】 调整全市30371名机关事业单位工作人员基本工资标准，年人均增资0.34万元。稳步推进张家界市公立医院薪酬制度改革，建立机关单位工作人员年休假制度，除特殊岗位和特殊情形外，全市各级机关每年8月份两批相对集中轮休。

【重点民生实事项目】 2018年，张家界市共承办省市重点民生实事30件40个项目，其中，省下达实事项目10件、13个，市确定实事项目21件、27个。其中超额完成任务的项目15个，占项目总数的37.5%，分别为：电商扶贫、城镇棚户区改造、重性精神疾病住院患者救治救助、严重性精神障碍患者救治救助监护奖励、农村适龄妇女“两癌”免费检查、孕产妇免费产前筛查、新增城镇就业人员、骨干电商培训、市工人文化宫、基本消除义务教育超大班额、农村饮用水安全巩固提升、提质改造农村公路、实施自然村通水泥（沥青）路、乡镇污水处理厂及配套管网建设、市中心城区奇峰市场建设。全面完成任务的项目25个，占项目总数的62.5%，分别为：易地扶贫搬迁、农村危房改造、困难残疾人生活补贴和重度残疾人护理补贴提标、提高城乡低保标准和救助水平、残疾儿童抢救性康复、众创空间、村级综合文化服务中心文体设施配送、城乡义务教育学校建设、市人民医院新院建设、改造和完善行政村10千伏及以下配电网项目、农村公路安保设施建设、市中心城区公共停车场建设、新增社会治安视频监控摄像头、市中心城区郊野公园建设、市中心城区城市公园、市中心城区垃圾站、公厕新建改建、中小河流治理、乡镇农贸市场建设、县级饮用水水源地环境整治、农村生活垃圾治理、旅游厕所革命建设、贺龙体育中心建设、基层医疗卫生服务能力建设、市中心城区排水防涝项目、乡镇公共停车场。

【绩效评估工作】　2018年，张家界市根据全省绩效评估改革工作的新精神、新要求，综合考少、考精、考重点、考出实效的原则，严格规范评估指标设置，加强日常考评，严肃年终考评，加大评估结果运用力度，发挥绩效评估这一综合抓手作用，促进了全市高质量发展。通过组织年度绩效考评，全市共评选出39个绩效优秀单位，其中：慈利县获区县绩效优秀单位；市纪委监委、市委组织部、市委办公室、市委编办、市委宣传部、市委统战部、市委政法委、市总工会、市妇联、市直机关工委、市委政研室、市委市政府接待处获党群部门绩效优秀单位；市旅游外事侨务委、市国土资源局、张家界经济开发区管委会、市财政局、市供销联社获经济管理部门绩效优秀单位；市人力资源和社会保障局、市卫生计生委、市公共资源交易中心、市文体广电新闻出版局、市政务服务中心获社会发展部门绩效优秀单位；市公安局、市城市管理和综合执法局、市环保局、市安监局、市人民检察院获司法执法监督部门绩效优秀单位；市税务局、市人民银行、国家统计局张家界调查队、市国家安全局获中央、省属驻张绩效优秀单位；市人大办公室、法制委员会、选举任免联络工作委员会获市人大专门委员会及常委会工作机构绩效优秀单位；市政协办公室、经济科技委员会获市政协专门委员会及工作机构绩效优秀单位；九三学社市委机关、农工党市委机关获民主党派张家界市委机关绩效优秀单位。

（本栏撰稿　秦　玮）

机关事务管理

2018年，市机关事务服务中心推进服务社会化改革，各项工作取得新成效。

一、抓改革工作。一是做好公共机构基本信息摸底。市机关事务服务中心对全市公共机构基本信息情况进行全面摸底调查，普查统计出全市公共机构数量、机构类型、经费来源等基本数据信息，建立全市公共机构信息名录库。组织全市公共机构参与创建节约型公共机构示范单位。二是推进办公用房统一集中管理。对市委1号办公楼26家机关单位办公用房资源进行重新调配，统筹使用面积达4054.2平方米。先后3次配合市委督察组对所有市直单位和区县部分单位办公用房、业务用房清理整改工作进行拉网式督查，现场测量办公用房、业务用房2113间，发现并及时督促整改26个单位超标办公用房面积4998.4平方米，封存50个单位的闲置和超标办公用房355间，面积9150.528平方米。合理调剂分配市直机关办公用房，解决市工商局、市机要局、市专通局等无房单位的办公用房问题。三是做好公车改革工作。构建新型公务用车管理体系，基本实现公务出行便捷合理、交通费用节约可控、车辆管理规范透明、监管问责科学有效。出台《张家界市市直党政机关公务用车管理办法》，对保留的机要、应急等车辆的使用条件和范围进一步明确。拍卖旧车和购置新车10余辆。截至2018年底，为市直党政机关及参改单位提供公务出行和应急保障车辆318台次，联合市纪委在节假日开展3次公车封存联合检查，暗访全市42家单位的公车停放情况，没有发现违规停放和公车私用现象。

二、抓重点业务工作。一是做好后勤管理。对市委机关大院各部位的水、电、暖等管网设施日巡查、月检修、季保养，全年进行日常维修190人次，排查故障100余个。督促市美好生活清洁有限公司、豫湘园林有限公司做好卫生保洁、绿化美化工作，巡查整改卫生死角30处，开展彻底清理灭“四害”工作3次，清理化粪池4处；在机关大院张贴设立“六城同创”公益宣传牌100余块；规范维修和申报程序，完成市委1号办公楼内市机要局、市专业通信局办公用房维修改造，以及市委3号办公楼的部分维修改造工程。二是做好服务保障。深化后勤社会化改革，市委机关食堂承包面向社会公开招聘，完成餐饮公司选定和交接；筹措30多万资金更新和改造机关食堂设施设备，对米油肉调料等原材料来源进行上墙公示，接受干部职工监督，全年接待就餐人员近9.2万人次，测评满意率高达90%；全年接待会议50场次，共1.36万人次，完成市委七届六次全会、全市“贯彻十九大精神感恩谁”演讲等各类重要会议和大型活动的服务保障工作；及时对市委4个宿舍院的物业服务品质进行提升，完成市委1号院垃圾清理、围墙整修、化粪池清理工作，通过省、市的卫生检查。三是做好安保管理。完善人防、物防、技防“三位一体”的安全防护机制，全年进行安全大检查42次，排查安全隐患25处；加强对机关院内的24小时监控，对监控设备维修、调试，对部分损坏的设备进行及时更换；规范门卫包裹信件的登记、保管、收取管理，1.4万余份快递邮件做到零丢失。统筹规划停车位，劝阻大院内外乱停乱放车辆1000余次；组织安全和消防知识培训10余次，突发事件演练3次，军事大练兵1次，全年接待来访登记1457人次，劝解、疏导上访876次。

（符　瑶）

扶贫开发工作

【概况】 2018年，张家界市扎实推进扶贫开发工作，狠抓政策落实，推进项目建设，奋力攻坚，卓有成效。截至2018年底，全市实现永定区、慈利县脱贫摘帽，180个贫困村出列，64705人脱贫的年度脱贫攻坚目标，全市贫困发生率下降至2.17%，在全省年度脱贫攻坚成效考核中位列“较好”档次。

一、精心谋划部署。市委、市政府始终把脱贫攻坚作为首要政治任务和第一民生工程来抓，制订了《关于打好打赢永定区、慈利县脱贫摘帽攻坚战的意见》，加大对拟摘帽区县的指导和扶持力度，全面谋划并组织打好“春季春风、夏季挺进、秋季攻坚、冬季冲刺”四大攻坚战役，召开“秋季攻坚”和“冬季冲刺”行动推进会议，形成“高位推动、领导带头、全民参与”的良好攻坚氛围。市委书记虢正贵亲自主持、先后4次组织对交通建设、住房保障、健康扶贫、教育保障、就业扶贫、文化扶贫、科技扶贫、农网改造、网络建设、电商扶贫、生态扶贫、企业联村等行业扶贫工作进行重点调度，有力促进了行业扶贫工作对标对表精准推进。

二、狠抓工作落实。张家界市认真贯彻落实中央、省关于开展扶贫领域和作风问题专项治理的要求，扎实开展扶贫领域作风问题专项治理。严格落实“三签字三走访”。市委、市政府主要领导率先垂范，亲自调度脱贫攻坚，并深入走访贫困乡镇和贫困村，调研和督导脱贫攻坚工作。深入开展“四不两直”调研。建立市级领导联系预出列村工作制度，36名市级领导联系180个预出列村，实现180个预出列村市级领导联系全覆盖。全面压实“两项”帮扶责任。派出358支工作队、1194名工作队员开展驻村帮扶工作，将209名科技特派员纳入工作队统一管理；组织3.5万名党员干部职工结对全市7.5万户贫困户，对贫困人口在100人以上的非贫困村派驻工作队，实现驻村帮扶和结对帮扶全覆盖。制订《张家界市精准脱贫“秋季攻坚”行动方案》和《关于开展精准脱贫对标自查工作的指导意见》，进村入户开展“大走访、大宣讲、大排查、大比对、大推进、大整改”，根据致贫原因不同，有针对性地采取不同帮扶措施，确保贫困户稳定脱贫。以扶贫领域作风建设年为契机，组织开展作风和腐败问题专项治理工作，对4个区县的脱贫攻坚工作开展专项巡察，加大问责和处理力度。2018年发现扶贫领域作风和腐败问题线索919条，受理投诉举报742件，立案377件，查处819人。对照各级反馈问题，举一反三，全面整改。

三、夯实攻坚基础。加大资金投入力度，张家界市本级投入财政扶贫资金11459.5万元，较上年增长56%，整合财政涉农资金12.7亿元，全部用于脱贫攻坚。充实扶贫机构力量，市、区县成立脱贫攻坚信访及舆情处置工作领导小组及其办公室，抽调9名精干力量从事涉贫信访工作。加大干部培训力度，对市县乡党政领导干部、部门行业干部、扶贫系统干部、帮扶干部、贫困村村干部等开展了多批次、多层次业务培训，培养造就一支懂扶贫、会帮扶、作风硬的扶贫干部队伍。

四、精准推进工作。全市与新型经营主体建立持续稳定利益联结机制的贫困人口达199759人，全市技能培训累计达45218人，占贫困人口的18%，培育贫困村合作社380个，在贫困村培育成市级以上龙头企业产业基地247个。“十三五”时期易地扶贫搬迁35402人，其中2016年完成搬迁9086人、2017年完成搬迁8936人，2018年完成搬迁17380人。6708户贫困户等四类对象完成农村危房改造。完成2902人贫困劳动力转移就业，455人贫困“两后生”转移就业培训，764人创业致富带头人培训。完成1002名建档立卡贫困人口生态护林员选聘（续聘）工作，生态护林员护林补助资金已按月全部到位。对全市所有贫困家庭子女入学进行资助，义务教育、高中教育每生每年资助1000元，大学新生一次性补助5000元。将贫困人口3184户、7029人纳入全市社会兜底保障，实现了应兜尽兜。全市贫困人口城乡基本医疗保险实现全覆盖，贫困人口城乡基本医疗保险费补助、“一站式”结算、“先诊疗后付费”、慢性病家庭医生签约等政策全面落实到位。解决42790人贫困人口安全饮水问题，建档立卡贫困人口安全饮水人数占总贫困人口的比例达到89%。完成自然村通水泥路1760千米任务，完成农村公路窄路加宽完成路面409.19千米，实现所有村通畅、所有25户或100人以上自然村寨通达的目标。完成104个贫困村农村电网改造。建成贫困村村级电商服务站点229个。消除手机网络信号空白村5个，4G覆盖率99.77%、光纤通达率100%。贫困人口动态调整，新增贫困人口2785人，动态调整后全市建档立卡贫困人口250813人，净减少贫困人口5554人，切实做到了应纳尽纳、应清尽清。

五、合力脱贫攻坚。组织开展“扶贫日”系列活动。10月17日，张家界市、永定区在市民广场举办了2018年“扶贫日”系列活动暨“精准脱贫光明行”启动仪式，组织“精准脱贫光明行”、爱心义诊活动、“我想有个家”公益募捐、“泛海助学”、“爱心包裹”等系列活动。在《张家界日报》开办专版，刊发了市委书记虢正贵和市长刘革安题为“举全市之力打好打赢脱贫攻坚决胜战”的署名文章。在扶贫日当天向社会各界发放《倡议书》，动员党员干部和社会各界人士注册爱心人士，社会扶贫氛围持续高涨。全市累计注册爱心人士119631人、注册建档立卡贫困户69834人，贫困户累计发布贫困需求64563件，爱心帮扶成功44433件。

【深度贫困地区攻坚】 张家界市一直把桑植作为全市脱贫攻坚主战场，市委书记、市长多次深入桑植调研指导，走遍了桑植所有乡镇，帮助解决突出问题，积极为桑植牵线搭桥，引进龙头企业和帮扶资金。全市在人力、物力、财力上对桑植县给予最大的倾斜，在工作队派驻、资金项目的安排等方面，市里都按照40%以上的比例向桑植县倾斜。为支持桑植县如期打赢脱贫攻坚战，市委市政府出台了《关于重点支持桑植县打赢脱贫攻坚战的意见》（张发（2017）6号），明确在脱贫攻坚期间，重点在基础设施建设、旅游精准扶贫、重点产业发展等方面对桑植采取特惠政策，市财政每年直接扶持补助资金2000万元。在驻村帮扶、干部结对、领导联村等方面向桑植县倾斜。

【扶贫开发工作创新】 张家界市充分利用旅游市场和旅游资源优势，积极探索乡村旅游扶贫，大力发展西线旅游，直接从事旅游业的人数达10万余人，带动人口数达20万人以上，旅游扶贫在脱贫中的贡献率达40%以上。2018年9月13日、14日，全国乡村旅游与旅游扶贫工作推进大会在张家界市召开，文化和旅游部党组副书记、副部长李金早，国务院扶贫办党组书记、主任刘永富出席会议并讲话，向全世界展示了张家界市旅游扶贫成效和经验。

桑植县在全省首创从建档立卡贫困初中毕业学生中选拔培养公费定向师范生“扶贫计划”，由县政府全额出资，委托长沙师范学院培养五年制专科层次全科小学教师。慈利县按照“政府推动、企业主导、协会引领、品牌带动、社会参与”思路，打造电商扶贫快车，全县建立网店243家，农特产品线上交易突破1.5亿，带动7953名贫困人口脱贫。永定区将莓茶作为“一县一特”主导特色产业进行培育，全区莓茶种植面积达5万亩，“茅岩莓茶”被农业农村部认证为国家农产品地理标志产品，“茅岩莓”商标已被国家市场监督管理总局认定为中国驰名商标。2018年，永定区莓茶产业实现产值5亿元，直接或间接带动6000余永定区山区农户致富，为参与莓茶产业发展农户人均增收2000—4000元。武陵源区从旅游商品扶贫着手，提高扶贫产业可持续发展能力，打造天子山辣椒、中湖鱼泉贡米、协和菜葛和索溪峪土家织锦四大旅游特色商品。“鱼泉贡米”入选全国名特优新农产品目录，“湘阿妹”菜葛系列产品成为旅游市场主打品牌，“乖幺妹”土家织锦远销欧美市场，“武陵源礼品”成为来张游客的畅销“伴手礼”。

（本栏撰稿　王雄杰）

【驻村帮扶工作】 2018年，张家界市推动驻村帮扶工作取得新突破新进展，助推永定区、慈利县整体脱贫摘帽。

一、筑牢责任体系。一是统筹谋划明责。印发《关于进一步规范和加强全市驻村帮扶工作的意见》，明确驻村帮扶七大工作任务，工作队选派管理五项措施；出台《关于高质量推进抓党建促脱贫攻坚工作的意见》，明确“区县党委一线指挥、组织部门牵头抓总、乡镇党委督促指导、村党组织具体实施、驻村工作队全面帮扶、派出单位全力保障”六级责任定位。二是健全机制压责。理顺驻村帮扶“市级统筹、区县为主、部门配合”管理体制，赋予区县对上级工作队的管理权和评价权，全面压实驻村帮扶部门、派出单位和各级工作队三级职责；推行市县级领导联乡包村指导帮扶机制，36名市级领导人均联系乡镇2个、指导贫困村3个以上，深入贫困村调研指导450余次，解决突出问题550多个；建立驻村帮扶调度机制，采取“月碰头、季推进、半年讲评、年度考核”的方式，定期下发月工作提示，及时铺排工作任务；落实“两项帮扶”激励问责办法，向市委和有关部门推荐优秀驻村干部30名，对工作不在状态、作风不实、履责不力的15名驻村干部分层进行提醒约谈。三是督导考核担责。采取巡回督查、重点抽查、专项调查相结合的方式，对各级驻村工作队履职担责情况集中开展1次联合督导；针对省、市交办的“政策宣传不到位、群众满意度较低、少数工作队作风不实”等突出问题，开展专项督办行动，督促各级工作队整改问题330多条；注重发挥考核指挥棒作用，修改完善驻村帮扶工作考核指标，改进年度考核方式，对全市各级工作队统一进行考核，建立问题清单，明确整改目标和时限，促进驻村干部责任担当。

二、锤炼驻村队伍。一是强化标准优选派。突出三个“择优”抓选派，即队长从单位党组班子成员中择优选派、第一书记必须从党员后备干部中择优选派、专职队员必须从熟悉农村工作且有奉献精神的干部职工中择优选派，向贫困村选派358支工作队1195名工作队员，向贫困人口100人以上的非贫困村选派555支工作队，实现工作队全覆盖目标。二是强化培训严管理。市本级举办抓党建促脱贫攻坚专题培训班，各区县共举办各类培训班22期，培训2700余人次。执行第一书记和工作队员每月驻村20天以上的规定，推行固定宿村日、驻村月公示、工作季报告等制度，由区县进行考勤和日访夜巡；印发《张家界市驻村帮扶资金使用管理办法》，规范驻村帮扶资金的使用与监管；制订《张家界市驻村帮扶干部行为规范》，规定驻村帮扶“十要十不准”；督导工作队每年走访所有农户1次以上，开展政策宣讲、情绪疏导、舆情处置等工作，提高群众满意度。三是强化减负重关怀。市本级表彰先进工作队52支、优秀驻村干部97名；对8支工作队、12名驻村干部和乡镇党委书记优秀事迹进行系列报道；将21支国家、省派工作队帮扶成效予以推介；落实驻村工作队基本工作经费，为驻村干部安排驻村伙食补助、往返交通费、通信费等费用，购买意外伤害保险，开展慰问；研定全市统一的工作台账和资料模板，解决多头填表、多头报数据的问题。

三、注重帮扶实效。一是突出党建强引领。密切与乡镇党委协调配合，巩固换届成果，配齐配强村“两委”班子，培养村级后备干部2114名，村干部年龄和文化结构进一步优化；参与对全市62个软弱涣散贫困村党支部的整顿提升；构建“党支部+合作社+基地+农户”等新型组织模式，帮助支持120多家龙头企业到贫困村发展产业；扎实推进“两学一做”学习教育常态化制度化，落实“三会一课”、支部主题党日等组织生活制度，推行党员积分管理、公开承诺、党员联系服务群众等制度，指导贫困村发展党员278名、培养入党积极分子743人，为贫困村培养致富能手1258人；推行凡指导必提党建、凡培训必讲党建、凡督查必问党建、凡考核必查党建、凡任用必看党建的“五凡五必”工作机制，促进贫困村党建工作良性运转。二是突出基础谋发展。对标“基础设施完善”的要求，千方百计为贫困村补齐基础设施建设短板，为贫困村新修加宽村组公路约2435千米，硬化村组公路约1345千米，新建、维修桥梁220余座，水窖（水池、井）2169余个、铺设水管3139余千米，改造高（低）压线路约881.67千米，为28156户群众新接通宽带网络。积极帮助贫困村制订产业规划、调整经济结构、优化产业布局，为贫困村建立农民专业合作社640个，建设光伏发电站101个，培育油茶、烤烟、茶叶、大鲵、湘西黄牛等一批特色种养基地，打造刘家坪“红色旅游小镇”、梭子丘村“白族风情街”、双坪村“农业示范园”、罗潭村“禾田居山谷”、马头溪村“少数民族特色村寨”等一批扶贫精品项目。三是突出保障显公平。全面推动教育、医疗、卫生、文化体育、社会保障和劳动就业等方面政策精准落实；协助贫困村建设竣工352个综合服务平台；参与村级小学的改扩建和阳光院建设工作，近400余户贫困户入住新建的阳光院；加大村级卫生室和文体设施建设配套力度，普遍建立便民服务代办点和金融扶贫服务站；开展阳光助学17743人，实施雨露计划3021人；参与危旧房改造和易地扶贫搬迁工作。

【全国乡村旅游与旅游扶贫工作推进大会在张家界市举行】 2018年9月13日，全国乡村旅游与旅游扶贫工作推进大会暨“锦绣潇湘”推介会在张家界市召开。国家文化和旅游部党组副书记、副部长李金早，国务院扶贫办党组书记、主任刘永富出席会议并讲话，文化和旅游部党组成员李世宏出席会议。副省长吴桂英作“锦绣潇湘”推介。会议部署安排下一阶段乡村旅游与旅游扶贫工作，发布《全国乡村旅游发展监测报告（2017年度）》和《全国乡村旅游扶贫监测报告（2017年度）》。张家界市和中国扶贫基金会等7家单位和地区作典型发言，介绍旅游扶贫经验。会后，与会代表观摩张家界市慈利县、武陵源区部分乡村旅游扶贫点。（覃章衡）

移民工作

2018年，张家界市水库移民工作全面推进移民安置，后期扶持、监督管理、库区治理取得新成绩。

一、打好移民脱贫攻坚战。一是整村工作全力推进。2018年，按照“突击重点、整村推进、三区联动、借势发展”战略，采取“部门联动、示范带动、科学规划、分步实施”的工作方法，申报慈利县合兴村和墨园社区、永定区龙洞湖村、桑植县红旗村、武陵源杨家坪村为整村推进重点村，现已做好项目规划编制工作，完成了5批590万元项目计划申报工作。对2017年第二批5个整村推进重点村，投入资金760万元以移民住房、村容村貌、生态环境为重点进行人居环境提质改造。二是贫困移民脱贫工作成效明显。审批下达移民后扶项目资金9批7845.62万元，实施项目278个，全部向贫困移民村倾斜，对960名贫困移民实施重点扶持，在完善贫困移民建档立卡数据库的基础上，稳步推进移民避险解困，积极发展移民产业，认真组织移民培训，多渠道、多方位带动贫困移民脱贫致富；继续牵头对慈利县二坊坪镇二坊坪村、高溪村进行驻村帮扶，成立了两支工作队，确定建档立卡贫困户146户518人，投入1666万元（含行业扶贫资金）对帮扶村进行基础设施建设、基层组织阵地建设和产业开发支持。全市贫困移民脱贫工作开展扎实，成效显著。三是移民避险解困工作全面完成。主动加强与发改、扶贫等部门的衔接，对居住在山洪地质灾害易发区域、生存条件恶劣的移民，采取避险解困搬迁安置方式，帮助贫困移民搬出“穷窝”，解决其居住安全问题。截至2018年底，该项工作全面完成，全市签订协议933人，确定搬迁安置点2个，动工建房296户933人，搬进新居的有110户368人。

二、推进移民经济发展。2018年，市水利部门一是抓基础设施推进库区建设。把加快基础设施建设作为推进移民发展的重要举措，积极整合部门资金6200多万元，投入到库区实施以饮水、道路、灌溉为重点的基础设施建设。年度内落实移民项目资金3717万元，实施并完成项目278个，完成公路建设126千米，改善了158个村交通条件，铺设管网24.7千米，解决了21个村5275人的人饮条件，新建渠4700米。通过抓基础设施建设，强力推进库区和移民安置区基础设施建设，有效地改善了移民生产生活条件。二是抓产业开发推进经济振兴。围绕市委、市政府确定的农业主导产业，着力发展库区水产养殖业、水果产业、蔬菜产业及特色产业，培育了一批移民龙头企业、专业合作社、种养大户等新型农业经营主体，发展了一批库区移民网购电商、乡村旅游、民宿经济等新兴产业项目，库区新产业、新产品、新模式不断涌现。截至2018年底，完成年度移民产业基地提质改造2800亩，其中茶叶1050亩，水果1050亩，蔬菜700亩，超额完成年度绩效目标任务1600亩的175%。大力扶持发展荷花莲藕、油茶、中药材、花卉苗木种植和黑山羊、娃娃鱼养殖等特色产业，在江垭库区放养银鱼卵1.2亿粒，在黄石库区放养常规鱼100万尾，使库区移民直接受益，产业开发成果喜人，库区和移民安置区经济长足发展。三是抓移民培训推进移民增收。积极探索市场化培训路子，与相关部门主动衔接，整合优质培训资源全力推进移民培训带动移民致富。2018年，移民培训完成18期900人次，占年度总指标任务的115%。其中转移就业技能培训完成183人次，完成年度指标的105%；农业技能培训完成717人次，完成年度指标的117%，超额圆满完成了年度培训任务，移民就业增收能力进一步提升。

三、监督管理全面加强。一是监督工作进一步加强。严格执行移民资金内审、稽查工作机制。2018年，省移民局对张家界市武陵源区实施内审，对慈利县实施移民后期扶持政策稽查工作，市水利局全面完成永定区后扶稽查工作，坚持常规检查与专项督导并重，问题整改和建章立制并举，对2017年慈利县在政策稽查中发现的4个方面的9个问题，全面组织整改督查，确保问题整改落实到位；全力做好移民后扶政策实施情况监测评估和“十三五”中期评估工作。从2018年5月开始，精心组织，紧密筹划，对移民后扶政策实施情况与湖南省水库经济服务中心签订技术服务合同，6月底已全面完成监测评估报告上报省水利局。对十三五规划中期评估、移民脱贫攻坚中期评估和安全生产中期评估工作，市水利局认真开展调研，收集整理相关佐证资料，认真撰写各项评估报告，工作圆满完成。二是资金专项治理进一步加强。为统筹整合移民资金，提高资金使用效率，围绕全市移民存量资金上报情况，市水利局对各区县开展资金专项治理督导工作。对张家界市存量移民资金7851.82万元进行深入分析，从完善制度、加大项目实施力度、加快项目实施、验收和完善基础工作等方面制订整改措施，强力开展整改。2018年，张家界市开展移民项目审计及稽查问题整改“回头看”工作，组织各区县对历年来的内审、稽查中发现的重点库区、重点项目、重点资金投入使用问题进行自查自纠，并开展专项督查，通报自查整改情况，做到限期整改，且整改到位。 （赵　威）

政协张家界市委员会

【政协张家界市第七届委员会第二次会议】 2018年1月2—5日，政协张家界市第七届委员会第二次会议在市城区召开。会议应到委员245名，实到238名，符合政协章程规定的有效人数。会议听取并审议市政协主席汪业元代表常委会所作的题为“加强人民政协协商民主建设，为实施‘对标提质、旅游强市’战略凝心聚力”的工作报告，市政协副主席彭红所作的《政协张家界市第七届委员会常务委员会关于市政协七届一次会议以来提案工作情况的报告》。与会委员列席张家界市七届人民代表大会第二次会议，听取并协商讨论代市长刘革安所作的政府工作报告和其他报告，开展了“加快西线旅游开发”“张家界本地大学建设”两个专题协商。市委书记、市人大常委会主任虢正贵在开幕大会上发表讲话，并与其他党政领导，以及市直有关部门负责人到会听取委员们的意见和建议。会议通过《中国人民政治协商会议张家界市第七届委员会第二次会议决议》。会议选举邓师煌为七届市政协副主席，吴中书、卓亚、郭金玲、彭树成为七届市政协常务委员；对省委、市委提出的重要人事安排候选人名单进行了民主协商。

【政协张家界市第七届委员会第七次常委会议】 2018年1月5日，政协张家界市第七届委员会第七次常委会议在市城区召开。市政协主席汪业元主持会议。会议听取政协张家界市七届二次全会秘书处有关负责人关于委员协商各项报告和两个专题协商的情况汇报；协商通过会议选举候选人名单；听取委员关于重要人事安排建议名单的协商意见。会议还听取委员协商选举办法（草案）的意见；听取委员协商总监票人、监票人名单（草案）的意见；报告大会秘书处指定的总计票人、计票人名单；听取委员协商会议决议（草案）的意见；听取会期提案汇总情况汇报，授权主席会议审查提案并遴选重点提案。

【政协张家界市第七届委员会第八次常委会议】 2018年4月3日，政协张家界市第七届委员会第八次常委会议在市城区召开。市政协主席汪业元主持会议。会议指出，要认真学习全国政协十三届一次会议、省政协十二届一次会议精神，认真贯彻执行新修订的政协章程，履行好职责，扎实做好2018年各项工作，切实加强自身建设，为建设富饶美丽幸福新湖南献计出力。会议听取提案工作情况汇报。市政协七届二次会议期间，共收到提案206件，经过认真讨论、多次审查，决定立案132件，确定重点提案6件。会议要求，进一步做好市政协七届二次会议成果转化工作，推动协商成果有效转化为政策和具体工作举措，促进张家界市经济社会发展。会议还协商了委员分组及常委联系委员方案。

【政协张家界市第七届委员会第九次常委会议】 2018年6月29日，政协张家界市第七届委员会第九次常委会议在市城区召开。会议应到48人，实到39人。市政协主席汪业元主持会议。市人民政府副市长欧阳斌应邀到会听取委员意见和建议。会议传达了市委七届五次全会有关精神，重点学习《关于深入实施长江经济带发展战略建设生态绿色张家界推动高质量发展的决定》《生态绿色张家界建设“先导工程”三年行动计划（2018—2020年）》两个文件以及市委书记、市人大常委会主任虢正贵在会上的讲话精神，学习《中国人民政治协商会议章程修订案》。会议听取并协商张家界市旅游市场秩序整治调研报告。会议要求，各调研小组要认真听取协商意见，进一步修改完善好调研报告，形成提交市委市政府的正式报告；要重点强化对旅游市场追客赶客问题的调研和民主监督，有效震慑和遏制这一现象。会议强调，要准确把握人民政协的性质定位，紧紧围绕党政中心，坚持问题导向，深入调查研究，充分发挥民主监督的作用，为全市社会经济发展谋实策、求实效。

【政协张家界市第七届委员会第十次常委会议】 2018年9月27—28日，政协张家界市第七届委员会第九次常委会议在市城区召开。会议应到48人，实到38人。市政协主席汪业元主持会议。市政协原副主席刘德湘应邀列席会议，市人民政府、市规划局、市发改委、市编办相关负责人应邀到会听取委员意见和建议。会议协商评价了《关于强化我市城市规划工作的提案》办理情况，提案者九三学社市委代表发表评审意见，常委会议组成人员及列席人员进行协商发言。提案对市城市规划工作提出存在的问题及相关建议，市规划局、市发改委作为提案主办和协办单位，成立提案办理领导小组，通过考察学习、与委员沟通交流等方式，确保提案落实，促进全市规划的整体性、统一性、科学性。会议要求，政协委员要站在全局高度，主动参与城市规划工作，发挥政协委员联系广泛、智力密集的优势，主动为城市规划不断完善集思广益，引导社会各界资源投入到城市建设中来；发挥参政议政、建言献策的职能，全力推进城市规划取得新成效。会议还对党章修订案、宪法修订案、监察法等进行集中学习。

【政协张家界市第七届委员会第十一次常委会议】 2018年12月24日，政协张家界市第七届委员会第十一次常委会议在市城区召开。会议应到47人，实到42人。市政协主席汪业元主持会议。会议组织学习习近平总书记在庆祝改革开放40周年大会上的重要讲话、近期关于加强和改进人民政协工作的重要讲话精神，传达全省政协工作经验交流会议精神。会议听取市委办公室、市政府办公室关于党委政府系统2018年提案办理情况通报，协商决定市政协七届三次会议有关事项，听取市政协各专委会工作情况汇报。

【提案工作】 2018年，市政协委员、各参加单位和各专委会提出提案195件，经审查立案132件，其中集体提案30件。在立案提案中，涉及社会建设76件，经济建设33件，文化建设12件，生态文明建设9件，政治建设2件。至2018年9月底，这些提案全部办结，已经解决或基本解决的115件，正在解决或计划解决的9件，因条件局限暂时难以解决的8件。委员对办理结果表示很满意、满意的125件，基本满意的7件。

提案工作的主要特点：一是组织领导明显加强。市委、市政府高度重视政协提案工作，市政府从交办的122件提案中确定5件重点提案，选择上年度10件B类提案继续办理，对办理工作做出周密安排，提出详细要求。市委办、市政府办加强提案办理协调、督查工作。市政协主席会议组织各专委对全部提案实行归口联系督办。二是评议评价方式有所创新。由市政协领导带队，有关专委会负责人、委员和老委员咨询团部分成员组成提案办理工作评审组，集中时间，统一标准，对6件重点提案办理情况、6家单位提案办理工作进行评议评价，保证了评议评价的客观公正。三是各承办单位对提案办理工作高度重视。所有提案主办、协办单位加强对提案办理工作的领导，明确责任领导和科室、人员，办理任务较多的单位还制订提案办理工作方案以加强统筹。各单位采取召开座谈会、现场会与提案者见面沟通等方式，增强办理效果。所有提案都及时办结，规范函复，与委员见面协商率、办结率均为100%。四是注重提案办理效果。各提案办理单位结合工作实际，通过办理提案推进业务工作，取得较好效果。市城管局将主办《关于切实解决城市综合整治工作中有关问题的提案》，纳入重点工作推进，纳入日常工作监管，纳入绩效考评，纳入作风建设检查，效果显著。市卫健委通过主办《关于加强我市传染病防治工作的提案》，有力推进全市传染病防治工作。

【政治协商】 2018年，按照市委“抓重点、补短板、强弱项”大调研活动要求，市政协组织开展旅游市场秩序整治、产业扶贫、科技创新等10多项课题调研。

一是开展“张家界旅游市场秩序整治”课题调研。市政协组成4个专题调研小组，自2月下旬开始，历时4个月，举全，采取“统分结合”的组织形式，通过听取专题讲座和相关部门情况介绍、赴各区县实地调研、查阅文件资料、明察暗访、座谈研讨、主席会议和常委会议专题协商等方式，广泛听取意见，就全市旅游市场秩序整治现状、存在的问题及原因、对策，进行调查研究。形成的《张家界旅游市场秩序整治调研报告》，得到市委、市政府领导充分肯定。市委、市政府召开专题会议部署落实市政协建议，在全市组织开展了“铁腕治旅”专项整治行动。

二是开展“落实金融扶贫工作”课题调研协商。调研组在市内开展调研座谈，赴怀化市麻阳县考察学习金融扶贫工作经验。7月5日，市委书记、市人大常委会主任虢正贵主持召开全市金融扶贫调研协商座谈会，将市政协金融扶贫调研协商与市委行业扶贫推进调度会合并召开，听取情况汇报，研究部署金融扶贫工作。会议认为，市政协组织开展的金融行业扶贫课题调研选题精准、针对性强、调研面广，掌握了大量一手资料，总结了精准扶贫过程中好的经验和做法，有针对性地提出解决问题的对策，为市委决策提供很好的参谋服务作用。

三是配合省政协开展“依靠科技创新促进高质量发展”课题调研协商。通过现场调研、座谈协商、查阅资料，市政协对全市科技支撑旅游发展的现状、存在问题和对策进行调查研究，向市委、市政府报送《推进科技创新争创张家界旅游发展新优势的调研报告》，市委、市政府领导签批了落实建议意见。同时，配合省政协开展“依靠科技创新推动旅游高质量发展”同步调研。采取省、市、区县政协“三级联动”的方式，组织政协委员、专家学者等开展调研协商监督工作，向省政协呈报《依靠科技创新推动张家界旅游高质量发展》报告。9月6日，参加省政协举办的“新动力、新动能与湖南高质量发展”高峰论坛会议。

四是开展“健康教育”课题调研。4月，组织部分政协委员与市卫健委等单位相关人员一起，到区县卫计局、疾控中心、中小学校、街道社区、交通站场开展调研，通过问卷调查、座谈走访、讨论交流等方式，针对全市“健康教育”的现状，查找问题，分析原因，形成《强化健康教育与促进，共建共享健康张家界》的调研报告。9月，召开对口协商会议，市卫计、教育、财政等12个部门负责人到会，16位政协委员发言，形成12个方面的建议，协商成果报市委、市政府决策参考。

【民主监督】　2018年，市政协组织学习贯彻中共中央办公厅印发的《关于加强和改进人民政协民主监督工作的意见》和省委办公厅印发的《实施意见》精神，运用会议监督、视察监督、提案监督、专项监督和其他民主监督形式，进一步改进监督形式，变分散监督为集中监督，变一般监督为重点监督，民主监督组织化程度显著提升。组织开展旅游市场“追客赶客”违法行为整治专项民主监督，配合省政协在张家界市开展有关课题协商监督工作，落实相关问题整改监督。支持各民主党派开展脱贫攻坚专题民主监督。组织专门班子，统一评价方式和标准，集中时间，对6个单位提案办理工作、6件重点提案办理情况开展民主评议，由各专委会督办所有提案。市政协将提案民主评议、督办过程中发现的突出问题报告市委，市委、市政府领导召开专门会议交办问题、整改落实。开展“市政协委员走进市纪委监委”活动，探讨执纪执法机关刚性监督同政协柔性监督相结合的方式，形成监督合力。

【参政议政】　2018年，根据市委统一部署，9名市政协领导开展联系项目企业、化解上访积案、脱贫攻坚、创建国家卫生城市包保责任区等工作，帮助企业、项目单位和村、社区解决突出问题。组织政协委员开展脱贫攻坚“三个一”行动，开展结对帮扶，全市省、市、区（县）三级政协委员945名，结对贫困户共计1284户3214人。市政协机关组织党员干部参与精准脱贫攻坚，出台党员干部结对帮扶贫困户“20条”，采取多种措施支持党员干部深入扶贫村，落实结对帮扶责任。组织政协委员进企业、进项目、进乡村，助推企业发展、助推项目建设、助推乡村振兴。支持和鼓励政协委员密切联系群众，广泛开展社会调查，共受理社情民意信息50多条，编辑社情民意专报17期。致公党市委提供的社情民意信息被省政协、全国政协采用。

【团结联谊】　2018年4月26—27日，在慈利县江垭水库管理处召开武陵山片区政协主席联席会澧水流域生态保护课题组第二次会议。会议由张家界市政协主办，以“澧水防汛抗旱、造福流域人民”为主题，发出共同倡议，取得系列重要共识。就澧水流域生态保护，市政府先后两次组织政协委员到湖北恩施自治州、宜昌市，湖南湘西自治州、常德市、岳阳市等地进行工作衔接和实地调研，取得较好的效果。通过参加湘鄂黔渝四省市政协助推武陵山片区旅游产业扶贫合作座谈会、武陵山片区政协主席联席会第三次会议，就张家界市脱贫攻坚、旅游扶贫、区域发展等民生问题广泛呼吁。　　　　（本栏撰稿　向凤毛）

中共张家界市纪律检查委员会
张家界市监察委员会

【概况】　2018年，全市纪检监察机关坚持职责定位，把党的政治建设摆在首位，将“推动全市纪检监察工作高质量发展”作为工作目标，以纪检监察体制改革为动力，各项工作取得明显成效。

一、把政治建设摆在首位，政治生态净化优化

一是严明政治纪律和政治规矩。把“两个维护”作为重大政治责任，严肃查处违反政治纪律、政治规矩问题，查处发表妄议中央大政方针的不当言论、对党不忠诚不老实、对抗组织审查等行为，立案23件23人，督促全市各级党组织担负执行和维护政治纪律和政治规矩的责任。二是净化党内政治生态。加大对全市各级党组织和党员领导干部落实《关于新形势下党内政治生活的若干准则》、执行民主集中制和“三重一大”制度、开展民主生活会、请示报告制度执行、巡视巡察反馈问题整改等情况的监督检查力度，增强党内政治生活的政治性、时代性、原则性、战斗性。三是严把选人用人政治关、廉洁关、形象关。落实“纪检监察机关意见必听，线索的信访举报必查”要求，强化对领导干部遵守政治纪律、政治规矩和廉洁纪律情况的审查，严把“党风廉政意见审核回复关”，对政治上有问题、搞团团伙伙的“一票否决”，防止出现“带病提拔”“带病上岗”等现象。共对9971人次/单位进行廉政审核，对132人次/单位提出了不同意见。

二、做好日常监督工作，在防微杜渐上发力

一是扎牢制度笼子。出台《关于进一步纠正“四风”的十条禁令》《关于禁止违规饮酒的规定》等制度规定，逐步建立健全治根本、管长远的制度体系，使监督之网越织越密，推进全面从严治党责任压实。创新推进“三项机制”（即张家界市落实党风廉政建设主体责任提醒卡制度、张家界市市管干部“八小时以外”监督办法、地方和部门政治生态档案动态管理系统），建立主体责任提醒卡制度，按季度定期向省管党员领导干部发出提醒事项105条，全市开展谈话提醒11243人次；出台市管干部“八小时以外”监督办法，做到抓早抓小、防微杜渐；建立地方和部门政治生态档案动态管理系统，实现了在职市管干部和副处级以上单位的廉政信息全覆盖。二是正确运用“四种形态”。全市各级纪检监察机关运用监督执纪“四种形态”2465人次，分别占比64.4%、29.9%、4.2%、1.5%，四种形态结构呈“倒三角”形态递进，更加趋于合理，有效推动从重惩戒查处到重监督预防转变，由“惩治极少数”向“管住大多数”拓展。对于相信组织依靠组织、主动交代问题、真心认错悔错改错的干部，运用“四种形态”从高到低转化，对98名违纪人员从轻或减轻处分。严格落实“三个区分开来”（即把干部在推进改革中因缺乏经验、先行先试出现的失误和错误，同明知故犯的违纪违法行为区分开来；把上级尚无明确限制的探索性试验中的失误和错误，同上级明令禁止后依然我行我素的违纪违法行为区分开来；把为推动发展的无意过失，同为谋取私利的违纪违法行为区分开来）要求，既管住失职渎职行为，又注意保护敢于负责、敢于担当作为的干部，为22名被错告诬告党员干部公开澄清正名，推动形成激浊扬清、干事创业的良好氛围。三是打造“电视问政”品牌。聚焦城市和社会发展的热点焦点难点，有效整合纪检监察监督、媒体监督和群众监督资源，继续开展电视问政暨重点岗位评议工作，共开播节目7期，督促整改问题24个，形成张家界特色监督品牌，赢得了人民群众的点赞。

三、抓好审查调查，坚定不移“打虎”“拍蝇”

一是铁腕惩治腐败。全市各级纪检监察机关处置问题线索2677件，立案968件，同比增长6.84%；处分868人，移送司法机关23人，同比增长27.78%。聚焦“关键少数”“重点岗位”，紧盯不收敛不收手的行为，严肃查处郑文举、胡政洲、黄华、王建军等严重违纪违法案件；坚持系统办案思维，重点查处了商务粮食、法院、重点项目指挥部等领域的腐败窝案串案；剑指群众身边“蝇贪”“蚁腐”，严肃查处彭万国、覃桂平等村干部“小官大贪”案件；坚持受贿行贿一起查，立案查处17名涉嫌行贿犯罪人员，不敢腐的震慑进一步彰显，130余名党员干部投案自首和主动交代问题，上交违纪资金400余万元。二是严肃查处涉黑涉恶腐败。坚持扫黑除恶与基层“拍蝇”相结合，严查“保护伞”“关系网”“黑后台”“消息树”，成立专门机构，制订专门方案，将涉黑涉恶腐败问题纳入监督检查、审查调查和巡察重点，会同扫黑办、政法委等建立线索双向移送处置机制和办结反馈机制，发布敦促限期交代问题的通告，开展问题线索“大起底”，全市受理涉黑涉恶类腐败和“保护伞”问题线索175件，严肃查处了龙期斌、赵新华等涉黑涉恶典型案件。三是促进案件质量效率双提升。把握好办案力度和节奏，在确保案件质量的情况下快查快结。办理的武陵源区卫计局原党组书记、局长郑山红受贿案，系湖南省第一起监委移送检察机关审查公诉案件；办理的桑植县水务建设投资开发有限公司原董事长、县农村供水总站站长田永红严重违纪违法案，留置时间只有短短5天。四是坚守安全底线不放松。在“人防”“物防”“技防”上下功夫，织密审查调查安全“防护网”，坚持拉网式排查、日常检查与专项督查相结合，严格执行走读式谈话安全要求，以细之又细、慎之又慎的工作作风，推进相关工作落细落小落实，严守办案安全底线。

四、加强纪律建设，筑牢廉政教育防线

一是纪律教育常抓不懈。督促全市各级党组织和党员干部深入学习贯彻落实习近平新时代中国特色社会主义思想和党的十九大精神，把学习宣传党章、“两准则”、“四条例”等党内法规纳入各级党委（党组）理论学习中心组和各级党校干部教育培训内容，进一步提升党员干部的纪律规矩意识。二是廉政文化形式多样。深入开展廉政文化“六进”活动，办好永定区王家坪镇廉洁文化示范点，成功申报袁任远故居为全市廉政文化教育基地，举办了全市第二届廉政文化优秀节目创作会演活动，弘扬“廉”文化，传播正能量。三是督促整章建制。推动以案促改，在坚决查处腐败分子的同时，深挖问题根源，研究案发规律，及时召开警示教育大会，发出纪律检查建议书和监察建议书22份，推动健全工作制度，堵塞机制漏洞，扎牢不能腐的笼子。四是加强警示教育。坚持用身边事教育身边人，对近年来各级纪委查处的重大违纪案件进行深入剖析，点名道姓通报曝光。向党员领导干部发放“廉政大礼包”1000个（包含违纪人员忏悔录、廉政春联、廉政微电影等），组织党员干部和公职人员到警示教育基地接受教育，震慑作用进一步发挥。五是探索建立容错纠错机制。认真落实《关于落实“三个区分”鼓励党员干部改革创新担当的实施办法（试行）》，对函询了结线索，全市纪检监察机关共书面反馈86人次，澄清4人。

五、持之以恒纠正“四风”，党风政风持续向好

一是认真开展违反中央八项规定精神突出问题专项监督检查。严格执行省委“约法三章”，出台纠治“四风”十条禁令、禁止违规饮酒等制度，划出纪律红线。清理违规公款吃喝问题11508个，补缴费用76.7万元，封存超标准办公用房355间，追缴违规发放津补贴685.75万元，收缴了一批红包礼金和高档烟酒，查处26起违规操办婚丧喜庆事宜典型问题，通报66起典型案例。二是扎实开展“纠‘四风’、治陋习”专项整治。坚持钉钉子精神，紧盯关键节点，抓好作风督查，紧盯人民群众反映强烈的恶习陋习，加大明察暗访、专项检查、交叉检查、随机抽查力度，持续开展专项整治行动。发现问题526个，处分402人，组织处理730人。着力整治形式主义、官僚主义，查处和通报曝光典型问题176起。三是稳步推进教育行业不正之风、涉矿涉砂、金融领域谋利等专项整治。聚焦教辅资料征订、有偿家教家养、中小学食堂违规牟利等问题，组织开展教育领域专项整治，立案45人，组织处理24人，追缴资金211.74万元，退还群众106.87万元。创新开展涉旅专项治理，集中排查35156人次，发现问题115个，分类处理110人。四是推进信访举报工作，着力提升群众满意度。加快机制创新，出台《张家界市信访举报工作细则（试行）》等“1+5”配套文件，规范信访举报分级受理、双向承诺、限期答复、排名通报、责任追究等各环节工作流程。开展信访举报“攻坚”“清零”行动，采取信访举报领导联乡包案、提级办理、分片管理、交叉办理等措施，积极化解群众身边问题。2018年共接收信访举报件2110件，办结1896件，下发通报17期，约谈信访举报处置不力的乡镇党委书记14人次、纪委书记11人次，调整乡镇党委书记1人、纪委书记4人。突出巡视移交问题件办理，2018年中央第八巡视组交办的98件问题件办结95件，处分69人，组织处理37人；2018年省委第二巡视组交办的前五批119件问题件办结49件，另已立案7件11人。

六、深化纪检监察体制改革，释放改革红利

一是高效推进监察体制改革试点工作。2018年1月8日，市县（区）两级监察委员会组建完成，全市从检察机关转隶人员73名，在机构、编制、职数总量不变的前提下，对执纪监督和审查调查部门实行分设，进一步增强执纪监督和审查调查力量。依法使用12项调查措施，重点探索用“留置”取代“两规”措施，全市共留置33人。将2018年确定为“标准化、规范化、法治化建设年”，建立健全执纪监督监察工作试行办法、审查调查措施使用规范等制度，强化程序意识，规范办案流程，依纪依规依法文明安全办案，提高运用法治思维和法治方式反腐败的水平。二是扎实推进巡察机构改革工作。持续深化政治巡察，创新巡察方式方法，探索后备干部参与巡察、区县异地交叉巡察、纪检监察机关和组织部门参与巡察整改专项督查、完善区县委书记听取巡察汇报情况报备制度等。坚持发现问题、形成震慑不动摇，聚焦“六个围绕、一个加强”，对30个市直单位、8个区县委管理的党组织进行全面“政治体检”；紧盯群众身边的腐败和不正之风，牢牢把握再监督工作定位，分别对4个区县脱贫攻坚、9个市直单位扫黑除恶政治责任落实情况进行专项巡察；发现问题727个，移送问题线索172件，督促立行立改问题182个，建章立制580项，挽回经济损失730余万元，推动市属企业违规进人、行政机关与协会脱钩不彻底、基层党建不规范等共性问题的解决。对巡察移送的线索，认真调查核实，严肃查处一批大要案件。三是深化派驻机构改革工作。监委成立后将纪检组更名为纪检监察组。实行市纪委监委领导分管和纪检监察室联系派驻纪检监察组工作制度，对20个派驻纪检监察组实行划片管理，加强对派驻纪检监察组的联系指导。制订出台派驻机构干部管理办法、业务工作管理意见，以推进“六个一”（即一次调研活动、一次廉政谈话、一场集中教育、完善一套制度、组织一次“四风”问题专项检查、一件案件查办）、“三个一”（即一个创新举措、一项专项整治、一件案件查办）为工作着力点，紧盯“关键少数”，掌握重点人和事，深化运用“四种形态”，强化监督执纪问责和审查调查处置，派驻监督质量进一步提高，“探头”作用进一步显现。

七、强化自身建设，打造过硬队伍

一是坚持抓班子带队伍。市纪委常委会带头严肃党内政治生活，执行民主集中制，开展领导干部讲党课、重温入党誓词、主题党日活动等，严格贯彻执行监督执纪工作规则，打造团结务实、坚强有力、作风过硬的领导班子。二是开展大学习大培训。学习习近平新时代中国特色社会主义思想和党的十九大精神，开展“两学一做”学习教育。强化业务培训，相继举办纪委监委集中业务培训班、纪检监察与巡察业务专题培训班，全年送训330人次，开展“一周一课”集中学习28期。三是加强机关文化建设。把开展机关文明单位创建、建设廉政文化走廊、丰富机关文化活动作为提振干部“精气神”的有力举措，开展“我与张家界”征文活动，举办演讲比赛，办好《青廉》杂志，活跃了机关文化氛围，融洽机关干部关系。四是从严管理队伍。出台纪检监察干部“五个一律”（即张家界市自2018年5月22日起执行的纪检监察干部内部管理制度：全市纪检监察干部有以下五种行为之一的，一律先免职再处理；情节严重，造成不良影响或严重后果的，一律开除；构成犯罪的，依法追究刑事责任。对违反“五个一律”的行为隐瞒不报、包庇袒护的，从严追究有关领导责任。1.接受涉案单位、个人及其请托人财物或者请吃、请玩的；2.在涉案单位安排私人事项、报销私人费用；3.与被调查人及其他涉案人员赌博的；4.对被调查人及其他涉案人员打骂、虐待、体罚或者变相体罚的；5.通风报信、跑风漏气、泄漏案情的，或为被调查人出谋划策对抗组织调查的）等规定，警醒纪检监察干部守纪律、讲规矩、知敬畏。建立纪检监察干部廉政档案，聘请14名特邀监察员加强对纪检监察干部的监督。坚持严管厚爱相结合，加大干部交流任职力度，培养年轻干部；坚持刀刃向内，函询纪检监察干部17人，立案7人，处分5人，组织处理2人。

【张家界市监察委员会挂牌成立】 1月2日，张家界市第七届人民代表大会第二次会议选举袁美南为市监察委员会主任。1月8日上午，市第七届人民代表大会常务委员会第十次会议通过了对市监察委员会3名副主任和5名委员的任命。张家界市监察委副主任：陈军、许云锦、刘小平。张家界市监察委员会委员：周珍云、黄章宪、邢祖元、罗湘平、李庄。同日，张家界市委书记、市人大常委会主任、市深化监察体制改革工作小组组长虢正贵，市委常委、市纪委书记、市监察委员会主任袁美南共同为张家界市监察委员会揭牌，张家界市监察委员会正式挂牌成立，并召开张家界市监察委员会成立大会。

【市七届纪委三次全会】 2月1日，中国共产党张家界市第七届纪律检查委员会第三次全体会议在市委礼堂召开。全会深入学习贯彻习近平新时代中国特色社会主义思想和党的十九大精神，全面落实十九届中央纪委二次全会和十一届省纪委三次全会部署，总结2017年党风廉政建设和反腐败工作，研究部署2018年工作。

（本栏撰稿　戴　婧）

民主党派·工商联

【概况】 2018年，张家界市有民主党派市级组织5个、区县支部39个。各民主党派发展新成员34人，净增率为5.11%。至12月底，全市共有民主党派成员700人。

一、加强思想引领。以学习贯彻十九大精神为主线，督促引导协助各党派深入开展纪念“五一口号”发布70周年、“不忘合作初心，共担历史使命”等主题活动，通过宣讲会、报告会、征文比赛、党派市委全会、专题讲座等多种形式，把学习贯彻落实党的十九大精神和习近平新时代中国特色社会主义思想不断引向深入。推荐、组织民主党派代表人士参加省、市党校和社院的专题培训，加强思想引领，深化多党合作政治共识。

二、加强实践锻炼。结合同心创建工程，组织引导选派党派成员组成“关爱小组”到“一家一”助学项目实施学校进行结对帮扶，参加同心项目示范点建设实践、调研活动等，组织党派成员深入贫困山村、联系社区等开展送医送药送科技下乡活动。致公党市委承办全省致公讲堂报告会，致公党人讲述致公故事和助学情怀，到“一家一”助学班开展多批次关爱活动；民进市委邀请民进省委原主委、省人大原副主任谢勇、长沙生殖医学院院长刘习明为100名同心班学生授课和辅导。

三、加强组织发展。认真落实中央、省委相关精神，协助各党派按程序、按范围、按比例做好成员发展工作，同时协调做好重点单位和重点代表人士的组织发展工作，审核发展成员和基层组织负责人6批15人次。

四、加强作风建设。认真贯彻落实中央八项规定要求，及时组织民主党派市委学习传达中央巡视组关于违反中央八项规定专项清理的精神要求，督促协助各民主党派做好办公用房清理、公务接待、津补贴发放等专项清理整改工作。组织召开民主党派机关干部廉政教育谈心会，通报典型违纪案例，传达学习了市委常委会相关精神要求和财务政策规定，通报市委巡察组巡察反馈党派财务管理问题。

五、支持参政履职。一是通过提案、议案参政议政。利用“两会”平台，组织党派成员的人大代表、政协委员积极提交提案、议案，部分提（议）案得到了市委市政府主要领导批示，进入决策程序。二是积极反映社情民意加强民主监督。充分发挥民主党派成员联系群众广泛、人才荟萃的特点，深入了解民情、民意，并向党派省委、省市政协等各方面积极反映上报。进一步规范特约人员聘请管理，积极推荐组织民主党派成员等党外人士担任政府部门各类特约人员，支持各类特约人员参加行风评议、视察调研等民主监督活动。三是组织引导开展好专题调研。下发《关于请各民主党派、工商联和知联会协助调查研究的函》，组织引导各民主党派、工商联和无党派代表人士围绕六城同创、乡村振兴、三大攻坚战等全市中心工作深入开展调研活动，形成了7个高质量的调研成果。四是全力做好新春第一访和专题调研成果汇报。2月26日，市委书记虢正贵带领市委、市政府、市政协主要领导看望慰问市各民主党派、市工商联和无党派代表人士，同时听取2017年参政议政专题调研成果汇报，进一步凝聚发展共识、坚定发展信心、增强发展动力。此项优良传统活动已连续开展15年。

六、引导服务中心大局。组织引导各民主党派参与教育、产业、健康等精准扶贫行动。据不完全统计，2018年累计筹措资金993.3万元。一是做好泛海助学工作。加强与市扶贫办、市教育局衔接协调，督促、指导各区县统战部牵头，与扶贫、教育和相关学校共同做好泛海助学动员申请、审核把关、汇总上报、银行开户、资金发放和宣传报道等相关工作。2018年，张家界市共505名建档立卡贫困户大学本科新生得到泛海助学资助，金额共计252.5万元。二是做好“一家一”助学项目。2018年，各党派筹措资金134万元，新办同心班5个，资助贫困学生250名，其中，民盟筹资34万元在桑植贺龙中学新办“思源·同心班”，同时筹资20万元，资助50名建档立卡贫困户学生完成两年职业教育；农工党在武陵源区旅游职校新办“农工·法律委班”；致公党在张家界旅游学校创办“致公·感恩、致福班”，在桑植职中创办“致公·金鲵班”。三是做好其他同心创建。民盟市委为永定区伞家湾村争取30万元资金，支持畅想农业公司与村民合作发展鹌鹑养殖加工项目。民进市委为桑植县竹叶坪乡争取了50万元道路建设资金。农工党市委完成2个村卫生室项目建设资金的争取工作。致公党市委争取中国发展研究基金会和致公党湖南省委在桑植县启动“山村幼儿园项目”，拟于3年内在桑植县偏远乡村建设50所山村幼儿园，每年给每所山村幼儿园提供3万元资金支持，总计投入450万元；争取致公党山东淄博市委在桑植县芙蓉桥小学和中学捐赠17个爱心图书角和1个致公书屋。九三学社市委为慈利县象市镇田家坪零溪镇两岔溪村、龙潭河镇金长村争取山塘沟渠改造和种植项目资金56.8万元。

（卓 然 刘 潇）

【民盟张家界市委员会】 2018年，中国民主同盟张家界市委员会（以下简称“民盟市委”）认真履行参政党职能，积极建言献策，不断加强自身建设，主动服务经济社会发展。2018年被民盟省委授予“社会服务工作先进集体”荣誉称号。

一、提高政治站位和政治自觉。一是加强思想政治建设。学习了习近平新时代中国特色社会主义思想和中共十九大及十九届二中、三中全会精神；学习了习近平总书记3月4日在全国政协联组会上提出的“新型政党制度”的重要思想，深刻认识到中国共产党领导的多党合作和政治协商制度的重要性，增强了接受中国共产党领导的自觉性，强化了“核心”意识，坚决维护以习近平为核心的中共中央的权威和集中统一领导；学习了民盟优良传统，要求广大盟员始终做到：自觉接受中共领导的政治立场不变，与中共亲密合作、同心同德的政治态度不变，致力于中国特色社会主义事业团结奋斗的精神不变；积极组织开展形式多样的主题学习实践活动。医卫支部联合医院中共党组织开展“芷江红色教育活动”；市民中支部到怀化通道开展爱国主义思想教育活动；永定直属支部和天门中学支部联合赴怀化会同、通道、芷江进行“不忘初心，坚定信念”学教活动；航院支部在慈利溪口镇樟树村开展缅怀先烈的红色教育活动。二是积极参加纪念中共“五一口号”发布70周年和改革开放40周年活动。4月27日，召开纪念中共中央发布“五一口号”70周年座谈会，盟员代表重温了“五一口号”发布的初衷和重大意义，纷纷表示，要以纪念“五一口号”为契机，围绕中心服务大局，不断谱写基层多党合作事业发展新篇章，为地方经济社会发展贡献民盟智慧和力量。为纪念改革开放40周年和中共中央“五一口号”发布70周年，民盟省委先后下发《关于举办“颂改革开放、赞多党合作”书画展征集书画作品的通知》《关于开展纪念“五一口号”发布70周年暨改革开放40周年征文活动的通知》，民盟市委积极响应，选送盟员罗长江、田坤生创作的多幅书画作品参加书画展，发动盟员朱明先、罗建辉等积极撰写诗歌和纪念性散文参与征文活动，民盟市委获得优秀组织奖，朱明先获得征文二等奖。此外，我们还积极参与省、市统战部门开展的“湖南省统一战线人物和事迹典型主题宣传活动”，盟员饶海洲情系三农的先进事迹材料被推荐到省委统战部。三是加大民盟工作对外宣传力度。在中央、省、市各大媒体发稿78篇，其中民盟中央2篇、新湖南1篇、三湘统战4篇、盟省委网站52篇、红网张家界10篇，扩大张家界民盟工作对外宣传影响力。

二、提高参政议政质量和水平。一是开展“创建全国道路交通文明畅通示范城市”课题调研。该课题是中共张家界市委交给5个民主党派和工商联“六城同创”系列调研课题之一。民盟市委高度重视，成立了专门的课题调研组，课题组分成3个小组，分别深入市中心城区各交通要点、社区走访调查、现场观测，并赴部分外地城市参观考察，学习借鉴他们成功的经验。同时，先后三次召开座谈会，广泛听取市交警支队、市城市管理和综合执法局、市交通运输管理局有关负责人及永定、崇文等6个办事处部分干部和市民代表的意见建议。经反复修改，数易其稿，结题形成《关于治理市中心城区交通拥堵的建议》和《关于创建全国道路交通文明畅通示范城市的调研报告》。前者，代表民盟市委在市政协七届三次全会上作大会口头发言，市委书记虢正贵当即做出重要批示，要求针对民盟市委所提建议，市政府分管领导要组建专门班子研究，综合施策，提出三年基本解决拥堵方案，下决心推进实施。后者，在市委、市政府主要领导听取民主党派、工商联调研成果汇报会上作了专门的交办。二是开展“乡村生态旅游”课题调研。为认真贯彻落实习近平生态文明思想和在深入推动长江经济带发展座谈会上的讲话精神，根据中共张家界市委的要求，民盟市委组成专门课题组，进行了广泛深入的调查研究，结题形成《大力发展乡村生态旅游变绿水青山为金山银山》的调研报告，对我市发展乡村生态旅游提出了6条对策建议。此外，武陵源支部结题形成《关于推动武陵源养老服务业高质量发展的建议》，慈利支部结题形成《关于推进慈利县社会信用体系建设的调研报告》，张家界旅游学校支部结题形成《实施乡村振兴战略的思考与对策》。我们还与民盟常德市委共同申报并中标民盟省委参政议政招标课题“关于发展乡村旅游”的研究。由盟员李峰执笔完成的调研报告《热点旅游景区发展乡村旅游的思考》获民盟省委2018年度参政议政招标课题二等奖。三是开展脱贫攻坚民主监督。根据市委统战部的安排部署，我们组织开展对桑植县合群村的定点监督。该村是民盟市委精准扶贫联系村。我们通过民主监督发现，该村党支部组织力、战斗力、凝聚力强，产业发展思路好，贫困户帮扶措施实，村民满意度高，许多经验值得推广。此外，我们先后三次深入桑植县芙蓉桥、沙塔坪、八大公山等乡镇开展精准扶贫“秋季攻坚行动”民主监督调研，通过听取汇报、入户座谈、查阅资料、现场察看、发放调查问卷等方式，对桑植县精准扶贫、精准脱贫工作情况有了较为全面、深入的了解，也发现在基层组织建设、产业发展、对点帮扶和精神扶贫方面存在的突出问题。我们认为，要从根本上解决农民脱贫致富、农业产业发展、农村落后面貌问题，关键在于有一个好的领导班子，有一个坚强的党组织。为此，民盟市委撰写《脱贫攻坚路上党旗永飘扬——桑植县脱贫攻坚民主监督调研报告》。四是积极撰写议案、提案和社情民意。民盟市委、各基层支部和省、市、区县三级盟员人大代表、政协委员充分利用履职平台，共提交议案、提案近50件，内容涉及经济建设、生态文明建设、全域旅游、文化教育、城市管理、民本民生等诸多方面。其中，民盟市委集体提案《对标提质加快推进张家界旅游国际化建设的建议》被市政协列为重点提案。永定直属支部在永定区“两会”期间认真履职，建言献策，共提交8件提案，得到有关部门的高度重视；慈利支部在县“两会”上响亮发声，共提交议案提案14件，创历年来该支部在县“两会”上议案提案“数量之最”“质量之最”。此外，还撰写社情民意40余件，其中民盟省委网站采用21件，市政协采用5件，区县政协采用3件。

三、积极参加社会服务。一是主动融入精准扶贫主战场。民盟市委机关深入精准扶贫联系村桑植芙蓉桥乡合群村，与4户贫困户开展结对帮扶，共送去价值800元慰问物资和1500元教育帮扶助学资金。其间开展“关爱健康服务百姓”助力脱贫攻坚义诊活动，现场为村民义诊200余人次，提供健康咨询300余人次，发放宣传资料300多份；发动盟员扶贫帮困献爱心，捐赠资金17800元。二是持续实施“一家一助学就业”同心温暖工程。民盟市委支持20万元资金在张家界旅游学校开展“一家一助学就业”活动，协助张家界旅游学校和慈利县职业中等学校做好4个“民盟·同心班”学生的实习就业等服务工作。我们还经过多次沟通，北京四中网校同意将张家界天门中学支学助教服务项目延续一年。双方合作工作正常开展，天门中学采用2个班制的方式，让众多学生通过远程教育的方式接受北京四中的优质教学资源。三是支持新农村建设，为乡村振兴贡献力量。关注、支持永定区伞家湾村发展。用好民盟市委为该村筹措的30万元资金，支持湖南畅想农业科技有限公司与村民合作，发展鹌鹑养殖加工项目。2018年，该村投资10万元，发展2户示范户，共养殖鹌鹑2万羽。配合相关部门，启动该村传统古村落传承保护工作，持续推动全村人居环境改善。

四、加强基层组织和盟员队伍建设。一是规范管理。建立健全《民盟基层支部年度工作考核办法》，从组织建设、岗位工作、活动开展、履职成果等多个维度对民盟基层组织工作进行综合考评考核，年末根据考核等级补助一定的工作经费。此举不仅增强了民盟基层组织的凝聚力，也调动了广大盟员主动履职、主动参与组织活动的积极性。二是加强基层组织建设。经与永定区委统战部、张家界市一中和张家界国光实验学校中共组织沟通协商，并报市委统战部审批同意，顺利成立民盟张家界国光实验学校支部，完成民盟张家界市一中支部换届选举。在市委统战部的大力支持下，完成民盟市直综合支部、市直二支部的届中调整。三是严格新盟员吸纳。全年培养发展新盟员14人。其中，硕士4人，高级职称1人，新阶层2人，科教人员1人，非公人士1人。这些新盟员均为单位业务骨干，政治觉悟高、综合素质强、发展潜力大，多数为80后、90后年轻人。尤其是新阶层“山水组合”两名盟员，曾在央视“星光大道”栏目进行过年度决赛，在音乐界具有较大的社会影响力。

一年来，盟员赵旭、刘美云、田文星获得“改革开放40周年湖南省城乡规划行业发展贡献奖”；盟员粟芬芳率领市环卫处干部职工辛勤工作，为我市创建湖南省文明城市和国家空气质量达标城市做出了积极贡献；盟员王振斌作为我市创建“湖南省园林城市”具体负责人发挥专业特长，为目标实现洒下了辛勤的汗水；盟员夏罗生被省教育厅聘请为全省高职学校技能竞赛命题专家和裁判；盟员朱阁在全省职业院校技能竞赛教师职业能力比赛中荣获高职教学设计赛一等奖；盟员刘夏欢被省文化旅游厅授予“全省文化志愿服务活动优秀组织工作者”荣誉称号；盟员金涛在全省高中通用技术现场教学竞赛中荣获一等奖；盟员罗丽梅在全省在线集体备课大赛中荣获一等奖；盟员谷春明网络辅导表现突出，被评为优秀辅导老师；盟员胡魁认真做好导游辅导工作，在全国导游资格证考试中屡创佳绩；盟员刘华治、高自安被评为永定区政协优秀委员和区统战系统先进个人；盟员戴晓立在第二十届中国中部（湖南）国际农业博览会上积极推介“硒有慈利”重大农业招商引资项目受到表彰；盟员刘涛主持的单位工会工作获得“全国工会示范点”和“湖南省先进园区工会”两项创纪录荣誉；民盟永定支部“盟员之家”被民盟中央评为优秀“盟员之家”；航院支部为学校文明高校、平安高校创建作出贡献；医卫支部参与健康教育、义诊等公益活动10余次；慈利支部争取相关部门支持筹措资金61万元，用于有关村级道路建设和产业项目扶持。（李佩佩）

【中国农工民主党张家界市委员会】 2018年，中国农工民主党张家界市委员会立足自身建设，巩固多党合作的思想政治基础，履行参政党职能，发挥党派特色，结合脱贫攻坚开展系列社会服务活动，各项工作成绩突出：被农工党中央授予“《前进论坛》发行工作先进单位”；被中共湖南省委统战部授予“全省统一战线聚力脱贫攻坚行动成效突出单位”；农工党湖南省委成立35周年表彰大会上，被授予“先进市级组织”“组织建设先进市级组织”“社会服务先进市级组织”“纪念中共中央发布‘五一口号’70周年和农工党湖南省成立35周年活动表彰活动组织奖”；农工党湖南省委八届三次全会上，被农工党省委授予“2018年度组织建设先进单位”“社会服务先进单位”；2018年市绩效考核为优秀等级。

一、思想建设。坚持把政治建设摆在首位，以习近平新时代中国特色社会主义思想为指导，扎实开展主题教育活动。一是认真学习贯彻中共十九大和农工党十六大精神，7次集中组织200余人次开展学习教育活动，同时充分利用党刊、网站、微信发送资料，深入学习贯彻习近平新时代中国特色社会主义思想、中共十九大、全国两会精神及农工党十六大、农工党湖南省委全会精神。二是积极组织参与纪念中共中央“五一口号”发布和农工党湖南省委成立35周年活动，响应参加农工党省委的专题讲座、培训研讨和宣讲等活动，机关干部和骨干党员赴河北李家庄、西柏坡开展的“重温‘五一口号’，铭记合作初心”主题考察调研活动；全市农工党党员赴溪口镇“红军树”、苏维埃溪口区政府旧址、贺龙元帅纪念馆故居开展“不忘合作初心，继续携手前进”主题教育活动；2次参加“身边的榜样”宣讲活动。三是组织开展“三学一讲”专题教育活动，推动主题教育活动贯穿自身建设和履职尽责全过程；召开党员大会集中学精神、学党章、学党史，主委覃仕斌、专职副主委郭金玲分别主讲了题为“重温多党合作历史弘扬优良传统凝心聚力建设高素质中国特色社会主义参政党”“历经了血与火考验的中国农工民主党”的党课，重点学习了《中国农工民主党章程》新修改部分内容。四是抓实思想理论宣传工作，55篇新闻信息被人民论坛网、农工党、统战、政协等部级、省级、市级多家网站媒体500多次录用；上交农工党省委理论征文5篇；2篇文章获市政协理论征文三等奖。

二、参政履职。一是推动民主监督常态化。农工党员人大代表、政协委员履行民主监督的职能，参加各种重要的政治协商活动，43人次参加有关方面组织的重大问题调查和专项考察、听证会等活动31次，并提出建议。二是精心选题深入调研建言献策。紧扣中共张家界市委“抓重点、补短板、强弱项”大调研活动要求，完成“农村水利基础设施建设”“环境空气达标城市创建”等五个专题调研；支委就“农村垃圾治理”“医养结合”等专题开展调研，形成调研成果，建言献策被采纳。参政议政成绩突出：市委参与的调研报告《推进湖南省健康乡村建设的对策研究》得到省政协主席李薇薇和省委常委、统战部部长黄兰香的肯定批示。市七届二次政协全会上，农工党委员提交第一提案人个人、集体提案25件，占总提案数12.8%；立案19件，占立案总数14.4%；集体提案6件，占集体提案总数20%。集体提案《关于加强我市传染病防治工作的建议》获市委书记虢正贵批示，被列为年度6件重点督办提案之一，是市政协主席会议协商督办的唯一提案。召开“全市商品房开发中垃圾站、公厕配套建设”农工党界别协商会，相关意见建议被采纳，出台《张家界市人民政府关于房地产开发项目配套建设公共服务设施的意见》，修改《张家界市城乡规划技术规定》。提交社情民意7篇，被市政协采纳4篇，《关于加大力度争取提前成功创建环境空气质量达标城市的建议》获副市长李培其批示，力促张家界环境空气质量持续改善，空气质量全省第一批率先达标；《关于市城区全面全时段禁止燃放烟花爆竹的建议》被采纳，发布《关于张家界市中心城市禁止燃放烟花爆竹的通告》，出台了张家界史上最严“禁燃令”。三是多地参与脱贫攻坚民主监督。集中对武陵源区脱贫攻坚成果巩固开展民主监督，举行协商会座谈，书面反馈民主监督中发现的问题，得到武陵源区委积极回应并逐条分解落实；市委还参与了农工党中央对云南丽江、农工党湖南省委对邵阳市的脱贫攻坚民主监督，助力脱贫攻坚。农工党市委帮扶与监督相结合的形式得到市委统战部相关领导高度肯定，被称为“脱贫攻坚成果巩固民主监督张家界模式”。

三、社会服务。农工党市委整合资源努力作为。一是持续推进健康扶贫。做好“同心工程”品牌——村卫生室建设和定点帮扶乡卫生院项目，争取资金10万元新建成1个村卫生室，促成南湖医疗集团为农工党定点帮扶的桑植县洪家关乡卫生院免费培训医生1名；市委组织开展2次义诊活动，党员专家17人参加，发放社会服务活动宣传资料500多份，受益群众350多人；和农工党湖南省委联合组织专家到省社院扶贫点慈利县洞溪乡乐庄村开展大型送医送药义诊活动，近200名村民接受专家的免费诊治；争取农工党省委组织专家到张家界市人民医院举行关爱帕金森患者治疗与康复大型公益讲座及义诊活动，220余名帕金森病患者、医务人员和患者家属聆听了讲座，38名帕金森病患者享受了医学专家组的免费义诊。二是深入实施教育扶贫。建成深圳LP9爱心人士捐资60万元修建的慈利县赵家岗土家族乡银寨村爱心学校，市委捐赠价值6000多元的少儿读物建成“农工党图书角”；联系农工党长沙市委为银寨村爱心小学捐赠了食堂、阅览室桌椅及电子琴等教学设备；和武陵源教育基金会联合开展“爱心为梦想护航”为主题的精准扶贫捐资助学活动，为49名家庭经济困难、品学兼优的建档立卡户大学新生送去总计15.75万元的助学款；做好“一家一”助学就业同心温暖工程，继续做好“农工·长城信息同心班”的同心辅导，辅助做好该班高考生学习辅导，协调联系学生到长城信息产业股份有限公司就业相关事项，取得较好效果；争取20万元资金，在武陵源区旅游职业学校资助了“农工·法律委班”50名学生。三是积极引进电商扶贫。和农工党省委联合搜农坊在桑植县洪家关白族乡举行精准扶贫公益活动，打通电商服务最后一千米，桑植县相关部门负责人以及当地群众近400人参加了文化节活动，活动得到了当地政府和老百姓的一致好评，带动当地近100万元的农特产品销售。四是大力开展环保宣传。联合张家界市环保局等单位开展了环保杯电视抢答赛及2018“六五”世界环境日系列活动，参与环境保护。五是继续帮扶“同心乡村”。市委多次到慈利县东岳观镇道人山村开展帮扶走访，结对帮扶，投入4.48万元用于该村产业帮扶和基础设施建设，并具体帮扶2户贫困户。

四、组织建设。一是修改完善《农工党张家界市委奖励暂行办法》《农工党张家界市委慰问探访制度》等制度。二是加强人才培养，发展5名较高素质党员，组织推荐30多人次参加各级社院、农工党、政协组织的培训学习。三是落实市委班子成员、市委委员联系支委制度，加强对基层组织班子工作指导考核，参与对支委开展循环年度考核，评定考核等级。四是开展“优秀支委”创建活动，各支委积极争先创优，开展系列活动。五是探讨党内监督工作，和大连、齐齐哈尔、益阳等地农工党市委会开展党内监督工作交流，监委会成员随同农工党省委赴内蒙古区委、海南省委开展党内监督工作调研考察，参加农工党贵州省委来湖南开展党内监督工作交流活动并作典型发言，落实市监委会列席市委（扩大）会的举措，并参加中共张家界市委组织部对市委班子考核民主测评会。

（郭金玲　孙　杨）

【中国致公党张家界市委员会】 2018年，中国致公党张家界市委员会以建设高效能参政党市级组织为目标，推进自身建设，围绕张家界市发展战略履行参政党职能，各项工作取得新进步。

一、加强学习宣传教育，提升党员思想认识

组织党员开展学习中共十九大精神活动，邀请中共张家界市委讲师团进行“学习贯彻十九大报告专题讲座”。举办“不忘合作初心继续携手前进”主题教育活动。推荐多名党员参加省社院、本党省委以及中共张家界市委党校举办的培训班。举办“纪念‘五一口号’发布七十周年理论征文活动”，收到理论文章8篇。组织4名宣讲员开展“学习十九大弘扬好传统”主题宣讲活动。向致公党中央、致公党湖南省委网站报送信息共101条，《张家界日报》刊发工作相关稿件12篇，其中头版5篇。构建以“张家界致公”微信公众号为主的宣传平台。协办“纪念改革开放四十年——湘皖鄂川致公书画院书画联展”活动。

二、推进建设加强监督，筑牢党派履职基础

对市委主委会成员履职情况进行登记。召开了主委会成员民主生活会。对专委会成员进行调整。落实市委委员联系基层支部制度，按照支部工作标准开展支部达标创优活动。组织监督委员会开展党内监督工作，对党员思想状况、各基层自身组织建设、落实上级工作任务情况以及党内重要事项开展监督。按本党省委要求开展支部活力指数评估，永定区直支部活力指数在全省近200个支部中排名第4。落实本党省委人才兴党行动，发展新党员6人。

三、加强学习充分调研，参政议政成效显著

开展政党协商，完成“关于深化文明城市创建工作的建议”和“关于建立旅游环境秩序整治长效机制的建议”课题调研。完成本党省市联动课题调研《归国留学人员创新创业环境优化研究》和《关于张家界市旅游国际化工作情况的调研报告》。在市政协七届二次会议上提交5件集体提案和7件个人提案，其中，《关于解决市城区住宅小区居民所购房屋不动产证办证难的建议》和《关于加强我市住宅小区物业管理工作的建议》提案被评为优秀提案。配合本党省委在张家界市开展脱贫攻坚民主监督工作，对张家界市产业扶贫、教育扶贫、扶贫资金管理三个方面进行重点调研并完成报告。共向中央、省、市各级各部门提交社情民意49篇，其中，《关于修改中华人民共和国噪声污染防治法的建议》被中央统战部《零讯》单篇采纳，《加快一带一路沿线国家来华留学生学习就业发展的建议》被中央统战部一局采纳，《关于提前进行湖南张家界大鲵国家级自然保护区范围调整的建议》和《关于探索建立涉农资金统筹整合长效机制的建议》被全国政协采纳，《规范网络众筹行为迫在眉睫》《新时代村干部的社保问题亟须明确》等4篇被致公党中央采纳。还有1篇被湖南省委统战部采纳，2篇被湖南省政协采纳，5篇被中共张家界市委《张家界信息》采用。上报致公党中央参政议政联系点素材，按时提交“解决深度贫困地区脱贫问题”的调研报告和全国政协协商议题。2018年，本党市委被致公党中央评为全国参政议政工作先进集体。

四、整合资源凝心聚力，打响社会服务品牌

筹措60万元新开办3个“一家一”（中共湖南省委统战部实施的“一家一”助学就业·同心温暖工程，面向贫困地区建档立卡的职业院校学生，以班级为单位，资助每班50人每人4000元确保完成学业，使学生掌握一门谋生技能，找到工作后带动一个贫困家庭脱贫）致公班，资助150名贫困学子完成两年学业，开展致爱小组精神助学活动7次。捐款7260元资助贫困生蒋艳继续完成大学学业。关爱农村留守儿童，开展“爱心妈妈”活动5次。促成深圳宝德集团与张家界市政府成功签约“张储2号地”棚改项目，项目投资5亿元。引进山东淄博市委在桑植县芙蓉桥小学和中学捐赠17个爱心图书角和1个致公书屋。在桑植县双溪桥村开展了访贫问苦送温暖以及新春送春联活动。持续做好“同心致福村”的帮扶工作。

五、发挥优势彰显特色，丰富侨海工作内涵

开展了“归国留学人员创新创业环境优化研究”调研工作，召开了青年海归就业座谈会。组织张家界市留学生代表参加了本党省委举办的湖南省海归论坛。组团出访菲律宾，参加菲律宾中国洪门致公党中吕宋支部换届典礼，礼访菲律宾邦邦牙省圣弗兰多市市政府，对外宣传推介张家界。接待了菲律宾中国洪门致公党中吕宋支部爱国华侨、香港致公协会会长一行来张家界交流考察。 （龙　邪）

【九三学社张家界市委员会】 2018年，九三学社张家界市委员会（以下简称“社市委”）履行参政党职能，各项工作都取得较好成绩，为张家界市多党合作事业发展做出贡献。

一、理论教育。学习全国两会、中共十九大、社中央十一大、社省委七届二次全会和中央八项规定等相关精神。邀请社省委副主委、省政协经科委主任、中南大学商学院教授、博士生导师吴金明来张家界市作题为“十九大精神与高质量发展”学术报告；带领社员赴郴州参加社省委举办的“学习十九大精神，发挥参政党作用”演讲比赛，并获三等奖。以培训学习为载体，创新学习实践路径4次。社市委领导赴社省委参加十九大专题培训学习；赴井冈山参加市委统战部组织的暑期谈心活动；组织市委会成员、基层组织负责人和社内市人大代表、市政协委员赴遵义开展“不忘合作初心、共担历史使命”专题教育实践活动；选派4名基层社员参加社省委在省社会主义学院举办的培训学习。开展“纪念五一口号”“改革开放40年”等系列活动，征集征文19篇，摄影作品3件，征文数量居全省第一，获社省委“优秀组织奖”，其中李蓓撰写的《不忘合作初心，继续携手前进》获社省委三等奖。发动社员积极参加社中央举行的“社员之家杯”社章社史知识竞赛，参赛率全省排名第一，6人入围全国排行榜300人名单，其中，一等奖4人，二等奖1人，三等奖1人，获社中央表彰；社市委机关1人赴社中央参加全国决赛，并获团体第三名；社省委对全省前50名参赛者进行表彰，张家界有5人获奖，其中一等奖3人，二等奖2人，并获社省委“优秀组织先进单位”表彰。

二、参政议政。提早谋划，深入调研，共完成专题调研报告4篇，其中，《关于优化我市营商环境的建议》被选为市政协七届三次全会开幕会上口头发言材料，获中共张家界市委书记虢正贵签批；《关于加强基层林业站所建设打通生态文明建设最后一千米》是市长刘革安签批的2件重点提案之一；《关于创建国家食品安全示范城市的建议》为新春上班第一天，市领导走访慰问民主党派暨2018年度调研成果汇报会期间的专题汇报成果，其敢于直言、敢于建言的态度和真知灼见获与会各位市级领导的好评与充分肯定。在1月召开的市政协七届二次全会开幕会上的13篇大会发言材料中，社市委被选中5篇，占39%。中共张家界市委书记虢正贵共签批6篇，社市委占2篇。市政协从所有政协委员提交的195件提案中挑选5件，送中共市委书记、市长阅示，社市委及我社社员提交的提案被选中3件，占60%，其中1件获中共市委书记虢正贵签批，2件获市长刘革安签批。在市政协表彰的14件提案中，我社有6件提案被评为市政协“优秀提案”，占43%；在表彰的37名“优秀市政协委员”中，我社有5名，占14%。在4月初召开的市政协常委会上，共确定6件市政府重点督办提案，其中社市委有4件，占60%。继续对慈利县实施脱贫攻坚民主监督，重点就交通行业扶贫领域存在的问题开展专题调研、走访、座谈；配合社省委脱贫攻坚民主监督小组成员，赴区县调研。并对调研情况进行梳理、总结，撰写民主监督调研成果2篇，其中，《关于加强交通扶贫工作的建议》由市委统战部汇总各党派市委民主监督成果，一并向中共市委汇报，转交慈利县政府办理；《关于加强农村环境污染防治工作的建议》被社省委参政议政处采用。共向各级组织提交社情民意14件，其中，《关于建设标志性城市雕塑的建议》等4篇，被市政协社情民意专刊采用；《关于创新交通扶贫机制的建议》等4篇，被社省委参政议政处采用；《关于基层医院推进医联体建设的建议》1篇，被《零讯》采用；《关于对我国工程建设质量安全监督管理机构进行改革的建议》等3篇，被全国政协采纳；《关于在党和国家机构改革中推进“交警与交通”职能整合的建议》等2篇，被社中央采纳。

三、社会服务。一是争取社内成员支持，开展点村帮扶工作，为慈利县两岔溪村和龙潭河镇金长村争取种植业项目资金各10万元，创建“九三学社锦绣黄桃同心示范基地”和“九三学社百果园同心示范基地”。二是争取地方相关部门支持，开展同心项目服务活动，给“九三同心乡村”田家坪村争取山塘、沟渠改造、综合服务平台资金36.8万元。三是争取中信湘生殖与遗传专科医院支持，开展“健康精准扶贫助孕”项目，为5户不孕家庭提供助孕便利。四是开展精准扶贫工作，对帮扶村黄庄村的结对贫困户坚持一月一次进村入户走访、调研。五是开展“一家一”助学帮困活动，争取中国助学网湖南工作站、市妇联、市关心下一代协会的支持，并在社内开展募捐活动，筹措资金2.35万元，为6名困难学生、残疾人家庭和“九三·同心班”白血病患者吴欣蔚同学提供帮助。六是开展下乡义诊活动，组织社内专家医生和科技工作者，赴慈利阳和乡三溪村开展“送医药、送知识、送技术”社会服务活动。

四、机关建设。全年发展新社员5人，转入1人，发展率为3.8%，党派主体界别特色显明，达100%。结合组织发展，搞好梯队建设，会同社员所在单位一起，积极向中共组织推荐社内优秀人才。加强机关能力建设，改善办公环境，获九三学社中央机关能力建设补贴资金2万元。

（王雅晖）

【民进张家界市委员会】 2018年，民进张家界市委不断加强自身建设，积极履行参政党职能，全面对接我市“11567”总体思路和全域旅游、产业发展战略，服务大局，凝心聚力，认真履职，为助推张家界经济社会高质量发展做出了积极贡献。

一、思想宣传。积极参加民进湖南省委安排部署的“学习中共十九大、民进十二大精神，做合格有为的民进会员”专题教育活动。全年组织市委委员、支部班子成员、市、区两级人大代表、政协委员，先后召开了十九大、民进十二大和新修订宪法、监察法精神专题学习会。围绕纪念“五一口号”发布70周年、改革开放40周年，制订并下发了《民进张家界市委关于“五一口号”发布70周年系列纪念活动方案》，开展座谈、书画展、理论征文等主题活动。周芳主委撰写的《在重温历史、弘扬传统和履职尽责中永远不忘合作初心》在会省委刊物《楚帆》中刊发。多条信息刊登于民进中央、省委、张家界政府公共信息网、市委统战部网站，内容涉及参政议政、社会服务、自身建设等内容。在民进张家界微信群里及时推出民进湖南和市委统战部微信公众号发布的各项工作信息。

二、组织建设。2018年共发展会员3人，其中“优才”2人。周芳主委经中央统战部安排赴四川省挂任司法厅副厅长一年。4名会员被市直部门聘为特约监督员，2名会员科级实职安排。2018年，全市骨干会员参加各级各类培训班学习13人次，其中，中央级培训2人次，省级培训6人次，市级培训4人次，区级培训1人次。指导基层支部和会员开展“学会章、明使命、强意识”主题教育活动。李腊君、向昌国、陈志刚、李建等同志荣获“全国素质教育先进个人”“吉首大学2018年度先进个人”“优秀班主任”等多项荣誉称号；魏娟同志被中共张家界市委统战部评为“全市统战工作优秀信息员”；彭艳同志积极组织所在单位的系列阅读推广活动，连续两年荣获全国“全民阅读推广先进单位”；唐小燕同志获教学优秀奖；胡渝镛同志被公派到英国南安普顿大学做访问学者等，树立了良好社会形象。

三、参政议政。根据中共张家界市委的中心工作，民进市委将成功创建国家卫生城市、实施乡村振兴作为全年的课题调研重点，形成《五人共建齐心协力一举建成国家卫生城市》《关于高起点推进乡村振兴战略实施的建议》《关于全面推进农业机械化的建议》三篇调研报告，其中“创建国家卫生城市”调研成果在中共市委新春走访座谈上向市委书记虢正贵汇报，并由市卫计局、宣传部、教育局等部门领办落实；“高起点推进乡村振兴”“全面推进农业机械化”调研成果作为政协大会发言并获市委书记批示。民进省委专题常委会上，张家界民进申报了三篇调研报告，其中《深度贫困地区产业扶贫亟须强化和改进》

《当前农村教育扶贫政策的调整和完善尤为紧迫》两篇作为会议书面发言材料采用。市级两会上，提交集体提案5件，个人提案16件，其中两件集体提案被列为市政协重点督办提案。全年向民进省委报送社情民意15篇，向市政协报送社情民意3篇，其中“脱贫攻坚切忌急功近利”社情民意信息被民进中央采用。参与民进中央、省委脱贫攻坚民主监督。民进中央、省委脱贫攻坚民主监督小分队两次赴张家界开展“四不两直”的田野调查，深入永定区茅岩河镇瞿家堡村、桑植县五道水镇连家湾村、芭茅溪乡水田坝村进行深入调研；全国人大监察和司法委员会副主任委员、民进中央副主席兼秘书长、民进中央脱贫攻坚民主监督工作领导小组副组长高友东率民进中央调研组来桑植开展调研，指导我市的脱贫攻坚、教育扶贫工作。制订《民进张家界市委2018年脱贫攻坚民主监督工作方案》，进一步规范和明确脱贫攻坚民主监督的工作重点和工作措施。对脱贫攻坚的调研，形成调研报告4篇，社情民意信息7篇。积极配合民进四川省委在湖南的调研脱贫攻坚民主监督工作活动。根据2018年中共张家界市委政党协商计划，参加了市委全会工作报告、市委经济工作会议报告、政府工作报告征求意见协商座谈会，全市党风廉政建设和反腐败工作情况通报会，收到对相关工作征求意见的书面函6份，参加全市关于深入实施长江经济带发展战略实现高质量发展，澧水流域保护与治理三年行动计划，张家界市机构改革方案等重点工作的座谈协商，提出的相关建议得到采纳。

四、社会服务。“素兰书屋”继续为桑植竹叶坪中心学校捐赠图书1100多册，汤素兰副主委还进行了《像作家那样观察、思考、想象、表达》的学生讲座。重视“一家一”同心项目的跟踪管理。省人大常委会原副主任、民进省委原主委谢勇亲自到慈利县职业学校为100名受助学生授课，两个班的捐赠人——长沙生殖医学院院长刘习明、著名主持人汪涵，结合自身成长经历勉励同学们。五道水镇连家湾村列入民进市委的驻村帮扶点后，积极与其他单位一起共同谋划2018年驻村帮扶工作，现已如期脱贫；整合会内专家资源，为慈利县江垭镇、永定区沅古坪镇宋家溪村制订五年旅游发展规划；结合脱贫攻坚民主监督工作中发现的短板有针对性地开展支助活动，为桑植县竹叶坪乡争取了50万的“打通乡村最后一千米”的道路资金，以解决当地老百姓生产、生活困难；武陵源支部长期以来发扬助学传统，为武陵源一中学生开展捐资助学。（卓　亚）

【张家界市工商业联合会】 2018年，市工商联紧扣“两个健康”工做主题，团结教育广大会员，发挥桥梁纽带作用，大力服务张家界经济发展大局。

一、加强教育引导。一是强化政治引领。进一步学习党的十九大精神，邀请专家为全市100多名非公经济人士党员作了学习习近平新时代中国特色社会主义思想专题辅导。动员和督促各区县工商联、各直属商协会、各会员企业通过举办专题讲座、报告会、专题讨论等形式学习党的十九大精神、习近平新时代中国特色社会主义思想、习近平总书记在民营企业座谈会上的讲话精神、关于营造企业家健康成长环境弘扬优秀企业家精神更好发挥企业家作用的意见等，教育引导广大非公经济人士把握党的大政方针，树立发展信心。二是开展培训教育。组织40多名年轻民营企业家举办“厦门大学—张家界市年轻一代民营企业家培训班”，提升了参训企业家的综合素质。配合市委宣传部开展“解放思想新征程”媒体专题采访，推介15名非公经济代表人士的先进事迹。三是引导回报社会。加大“万企帮万村”精准扶贫力度。推荐的张家界康茜生态农业投资开发有限公司被评为全国“万企帮万村”精准扶贫行动先进民营企业。2018年，全市工商联系统完成新增帮扶项目24个，帮扶贫困户2562户，并对全市41个深度贫困村开展结对帮扶。全市累计有20家商协会和181家会员企业结对帮扶贫困村214个，实施扶贫项目578个，带动就业4000多人，累计投入资金13.8亿元，惠及贫困人口33595人。

二、搞好发展服务。一是履行参政议政职能。围绕“个转企、小升规”课题开展了界别协商。围绕贯彻落实国务院、省政府进一步激发民间投资活力促进经济持续健康发展的实施意见开展专题调研，撰写了《加快进一步激发张家界市民间投资活力的建议》。组织46家企业信息直报点完成了全国营商环境评价、民营企业运行情况调查、小微企业融资情况调查等任务。开展了上规模民营企业调研。组织撰写了《2017年度张家界市非公有制经济发展报告》。二是开展招商引资和经贸交流活动。组织参加了“中国知名民营企业携手湖南助推中部崛起大会”，牵头召开了“张家界市与全国知名民营企业对接座谈会”，向30多家全国知名民营企业推介了张家界市情和14个重点招商项目，共签约重大项目4个，投资总额达138亿元。促进了澳门君天集团张家界天门之眼项目和湖南芒果伏加商业管理有限公司阳和芒果小镇项目在“沪洽周”上签约。组织张家界西莲茶业有限责任公司参加了2018巴基斯坦湖南商品展览交易会。指导市汽车行业协会举办了三次汽车展。三是提供法律服务。为会员提供法律咨询100多次，帮助会员维权20多次，开展法律风险管理培训2次。协助市检察院制订了《张家界市人民检察院关于依法保障和促进非公有制经济健康发展的实施意见》，和市检察院联合设立了服务非公经济发展检察联络室和非公经济法律服务团。四是开展融资服务。大力推荐参与“万企帮万村”精准扶贫行动的企业获得政策性金融支持，其中张家界老道湾旅游休闲发展有限公司获得农发行贷款2.1亿元。组织市农业银行、市长沙银行与各直属商协会交流对接，与市农业银行、市金融办联合召开了“民营小微企业‘减负增收’金融服务推介会”，向300多家中小微企业推介了产品服务，促成6家企业现场签订了综合金融服务协议。五是积极参与“双联”活动。推荐1个项目、7家民营企业纳入了市级领导干部联系项目、联系企业“双联”对象，对联系的两家民营企业存在的困难和问题进行了摸排和上报。

（刘宏马 红刘潇）

群众团体

张家界市总工会

【概况】 2018年，张家界市工会工作取得新的成效，工会改革任务基本完成，职工服务工作取得新的成效。

抓好基层工会建设，组织1000余名工会干部参加了全国工会推进农民工市民化工作培训班、乡镇（街道）工会主席岗位培训班、规模以上企业工会主席岗位培训班等22个班次的学习。截至2018年底，建立市总工会与区县级党委、市级有关单位党组协调推进工会工作制度，全市各类法人单位建会率和职工入会率动态保持在96%以上，企业建会率和职工入会率动态保持在95%以上。

抓好工会组织管理，开展“会员评家”活动。全市有2789家基层工会开展“会员评家”活动，参与面达到88%。加强“职工之家”创建和管理工作，修订《张家界市总工会关于深化职工之家建设的意见》。获评全国模范职工之家2家、全国模范职工小家2家、全国优秀工会工作者1名，全国优秀工会积极分子1名；省级模范职工之家2个，省级模范职工小家2个；张家界茅岩霉有限公司等5家单位通过市级“模范职工之家”验收。慈利工业集中区工会联合会获得“湖南省先进开发区工会”荣誉称号、桑植县走马坪白族乡工会联合会、慈利县阳和土家族乡工会联合会获得湖南省“六好乡镇（街道）工会”荣誉称号。

开展技能比武竞赛。在全市重点建设项目中组织开展劳动和技能竞赛活动，参加市级以上重点工程的单位有85家，共10000余人。组织开展“安康杯”竞赛活动，全市有300多家企事业单位、职工12000多人参与竞赛活动。

维护职工权益。在工资集体协商工作方面形成“以企业单独协商为主、区域性协商为辅、行业性协商为补充”的良好发展态势。截至2018年底，全市已建会企业共签订工资集体协议617份，覆盖企业1284家，覆盖职工58542人，全面完成省人社厅、省总工会下达的建制任务；厂务公开民主管理工作进一步深化，企事业单位建立职代会制度的有918家，建立厂务公开民主管理制度的有1432家，建制率为88.8%；非公有制企业建立职代会制度的有1203家，建制率为90.3%；推进第八轮女职工“芙蓉杯”竞赛，建设知识型技能型创新性女职工队伍。

做好工会经费征收审查工作。2018年，全市工会经费税务代征3900万元，超额完成任务，工会经费实现大幅增长，实行税费同征、税费同查、税费同管“三同步”管理模式，完成代收任务；推进工会经费划拨力度。2018年，财政划拨工会经费200万元，实现稳步增长；完成经费审查工作，对区县总工会2017年度经费预算执行和专项资金使用情况开展审计，提出审计整改建议28条。

【关爱女职工行动】 2018年，市总工会推进女职工培训学校和健康心理咨询室示范点建设。组织开展女职工培训示范学校的培育、创建和授牌工作。11月份，授予张家界市慈利县人民医院女职工培训学校、张家界摆手舞民族服饰有限公司女职工培训学校等2家单位为全市“女职工培训示范学校”称号，发挥女职工培训示范学校的典型带动作用。

一、举办“心理健康咨询讲座”进校园活动。下发《关于推进全市工会职工心理关爱工作方案》和《全市职工心理咨询室建设方案及标准》，邀请中南大学导师作讲座，对张家界心理学会志愿者353人进行“心理健康咨询”授课。

三、深化“女职工关爱行动”，加强家庭关爱、婚恋关怀工作。与市直机关工会、市金融联合工会共同举办主题为“相约张家界，共圆幸福梦”鹊桥联谊交友活动。

【推动职工救助互助】 2018年，市总工会完善制度，摸清底子，制订出台困难职工解困脱困计划和细则，对困难职工档案实现动态管理，建立全域覆盖的困难职工动态管理网络，清理确认全市困难职工档案1937多户。全市各级工会筹措帮扶资金1000万元，开展各类救助。市、区县总工会投入帮扶资金300多万元，帮扶困难职工1229名，分别对生活、医疗、助学、就业培训等困难类型的职工开展帮扶救助。开展送温暖及困难职工走访慰问活动。“两节”期间，市总工会11个常委，每人走访慰问5个困难户家庭，慰问1个劳模。同时，市各级工会春节送温暖工作小组，走访慰问困难企业160家，登门逐户慰问500多户困难职工，送去慰问金计140多万元，送去大米100吨。“一户一产业工人”培养工程纵深发展，工会会员小额担保贷款工作由点扩面。全市各级工会积极开展“一户一产业工人”培养工作，培养领军人才29人，培养技术能手1026人，实现技能提升6336人，带动农民进城务工10多万人，实现就业4500多人，自主创业480人，对1077名城镇困难职工和1085名农民工开展技能培训；出台《张家界市工会会员小额担保贷款实施办法》，明确在全市困难职工中继续开展小额担保贷款工作，贷款规模由2016年4月的500万元扩大到1000万元，贷款利息由市、区县工会各承担50%，用以解决困难职工和农民工就业创业过程中资金筹措难问题；推进职工医疗互助活动，加大对困难职工大病救助帮扶力度。市总工会科学制订第五期职工医疗互助方案和实施办法，有1025家企事业单位参加第五期职工医疗互助活动，参加职工人数61032人，收取职工医疗互助金392.51万元，完成省总工会下达的职工医疗互助任务，全年补助职工医疗互助3834人次，发放保障金412.14万元。

【规范劳模管理】 2018年，市总工会做好全国五一劳动奖的推选工作，张家界武陵源风景名胜区和国家森林公园门票管理中心吴家峪经营部部长袁谋文获“全国五一劳动奖章”荣誉称号，同时被省委省政府授予“湖南省先进工作者”称号。国网湖南省电力有限公司张家界市武陵源区供电分公司索溪峪供电所被评为全国工人先锋号；做好走访、慰问工作，市、区县两级工会组织走访慰问320名劳模，组织部分省部级以上劳模疗休养；加大劳模创新工作室创建力度。创立的楚任杰创新工作室，充分发挥优秀教师示范作用，紧密结合学校实际，求真务实创新工作，在课堂教学改革、艺术特色、非遗文化传承、综合实践活动、关爱留守儿童和校园文化建设等诸多领域取得丰硕的成果。 （本栏撰稿 赵慧文）

中国共产主义青年团张家界市委员会

2018年，团市委团结带领广大团员青年主动融入经济社会发展主战场，推动共青团事业实现新发展，被国家交通运输部、公安部、应急管理部、中华全国总工会、共青团中央等五部委联合表彰为“情满旅途”工作先进集体。

一、聚焦引领凝聚青年，抢占青少年思想政治教育制高点

一是以学习贯彻习近平新时代中国特色社会主义思想为主线开展主题教育。切实提高政治站位，以庆祝改革开放40周年、建市30周年、团的十八大为契机，围绕“不忘初心·牢记使命”“建功新时代·争做新青年”“青年大学习”等主题开展学习教育30余场次，持续深化党的十九大精神进企业、进机关、进农村、进校园、进社区、进景区、进家庭、进网站“八进”活动，举办习近平总书记“7·2”讲话精神学习报告会和专题培训班，发动全市各级团组织和广大团员青年深入学习习近平关于青年工作的重要思想，赠送团干部《习近平关于青少年和共青团工作论述摘编》《习近平的七年知青岁月》等学习书籍2000余本，推动广大团员青年自觉增强“四个意识”、坚定“四个自信”、做到“两个维护”。二是以培育和践行社会主义核心价值观为载体选树先进典型。实施“青年马克思主义者培养工程”。结合三五、五四、六一等节点，表彰“全国青年岗位能手”“全国最美中职生”“全国最美中学生”“全国优秀少先队员”“湖南省最美守法少年”等一大批可爱可敬可学的青少年榜样。崇实北校五（1）金鹰中队被评为“全国优秀少先队集体”，黄石寨索道工程部被评为省级“安全生产示范岗”，天门小学被评为湖南省少先队名师工作室，表彰17个市级“青年文明号”，示范带动广大青少年和集体学先进、赶先进，在榜样的影响下“扣好人生的第一粒扣子”。三是以落实意识形态工作责任制为准绳推优团属文化。加大传统媒体宣传力度，在《张家界日报》刊登“激扬青春筑梦前行”专题报道，在张家界电视台直播、展播多项工作和节目，在《张家界青年》杂志宣传马克思主义中国化成果；着力构建清朗网络空间，打造青年网军队伍，大力实施“青年好声音”系列网络文化行动，形成“网上共青团”工作格局；完善团市委新媒体中心和平台建设，配强工作力量、深化“青微工程”、优化“青年之声”，做到发布消息时刻与党委和上级团委同频共振。年初以来，张家界青年两微一端阅读总量近200万次，有效确保党的思想主张在团员青年中得到广泛传播。

二、聚焦组织动员青年，奏响青少年青春建功新时代最强音

一是围绕“脱贫攻坚”展现新作为。以希望工程为抓手，开展“脱贫攻坚青春建功”行动，突出公益扶贫、智力扶贫重点，加大组织化动员与社会化动员相结合力度，开展青年文明号结对帮扶、团干部结对帮扶、青联委员结对帮扶、青年企业家结对帮扶等活动30余次，共筹措希望工程资金322万元，援建希望小学1所，希望卫生院1所，资助贫困学生220名；邀请团省委副书记谢君毅指导“青年大学习——青年助力脱贫攻坚座谈会”，推动农村青年创业致富“领头雁”计划和农村青年电商培育工程有序实施；积极为联系帮扶点和谐村、“三联四建”点黄龙路社区和创卫工作联系点白杨坡社区筹措资金共计40万元。二是围绕全域旅游展现新作为。以青年旅游为抓手，邀请市委副书记刘绍建出席“建功新时代争做新青年——纪念五四运动99周年暨庆祝建市30周年各界优秀青年代表座谈会”并作重要讲话，汇聚青年智慧为张家界经济社会、全域旅游发展建言献策；举办的中国·张家界青年抖音大赛被列入市政府冬季旅游营销十大主题活动之一；开展“温暖回家路”“暖冬行动”等“青”字号品牌旅游志愿服务活动，连续第10年组织青年志愿者在全市34个重要景区景点、交通路口、游客中心开展“平安满意在张家界——青年志愿者服务旅游黄金周”活动，招募500名青年志愿者，聘任150名青年文明旅游监督员助力“铁腕治旅”专项行动，提升我市旅游接待水平。年初以来，我市青年志愿者共计服务国内外游客约50万余人，发放旅游宣传资料10万余份，得到了虢正贵、刘革安等市领导的充分肯定和国内外游客的普遍赞誉。三是围绕“六城同创”展现新作为。以青年志愿者行动为抓手，深化“六城同创青年先行”主题，组建市直、区县、高校、社会组织等7支志愿服务队伍，设立“文明服务”一条街，持续开展“阳光助残”“成长陪伴”“春风送岗”等十项志愿服务助力文明创建；深入落实市文明委“交通文明劝导、文明行为引导、文明旅游督导”三导活动要求，推动定时、定量、定点组织青年志愿者服务“三导”常态化、长效化；突出“保护母亲河”主题，联合市环保局推选“绿色卫士”20名；组织200名团员青年开展“争当河小青”“营建共青林”等系列活动；组织开展“美丽中国，我是行动者”知识抢答赛，增强团员青年环保知识和行为意识，为绿色张家界建设添砖加瓦。四是围绕青年“双创”展现新作为。以“创青春”活动为抓手，优化“六大青创”服务体系。围绕“青创群”凝聚旅游、扶贫、电商、文化、互联网等5个方面的创新创业人才200名，为35名拔尖人才编印《名录》；围绕“青创课”提供学习培训资源，选派3名青年创业者参加北京大学湖南青年创新创业暨湖南农村返乡青年创业特训营；选派6名青年电商创业人才参加浙江乡村振兴训练营；选派2名农村青年致富带头人参加陕西新型青年职业农民骨干培训班；围绕“青创赛”推选创新创业项目，联合市经信委举办2018“创客中国”张家界中小微企业创新创业大赛；联合市人社局等单位举办第三届“中国创翼”创新创业大赛张家界选拔赛；选派12名创业青年参加湖南省第五届“创青春”青年创新创业大赛，其中张家界茶坤缘杜仲生物科技开发项目和张家界海绵城市生态建材项目获得商工组三等奖；围绕“青创贷”开展3次正确消费观念进校园活动；围绕“青创家”争取市、县党政部门支持，建设6个高质量的青创中心、众创空间，共入驻青年“双创”项目158家；围绕“青创云”平台扩大硒有慈利品牌影响力，获得中宣部“纪念改革开放40周年”大型主题采访活动重点推介。

三、聚焦联系服务青年，优化青少年健康成长成才大环境

一是深入开展综合服务。推动《中长期青年发展规划》落实落细，建立健全市县两级青年工作联席会议机制。初步拟订了以市委组织部、市人社局、市财政局等32家为成员单位的张家界青少年发展工作联席会制度，营造全社会支持青少年事业发展的良好氛围；开展“共青团与人大代表、政协委员面对面”活动；新联系青年社会组织8家，依托“授渔班”“龙门社工”等青年群体，推动政府购买社会服务常态化，共青团枢纽功能得到进一步强化。二是积极开展成长服务。推动12355青少年服务台发挥实效。4至7月，开展以“轻松备考·12355与你同行”为主题的中高考减压行动，组织12355青少年服务台的心理志愿专家走进学校为中高考学生开展减压讲座或心理辅导8次，并于高考期间大力开展“爱心送考”青春志愿服务，为莘莘学子实现梦想保驾护航；高度关注青年婚恋诉求，指导全市各级基层团组织举办了6场“团委有约”单身青年联谊活动，近1000人参与其中。三是扎实开展维权服务。推动构建“大权益”工作格局，实施青少年自护教育工程，实现全市所有中小学100%全覆盖；制订下发《关于进一步深化预防青少年违法犯罪工作的实施意见》，主动联合公安、司法、教育等部门深度开展法治宣传、禁毒教育、社区矫正、防治校园欺凌等工作；推行“群众工作法”，评选表彰10个市级“青少年维权岗”和15名“青年卫士”。

四、落实自我革新举措，推动共青团自身建设迈上新台阶

一是加强共青团系统党的建设。以党的政治建设为要求，3月份，组织召开团市委党建和党风廉政工作会议，邀请市直机关工委和市委办派驻纪检组同志指导会议，全年专题研究党建工作4次；对标“五化”建设要求，切实加强班子建设、严肃组织生活、优化管理服务、完善制度体系、明确保障标准，按计划、按要求、按节点认真组织开展党务活动，推进学习型组织建设，机关党员干部参加在市委党的十九大精神考试中均达到了98分以上。二是推动改革措施落实落地。基本完成市、县两级改革任务，团市委配齐了2名挂职副书记、1名兼职副书记、3名挂职干部和2名兼职干部，区县共配备挂、兼职干部5名，配强了市县两级教育团工委书记和少先队总辅导员，成立了有28名成员的市青年咨询团，落实了“4+1”“1+100”工作机制；各区县均已于8月之前出台了本级共青团改革实施方案并遵照实施；青联、少先队、中学共青团、高校共青团改革有序推进，市青联已完成换届，少先队改革实施方案和中学共青团改革实施方案已制订下发并开始实行，张家界航院已完成高校共青团改革的各项措施。三是加强基层团建工作。抓好“智慧团建”系统建设，已完成全市2458家基层团组织的录入工作；严格入团程序标准，提高团员发展质量，实施“一人一号”，严控团青比例，2018年，全市共发展团员4000名；对照市委要求深入开展“抓重点、补短板、强弱项”大调研和“走基层、转作风、改文风”活动，形成了《关于基层团组织建设的调研与思考》《张家界市服务农村青年创业工作调研报告》2篇质量较高的调研报告。四是深化从严治团。推动思想建团、制度治团、纪律管团、作风强团，严格按照《党章》《条例》《准则》教育培养团干部和团员队伍，明确区县、高校团委书记常态化述职述廉、执纪问责，切实扎牢从严治团制度笼子；深化“青年·清廉”主题廉政微电影大赛成果，联合市纪委开展廉政文化“六进”（进机关、进社区、进乡村、进学校、进企业、进家庭）活动，市委书记虢正贵参加活动并向“六进”活动志愿者服务队授旗，向基层团干部赠送廉政大礼包，带动团员青年自觉投身党风廉政建设和反腐败斗争。

（符　伟）

张家界市妇女联合会

【概况】　2018年，全市各级妇联推进妇联改革创新，做好服务大局、服务妇女儿童各项工作。在2018年全市绩效考核中被评为优秀单位。

一、加强政治思想引领，提升妇联发展凝聚力。一是自觉用科学理论武装妇女头脑。把学习贯彻习近平新时代中国特色社会主义思想以及中央、省委、市委关于党的群团工作和群团改革重要指示、重要讲话精神等作为妇联工作的首要政治任务，通过召开党组理论学习中心组（扩大）会、妇联改革推进会、妇联系统改革培训会等明确前进方向，充分运用《张家界新女声》及区县妇联的《庸城女声》《武陵妹儿》等新媒体平台，增强宣传的理论深度、实践力度、情感温度，引导全市妇女进一步增进对习近平新时代中国特色社会主义思想的政治认同、思想认同、情感认同，增强贯彻落实的自觉性坚定性，引领广大妇女听党话跟党走。二是自觉用共同目标凝聚妇女共识。伟大的事业需要勠力同心。引导区县妇联抓住改革开放40周年、建市30周年重要契机，把学习宣传贯彻习近平新时代中国特色社会主义思想，同深化社会主义核心价值观宣传教育紧密结合起来，深入开展了丰富多彩的“巾帼初心耀三湘”、中国妇女十二大等主题宣讲活动，共组织各类宣讲675场次，线上线下受众人数73228人。挖掘贺捷生等13名抗战以来优秀女性事迹，进行广泛宣传，坚定广大妇女为实现中国梦不懈奋斗的理想信念。落实十九大报告中关于“健全留守妇女和儿童、老年人关爱服务体系”建议，在调研的基础上，出台了《张家界市进一步加强农村留守妇女关爱服务工作实施方案》。三是自觉用榜样力量激励妇女自强。榜样的力量是无穷的。举行三八系列活动。召开了纪念三八国际妇女节暨六届四次执委（扩大）会议，对全国三八红旗手、全国最美家庭、全省最美家庭、最美湘女、省市级巾帼文明岗、巾帼建功标兵、巾帼建功先进集体和先进基层妇联组织进行了表彰授牌。向全市广大家庭发出了“助力六城同创争做文明市民”倡议，对男女平等基本国策、安全生产政策进行了宣传。运用微信公众号持续宣传获奖优秀成功女性先进典型事迹，形成“培育一个、带动一批、影响一片”的辐射效应，激励广大妇女团结拼搏、奋发向上。

二、加强改革纵深推进，提升妇联履职能力。一是推动区县妇联改革方案全面出台。根据全国、省、市妇联改革要求，永定区、武陵源区、慈利县、桑植县结合自身实际，改革方案全部出台。二是推进乡镇（街道）妇联组织区域化建设试点建设。探索党群共建共享工作模式，全市78个乡镇（街道）区域化建设实现全覆盖，创建了5个省级、4个市级、8个区县级乡镇（街道）妇联组织区域化建设试点。按照阵地共建、资源共享、活动联办的原则，扩充了“妇女之家”功能。以社会网格化管理服务体系为载体，每个网格都建立灵活多样的妇女组织。三是抢占多领域妇女工作高地。目前共有微信公众号5个，微信群1100个、QQ群83个。携手红网全新打造“张家界新女声”微信公众号，大力宣传国家政策方针及全市妇联工作动态。积极推动两新组织妇建工作。筹备工业园区妇联组织换届。在已建立党组织的企业积极推动妇建工作，全市80家企业组建妇委会。积极打造专、兼、挂相结合的机关干部队伍。市妇联配备挂职副主席1名、兼职副主席2名，永定区配备挂职副主席1名、兼职副主席2名，武陵源区妇联配备兼职副主席2名，慈利县妇联、桑植县妇联分别配备挂职副主席1名、兼职副主席1名。加强基层妇联干部培训。全市各级妇联共举办培训班95期，培训基层妇联干部14882人次。因改革工作扎实有力，张家界市妇联荣获“湖南省妇联系统改革创新奖”。

三、加强脱贫精准帮扶，提升妇联服务向心力。围绕统筹推进“五位一体”总体布局和协调推进“四个全面”战略布局，聚焦打好“三大攻坚战”，聚焦社会生活和家庭生活，开展“巾帼建新功”系列行动。一是推动妇女科技创新。落实“旅游强市”要求，围绕促进经济高质量发展，深化“创业创新巾帼行动”，组织开展形式多样的巾帼双创行动，探索服务女性双创的新模式新机制，激活妇女创新潜能，发挥市女性社会组织作用，组织“庆三八”“春风送岗位”“送岗位下乡”等妇女专场招聘会，提供就业岗位1350个，320名女性签订就业协议。二是实施妇女精准扶贫。深化“巾帼脱贫行动”，聚焦深度贫困区县，引导妇女积极参与家政服务、手工制作、电子商务等多种产业发展，积极探索“妇联+企业+建档立卡户”帮扶模式，创建市级家门口创业就业示范基地5家，区县级示范基地8家，涌现出“土家摆手舞”“乖幺妹”“绣云土家”“康华粽叶”等劳动密集型企业，免费培训贫困妇女1000多人，吸纳返乡妇女500多名，覆盖540户建档立卡户，贫困妇女人均纯收入14500元，是2017年脱贫线的4.4倍。三是启动“乡村振兴巾帼行动”。围绕乡村振兴战略，深化“乡村振兴巾帼行动”，启动“湘女关爱保”工作，全市安康保险金达149.06万元。加大乡村帮扶力度，在慈利县百寿村、汪家桥村、永定区田家台社区结对帮扶贫困户37户，全年走访10余次、帮扶各类项目物资共计100多万元。市妇联驻百寿村、汪家桥村工作队被评为全市“驻村帮扶工作先进工作队”。

四、加强关爱体系建设，提升妇联品牌影响力。一是妇儿发展服务有规划。召开全市妇女儿童工作委员会成员（扩大）会议，总结2017年妇女儿童事业发展的成绩和经验，部署新一轮妇女儿童发展规划实施工作。指导区县开展新一轮妇女儿童发展规划工作。配合市人大进行新规划实施情况调研。联合市统计局举办全市妇女儿童发展规划监测统计系统培训班，实行网上大数据统计监测。召开了全市“两个规划”中期监测评估专题会议，全市可量化发展目标103个，提前达标的有80项。全市各级妇联开展新一轮妇女儿童发展规划主题宣传15次。二是基层维权服务有阵地。婚调实现全覆盖，区县乡镇100%建立了婚调室，聘请专业婚调员7名。全市举办婚调工作培训班4次，培训200多人次。2018年共调处1751对、调和753对，调和率为43%。开展“法治张家界·巾帼在行动”活动，联合市司法局、律师协会、女检察官协会开展家庭律师社区行巡回讲座12场。强化“妇女之家”服务功能，全市共有“妇女之家”1551个，共接待来信来访123起，结案率达100%。

举办“三八维权周”禁毒防毒宣传活动。共接待咨询900多人次，解答群众法律政策咨询问题1000多个，发放《妇女权益保障法》《妇女儿童发展规划》《反家庭暴力法》《劳动法》及禁毒、防艾宣传资料6000多份。我市“妇女刘某维权案”成绩显著，社会影响力大，张家界市妇联荣获2018年度“湖南省妇联维权信访典范案例奖”。三是家庭关爱服务有品牌。开展农村适龄妇女“两癌”免费普查重点民生实事项目活动。投入检查经费400.4万元，农村检查任务数2.86万人，完成检查28972人，覆盖率达101.3%。全市新纳入城镇适龄妇女1万人免费检查，完成检查4886人，覆盖率为48.86%，其中永定区妇联全面完成任务。经普查，共检出宫颈癌26例，乳腺癌10例。举行“书香张家界·家庭读好书”活动，向全市家庭发出了家庭读好书的倡议书，收到读后感500余篇。加强家庭文明教育工作，向省里上报“五好家庭”3户，“最美家庭”3户。我市史钰镕和王银玉家庭获得了“第十一届全国五好家庭”荣誉称号。史钰镕代表湖南省“五好家庭”获奖者到北京人民大会堂领奖。慈利县汪家桥村成功创建第六批省级家庭教育指导中心。深入开展“张家界市第四届好爸好妈好孩子”主题活动——结对帮扶贫困留守儿童，全年投入帮扶项目物资近60万元，资助贫困儿童160名。（粟云霞）

【“书香进万家·家庭读好书”活动】 2018年2月27日，中共张家界市委宣传部、张家界市妇女联合会、张家界市文体广电新闻出版局联合下发了张宣发〔2018〕2号文件——《关于开展“书香进万家·家庭读好书”活动的通知》，在全市开展读书“五进”活动——进机关，进学校，进家庭，进社区，进乡村。（傅贝贝）

【庆“六一”暨“美德少年”表彰大会】 2018年5月31日，张家界市庆“六一”暨“美德少年”表彰大会在张家界天门小学举办，会议由市委常委、宣传部部长、市文明委常务副主任郭天保主持，市委副书记、市文明委副主任刘绍建出席并讲话。（傅贝贝）

2019

军　事

张家界军分区

【概况】 2018年，张家界军分区首抓政治建设，聚焦练兵备战，依法从严治军，完成年度各项任务。

一、政治建设坚强有力。贯彻政治建军要求，坚定不移举旗铸魂，坚决维护核心、听党指挥。按照“学懂弄通做实”要求，深入学习宣传贯彻党的十九大精神；固化“随到随学、学深悟透”机制。全年召开15次常委会、11次安排学习习近平重要讲话精神，抓实党委中心组带机关专题理论学习，组织团以上干部参加省军区理论培训班，不断夯实看齐追随的理论基础。坚决贯彻《关于全面深入贯彻军委主席负责制的意见》，抓实军委主席负责制专题教育，从严落实“三项机制”。抓实“传承红色基因、担当强军重任”主题教育，持续推进民兵学习宣讲活动，推动党的创新理论向基层拓展延伸，官兵听党话、跟党走的意识融入血脉。桑植县人武部传承红色基因做法被军委国防动员部学习贯彻党的十九大精神简报转发，梳理采写的《让血染的红色基因代代相传》在《中国国防报》头版头条刊用，并被省军区评为“新闻宣传工作先进单位”。

二、战备训练扎实推进。坚决贯彻习主席训令和练兵备战重要指示，深入开展和平积弊纠治整改，严格落实党委议战议训制度。全年9次研究战备训练问题，立起练兵备战鲜明导向。认真开展“新大纲学习月”活动、现役干部研究作业、民兵“四会”教练员集训，现役干部业务素养和民兵骨干组训能力得到加强。贯彻新军事训练大纲要求，突出应急维稳、抗洪抢险、抗震和灭火救灾课题，抓实基干民兵训练，精心组织“湘江-2018”演习，深入开展群众性练兵比武活动，民兵队伍应急应战能力有效提升。严格战备制度落实，升级引接重要目标视频监控，常态加强检查督促，多次接受上级战备值班抽查，秩序正规、反应迅速、处置有效。全年出动应急分队6批次，有效完成卫星残骸回收、山火扑救、元宵节和国庆节核心景区安保等任务，在加强社会管理、应对突发事件中发挥了应有作用。

三、国防动员成效显著。落实后备力量建设“十三五”规划，强力推进民兵调整改革，有效完成基干民兵和普通民兵编组任务，补充配备应急营、连、排所需装备器材，确保民兵阵地建设统一规范。围绕国动主责，核准核实辖区人力智力、新质动员力量、参战支前等潜力数据，提升动员保障能力。抓好专武干部履职轮训，组织48名乡镇、高校专武干部参加省军区和本级组织的集中培训，打牢履职基础。传承红色基因，把红色文化融入旅游文化，开展国防教育基地授牌等形式多样的国防教育宣传活动。汇聚全社会关心国防、支持军队、尊崇军人的正能量，选送张家界学院学生参加“爱我国防”大学生演讲比赛，获得全国总决赛三等奖。聚力征集高素质兵员，出台《关于加强和改进大学生征兵工作的通知》，有效破解征集高素质兵员难问题，高质量完成直招、定向培养士官和义务兵征集任务，新兵大学生比例达59.8%，实现零举报、零投诉、零违纪，“五率”排名全省第一。

四、融合双拥担当作为。认真履行军民融合协调职能，围绕全市军民融合发展“十三五”规划深入调研、建言献策，军地联合出台《张家界市经济建设和国防建设融合发展实施方案》，促进形成军民融合发展新格局。开展依法保护军事设施行动，组织军警民联合护线宣传月活动，有效维护国防安全利益。强化双拥共建职责，会同市双拥办建成2个永久性大型户外广告牌、1条双拥共建街、1条双拥共建路，协调做好116名复转退军人安置、4名随军随调家属就业、6起涉军信访处理，以及现役转改文职人员落户等，双拥工作氛围不断浓厚。担起脱贫攻坚责任。军分区、人武部两级投入229万元经费，加大道路硬化、危房改造、集体产业等重大项目建设，积极参与“三联四建”“六城同创”等活动，党管武装工作社会效益不断显现。

五、安全稳定基础牢固。贯彻全面依法从严治军要求，持续学习贯彻军委国防动员部颁布的六个部队管理规范性文件，深入开展“学习贯彻新条令、塑造军队好样子”活动，开展法制法规常态教育，领导依法决策、机关依法办事的能力素质切实增强。深入贯彻军委国防动员部“三个一线”建设要求，研究完善《机关运行规范》《战备值班规范》等规章制度，狠抓部队秩序运行和正规化建设。按照战备值班规定，始终做到值班首长不离营区、值班员不离岗位。突出人、车、枪、弹、密等重点要素，落实周分析、月检查、季讲评制度。落实好晚点名、查铺查哨、谈心谈话等制度，狠抓两个经常性工作落实，确保了安全稳定和集中统 ，军分区被省军区评为“安全稳定工作先进师级单位”。

六、综合保障效益提升。始终对表新政新规，持续整改纠偏，提升后装综合保障质效。落实财经管理制度，坚持党委管财、科学理财、节约用财，确保经费预算聚焦战斗力建设。厉行正风肃纪要求，抓好审计问题整改收尾，按节点收回原军分区教导队建设用地征收拆迁垫资款，推进新政新规落实，推动蓝天酒店停偿，抓好停偿项目整改，完成仓库看管力量编配、老旧废武器装备清查整治、油料专项清理及经济适用住房和公寓住房清理整治等，军地合力完成报废弹药销毁押运任务。

七、党的建设全面加强。召开党委全会认真学习贯彻军委党的建设会议精神，客观分析班子建设形势，梳理建立党的领导和党的建设问题“总台账”，压实党建主体责任。围绕“六个必须”要求，坚持问题导向，严实开好两级党委民主生活会，立起严下先严上、从严抓班子的导向。牢记习主席“三个永远在路上”的教导，深入贯彻军委纪委、政法委311号通知精神，压紧压实“两个责任”，落实党委纪委领导上党课，邀请地方纪委领导围绕新修订的党纪党规辅导授课，建立基层风气监察联系点，抓好经济责任审计问责，开展作风纪律常态监督检查，立起从严执纪的刚性标准。落实党管武装制度，建立常态议军机制，开创党管武装新局面。加强基层民兵党组织建设，抓好党管武装绩效考评，确保党对人民武装力量绝对领导。贯彻军队好干部标准，激发干部内在动力，严密组织干部接收定岗、提升交流、转业及转改文职，上下反响好。

【现役干部转改文职人员工作推进会】 2018年2月12日，在军分区党委常委分赴各区县人武部，开展现役转改文职工作政策宣讲和“一对一”谈心谈话基础上，军分区召开现役干部转改文职人员工作推进电视电话会议。

【全市征兵工作推进会】 2018年5月30日，张家界市人民政府征兵办公室召开全市征兵工作推进会，总结2017年征兵工作，部署2018年征兵工作。常务副市长、市征兵领导小组组长罗智斌，军分区郭钰司令员，军分区副司令员、市征兵领导小组副组长吴广生出席并讲话，军分区雷体全政委主持会议。会议强调要提高政治站位、强化使命担当，形成军地合力、提高工作质量，加强工作指导、确保末端落实。会议审议通过了《关于加强和改进大学生征兵工作的通知》。

【军车安全交通】 2018年8月10日，军分区组织全区部队开展“军车安全交通月”活动动员部署暨教育辅导电视电话会议。军分区郭钰司令员主持会议，军分区全体官兵职工及各区县人武部干部职工参加会议。会议强调，全体官兵职工要提高认识，端正态度，强化“安全行车”理念，做到“安全行车、文明行车”，坚决杜绝违规行车行为。

【入伍新兵欢送大会】 2018年9月13日，在张家界航院隆重举行2018年新兵入伍欢送大会，寄语新战友们时刻不忘自己的誓言、不忘亲人的嘱咐、不忘领导的教诲，步履坚定步入军营、思想稳定扎根军营、真学苦练建功军营。郭钰、雷体全、羿宝明、邹菊芳、李文华、吴广生、姜玉平、王绯、唐汝元出席欢送仪式，军分区机关、各区县人武部相关负责同志和海军航空大学的接兵干部、新兵以及张家界航院定向培养士官学员、2018级新生共3500余人参加欢送仪式。

【全民国防教育基地授牌仪式】 2018年11月28日，张家界市博物馆举行“湖南省全民国防教育基地”揭牌仪式。湖南省军区副政委、省全民国防教育委员会副主任许风元少将和市委常委、宣传部部长、市全民国防教育委员会主任郭天保为基地揭牌，张家界军分区司令员郭钰大校为张家界市博物馆赠送《新时代强军》画册；张家界航空工业职业技术学院在校士官学员和辖区高校师生、群众代表近300人参加活动。

【年度军事训练考核】 2018年12月6日、7日，省军区工作组对军分区机关和人武部年度军事训练情况进行检查调研，并组织年度军事训练考核，全面检验年度军事训练成效。 （本栏撰稿　赵　云）

武警张家界支队

【概况】 2018年1月1日，根据中央关于调整武警部队领导指挥体制的决定，中国人民武装警察部队张家界市支队改为中国人民武装警察部队张家界支队。

2018年，支队党委坚持以习近平新时代中国特色社会主义思想和强军思想为引领，在总队党委的坚强领导和市委市政府的大力支持配合下，着眼有效履行“两个维护”使命任务，深入学习贯彻三级党委扩大会议和党的建设会议精神，突出抓班子带队伍、抓基层打基础、抓能力保中心、抓法治促正规、抓作风蓄正气，部队各项任务完成圆满，呈现出向上向好发展态势。

一、加强思想政治建设。支队党委始终把学习贯彻习近平强军思想、党的十九大精神和三级党的建设会议精神作为头等大事抓紧抓好，采取“八法”模式（宣讲辅导、个人自学、讨论辨析、研讨交流、党员轮训、参观见学、典型引导、寓学于乐），落实“五有”要求（有理论辅导、有参观见学、有体会交流、有笔记展评、有知识测试），从严立起党委中心组带机关理论学习制度，部门以上领导、机关干部人人选定研究课题，基层干部、士官、义务兵人人制订学习计划，不断掀起学习党的创新理论新高潮。机动中队战士张光耀在总队“四会”（即会讲、会做、会教、会做思想工作）教员比武中被评为“理论标兵”。全年扎实推进“两项重大教育”，深入开展“学训词、铸军魂、开新篇”学习教育。探索研究基层理论武装大众化、深入化方法路子，举办“天门卫士大讲堂”活动，创新拓展“五小”阵地（小广播、小讲坛、小展板、小分队、小网络），组织官兵到贺龙故居、红二方面军长征出发地、湘鄂川黔革命根据地纪念馆参观学习，到贺龙桥为中外游客讲解红色故事，以切身行动促进红色血脉传承。认真学习贯彻总队助力地方脱贫攻坚指示精神，全力协助总队在永定区三家馆乡漩水村开展扶贫工作，积极完成桑植县空壳树乡莲花台村定点扶贫攻坚任务。支队退伍卫生员马文豪在返乡途中勇救危病群众，被中央电视台、《解放军报》、《人民武警报》、新华网等媒体持续报道，在军内外引起极大反响。按照“领袖指示突出、强军主题鲜明、武化氛围浓厚、环境建设规范”的标准，积极推进“怀化”试点政治环境建设。乘着大抓实战化训练东风，组织训令训词展评，抓好“和平积弊大起底大扫除”和“新体制新职能新使命大讨论”，引导官兵自觉献身新时代强军使命。注重从建队文化凝练中提振官兵士气，编录并唱响支队《天门卫士组歌》《士官力量》《出征》系列歌曲；永定中队结合官兵成长经历，先后推出《父爱如山》《成长》等“家信心语”活动，被军内外媒体持续关注。

二、聚力练兵备战。坚定不移把军事训练摆在战略位置，对照新《大纲》标准，破除和平积弊，聚力练兵备战。坚持党委每月议训，常态统训、带训，用好“六动”（党委推动、领导牵动、上下联动、创新驱动、典型带动、仪式鼓动）抓手大兴学习、研究、贯彻新《大纲》、新《条例》之风。制订《学习贯彻新大纲工作方案》《学习贯彻军事训练条例实施方案》《贯彻落实军事训练“八落实”标准、推动“六种组训模式”深化规范运行实施方案》，下发《各级议训提纲》，深化细化“条例、大纲研学月”活动计划。大力开展“和平积弊大起底大扫除”活动，自下而上开展自查互查，列出整改详单和时间表，立起练兵备战鲜明导向。认真学习贯彻武警部队新大纲集训精神，采取“强力抓、下力研、大胆试、扎实做”的办法，机关基层同步开展新大纲研训。结合总队指挥员、参谋人员群众性大比武和总队每月训练督导考核，严密组织首长机关参谋业务和军事体育训练研学、研训。积极参加总队新大纲教练员集训，结合3期勤训轮换，对所有“新、增、改”科目进行统一教学，全面推开新大纲施训。大抓实战化研训，严密组织“魔鬼周”极限训练和“卫士-18·麓山”演习。制订完善支队《军事训练奖惩办法》，在季度考核、训练奖惩、党员发展中严格落实新大纲标准，以考核标准倒逼训练落实，官兵训练热情、训练水平稳固提升。支队在总队半年军事考核中获得第五，在总队参谋比武中获得团体第五、1人取得个人第一，在总队应急班比武中获得团体第四、2人进入单项前六。3人参加总部、总队指挥员、参谋人员比武成绩优异，被总队记功。严格落实《武警部队总队（支队）作战勤务指挥中心（值班室）编组运行规范》，调整作战勤务值班值守编组方式，扎实抓好“贯彻落实兵力调动使用规定专项整顿”，专题组织“两个规定、一个办法”学习和值勤业务培训。结合“春节”“两会”“3·14”“六四”“七五”等战备时机，进行不打招呼战备拉动检查，进一步检验常态战备水平，为打好维稳战役蓄足底气。认真贯彻新“十六字”执勤方针，巩固深化“怀化试点”学建成果，积极推进执勤方式优化改革，紧跟总队步伐积极抓好“智慧磐石”科技强勤规定动作和“一室一站”（即作战勤务值班室和通信站）建设，大力开展执勤安全专项教育整顿，常态开展执勤隐患排查治理。落实重大临时勤务一线督导指挥，确保了固定目标绝对安全。

三、从严依法治军。突出抓好部队正规化建设和安全管理，坚决守住“六个不出”底线。区分机关、基层，领导、干部、士官、战士不同层面，层层发动官兵学习贯彻新条令。严密组织机关、基层军容风纪检查，广泛开展新条令知识竞赛，强力推进学习新条令活动深入开展。在支队主页开通“条令年”学习活动专栏，利用网络手段宣传贯彻，结合宣传橱窗、警营广播、应知应会手册等载体，积极营造“我要学条令、人人当专家”的浓厚学习氛围。全面落实“依法治军、从严治军”要求，从党委机关入手，修订完善机关正规化管理、公勤人员管理、在外人员管理和干部考勤“四个措施”，通过每日早操队列、每周风纪检查、每月秩序评比，进一步严明机关秩序。活用“四不两直”有效载体，利用每日值班查、每周突击查、每月联合查相结合的方式，对机关基层实行不定时突击检查，对清查发现的问题，逐队逐人逐项“记账、对账、销账”。以“安全工作八个规范”为核心，支队通过党委会、办公会、安全委员会、季度讲评会等不同形式、不同场合分析安全形势、部署安全任务、压实安全责任，形成“一人一责、一岗一责、一事一责”的严密链条。组织常委带机关干部覆盖式安全大检查，开展“百日安全竞赛”专题检查，做到了事故苗头一露头就有人抓、异常情况一出现就有人报、违规违纪一发生就有人管，形成了常思不忘、常讲不烦、常防不疏、常抓不懈的良好氛围。

四、夯实基层基础。支队党委认真贯彻武警党委、总队党委1号文件精神，探讨推进新时期部队创新型、内涵式发展课题，着力打破制约基层建设发展的瓶颈，打造基层拿得出、经得看、过得硬的精品亮点。统一规范基层“日、周、月、季”经常性基础性工作和各类登记统计，明晰权责，严定标准，定期检查，纳入考评。坚持用“三会一线”（即党委会、首长办公会、交班会）“四协调一归口”科学统筹工作，大力开展“基层调研月”活动，全面分析评估基层发展现状，以破解重难点问题为牵引，强化精准指导方式，“一委一队”挂钩帮带，三个部门对口指导，变“大水漫灌”为“精确滴灌”，“被动输血”为“主动造血”。2018年，组织党委常委带机关干部蹲点调研帮建，组织党委机关“下队当兵、蹲队住班”。针对基层干部队伍偏弱现状，结合干部调整，指导基层党支部同步进行换届选举，将想干事、会干事的年轻干部调配到基层主官等重要岗位。巩固深化总部新任支队主官抓基层培训、总队三级主官《纲要》集训交流成果，充分借鉴兄弟单位抓建经验做法，结合开展“归纳式、创新型、本土化”讨论研究，采取领导授课、经验交流等方式，谈抓建做法，写参训体会，进一步提高了各级按纲抓建意识能力。充分挖掘各级抓建亮点，对武陵源中队精细管理、永定中队文化育人、桑植中队红色传承、慈利中队农副生产、机动中队抓训砺兵、勤务保障中队赶队争先等特色亮点，进一步深化、细化、优化、固化，以小型现场会为推手，以点带面，带动基层建设全面提高。永定中队、武陵源中队、慈利中队、教导队被总队评为先进基层建设单位。

五、增强后勤保障能力。按照“建设一切为了打仗的后勤”要求，着眼“后勤变前勤”目标，打造“三精”（精准保障、精心服务、精细管理）前勤保障力量。以常态战备任务保障为牵引，及时修订5大类（执勤、处突、反恐、防卫作战、抢险救援）和日常战备后装保障预案，完善战勤编组和后勤“一组五队”保障力量抽组编成。区分机动、执勤、保障分队任务实际，及时调配后勤装备、车辆及战备物资，规范落实编携配装。依据新《大纲》规定要求，把后勤专业训练纳入军事训练整体计划，列入中队训练安排，纳入支队训练奖惩，同步组织实施、检查、考评、奖惩。大力开展岗位练兵活动，积极参加总队后装人员比武，分批次组织开展司务长、炊事员集中训练，驾驶员复训轮训、基层“四小工”跟班培训。积极指导基层农副业生产，严格落实“1126”“6211”伙食保障模式。加大基层单位营房建设、设施配套、装备调配等保障力度，稳步推进湘丽酒店回收后续改造，执勤二中队营房建设，武陵源、机动中队营区迁建等工作。坚持把精细、精准、精确的要求贯穿于工作全过程，确保财力物力向战斗力聚焦、向基层倾斜。先后修订完善党委理财、结算报销、工程建设、物资采购、伙食管理、车辆派遣、枪弹管理等17项制度规定，扎紧了制度笼子。大力开展“后勤领域清仓归零”活动，认真梳理问题，压实整改责任，立起时间后墙，逐个认账领账，有力有序推进，确保问题清仓见底。

六、从严管党治党。始终坚持全面从严治党，保持正风肃纪定力，紧盯党员干部队伍存在的“三力”问题，用好组织生活、岗位压责、执纪监督“三个抓手”，对于想干事、会干事、能成事的优秀干部，大胆使用，放心放手，适时鼓鼓劲，难处扶一把，打造谋事创业的精干队伍和模范典型。对于观望等靠、得过且过的“佛系”干部，坚持靠组织生活帮带，用责任担子鞭策，以典型示范感召。对于顽固不化、顶风违纪的“刺头”干部，毫不犹豫举起执纪大棒。对违规违纪2次以内的，由部门领导批评教育；达到3次的，由纪委书记组织约谈；达到4次以上的，进行党纪政纪处分。紧盯基层官兵身边“微腐败”问题，大力纠治战士身边的不正之风。组织支队纪委委员、纪检干部、基层纪检委员集中培训座谈，为支队纪委出谋划策，为基层纪检委员“鼓气撑腰”。扎实开展党员自查自纠和承诺践诺活动，高标准开好两级班子专题民主生活会。贯彻习主席党建思想，对照“四个不纯”“七个弱化”，扎实开展自查自纠和对照整改，设立“总台账”，制订“5个方面26条措施”，强力推进三级党的建设会议精神学习贯彻。

【勤训轮换】 4月1—5月18日，支队在教导队分3批次（4月1至4月15日、4月16至4月30日、5月4日至5月18日）组织勤训轮换。勤训轮换采取科学统筹、梯次划分、突出重点的方法，对自动步枪射击、擒敌术、军事体育、防爆器材操作使用、400米障碍；分队警官指挥训练系统使用、地形图使用、勤务指挥技能、编组作业、手枪射击；士官班（组）执勤指挥、班（组）战斗指挥、教学组训法、射击、编组作业、士兵单兵战斗动作、哨兵反袭击动作、执勤情况处置等科目进行集中研训。

【第一次党员代表大会】 5月27—28日，支队召开了第一次党员代表大会，共有69名党员代表出席会议。雷文代表支队党委作了《全面贯彻习近平新时代中国特色社会主义思想，为稳步推进支队建设全面过硬争先创优而努力奋斗》的工作报告。黎乐代表支队纪委作了《强化监督执纪问责、深化全面从严治党，扎实推进支队党风廉政建设向更高层次迈进》的工作报告。副书记罗祥华主持相关会议并讲话。大会选举产生了支队新一届党的委员会和纪律检查委员会。

【“魔鬼周”集训】 6月21—25日，支队承办总队湘西片区特战分队第二季度“魔鬼周”极限训练，来自张家界、湘西、怀化支队特战队员参加。支队认真搞好各类保障，动用导调各类保障人员、车辆、武器装备完成了训练内容。

（本栏撰稿　吴　垒）

张家界市消防支队

【概况】 2018年，张家界市消防支队接警出动481起，抢救和疏散被困人员1672人，抢救财产价值4604.4万元。

一、思想政治保障坚强有力。消防支队坚持把思想政治建设摆在首要位置，我们深入学习贯彻党的十九大精神和习近平新时代中国特色社会主义思想，举办了学贯十九大精神培训班和知识抢答赛，组织了“澧水学堂”系列夜学授课活动，开展了“讲述忠诚”主题先进事迹报告会，邀请了地方心理咨询专家为指战员提供心理健康测评和疏导。党和国家机构改革方案公布后，支队第一时间统一队伍思想、凝聚改革合力，组织各级党组织层层表决心、树信心、鼓干劲，确保改革期间思想不乱、队伍不散、干劲不减、工作不断。部署开展了改革期间队伍管理教育活动，支队党委常委分赴联系点组织政策宣讲、谈心教育，广泛倾听基层诉求，制订印发《2018年支队党委为基层办实事计划》，扎实推进改革思想动员和宣讲教育。

二、攻坚打赢能力持续增强。为贯彻落实习主席开训动员令，全面推进冬训、夏训和全员“普训普考”工作，支队开展了实战化比武集训，举办了高层建筑灭火救援战术研讨会和基层训练工作座谈会，组织了夏训操法比武，冬训考核成绩排名全省第5。立足应急救援“主力军”和“国家队”的建设目标，充分发挥地域专业优势，承办了全省消防部队山岳救援培训，被国防部官网、央视、中国军网等广泛关注报道。深入茂隆市场、张家界影视城等重大和区域性火灾隐患单位开展灭火救援拉动演练，共制订预案189份，修订预案38份，开展日常演练173次，组织索道救援演练3次。圆满完成了“3·16”慈利饲料厂火灾、“3·21”永定欣业苑高层建筑火灾、“5·21”天门山两男子遇险、“5·25”慈利天坑救援、“8·15”桑植人潮溪路段车祸等急难险重的任务。

三、火灾隐患防控扎实推进。支队持续开展冬防、夏防专项行动，部署了电气火灾、电动自行车、大型综合体建筑等专项治理，打响了消防安全“百日会战”，联合相关职能部门开展了学校、幼儿园、公共娱乐、文物古建筑、医院、商市场等专项检查。全年共检查单位10957家，发现并整改火灾隐患22936处，临时查封226家，三停160家，拘留20人。提请市政府对全市夏季火灾防控工作进行了专项督查，印发了《关于学习宣传贯彻〈消防安全责任制实施办法〉和〈湖南省消防安全责任制实施办法〉的通知》。全市所有消防安全重点单位纳入“户籍化”管理，所有乡镇街道实行“网格化”管理，整体纳入了社会治安综合治理体系。圆满完成了全国“两会”、中非合作论坛、全国乡村旅游和旅游扶贫大会以及重大节假日消防安全保卫工作。

四、消防培训宣传有声有色。联合市教育局开展了“消防安全开学第一课”活动，印制了《中小学校消防安全教育读本》，组织20余万中小学、幼儿园学生完成消防作业，绘制家庭逃生疏散图。开展了119消防宣传月、“全民消防我行动”“社区消防宣传大使”“消防宣传公益使者”“快递公益使者”等消防宣传行动，全市360名宣传使者，1000余名快递员、外卖志愿者参与行动。分类组织党政领导、行业部门及村（居）“两委”负责人、网格员、消防安全经理人、消控室值班操作人员、微型消防站站长等7类人群进行集中消防培训，培训人数达3.5万余人。每天通过三大电信运营商平台发送消防提示5万余条，联合张家界之声广播电台制作消防安全专题节目9期，形成了立体宣传格局。支队被省安委会评为“安全生产月”和“安全生产三湘行”活动优秀组织单位。

五、后勤保障建设成效显著。以提升队伍战斗力为核心，加大执勤训练、灭火救援、通信保障、消防监督等领域装备保障能力建设。全年通过省消防总队集中采购新添置消防车辆5台次、器材装备4057件套，完成了消防车器材箱改造、水带接口统型以及灭火药剂储备补充，逐步形成紧贴实战、注重效能、提质增量的装备发展新格局。按照基层中队正规化建设100%达标的要求，投入162万元完成了武陵源大队天子山中队营房改造升级。按照实战化、基地化练兵的需求，投入3700万元建设了消防训练基地，主体结构已全面完工。

【承办全省消防部队山岳暨绳索救援培训】 2018年5月21—27日，张家界市消防支队承办的全省消防部队山岳（高空）暨绳索救援培训在天子山消防中队举行，全省各市州推荐选拔的40名专干骨干学员共开展了绳索技术、横渡技术、锚点设置实操等19个课程的专业培训，为全省消防部队培养了一批山岳救援人才。

【“5·21”天门山救援】 2018年5月21日，两名务工人员在天门山未开发的高山深处迷路并失联。接到其工友的求助后，张家界市消防支队立即调派永定中队赶赴现场搜救。同时，正在张家界培训的山岳绳索培训班学员迅速集结，联合公安、武警、医疗等救援力量开展地毯式搜救，最终于23日13时30分成功将被困高山深处50余小时的两人成功救出。

【授衔和换装仪式】 2018年12月29日，张家界市消防支队举行迎旗授衔和换装仪式。市委书记虢正贵出席仪式并发表讲话。市委常委、市委秘书长单铸飞出席仪式。仪式由副市长谢振华主持。 （本栏撰稿 蒋利君）

人民防空

【概况】 2018年，张家界市人防建设稳步推进。

一、以战备建设为牵引，完善信息化指挥体系建设。推进指挥所全面建设，全市完成基本指挥所、地面指挥所和机动指挥所建设，完成“三所”设备设施的升级改造；推进防空警报系统升级建设，完成人防北斗卫星导航定位系统建设和“三级”指挥网建设任务；完成市城区和武陵源区警报升级改造任务，实现防空警报鸣响率和覆盖率双百达标；慈利县完成人防应急指挥中心信息系统和基本指挥所的建设；推进完善防空预案和信息规划建设，完成了市、县两级人民防空方案的修（制）订工作；完成了《张家界市2018—2020人防信息建设规划》。

二、聚焦实战抓训练，铸强护民之盾。着眼新时代人民防空特点，加强训练的实战性、针对性，不断提高人防实战化水平；完成了每年度的机动指挥通信系统市带县跨区拉动训练；2018年9月18—22日，圆满完成“湘防-2018”张家界片区人防机动指挥通信系统训练的演练任务，对7支人防专业队伍和3支新型人防专业队进行重新编组并组织实训，得到了省办及片区人防系统的好评。全面启动重要经济目标防护试点并开展了防护演练。

三、强化法治人防，全面提高依法行政工作。落实“放管服”要求，根据国家、省和市有关施工图审查服务收费，按规定减轻建设单位负担；坚持依法行政，杜绝了人防易地建设费违法违规减、免、缓，对未报先建、应建未建、擅自改变设计审批方案等违法行为严肃查处，根据市人大常委会对人防“一法一办法”贯彻实施情况报告审议意见，制订处理方案并将其落到实处，人防依法建设和依法行政环境得到了进一步优化。落实行业监管职责，注重强化人防工程建设中事后监管，完成人防工程信息化管理平台建设。

四、创新发展，快速推进新型人防疏散基地和“15081”平战结合人防工程建设。新型人民防空疏散基地项目是张家界市重点工程项目，总投资2.3亿元，项目按照地上地下相结合，战时五大功能（疏散指挥、临时安置、物资储备、医疗保障、交通中转）、平时两大功能（宣传教育、技能训练）建设，于2018年开工建设，2019年投入使用。“15081”平战结合人防工程是单建式平战结合人防工程，位于市中心商业区，项目一期于2016年投入使用，平战效益良好；项目二期2018年正式启动，项目建成后与一期工程互联互通，多点出口，四通八达，形成“目”字形地下城市商业街，与地上商业互为呼应，共同繁荣。人防工程建设实现了城市防护功能的完善，提高了张家界市中心商业区域的交通疏导能力，提升了城市综合能力和品位。

【人防军政联席会】 2018年6月6日，张家界市人防军政联席会召开，全市53个单位参加会议。此次会议是十九大以来张家界市首次人防军政联席会议，主要目的是加强军政对人防工作的统筹和协调，研究、解决重点难点问题。李培其副市长、军分区副司令吴广生出席并讲话。

【张家界片区人防机动指挥通信系统训练】 2018年9月18—22日，圆满完成“湘防-2018”张家界片区人防机动指挥通信系统训练的承办任务，对7支人防专业队伍和3支新型人防专业队进行重新编组并组织实训；全面启动重要经济目标防护试点并开展了防护演练。

【人防工作现场办公会】 2018年11月19日，张家界市委副书记、市长刘革安到“15081”平战结合二期工程召开现场办公会。刘革安市长要求各部门支持“15081”平战结合二期工程建设，给工程建设搞好指导服务；工程建设单位在建设当中要保证工程安全和工程建设质量。此次现场办公会为项目建设提供了保障，解决了项目建设困难。

（本栏撰稿　韦先军　阳　辉）

2019

法　治

·张家界年鉴·

地方立法

2018年，张家界市人大常委会始终坚持市委对立法工作的领导，立法工作稳步推进。

（一）立法机制更加完善。市委领导、人大主导、政府依托、各方参与的立法机制基本确立，立法途径不断拓宽。为人民群众实现对国家和社会事务的知情权、参与权、表达权、监督权，提供更加切实有效的途径。

（二）立法水平不断提高。把握“不抵触、可操作、有特点”的立法原则，严格立法程序、突出地方特色、提高立法质量。为加强八大公山国家级自然保护区的保护和管理，制订了《张家界市八大公山国家级自然保护区条例》，并于2018年3月1日正式施行。为促进张家界市全域旅游健康发展，制订了《张家界市全域旅游促进条例》，并于2018年5月1日正式施行，走在了全国前列。启动《张家界市爱国卫生条例》立法工作。

（三）立法成效不断显现。市人大常委会高度重视法规的实施效果，开展《张家界市扬尘污染防治条例》执法调研，对法规实施中存在的突出问题，提出工作建议，督促市人民政府整改落实。听取和审议《张家界市城镇绿化条例》贯彻实施审议意见研究处理情况的报告，保障法规有效施行。完善备案审查制度，细化备案审查工作流程，完成42件规范性文件的备案审查工作。（杜　博）

法治政府建设

【概况】 2018年，张家界市人民政府法制办公室落实中共中央、国务院《法治政府建设实施纲要（2015—2020年）》，围绕市委、市政府的中心工作，坚持合法性、合理性和正当性原则，履行参谋助手和法律顾问职责，当好“四种角色”推进法治政府建设，较好地完成各项工作任务。

【规范性文件合法性审查和备案】 2018年，共审查文件70件，其中规范性文件34件，非规范性文件36件。指导组织规范性文件听证会5次。向市人大和省政府报备规范性文件29件，登记市直部门规范性文件31件，备案审查区县政府规范性文件52件。审查修改了一系列事关经济发展、社会民生、简政放权的文件。据不完全统计，共修改文件超过70余处，提出书面意见超过50条，为保障规范性文件合法，促进依法行政尽到了应有的职责。

【行政复议和行政应诉】 2018年，继续推行实地调查走访方式解决行政争议，推行行政复议听证式审理方式，不断提升案件审理质量。2018年以来共收到行政复议申请28件，不予受理4件，受理24件，审结28件，其中维持17件，撤销5件，确认违法2件。办理市政府为被告的行政诉讼案件58件，已结案38件，均胜诉，市中院漏列当事人，省高院发回重审1件。积极推动行政机关负责人出庭应诉制度的贯彻落实。2018年4月4日，李培其副市长以上率下，主动出庭应诉，做到出庭出声，发挥引领和示范作用。

（本栏撰稿　朱凌志）

公安工作

2018年，张家界市公安机关聚焦打好“五大攻坚战”，实现实战效能、规范执法、素质形象“三大提升”目标，维护国家安全和社会大局持续稳定。

一、强化政治建警。以政治建警为统领，全面加强队伍建设。制订出台政治建警“1+5”实施方案，推行实施“五个一”（即召开一次专题党委会和动员大会、每个党委班子成员联系一个基层单位蹲点调研、撰写一篇调研文章、印制一本口袋书、组织一次政治建警大培训）措施，印制下发《政治建警工作手册》《政治建警资料汇编》口袋书，在全警开展“讲警察故事·写忠诚担当”主题活动，组织举办政治建警培训班和知识考试，各级党委、支部召开政治建警专题组织生活会220次。全覆盖开展政治督查，全流程抓实“二十个不准”自查自纠，查摆整改问题2317个，“三个关系”（即清清爽爽的同志关系、规规矩矩的上下级关系、干干净净的社会关系）全面构建，“五个下降三分之一”（即会议、报表、文件、简报、考评下降三分之一）全面实现。大力推进基层党支部“五化”建设和争创优秀党支部活动，严格落实“三会一课”制度，积极开展党日活动，按期足额缴纳党费。认真学习《中国共产党纪律处分条例》等纪律条规，狠抓党风廉政建设和领导干部“一岗双责”，聘请10名特约监督员监督纪律作风，提醒12名操办婚丧喜庆事宜的民警落实报告制度，组织观看《贪路无归》《警钟》等警示教育片，并拍摄《守心守法》，以增强警示教育的针对性。出台《关于关爱民警为基层减负工作意见》，建立民警权益保障制度，聘请10名维权律师，设立民警执法权益维护基金，办理侵害民警执法权益案件22起，处理42人，有效维护了民警执法权益。强化职业保障，争取省警察基金会资金，最大限度帮扶困难民警，全年呈报基金会优抚27人次、救助慰问81人次，送慰问金105万元。落实民警职业荣誉仪式，举办新警入警仪式等“七个仪式”20场次，加强民警心理咨询疏导和党支部、工会活动，丰富警营文化生活，进一步增强了民警荣誉感、归属感、职业认同感。

二、打击违法犯罪。以创建“平安满意张家界”为目标，坚持严打犯罪，凸显主责主业，全年民调居全省第8名。按照“有黑扫黑、无黑除恶、无恶治乱”原则，掀起扫黑除恶专项斗争，共打掉涉黑团伙1个，涉恶团伙13个，破获刑事案件101起，抓获涉案人员220人，其中刑拘185人，逮捕147人，取保候审42人，移送起诉139人，一审判决101人，较好地完成了目标任务。结合公安部“六大专项行动”，突出盗抢骗、黄赌毒、新型网络犯罪、涉众型经济犯罪等群众关注的违法犯罪，将“集打斗争”贯穿全年，重拳出击，打深打痛，战果明显。打击处理实现“四上升”：全市破刑事案件1721起，其中破现行案件1517起，现行破案率39.1%，同比上升5.57个百分点；刑拘1922人、逮捕1170人、查处行政案件4720起，同比分别上升14%、45.89%、8.41%。发案受案实现“五下降”：刑事案件、八类刑事案件、侵财案件、“两抢”案件、行政案件同比分别下降20.27%、19.18%、30.3%、76.47%、22.41%。武陵源、桑植“两抢”案件零发生。现行命案立12起破11起。侦办大要案件近年最多，先后打掉盘踞永定的暴力传销团伙、户外聚众赌博团伙，侦破部督武陵源彭某贩毒案，部督慈利陈某污染环境案、祝某生产销售有毒有害食品案，桑植“7·25”电信网络诈骗等10余起有影响的大要案，震慑了犯罪、锤炼了队伍、收获了平安。启动新一轮禁毒人民战争，推动落实党政主体责任和党委书记、政法委书记、市区县长、公安局局长“四长”抓禁毒以及约谈制、通报制、提醒制、述职制。约谈了被省禁毒委通报的永定区政府，挂牌整治了4个毒品问题严重的乡镇（街道）。部署开展“两打两控”，积极推进“禁边”行动，严厉打击各类涉毒违法犯罪，全市破获毒品刑事案件242起，刑事拘留毒品犯罪嫌疑人304人，缴获毒品17.8千克，铲除罂粟原植物1.18万株。强化吸毒人员管控，查获吸毒人员1126人，强制隔离戒毒614人，收治中心新收治85人，社区戒毒社区康复人员执行率达99%，新滋生吸毒人员同比下降53.4%，“禁毒人民战争”效果逐步凸显。

三、加强社会管控。以安保维稳“双百会战”为重点、抓源头、堵漏洞、保安全，确保实现“四个绝对不发生”目标。落实大排查、做实大管控、强化大巡防，推行巡逻防范“十八法”，巡特警常态化上街巡逻，机关警力划区域叠加巡逻，党政干部和义警专巷道补充巡逻，全市日均投入巡逻警力600余人、群防力量500余人、巡逻警车100余台，群众见警率、警灯闪烁率、民警管事率明显提升。强化节点警务，严格执行“三个一律”制度，固化联勤值守、视频调度机制，完善应急处置预案，举办全市反恐应急处突实战大演练，成功处置“8·9”涉旅群体事件，维护了社会稳定。打赢了“土家元宵狂欢节”、国庆旅游黄金周、丝绸之路工商领导人峰会、东北亚地区地方政府联合会等一系列重大安保硬仗。着力消防安全，专项治理火灾高风险场所，检查单位1.1万家次，发现火灾隐患2.32万处，督促整改2.29万处，发生火灾157起，同比下降31.8%。着力监所安全，定期开展安全检查，及时消除安全隐患，全年看守所关押1350人、拘留所收拘3548人，收治戒毒人员494人，做到了安全无事故。着力开展“治爆缉枪”专项行动，查处行政案件172起183人，收缴枪支431支。全年取得危爆物品监管、监所安全管理零事故和较大火灾事故、重大交通事故零发生的可喜成绩。

四、夯实基层基础。着力推进派出所建设。按照派出所建设三年计划，顺利完成永定等10个派出所的提质改造，高标准建成喻家嘴和江垭两个派出所，农村派出所民警“一人一房”基本实现，社区警务工作进一步规范，“一标三实”“十项实名制”等基础工作顺利达标，“一村一辅警一工作室”全部到位。加强科技手段建设，建成情报二期、车辆查缉管控、重点人员管控三大平台，强化了对重点人、重点车的前端感知、落地管控和快速查缉。“雪亮工程”8844个视频探头、182个治安卡口建设任务顺利完成，四个区县局视频执勤巡逻车配备安装到位，极大地提升了指挥调度和快速反应能力。全年投入网侦、技侦、图侦手段建设经费1200多万元，更新升级建设了一批技术手段，并在侦破大要案件中的“杀手锏”作用日益凸显。全市共计投入车辆、单警、防护装备经费2000多万元，全市公安应急处突能力进一步提升、执法执勤安全进一步增强。

五、强化交通秩序管理。紧紧围绕“农村保安全、城市保畅通、景区保有序”的工作目标，以防范重特大道路交通事故为中心，持续开展系列专项整治行动，不断深化公安交管“放管服”改革措施。扎实推进“全国交通管理模范城市”和“平安交通县区”创建，排查整治道路交通安全隐患11起，查处交通违法行为45.7万起，行政（刑事）拘留135人。全面强化重点车辆监管。集中开展客货运车辆违法“清零”行动，深入32家客货运企业和19家危化品运输企业，检查客运车辆近7000辆，危化品运输车170余辆，校车146辆，约谈运输企业负责人41人。以道路交通安全“大督查、大排查、大宣教、大整治”为依托，组织开展“农村道路交通秩序集中整治”“旅游交通秩序专项整治”等一系列专项行动12次，查处各类交通违法54.6万起。全市交通违法查处数创历史新高，群众遵法守规意识进一步增强。深化“两站两员”和“路长制”建设，推动道路交通安全政府属地责任、部门监管责任、企业主体责任的落实。扎实推进“最多跑一次”改革。投入270余万元对车管服务大厅实施提质改造，实现“一站受理，集成服务”。推行轻微交通事故快处快赔，全市建成了4个交通事故快处快赔中心。大力开展交通安全宣传“五进”活动，深入企业、社区、学校等开展交通安全宣传培训901场次。

六、推进改革创新。紧扣“对标提质、旅游强市”战略，持续打造旅游警务特色亮点。旅游警察从支队到大队、中队健全配齐，为全省首个。出入境管理、口岸服务便捷高效，全年办理出国境证件8.19万人次，同比增长5%，签注签证5万多人次，做到了零错证零投诉。旅馆业实名登记率95%以上，登记境外来张临住宿人员74.8万人次，同比增长25%，连续五年居全省第一，并查处涉外案件72起。永定分局人口与出入境管理大队荣获“全国三八红旗集体”称号，树立了窗口标杆。坚持铁腕治旅，严厉打击了追客赶客、欺客宰客、强卖强买等涉旅违法犯罪，查处涉旅案件109起，处理140人，进一步促进了旅游秩序好转。在春节、暑假、国庆等旅游高峰期和雨雪冰冻恶劣天气时段，大力推行“四零服务”，全警上岗保安保畅，确保了全年8000多万旅游人次未发生重大涉旅案件，赢得了各级领导和广大游客点赞。深化“放管服”改革，推行“互联网+公安行政管理”，高效完成“最多跑一次”改革任务，市政务中心公安服务大厅按时建成、进驻运行，交警支队为民服务分中心进一步完善优化，公安服务数据资源与政府平台顺利对接，真正兑现了马上办、网上办、一次办的为民服务承诺。市、区县两级公安110报警服务平台与市政府“12345”公共服务热线平台全面对接，确保了群众求助报警及时快捷、处置办理迅速落地。高站位落实“城市快警”“一村一辅警”改革，将“快警站”前置到街面，860个行政村辅警全部配备到位。认真组织“双微改革”，精心培育典型经验，提质优化创新成果。慈利县局打造的警务实战平台获国家专利和张家界市首个全省微改革金奖。武陵源分局探索的“一村双警一站”经验和桑植县局探索的辅警招录“四轮驱动”做法获全省公安重点改革项目成绩突出奖。大力强化比武竞赛，全市公安情报实战比武竞赛获全省第四名、三等奖，网技部门获全国网络安全员法治与安全知识竞赛二等奖。积极倡导创优争先，市局荣获全省公安机关绩效评估先进单位、安保维稳“百日会战”优秀单位和全市综治工作先进单位、文明标兵单位，以及人大代表建议、政协提案办理双先进等荣誉。有4个集体、11名个人获部级，32个集体、78名个人获省级，28个集体、84名个人获市级表彰奖励。（闫海林）

检察工作

2018年，张家界市检察机关立足司法办案，聚焦主责主业，在改革中推进全市检察工作创新发展。全市检察机关获评“湖南省文明窗口单位”“全市信访工作先进单位”，通过“全国文明单位”复查。

一、坚持围绕中心服务大局为发展贡献检察力量。一是积极投身“三大攻坚战”。积极参与互联网金融领域风险防范和处置，严厉打击网络传销和各类诈骗犯罪，成功办理李泽等31人诈骗案、王圣利等5人诈骗案等涉众型经济犯罪。服务保障精准脱贫攻坚战，严厉惩治扶贫领域犯罪，对王洪霞套取扶贫资金案、覃桂平贪污扶贫款项案依法提起公诉。紧紧围绕“户脱贫、村出列”目标，进一步加强帮扶村基础设施建设，进一步完善公共服务平台，进一步培育特色扶贫产业。市检察院驻点帮扶的桂竹垭村，已顺利通过省级脱贫攻坚验收考核和国家督导检查，市检察院驻村帮扶工作队被市委评为全市优秀工作队。守护绿水青山，践行检察担当，成功办理了小溪口煤矿废旧矿井污染酉水水源监督案、中央环保督查组交办的陈仕元、刚恒统排放废旧电池铅酸溶液污染澧水水源监督案等环境保护案件。二是服务保障“对标提质、旅游强市”战略。擦亮“旅游检察”品牌，建立办案绿色通道，从速从快办理涉旅刑事案件，提前介入“8·9”涉旅事件的刑事侦查工作，依法对10名涉案人员提起公诉，为该事件及时妥善处置，提供了有力的司法保障。坚定不移地服务和支持非公经济发展，出台《张家界市检察机关关于依法保障和促进非公有制经济健康发展的实施意见》。积极服务“黔张常”“张吉怀”铁路等重点项目，建立“检铁联席会议”制度，为铁路参建单位组织专题警示教育，为张家界旅游经济提质增速发展营造了良好的法治环境。三是坚持以人民为中心的发展理念。恪守司法为民宗旨，聚焦人民群众对美好生活的新需求，大力推进司法便民工程，建设集实体和网络于一体的“一站式”检察服务大厅，共受理各类群众来信来访298件。开展检察长接待日121人次，办理举报人奖励案件1件。贯彻落实宽严相济刑事政策，依法对不构成犯罪或证据不足的不批捕200件376人，不起诉235件341人。加大司法救济力度，共办理司法救助案件8件，发放救助金21.3万元，受理刑事申诉案件19件，立案复查9件，决定给予国家赔偿3件。

二、坚持公平正义价值取向。一是深入开展扫黑除恶专项斗争。统一思想认识，提高政治站位，认真贯彻落实中央、省委、市委扫黑除恶专项斗争会议精神，成立专项斗争领导小组，制订实施方案，加强宣传动员，增强全体检察干警的使命意识，切实扛起专项斗争的政治责任。二是依法严厉打击各类刑事犯罪。共批准逮捕各类刑事犯罪977件1499人，提起公诉1285件1806人。其中批准逮捕故意杀人、抢劫、绑架等严重暴力犯罪49人，提起公诉68人；批准逮捕涉毒、生产销售有毒有害食品等危害公共安全、侵犯人民群众生命财产安全的犯罪310人，提起公诉314人。三是切实加强未成年人刑事检察工作。坚持少捕慎诉，全市共受理审查逮捕涉未成年犯罪案件77件147人，依法不批捕23件48人；提起公诉83件152人，不起诉9件11人，其中附条件不起诉4件7人。四是主动融入共建共治共享的社会治理新格局。加强息诉息访工作，建立检察长亲自督办，两级院协调联动的信访积案化解机制，成功化解张某某信访案等全市重点信访积案。探索新时代检察版“枫桥经验”，加强释法说理，注重多方参与，健全律师代理申诉和律师值班制度，全市共67名值班律师参与化解和代理刑事申诉案件，引导上访群众理性表达诉求。

三、坚持宪法定位增强法律监督实效。一是通过理念变革释放内生动力。坚持转隶就是转机，将主要力量、资源投入法律监督工作中。如将全市民事、行政检察部门办案人员增加至31人，其中员额检察官11人，并添置无人机、执法记录仪等专业办案设备，组织专题培训7次，进一步提升法律监督能力。二是切实加强各项诉讼活动法律监督。加强刑事侦查监督，共监督立案7件，监督撤案10件；追诉漏犯7人，漏罪26条，纠正漏捕7人。加强刑事审判监督，共办理二审抗诉案件7件，支持抗诉4件，抗诉数量和质量均有较大提高。加强刑事执行监督，充分利用检察建议、纠正违法通知书等手段增强刑事执行监督刚性。加强民事行政诉讼监督，对认为确有错误的陈某甲与陈某乙民间借贷案生效判决发出再审检察建议，对李某某与陈某民虚假诉讼案提出抗诉，对民事、行政审判活动中存在的问题发出检察建议14份，保障了诉讼当事人的合法权益，确保了法制统一正确实施。三是全面推进检察机关公益诉讼工作。持续强化公益诉讼工作，开展公益诉讼宣传“500工程”，召开专题新闻发布会，加强与公益组织和社会公益团体互动，拓宽公益诉讼案件线索来源，共收集案件线索421件。建立市县联动的一体化办案机制，实行线索集中管理、立案层报审批、“一案三查”等制度，加大办案力度，共立案公益诉讼案件369件，发出诉前检察建议164件，对李发林非法占用耕地、损坏公益林案提起刑事附带民事公益诉讼。开展“保障千家万户舌尖上安全”公益诉讼专项行动，对在米粉中添加罂粟壳粉、油条中添加泡打粉以及网络餐饮外卖经营者超范围经营等问题，立案94件，并以检察建议督促食药监部门加强市场监管。

四、落实改革部署推动工作创新发展。一是不断深化司法体制改革。突出员额检察官司法办案责任，出台《员额检察官目标管理岗位责任制考核办法（试行）》，将考核结果与检察官个人晋升、评先评优、绩效工资全面挂钩。完善人员分类管理，进一步细化检察官、检察辅助人员、书记员之间的职责分工，科学构建办案组织。二是认真贯彻国家监察体制改革部署。国家监察体制改革后，检察机关仍是反腐败斗争中的一支重要力量。全市配置9名员额检察官负责职务犯罪案件办理，并成立专门职务犯罪检察机构和办案组织，共受理监察委员会移送审查起诉职务犯罪案件18件21人，提起公诉12件15人，运用“捕诉一体”机制，成功办理了全省首例监察委员会移送审查起诉的郑某红贪污、受贿案。三是积极推进检察工作机制改革。出台检察工作机制改革实施方案，加快“刑事案件认罪认罚从宽”等八项机制改革进程，探索构建规范高质高效的检察权运行体系。科学简化办案程序和文书制作，办理“轻案快办”案件292件，审结289件，其中起诉281件，不起诉8件，平均办案周期为7天，大大提升诉讼效率，有效节约了司法成本，保障了诉讼当事人的合法权益。

五、提升规范用权及公正司法自觉。一是自觉接受人大监督。不断强化宪法意识，主动向人大及其常委会报告重大工作、重要部署和重大案件，专题汇报法律监督、司法体制改革、公益诉讼等工作，认真梳理全省、全市“两会”代表委员意见建议10条，并逐一整改、反馈。二是主动接受民主监督。邀请政协委员、民主党派、工商联、无党派人士和新闻媒体参加座谈、走访、调研93人次，虚心听取意见和建议。从民主党派、无党派人士、高校教师中聘请特约检察员12人、专家咨询委员4人，参与检察决策，监督司法办案。三是着力推进司法规范化建设。坚持以见事、见人、见原因、见整改措施、见整改结果、见责任追究、见经验教训总结的“七见”标准，推进规范司法行为专项整治工作，共发现司法不规范问题27个，已逐一进行整改。四是进一步深化检务公开工作。依托12309检察服务中心，全面推进“网上检察院”、“掌上检察院”和检察服务大厅建设，充分利用检察内外网、微信公众号、检务公开网等平台展示检察产品，传递检察声音。持续推动从侧重一般事务性公开向案件信息公开转变，从司法依据和结果的静态公开向办案过程的动态公开转变，全市共公开案件程序性信息2275件，重要案件信息发布22件，办理律师辩护与代理网上预约142件，公开法律文书1373份。

六、全面从严治党、从严治检。一是坚持党对检察工作的绝对领导。将习近平新时代中国特色社会主义思想作为推动检察工作科学发展的强大思想武器和根本行动指南，深入开展大学习大培训和大讨论大宣讲活动，树牢“四个意识”，坚定“四个自信”，自觉践行“两个维护”，切实把党的路线、方针、政策贯彻到检察工作的各方面、全过程。二是坚持抓好党建就是最大政绩的工作导向。突出一把手党建工作第一责任人责任，建立党组书记负总责、班子成员“一岗双责”、机关党委牵头抓总、支部书记具体落实的党建责任体系。出台《关于开展党支部“三会一课”纪实管理的意见》等规范性文件，系统科学推进支部“五化”建设。三是持之以恒推进党风廉政建设。出台《张家界市检察机关党风廉政建设责任状检查考核办法》，健全党风廉政责任落实考核机制，全面压实“两个责任”。开展全市检察机关“作风建设年”活动，坚决纠治“四风”，着力解决干警在执法办案、工作生活中存在的消极怠惰、特权思想、不文明不规范的问题，共发现并移交纪检监察机构问题线索2件。综合运用“回头看”、专项督查等方式，抓实抓细问题整改，对最高人民检察院巡视、省检察院督查、省审计厅审计、市委专项巡察所提出的139个问题进行“挂账”整改并落到实处、取得实效、促进工作。

（杨明鹍）

审判工作

【概况】 2018年，全市法院共受理各类案件20970件，审结19329件，结案率92.17%，法定审限内结案率96.69%。其中，市法院受理各类案件2018件，审结1910件，结案率

94.65%，同比分别上升5.49%、11.53%、5.21%。两级法院院领导率先垂范带头办理疑难复杂案件，华源旅游投资公司土地使用权纠纷案等一批社会关注案件得到有效解决；市法院被评为全省法院案例工作先进单位。

【刑事审判】 2018年，全市法院共受理各类刑事案件1626件，审结1470件，同比上升20.44%、24.58%，其中受理涉黑恶案件22件96人，审结17件72人，广受关注的“二家河杀人案”“除夕杀人案”被告人被依法判处死刑，市法院连续多年被市禁毒委评为“禁毒工作先进单位”。促进监察程序与诉讼程序有序衔接，持续保持反腐高压态势，全市法院审结职务犯罪案件63件，刘某亚、彭某武、郑某红、秦某祥等一批贪腐分子受到依法惩处。

【民商事审判】 2018年，张家界法院主动把握经济发展大势，完善司法服务企业、优化发展环境实施意见，审结各类民商事案件9885件，标的额24.63亿元。全力维护金融安全，保护正当融资需求，审结借款、证券、保险、担保等涉金融案件2173件，从严规制高利放贷行为，审结民间借贷案件1431件，切实降低企业融资成本。运用破产清算、重整、和解等手段，助力经济结构转型升级，妥善审理贺龙体育中心、中商广场、凤凰山煤矿等9件涉重大社会稳定的破产案件，依法审查丰源木业、旅游商贸城等10件“执转破”案件，帮助企业摆脱困境。切实加强产权司法保护，依法平等保护企业家合法权益，积极参与化解龙城街、桂花苑等“问题楼盘”纠纷，审理涉房屋买卖、房地产开发、股权转让等合同案件4840件，坚持慎用查封、扣押、冻结等强制措施，防止因司法不当影响企业正常生产经营活动，有效服务保障供给侧结构性改革。开展涉农民工工资审判执行专项行动，慈利县法院一天之内为30名农民工讨薪18.2万元。

【行政审判】 2018年，张家界法院监督支持行政机关依法行政，保障行政相对人合法权益，审结一审行政案件1279件，同比上升46.17%。加强与行政机关良性互动，促进行政纠纷实质性化解，探索构建重大行政争议诉前协调机制，经协调撤诉案件占结案总数的30.4%。推动行政机关负责人出庭应诉制度化、规范化、常态化，有效解决“告官不见官”问题，行政机关负责人出庭应诉率55.34%。

对接“产业项目建设年”活动，探索征拆案件裁执分离新路子，服务保障黔张常高铁站、沙堤特色街、城区棚户区改造、宋城千古情等重点项目，审结涉项目建设征拆案件326件，协调自拆115件，司法强拆13件，确保不因审判程序而影响项目落地和开发建设。

【立案信访】 2018年，张家界法院严格落实立案登记制，推行网上立案、预约立案，对依法应该受理的案件，做到了有案必立、有诉必理。深化繁简分流，推行专业化、要素式审判，简易程序适用率69.7%，网上立案50件。加强涉诉信访和审判监督工作，引导当事人依法表达诉求，一批信访老案得到妥善化解，复查申诉案件56件，完成中央巡视组交办信访件39件、省委第二巡视组交办信访件52件，办结率100%。加大司法救助力度，为困难当事人减免缓诉讼费123.86万元，发放司法救助资金45万元，彰显了司法的人文关怀。充分发挥人民法庭联系群众的桥梁纽带作用，努力打通服务群众“最后一千米”。

【审判执行】 2018年是“基本解决执行难”的决战之年。张家界市委高度重视，召开推进会议，提出明确目标；人大、政府、政协或出台决议，或专题调研，或见证执行，给予全方位支持。一年来，全市法院采取非常之策，实行挂图作战、每周调度、分类施策、因案定策，全力以赴打赢这场硬仗。坚持执行工作“统一管理、统一指挥、统一协调”，通过线上查询、网上查控、网络拍卖等手段，利用凌晨、午间、深夜等时间节点和节假日，开展错时执行、凌晨行动、突击执行，执行效率成倍增长。期限内网查率达65.82%，累计网络拍卖190件次，成交额2734万元，溢价率达21.81%，发布失信被执行人名单2785人，限制高消费4127人，司法拘留332人，罚款280人，移送涉嫌拒执犯罪18人，自诉立案13人，判处刑罚16人，攻克了一大批陈年积案。通过召开新闻发布会、刊发执行战报、播放公益广告、大鼓说唱等形式，多渠道、高频次宣传执行工作，营造了决战决胜的强大舆论氛围。全市法院共受理首执案件4591件，执结4190件，结案率91.27%，实际执结率84.47%，实际执行到位率39.34%，法定审限内结案率79.19%，执行完毕率41.65%，涉执信访化解率100%，五项核心指标均达到第三方评估要求，实际执结率全省法院排名第一，执行标的到位率全省法院排位靠前，决战决胜执行难取得明显成效。

【司法体制改革】 2018年，张家界法院始终坚持深化改革不动摇，蹄疾步稳地统筹推进各项改革，努力实现审判体系和审判能力现代化。一是创新开展以司法责任制为核心的四项基础改革。完成第二批员额法官遴选，退出9人，增补4人，现有员额法官153名；推荐择优选升四高以上法官6人，定期晋升一级以上法官21人。坚持入额必办案，员额法官人均办案136件，其中永定区法院人均办案达到221件，市人民法院院庭长人均办案49.4件，同比增加2倍。与改革前的2016年相比，结案总量增加了5000件，一审服判息诉率达88.19%，二审发回重审率1.66%，二审改判率1.29%，审判质效持续向好。坚持办案必有责，全面落实司法责任制，完善审判监督管理机制，强化对“四类案件”的监督，做到“放权不放任，监督不缺位”。坚持扁平化管理与专业化建设相结合，上报两级法院内设机构改革方案，组建审判团队35个，市法院按照“2：1：1”模式，精减组建成5个集党建、审判、监督“三位一体”的新型审判团队，优质审判资源回归到办案一线。二是统筹推进以审判权运行机制为重点的配套改革。开展以审判为中心的刑事诉讼制度改革，完善非法证据排除等程序，充分保障律师依法履职，着力提高证人、鉴定人出庭作证率和律师辩护率、当庭宣判率，强化当庭质证。稳妥推进行政案件相对集中管辖改革，确定慈利县法院、武陵源区法院集中管辖区县行政一审案件。

【智慧法院建设】 2018年，张家界法院围绕旅游创新司法服务，优化旅游市场环境，将坐堂值班与巡回办案、服务窗口与移动平台、诉讼调解与多调联动、及时化解与定纷止争紧密结合，形成了有机构、有制度、有创新、有成效，规范化、高效化、信息化、联动化机制的“四有四化四结合”工作经验。打造旅游速裁“升级版”，建立微信调解工作室，开发“在途速裁”APP手机软件，添置多功能巡回办案车，发布全域旅游司法保护状况白皮书和十大典型案件，完成旅游纠纷解决机制省级调研课题，不断擦亮旅游速裁这张“法治名片”。武陵源区法院“一站式服务”模式成为各地法院学习效仿的典范。

推进以信息技术为支撑的审判能力现代化。全市法院加快推进“智慧法院”与执法办案的深度融合，着力提升司法公开和诉讼服务的信息化水平，在“四大公开平台”基础上，与新浪网合作建成“网络庭审直播平台”，实现办案流程、庭审现场、案件信息“一网览尽”。开通网上立案系统，律师、当事人足不出户就能办理立案、缴费等诉讼业务。全年公布裁判文书18762份，应上网文书上网率达100%；直播案件庭审655场，观看量达144万人次，赢得网友点赞叫好。 （本栏撰稿 屈 平 周小晖）

司法行政

【概况】 2018年，张家界市司法局推进司法行政工作落地见效，圆满完成了年度工作任务，为建设平安法治张家界做出贡献。

【社区矫正】 2018年，全市实现了4个社区矫正中心设施设备配套齐全、信息化平台稳健运行，市局社区矫正指挥中心与区县均已实时信息化对接，其中慈利县和武陵源区社区矫正指挥中心实现了与司法部和省厅的数据对接，成为全省第一个全面完成政府购买服务的市州。狠抓与市法院、检察院、公安局的协力合管，建立了重新违法犯罪大数据比对、社区服刑人员法定不予出境报备、跨居住地身份信息使用数据比对、涉毒尿检禁毒机制“四项机制”，并联合相关部门进行了巡回监督检查。全年，社区矫正管理局（科）与公安机关大数据比对4次、报备边控6次、上报一标三实数据8次，赴市司法局禁毒联点单位督导3次、召开监管安全分析会4次，合力监管成效明显，张家界市社区矫正工作继续保持在全省第一方阵。

【安置帮教】 2018年，市、县（区）进一步建立健全安置帮教基地，落实刑释人员的录入、核实制度，组织社区服刑人员、刑满释放人员职业技能培训、职业技能鉴定及创业培训活动，全面掌握刑释人员的底数。全市共接收社区服刑人员4105人，解除矫正3237人，现有在册人员868人，其中判处管制0人、缓刑465人、假释23人、暂予监外执行26人，没有发生一例社区服刑人员脱漏管和重大再犯罪。

【公共法律服务体系建设】 2018年，进一步建立完善公共法律服务体系。报两办出台了《关于加快推进覆盖城乡居民的公共法律服务体系建设的意见》。一方面，积极推进公共法律服务场所全覆盖。截至目前，全市共建成5个公共法律服务中心、72个乡镇（街道）公共法律服务工作站，覆盖率达100%；应建成公共法律服务工作点1125个，已建成1006个，覆盖率达89.42%；建立律师事务所16个、基层法律服务所10个、司法鉴定机构5个。另一方面，大力推进公共法律服务体系信息化建设。建立完善“如法网”网络服务平台、“12348”电话服务平台。武陵源区司法局率先创造性建立了服务旅游调解纠纷的微信公众号，为打通服务群众最后一千米提供了有效载体。全市各级法援机构接待群众来电来访咨询4000余人次，共受理法律援助案件1306件。

【法治宣传】 2018年，贯彻落实市两办《关于深入推进社会主义法治文化建设的实施意见》，创新推进法宣阵地建设。建成张家界市法治文化公园、慈利县滨河法治公园、桑植县梅家山法治公园、武陵源区溪布街沿河法治文化广场，打造精品法宣阵地。永定区、慈利县、桑植县购买专业法治文艺演出团队，深入乡镇、街道巡回演出，群众呼声高，法宣效果好。与市电视台、湖南公共频道、红网张家界站、张家界日报合作，开办专栏、专题、专线、专版，推送“法律服务”信息、推开“司法行政”宣传、推广“以案释法”动态，增强社会公信度。推动落实普法责任制。深入宣传贯彻《宪法》，出台《关于深入组织开展宪法学习宣传教育活动的通知》。4月份，组织区县、市直及驻张各单位开展了宪法学习宣传月活动；制订下发《张家界市2018年法治建设工作要点》《法治宣传教育工作要点》《国家机关“谁执法谁普法”工作考评办法》及考核细则，压实执法部门普法责任。5月份，永定区司法局在新桥镇组织本区23家单位承办了“五月农村法治宣传教育月”活动，打造了“法治永定”app升级版，开展答题抢红包活动，实现了线上线下同步普法。区司法局被省厅列为全省五月农村法治宣传教育月5个示范点之一。

【律师工作】 2018年，张家界市律师调解工作指导委员会成立，制订了《张家界市律师行业“三项工作”实施方案》，进一步推开律师调解试点工作，相继在市律协、市中级人民法院诉调中心、各区县公共法律服务中心成立调解工作室，派驻律师进行值班，接受群众来访和咨询。在册的55名律师调解员共接待群众咨询1100余人次，成功调解案件5起。对张家界市43名律师党员的党员身份和组织关系档案进行核查清理。下发《关于申报公职律师公司律师有关事项的通知》，对申报条件、程序及所需的材料做了详细说明。

【公证工作】 2018年，进一步将公证领域拓宽到金融业务、政府重点工程建设等方面，业务量同比去年稳步上升。共受理公证2639件，出证2639件，当事人满意率达100%。

【法考工作】 2018年，针对本年单独在张家界市设置考场的实际，采取实地张贴、网上发布、微信宣传考试公告等方式，广泛发动宣传法考工作，严格审核网络报名对象，张家界市法考客观题考试报名人数为369人，设立了5个考场，9月22日顺利开考，确保了考试万无一失。

（本栏撰稿　朱凌志）

【监狱工作】 2018年，张家界监狱推进安全文明法治有序监狱建设，争先创优，监狱工作开创新局面，成功创建社会管理综合治理市级先进单位。

一、监狱建设。全力推进监管区扫尾工程、整改工作。12月，申报湖南省监狱管理局预验收。2018年，完成办公区、监管区配套设施及其他投资约2000万元。主要项目如下：监管区AB门设备设施安装、罪犯食堂厨具招标采购、监管区文化建设、安防监控系统等建设和设备采购；办公区监狱办公网络、监狱系统信息化、办公区文化建设、办公区亮化等建设；完成了武警的室外训练场、犬舍和部分武警信息化项目，按照要求完成了“雪亮工程”布点；大力推进消防及工程方面的验收工作。积极配合全市“六城同创”，实施办公区、监管区的美化、亮化、净化、绿化，规范制度牌、公示栏、标识牌，推动办公区、监管区信息文化建设。

二、警务能力建设。组织8名处级干部参加市委党校十九大精神轮训班；邀请市委讲师团教授进行十九大报告专题辅导讲座；全部提前完成干部教育网络在线学习年度应学课时；组织民警参加警务、公务员初任、党训班等各类专题培训32人次；统筹推进以政治改造为统领的五大改造新格局，切实强化警察队伍的充电提能。为做好恢复收押罪犯前的准备，着力提升警察队伍维护监狱安全稳定和教育改造服刑人员的履职能力和水平，全年共组织监管改造线警察67人次到怀化、津市等监狱分别进行跟班学习培训1个月。通过实地跟班、对标学习其他监狱的先进管理经验，队伍履职能力、综合业务素质得到显著提升。

三、援疆工作。选派30名基层民警，援助新疆监狱安全稳定和教育改造工作。援疆民警驻守新疆反恐维稳前沿阵地，以实际行动践行“四个意识”、“四个自信”和总体国家安全观要求，对党忠诚、勇于担当。第一批、第二批为期半年援疆的3名民警在复杂艰苦环境中经受住考验，以过硬作风和能力分别于5月、11月完成援疆任务，均获得省司法厅的记功表彰。　（邓劲松　徐德恩　杨　成）

信访工作

2018年，全市信访系统推进信访工作“四重攻坚”（重点领域、重点群体、重点问题、重点人员）、“三无”创建（无进京越级上访、无大规模集体上访、无因信访问题引发的极端恶性事件和舆论负面炒作）和“法治化建设年”活动，信访形势平稳可控并持续向好，全市信访总量14210件人次，同比下降8.9%；到市上访955批4133人次，同比分别下降21.2%、18.5%；赴省上访650批次1050人次，同比分别上升9.8%、9.3%；进京非接待场所登记33人次，同比下降35.3%。

一、完成中央和省委巡视组移交信访件办理工作。把中央和省委巡视组移交信访件办理工作作为一项重要政治任务来抓，作为民生问题来推进，坚持领导包案用心办、凝心聚力用情办、创新机制用力办，信访件办理工作取得明显成效，做到“事事有人管、件件有着落”。中央第八巡视组在湘巡视期间，市领导率先领办、亲自调度、亲自督办信访案件，全市各级各部门齐抓共管、聚力共为抓信访，91件中央巡视组移交信访件100%办结；省委第二巡视组在张家界巡视期间，移交的9批1058件100%办结。张家界市办理巡视组移交信访件的做法被省信访联席会议简报推介。

二、化解信访积案和突出问题。开展信访矛盾化解“四重攻坚”战。把压实职能部门主管责任作为抓手，推动各级职能部门敢担当、当主力、打头阵，按期办结中央、省交办重点信访事项27件。开展信访积案攻坚，对2018年初集中交办的74件信访积案，采取市级领导包案和市直责任单位协调、区县政府落实主体责任的化解模式，集中资源和力量，全力攻坚，实现停访息诉35件，占比47.3%。

三、推进“三无”创建工作。以信访工作“三无”乡镇（街道）创建为重要载体，加强信访问题源头治理，强化信访工作在绩效、综治考核中的地位，推动形成了区县党委统一领导、联席会议协调、相关职能部门各尽其责的良好局面。开展信访矛盾定期排查，及时掌握重点群体和对象动态，充分发挥“三调联动”（人民调解、司法调解、行政调解）、信访听证、律师参与信访工作等机制的作用，抓实各级领导干部公开接访、重点约访、带案下访，牢牢把信访人“吸附”在当地，把矛盾化解在当地。2018年，张家界市群众到市、进京信访均呈下降态势，赴省信访略有上升，武陵源区、慈利县实现进京非信访接待场所上访零登记。武陵源区“三无”创建和桑植县探索引入第三方参与信访工作的做法被省信访联席会议简报推介。

四、推进信访法治化建设。开展信访“法治建设年”活动，促进信访工作“双向规范”。进一步完善信访部门与政法机关衔接机制，厘清信访与诉讼、仲裁、行政复议等法定途径的受理范围，引导群众通过法定途径反映诉求、维护合法权益，更多的信访事项导入法治渠道。引入律师参与信访工作，发挥律师在信访矛盾化解中的“权威性”作用，促进积案有效化解。加大依法处理信访违法行为力度，“轻刑快办”3起涉访违法行为案件，并对典型案例在省、市级媒体公开曝光，促进信访秩序好转。

（钟为东）

人民调解工作

2018年，张家界市继续健全完善各级人民调解组织1130个，调整充实调解人员5720人，巩固区县96个联合调委会和派驻调解室，强化25个医疗交通等专业行业性调解组织，深化31个环五级边界联防联调组织；指导区县落实矛盾纠纷排查调处制度；探索建立“法治武陵源”微信公众号线上调解室，开启了人民调解“互联网+”新模式；在全市大力开展人民调解“创先争优”和典型培树活动。撰写上报12份人民调解案例，其中永定区司法局、桑植县司法局、市胜地公证处被司法部库采用案例5篇；全市有8个人民调解委员会、14名优秀人民调解员受到省部级通报表彰，涌现出了“全国人民调解工作先进个人”宋家军、陈功伟和“全省人民调解工作先进个人”李建福等一大批高素质人民调解员。此外，桑植县陈家河镇司法所所长莫盛云、凉水口镇李家庄村调解员李成云典型事迹在《张家界日报》头版和市政府网要闻刊登。部署开展“四查四防化纠纷，千乡万村创四无”专项调解活动，全市共调解纠纷案件13300件，调处成功13179件，调处成功率达99.09%，排查纠纷3259次，预防纠纷3905件，有力地维护了社会和谐稳定。6月上旬，迎接了国家司法部“第十届海峡两岸调解员在湘联谊交流活动”一行对武陵源区旅调委的参观交流。武陵源区司法局“打造纠纷调解三道防线，建设平安国际旅游区”的经验做法在全省人民调解工作会议上作了书面交流。按照省厅《关于进一步加强司法所规范管理的指导意见》，大力开展第七批湖南省“模范司法所”和“规范化司法所”评选和第四批复查验收工作。严格执行《司法行政系统标识及设置规范》，对不符合要求的计划分期分批更换调整。3月下旬，组织区县局基层股长、全市基层法律服务工作者共82人开展业务培训。集中学习了党的十九大精神和两个《办法》，进行职业道德和执业纪律教育，探索推进基层法律服务标准化建设。严格按新的执业条件和程序对13家法律服务所进行了年检，对70名法律服务工作者进行了注册，其中新注册3名。启动基层法律服务所诚信等级评定工作，加强执业诚信行为监督和对行业协会的指导，提升了基层法律服务工作者协会及个人的自律管理和服务水平。

（朱凌志）

2019

综合监督与管理

·张家界年鉴·

总　类

2018年，张家界市持续优化经济发展环境。

一、进一步优化大环境。印发《张家界市贯彻落实〈对接“北上广”优化大环境行动导则〉实施办法》，制订了《重点任务责任分工和进度安排表》，从优化审批、成本、法治、信用、创新、服务和通关环境等7个方面，明确了区县和市直单位87项工作任务。对政府部门2015年以来签订的合同以及2015年以前签订的合同未落实的情况开展了专项清理。对39个市直单位183项政策文件进行清理审核，并予以规范处理。印发《关于建立优化发展环境问题办理机制的通知》，全年交办发展环境问题7起，对涉及4个问题的单位和个人进行了问责。

二、稳步推进“放管服”改革。推进“互联网+政务服务”和“最多跑一次”改革，制订《张家界市投资项目“最多跑一次”改革规范行政审批中介服务实施方案》，开展了中介服务事项和中介服务机构梳理工作，建立网上中介服务超市。强化行政审批事项监督，不定期开展网上行政审批巡查，对红黄牌情况进行通报。对行政审批中介服务、行业协会商会与行政机关脱钩情况开展了专项督查。

三、服务实体经济。进一步降低实体经济企业成本，对2016年以来出台的减负政策落实情况进行专项检查，最大限度发挥政策集成效应，激发市场主体活力。规范涉企检查，在《张家界日报》公布了《2018年张家界市市直单位涉企常规检查计划》，明确了34个市直单位179项检查内容，规定所有市直单位应当依法按照规定的权限、范围、条件和程序实施，不得干扰企业正常生产经营活动。解决企业发展难题，对8家企业16个问题，以张政办明电的方式向区县政府和市直相关单位进行了交办。

四、服务重点项目。针对12个重点工程存在的16个建设施工环境问题，以张政办明电（2018）18号文件向相关市直单位和区县进行交办，明确办理期限。开展施工环境整治，全市共查处损害重点工程建设施工行为255起，刑事、治安拘留123人，警告处罚25人，化解各类矛盾纠纷148起。积极解决黔张常铁路、张吉怀高铁征地拆迁等问题。

五、加强案件投诉办理。全年处理举报投诉12起，已全部办结。坚持每季度发布一起典型案例，全年查处各类损害经济发展环境典型案件25起。　（赵三辉　张　奎）

国有资产监督管理

【概况】　2018年，全市国资监管工作取得明显成效，国有企业向高质量发展迈出坚实步伐。截至2018年底，市属国有企业资产总额565.35亿元，负债总额367.63亿元，所有者权益197.72亿元，资产负债率65.02%，国有资产保值增值率为101.49%。全年实现经营收入7.29亿元，上交国有资本收益金10155万元，上缴税费1.07亿元。

【国有企业改革】　2018年，根据《张家界市市属国有企业改革实施方案（2015—2018）》，市汽车运输公司改革试点和市自来水公司制改革启动。国有企业公务用车制度改革全面完成，共保留符合条件的公务用车191辆，取消53辆，占总数的22%，为企业减少公务交通费用561万元。市商业大楼改革完成扫尾工作，职工得到妥善安置，公司依法注销；完成琵琶溪宾馆、中储粮慈利分库、电信公司、电力公司的“三供一业”分离移交工作。

【国资转型升级】　一是积极组建新型企业。成立市融资担保集团有限公司和市农业投资有限公司，基本完成企业组织架构的搭建。二是完善推动企业转型的体制机制。制订《关于促进政府投融资平台公司改革创新转型发展的实施意见》，引导投融资平台公司逐步向实体经营性企业转型。三是大力拓展项目及业态。市经投集团签约大唐西市旅游文化产业园等7个项目，签约总额达490亿元；市交投集团积极推广新能源市场化应用，不断壮大共享汽车及充电桩建设规模。市汽车运输公司与湖南玖玖华安网络科技有限公司开展网约预约出租客运平台服务合作，新增网络预约出租客运业务，企业市场竞争力不断提升。

【国资监管工作】　一是规范产权管理。将交投集团停车场广告经营权等7宗资产纳入公共资源交易中心公开交易，评估总值585.8万元，成交价642.7万元，增值率为9.7%。二是强化综合绩效考核。通过与企业负责人签订责任状，明确目标任务，压实国有资产保值增值责任。完成市经投集团等8家企业的综合绩效考核工作，并将考核结果作为核定企业负责人薪酬待遇、提拔任用、评优评先的重要依据。三是加强经营预算管理，完成2017年度国有资本收益金预算收缴工作，上缴收益金10155万元，做到应收尽收，不打折扣。

【制度建设】　2018年，市国资委制订印发《张家界市市属国有企业董事会规范运作暂行办法》（张国资（2018）212号）和《张家界市市属国有企业监事会工作规则（试行）》（张国资（2018）213号），进一步规范企业董事会、监事会和经理层工作流程，不断推动企业形成各负其责、协调运转、有效制衡的公司法人治理结构；与市委组织部联合出台《关于市属国有企业补充人员暂行办法》，企业选人用人及人事管理得到规范；张家界市人民政府办公室出台《张家界市市属国有企业违规经营投资损失责任追究暂行办法（试行）》（张政办发〔2018〕30号），使企业违规经营投资损失责任追究有章可循。

（本栏撰稿　罗锦凤）

国土资源管理

【概况】　2018年，全市国土资源系统各项工作取得较好成效，特色亮点较为突出：世界地质公园顺利通过联合国教科文组织再评估，土地例行驻点督察整改经验被武汉督察局推介，城乡居民合作建房改革成为全省唯一试点，不动产登记“张家界模式”得到省厅高度肯定，市国土资源局被省自然资源厅和市委市政府授予“绩效考核先进单位”称号。

【耕地保护】　2018年，全市上报建设占用涉及耕地项目62个批次，占用耕地154.0868公顷，其中水田137.5563公顷、旱地16.5305公顷。全市完成高标准农田建设项目6694公顷，完成各类各级土地整治项目21个，补充耕地424.3880公顷，总投资8674.56万元。其中土地整理项目4个，总投资1592.63万元；土地复垦项目3个，总投资345.26万元；土地开发项目14个，总投资6736.67万元。

【用地保障】　2018年，全市完成建设用地预审114宗，面积472.075公顷；执行新增建设用地计划176.56公顷，同比增加1.81%；建设用地获批总量288.12公顷，同比减少53.7%。供应建设用地608.42公顷，同比增加160.19%。出让土地146.41公顷，成交价款248934万元，出让均价1699元/平方米，同比增长22.41%；市本级共征收国土资源非税收入161231万元，完成全年任务数的746.44%，同比增长173.54%。

【闲置土地清理处置】　2018年，全市组织力量对国有建设用地批而未供、供而未用等情况进行清理，对市本级2017年12月31日以前批准实施的68个12006亩批而未供土地储备项目，计划用3年时间全部完成土地房屋征收补偿和组织供地；对2018年3月31日前清理出来的11宗供而未用闲置土地进行清理处置。经过攻坚，市本级共盘活存量土地3240亩，2018年需要推进的45个储备土地，已完成21个土地房屋征收任务，完成6宗闲置土地处置，对11个项目重新挂牌，督促3个项目动工建设。

【增减挂钩建设】　2018年，全市报批复增减挂钩实施方案11批次，通过省自然资源厅验收的增减挂钩项目共6个批次，其中永定区1个批次、慈利县2个批次、桑植县3个批次。复垦农用地7417亩，扣除建新区后的节余指标为6117亩，其中永定区1193亩，慈利县2126亩，桑植县2798亩。全市对外流转交易结余指标5400亩，实现收益10.33亿元。

【矿产资源管理】　以环保督察、长江经济带环保审计整改为切入点，出台了《张家界市整顿规范矿产资源管理秩序“1+4”方案》，集中力量开展矿山开采专项整治行动，取缔关闭非法开采矿点39处，责令59家超深越界开采矿山退回界内开采，收缴罚没款200万元；扎实推进自然保护区内矿业权退出处置，对52家矿山逐个提出处置方案，积极协调落实补偿资金；对决定关闭的21个矿山进行全面清理，其中市级发证10个、区县级发证11个，整合、置换8个。出台了矿业权会审制度，报请市政府成立了由分管副市长任组长的矿业权会审领导小组，对新设矿业权、采矿权变更登记等进行会审，做到了集体审核、集体把关。

【测绘地理信息】　组织完成4家丁级资质单位的测绘资质巡查与质量监督抽检，指导市测绘院开展“平安测绘创建活动”。组织开展“8·29”《测绘法》宣传月，完成“六个一”系列宣传活动。及时完成全市测绘资质单位的年度统计报告。加快测绘地理信息示范县建设，指导慈利县进行测绘地理信息示范县创建。与市教育局联合举办第四届张家界市少儿手绘地图大赛及国家版图知识竞赛，选送多部作品获省级奖励。推进HNCORS规范化建设与应用，全面完成2000国家大地坐标系转移。完成省市县三级地理国情图集编制出版工程。率先在全省组织完成市县区地理国情图集编制，并赠送图集2000多册。加快市县一体化数字县域建设。组织完成永定城区且住岗、武陵山大道片区10平方千米1∶2000基础地理信息库的年度更新；启动慈利县、桑植县数字县域建设。

【执法监察】　土地矿产卫片执法检查工作全面达标。上报土地违法图斑93宗，违法用地立案查处85宗，非立案处理4宗，合法举证4宗，履职到位率97%，查处整改到位率达90%以上。矿产卫片通过外业核查确定违法图斑11个，应立案查处图斑8个，非立案处理图斑3个，已经全部查处整改到位并通过省级验收。违法案件查处力度不断加强。全市累计组织土地矿产巡查4615人次，立案查处土地矿产违法案件102宗，收缴罚没款645.65万元。自然资源领域安全生产形势平稳，以“一单四制”（即重大事故隐患清单，交办制、台账制、销号制、通报制）工作模式为抓手，积极履行“一岗双责”（即有关部门主要负责人对本行业安全生产工作负全面领导责任；分管安全生产的负责人是安全生产工作综合监督管理的责任人，对安全生产工作负组织领导和综合监督管理领导责任；其他负责人对各自分管工作范围内的安全生产工作负直接领导责任），实现“零事故、零伤亡”，安全生产工作形势持续稳定。打非治违整治有力，累计组织执法活动230次，出动执法人员1312人次，检查矿山生产经营单位468家，下达执法文书150份，下达行政处罚决定书20份，责令停产停业80家，取缔关闭非法矿山47处。

【维护权益】 报请市政府修订并出台《张家界市集体土地征收及其房屋拆迁补偿安置办法》，征地补偿标准较原来提高30%，附着物及房屋补偿标准提高15%—35%。调整并对外公布征地补偿片区划分结果和征地补偿新标准。通过购买社会服务强化防灾技术支撑，处置地质灾害险情48处，地质灾害参训人数达5000余人，助力522户地质灾害隐患户实现搬迁避让，治理地质灾害隐患25处，成功避让地质灾害1起，无人因灾伤亡。对市城区未办证楼盘进行清理，依据存在问题类型进行了分类，并逐一提出解决方案上报市委、市政府研究。

【放管服改革】 全面推进审批制度改革。2018年3月，实现权籍调查“一次性委托、一站式受理”。全面实现“两集中两到位”（即审批事项向一个科室集中、行政审批科室向行政审批服务中心集中，保障进驻行政审批服务中心的审批事项到位、审批权限到位），推行“首席代表”制度（即进驻行政审批服务中心部门派驻一名窗口代表，并授权直接行使审批权的工作制度）。成立市国土资源行政审批中心进驻市政务服务大厅，全面实行“一窗受理、集成服务”。全面优化审批服务，依托“张家界市国土资源政务服务市县一体化”平台实现全业务网上办理，全面减少审批层级和优化审批流程。全面优化审批服务。全面深化流程清单编制。共梳理79项行政审批事项，编制《张家界市国土资源局行政审批操作手册（试用版）》，制作《办事服务指南》。全面进行系统平台升级改造。升级电子政务服务系统，为实现“最多跑一次”改革提供技术支撑，全面运用“互联网+政务服务”系统受理所有业务。做好数据归集共享和中介服务准备，将自然资源与空间地理基础数据库建设已纳入智慧城市统一建设，实现数据共享。

【合作建房改革试点】 张家界市是全国旅游综合改革试点城市，是国家重点生态保护区和全域旅游示范区。2018年12月，《张家界市城乡居民合作建房改革试点实施方案》经中共湖南省委农村改革专项小组批复实施。省委农村改革专项小组将张家界市确定为全省城乡居民合作建房改革的唯一试点城市。通过创新宅基地管理，我们探索开展宅基地有偿退出、有偿使用和宅基地“三权分置”（即所有权、承包权、经营权分置）改革，总结出可复制和推广的经验，为全省全面铺开需求突破，对张家界市发展全域旅游、振兴乡村和实现绿色发展具有十分重要的意义。

【世界地质公园再评估】 2018年7月，联合国教科文组织世界地质公园理事会对张家界世界地质公园进行再评估，联合国专家对张家界世界地质公园进行为期三天的评估考察，对张家界世界地质公园所做的管理工作给予了充分肯定，并提出了未来4年的六条发展建议。在评估意见反馈会议上，联合国专家认为张家界为其他世界地质公园树立了很好的榜样。2018年底，联合国教科文组织世界地质公园理事会发布消息，张家界世界地质公园再获“绿卡”，通过再评估检查，获得为期4年的世界地质公园网络成员资格。

（本栏撰稿　郑晴庆　谷忠秋）

公共资源交易

【概况】 2018年，张家界市公共资源交易中心精简流程，提升效能。全年完成交易项目636个，成交总金额118亿元，节支5.1亿元，增收1.5亿元，进场交易项目服务实现零投诉、零失误。中心先后荣获“市级文明标兵单位”等荣誉称号。围绕“项目建设年”，顺利完成张家界综合客运枢纽项目设计招标、红壁岩大桥施工招标、精准扶贫农村公路及安全饮水项目招标、“智慧张家界”云平台建设采购等项目的开评标工作。2月9日，桑植县澧源镇老观潭社区住宅商业用地挂牌出让，经过几十轮激烈现场竞价，最终以1.35亿成交，实现溢价5852万元，创全年竞价增值最高。6月22日，武陵源宝峰湖桥头两处门面通过网上47轮竞价，增值33.3万元，增值率高达196%。配合公车改革，成功受理公车拍卖、靓号网拍、国有资产处置、出租等业务上百宗，进场金额1548.02万元，成交金额2173.42万元，实现国有资产增值625.4万元。2018年，在面临防范化解地方政府债务风险，进场交易项目减少的情况下，中心仍超额完成年初制订的非税收入征收任务。

【交易现场管理】 2018年10月，在全省率先出台《交易平台标准化服务手册》，制订了场地设施、服务流程、服务规范、信息公开、档案管理、服务礼仪的标准，实现了平台服务有章可循、规范操作、监督有力。制订《窗口工作人员服务规范》，推行“一窗受理、在线咨询、网上办理、限时办结”，并规定凡是能窗口受理事项，一律不在后台接件，实现交易过程“零拖延”、交易环节“零障碍”。推行“科室+流程化”管理模式，将涉及多个科室办理的事项实行“集成服务”，人员全部重组，划分为大厅服务组、开标组、评标组、技术支持组和后勤服务组，把在同一业务科室独立、封闭完成的交易活动，提升到公共资源交易统一平台上，杜绝了“一个科室办到底”的弊端。

【交易监督公开】 2018年，中心配合各行政监管部门加强对评标专家、代理机构和各方交易主体的考核监督，按要求及时公示、通报违法违规行为记录信息；为保障交易过程阳光透明，场内实行视频监控全覆盖，设置了实时图像点播回放、远程控制、存储和备份、语音双向对讲等功能，对交易活动实行全方位、全流程音视频监控，形成电子档案留存备查，为行政监督执法提供了依据。8月，中心与公管办联合出台《张家界市公共资源交易特邀社会监督员工作制度》，推行公共资源交易开放日，聘请人大代表、政协委员、社会团体等44名社会监督员，构建了“行业+监察+业主+社会”的多层次立体监督体系，对交易活动进行监督和见证，确保交易过程阳光透明。

【平台信息化建设】 中心运用“互联网+公共资源交易”思维，有效运用信息技术手段，建设完成“一网三平台”，从信息发布、入场登记办理、开评标场地预约到预中标公示等近10个环节均实现了网上办理，开启了全流程电子化功能和智能交易新时代。开通“张家界市公共资源交易”微信公众号，实现从“见面办”到“线上办”，再到“移动办”，让企业真正零距离网上办公。公众号目前已实现查看交易信息、查询保证金、了解办事指南等服务功能。1月，与湖南省公共资源交易中心实现了桂阳—郴州—资兴输气管道工程无损检测项目的远程异地评标。11月，实现与全省兄弟市州远程异地评标的互联互通。

（本栏撰稿　李米薇）

审计监督

【概况】 2018年，张家界市审计机关审计310个单位，查出管理不规范、违纪违规、损失浪费问题金额共计99.12亿元，处理上缴财政和减少财政拨款5.89亿元，归还原渠道资金5.33亿元，核减投资2.46亿元。向被审计单位和有关部门提出审计建议290条，向市区县纪检监察、司法机关及有关部门移送案件线索31件，涉及人员5人。在省审计厅组织的全省优秀审计项目评选中，张家界市荣获1个优秀审计项目，1个表彰项目。张家界市审计局继续保持了全国文明单位称号。

【重大政策措施落实情况跟踪审计】 全年完成全市4个区县政府稳增长促改革调结构惠民生防风险政策措施落实情况的跟踪审计任务。通过审计，揭露并查处财政存量资金规模较大、涉农重点项目进展缓慢、农业现代化建设三个“百千万”工程和省级重点工程项目实施过程中存在的违纪违规问题。

【财政审计】 全市审计机关首次依托“金审三期”大数据信息平台，实行数字化联网审计，对市、区县535个一级预算单位的部门预算执行情况进行了数字比对分析，市局和慈利县、永定区审计局实现了一级预算单位的部门预算执行情况审计全覆盖。通过审计，共查出203个单位存在各类违纪违规问题和管理不规范资金3.98亿元，并分别向同级人大常委会报告了审计查出问题情况和审计查出问题的整改情况，得到了人大的高度肯定。

【经济责任与自然资源资产离任审计】 全市完成了24个经济责任审计项目，重点关注了执行党和国家、省委省政府和市委市政府重大决策部署、重大经济决策、精准扶贫精准脱贫、地方政府债务管理、履行自然资源资产管理和环境保护责任、贯彻落实中央八项规定领导干部遵守有关廉洁从政规定等情况。完成了对古丈县县委书记、县长自然资源资产任中审计，市水利局局长自然资源资产离任审计等6个审计项目。

【政府投资审计】 全市审计机关共完成了343个工程结（决）算审计项目。建设单位送审工程造价26.66亿元，审减工程造价3.34亿元，审减率12.53%，并以市政府办文件出台《加强政府投资审计监督办法》，规范政府投资项目审计行为。

【民生资金审计】 完成2015—2017年张家界市帮扶资金投入前10位的后盾单位扶贫资金的专项审计等4个审计项目。揭示扶贫建设项目社会效益和经济效益不高及损失浪费等问题，出具审计专报，提出审计对策与建议。

【国有企业审计】 完成对市自来水公司2016—2017年资产负债损益审计等2个审计项目，揭示监管漏洞和履职不到位等问题。

（本栏撰稿　张国华）

价格管理

【概况】 2018年，张家界市规范市场价格行为，加大市场巡查力度，规范张家界市火车站、飞机场、高速下站口附近各个餐饮、酒店的价格行为，督促经营者依法做好明码标价等工作。营造公平竞争市场环境。实施公平竞争审查联席会议制度，4个区县均已建立公平竞争审查联席会议制度，依法开展公平竞争审查工作。加强价格监督与检查。开展涉企经营服务收费清理规范暨涉企收费专项检查、降低实体经济成本政策措施落实情况专项检查，确保各项惠企价费政策落地执行。开展张家界市旅游景区景点门票价格专项检查。推动张家界市旅游经济持续稳定增长和规范旅游价格秩序，在专项检查中结合市政府的“铁腕治旅”行动4—10月对张家界市景区景点等违规提高门票优惠幅度的价格违法行为进行约谈、提醒告诫和检查。对张家界市景区景点的价格进行公示，设立大型公示牌5个。加强民生领域商品房销售、电力及教育收费价格的监管。加强12358价格举报电话的值守工作，建立网络舆情监测制度，处理价格举报，回应民众关切。2018年，市本级共查处价格违法案件15件，查出违法金额123.37万元，没收违法所得金额123.38万元，罚款金额95.08万元，罚没入库218.45万元。（覃飞英）

【工业生产者价格】 2018年，张家界工业生产者出厂价格（此数据为全省数据，所有市州均为此数，下同）比上年上涨3.2%，工业生产者购进价格比上年上涨3.5%。

一、工业生产者价格同比涨势放缓。分月数据显示，工业生产者出厂价格保持在下增长区间内，分别上涨3.7%、3.5%、3.2%、3.3%、3.7%、4.2%、4.2%、3.7%、3.1%、2.8%、2.4%、1.1%；四季度开始月度同比价格涨幅收窄。工业生产者购进价格波动趋势与出厂价格基本一致。1—12月，工业生产者购进价格分别上涨4.6%、3.8%、3.5%、3.3%、4.0%、4.3%、4.2%、3.7%、3.1%、2.9%、2.8%、1.7%。

二、工业生产者价格环比呈“M”形走势。工业生产者价格环比小幅震荡，波动区间在-0.5—0.4之间，全年是“M”形走势。1—2月工业生产者出厂价格环比分别上涨0.2%、0.1%；3月环比持平；4月环比下降0.3%；5—6月环比分别上涨0.3%、0.3%；7月环比持平；8—10月环比分别上涨0.3%、0.4%、0.3%；11—12月环比分别下降0.1%、0.4%。

三、近七成大类行业价格上涨。在调查的37个大类行业中，出厂价格29涨1平7跌，行业上涨面达到78.4%。废弃资源综合利用业、石油煤炭及其他燃料加工业、造纸和纸制品业等29个大类行业出厂价格上涨；烟草制品业出厂价格持平；计算机通信和其他电子设备制造业、化学纤维制造业等7个大类行业价格不同程度下跌。（秦坤霞）

【居民消费价格】 2018年，张家界市居民消费价格上涨2.5%，涨幅较上年上涨1.2个百分点。食品价格上涨2.0%，非食品价格上涨2.7%；消费品价格上涨2.3%，服务价格上涨3.1%。居民消费价格结构性变动特点明显，同比涨幅教育文化和娱乐下跌，居住类价格涨幅最大。居民消费价格涨幅比全省高0.5个百分点，在全省排第一位。

食品价格上涨2.0%，其中鲜菜、薯类、禽肉类、蛋类、豆类、水产品、鲜瓜果分别上涨19.2%、13.1%、3.8%、3.4%、1.7%、1.2%；下跌的有猪肉、食用动物油，分别下跌12.7%、8.9%。

居住类价格上涨5.5%，其中自有住房、租赁房房租、住房保养维修及管理、水电燃料分别上涨9.9%、6.0%、1.6%、0.2%。

服务价格上涨3.1%，较上年回落0.2个百分点。其中鞋类加工服务价格上涨14.2%、家庭服务和旅馆住宿服务价格上涨8.3%、其他服务和装潢维修价格分别上涨7.7%、5.3%。

八大类商品及服务价格总水平“七涨一跌”。除教育文化和娱乐下跌1.0%外，居住、衣着、食品烟酒、交通和通信、生活用品及服务、其他用品和服务、医疗保健七大类价格分别上涨5.5%、2.8%、2.6%、2.5%、2.0%、1.3%、1.2%。

月度同比一直处于上涨态势。11月因天气因素鲜菜类和租赁房房租影响全市消费价格上涨3.0%，2月受春节假日因素影响全市消费价格上涨2.9%，其余月度同比一直在1.9%—2.8%区间运行。

月度环比涨跌互现，在-0.5%—1.3%区间运行，2月受春节假日影响环比涨幅达1.3%；3—5月、12月环比价格下跌；6月持平；其他7个月环比价格均小幅上涨。

（秦坤霞）

安全生产监督管理

【概况】 2018年，张家界市发生安全生产经营性责任事故29起，死亡25人，受伤9人，经济损失1307.2万元，总体呈现全面下降的趋势。事故总量同比减少20起，下降40.8%，死亡人数减少16人，下降39%，经济损失减少447.94万元，下降25.5%，受伤人数减少18人，下降66.7%。没有出现较大以上安全生产责任事故。烟花爆竹、危化、特种设备等行业领域持续安全生产，全市安全生产形势总体稳定可控。2015—2018年，张家界市安全生产部门连续四年被省委省政府评为先进单位。

【安全监管】 张家界市按照“咬定一个目标，突出两个重点，做实十一项工作”的思路，着力抓履责，抓执法，抓创建，抓整治，抓督查，稳步推进各项工作。一是以有力举措确保“一岗双责”落到实处。全市建立了履行“一岗双责”（党政领导干部安全生产“一岗双责”是指各级党政领导干部在履行岗位业务工作职责的同时，按照“谁主管、谁负责”“管行业必须管安全”“管生产经营必须管安全”“分级负责、属地为主”的原则，履行安全生产工作职责）提醒机制，定期提醒各级党政领导干部履行安全生产领导责任。2018年，市委、市政府召开常委会、政府常务会各4次，研究全市安全生产工作。先后召开了全市安全生产工作会议、安委会全体扩大会、4次季度形势分析会，部署安排工作任务。市委市政府领导班子成员开展带队检查，交办督促整改问题已经形成常态和自觉。特别是

《地方党政领导干部安全生产责任制规定》颁发后，市委市政府进行了专题学习，组织了研讨，进一步完善了市委市政府领导班子成员安全生产责任清单。成立了以市委书记、市长任主任的双主任制安全生产委员会，并将组织、宣传等党委部门纳入安全生产委员会中。制订下发了张家界市安全生产工作考核办法和考核奖励方案。把区县委、政府和各部门履行“一岗双责”的情况列入历次督查的重要内容，对部分区县领导干部和部门领导以业务指导代替安全生产检查，搞形式，走过场等问题进行了通报批评，进一步压实了责任。二是坚持从严执法。近年来，张家界市始终把执法工作挺在前面，抓在手中。年初安委会全体扩大会议明确的今年安全生产工作的两个重点之一就是监管执法。第一季度，结合春季打非治违百日行动，对全市执法工作进行了专题安排，在第一季度形势分析会上对全市执法情况下发了通报，进行了讲评。“强执法防事故”工作部署后，结合张家界市“夏季集中执法行动”，全面开展计划执法，随机执法，按要求建立了全市监管执法质量排行榜，每月通报讲评，工作开展情况与年度考核挂钩。1—12月，全市共计组织执法活动38199次，出动执法人员144340人次，检查生产经营单位154065家次，立案调查3585起，经济处罚4250.175万元。三是深入开展各项专项治理。全市深入开展打非治违“春季百日行动”，道路交通“冬春攻势”“隐患清零”，旅游“利剑行动”“铁腕治旅”“春夏火灾防控”“建设工程施工安全专项治理”等行业领域专项整治。“8·15”和“8·20”事故后，深刻汲取教训，按照省道交委的统一部署，深入开展“农村道路大排查、大整治、大督查”行动。其间，对道路交通“隐患清零”进行了专题调度，约谈了部分道路运输企业。坚决贯彻习总书记对旅游安全做出的重要指示，旅游行业“利箭行动”推进有力，“铁腕治旅”成效明显。采取市级划片，区县定点的方式，对各景区开展驻点督导，有力应对了旅游高峰期，旅游市场秩序持续稳定向好。深入开展消防“电气火灾”“电动车”专项治理，全市火灾数量较去年同期分别下降33.7%。专题调度推进“建设工程领域安全专项整治”工作。按照月汇总、季通报的方式，对各部门工作推进情况进行综合调度，建筑施工领域事故同比大幅下降。持续用力抓排查，狠抓重大事故隐患排查治理“一单四制”（重大事故隐患治理“一单四制”制度是指县级以上负有安全生产监督管理职责的部门对日常监督检查中发现或上级交办、群众举报、媒体曝光、其他部门移送、下级有关部门和生产经营单位报告的重大事故隐患，经研究认定，形成重大事故隐患清单，并对每项重大事故隐患治理任务实行交办制、台账制、销号制、通报制管理，做到治理任务不落实不放过、隐患不消除不销号，并对逾期未完成治理任务的予以通报）落实。全市有116条隐患纳入“2018年全市重大隐患清单”，“一单四制”管理的数量和质量有明显提升。四是持续用力抓关闭退出。2018年是非煤矿山“攻坚克难”的收官之年，全市223座非煤矿山关闭减少到220座。煤矿从7对减少到4对。五是下力抓好宣教培训。市委和各区县委召开中心组学习，深入贯彻习总书记关于安全生产十个方面的重要论述和《地方党政领导干部安全生产责任制规定》。以落实《湖南省生产经营单位安全生产主体责任规定》为契机，在全市范围开展安全生产标准化大创建活动，要求在矿山、建筑施工、交通运输、旅游等行业领域企业全面开展安全生产标准化创建。严密组织“安全生产月”活动，积极开展“大宣讲”“大咨询”“大演练”“大培训”“大特色”等宣教活动。全市累计投入400多万元，组织大宣讲1700余次，听课12.5万余人；组织524家企业开展安全生产述职活动，发放宣传资料40万余册，承办174次各类培训班，培训人员2万余人。1.5万余人参加安全知识网络“微学习”，营造了“关注安全，关爱生命”的浓厚氛围。六是严格督查督办，严肃问责。严格落实巡查督导制度，及时督导各级各部门安全生产工作落实。市安委会先后进行了“岁末年初”“复产复工”“打非治违”“一单四制”“事故调查处理”等专项督查，交办121项问题，已经全部整改到位。对慈利县“1·9”“3·27”两起典型事故的调查处理问责挂牌督办。对没有按要求落实整改责任的部门和单位，其主要负责人和分管领导进行约谈，并将约谈纳入年度考核，进一步传导压力，促动工作落实。

（宋小屯）

防汛抗旱

【水旱灾情】 2018年入汛以来，张家界市先后遭受17轮暴雨洪水袭击和6月初到7月底持续晴热高温少雨天气，各地发生了不同程度的洪旱灾情，部分地区受灾严重。面对涝旱交替的严峻形势，市水利局认真贯彻落实市委、市政府和市防指的决策部署，超前部署，狠抓落实，全力以赴做好了各项防灾救灾工作，实现了“五个确保”防汛抗旱总目标，取得了2018年防汛抗旱工作的全面胜利。

雨情。2018年，张家界市累计平均降雨1584毫米，汛期（4—9月）全市累计平均降雨865.4毫米，分别较历年同期偏多3.4%、偏少14.4%。据气象部门统计分析，全市汛期（4—9月）共发生了17次局部暴雨过程，雨情呈以下特点：一是降雨总量偏少。全市累计平均降雨量865.4毫米，较历年同期均值1011.1毫米偏少14.4%。两区两县平均降雨量分别为永定区744.9毫米，较历年同期均值偏少22.9%、武陵源区962.8毫米、慈利县870.3毫米，较历年同期均值偏少13.3%、桑植县980.8毫米，较历年同期均值偏少7.7%。二是降雨时空分布差异明显。时间分布上，4、7月降水正常略偏少9.3%、13.1%，6、8月降水显著偏少71.3%、57.1%，5月降水偏多25.1%，9月降水异常，偏多

103.0%。空间分布上，永定区南部、武陵源东部、桑植县西北部和慈利县西南部降水较多，最大值为桑植县八大公山1960.1毫米。三是局部暴雨强度大。2018年，汛期共有9次降雨过程中都出现了大暴雨级别的站点。全市最大1小时75.1毫米（8月1日桑植打鼓泉）。单次过程累计最大降雨量为229.9毫米（7月30日八大公山）。四是台风影响较小。汛期登陆我国东南沿海的台风共5个，对张家界市影响较小，没有造成灾害。

水情。汛期，澧水来水量偏枯，全市水情特点如下：一是汛期来水总量总体偏少。汛期4—9月，溇澧两水合计来水总量56.9亿立方米，较历年同期均值67.5亿立方米偏少15.7%，其中：溇水控制站长潭河站来水总量29.92亿立方米，较历年同期均值34.4亿立方米偏少13.0%；澧水控制站张家界站洪水总量26.98亿立方米，较历年同期均值33.1亿立方米偏少18.5%。二是澧水干支流洪水规模不大，但中小河流洪水多发。汛期，澧水各控制站均在警戒水位以下，其中“7月4日—7月5日”“7月31日—8月1日”“9月25日—9月27日”等三次较强降雨过程致使澧水干支流各站相继出现今年最高洪水，主要河道站桑植站、张家界站最高水位为253.21米、160.06米，分别出现在9月25日21时、9月25日23时；最大流量为2350m立方米/秒，2650立方米/秒，分别出现在9月25日19：14、7月6日11：00。

旱情。2018年，全市平均气温较历年偏高0.7℃，属偏高级别，极端高温39.5℃，出现在永定。6月和8月出现两段中度气象干旱，7月14—28日，全市3县（区）出现日最高气温大于等于35℃连续14—15天的中度高温热害，6月（永定25—30日、慈利25—29日）和8月（慈利7—14日）出现轻度高温热害。全市汛期降雨量与历年平均降雨量相比偏少14.4%，且时空分布极其不均，6月1日—6月28日累计降雨量46.1毫米，较多年同期均值229.83毫米偏少79.95%，7月13日—7月27日累计降雨量22.3毫米，较多年同期均值122.3毫米偏少81.75%，其中慈利县累计降雨5.6毫米，较常年均值93.6毫米偏少94.02%。张家界市旱情发生主要集中在6、7、8月，上述几个阶段旱情发展较快，全市整体呈现部分地区轻度干旱，局部地区中度或重度干旱情况。据统计，受旱情影响，旱情蔓延到全市25个乡镇（街道），农作物受灾面积5.89万亩，6.69万人和0.2457万头大牲畜出现饮水困难，直接经济损失1517万元。

【抗旱救灾】 2018年，张家界市抗旱形势总体平稳，未出现大的旱情。6月中下旬后，受持续高温少雨天气影响，部分地区发生轻度干旱，局部地区发生中度干旱，多个干旱死角地区出现不同程度的人畜饮水困难情况。在全市旱情蔓延的关键时刻，市委市政府要求全市上下以习近平总书记重要指示精神为指导，进一步树立以人民为中心的思想，切实增强政治意识和责任担当，全力抓好蓄水保水、管水节水工作，确保遇中等程度干旱时，生活、生产和生态用水安全；确保遇严重干旱时，生活用水基本有保障的抗旱工作目标。市县两级领导带头战斗在抗旱第一线，在灾情最严重的地方、受灾群众最集中的地方、困难最大的地方现场办公，指导开展抗旱救灾，为群众排忧解难。在抗旱工程中，各部门主动作为、通力协作，形成抗旱合力。市水利局迅速行动，根据张家界市实际，结合每一个灌区、每一个大中型水库制订了详细的抗旱灌溉方案和人畜饮水困难应急送水实施方案，农业部门及时提出抗旱救灾补损技术指导意见，发布了抗旱减灾工作技术意见，水文、气象密切监视天气、水情，搞好信息互通。水文部门及时对全市的土壤墒情进行试验分析，为科学决策提供基础数据。气象部门积极进行人工增雨作业。共实施人工影响天气作业15次，共发射炮弹201发，增雨14次，有效缓解了旱情。广大群众克服“靠天等雨”的松懈麻痹思想和侥幸心理，及时动手，不等不靠，疏浚渠道，筑坝引水，购买小型抗旱机具，开动一切水利设施，抽、引、提相结合，渠、井、塘一齐上，多引、多提、多拦、多蓄水开展自救工作，最大限度地减轻灾害损失和影响。抗旱服务队主动出击，全力抗旱，及时组织开展抽水保灌溉、送水保民安服务，共调动电动机52台114千瓦、水泵78台216千瓦、管道5000余米，出动送水车304台次，送水4276吨。

（本栏撰稿　赵　威）

防灾救灾

2018年，张家界市发生多次洪涝灾害。全市72个乡镇、办事处普遍受灾，自然灾害造成41.32万人受灾，紧急转移安置1312人，农作物受灾面积19873公顷，绝收面积2179公顷；倒塌房屋187间，严重损坏房屋307间；因灾直接经济损失9673万元，其中农业损失4194万元。灾情持续期间，全市加大救灾抢险和转移安置灾民工作力度，确保受灾地区社会稳定和群众基本生活供应。积极落实灾后重建工作，把灾民恢复重建工作作为各级党委、政府的重点工作来抓，结合农村危房改造、新农村建设等项目加强灾民恢复重建，确保因灾倒房户2018年12月底全部完成灾后重建任务，春节前所有倒房灾民入住新居。（胡　琦）

工商行政管理

【商事制度改革】 2018年，张家界市推开“证照分离”改革。11月10日起，在全市范围内对国务院确定的第一批106项涉企行政审批事项分别按照直接取消审批、审批改为备案、实行告知承诺、优化准入服务等四种方式实施“证照分离”改革，并对所有涉及市场准入的行政审批事项按照“证照分离”改革模式进行分类管理，实现全覆盖，为企业进入市场提供便利。积极推进“多证合一”登记制度改革。全市共发放“多证合一、一照一码”企业营业执照8511份、个体工商户“两证整合”营业执照11833份。深入推进“先照后证”改革，扎实推进“双告知”工作。稳步推进企业登记全程电子化和电子营业执照改革，累计办理无纸全程电子化登记397户，发放电子营业执照8511份。全面推行企业简易注销登记改革，共办理企业简易注销登记531户，为企业减少制度性成本31.86万元。全面实行放宽住所（经营场所）登记条件的改革，市场主体只需提交合法的住所（经营场所）使用证明，工商部门即可予以登记。积极推进企业名称登记管理改革，除涉及前置审批并特定事项外不再实行企业名称预先核准，由申请人根据企业名称登记管理改革的有关规定，自主拟订名称。深入推行“最多跑一次”改革，共推出了95项“最多跑一次”事项清单。企业登记由法定的15个工作日压缩到3个工作日，其中名称登记、备案登记、股权出质登记等实现了当场受理、当场登记，一次办结。积极推进商事登记“一窗受理、集成服务”改革，推出4项涉企事项实施“证照联办”。审核商事制度改革，促进市场活力持续释放。至年底，新登记各类市场主体16924户，与上年同期相比分别增长15.78%；新增注册资本309.69亿元，与上年同期相比减少9.79%。市场主体总数81481户，注册资本金总额1574.69亿元，新登记个私从业人员45506人。

【工商管理法治建设】 2018年，继续加强法治工商建设、推进依法行政。加强案件核审，推进行政复议、行政诉讼工作。全市共立案行政处罚案件309件，结案行政处罚案件266件，罚没870余万元；共办结行政复议案件5件、行政诉讼案件1件，处理涉法投诉举报1件。开展各项法律法规、规范性文件及证明事项的清理工作以及“最多跑一次”政务服务事项整理工作。开展局规范性文件的立、改、废工作，共清理出12份规范性文件（2013—2017年下发），其中继续保持有效的6份，需办理相关手续的5份，废止失效的1份。开展典型案例评选工作，在全省系统典型案例评选中，武陵源分局、慈利县局报送的案件分获一、二等奖。加强法治教育培训与宣传，学法考法工作参考、通过率均达到100%；持续推进“法律六进”活动，及时维护更新互联网、微信公众号等多媒体法律法规公开公示工作。

【反垄断与反不正当竞争】 2018年，继续加大反不正当竞争执法力度。全市工商和市场监管系统共查处各类商业贿赂8起，案值537.42万元，没收违法所得81.13万元，罚款173.99万元；查处虚假宣传案件8起，案值7万元，罚款45.5万元；查处不正当有奖销售案件3起，案值6.47万元，罚款7万元。将医药、教育领域商业贿赂行为作为执法行动重点，集中查办严重损害人民群众利益的大要案件。其中，田某波行贿案，当事人在向某医院销售医疗设备时为得到院方的关照，向关系人行贿。此案共没收违法所得57万元，罚款89.99万元，共计146.99万元，有力地震慑了医疗行业不正之风。积极开展反垄断调查。查明了张家界市电网公司涉嫌滥用市场支配地位固定价格，指定经销商的涉垄断行为，并上报国家局已授权省局立案，并摸排出电网公司在新建住宅小区电力工程建设中有涉嫌垄断行为。落实公平竞争审查制度。审查了张家界市卫生和计划生育委员会关于公立医院药品集中配送文件、张家界市经济与信息化委员会开展电网非统调电源发电数据采集工作文件，对文件规定的涉嫌行政垄断的行为，下发了责令整改通知书，其中市经济与信息化委员会停止实施上述文件。

【直销监督管理】 2018年，全市已备案的直销服务网点（经销商）27家均未发现明显违规行为。加强教育宣传，营造诚信氛围。开展“防止传销进校园”“规范直销进社区”“防范传销电视讲座”“创建无传销社区”等活动，使广大市场主体以及消费者树立正确的认识。畅通信息，实现信息共享。在市级主要媒体网站公布直销产品范围、直销企业名单、分支机构名单、直销员培训、各地工商部门查处直销违法行为及传销动向等，便于执法人员在日常监管中重点监控；工商部门推行备案登记管理，对直销服务网点、直销人员经销中存在的问题，及时警示直销企业；畅通与公安、商务部门的信息渠道，建立日常信息定期通报及重大信息及时通报制度，沟通联系，提高联合监管效率。研究行情，加大直销市场调研，深入企业调查，了解市场动态，收集一手证据，为监管、引导、打击等工作提供更真实更可靠的基础信息。

【打击传销】 2018年，张家界市共捣毁传销窝点、场所16个，遣返传销人员183人次，解救受害人员5人，向公安机关移送B级传销头目18人，刑事拘留18人，缴获传销资料1200余份；查处传销案件2件，罚没款90万元，其中，一举遣散“IAC蚁群传播平台张家界招商会”，对从事“IAC”互联网经营的朱某波处罚款60万元；深入调查河北常来常往网络科技公司销售“车小将”尾气清洁剂涉嫌传销案，对涉案的张家界启迪前光商贸有限公司处罚款30万元。

【消费者权益保护】 2018年，张家界市加大商品质量监管和服务领域消费维权力度。组织开展纸制品、珠宝玉器（金、银首饰）、移动电话机、装饰板材、塑料管材、眼镜、儿童服装、电线电缆、防盗门、钢材铝合金型材、消防器材、摩托车、成人服装、酒店用品、燃气灶具、燃气热水器、家具等商品抽检，共抽检商品292组，不合格商品96组，查办销售假冒伪劣和不合格商品违法案件30起，罚没179万元。有些因数量特别小，影响不大的违法行为，责令其整改，商品下架，停止销售。开展流通领域电取暖器具专项整治、打击销售考试作弊器材专项行动以及“护源”“护老”“护苗”等市场整治专项行动。加强维权体系建设，深化“1+N+15分钟”旅游消费维权服务圈建设，对现有的217个维权服务站进行提质升级。创新维权机制，在全市旅游购物场所推行并不断完善“15天无理由退货”承诺制度。该项制度实施以来，已处理无理由退货1031件，为游客退款652万元，赢得了中外游客好评；指导行业协会制订消费维权“先行赔付制度”，并积极践行“首问负责、服务承诺”工作机制。加强消费投诉处理。全市全年共受理消费者咨询投诉举报7216件，为消费者挽回经济损失362万元。拓展维权功能，加强全市消费组织通力协作，开展消费“体检”活动。加强消费宣传与教育引导，开展“品质消费、美好生活”3·15消费者权益保护主题日宣传活动，现场发放宣传资料1万余份，受众达到2.568万余人次。联合市“六城同创”办在全市开展了“见证城市消费变迁说出你的维权故事”征集活动；联合市文明办在全市开展了“百城万店无假货—放心消费”创建活动，在全市营造了文明消费、诚信经营的浓郁氛围。

【红盾护农行动】 2018年，张家界市深入开展“红盾护农”专项行动，全面清查辖区内农资经营主体，完善农资监管台账。全市4个区县共抽取肥料样品20组，抽查样品中，合格样品19组，不合格样品1组，抽查合格率达95%。共办理涉农案件10件，没收违法所得0.205万元，罚款7万余元。

【成品油市场专项整治】 2018年，全市4个区县共有油库1个，加油站136个，其中，中石化加油站45个，中石油加油站21个，车用燃气站1个，其他民营加油站69个。开展成品油质量抽样检测。以4个区县的主城区、景区附近、城乡接合部为重点区域开展成品油抽检和市场主体查验。全市共抽样成品油90组样品，合格样品89组，不合格样品1组，抽查合格率达98.9%。查处成品油案件2件，处罚没款2.2495万元。规范成品油市场主体准入行为。依法纠正个体户经营成品油主体类型，全市共清理出登记成品油经营个体工商户9户，办理注销登记2户，3户在办理个转企，1户在办理变更，1户已下达注销通知，2户已经停业。

【合同行政监管】 2018年，在全市范围内集中开展了为期6个月的利用合同格式条款侵害消费者合法权益行为专项行动，集中力量进一步规范旅游业、房地产业、汽车行业存在的不公平合同格式条款，共办理合同违法案件7件，没收违法所得2.992万元，罚没款5.05万元。

【网络商品交易监督管理】 2018年，全市共新发展各类网络经营主体689户，累计共有各类网络经营户达7304户，较上年增长11%。开展2018“网剑行动”，突出对“中秋”“十一”“双十一”等网络集中促销节点、主要网络交易平台及平台上差评多的网店和商品、社会反映强烈的违法行为等进行重点监督检查和监测，共删除违法网络商品信息89条，撤除不规范广告宣传牌10起，责令整改网站20个次。加强对涉旅网络交易网站、在线旅游市场、社会反映强烈的宾馆酒店、客栈网上交易违法行为等监督检查和定向监测，共网上巡查涉旅网站、网页200个（页），实地检查相关旅游企业、旅行社及营业部100家，并对相关主要旅游企业进行约谈。严厉打击网络市场违法侵权行为，共办理各类网络违法案件6件，罚没金额15.5万元。

【市场主体总量】 2018年末，张家界市各类市场主体总量达81481户，比上年增长18.59%，增速明显；资本总额1574.69亿元，增长27.7%。其中企业17815户，增长29.59%，注册资本达1388.48亿元，增长28.02%；个体工商户60526户，比上年增长18.09%，出资金额84.49亿元，增长32.02%；农民专业合作社3140户，比上年增长22.18%，出资金额101.72亿元，增长18.28%。2018年，张家界市新登记注册各类市场主体16924户，增长15.78%，资本总额309.69亿元，减少9.79%。其中新登记注册企业4122户，同比增长1.85%，注册资本269.9亿元，减少11.30%；新登记注册个体工商12156户，同比增长23.32%，出资金额23.72亿元，增长17.43%；新登记注册农民专业合作社646户，同比减少9.4%，出资金额16.07亿元，减少14.52%。

【内资企业】 2018年，张家界市实有内资（非私营）企业持续壮大。公有制企业投融资体制改革和改制重组持续深化，公有资本继续从一般竞争性领域退出，企业数量延续增长放缓，但资本规模不断扩大，全市内资（非私营）企业以2.23%的户数份额，经营着20.31%的资本份额。截至2018年底，全市实有内资（非私营）企业1820户，比上年增长14.03%；注册资本319.88亿元，增长27.85%，企业户均注册资本1757.58万元，比上年扩大19.98%，新登记注册内资（非私营）企业226户，同比减少26.62%；注册资本41.97亿元，减少44.7%。

【事中事后监管】 2018年，张家界市“双随机一公开”抽查监管扎实推进。全市共抽查各类市场主体4532户，其中企业1307户，个体工商户3043户，农民专业合作社182户，抽查结果全部公示。加强企业信用监管。通过国家企业信用信息公示系统（湖南）部门协同监管平台，开展信息归集公示，全市已归集行政执法部门许可信息5989条，行政处罚信息768条。其中，工商部门涉企信息公示率达到100%。加强年报公示工作。全市2017年度年报工作均达到省定85%的目标，其中内资企业年报率达到88.45%，外资企业年报率达到94.51%，农民专业合作社年报率达到90.92%，个体工商户年报率达到90.45%。开展信用联合惩戒。制订下发《张家界市企业失信行为联合惩戒实施意见》，全市累计共有3554家企业、371家农民专业合作社被列入经营异常名录，共有5626户个体工商户被标注为异常经营状态，共限制“老赖”50人次，被列入经营异常名录企业被限制变更登记、换发证照600人次，对人大代表、政协委员提名候选人否决2人。企业诚信意识不断增强。通过改正违法行为修复信用、申请移出黑名单56家、移出经营异常名录1190家。越来越多的企业开始主动公示信用信息、自觉接受社会监督。

【查处无照经营】 2018年，清查无证无照经营3536户，其中引导办照931户，抄告188户，下达催办通知713份，责令整改通知278份，依法查封经营场所14处，责令停业128户，取缔22家；清除携程、途牛等网站景区无照经营户信息360条；立案查处无照经营案件54件，罚款17余万元。

【广告市场监管】 2018年，张家界市加大对市广播、电视、报刊等广告监测力度，保持广告监测查看率、处理率达到100%。国家市场监督管理总局广告监测平台共监测张家界市各类广告发现涉嫌违法广告0条次，违法条数、违法条次、违法时长均为0，均低于国家违法率1%的控制标准。组织开展不良影响广告、“三品一械”广告、医疗广告、房地产广告、涉嫌非法集资广告资讯信息等专项整治，共查办虚假违法广告案件53件，罚款金额达153.21万元，吊销广告经营户营业执照1户，虚假违法广告频发易发的势头得到有效遏制。其中，对三大电信运营商因“流量不限量”虚假广告进行了执法规范，开出了3万元罚单，为全国首例。积极配合“创建国家卫生城市”开展广告整治，烟草广告整治效果得到省局肯定，符合创卫标准。

【广告产业】 2018年，张家界市广告业经营额达24243万元，市场主体达1107户，从业人员达7645人，分别比上年增加了127.4%、156.3%、234.7%。其中互联网广告额7272.9万元，市场主体332户，从业人员2293人，比上年都有大幅的增长。积极推进湖南省张家界旅游文化广告创意基地建设，组织本市相关部门、广告企业到长沙、益阳、常德园区学习，了解产业发展的政策，及时调整产业园的建设进度、宣传力度和优惠政策，实现园区共赢新局面。

【实施商标战略】 2018年8月27日，《张家界市“商标兴市”三年（2018—2020）行动计划》正式出台。同年11月12日，《张家界“商标兴市”三年（2018—2020）行动计划奖励办法》出台，对获得中国驰名商标的企业奖励100万元。9月20日，张家界市开通商标受理窗口，商标注册便利化进一步提升。新申请注册商标1366件，新增“桑植蜂蜜”地理标志证明商标1件、新增“鬼谷子”马德里国际注册商标1件。全市累计拥有注册商标5884件，其中有中国驰名商标6件、地理标志证明商标5件、马德里国际注册商标4件、1件湖南省老字号品牌桑植“百根冰”酒。推进“硒有慈利”品牌培育，“硒有慈利”已作为注册商标进行了申报。指导“魅力湘西”申报中国驰名商标，“张家界黑猪”“张家界茶”“张家界莓茶”“武陵源葛根”“慈利红薯粉丝”申报地理标志证明商标。

【打击商标侵权】 2018年，张家界市通过开展打击商标侵权“溯源”专项行动、保护“安化黑茶”品牌专项行动、打击使用未注册商标违反《商标法》禁用条款行为“净化”专项行动、农村市场侵权假冒专项整治行动等，有力打击侵犯知识产权行为，形成打击制售假冒伪劣产品的高压态势，共办理违法案件137起，罚没款197.43万元，其中侵犯商标权案7件，罚没款共8.1万元，其他假冒伪劣案130件，罚没款189.33万元。没收商标侵权的“LESSO联塑”牌热水管系列共计245根；没收侵权商品净含量为100ml的“江小白”单纯高粱酒128件；没收侵权商品净含量为125ml的“劲牌”中国劲酒39件和净含量为500ml的“牛栏山”陈酿白酒190件，予以销毁。

【旅游市场监管】 2018年，全市工商行政管理部门响应市委、市政府统一部署，在“铁腕治旅”专项整治行动中，全市共查处各类涉旅案件144件，罚没524.02万元。共拆除购物包厢415个，全面取消讲解室促销行为。出台整治涉旅商业贿赂的治本之策，规范旅游佣金“公对公”，全市旅游购物场所全部按照旅游企业发票门票一票制和旅游佣金“公对公”制度执行并已实现佣金“公对公”兑付。引导行业自律，指导出台《张家界市旅游团队购物场所经营标准与管理暂行办法》，并于2019年1月1日施行。

（本栏撰稿　满益群）

质量技术监督

【质量管理】 2018年，提请市委市政府出台《关于开展质量提升行动推进质量强市建设的实施意见》，推动各级政府把开展质量提升行动作为高质量发展的重要战略措施，开展质量安全形势分析，研究应对重大质量安全问题和突发事件的措施以及促进质量提升的政策，形成部门各负其责、配合协作的工作机制。持续开展以“服务零距离、质量零缺陷”为主题的中小企业质量技术服务“双零”行动。针对企业面临的突出瓶颈问题，结合各科室日常业务工作，采取领导联系企业和业务科室集中服务的方式，开展质量诊断、质量改进、质量讲座等帮扶活动，提升企业的质量管理水平。组织5家企业参加原省质监局举办的首席质量官培训。全市开办质量技术培训3次，共为30余家企业提供了相关质量服务。组织开展全市“质量月”活动。以加强“市场监管、建设质量强”为主题，组织开展联合执法检查、产品质量专项整治（黑心棉、水泥制品、能效标识等）、节前特种设备安全检查、免费技术检测、民生计量等活动。以质量安全为重点，利用电视、网络、报纸等媒体，宣传一批讲诚信、质量好的典型企业，曝光部分典型质量违法行为，营造“质量诚信、以质取胜”的社会氛围，增强全社会的质量意识。

【质监改革】 2018年，新设立行政审批科，对市场监督管理局行政许可和公共服务事项进行清理、上报。根据市审改办、市政务中心要求，共清理出6大项11小项即将进入市政务中心服务大厅的行政许可和公共服务事项，完成张家界市“最多跑一次”事项“八统一”梳理，逐项制订办事指南，编制流程图，列明申请材料明细；上报《市质监局不进驻的公共服务事项负面清单》。根据国家市场监督管理总局文件，清理取消计量器具制造许可证、计量器具新产品型式核准、计量检定员资格认定等3项行政许可项目。做好“两集中两到位”的相关基础工作。局党组召开专题会议，听取行政审批科“最多跑一次”工作情况汇报，研究确定进驻政务中心的行政许可和政务服务事项、对行政审批首席代表的授权范围、进驻窗口的工作人员，明确关于进驻前“最多跑一次”事项的运行方式、与其他科室的工作衔接、部门自建系统与“互联网+政务报务”一体化平台的对接融合等事项的工作要求。完成了对行政审批科行政许可和政务服务事项、进驻政务服务中心首席代表的授权。对照公布的第一批事项清单，逐项生成了事项二维码，并在网上办事大厅和窗口进行了展示、宣传。组织完成了全省事项实施清单填报录入。根据全市政务服务事项管理应用培训要求，全面完成了全省一体化平台涉及本单位事项实施清单的填报录入、审核、发布工作。自6月份至2018年底，办理特种设备使用登记证书478个；办理特种设备作业人员证50个，复审86个。完成对桑植县产品质量监督检验及计量测试所的6项计量标准的复查工作，发放了新的计量标准考核证书。受理慈利县产品质量监督检验及计量测试所的14项计量标准的复查申请。

【品牌建设】 组织企业加快培育、提升、壮大质量品牌，积极组织绿为装饰材料、张家界茅岩莓、张家界永兴玻璃、湖南艾佳家纺、湖南神舟医药、张家界大峡谷、华新水泥（桑植）、张家界占生塑胶制品、张家界福安家木业等9家企业申报了湖南名牌产品，涵盖旅游服务、纺织、医药、林业、建材、食品、轻工等行业，其中慈利4家、桑植1家、市工业园3家、永定1家。下发了《关于组织申报张家界市第四届市长质量奖工作的通知》《关于开展第四届张家界名牌产品申报工作的通知》，组织各区县质量强市办开展对辖区内企业进行宣传培育工作，有10家企业申报了张家界市名牌产品和市长质量奖，计划本届评出2家市长质量奖。积极开展品牌培育工作，为使本地企业获取更多技术支持的途径，推广先进的质量管理技术、方法，积极推介4家本地企业成功加入了省质量协会，并组织企业参加省局的首席质量官培训，指导企业开展精益管理、质量文化建设、质量管理数理统计工具运用等工作。

【标准化管理】 2018年，加大指导地方标准制订力度。沟通协调促进地方标准制订，以吉首大学外语学院举办全国公示语翻译高峰论坛，推广《公共服务领域英文译写规范》国家标准为契机，组织有关专家召开论证会，对《张家界全域旅游中英文标识英文译法》提出修订意见，标准内容进行再次修改；《张家界菊花蕊柚种植技术规范》地方标准制订完成编制、向社会广泛征求意见相关工作。指导张家界市相关起草部门完成《旅游服务组织金融支付服务等级划分与评定》《民族客栈》等3项地方标准的清理审查工作。突出抓好标准化项目建设。成功申报1家国家级服务业标准化试点，2家省级服务业试点，1家省级新型工业化试点。指导项目试点建设。7月15日，由原市质监局、慈利县政府主办，慈利县三官寺土家族乡人民政府、慈利县食药工质局承办，组织召开张家界大峡谷国家级全域旅游标准化试点启动大会。先后深入久瑞生物等试点单位召开座谈会，与试点单位高层及中层干部进行交流，对项目建设存在的疑点和问题进行解答。对在建项目单位工作动态实行月报制，其中张家界绿航果业、张家界大鲵科技馆、张家界绿道园林公司获得省级标准化专家组验收，张旅集团观光小火车分公司获省级验收优秀评价。组织项目经费单位进行专项资金核查，做好自查报告、证明材料收集和上报工作。完成旅游服务标准化试点单位典型案例指导编写、收集工作。争取标准化工作政策支持。成功将旅游服务标准化工作写入张家界市《全域旅游促进条例》地方立法。开展旅游服务标准化人才培养工作。以全市标准化领导小组办公室名义下发《旅游服务标准化人才团队发展项目计划》，成功举办旅游服务标准化人才团队培训启动大会及培训班，邀请省局标准化处领导、中南林大教授、省标院高级工程师授课，旅游服务标准化人才队伍逐步建立。宣传《标准化法》，开展企业产品和服务标准声明公开工作。组织各县区局举办培训班4次，宣传《标准化法》，并对企业产品和服务标准的声明公开工作相关文件和实际操作进行学习培训，100余家企业参加培训，全市完成243项企业产品和服务标准公开声明。开展烟叶监标工作。与市烟草公司联合下发《关于开展2018年烟叶收购质量联合监督检查工作的通知》，在桑植现场参与烟叶标样的封签，并对乡镇烟草站进行抽查，监督是否严格按照烤烟标准进行分级收购。

【质量监督】 2018年，开展全市重点工业产品监督抽查，全市共完成工业产品监督抽查381批次，合格349批次，不合格32批次，合格率为91.6%。其中，国家级监督抽查6批次，合格6批次，合格率100%；省级监督抽查105批次，合格102批次，不合格3批次，合格率97.14%；市级监督抽查270批次，合格241批次，不合格29批次，合格率89.26%。开展食品相关产品企业监督检查，对全市3家食品相关企业进行监督检查，对检查中发现问题的一家企业进行约谈，下达了整改指令书，督促企业限期完成整改，3家企业的5个批次产品经省级监督抽查全部合格，1家企业在国家飞行检查中获得90分高分。开展食品生产加工企业定量包装食品净含量计量监督检查，共检查企业32家，抽查定量包装食品85批次，对抽查不合格的8家食品生产加工企业进行了立案查处。开展全市学生服和絮用纤维制品监督检查，共检查企业18家，其中检查学生校服企业14家，抽检27批次，涉及学生校服1.1万套，除1家企业1批次150套不合格外，其他全部合格，对生产不合格产品的企业进行了立案查处，150套不合格学生校服均已收缴；检查絮用纤维制品企业4家，抽检7个批次，全部合格。在高校开学期间，对4个学校进行了执法检查，共检查床上用品7200余套，劝在校学生清退不合格床上用品700余套，为在校学生构筑了一条坚实的质量安全防线。

【特种设备安全监察】 2018年，全市特种设备保有量为6130台套，另有各类气瓶39.8万只、压力管道近70千米。同比去年增长率达到10%。全市组织开展特种设备现场安全检查389次，检查特种设备生产及使用单位619家，检查设备4861台（套），排查隐患865条，整治隐患806起，下达特种设备安全监察指令书61份，立案32件，处罚没款52.89万元。开展各类安全宣传教育活动23次，发放各类资料1000余份。召开了全市特种设备与检验工作联席会议4次，气瓶充装单位与压力管道运营使用单位专题会议2次，经开区特种设备隐患排查治理工作会议1次，电梯安装维修维保单位负责人会议3次。完成了天子山空中田园观光车项目、大峡谷蹦极项目、天门山和老道湾拟建客运索道（共3条）等涉及安全重大项目的前期服务。处理各类投诉27件，其中省局交办2件、市政府交办1件、12345转办16件、12365投诉3件、电话及其他方式反映问题5件，涉及电梯问题19件、气瓶问题6件。投诉完结率和满意率均达100%。

【计量管理】 2018年，检定计量器具4.1万台件，其中“水电气”等民生计量器具2.3万台件、医用计量器具0.3万台件，安全防护用计量器具175台件、环境监测用计量器具75台件，强检覆盖率同比增加5%。对辖区内3家重点用能单位能源计量进行审查，对35家单位生产销售的能效产品开展能源效率标识监督检查。开展旅游购物商场用衡器、燃油加油机、出租车计价器等计量专项整治，检查各类计量器具6000余台件，查处计量违法案件8起，处罚没款16.2万元，收缴不合格计量器具53台件。完成市食安委下达的定量包装商品净含量计量监督专项抽查工作任务，共抽查定量包装食品35批次，查处生产销售不合格定量包装食品案件5起。结合省级文明城市创建，在商场、加油站全面推进诚信计量体系建设，全市105家加油站、16家商场超市开展诚信计量自我承诺活动，签订《诚信计量承诺书》，并在显著位置悬挂《诚信计量承诺公示牌》。

【产品质量执法打假】 2018年，全市质监系统出动执法人员2252余人次，开展电取暖器产品专项执法行动、春节两会期间专项监督执法打假行动、“质监利剑”农资执法打假、“质监利剑”消费品和建材执法打假、人民币鉴别仪专项检查、消防产品、政府采购设备、特种设备、汽车及汽车配件等执法打假行动，检查企业786家，查办案件123起，办理大案要案10起。12365投诉中心共接待投诉和咨询252件，为消费者挽回经济损失32万元。

【认证认可】 2018年，对6家检验检测机构进行了复查换证，其中2家复评审，1家扩项，3家变更。组织全市检验机构实验室人员参加省局组织的实验室能力验证，通过比赛考试，检验机构实验室的检测能力和水平得到很大提高。组织县市场和质量监督管理局、经济开发区经济秩序监督局分别对辖区内四个机动车安检机构进行了检查。共检查安（综）检线9条，原始检测报告19份，检查在用计量器具30台（套），提出九条整改意见并限期整改到位，检查中未发现其他重大违法检测行为。对40家检验检测机构开展了监督检查，共提出整改意见56条。年中省局开展的检验机构“双随机”抽查中，张家界市两家机构通过检查合格。对8家强制性产品认证生产企业开展专项检查，其中低压电器生产企业3家，玻璃制品生产企业4家，儿童玩具生产企业1家。以上企业认证证书都在有效期内。针对获证企业搬迁、产品升级、证书撤销等实际情况，我局及时监督变更，更新监管档案，对存在问题的2家单位提出了整改意见，下达了整改通知。从源头规范强制性认证产品的生产。开展了自愿性认证专项检查，抽查的5家获证企业总体情况良好。组织新增检验、检测项目的申报。2018年，申报能力提升储备项目1个，同时抓好项目实施及资金使用。申报开展了省局组织的质量专家到张家界经开区，上门免费开展了专家进园区巡回讲座活动。邀请省里两位专家为现场80多名企业代表提供了质量管理、特种设备等方面技术指导和帮扶讲课。开展了第11个“世界认可日”宣传活动，全市在不同场所共悬挂标语6条，发放宣传画等资料200余份。

（本栏撰稿　李本婵）

食品药品监督

【概况】 2018年，张家界市有食品药品监管行政机构5个，有食品药品监管事业机构11个。

【食品安全综合协调】 2018年，张家界市人民政府办公室印发《张家界市2018年食品安全重点工作安排》，明确全市2018年重点落实国家食品安全示范城市创建工作，加大源头治理工作，大力整治突出问题，严密防控安全风险，严格落实主体责任，严厉打击违法犯罪，促进产业高质量发展，加强基础和能力建设，积极推进社会共治等9个方面工作。印发了《张家界市2018年食品安全和创建国家食品安全示范城市工作考核评议方案》，将各区县党委、政府和市直及驻张有关单位的食品安全工作纳入考核评议范围，结合创建国家食品安全示范城市工作考核结果，对连续两年排位全省最后5位的区县实行约谈。强化区县党委、政府食品安全组织领导和属地监管责任，落实市直有关部门食品监管责任。

【食品生产监管】 2018年，食品生产监管工作按照“防风险，破难题，促提升”的思路推进，小作坊整规取得重大进展，监管效能和产业发展得到明显提升。全市共对166家食品生产企业监督检查210多家次、小作坊300多家次，日常监督检查覆盖率达到100%。联合区县局对17家2017年度监督抽验不合格或受到市局行政处罚的企业开展了飞行检查。食品生产环节监督抽验442批次，合格率为93.4%。结合日常监管和监督抽检，食品生产违法行为实施行政处罚96件，下达责令改正书45份，处理投诉举报15起。小作坊整规向纵深推进，全市核发小作坊许可证169份，取缔非发酵性豆制品小作坊6家，实现豆制品坊转企7家。开展非洲猪瘟防控，共查封1家企业、1家小作坊问题生猪产品及制品，移交重大疫情防控领导小组无害化销毁；共查封2家企业疑似疫区的问题生猪产品，经畜牧水产部门监督抽验检测后予以解封。强化企业主体责任培训，印发了《关于督促食品生产者落实食品安全主体责任的指导意见》，对市局直管的持证及拟建的29家食品生产企业举办培训，同时对2017年度23家监督抽验不合格、受到行政处罚以及有突出问题的企业开展集中警示约谈和培训。市、区县相继分别组织开展了有限空间安全生产相关知识培训、食品安全管理人员等各类培训班，有效提高了企业的食品安全保障能力和水平。市局出台了《关于进一步规范食品生产企业检验室建设的指导意见》，明确了企业建立规范性检验室的标准和要求，督促企业进一步保障食品生产企业产品质量安全。全方位指导新建、续证企业156家次，通过招商和推动“坊转企”，全市新增食品生产持证企业48家（含到期未续证企业），其中有18家规模企业进入园区发展。以办理《关于大力发展莓茶产业的提案》（市政协第17号重点提案）为契机，大力推动显齿蛇葡萄叶代用茶“坊转企”，全市显齿蛇葡萄叶代用茶持证生产企业已发展到5家，还有5家在建。 （本栏撰稿 陈红明）

【食品经营监管】 2018年，食品监管部门联合市旅游行政管理部门开展食品安全“护旅”行动，出动执法人员7100余人次，检查涉旅餐饮单位3608家，发现风险隐患2161个，处置风险隐患问题1598个，下达责令改正通知书1334份。开展“落实监管全覆盖杜绝无证生产经营食品”夏季会战。出动餐饮安全监管人员11200人次，检查餐饮单位4095家，排查出无照无证经营餐饮单位1117家，有照无证经营餐饮单位638家。下达责令改正通知书1755份，关停102家，规范引导办证1132家，立案67件。通过专项治理，餐饮服务单位《食品经营许可证》持证率提升到88.0%。开展“一桌餐”“私房菜”等无证经营专项治理。排查经营户数2713户次，责令停止经营172户次（其中“一桌餐”14户），责令停止提供经营场所40户，媒体播放、刊载公告273篇次，张贴公告10120张，立案查处6件。开展网络订餐食品安全专项治理。市、区两级监管部门分别就美团外卖、美团点评、饿了么等3家网络订餐平台进行了食品安全约谈，对45家入网餐饮服务经营的违法行为进行了查处，开展食品安全等级提升行动。对持证餐饮单位全面实施量化分级管理。4402家持证餐饮中，完成4192家，完成比95.2%。其中：A级421家，达到10.0%；B级2725家，占65.0%；C级934家，占22.3%。与2017年度6.5%相比，食品安全等级A级明显上升。持续推行后厨“明厨量灶”。全市已实施“明厨量灶”餐饮经营单位1692家，其中学校（含托幼机构）370家，实施率已达到33.5%，较2017年度相比，实施率明显上升。

（陈红明 王作胜 张胜林 赵艳珍）

【保健食品化妆品监管】 2018年，张家界市下发了《关于督促保健食品经营企业落实食品安全主体责任的指导意见》，明确了保健食品经营企业必须建立食品安全追溯体系、加强人员管理、依法规范经营和落实禁止性规定的要求。对2016年的示范店进行了符合评定，确定了3家企业为2017年全市保健食品经营示范店、4家企业为2017年全市化妆品经营示范店，并取消了3家不符合要求的化妆品经营企业的“示范店”资格。对2017年市级保健食品化妆品经营使用示范店进行了表彰授牌，企业代表就依法诚信经营发表了公开承诺，72家保健食品、化妆品生产经营企业向市食药监局递交了《保健食品化妆品行业诚信承诺书》。张家界市承担国家化妆品抽样28批次、国家保健食品抽样2批次，并确定了市本级化妆品抽样10批次、保健食品抽样10批次。其中，化妆品国抽有6批次不合格，全部按要求完成核查处置。市抽化妆品和国抽、市抽保健食品全部合格。下发了《保健食品监管工作手册》《化妆品监管工作手册》，指导各级监管人员开展监管工作，并组织各区县集中培训。全市完成389家保健食品经营企业、323家化妆品经营企业的监督检查，市局直管企业监督检查覆盖率100%，区县监管企业监督检查覆盖率达50%以上。全市共办理案化妆品案件8起，结案7起，处罚没款9.8万元。全市共办理保健食品案件8起，处罚没款8.5万元。 （郑丽君）

【药品注册监管】 积极督促辖区仿制药企业全面推进仿制药质量和疗效一致性评价，按要求开展相应工作并及时上报进度。全市1家仿制药品生产企业2个品种上报并开展一致性评价，其中1个基本药物品种评价现已完成中试；积极督促药品生产企业和医疗机构制剂室主动开展药品不良反应监测工作，明确专人，负责收集、分析、上报不良反应监测工作，及时消除质量安全风险隐患，全年药品生产企业收集上报药品不良反应监测报告1份。组织对慈利县中医医院制剂室发证工作督促指导，年初通过省局检查验收，取得了《医疗机构制剂许可证》。加强对桑植民族中医院制剂配制试产的指导，已经取得2个品种制剂批文。组织对“湖南神舟中药饮片公司”和桑植县政府招商引资“大湘西中药材交易中心”拟筹建中药饮片生产项目情况开展检查指导8家次。桑植县辖区内“大湘西中药材交易中心”已完成项目征地，进入土建阶段。慈利县辖区的“湖南神舟中药饮片有限公司”已取得《药品生产许可》及药品生产GMP证书。（曾重英）

【药品生产监管】 2018年，张家界市食品药品监督管理局对辖区3家药品生产企业和3家医疗机构制剂室开展监督检查，派出执法监管人员96人次，共开展现场检查25家次，发现风险缺陷156项，其中当场整改到位64项，并采取责令改正至行政处罚的措施，下达责令改正通知书5份，并跟踪督促整改到位。完成风险隐患“排雷”专项检查6家次，检查覆盖率为100%，共发现风险隐患37项，下达整改通知5份，监督抽验医疗机构制剂10批次，对其中3批次不合格医疗机构制剂给予立案调查，并进行了行政处罚。“排雷”、整治行动，做到了不留死角，不留盲区，确保全市药品生产领域无特殊药品流弊事件发生，全市药品生产源头未发生重大药品质量安全事故。（曾重英）

【药品流通监管】 2018年，张家界市持续深入开展城乡接合部和农村地区药店诊所药品流通使用环节专项整治、药品批发及零售连锁企业违法违规行为整治、中药材中药饮片质量安全整治、旅游购物市场药品安全专项整治“利剑”行动。对辖区内2家药品批发企业，5家零售连锁总部，1家药品类体外诊断试剂批发企业，473家零售企业，1000家医疗机构的检查覆盖率达100%，共立案查处75件，罚没款94.3万元，发出责令整改通知书319份，清除了旅游购物场所销售中药材中药饮片行为，较好地处置长春长生生物科技有限责任公司违法违规生产冻干人用狂犬疫苗事件。组织开展飞行检查3次，检查企业30家，责令限期整改21家，约谈企业30家，撤销药品GSP认证证书9家。（覃建勋）

【医疗器械监管】 2018年，张家界市通过许可验收、备案核查、飞行检查和企业交叉检查等方式，加大医疗器械经营企业gsp实施检查指导力度，全市检查医疗器械经营企业439家次，出动执法人员890人次，责令整改340家次，立案12件，罚款38.19余万元。标注或公告《医疗器械经营备案凭证》55家。开展医疗器械使用质量管理专项监督检查行动，检查二级以下医疗机构95家次，其中使用单位58家次，出动检查人数272人次，责令58家医疗器械使用单位整改。（景文茵）

【稽查打假】 2018年，共出动监管执法人员39432人次，检查相关单位17546家次。下达责令改正（行政指导）通知书5152份，查获不合格食品药品1413种次，货值221.5万元，责令停业222家次，关停无证生产经营户142家。共立案查办食品药品案件792件，是2017年的办案总数的3.66倍，到位罚没款601.8万元。向公安机关移送涉刑案件（线索）9件，公安机关立案调查6件，已逮捕9人，其中张家界某中药研究所涉嫌生产有毒有害的食品案被省局、省公安厅联合挂牌督办。移送给公安机关侦办的“5·26”生产、销售有毒、有害食品案进展迅速，已抓获犯罪嫌疑人44人，网上追逃3人，捣毁生产、销售窝点16个，涉案货值超1亿元。12月10日，公安部专门就本案向湖南省厅治安总队张家界市公安局发来贺电。（官　庆）

【抽检监测】 2018年，张家界市食品药品监管部门完成食品抽检5158批次，合格率97.58%，同比提高1.37个百分点。完成265批次药品、3批次保健食品、37批次化妆品、19批次医疗器械的抽样工作，同时，及时完整地上传了抽验数据，夯实工作基础。共收到不合格食品药品检验报告51份，均在规定时间内进行了处置，处置率达100%。（陈红明　官　庆）

海　关

【概况】 2018年，张家界海关推进“五关”建设，按照海关总署、长沙海关和张家界市委、市政府的工作部署，深化改革、强化监管、优化服务，连续第4年获评张家界市“平安单位”，首次获评张家界市“文明标兵单位”。

【深化改革】 2018年，张家界海关根据党和国家关于机构改革的决策部署和海关总署、长沙海关统一安排，认真落实机构改革各项任务。4月20日，原湖南出入境检验检疫局张家界机场办事处管理职责和队伍整体划入张家界海关。12月29日，根据长沙海关“三定”方案，张家界海关实现全面集中办公。2018年，张家界海关迅速传达贯彻全国口岸提效降费工作会议精神，紧密联系张家界航空口岸实际，积极配合市口岸、财政等部门单位开展口岸提效降费工作，全力做好推进压缩整体通关时间、降低进出口环节合规成本、落实简化进出口环节审批事项、优化通关流程和作业方式、提升口岸管理信息化智能化水平等重点工作，全年进口报关单整体通关时间平均为332.7个小时，较去年压缩了33.46%；落实《全国通关一体化关检业务全面融合框架方案》改革要求，推进企业报关报检资质整合、报关单申报项目整合、查检合一、多查合一、关税保证保险改革、税单自主打印等改革事项，召开企业政策宣讲会1次，实地调研企业6次。

【综合监管】 2018年，张家界海关以荷花国际机场航空口岸监管工作为重点，全面加强旅检渠道进出境物品综合监管工作，严格执行行李物品监管查验要求，落实“三个100%”和“一个5%”（即对进出境旅客行李物品原则上实施100%过机检查和对运输工具服务人员所携行李物品实施100%过机检查的工作要求，对机检发现有疑问的行李物品，一定要实施100%开箱/包彻查；进境旅客开箱/包查验比例原则上不低于5%）的指标要求，强化风险布控和查验，坚持运用“双随机”开展航空器登临检查、免税品核查。全年累计监管进出境航班1399架次，增长47.1%，监管进出境人员17.57万人次，增长35.8%，监管免税品销售191.1万元；开征行邮税42笔，查获“问题地图”等违禁品45件，截获禁止进境物1507批次。通关业务方面，累计审结报关单40票，监管货运量1964吨，货值372.9万美元，入库税款195.95万元，税费电子支付实现0的突破，税单电子支付率达到78%。进一步强化对属地企业的管控，处置一批列入经营异常名录的企业，加强对疑似虚假贸易数据的监控和核查。累计开展稽核查作业4起，企业认证作业1起，办理新注册企业16家，截至2018年12月31日，共有注册企业94家，均为一般信用企业。

【检验检疫】 2018年，张家界海关严格口岸卫生检疫、动植物检疫、商品检验等工作，16名出入境旅客进行流行病学调查及医学排查，确诊3例阳性病例，排查核生化超标9例。全力做好非洲猪瘟防控工作，加强航空口岸制度保障、人员保障、药剂保障和应急保障，加大查验力度，共查获猪肉及其制品103批次，全部作无害化处理。以航空口岸为中心开展外来有害生物监测，选取果园、水果集散地等为重点监测区域，挂放各类诱捕器52个，全年开展监测39次，送样鉴定3份。完成进口商品检验检疫24批次、货值582.89万美元。进口产品主要为彩超机和塔拉粉。全年签发各类原产地证书99份、货值518.65万美元。积极保障供港食品安全。完成供港食品检验检疫42批次、货值630.94万美元，以牛肉丸制品为主，质量稳定、通关顺利。完成67份出口食品风险监测，其中出口动物源性食品65份、出口茶叶2份。开展口岸卫生监督，全年在荷花机场口岸对口岸食品单位、饮用水、公共场所及航空器开展日常监督140次，对1家公司食品安全问题立案给予行政处罚。9月13日，张家界荷花国际机场口岸核心能力建设顺利通过海关总署卫生司实地复核。

【打击走私】 2018年，张家界海关开展“国门利剑”2018联合专项行动、打击“洋垃圾”（指进口固体废物）走私“蓝天2018”专项行动，切实防范旅检、货运两个渠道的走私违规风险，全年办理“两简”（即行政处罚简单案件和行政处罚简易程序案件）案件5起，一般行政案件2起。落实省、市两级打击走私综合治理领导小组有关要求，推动张家界市打击走私综合治理工作稳步开展，先后向分管副市长汇报打私工作5次，推动全市召开打私工作专题会议1次。协调市打私办组织各区县人民政府及工商、食药监局等单位开展2018年整治冻肉走私专项行动，全面清理整治，查处市场不法行为，确保群众食品安全；充分履行海关监管职责，积极配合地方相关部门开展“扫黄打非”、打击虚开骗税违法犯罪两年专项行动等工作。

（本栏撰稿　苏　立）

统计工作

2018年，张家界市统计工作围绕依法行政，推进各项统计改革，增强统计工作的科学性、权威性和统计数据真实性、准确性，推进统计事业健康较快发展，各项工作取得成效。

一、加强国民经济核算和预警分析。建立经济运行预警分析联席会议制度和预警信号发布制度，明确部门职责分工，强化动态监测、调查研究和会商分析，形成纵横联动、科学有序、高效衔接的工作格局。围绕党委、政府工作中心，以GDP核算为龙头，逐月分析影响GDP核算的行业指标，紧盯GDP核算的几个关键性指标，做到月度数据有分析，经济形势有研判，突出问题有预警，力求让数据说话，为促进国民经济健康运行提供统计保障。

二、狠抓统计产品。抓好《经济动态》和《统计公报》。围绕市委、市政府关注问题以及经济运行中出现的新情况、新态势，组成调研组赴各地企业和项目现场开展调研，摸清情况，并结合统计数据开展分析研究，为市委、市政府科学决策提供精准统计服务。撰写统计分析报告45篇。

三、加强小康工作监测。完成收集市直单位小康快报报表，初步测算2017年小康实现程度。更新区县小康测算程序、完成区县小康“10+1”年度测算。根据省反馈定案数据，及时将反馈的实现程度和细项数据点对点反馈给市、区县小康办，向部分市直单位提供反馈细项数据。

四、加强名录库建设。建立单位全面、信息真实、更新及时的全市统计单位名录库，为各类统计调查提供统一规范的名录框。督促达到规模的新开业（投产）、新成长企业和投资项目法人单位申报入统。按照《一套表调查单位管理改革方案》要求，严格把住质量关，确保入库单位不重不漏、真实准确。加强与工商、税务、质检等部门的合作，做好统计基本单位名录库的建设和更新维护工作。

五、加强基层规范建设。以统计管理体制改革为契机，进一步强化县乡统计基层基础建设，所辖两区两县统计机构均已依法单独设置。加强统计基层教育培训。重视新进统计人员的培训，确保新进人员培训全覆盖。加大对基层统计工作的指导协调和培训力度。全年组织干部职工参加国家、省局举行的培训35场70人次；组织市级培训25次，到区县培训10次。

六、推进依法治统。市委常委会议传达学习贯彻《统计违纪违法责任人处分处理建议办法》，市委常委会、市委理论学习中心组第三十六次集体（扩大）学习专题学习了《防范和惩治统计造假、弄虚作假督查工作规定》文件，并将文件精神，列入各级党委政府、各部门党组中心组的学习内容和市委党校法制专题教育的内容。按照国家和省里的要求，以“两办”名义起草了《关于深化统计管理体制改革提高统计数据真实性的实施意见》的工作方案。健全机制，严格落实违规干预统计工作的记录制度，全面、如实记录领导干部违规干预统计工作情况。加强统计宣传工作。举办了统计法治专题培训班，推进统计法律知识进党校活动。

七、抓实普查和调查。一是有序收官“三农普”。认真做好第三次农业普查工作资料汇总、开发和业务总结等后续工作。与吉首大学数学与统计学院合作对“三农”问题展开深入、系统的分析研究。二是全面推进“四经普”。成立市、县级领导小组。召开“四经普”工作部署及业务培训会议21次。落实专项经费600万元。三是狠抓常规统计调查不放松。认真组织实施农业、工业等领域多项常规统计月报、季报、年报的催报、查询、验收、评估等工作。认真做好市级、县级GDP核算等工作；扎实开展劳动工资、“两纲”监测、城市年报等调查。四是扎实推进局队业务分工调整。承接了由国家统计局张家界调查队移交过来的“四下”企业抽样调查任务。（杨伶俐）

2019

园区经济

·张家界年鉴·

总 类

【概况】 2018年，全市经济开发区加快发展，新增入园企业20家，新开工项目19个，竣工投产18个。张家界经开区获批省级高新区。全市园区总产值增长29.12%、技工贸总收入增长18.56%、工业增加值增长30.24%、园区规模以上工业增加值增长23.45%。园区高新技术产业增加值7.26亿元，增长25.45%。全市园区主导产业集聚度（主导产业主营业务收入与技工贸总收入比值）为58.3%，其中张家界高新区、慈利工业集中区、桑植工业集中区分别为39.37%、61.37%、85.57%。 （邓开明 张 奎）

【张家界经济开发区】 张家界经济开发区始建于1992年，属张家界市唯一一家省级经济开发区，2018年1月省政府批复为省级高新区。2015年，经过扩区调区，管理范围扩大，由原来的12.7平方千米扩展至27平方千米，2017年再次扩展至50.8平方千米，分为A、B、C三区。其中：A区定位为张家界市中心城区东部中央商务区，重点发展旅游文化、商业购物、休闲娱乐、行政办公、体育健身等产业，规划面积由原来的1平方千米扩展至6平方千米；B区定位为张家界市临空产业园区，重点发展航空制造、通航服务、航空文创、文旅商服等产业，规划面积由原来的3平方千米扩展至26.8平方千米；C区定位为张家界市资源节约、环境友好的科技工业园及高端品质生活服务配套区，重点发展旅游商品、生物医药、新型制造等产业，规划面积由原来的8.7平方千米扩展至18平方千米。至2018年底，入园企业108家，其中规模以上企业45家，高新技术企业19家。2018年，经开区快速发展，取得了一系列新进展、新成绩。

一、高质量发展态势开始显现。全年技工贸总收入达到24.23亿元，同比增长37.94%。其中，工业企业主营业务收入18.48亿元，同比增长17.71%。完成规模工业增加值4.82亿元，同比增长11%。完成固定资产投资13.85亿元，同比增长16.55%。其中，工业固定资产投资3.17亿元，同比增长28.24%。完成一般公共预算收入2.03亿元，同比增长31.12%。其中，税收收入1.94亿元，同比增长32.1%；工业税收6001万元，同比增长57.15%。2018年1月，省政府正式批复园区创建为省级高新区。2018年10月下旬，向国务院呈报了《关于将张家界高新区升级为国家高新区的请示》，国务院正式受理并批转至科技部办理。

二、产业转型加快。全年申报发明专利37件，同比增长208.33%；新认定国家高新技术企业7家，园区国家高新技术企业达12家，同比增长133.33%；完成高新技术产业主营业务收入7.03亿元，同比增长37.41%。其中，规模高新技术产业增加值2.04亿元，同比增长29.8%。“金鲵及图”获批中国驰名商标，获得高新区奖励资金100万元，并成为高新区第2件驰名商标；永兴玻璃被认定为省“智能制造示范企业”和“绿色工厂”；远大住工被认定为省“两型企业”（即资源节约型、环境友好型企业），均成为张家界市首批省级同类企业。

三、“产业项目建设年”活动深入实施。项目建设是发展经济的“生命线”。张家界经济开发区深谙这一道理，在市委、市政府的领导下，乘着时代的东风，踏着奋斗的步伐，深入实施“产业项目建设年”活动，在园区形成人人抓项目、比实效、争先进的项目建设良好氛围。2018年，全年铺排的32个重点建设项目除“停缓调撤”的以外均基本完成了年度任务。高新区创造实施的项目联系“五个一”机制（一个项目、一名领导、一支班子、一套方案、一抓到底）、项目建设“一单四制”（制订项目问题清单、建立问题交办制、建立台账管理制、建立问题清零制、建立项目通报制）、项目服务“一带一代”（“带着办”“代为办”）和日常推进“周联旬调月总结”“项目联系日”等机制得到张家界市委市政府充分肯定。每个重点项目由一名市管干部联系，两名责任人员主抓，出台《重点项目推进考核办法》，项目进度与干部实绩、年度绩效、评先授奖直接挂钩，领导带头被追责，全员全力以赴推动项目按期开工、按期建设、按期竣工、按期投产。各项目联系领导和责任人员充分发挥主观能动性，积极帮助解决联系项目遇到的困难问题；项目推进办、监察局等职能部门担当作为，在牵头抓总、督查督办方面发挥较好作用。一年来，高新区项目建设速度不断加快。2017年集中开工的万众实业项目，从开工到投产只用了4个月时间。2017年开工、2018年投产的占生塑胶当年产值达到1.2亿。2017年11月正式开工的义乌国际商贸城项目，到2018年9月，32栋建筑全部封顶并完成投资5亿元，只用了10个多月时间。2018年7月10日，园区再次集中开工12个产业项目，总投资达15.8亿元，全部投产后，可实现年产值35亿元。

四、完成市定全面深化改革目标任务。配合牵头部门研究起草并出台了全市推进新型工业化、推进园区改革和创新发展的相关文件，使经开区建设迈入制度化、法制化的轨道。园区在张家界市率先启动“最多跑一次”改革，建成经开区行政服务大厅，落实为企业“菜单式”服务，使审批程序更加优化，过程更为快捷。按照《关于推进产业园区改革和创新发展的实施意见》（张政办发〔2018〕13号）文件规定，进一步剥离社会事务管理职能，将城市管理向市、区城管部门进行移交。

五、开放型经济发展获得良好成效。坚定实施“五大”（做好500强、北上广、湘商会、自贸区、一带一路等“五个对接”）对接行动，全年完成招商引资签约项目14个，合同引资额达132.68亿元，项目履约率达85%；实际使用内资6.03亿元，同比增长77.07%。与世茂集团、万达集团、中海外投资集团等世界500强、国内500强加强沟通对接，推动签约落地；与瞭望九州集团签约，计划投资100亿元建设九州颐养健康产业园项目。全年完成外贸进出口总额6257万美元，同比增长18.45%，其中茅岩莓公司同比增长552.2%。

六、创业创新生态环境不断优化。密集出台《张家界高新区关于鼓励创新发展的若干意见》等政策，兑现奖金102.6万元，汇聚创新要素。张家界众创空间正式对外营业，集聚和服务创客100余人；创业中心通过2018年度省级科技企业孵化器认定，在孵企业达50余家，提供就业岗位1000余个。推动园区企业“上云”工作，成功“上云”企业70余家，其中茅岩莓、占生塑胶被认定为省级“上云”标杆企业。引进、培育科技创新人才，引进市级科技创新人才3人、园区硕士以上高级人才6人。

七、三大攻坚战取得积极成效。成立园区防范政府债务风险工作领导小组和园区投融资决策委员会，服从全市大局“停缓调撤”建设项目3个，涉及总投资3.47亿元。持续推进脱贫攻坚“1332”行动计划（“1”是市委市政府《关于贯彻落实中央省委重大决策部署切实打赢脱贫攻坚战的实施意见》这一个纲领性文件；第一个“3”是“五基工程”“阳光三保障”“旅游精准扶贫”三个极具我市特色的精准扶贫行动计划；第二个“3”是“三项摘帽〔贫困县、村、人口〕任务分解”“五基工程任务分解”“领导联村扶贫任务分解”；“2”是结对帮扶和驻村帮扶“2个帮扶责任”），各帮扶项目顺利实施，桑植县澧源镇西界村2018年如期整体退出贫困村，桑植县人潮溪镇新华村后期巩固效果更加明显。强力推进污染防治攻坚战三年行动计划，打好大气、水、土壤污染防治“三大战役”；积极配合中央、省级环保督察，按要求完成了园区VOC治理等问题整改工作。（陶图任）

【慈利县工业集中区】 2018年，慈利县工业集中区建成集中区污水处理等基础设施和产业项目15个，新签入园企业79家，实现园区规模工业增加值6.5亿元，增长10%。园区创新不断发展，鼎盛建材成为全市唯一绿色建材评价标识认定企业。神舟医药获“省级企业技术中心”称号。天成机电通过“省小巨人企业”认定，贵友环保成为全省中小“上云”标杆企业。实施工业倍增计划，规模工业企业扩大到93家，实现规模工业增加值12.3亿元，增长7%。完成技改投资7亿元，增长19.7%。新增高新技术企业7家，培育科技中小企业13家，鸿燕新材料列入全省“五个一百”科技创新项目。（朱立辉）

【桑植县工业集中区】 2018年，桑植县工业集中区确定以“一轴三区五组团”的空间结构布局和绿色发展的总体发展定位，分A、B、C三区，分布于澧源、利福塔、瑞塔铺三镇，区位交通优势明显，30分钟可达张家界黄花国际机场。随着交通条件的不断改善，园区迈入发展建设的快车道。现有入园企业42家，其中，规模企业20家。截至2018年底，企业生产总值13.05亿元，其中工业企业生产总值10.1亿元，同比增长21.8%，规模以上工业企业实现增加值3.68亿元，同比增长24.5%，占全县78.7%;上缴税金约0.87亿元，同比增长76.35%;固定资产投资1.85亿元，其中，工业固定资产投资0.86亿元。

2018年，计划实施项目3个，分别为高铁站广场项目、园区三四期标准厂房项目、高铁产业新区污水处理厂项目。截至2018年底，高铁站广场项目已完成征地拆迁、EPC招标工作；园区三四期标准厂房项目已完成项目基础工程；高铁产业新区污水处理厂项目正在开展初步设计、征地拆迁等前期工作。

2018年，新增入园企业6家，分别为深圳峰亚电子有限公司、桑植晟通生物科技有限公司（暨广州康甸园汽车装饰品有限公司在桑植注册）、桑植县胡氏家族服装有限公司、乡滋味农产品开发有限公司、张家界市湘禾光电科技有限公司、张家界江龙食品有限公司。另有意向入园项目5个，其中2个项目提出购地申请，3个项目提出租赁标准厂房。（熊东建）

2019

农业·林业·水利

·张家界年鉴·

农业总类

【概况】 2018年，张家界市实施乡村振兴战略，推动农业农村各项改革和农村一二三产业融合发展，农业农村发展取得显著成效。全市农业增加值40.59亿元，比上年增长3.5%；农村居民人均可支配收入9562元，比上年同比增长10%。

一、打好打赢脱贫攻坚战。2018年，张家界市把脱贫攻坚作为“第一民生工程”，完善发展生产脱贫一批、易地搬迁脱贫一批、生态补偿脱贫一批、发展教育脱贫一批、社会保障兜底一批的政策措施，落实市委脱贫攻坚“1332”行动计划，出台《关于打好打赢永定区、慈利县脱贫摘帽攻坚战的意见》等文件，实现180个贫困村出列、64841人脱贫退出和永定区、慈利县脱贫摘帽。2018年9月，全国乡村旅游与旅游扶贫工作推进大会在张家界市召开，得到国务院扶贫办、文化和旅游部高度肯定。大会推出旅游扶贫和乡村旅游“张家界样本”。在2018年10月召开的湖南省产业扶贫工作推进会上，张家界市旅游扶贫工作作为全省行业扶贫先进典型进行大会发言。

二、推进农业产业融合发展。围绕“一县一特”农业产业发展思路，调整农业产业结构，形成慈利县的“硒有慈利”、桑植县的“张家界大鲵”、永定区的“张家界莓茶”、武陵源区的“葛根”等为主的特色农业产业新格局。2018年，全市农产品加工企业发展到867家（其中国家级及省级龙头企业24家），农产品加工企业实现销售收入65.89亿元，实现利税4.65亿元。星级农庄、农家乐等经营主体累计发展到757家，“梓山半居”等乡村客栈迅猛崛起，乡村旅游呈现良好发展势头，实现经营收入11.5亿元。张家界市被认定为全省特色农产品优势区创建单位。新认定特色农业产业省级示范园2家，累计达到21家。永定区被认定为全国农村一二三产业融合发展先导区，永定区王家坪镇被认定为全国农业产业强镇示范创建镇；慈利县被认定为全省农村一二三产业融合试点县，慈利县零溪镇被认定为全省省级示范农业产业强镇；桑植县被认定为全省优质农副产品供应示范基地。

三、提升农业产能。增强优质农产品供给，提高粮油综合产能。2018年底，全市粮食种植面积127.1千公顷，比上年增长4.2%；油料种植面积45.3千公顷，比上年增长0.1%。蔬菜基地面积37.5万亩，比上年增长3%；茶园面积发展到12.92万亩，产值达3.8亿元。

四、整治农村人居环境。2018年，出台《张家界市农村人居环境整治三年行动实施方案》，召开全市农村人居环境整治现场推进会，推进生活垃圾和生活用水治理、村容村貌整治以及粪污治理、农业生产废弃物资源化利用等。慈利县阳和乡、武陵源区协和乡杨家坪村和索溪峪街道双星村在推进全市农村人居环境整治行动中成效突出，得到上级领导好评。武陵源区被评为全省美丽乡村建设先进区县。进行第二次全国污染源农业源普查，配合中央环保督查、环保审计和“绿盾2018”专项行动，整改水上餐饮娱乐设施9处。

五、增强基础设施水平。2018年，全市水利项目完成投资2.89亿元、建设2320处，争取农村饮水安全提升工程建设资金2.21亿元，兴建农村供水工程227处。争取烟水水源性工程建设投资1.25亿元，建设慈利县皮家垭水库、桑植县牛洞口水库改造等工程，完成4座小Ⅱ型病险水库除险加固任务。改造农村危房1.2万户，完成农村公路“窄路加宽”项目2345千米，实现100%乡镇通沥青或水泥路。加快城乡营造林建设，推进城乡绿化一体化。2018年，张家界市被授予全国绿化模范城市称号。

六、推进农业农村改革。2018年，全市流转土地46.88万亩，农民合作社发展到1890家，家庭农场发展到1243家。完成农村承包土地确权登记颁证，土地确权成果通过省确权办及农业农村部数据汇交，张家界市确权信息应用平台建设完成率名列全省第一。完成农村集体资产清产核资任务，核实农村集体土地1248.51万亩。深化供销合作社改革，建设村级供销惠农服务平台，新增3个乡镇、30个村级示范点。完善农村电商体系，全市新增基层电商站点100个。开展慈利县农村承包土地经营权抵押贷款试点和慈利县、桑植县、永定区“两区”划定、农田建设改革试点等工作。

七、抓实农产品质量安全。协助开展“国家食品安全城市”创建，全市农产品监管合力不断增强，技术支撑规范有序运行，农机安全生产保持稳定态势。2018年，创建农机平安示范乡镇3个；全年开展5次违禁限用农药整治，全市无动植物疫情流行，持续14年未发生农产品质量安全事故。

【乡村振兴】 2018年，全市成立实施乡村振兴战略工作领导小组，召开实施乡村振兴战略的全市农村工作会议，开展多种课题调研，出台《关于实施乡村振兴战略谱写新时代“三农”工作新篇章的意见》，形成指导张家界市农业农村发展的政策框架。

【产业扶贫】 2018年，市委、市政府出台《关于加快推进产业精准扶贫的实施意见》，按照“一县一特、一县一业”发展模式加大产业扶贫力度，精准发力。全市各级财政用于产业精准扶贫资金达3.5亿元，与新型经营主体建立稳定利益联结机制的贫困人口达20.08万人，对建档立卡贫困户进行培训累计达59815户，在贫困村培育种养合作社累计达444个，市级以上龙头企业产业基地覆盖贫困村250个，村级电商服务站点覆盖358个贫困村。

【新农村建设】 按照市委、市政府出台的《张家界市美丽乡村建设五年行动计划》开展美丽乡村建设。到2018年底，全市有135个行政村开展美丽乡村示范创建，投入各类涉农项目560个，建设资金3.2亿元，有24个村成为省级新农村示范村和美丽乡村示范村。

【农业行政综合执法】 2018年，全市农业执法系统开展农资市场监督检查活动，出动执法车辆578车次，执法人员3461人次，清理整顿市场619次，检查农资生产企业21家、农资经营户1317户次，立案26起。其中，种子案件21起，农药案件2起，肥料案件1起，结案26起，规范了农资市场经营秩序，维护了农业生产安全。春季开展以农作物种子为重点的农资打假。春秋两季开展检查行动。检查经营资质、经营档案、包装标签、代销合同、种子质量等。行动中共对33家种子经营门市扦取种子样品37个。夏季开展“农资打假百日行动暨农药经营使用专项整治行动”，检查全市50个农药批零门店及29个农产品生产基地。

【土肥管理】 发展绿肥生产，推广测土配方施肥和水肥一体化示范技术，加强耕地质量监测。截至2018年底，全市共有4个国家级监测点、41个省级大田监测点的21个土种，总面积60余亩；推广测土配方施肥技术304万亩；推广水溶肥和生物有机肥等高校新型肥料62.4万亩；推广商品有机肥量17.1万吨；全市绿肥播种面积为25万亩。

【农产品质量安全监管】 开展农药农残、瘦肉精、生猪屠宰、农资打假等农产品质量安全“七大”专项整治行动，加大执法巡查力度，出动执法人员2937人次，检查农产品、农资生产经营单位2215家次，立案30件，结案率100%，罚没款达47.17万元。市农产品检验检测中心检测参数扩展到80项，抽检食用农产品9104批次，合格率达到99.9%。

【“三品一标”认证】 张家界市新通过和续展认证“三品一标”农产品37个。其中，绿色食品27个，有机产品9个，农产品地理标志1个。到2018年底，全市“三品一标”农产品认证有效数达到67个。其中，无公害农产品2个，绿色食品53个，有机产品9个，农产品地理标志3个。

【农村假冒伪劣食品整治】 按照全国全省农村假冒伪劣食品专项整治电视电话会议要求，张家界市积极行动、狠抓落实。到2018年底，市农业委员会、市商务和粮食局、市公安局、市食品药品监督管理局、市科技局和市供销合作社联合社六部门及时联合下发《关于印发〈张家界市农村假冒伪劣食品专项整治行动实施方案〉的通知》（张农联〔2018〕10号）文件，印发《关于开展张家界市农村假冒伪劣食品专项整治行动的公告》，开展三次大的检查。检查农贸市场42个，抽查各类专业合作社农产品18批次，摸排食品经营户13家，下达监督意见书8份，查扣并无害化处理变质劣品肉1车和涉嫌走私鸡爪20吨，立案查处1家。

（本栏撰稿　邓珍辉　宁冬元）

粮油作物

【概况】 2018年，全市全年粮食播种212.125万亩，总产60.24万吨。全市油菜播种68.36万亩，总产8.26万吨。慈利县落实粮食安全省长责任制工作成效突出，获评全省粮食生产先进县称号。

【办点示范】 2018年，全市农业部门组织财力和人力，开展五个方面的创建示范工作：一是推进“湘米产业”，开展万亩优质稻标准化生产示范。永定、慈利、桑植、武陵源在适宜乡镇以种粮大户、种粮合作社为依托，利用项目或农业专项整合资金，推进湘米产业建设，分别在适宜乡镇创建优质稻绿色标准化生产基地3万亩以上，组织订单生产9.97万亩。二是开展优质杂粮间套作高产示范。慈利县开展玉米/大豆、玉米/红薯、油菜—玉米/花生间套作高产示范，示范面积达到1000亩。桑植县在洪家关乡开展玉米—荞麦间作套种绿色高产创建示范，示范面积350亩。三是开展“双优”稻油水旱轮作绿色高质高效创建示范。桑植县组织资金近100万元，在凉水口、两河口、陈家河、桥自湾、洪家关等乡镇开展5.0万亩优质稻+双低优质油菜绿色高质创建示范，取得良好示范效果，优质稻亩产达到550千克，产值达2750元/亩。市粮油科与湖南农大官春云院士合作，在永定、桑植落实面积200亩，首次在本地开展高油酸（帆油1号）油菜+高档优质稻高质高效创建示范。四是开展菜油两用型油菜生产示范，提高油菜种植效益。永定、慈利、桑植开展菜油两用型油菜生产示范，示范面积近500亩，示范品种为油蕓928。五是开展油菜机耕机播机收一体化创建示范。慈利县在岩泊渡、通津铺、零溪等乡镇创办200亩以上的机械化播种收示范片，引领周边农户跟着干，起到示范带动作用。

（本栏撰稿　邓珍辉　宁冬元）

经济作物

【概况】 2018年，全市经济作物生产呈现水果稳步增长、茶生产“五增一早一畅一降”（“五增”，采摘面积、总产量、总产值、单价和用工成本比上年均有增加，分别增长3.6%、10.5%、17.9%、6.8%和25%。“一早”，2018年春茶生产期间雨水少，天气较好，头茶采摘比去年平均提早7—10天。“一畅”今年春茶比较畅销。“一降”，春茶鲜叶的收购均价7.8元/斤，比上年同期的11.1元/斤，每斤降低3.3元）、种质资源得到开发利用、产业融合与产业复合发展迅猛等特点，黄桃、猕猴桃、蓝莓、杨梅、葡萄等时鲜水果生产规模和产量逐年增加，本地的菊花芯柚、慈利蜜柚、猕猴桃、杨梅、甜柿、阳冬梨、李、木瓜、八月瓜、西莲1号茶叶和茅岩莓茶等优质种资源得到开发利用，经作生产不断提高。

【水果生产】 2018年，全市水果生产面积60.54万亩，比2017年增加0.56万亩；总产68.58万吨，比2017年增长41.72%。其中，柑橘生产面积46.76万亩，比2017年减少0.03万亩。时鲜水果生产面积12.65万亩，比2017年增加0.46万亩；产量12.46万吨，比2017年的12.53万吨减少0.07万吨。（本栏撰稿/邓珍辉 宁冬元）

【"张家界茶"产业】 张家界市土壤富硒，云雾缭绕，自古以来所产茶叶品质优良。张家界市境内人工栽培茶树、加工茶叶的历史源远流长，世居张家界市境内的土家族、白族和苗族祖先在种茶、制茶、饮茶的历程中创造了底蕴深厚、特点突出的茶文化。2018年，张家界市境内绿茶产业快速发展，红茶产业出现复兴。张家界市是湖南省优质茶叶生产加工基地，有绿茶、红茶、白茶、黑茶等茶类。张家界市委、市政府高度重视发展茶叶产业，出台《关于加快茶叶产业发展的意见》，制订茶叶产业发展规划，将茶叶产业列为市级农业产业化专项资金支持产业，规范产品生产技术，制订企业茶叶加工技术标准，帮助企业做好绿色食品认证，张家界市茶叶产业规模逐年发展壮大。现在，全市主产茶区集中在10多个乡（镇），产地范围分为以核心景区、核心产区、澧水源头红色老区为集中点的三个片区。2018年，张家界市茶园面积达12.92万亩，比2017年新增（即恢复和新建茶园）1.14万亩，同比增长9.68%；生产干茶叶总产量4718吨，比2017年增加588吨，同比增长14.2%；茶叶总产值38179万元，比2017年增加9081万元，同比增长31.26%。张家界市主要生产制作绿茶、红茶、白茶和黑茶。其中，张家界绿茶1595吨，比2017年增加193吨，绿茶总产值14000万元，均价87.77元/千克。张家界红茶255吨，比2017年减少76吨，总产值3000万元，均价117.64元/千克。在2018第十届湖南茶业博览会"茶祖神农杯"名优茶评比中，张家界牧羊冲古茶文化旅游有限公司制作的牧羊冲牌·红茶、古道源茶业发展有限公司制作的姊妹峰牌·红茶和仲生源生物科技有限公司制作的金慈银澧牌·金慈红茶获得红茶类金奖。张家界白茶1145吨，比2017年增加407吨，总产值14320万元，均价125.07元/千克。2018年，湖南湘丰桑植白茶有限公司制作的"桑植白茶"被第十届湖南茶业博览会组委会评为湖南茶叶"千亿产业十大创新产品"。张家界黑茶1723吨，比2017年增加323吨，总产值7859万元，均价45.61元/千克。全市茶叶生产加工企业103家，茶叶专业合作社75家，茶叶经营企业477家，其中农业产业化省级茶叶龙头企业1家，市级茶叶龙头企业23家，年加工能力1万吨以上。茶叶龙头企业和专业合作组织带动全市13512户茶农脱贫致富。

【"张家界莓茶"产业】 "张家界莓茶"是张家界市土家族人利用野生藤本植物"显齿蛇葡萄"按照制茶工艺制作而成。因其表面含有白色黄酮"二氢杨梅素"，遂将其命名为"莓茶"。2018年，张家界市永定区、武陵源区和桑植县都种植莓茶。永定区委、区政府出台《关于进一步调整农业产业结构大力发展城市农业和旅游农业的实施意见》和《永定区张家界莓茶5111行动计划》等文件，打造"张家界莓茶"区域公共品牌，支持将莓茶产业作为推进产业精准扶贫的特色产业进行升级。永定区以茅岩莓规范化种植、电商化营销模式为重点，打造集茅岩莓栽培、加工、商贸于一体，具有全国知名品牌的特色产业园。张家界茅岩莓公司的注册商标"茅岩莓"已被国家市场监督管理总局认定为中国驰名商标。永定区莓茶加工已有茅岩莓、灵洁、仙踪林、银嗓子、土家贡、神堂莓等20多个注册商标，已开发出黄酮营养液、含片、牙膏、面膜等深加工产品。天门郡莓茶获得"生态原产地保护产品"认证，其生产园区被认定为湖南第一个莓茶特色产业园。2018年，永定区莓茶产业实现产值5亿元，年产干茶1600多吨。截至2018年底，"张家界莓茶"产业实现产值10亿元，直接或者间接带动6000多户农民致富。莓茶产业是永定区农民增收致富的主导产业，为永定区打赢脱贫攻坚战，提供有力的支撑。（本栏撰稿 向 平）

畜牧水产业

【概况】 2018年，张家界市坚守动物疫病防控、动物产品质量监管、养殖污染防治三条底线，推进全市养殖业绿色健康可持续发展，荣获省级文明单位。

【畜牧水产生产】 截至2018年底，全年出栏生猪、牛、羊分别达到89.94万头、4.41万头、29.42万只。生猪、牛、羊存栏57.7万头、16.5万头、17万只。肉类总产量9.8万吨。禽蛋产量1.28万吨。水产品产量1.32万吨。

【动物疫病防控】 2018年，完成应免牲畜口蹄疫122.56万头，禽流感434.35万羽，小反刍兽疫26.45万头，应免密度均达到100%，猪、牛、羊、禽免疫抗体水平分别达到81.8%、90%、86.7%和98.6%以上，免疫密度和抗体水平超过省定标准。全市未发生责任性重大动物疫病流行。

【定点屠宰管理】 2018年，全市开展定点屠宰"扫雷行动"，规范屠宰管理，督促全市5个A类屠宰场品检员持证上岗。推进"2018年动物卫生监督执法规范年活动"，推进动物检疫电子出证，加大执法办案、产地和屠宰检疫、畜禽异动监管工作力度，开展动物卫生监督执法案卷评查、动物卫生监督技能比武、屠宰A场品检员同步检验现场操作培训等活动，提升动物卫生监督执法能力和水平。完成一般程序执法案件20个。出台《张家界市病死畜禽无害化处理长效机制建设实施方案》，建立全市病死畜禽无害化长效机制。参与创建国家卫生城市，出台《张家界市牛羊禽集中屠宰试点方案》《2018年张家界市生猪屠宰监管“扫雷行动”实施方案》，推进牛羊禽集中屠宰及打击私屠滥宰行为。

【畜禽水产品质量安全】 2018年，全市以“创建国家食品安全示范城市”为抓手，加强畜禽水产品质量安全监管。一是开展畜禽水产品质量安全例行监测。完成畜禽水产品及养殖投入品监测抽样任务3769个，“瘦肉精”快速监测2790批次，经检测全部合格。二是开展质量安全专项整治行动。开展“瘦肉精”违禁物品、养殖业农资打假、兽用抗菌药、“三鱼两药”、生猪屠宰监管等五大专项整治行动，出动执法人员2764人次，检查企业1146家次，关停2家、整改1家B类生猪屠宰点，无害化处理135537.3千克。三是构建畜禽水产品质量安全检验检测体系。市级畜禽水产品质量安全检验检测中心于2018年9月通过省级专家组评审考核，获得农产品检验检测机构资质和质量安全检测机构“双认证”。四是强化人员队伍服务能力水平提升。组织开展畜禽水产品质量安全集中检测和“创建国家食品安全示范城市”交流先进经验。

【养殖业污染治理】 2018年，全市推进畜禽规模养殖场粪污处理配套设施改造项目。全市适养区、限养区内畜禽规模养殖场共132个，完成配套设施改造124个，设施配套率达到93%，养殖废弃物资源化利用率达到67%。督促落实禁养区内有污染物排放畜禽养殖场（户）退养。禁养区需退养畜禽规模养殖场3家，完成退养2家，剩余1家。配合省政府环保督查。成立工作领导小组，对重点问题进行现场督查督办。全市收到涉及畜禽养殖污染信访转办件29件，其中核查属实的20件，完成整改18件。完成污染防治夏季攻势畜禽规模场标准化改造项目。配合中央环保督查“回头看”问题整改。

【养殖业精准扶贫】 2018年，围绕“抓重点、补短板、强弱项”主题深入开展调研活动。撰写养殖业精准扶贫、动物防疫、大鲵保护区管理、黑猪产业等方面调研报告多篇，整理《产业精准扶贫张家界市养殖业实践》一书。以稻田综合种养、南方草地畜牧业推广、畜禽养殖废弃物资源化利用等项目为抓手，办点示范引导传统养殖业提质升级，助力产业精准扶贫。据统计，贫困户年收入的一半以上来自养殖业。组织成立张家界市黑猪养殖业发展联合社，下属企业、合作社目前达到12家，帮扶贫困户发展黑猪养殖120户，400余人。全年完成养殖业专项、南方草地推进项目、燃油补贴项目、体系建设项目、畜禽良种项目等六大项目申报建设。

【大鲵保护区管理】 2018年，开展涉大鲵保护区环境问题整改。环保审计和“绿盾行动”交办的17家畜禽养殖场粪污处理设施不配套问题，完成整改14家。涉大鲵保护区排查出的191个问题，完成整改并上报销号问题60个，累计拆除网箱83237平方米、定置张网34个、水上餐饮娱乐设施11处。密切与中国水科所、清华大学等科研院所合作，组织专家到金鲵、澧源等种质资源保护繁育基地现场指导，开展大鲵种质资源基础性研究和院士工作站筹建，为近30个民生和基础设施建设项目做好涉大鲵保护区环评服务。

【大鲵特色产业】 2018年，全市大鲵养殖规模达到263.68万尾，同比增加35%，实现产值32.3亿元。一是强化公共品牌宣传，提升“张家界大鲵”知名品牌。利用六城同创、大型招商等平台载体，采取固定广告、媒体报道等形式，提高大鲵品牌美誉度。二是对大鲵种质资源保护、标准化养殖基地、销售企业等大鲵产业链发展进行调研。联合市大鲵协会对大鲵专销店、餐饮酒店等大鲵销售市场秩序开展深入调研。配合国家渔业渔政管理局开展大鲵人工繁育、养殖、加工以及市场销售企业和工商户等情况调查。三是合作开展大鲵基础性研究。与中国科学院昆明动物研究所、中国水产科学院长江水产研究所等建立联系合作，对张家界市原产地大鲵进行样品采集，采集5个点，共60份样品，用于大鲵基因测序等基础性研究。四是加强行业管理和服务，推进产业持续健康发展。和市食药局联合印发《关于全市大鲵行业专项整治的通知》，开展大鲵养殖、加工、销售、流通等多环节整治行动。组织专家多次到区县现场指导大鲵疫病防治技术，编印并发放大鲵疫病防治技术手册1000份，发放消毒物资40件。推进大鲵养殖保险，保险36家企业的58.39万尾，完成年度任务的94.2%，理赔113户次，理赔金额377.8万元。

【“张家界黑猪”产业】 “张家界黑猪”属于湘西地区黑猪的品系，是国内黑猪祖先品种，是具有地方特色的家畜资源，养殖历史非常悠久。近十年来，养殖“张家界黑猪”群体不断扩大，养殖效益逐年增加。2017年，“张家界黑猪”养殖规模已达2.5万头。2018年，“张家界黑猪”养殖规模达到2.65万头，其中能繁母猪2600头，养殖专业户近210户，涌现“青山生态农业公司”的“吃、玩、带”会员定制模式、“溇水源生物公司”的“公司+合作社+贫困户”精准扶贫模式、“慈利吴丹养殖场”的“互联网+”电商服务等一批现代产业经营融合发展模式。

【非洲猪瘟防控】 面对2018年突如其来的非洲猪瘟疫情，全市各级各部门做好防控，建立健全联防联控工作机制。从2018年8月开始，实施24小时专人应急值守，关闭全市所有生猪交易市场，全市累计排查场点3.1万场（户）

次，生猪329万头次，确保全市没有发生非洲猪瘟疫情。

（本栏撰稿　邓珍辉　宁冬元）

农村经营服务管理

【土地确权颁证】 2018年，张家界市完成土地确权登记颁证工作。全市土地确权面积171.12万亩，占国土“二调”耕地面积的95.1%；全市确权农户数达35.19万户。完成确权登记颁证工作县级自查、市级核查，通过省级验收。完成建设市、县两级确权信息应用平台。将确权数据报送省确权办及农业农村部通过检测并进行汇交，完成数据汇交建库任务；对确权登记颁证档案进行收集归档，并通过县级档案主管部门初检验收；各区县均已通过确权成果市级核查与省级验收。做好中央、省、市、县四级信息应用平台互联互通工作，建立土地流转、土地矛盾纠纷调解仲裁等成果转化机制。

【集体产权改革】 落实中央、省委关于稳步推进农村集体产权制度改革的意见和清产核资的通知，做到高位推动、工作举措、经费保障、责任主体、宣传培训、部门配合“六个到位”。截至2018年10月，全市完成4个区县、79个乡镇（街道）、1016个村（居）委会的农村集体资产清产核资阶段工作任务。村级集体资产账面数244618万元，核实资产603278万元。

【三权分置】 探索农村土地集体所有制实现形式，落实集体所有权，稳定农户承包权，放活土地经营权，发挥“三权”的各自功能和整体效用，市委办、市政府办出台《关于完善农村土地所有权承包权经营权分置办法的通知》。引导种养人户、家庭农场、农民合作社、龙头企业规模化经营，开展土地流转，鼓励农户流转承包土地经营权。全市流转土地面积46.88万亩，比上年新增面积4.98万亩。加强农村土地承包纠纷调解仲裁体系建设。四个区县均已建立区县农村土地承包仲裁委员会，全市累积调处土地纠纷721起，区县仲裁委员会仲裁15起。

农业机械化

【概况】 2018年，全市农机合作社达到55家（省级40家），农机装备等资产总额达到9000多万元，无人机植保、水稻精准施肥、茶叶精选设备、水果清洗打蜡筛选等农业生产设备相继引入张家界市，全市农机保有量15.8万台，117万千瓦，其中，无人机36架，轨道运输机12条，农机作业面积达到206万多亩。举办张家界市春夏季农业生产全面全程机械化作业现场会。共建设稻油全程机械化示范片5个，示范面积0.8万亩，示范内容覆盖水稻、油菜、玉米、柑橘、茶叶等主要农作物。

【农机惠农补贴】 2018年，全市实施农机购置补贴407万元，补贴各类农机具2270台（套），其中，拖拉机43台，联合收割机41台，插秧机18台，微耕机1100台。举办4次8个型号新进补贴机具现场演示评价，农机深松整地作业12万亩，落实深松作业补助资金636万元。

【农机安全】 2018年，遵循党政同责、一岗双责的农机安全生产责任制度，推动三个责任落实，推行“一单四制”，强化农机安全生产工作。落实73名乡镇农机专干和957名村级安全员，成功创建省级“平安农机”示范乡镇2个，强行注销拖拉机牌照2000余台、拖拉机驾驶证2人。

（本栏撰稿　邓珍辉　宁冬元）

农业科技研究

【种质资源保护】 2018年，张家界市农科所主持开展全市范围的农作物种质资源保护工作，收录18个科110个种的野生果品种质资源信息，收集11个粮油作物品种24份材料、29个蔬菜品种46份材料；8个纤饲作物品种110份材料的信息，并对收录的材料进行系列繁育观察。

【国家麻类体系重点课题攻关】 2018年，张家界市农科所在永定、桃源等五个示范县开展“苎麻地膜用麻高效生产及成膜技术研究与示范、纤饲两用麻类作物绿色生产技术研究与应用、麻类作物固土保水及逆境种植技术研究与示范、功能型麻类作物品种选育和应用、麻类作物节本增效可持续种植技术研究与示范、麻类作物病虫草害绿色高效防控技术研究”等重点课题的试验攻关。市农科所荷花基地和永定区示范县开展“苎麻品比试验”。桑植县开展纤饲两用麻类作物栽培试验。配合中国农科院麻类研究所进行“苎麻天牛习性调查与捕捉喂养利用研究、优质苎麻品比、苎麻青贮饲料”等试验。

【“张家界茶”资源开发与利用】 2018年，通过进行“茶树种质资源收集与保存、地方茶资源绿色高效配套栽技术示范、白茶加工技术示范与新产品开发、产业模式创新研究与示范”等工作，摸清张家界市古（老）茶树的分布定位情况，编制古（老）茶树保护方案，建立古茶树保护基地一个，探讨“张家界白茶”新工艺研制方案，试制新工艺白茶产品10个，在永定区荷花基地新建茶叶加工生

产线一条。（本栏撰稿 邓珍辉 宁冬元）

林 业

【概况】 张家界市是国家森林城市、中国森林旅游示范市。截至2018年，全市林地面积1057.88万亩，其中有林地面积876.07万亩，森林蓄积量27.82万立方米，森林覆盖率达70.98%，位居全省首位。全市有森林生态自然保护区7个（八大公山国家级自然保护区，张家界、天子山、索溪峪3个省级自然保护区，天门山、杨家界、七眼泉3个市县级自然保护区），森林公园6个（张家界、天门山、天泉山、峰峦溪4个国家森林公园，江垭省级森林公园，长潭河峡谷市级森林公园），国有林场13个。保护地总面积达140.46万亩，占有林地面积的16.03%。

近几年来，张家界市推进生态文明建设，森林生态环境质量不断改善。一是造林绿化科学推进，绿化质量不断提升。实施了长防林、石漠化治理、退耕还林、裸露山地造林等造林工程，平均每年人工造林面积达5万亩。在造林方式上采用生态造林法，尽量不搞全市整地造林。同时坚持造林与造景相结合，建设专类景观园，改善了造林质量。建成了长张高速、张花高速境内段等8条绿色通道。二是资源保护多措并举，生态环境更加优美。实施了539万亩的生态公益林保护、194万亩的天然商品林禁伐停伐和32万亩商品林三年禁伐减伐项目。全市禁伐、停伐面积达到了有林地面积的87.32%。初步划定了森林生态红线3013.75平方千米。森林火灾发生率、林业有害生物灾害成灾率分别控制在1‰和4‰以内。三是保护意识全面提升，护绿爱绿理念根植人心。举办18届国际森林保护节、“创建国家森林城市”、“创建全国绿化模范城市”等，人民群众的绿色成果获得感不断提升，森林生态保护意识得到全面提升，实现大地植绿、心中播绿的目的。（樊文军）

【造林绿化】 2018年，全市造林绿化工作在“生态保护、生态修复、生态惠民”上做文章，突出“五边四沿”绿化建设中心思想。稳步推进国土绿化工作向纵深发展，进一步加快城乡绿化一体化进程。一是造林绿化任务全面完成。全年完成造林绿化任务51万亩，其中人工造林8万亩（含裸露山地造林0.73万亩）、封山育林14万亩、退化林修复12万亩、森林抚育17.9万亩。二是全民义务植树活动有序开展。3月12日，张家界市领导来到永定区大庸桥街道办事处金山茶场的植树点，与市直机关及驻张单位干部职工、部队官兵、高校青年志愿者400多人参加义务植树活动。植树造林面积约75亩，栽植苗木近5000株。义务植树活动期间，全市共有90.7万人参加植树活动，尽责率达88%，完成植树279万株，新建义务植树基地33个，总面积567亩。三是继续实施裸露山地造林绿化攻坚。张家界市对“五边四沿”（村居周边、道路河流两边、单位周边、城镇周边、景区周边；沿村、沿宅、沿路、沿水）和裸露山地（矿山）进行造绿补绿，对城乡接合部施行增绿提质。全市共完成生态恢复3.3万亩。其中，裸露山地造林0.73万亩，封山育林2.04万亩，补植补造0.5万亩，矿山复绿0.03万亩。四是稳步推进中心城区郊野公园建设。2018年，新建回龙观（二期）公园，总面积410亩；大栗坡郊野公园，总面积620亩。（樊文军）

【林业有害生物防治】 2018年，武陵源区和永定区先后发生松材线虫病疫情。4月18日，武陵源区确认发生松材线虫病疫情，分布在中湖乡的杨家界、野溪铺、青龙垭三个村的26个林业小班，发生面积419亩。9月19日，永定区确认发生松材线虫病，分布在教字垭镇的虎势岗、黄官塔、宋柳三个村的4个林业小班，发生面积160亩。按照《张家界市林业生物灾害应急预案》要求启动Ⅲ级应急响应。全年，我们强化组织领导，加强疫情除治，严格检疫执法，实施综合防治，全年投入1300多万元应急处置松材线虫病疫情。清除各类枯死松树4万余株，销毁源头疫木130立方米、松木椅子200余把、松柴292吨；查获违规使用松木或松木包装材料的单位17家，除害处理外来松材8批次270立方米，当场烧毁外来松木包装材料120余件；综合防治媒介昆虫，使用微胶囊剂飞机防治松褐天牛7.9万亩，悬挂诱捕器1830个，设置诱木430余株。（樊文军）

【张家界莓茶产业发展论坛】 2018年9月10日，“2018张家界莓茶产业发展论坛”在张家界市举办，本届论坛由湖南农业大学和中共张家界市永定区委员会、张家界市永定区人民政府共同主办。永定区人民政府与湖南农业大学现场签订莓茶产业发展（2018—2023年）战略合作协议，张家界莓茶生产企业与销售企业签订购销协议。张家界莓茶协会、广东省农科院、华中农业大学园艺与林学院、国家植物功能成分利用工程研究中心、中国茶叶商学院、神农金康（北京）有限公司、湖南省茶叶学会、农业农村部农村经济研究中心等单位业内专家，就莓茶历史文化渊源、莓茶生产加工技术应用、莓茶健康知识等发表主旨演讲，并结合永定区实际，从莓茶品牌建设与市场营销、莓茶标准化体系建设、茶旅融合发展、迈进乡村振兴新时代等方面提出了相关意见和建议。（孙崇德）

【林业产业示范创建】 2018年，湖南省林业局公布2018年省级农民林业专业合作社示范社和省级林下经济示范基地名单，张家界市慈利县绿源杜仲种植专业合作社、慈利武陵山中药材种植专业合作社获评省级农民林业专业合作社示范社，张家界太坪中药材种植专业合作社被认定为省级林下经济示范基地。

慈利县绿源杜仲种植专业合作社利用所在地三合镇闲

置山地较多的特点，采取“合作社+基地+农户+公司”的产业化模式发展杜仲，实行种植、加工、销售一体化经营，主要产品为杜仲雄花、杜仲叶茶系列产品，带动发展林下经济。合作社通过发动农户种植、成员土地入股、租赁农民闲置耕地及山林种植杜仲、聘用当地林农参与管理等举措，带动建档立卡贫困户110户。

慈利武陵山中药材种植专业合作社系“湖南省中药材产业协会”“湖南省中药材产业联盟”理事单位，在岩泊渡镇、阳和乡等地建成4个育苗基地和种植基地600余亩，主要品种为白及、黄精、铁皮石斛等名贵中药材。合作社采取“合作社+科研室+基地+农户”的产业化模式，实行自主研发种苗、中药材种植、初加工、销售一体化经营，通过“土地租金+务工工资+保底收益+按股分红”等方式保障农户收益。同时合作社大力发展林下经济，在油茶、青钱柳下套种白及，“树干仿野生”种植铁皮石斛并套种黄精，自主研发并命名的“张家界巨白及”品种已远销省内外。2018年，帮扶建档立卡贫困户200户。

张家界太坪中药材种植专业合作社主要在二坊坪镇发展油茶及林下经济（林下种植中药材及适度林下养殖）。林下中药材品种有重楼、黄精、白及、山慈姑、见血清、独角鸡、百步、白芷、半夏、杜仲、瓜蒌等。目前，合作社基地面积已达3000亩以上，建有名贵中药材种苗种芽培育育苗大棚7000平方米。2018年，带动建档立卡贫困户55户200余人。（孙崇德）

【开展乡镇林业站本底数据调查】 2018年，全市开展了每十年一次的第二次全国性乡镇林业站本底数据调查。经过调查摸清了全市乡镇林业站基本情况。截至2018年底全市现有乡（镇）林业站78个，其中，林业部门管理的4个，乡镇管理74个。核定编制315人，在岗人数292人（其中工勤岗位的63人），292人均为财政全额拨款。年龄结构35岁以下为8人，36—50岁194人，51岁以上90人。学历为本科以上的45人，大中专的233人，初中以下为14人，共配备办公设备电脑197台，打印机88台，办公桌椅272张，通信设备89套。

【开展涉林采石、采砂、取土问题清理整治】 2018年4月30日—12月15日，根据省林业局统一部署，全市组织林业部门执法人员对全市范围内涉林采石、采砂、取土问题进行专项清理整治。经清理，全市共有涉林采砂、采石、取土场123家（永定区63家、武陵源区0家、桑植县30家、慈利县30家）。其中，采砂场40家，采石场77家，取土场6家。涉及使用林地面积314.3413公顷。其中经批准使用林地161.3947公顷，未经批准使用林地142.9466公顷。

全市共办理采石、采砂、取土场各类涉林案件60起，面积61.9667公顷，其中，办理刑事案件9起，已移送起诉6起；办理行政案件51起，处罚52人，罚款332.2417万元，行政问责约谈9人。

除7个自动废弃外，还对64个采砂、采石、取土场责令停工。对45个涉林采石（砂）取土场下达了《责令恢复林业生产条件通知》。对15个涉林采石（砂）取土场制订了生态修复方案。对15个涉林采石（砂）取土场实施了植树造林、恢复森林植被生态。同时督查区县人民政府完成采石（砂）取土场使用林地规划的编制。

【首次开展森林督查工作】 2018年，国家林草局首次在全国范围依托遥感和定位技术，采取“天上看，地下查”的“天地空”办法对森林资源实行监管全覆盖，简称森林督查。通过该项技术，2018年国家和省里共发现全市有破坏森林资源问题图斑2104个，经全市林业技术人员认真核实实有破坏森林资源问题图斑634个。同时对存在问题的图斑进行了整改和处理。国家和省里也派出人员进行督查督办。（本栏撰稿　江方明）

【森林禁伐减伐三年行动完成】 为落实湖南省委、省人民政府做出的自2016年1月1日起至2018年12月31日在全省实施森林禁伐减伐三年行动部署，按照对全省范围内的国家级公益林、省级公益林，铁路、高速公路、国（省）道公路两旁第一层山脊以内的森林实施禁伐，对纳入国家重点、省部级重点生态功能区的63个县市区，除禁伐范围之外还采取减伐措施的要求，张家界市高度重视，积极行动，采取广泛宣传，科学界定，落实资金，加大管护力度。2016—2018年，张家界市三年禁伐林地面积403447.7公顷，其中商品林面积21154.3公顷。永定区5453.5公顷，武陵源区697公顷，桑植县21041公顷，慈利县16600公顷。

在减伐数量上严格按照在2015年林木采伐总量的基础上每年递减20%，3年全市林木采伐上限为455258立方米，其中，永定区126521立方米，武陵源区16110立方米，桑植县167528立方米，慈利县145099立方米的要求。3年全市实际只采伐林木257135立方米，其中，永定区为119251立方米，武陵源区为3586立方米，桑植县为55306立方米，慈利县为50992立方米，减少量远远大于20%。禁伐减伐3年，张家界市森林面积从2015年的58.344万公顷稳中有升到2018年底的70.53万公顷，森林覆盖率由2015年的70.98%稳中有升到2018年底的70.99%，居全省第一。森林活立木蓄积量由2015年的2569.29万立方米增加到现在的2893.28万立方米。同时拍摄森林禁伐减伐三年行动专题电视片并在张家界电视台进行播放。（本栏撰稿　江方明）

水　利

【概况】 2018年，张家界市水利系统提高防灾减灾能力、节约利用水资源能力和水安全保障能力，取得明显成效。

【水利规划】 2018年，张家界市共争取到水利项目投资计划3.2238亿元（其中中央投资计划2.2784亿元，地方配套资金计划0.9454亿元），是上年度争取资金的3.4倍。进一步加快水利项目前期工作。一是积极衔接宜冲桥水库前期相关工作。该工程项目建议书由湖南澧水流域水利水电开发有限责任公司编制，多次向省发改委、省水利厅等部门汇报，请求省厅相关单位协调将该项目前期资料移交张家界市。同时，积极向市主要领导汇报该项目情况，请求得到市级领导的大力支持，争取该重大项目能早日立项开工。二是完善了国家重大建设项目库的相关项目资料。对已入库项目数据实行动态管理，并严格审核把关，确保数据的准确性、时效性和连贯性，储备项目规模达2.072亿元。三是填报了长江流域防洪减灾体系薄环节和补短板项目。上报宜冲桥、大溪沟、海尔峪、天子山及清风峡水库共计5座水库，共计投资计划23.99亿元。四是上报了2019年投资建议计划。共计上报各类项目投资建议计划7.2435亿元，其中，中央投资建设计划5.0923亿元，地方投资建设计划2.1512亿元。五是启动了《张家界市城市防洪规划》和《张家界市城市应急水源规划》两个规划的编制工作。

【水利工程建设】 2018年，张家界市水利工程项目建设取得成效。

一、“四水”治理工程。全市“四水”治理项目下达投资计划14514万元，其中，中央资金7257万元、地方配套资金7257万元，分解下达达2个项目，治理堤防（岸坡）8.425千米。至年底，两个项目均开工建设，累计完成投资3750万元。

二、中小河流治理项目。全市中小河流治理共安排3个治理项目，累计下达投资计划5478万元，其中中央资金5105万元，地方配套资金373万元（其中，2630万元整合用于精准扶贫）。至年底，3个项目均完成建设任务，累计完成投资2848万元，完成河道综合治理长度18.2千米。

三、薄弱环节灾后小型病险水库除险加固项目。2018年度薄弱环节灾后小型病险水库除险加固项目中央投资552万元，用于桑植县8座小（二）型病险水库除险加固，但按照涉农资金整合的要求，下达桑植县的552万元全部整合用于精准扶贫。

四、公益性维修养护工程。2018年度下达张家界市公益性维修养护中央资金145万元（其中安排慈利县、桑植县的90万元整合用于精准扶贫），共安排水库维修养护工程5座、堤防维修8千米、泵站维修养护1座。

【农村安全饮水】 2018年，市水利部门履行水利行业扶贫职责，加强农村饮水安全巩固提升工程精准扶贫工作，将全市建档立卡358个贫困村、15.44万人贫困人口饮水问题目标任务分解到各区县，纳入县级十三五农村饮水安全巩固提升实施方案，由各区县人民政府批复后实施，确保这项关系农民群众切身利益的“民心工程”真正落到实处。截至2018年底，全市落实并完成农村饮水安全巩固提升工程建设资金23120.92万元，兴建农村供水工程309处，受益人口25.1477万人，其中7.4065万贫困人受益，新增自来水人口4.424万人，占计划数的100%。完成2018年省定重点民生实事农村饮水安全巩固提升贫困人口3.0986万人，占目标任务的106%，农村自来水普及率达到79.59%。

【水资源管理】 2018年，印发《张家界市水资源保护方案》，严格执行水资源论证、取水许可和水资源有偿使用制度，开展了市管取水户计划用水管理。《张家界市水功能区划（2010—2020）》已经市政府批准公布，出台了《张家界市饮用水水源保护管理办法》。完成了国家考核水功能区的水质监测站点布设，大力开展了入河排污口整治销号，完成了大鲵自然保护区内的129个入河排污口的整治销号，完成了饮用水源保护区内的21个入河排污口的整治销号，完成了非敏感区域6个入河排污口的整治销号。完成省人民政府对市人民政府2017年水资源管理的考核工作，等级为良好。联合市水文局对全市8个入河排污口进行定期监测并发布监测结果，督促排污企业自觉执行达标排放的规定，水功能区水质逐年改善。全面完成水资源管理“三条红线”（即水资源开发利用控制红线、用水效率控制红线、水功能区限制纳污红线）年度控制目标。至2018年底，全市用水总量为5.14亿立方米，水功能区水质达标率均达100%，工业增加值用水量为58立方米/万元，农业灌溉水有效利用系数为0.5361。

【水土保持】 紧紧围绕“尊重自然，注重预防，强化治理，打造绿水青山，推进水土流失防治体系和防治能力现代化”的总体目标，取得了显著成效。一是水土流失治理有成效。争取国家治理水土流失项目资金3000万元，治理水土流失面积16平方千米，完成坡改梯面积7140亩；大力发展民营水保。一年多共引进民间资本110万元参与水土保持工程建设，治理水土流失面积3平方千米；争取石漠化治理资金1600万元，治理石漠化面积35平方千米。二是水土保持宣传有亮点。3月份，市局及各区县均开展组织水土保持宣传月的宣传活动，通过组织宣传车下乡进村、志愿者骑车、在城区设立咨询台，着力开展水土保持宣传进党委、进政府、进人大、进政协、进党校“五进”活动，提升了各级领导干部的水土保持法律意识，市民的水土保持法普及率、知晓率得到大幅提升。三是事前审批和事中事后监管有力度。完成市级生产建设项目水土保持方案审批15件，区县级生产建设项目水土保持方案审批45件，全部按照时间节点时限要求完成，验收生产建设项目水土保持设施3个，不断强化事中和事后监管，对黔张常、张吉怀高铁项目开展了水土保持设施大检查专项行动。全年市区县两级共开展监督检查130余次，下发整改通知书28份。四是补偿费征收超历史。坚持水土保持补偿费应收尽收，全年市级补偿费入库169万元，超预算任务211%。五是水保监测及信息化工作有提升。对4家生产建设项目开展了监测，为监督管理提供了基础资料，促使4家生产建设单位完成了整改工作。完成了省水土保持公报各项数据的上报工作，完成了2011—2018年41件生产建设项目的信息上报和录入工作。

【河道管理】 2018年，市水利部门按照水利部“水利工程补短板、水利行业强监管”的总要求，结合落实中央环保督察交办问题整改、“清四乱”专项整治行动等重点工作，全面加强河道管理。

一、开展“清四乱”专项整治行动。按照湖南省第5号总河长令要求，对全市流域面积50平方千米以上的河流，开展“清四乱”专项行动。年底，全市排查出的39个“四乱”问题，整治销号17个。

二、启动河道划界。市水利局、市国土资源局印发《关于做好全市河道管理范围划界工作的通知》，要求各区县按照属地管理原则，承担辖区内河流的划界工作。市政府召开两次全市河道划界工作会议，对河道划界工作进行全面部署和调度。年底，相关区县签订了澧水干流河道划界合同。

三、开展环保督察“回头看”。自中央环保督察以来，张家界市涉大鲵自然保护区的29个违规采砂项目已全部关停取缔，拆除34个砂石分选厂的设施设备。针对后期整治工作，市政府召开专题会议部署，市水利局及时印发通知要求各区县严要求、高标准按时完成复垦复绿整改工作，并就工作情况开展两次督查，对督查中发现的问题及时督办。10月底，砂场复垦复绿工作基本落实到位。

四、实行全面禁采，打击非法采砂。张家界市境内76%水域处于张家界大鲵国家级自然保护区范围，根据《中华人民共和国自然保护区条例》等法律法规的有关规定，不宜在河道内从事采砂、取石等活动。2018年1月12日，市人民政府印发了《张家界市人民政府关于全面禁止河道采砂的通告》（张政通〔2018〕1号），河道采砂实行全面禁采。为巩固禁采成果，开展了河道采砂专项整治行动，各区县积极部署，永定区开展非法采砂联合执法专项整治行动2次，慈利县查处非法采砂案件10起，桑植县查处非法采砂案件6起，严厉打击了河道非法采砂行为。

五、落实河道保洁。全市河道保洁在线监控点8个，大型打捞船只4艘，河道保洁员500余名。市长、市总河长刘革安签发了张家界市第1号总河长令《关于开展河（库）岸水域垃圾专项清理整治的决定》，要求采取专项整治与日常保洁相结合的形式，全面清理打捞河库岸水域垃圾。各区县按照1号令要求，积极开展专项整治行动，基本实现“河岸无垃圾堆、水面无漂浮物”的工作目标。

六、深入推进河长制。河长制工作实行党政同责，市委书记任市第一总河长，市长任市总河长，有各级河长2006人，设置河长公示牌1173块。全市317条河流、264座上型水库全部纳入河长制管理体系。制订2018年实施河长制工作要点，明确工作方向和工作目标；组织召开总河长会议，对推行河长制工作进行全面动员；制订市级河长责任联系单位工作规则，落实市级主要河流的管护责任单位，明确责任单位的工作职责；完成41条河流的“一河一策”编制和审批；加大宣传培训力度，市、县两级共组织河长制工作业务培训11次，开展河长制专题宣传活动18次，在各级媒体发表河长制工作动态信息260余条，溇水武陵源段、永定区大溪入选湖南省30条“美丽河湖”名录。各级河长积极履职，全年共开展巡河行动8万余次，书面交办问题132个，基本完成整改。开展河道保洁、“僵尸船”整治、排污口整治、非法采砂整治、非法捕捞整治、“清四乱”整治等专项行动，基本完成省河长办下发的22项年度重点任务中涉及张家界市的17项具体工作。2018年，张家界市国家考核断面和城市集中式饮用水水源地每月水质均在Ⅱ类以上。

【水政管理】 2018年，全市水行政执法工作有序开展，有效维护了全市的正常水事秩序。出台了《张家界市水利局2018年水行政执法工作方案》《张家界市水利局河湖巡查制度》及《张家界市2018年河湖执法监督检查工作方案》，配合省水利厅对武陵源区、桑植县湖执法工作进行抽查。狠抓了市城区仙人溪、太极溪河道巡查，完成巡查30余次。向市工程建设指挥部、吴光翠等单位和个人下达4份责令通知书。向永定区水利局下达执法督办函2份。促使永定区水利局及时完成了对张家界天成置业有限公司违规行为的查处工作。全年共征收入库水行政规费705万元，其中水资源费537万元，水保规费168万元。组织召开了全市水利安全生产执法工作会议。各区县分管水利工作的副局长、水政大队长、市水利局各科室（二级机构）负责人参加会议，接受安全生产执法相关业务培训。

（本栏撰稿　赵　威）

2019

工　业

·张家界年鉴·

总 类

【概况】 2018年，张家界市完成规模工业总产值103.7亿元，同比增长12.5%，增速较去年提高6.9个百分点；规模工业增加值同比增长7%，增速较去年提高0.6个百分点，全省排名第13位，完成年初提出的7%的增速目标；工业用电量7.25亿千瓦时，同比增长1%；工业实缴税金4.69亿元，同比增长30.8%；主营业务收入79.17亿元，同比增长6.9%。

一、重点企业、行业趋向良好。2018年，全市规模以上工业28个行业大类中21个行业持续实现增长，非金属矿物制品业、农副食品加工业、电力热力生产和供应业、非金属矿采选业、文教工美体育和娱乐用品制造业、酒饮料和精制茶制造业占据全市工业经济的主导地位，这6大行业占全市经济增长总量的70.9%。

二、企业入规稳步推进。2018年，全市新增17家规模企业，其中市工业园5家，永定区1家，慈利县8家，桑植县3家，完成了全年16家的目标任务。

三、开展企业帮扶。张家界鸿燕新材料科技发展有限公司和张家界久瑞生物科技有限公司两家企业继续列入全省百户大型骨干企业。全市有31家工业企业纳入市级“双联”活动，由30个市级领导进行联系帮扶。结合全省百户骨干企业精准帮扶和市级“双联”活动，开展“三抓三促”活动，对全市71家成长性较好、潜力较大的重点企业明确由市、区县经信部门分管领导和联系人进行培育帮扶，对企业“一看二问三帮”，深入企业掌握情况和摸排困难问题，建立困难问题台账。 （郑宏玉）

【中小企业服务】 2018年，非公有制经济增加值增长7.9%，占地区生产总值的比重为63.5%。

一、开展中小企业运行监测工作。狠抓中小企业运行监测工作，加强运行监测数据审核和考核。经过全省考评，张家界市工业和信息化局被评为2018年湖南省中小企业运行监测工作先进单位。

二、做好中小企业培训工作。组织张家界朝阳冲农产品开发有限责任公司、张家界五雷蜂蜜有限公司的负责人参加湖南省领军企业家研修班学习；组织慈利县绿为装饰材料有限责任公司的负责人参加高级经营管理人才研修班学习；组织张家界久瑞生物科技有限公司等11家企业的负责人参加创新方法与创新能力提升培训班培训；组织张家界旅典文化经营有限公司等9家企业的负责人参加中小企业管理创新培训班；组织张家界大德酿造有限公司、张家界家家耀葛根食品科技有限公司等10家企业参加中小企业精益生产管理培训班。

三、帮助企业开展融资服务对接。一是引进担保机构，开展信贷服务。2018年，引进湖南省文化旅游担保投资有限公司在张家界市设立办事处，为张家界市4家文化旅游企业落地放款860万元。二是促进银企对接，开展产融合作。仙踪林公司获得中国银行授信，西莲茶业、九天生物、焱煌粮油3家企业获得农村信用社授信。三是多次牵线搭桥，服务实体经济。深入区县和工业园区，针对制造业、旅游业等不同行业特点，召开了多次小微企业金融服务需求座谈会，邀请人民银行、商业银行、担保公司与企业直面沟通。

四、助推企业“上云”。2018年，全市有1428家企业“上云”，完成年初目标任务的285.6%，有省级认定“上云”标杆企业4家，落地云服务机构6家。张家界市工业和信息化局被评为湖南省中小企业“上云”行动优秀单位。

五、组织举办创新创业大赛。组织举办2018年“创客中国”张家界市中小微企业创新创业大赛，张家界永兴玻璃有限公司获得一等奖，张家界天成机电设备制造有限公司和张家界恒林生态木有限公司获得二等奖，张家界长新汽车电器有限公司等五家企业获得三等奖，张家界知蜂谷生态蜂业有限责任公司等五家企业获得优胜奖。张家界永兴玻璃有限公司在省里的决赛中荣获三等奖，张家界市工业和信息化局被评为优秀组织单位。

六、组织企业参加展会。组织仙踪林、灵洁和军声砂石画三家企业到沈阳参加第十届APEC中小企业技术交流暨展览会。组织茅岩莓、仙踪林等4家企业参加在广州举办的第十五届中国国际中小企业博览会。

七、完善中小企业服务体系。根据《张家界市中小企业服务机构认定管理暂行办法》，认定4家市级核心服务机构，其中有2家获批省级核心服务机构。通过核心服务机构认定，完善中小企业服务体系建设，丰富中小企业服务内容。 （宋琳霞）

【旅游商品发展】 2018年，全市旅游商品生产企业完成生产总值47亿元，同比增长11%；完成主营业务收入42亿元，同比增长10%；规模工业增加值同比增长8.5%。

一、打造“张家界礼物”旅游商品公共品牌。将“张家界礼物”入围企业的产品扩充至35家50余种产品，进一步丰富了“张家界礼物”产品种类，为游客提供更多选择。

二、帮助企业“走出去”开展品牌（商品）推介。先后组织15家次本土知名旅游商品企业参加中国（国际）地质博览会、东亚食品交易博览会等专业展会和品牌及产品宣传推介会，一批张家界市知名旅游商品得到了全国各地广大消费者和国际友人的认可与喜爱。 （梁怡圣）

【无线电管理】 2018年，张家界市无线电管理工作取得新进展。

一、无线电频率和台站管理。2018年为民航数据通信有限责任公司、民航湖南空中交通管理分局等单位的无线电台站办理了行政许可手续。加大监督检查力度，规范空中电波秩序，积极解决市民在12345政府公共服务热线反映的手机信号被某学校的屏蔽器干扰的问题，责令该校撤除所有屏蔽器并封存不能再用，该校周边地区手机信号恢复正常。认真开展集中打击“伪基站”“黑广播”违法犯罪专项行动和集中整治违规设置使用调频广播电台专项行动，对辖区内的调频广播台使用情况进行了检查，及时清理未按要求办理无线电台执照的调频广播电台1台，并责令改正。

二、无线电安全保障。2018年累计保障各国考12次。其中在6月份的高考保障中，实行严密监控，对全市4个考区6个考点轮流进行监测，不放过任何可疑信号。高考期间，全市6个考点电波秩序正常，都没有出现无线电作弊信号，维护了考试的公平公正，得到市领导和相关部门的充分肯定。认真做好了“一带一路”国际合作峰会无线电安全保障。

三、无线电监测。排查了2018年春节期间张家界火车站南头客列尾信号受干扰问题，查处了一起酒店擅自设置对讲机干扰铁路客运部门专用无线电台站通信的事件，充分发挥无线电监测作用。（朱德超）

【工业节能与综合利用】 2018年，全市220家规模工业企业综合能源消费量为271102吨标准煤，同比下降18.02%；规模工业增加值能耗同比下降23.38%。

一、积极开展清洁生产审核和绿色体系创建，推动工业企业节能降耗和绿色转型发展。组织畅想农业等8家企业申报省自愿性清洁生产审核工作。邀请省清洁生产、节能环保专家对畅想农业、澧水南源、新瑞星饲料等4家企业的清洁生产审核工作进行了现场验收。组织企业开展全省绿色工厂创建和两型工业企业认证工作。组织永兴玻璃、华新水泥2家企业开展绿色工厂创建申报工作。永兴玻璃列入省绿色体系创建计划，并通过了绿色工厂创建评估和省里的评审工作，成为张家界市第一家省级绿色工厂。组织远大住工、福安家木业和湘润食品3家企业申报省两型工业企业认证计划。远大住工成为张家界市第一家省级两型工业企业。

二、开展重点行业强制性节能执行情况专项监察工作。对照国家强制性能耗标准梳理上报张家界市华新水泥和南方水泥2家水泥企业能耗情况。南方水泥能耗通过了省里节能专项监察，5项能耗数据均低于国家强制性能耗标准，其中水泥综合电耗达到行业先进水平。

三、组织企业参加节能减排和新能源产业博览会和工业绿色制造培训。组织永兴玻璃等绿色工厂和两型工业创建企业参加2018湖南（郴州）节能减排和新能源产业博览会，参加全省工业绿色制造工作经验交流会暨高级研修班培训，不断提高企业绿色发展水平，推动绿色转型发展。（成　刚）

【工业产品质量和品牌培育】 2018年，张家界市组织推进国家级质量标杆企业和品牌培育试点企业的培育和建设工作，引导企业积极创建国家级质量“标杆”，积极参与品牌培育试点。张家界三木能源开发有限公司荣获“湖南省工业领域知识产权运用标杆企业”称号。（李玥卿）

【淘汰落后产能】 2018年，张家界市制订《张家界市关于利用综合标准依法依规推动落后产能退出的实施方案》，对张家界市淘汰落后产能工作领导小组进行了调整，全市2018年退出的淘汰落后产能清单在市人民政府网站进行了统一公告。狠抓防止“地条钢”死灰复燃工作。对防止“地条钢”死灰复燃工作开展了多次地毯式清查，经确认全市没有“地条钢”生产企业。严格落实水泥行业错峰生产任务。2018年南方水泥停窑94天，华新水泥停窑85天，全部完成错峰生产任务。（秦宏平）

【工业设计中心推广】 2018年，张家界市工业设计中心推广工作有新亮点。

一、举办“工业设计进园区·张家界站”活动，邀请了国内5名工业设计方面的专家对企业高层管理人员进行了工业设计培训，企业反响强烈，三十余家企业现场与专家们进行了对接和签约。

二、根据市级工业设计中心认定管理办法，按照程序，认定摆手舞公司等五家企业工业设计中心为市级工业设计中心。

三、在工业设计上再做文章招商“引智”。台湾著名工业设计专家方秉宏、杨雅琪联合投资100万元在张家界创立一家专门的工业设计服务机构，为张家界的工业设计发展奠定良好的基础。（秦宏平）

电力工业

【概况】 2018年，张家界电网统调发电量14.7亿千瓦时，同比减少10.64%。其中，火电电量0.66亿千瓦时，同比减少62.7%；水电电量14.03亿千瓦时，同比减少4.43%。最大负荷57.58万千瓦时，同比增长7.88%。日最大电量100.16千瓦时，同比减少2.41%。全市全社会用电量26.75亿千瓦时，同比增长8.42%。分行业看，第一产业用电量0.07亿千瓦时，占0.26%；第二产业用电量8.20亿千瓦时，占30.66%；第三产业用电量8.70亿千瓦时，占32.51%。2018年底，张家界市共有水火电源装机96.49万千瓦（累计退出34座电厂）。其中水电装机为84.49万千瓦，占总装机的87.56%，火电装机12万千瓦，占总装机的12.44%。拥有35千伏及以上输电线路695.908千米，变电容量1748.2兆伏安。

2018年，张家界地区网内电力供应充足，供需形势良好。全年地区统调供电量24.83亿千瓦时，主网下网电量22.47亿千瓦时，转供4.00亿千瓦时，外购地区小水电电量6.35亿千瓦时。

【国网张家界供电公司】 国网张家界供电公司设职能部门14个，下辖县供电公司3家，员工总人数2513人。2018年，全市售电量23.36亿千瓦时，同比增长9.86%；资产总额24.84亿元，同比增长6.06%；营业总收入14.28亿元，同比增长5.86%。

一、安全生产。实现连续第16个“安全年”。深入推进“落实安全主体责任年”活动，强化隐患排查治理，扎实开展春（秋）季安全检查、现场反违章、防外人触电等专项检查，累计治理隐患4800项，查处严重及以上违章24起。强化电网运行控制、设备维护和应急管理，开展迎峰度夏、防冻融冰、防雷防汛防山火等工作。圆满完成各项重大供电保障任务。沉着应对历史最强低温雨雪冰冻天气、历史最高电网负荷双重挑战，保障了全市电力可靠供应。

二、电网发展。完成“十三五”电网规划滚动修编。全力推动电网规划纳入政府城乡规划，加强“大规划”体系建设，挂牌成立“市能源（电力）规划研究中心”。编制电网建设三年行动计划，促进电网规划与地方总规有效衔接。结合黔张常外部供电工程启动第4回220千伏外联通道建设。2018年，新建110千伏变电站2座，改扩建35千伏变电站3座。其中，宜冲桥110千伏变电站新建工程，在湖南省电力有限公司2018年第二次输变电工程流动红旗竞赛中荣获“变电安全质量流动红旗工程”称号。启动新一轮农网改造升级“两年攻坚战”，实现村村通动力电。2018年，累计完成农网改造投资2.013亿元，农村户均配变容量增长到1.74千伏安。改造贫困村电网109个，贫困村自供区接入改造工程2个，完成“为民办实事”重点工程27个，异地扶贫搬迁电网接入项目25个。

三、营销管理。推进营销体制机制建设，实现64万客户电费智能核算与发行，远程费控客户占比达99%。预收电费余额1811万元。整合前端营配服务资源，推进网格化管理、供电服务指挥体系建设、“全能型”乡镇供电所建设，基本实现营配业务末端融合、服务快速响应新要求。开展电价专项整治活动，完成转供电加价清理，全面取消了定比定量客户。开展反窃查违专项行动，“政、企、警”联合执法，全年反窃查违追补电费及违约电费200.14万元。开展台区降损攻坚活动，消灭高损台区156个，年少损电量884万千瓦时。

四、创新服务。释放电价改革红利，全年共降低用户用能成本5257万元。优化电力营商环境，基本实现业扩报装简单业务“一次都不跑”、复杂业务“最多跑一次”。全面推广“互联网+营销”，低压线上交费率达88%。开辟业扩受理绿色通道，线上受理率100%。组建综合能源分公司，推广电能替代项目53个，完成替代电量1.05亿千瓦时。成立供电服务指挥中心，推广主动预警和属地服务。建立VIP客户及重点项目常态联络机制，上门了解客户需求，精准制订服务策略。对频繁停电、低电压、重过载及敏感客户进行实时监测分析，全年开展主动抢修7.5万余次，解决用户诉求3.2万余次。精准发力贫困村电网改造、光伏扶贫、驻村帮扶“三大工程”。累计投入和引进资金5011.31万元，带动产业扶贫，引进省龙头企业助力乡村产业发展。组建4支扶贫工作队，精准脱贫264户，1223人。实施“阳光扶贫”工程，累计并网村级光伏扶贫电站104个，容量6823千瓦，结算上网电量345.19万千瓦时。荣获2018年度张家界市脱贫攻坚行业扶贫先进单位、2018年度驻村帮扶工作先进工作队荣誉称号。

（本栏撰稿　毛　艳）

冶金工业

2018年，张家界市冶金工业主营业务收入为1.52亿元，同期增长5.0%；工业总产值为2217万元，利润总额53万元，利税总额4万元。有规模以上冶金企业7家，其中镍钼矿企业1家、铁合金企业5家、耐火材料企业1家。

（唐全喜）

机械工业

2018年，张家界市机械工业主营业务收入为3.17亿元，工业总产值为5.07亿元，利润总额673.9万元，利税总额264.8万元。现已有规模以上工程机械企业6家、农业机械企业1家、装配式建筑企业27家、新能源装备企业6家、先进储能材料及电动汽车企业3家。张家界市中小型水轮发电机组、汽车电机、电源电器控制、矿山机电、现代伐木、家具制造、环保智能涂装设备等产业链发展势头较好。天成机电有限公司生产的中小型水轮发电机组、渣浆泵等产品主要销往东南亚国家和“一带一路”沿线国家和地区，全年主营业务收入突破500万美元。匡沐环保有限公司生产的环保智能涂装设备获全省首台（套）重大技术装备认定。

（唐全喜）

电子信息产业

【概况】 2018年，张家界市电子信息制造业实现主营业收入2.33亿元，增长6.6%；实现工业总产值2.67亿元，增长19.4%；实现利润887万元，增长1%；上缴税收104.5万元，减少19.6%。全市共有规模以上电子信息制造业企业8家，分别是平阳凯利、兴友电子、利升电子、博海电子、锦华照明、中南金叶、昱辰科技、中兴泰电子。8家企业市工业园4家，慈利工业集中区4家，都集中在园区以内。其中，中兴泰电子科技有限公司的“适配器、电源、充电器生产建设”项目、慈利县利升电子有限公司的“年产1亿只电位器生产线”项目、张家界昱辰科技有限公司的“手机整机生产线”项目进展顺利。

【“五基工程”任务】 2018年，全市完成“新建农村手机信号接收基站”33个（目标任务为30个），“消除农村宽带网络空白村”23个（目标任务为5个），4G覆盖率达到99.77%（目标任务为99%以上），“光纤通达率”达到100%（目标任务为85%）。 （本栏撰稿 沈 勇）

纺织工业

2018年，张家界市纺织工业有规模以上企业3家，其中纺织业2家，纺织服装、服饰业1家。实现工业总产值和销售收入分别为1.12亿元和0.9亿元，同比分别增长13.3%和13.5%。受行业龙头企业张家界美达制衣有限公司带动，行业实现利润总额636万元，同比增长73%。纺织行业工业企业规模小、粗加工产值占比较高结构性矛盾突出、产业链短等问题还没有从根本上得到解决。 （田 静）

轻工业

2018年，张家界市轻工业有规模以上企业35家，其中皮革、毛皮、羽毛及其制品和制鞋业5家，木材加工和木、竹、藤、棕、草制品业4家，家具制造业3家，造纸和纸制品业2家，印刷和记录媒介复制业2家，文教、工美、体育和娱乐用品制造业16家，橡胶和塑料制品业3家。实现工业总产值和销售收入分别为14.13亿元和11.6亿元，同比分别增长14%和15%。行业实现利润总额8221万元，同比增长18%。 （田 静）

烟草工业

【卷烟经营】 2018年，张家界销售卷烟6.93万箱，同比增长0.38%。实现销售收入21亿元，同比增长9%。全年芙蓉王、白沙、双喜等六个重点品牌销量6.29万箱，同比增长2.21%，占全市总销量的90.76%。

【烟叶产销】 2018年，全市永定、慈利、桑植三个种植区县、47个种植乡镇，落实烤烟种植农户2474户，签订合同面积5.1万亩，户均面积20.61亩。全年收购烟叶13.06万担，完成计划任务13.2万担的98.94%。烟叶收购均价1344.39元/担（不含补贴），上等烟叶比例57.66%，中部烟叶比例53.39%，中部上等烟叶比例31.3%。围绕“白沙”“芙蓉王”“黄山”3个高端卷烟品牌，建设高端卷烟原料定制化开发单元，开发面积3.14万亩，单收单调34897担。安排技术推广项目13大项23小项，项目经费686.65万元，大力推行“井窖式”小苗深栽。2018年，开工烟基项目541个，包括水池、管网、机耕路、烟叶调制设施等，投入资金1287万元。国家烟草援建水源项目慈利县皮家垭水库正式投入使用，取得了良好的社会效益。

（本栏撰稿 蒋政文）

食品工业

【概况】 2018年，张家界市食品工业有规模以上企业79家，其中农副食品加工业44家，食品制造业13家，酒、饮料和精制茶制造业22家。实现工业总产值和销售收入分别为27.25亿元和26.21亿元，同比分别增长13%和8.4%。行业实现利润总额1.4亿元，同比增长9.1%。食品行业占全市规模工业总产值比重达26%。组织张家界茅岩莓有限公司、张家界九天生物科技有限责任公司参加第十三届东亚食博会，组织家家耀葛根食品科技有限公司、朝阳冲农产品开发有限责任公司、张家界西莲茶叶参加2018中国国际食品餐饮博览会。

【食品诚信体系建设】 落实国家食品诚信体系建设要求，组织重点食品企业张家界杨雄绿色食品有限公司、张家界朝阳冲农产品开发有限责任公司、张家界千总生态食品有限公司、张家界九天生物科技有限责任公司参加我省食品工业企业诚信管理体系国家标准宣贯培训，引导食品企业通过食品工业企业诚信管理体系评价，建设食品安全追溯体系。 （本栏撰稿 田 静）

医药工业

【概况】 2018年，张家界市医药工业有规模以上企业9家。实现工业总产值和销售收入分别为4.09亿元和3.41亿元，同比分别增长61%和45%。但企业发展不均衡，张家界湘汇生物有限责任公司、湖南康尔佳生物医药科技有限公司、张家界锦华中药饮片有限责任公司利润下降幅度较大，行业实现利润总额950万元，同比增长1.5%。

【中药材基地建设】 全面对接“中国制造2025”和《湖南省工业新兴优势产业链行动计划》（湘制造强省办〔2016〕13号），深入贯彻“双创”战略，对接《湖南省中药产业链推进方案》，出台了《张家界市对接制造强省行动计划推进生物医药产业发展实施方案》，重点围绕中药材生态种植、生态质量、产地初加工、饮片加工与提取、中成药及衍生产品开发等关键环节，开展重大技术攻关，基本形成中药种植、加工、研发、生产、销售、服务于一体的中药产业链，发挥张家界气候、生态和中药材种植传统优势，大力发展现代中药、生物制品、原料药和中间体，把张家界建设成为湖南重要的生物医药生产供应基地。

（本栏撰稿　田　静）

建材工业

【概况】 2018年，张家界市规模以上建材企业工业主营业务收入21.50亿元，同期增长9.1%；工业总产值24.28亿元，同期增长12.5%；利润总额2.01亿元，利税总额0.32亿元，同比均大幅度增长。现全市规模以上建材企业52家，比2017年增加7家，增长15.6%。

【“推新推散”成效】 2018年，全市散装水泥供应量88.5万吨，完成计划指标135%，水泥散装率达到46%；新型墙体材料产量2.5亿块砖，完成计划指标100%；预拌砂浆供应量7万吨，完成计划指标81.25%。华新水泥建成投产的2500t/d新型干法水泥生产线，年产熟料77.5万吨，年产水泥100万吨，其中P042.5普通硅酸盐水泥30万吨、PC32.5复合硅酸盐水泥70万吨；生产线采用具有国际先进水平的环保新型干法窑外分解技术。南方水泥建成投产的2500t/d新型干法悬浮预分解兼带4500千瓦纯低温余热发电站的回转窑水泥生产线，年产优质水泥100万吨。两条生产线的建成投产对调整张家界市水泥工业结构、解决高标号水泥市场供需矛盾起到推动作用，促进张家界市散装水泥的推广应用。

【预拌混凝土】 截至2018年底，预拌混凝土企业发展至8家，有生产线9条，从业人员383人，混凝土搅拌车106辆，混凝土泵车17台，车载泵4台。年生产能力达380万立方米，实现产值可达2亿元。生产供应均采用微机配料，集中预料，搅拌车运送，泵送入模，机械化自动程度高。市城区预拌混凝土使用率达100%。张家界万众新型建筑材料有限公司建成年产30万吨、40万吨的两条干混砂浆生产线，2018年预拌砂浆产量7万吨，利用废渣量4万吨，可供应张家界市整个城区。

【装配式建筑产业链】 2018年，全市装配式建筑企业已发展到27家，占全市建材企业的51.9%，产品涵盖保障房、商品房、别墅、酒店、办公楼、预制叠合装配整体式地下管廊、预制叠合装配整体式地下室等。张家界远大住宅工业有限公司以先进的理念进行研发设计，以工业化方式制造建筑，解决了渗漏开裂、保温隔音、防火抗震等质量通病问题，建筑寿命可达100年以上。真正做到五节一环保，即节材20%、节能70%、节水80%、节时60%、节地20%，全流程水、气、声、渣大量减少，把污染、能耗、工地伤亡事故率降到了最低。远大住工已成为集研发设计、工业生产、工程施工、装备制造、运营服务为一体的新型建筑工业化企业。

【产品转换升级】 张家界市建材行业正由生产水泥、砖、瓦、预制构件、石灰、砂石等传统建材向石材、板材、塑胶制品、重质碳酸钙系列产品、玻璃加工品、新型PC混凝土预制件、铝合金制件等新兴建筑、装饰材料发展。目前，已有新型建筑材料企业14家，占全市建材企业的26.9%。张家界永兴玻璃有限公司、张家界恒林生态木有限公司等7家建筑企业被认定为省级新材料企业。

【建材工业绿色发展】 开展建材工业绿色制造行动。通过技术改造，淘汰落后产能，提质升级，努力发展工艺先进、环境友好、综合效能高的建材产业，节能降耗和综合利用成效显著。全市每年节约土地约577.5亩，能源约21700吨，减少一氧化硫排放约499.1吨，二氧化碳排放约54250吨；节约能源6240吨标煤、木材2.64万立方米、电力580万千瓦时，减少粉尘排放3.6万吨。张家界万众新型建筑材料有限公司、慈利县鼎盛建材有限公司2家企业申请了绿色产品标识认定，慈利县鼎盛建材有限公司通过了绿色产品标识认定。

（本栏撰稿　唐全喜）

2019

城乡建设与房地产业

总 类

2018年，全市城乡建设与管理工作平稳运行。完成建筑业总产值58.3亿元，办理施工许可证267个、面积729万平方米、道路工程21.3千米、工程造价95.5亿元。市政工程建设有序开展，完成投资落地37.38亿元，完成年计划107%。“两供一治”工程取得新突破，市本级全年售水2088万吨，106项水质卫生指标全部合格，管网维修及时率为100%。全市新增天然气管网108千米，新增投资5000万元，累计天然气主支管网达590余千米，新增管道居民用户4705户。全市8座污水处理厂运营正常，污水处理规模16.9万吨/日，出水水质达标排放。2018年，做好市中心城区160万平方米绿地养护管理工作，基本达到四季有花、四季有色、四季有景的城市园林绿化景观环境效果。继续巩固教字垭、天子山、三官寺、洪家关4个特色风情旅游小镇建设，共21个项目，累计投资2.6亿元。2018年，完成农村危房改造4类对象6600户和其他贫困户改造2488户。2018年，计划培训1000名农村工匠，规范农村建房基础工作已经完成，市、区县已建立领导机构和工作机构，并将农村建房管理工作纳入张家界市农村双改三年行动和张家界市农村人居环境整治三年行动。同时，结合张家界市实际，因地制宜制订政策。2018年，共下发6份关于农村建房管理的文件，对规范管理制度、简化办证流程、加强控违拆违等工作提出了具体要求。加强对项目建设五方责任主体宣传教育，落实企业主体责任，强化和落实质量终身负责制。房地产市场平稳运行，全市商品房销售230.19万平方米、131.85亿元。房屋征收有序推进，全市完成房屋征收4470户，72.57万平方米。推进保障性安居工程建设，全市开工13740户。 （全锦秤）

城市建设

【市政工程】 2018年，由市住房和城乡建设局直管的市政工程共45项（新建项目22项，续建项目23项，储备项目15项），估算总投资100.69亿元，其中工程总投资72.95亿元。2018年，计划投资35亿元，12月底完成投资落地37.38亿元，完成年计划107%，同期相比增长20.27%。

（罗文军）

【两供一治】 2018年，全市售水3535万吨，比去年增长423万吨，其中市本级全年售水2088万吨，比去年同期1711万吨增加377万吨。106项水质卫生指标全部合格，管网维修及时率为100%。供水行业监管有力，重点抓好水厂安全生产，实现完成责任事故为零的目标。燃气行业监管到位，开展3次安全生产大检查，下达隐患整改通知9份，邀请专家培训2次，组织、参与2次危化品泄漏应急演练，完成市中心城区钢瓶置换工作（15万余只）。全市新增天然气管网108千米，新增投资5000万元，累计天然气主支管网达590余千米，新增管道居民用户4705户。截至2018年底，管道燃气居民用户累计达7.8万余户，工商业用户1120个，服务小区近500个，日供气10.82万立方米，年供气达3949万立方米。污水处理运营平稳。全市8座污水处理厂运营正常，污水处理规模16.9万吨/日，出水水质达标排放。杨家溪污水处理厂污泥提标改造项目完工投产，污泥含水率由原来的80%降低到60%以下。随着污水处理设施及其配套管网建设的不断完善，特别是阳湖坪污水处理厂和慈利县蒋家坪污水处理厂正式投入运营，张家界市污水处理率进一步提高，2018年的污水处理率达到95.22%，较去年提高约2.95个百分点。同时为预防仙人溪、无事溪水质变为黑臭水体，已于2017年启动仙人溪、无事溪（二期）上游黑臭水体整治工作（暨截污干管工程），截至2018年底全部完工，仙人溪二期截污干管于2018年11月完工通水，无事溪二期截污干管已大部分完工。

（卢玖辉　伍贤勇　石　坚）

【园林绿化】 2018年，张家界市成功创建省级园林城市，国家园林城市创建工作已正式启动。同时做好了市中心城区160万平方米绿地养护管理工作，并组织专业队伍对市城区道路、公园及各养护公司定期检查150余次，不定期抽查90余次，月度、季度考核15次，确保养护考核工作推进到位，基本达到了四季有花、四季有色、四季有景的城市园林绿化景观环境效果。 （伍良斌）

村镇建设

【概况】 2018年，市住建部门巩固教字垭、天子山、三官寺、洪家关4个特色风情旅游小镇建设，共21个项目，累计投资2.6亿元。加强沅古坪、王家坪、中湖、江垭、阳和、瑞塔铺、官地坪、芙蓉桥等重点乡镇建设，完善基础设施，改善人居环境。抓好全市4个传统村落保护工作，张家界市第五批拟列入“中国传统村落名录”的25个村落完成公示。

【农村危房改造】 2018年度，城镇化率预计可达49%；强力推进农村危房改造。截至2018年底，农村危房改造4类对象任务6600户和其他贫困户改造任务2488户已经全面完成，农村危房改造和“阳光院”建设任务全面完成。

【农村污水治理】 积极调度，抓好乡镇污水治理工作。

2018年，已完成3个项目，已经开工建设22个项目，其他5个在开展前期工作，累计完成投资2亿元。2018年，46个村庄黑臭水体整治任务已全面完成。同时，为加大督查力度，特别是强化河长制考核整改和长江入河排污口整改问题的督办，下发督办函4次，每周调度3次。2018年，12个排污口已全部整改到位。

【规范农村建房】 推进规范农村农民建房。2018年底，培训1000名农村工匠，全面完成目标任务。规范农村建房基础工作已经完成，市、区县已建立领导机构和工作机构，并将农村建房管理工作纳入张家界市农村双改三年行动和张家界市农村人居环境整治三年行动。同时，结合张家界市实际，因地制宜制订政策。2018年，下发6份关于农村建房管理的文件，对规范管理制度、简化办证流程、加强控违拆违等工作提出了具体要求。农村建房管理水平有所提升。通过设立乡镇规划国土建设和环保管理站，国土、规划合署办公，农村建房实现了统一受理、归口管理、联合审批、综合执法，村民建房申请实现了“最多跑一次”。巡查制度普遍建立。2018年，市农村建房管理领导小组开展2次农村建房管理督查，重点抽查省道、县道公路沿线乡镇，发现违章建筑15起，向各区县下发督查通报和问题清单，要求限时整改。各区县普遍建立了县、乡、村三级巡查制度，实现了农村建房管理巡查全覆盖，重点打击村民无证建房、占用基本农田、公路建筑控制区内违规建房等行为，政策宣传效果明显。各区县通过组织集中学习、开办宣传专栏、悬挂横幅标语、发放宣传手册等方式不断加大宣传力度，将市、区县有关规范村民建房管理的政策规定和具体要求制成宣传单入村发放，村民依法依规建房意识已初步建立。公路沿线制作了农村建房宣传栏，既宣传农村建房政策和建房申请流程，也告知违法违章建房后果，起到了较好的宣传效果。 （彭钐子）

世界遗产与风景名胜管理

2018年，市住建部门加强规划审查。全年共督促指导编制、评估、审查、审批风景名胜区规划20个，其中，总体规划4个，详细规划2个，体系规划1个，乡村规划13个，为风景名胜区的保护、利用和管理奠定基础。支持景区有序开发利用。在“共抓大保护，不搞大开发”前提下，推进武陵源、天门山、茅岩河、九天洞、溇水等景区旅游基础设施提质升级，为景区的开发利用和可持续发展打好基础。保护自然资源和生态环境。按照国家、省、市相关部门工作要求，认真开展张家界市“绿盾2018”风景名胜区监督检查和自然保护地大检查专项行动，加大对景区的巡查力度和密度，确保全市风景名胜区不发生各类违法违规问题。严把风景区建设项目选址方案审查核准关。全年共受理、审查、审批、处理景区建设项目38个（含武陵源26个，天门山6个，茅岩河1个，九天洞1个，溇水4个），其中，省住建厅核准项目8个，上报省级主管部门审查待批项目6个，上报市政府审查待批项目2个，市住建局审核、核准项目9个，出示审查意见项目3个，退件项目10个。所有项目的审查核准均合法合规，很好地践行了严格保护风景资源和生态环境的理念。 （金 犁）

城乡规划

【概况】 2018年，全市规划管理工作全面贯彻落实党的十九大精神，强化规划统筹，服务全域旅游，加快推进绿色张家界建设，引领城乡规划工作进入新时代，较好地完成了年初确定的目标任务。

【规划编制】 一是完成《张家界市城市总体规划（2007—2030）》（2017年修订）编制，开启新一轮总体规划编制工作和“多规合一”（即国民经济和社会发展规划、城乡规划、土地利用规划、生态环境保护规划等多个规划融合到一个区域上，实现一个市县一本规划、一张蓝图，解决现有各类规划自成体系、内容冲突、缺乏衔接等问题）信息平台建设。二是完成沙堤片区、且住岗组团控制性详细规划修订和枫香岗组团、荷花组团控制性详细规划编制。三是完成城市蓝线专项规划编制，启动了城市综合交通体系、城市停车设施等专项规划。开展了仙人溪、茅溪河片区、双峡片区的重要地块的发展规划编制。四是开展仙人溪两岸景观、重要道路交叉口、城市公共文化艺术场馆等重要地段和重点项目的城市设计。

【规划审批】 完成澄潭大桥、月亮湾路、开明路、江与城、金域滨江、高盛国际、南城金座、福田华府、民航新村二期等重点项目建设的规划审批，简化审批流程，开辟绿色通道，促进了建设项目尽快落地。完成宁邦国际广场、大唐西市、康美药业、中优都等招商项目的前期工作。市本级共核发规划选址意见书15份，规划建设用地面积6.7万平方米（约100.4亩）。规划用地许可44份，规划建设用地面积130.4万平方米（约1955亩）。规划工程许可35份，总建筑面积147万平方米。乡村建设规划许可证308件（其中161服务平台建设50件）。

【规划统筹】 一是完善城乡规划委员会章程。加强市城乡规划委员会对城市规划重大问题的研究处理，提高规划变更门槛，涉及圈外选址和提高容积率的规划变更调整事项一律提交市规委会全体会议审议。二是调整理顺规划管理体制。实行市级集中统一管理，理顺了经开区的规划管理体制。三是统筹推进城乡规划管理。全市共完成748个村庄规划编制，超额完成目标任务。完成乡村规划管理改革调研工作任务，参与指导农村建房，全面推进易地扶贫搬迁工作。

【规划保障】 一是建立健全制度。修改完善《张家界市建设工程规划批后监督管理办法》和《张家界市城乡规划行政处罚自由裁量权基准》等制度，增强行政执法行为的公正性和合理性，强化执法监督，提高执法质量，减少行政争议，预防职务犯罪。二是完善规划管理依据。完成《张家界市城乡规划技术规定》修订工作，开展《中心城区城市设计控制导则》《荷花机场净空一张图绘制》等规划研究工作。完成《房地产开发项目配套建设公共服务设施规定》的听证、公示、合法性审查。

【规划执法】 一是强化规划执法督查。牵头抓好市治违办日常工作，加大对违法建设的督查督办，继续推行市委市政府出台的一系列控违拆违政策措施。加强对区县政府及市直部门控违拆违工作考核，下达《督办函》13份。全市发生新违法建设922处，建筑面积5.15万平方米，拆除率达100%，实现了新增长的违法建设“零增长、全拆除、不反弹”的目标。拆除历史存量违法建设1420处，建筑面积7.52万平方米，超额完成拆除历史存量违法建设任务。二是加强批后监管力度。按照“全覆盖、零容忍、严执法、重实效”的要求，完善动态巡查检查责任制，制订任务清单，实行定人定岗制度，健全巡查台账，加大动态巡查力度。全年下达《责令停止违法建设行为通知书》24份，《限期整改意见书》18份，《责令限期拆除违法建构筑物通知书》4份，组织强行拆除云顶会违法修建的门厅等严重影响规划的违法建筑。三是妥善处理遗留问题。制订出台《关于集中处理市城区房地产开发项目历史积案的建议》，对历史遗留案件按照先易后难、问题急缓的原则，将历史积案分批进行处理。

【规划服务】 建立三维仿真辅助决策系统，以三维可视化的形式多角度、全方位生动展示城市建设情况，对景观视线、城市天际轮廓线、建筑体量等方面进行科学分析，展示与规划高度融合的辅助决策应用，实现规划决策科学化。加强对项目城市风貌、景观视线控制的审查，起草出台《张家界市中心城区景观视线控制管理办法》，以保证城市景观视线不受影响。全面清理规划审批项目，开展调整中心城市建设用地容积率及建筑高度的工作，全面开展对不符合城市规划风貌等要求的建筑，优化调整完善。对金域滨江二期、公园一号、江与城等项目均按照新规定作了调整，对规划设计方案进一步优化。

（本栏撰稿　郑晴庆　谷忠秋）

勘察设计

【行业管理】 一是按照资质标准，用勘察设计成果见证制度，对无证、挂靠、假证等行为坚决实施查处，2018年，没有发生一起资质挂靠等问题。二是建立健康有序的勘察设计市场，对外来入张勘察设计企业坚持查验勘察设计企业、项目人员执证等证照的合法性，实行外地企业入张备案登记制度，22家外地设计企业加入张家界市勘察设计协会，促进张家界市勘察设计水平提升，保障张家界市勘察设计行业持续健康发展。三是组织全市勘察设计工作座谈会。按省厅工作要求及全市勘察设计工作要点组织各区县行政主管部门及各设计院进行座谈和工作部署，加强勘察设计工作。四是按照资质和人员注册相关要求，组织各建筑设计院注册专业人员继续再教育两批次，提高勘察设计人员素质，促进勘察设计企业健康发展。

【监管力度】 一是把好初步设计审查关。严格按照规划、人防、水利等职能部门对项目相关要求，认真组织各项目初步设计评审，按照专家组结论修改完善设计成果，力求初步设计成果出精品。2018年，全市完成了289个项目初步设计审批，总建筑面积565.69万平方米，投资额达191.49亿元，审查率达100%。其中，市本级完成55个项目初步设计审批，总建筑面积223.05万平方米，审批投资额达89.27亿元。继续夯实勘察设计质量终身责任制。强化设计质量责任制度，积极加强现场技术交底、过程控制和安全管理，确保及时消除安全生产隐患。二是施工图审查已全部实施政府购买服务。其中，市本级落实市财政资金200万元。全市已全面实现施工图审查“零跑路、零接触、零收费”目标。施工图审查工作进一步规范公正、严格有序。2018年，全市共进行施工图审查备案项目208个，总建筑面积458.73万平方米，审查投资额达156.86亿元，审查备案率达100%。其中，市本级63个，总建筑面积182.81万平方米，审查投资额达75.84亿元。对张家界规划建筑设计院、湖南工业大学建筑设计院等设计企业在施工图审查阶段出现的现象进行了约谈，督促设计企业限时整改，强化施工图审查的质量把关作用，促进设计质量提升。三是开展勘察设计质量检查工作。共抽查在建工程项目8个，下发整改意见书8份，要求项目各主体责任单位及各区县建设主管部门以此为契机，开展自查自纠，针对存在的问题扎实整改，促进勘察设计质量的提升。

【服务质量】 一是对张家界市恒达工程勘察设计有限公司新申报公路设计企业资质完成初审上报。二是设计审查报件已进入市政务中心一体化平台，完成全市各设计院信用信息上传录入工作。市本级初步设计审批双公开信息147

条，行政审批事项审批环境进一步优化。三是完成人大、政协提案。就《关于助推城市景观文化建设的建议》《关于建设城市雕塑，提升城市品位的建议》，多次和相关职能部门论证咨询，获得人大代表一致好评。圆满完成8件人大、政协代表建议及提案回复工作。四是按审批时限按时或提前完成市重点工程项目初步设计审批。2018年，市本级共审批项目55个。其中，市本级市政项目12个，占项目总数的21.82%，均按时或提前完成工作目标任务，确保项目在初步设计审批阶段不拉进度，不拖后腿。五是完成省厅施工图审查意见征询回复及市规划、商贸、经信委等部门相关工作意见征询反馈工作。

【设计水平】 一是坚持走出去。积极鼓励张家界市设计企业走出去，寻找市场，锤炼队伍。张家界规划建筑设计院先后在湖北、陕西等省拓展业务，并取得了一定成效，扩展了张家界市设计队伍声誉。二是坚持请进来。广州名阳张家界分公司利用总院的技术支撑在机械停车、区域规划、民族建筑取得了一定成效；红壁岩大桥、武陵立交桥、“江与城”等项目设计成果带来了外地先进的设计理念，拓宽了张家界市设计队伍视野。三是坚持外地专家和本地专家联合进行项目专家审查。凡大型项目均邀请上海城建院、上海市政院、湖南中大设计院等设计院专家进行号脉把关，确保了整个项目足够的技术支撑和质量保证，同时促进和提升了张家界市设计队伍整体素质。四是积促鼓励张家界市设计成果参与省厅组织的优秀设计作品展示。推进张家界市设计队伍创新作品，创出精品。由张家界第一建筑设计院设计的永定区委党校迁建项目已上报省厅参选。五是积极服务美丽乡村建设。各院利用本院的技术能力下乡参与美丽乡村建设行动，设计了一大批像石堰坪等一批具有张家界民俗风貌特色建筑，彰显了张家界厚重的文化及民族底蕴。 （本栏撰稿 张 炼）

建筑业监管

【概况】 2018年，市住建部门将党政同责、一岗双责纳入局务会成员分工，加强对项目建设五方责任主体宣传教育，落实企业主体责任，进一步强化和落实质量终身负责制。

【建筑工程质量】 提升建筑工程质量，满足人民群众对质量安全的期待。出台《张家界市质安处建设工程质量提升行动方案》（张质安监〔2018〕16号）和《关于进一步加强市政工程质量管理的通知》，从设计源头控制、材料进场验收、施工工艺管理及检测、责任主体及相关单位质量行为管理竣工验收监督工作、执法监督工作等方面，全面加强建筑工程质量监管工作。

【渣土扬尘治理】 2018年，开展建筑施工扬尘、渣土治理工作。继续实行“双把关”。将渣土扬尘措施“五要素”落实纳入开工安全条件审查和施工许可证发放的前置条件。

【巡查检查】 加强在建工地的巡查和督查。2018年，市住房和城乡建设局共开展各类排查、专项检查、季度督查159次，累计下达隐患整改通知书220份，停工整改通知书189份，约谈企业负责人32家，督促39个项目办理施工许可证，下发执法建议书6份，下发重大事故隐患交办单2份，目前已全部整改到位，并进行了销号。开展行政执法21起，处罚金额127.35万元。全年共接到建设工程质量安全类投诉87起，均得到妥善处理。

（本栏撰稿 符启化 许 玻）

住房保障

【概况】 2018年，省政府下达给张家界市城镇棚户区改造目标任务13740户，年度计划投资约81.1亿元。公租房分配入住任务100套，租赁补贴发放任务15798户。截至12月31日，全市城镇棚户区开工13740户，开工率100%，完成投资81.5亿元。

【房屋征收】 2018年，张家界市计划完成房屋征收项目93个、8608户、230.99万平方米。其中，永定区计划完成76个项目、6145户、186.56万平方米；武陵源区计划完成5个项目、866户、13.1341万平方米；桑植县计划完成4个项目、1002户、22.919万平方米；慈利县计划完成8个项目、595户、8.38万平方米。为防范和化解政府债务风险，根据《湖南省住房和城乡建设厅等五部门关于第二次调整2018年部分棚户区改造项目的通知》的文件精神，张家界市房屋征收项目计划任务数调整为68个，4459户，69.43万平方米。其中，永定区计划完成55个项目、3425户、50万平方米；武陵源区计划完成2个项目、119户、1.61万平方米；桑植县计划完成3个项目、502户、12.22万平方米；慈利县计划完成8个项目、413户、5.6万平方米。1—12月，全市完成房屋征收项目68个，4470户，72.57万平方米。其中，永定区完成房屋征收项目55个，3425户，51.65万平方米；武陵源区完成房屋征收项目2个，150户，2.66万平方米；桑植县完成房屋征收项目3个，502户，12.22万平方米；慈利县完成房屋征收项目8个，393户，6.04万平方米。

（李红军）

【保障性安居工程建设】 2018年，省政府下达给张家界市城镇棚户区改造目标任务13740户，年度计划投资约81.1亿元；公租房分配入住任务100套，租赁补贴发放任务15798户。截至12月31日，全市城镇棚户区开工13740户，开工率100%，完成投资约81.5亿元。采取政府购买棚改服务模式，从国开行、农发行及其他金融机构获批贷款及债券额度约44.05亿元，到位约17.74亿元。永定区胡家河公租房200套和慈利县百福苑公租房122套已全部分配入住；租赁补贴发放15798户，发放率100%。2018年，保障性安居工程建设工作年度任务完成。2017年度全市保障性安居工程跟踪审计问题9个，截至2018年9月10日全部整改到位，整改率100%。 （本栏撰稿　符文林）

房地产业

【概况】　2018年，全市商品房销售高速增长。商品房销售230.19万平方米、131.85亿元，环比增长12.67%、12.28%，同比增长22.88%、46.83%。

【商品房销售】　2018年，全市商品房销售230.19万平方米、131.85亿元，环比增长12.67%、12.28%，同比增长22.88%、46.83%，其中，住房销售172.21万平方米、86.80亿元，环比增长10.31%、11.15%，同比增长13.56%、增长43.8%。市中心城区商品房销售141.85万平方米、93.20亿元，环比增长12.18%、11.6%，同比增长31.52%、增长65.44%，其中，住房销售97.77万平方米、56.39亿元，环比增长8.8%、9.62%，同比增长13.06%、增长52.25%。

【商品住房去库存化】　2018年，全市商品房库存174.64万平方米，去化周期约为10.84个月，其中，商品住宅库存83.13万平方米，去化周期约为6.53个月，非住宅库存91.51万平方米，去化周期约为29.24个月。市中心城区（永定区）商品房库存91.95万平方米，去化周期为10.01个月，其中，市中心城区（永定区）住房库存35.96万平方米，去化周期约4.95个月，非住宅库存55.99万平方米，去化周期约29.16个月。

【新建商品房上市供给面积】　2018年，全市批准商品房预售许可面积202.22万平方米，同比增长46.88%，环比增长15.77%。市中心城区批准商品房预售许可面积123.80万平方米，同比增长94.05%，环比增长18.62%，其中，住宅预售许可面积85.64万平方米，同比增长64.51%，环比增长27.82%。非住宅预售许可面积38.16万平方米，同比增长225.01%，环比增长2.11%。

【商品住房均价波动】　2018年，全市商品住宅均价5040.47元/平方米，环比增长0.78%，同比增长26.63%。全市商品非住宅均价7769.87元/平方米，环比减少4.84%，同比减少5.82%。市中心城区商品住宅均价5768.13元/平方米，环比增长0.76%，同比增长34.67%。市中心城区非商品住宅均价8348.60元/平方米，环比减少4.74%，同比减少7.47%。 （本栏撰稿　秦辉婵）

建筑节能与科技

【概况】　2018年，全市住建部门推动装配式建筑发展。召开全市装配式建筑发展联席会议1次，召开全市建筑行业宣传推广装配式建筑现场会议1次。制订并发布了《张家界市2018年度装配式建筑目标任务项目清单》和《关于下达2018年绿色装配式建筑目标任务的通知》。制订装配式建筑项目审批管理流程及绩效考核办法，形成发改、规划、国土和住建等多部门联动机制。到9月，市中心城市已开工建设装配式建筑7个，合计总建筑面积6.68万平方米，装配式建筑面积占2018年新开工建筑面积比例约为4.61%。

【推进绿色建筑】　2018年，成立了张家界市绿色建材推广和应用协调组和张家界市绿色建材评价标识管理办公室。稳步推进绿色建筑。从2018年年初开始，张家界市在新建项目初步设计阶段严格把关绿色建筑设计，有条件的新建项目都要按照新颁布的绿色建筑设计标准进行绿色建筑设计。制订绿色建筑设计专篇，作为初步设计审查的一个重要内容，并在施工图设计和审查中严格实施，现已初步形成了推广审查机制。草拟了《张家界市一星级绿色建筑评价标识管理办法（试行）》讨论稿，推荐本地符合条件的甲级建筑设计院为绿色建筑评价机构。全年市中心城市进行绿色建筑设计启动建设的绿色建筑项目12个，建筑面积59.35万平方米，占新开工民用建筑比例为46.9%，其中，张家界崇实北校项目建筑面积2.06万平方米已建成使用。

【推动装配式建筑】　分析2017年推动装配式建筑工作中存在的问题，摸清问题原因，采取有力措施，强力推动2018年装配式建筑发展。先后召开推广装配式建筑市长办公会议2次，召开全市装配式建筑发展联席会议2次，召开全市建筑行业宣传推广装配式建筑现场会议1次，积极组织参加2018湖南（长沙）装配式建筑与工程技术博览会，将推动装配式建筑工作列为政府的重要工作来抓。认真编制《张家界市装配式建筑发展规划》，现已通过了专家评审，设计单位正在优化完善。制订并发布了《张家界市2018年度装配式建筑目标任务项目清单》，清单涵盖所有政府投资项目和重要的社会投资项目，凡已列入清单的新建项目，都应当采用装配式建筑。要求社会投资项目，适合采用装配式建筑的应将占项目总建筑面积不少于15%的建筑面积采用装配式建筑。市人民政府将装配式建筑发展情况纳入对区县党委政府和市直相关部门的绩效评估考核指标。2018年5月，出台了《关于下达2018年绿色装配式建筑目标任务的通知》和《张家界市2018年度绿色装配式建筑绩效考核方案》，从年度工程数量、开工情况、完成情况、项目建筑面积占比和支持扶持力度等方面进行综合考核评价。形成层层把关机制。发改、规划、国土、住建等相关职能部门认真履责，把好项目初始关，形成项目审查的联动机制，做到不轻易放过任何一个项目。强抓预构件生产。张家界远大住工投资1.2亿元扩大生产基地建设，厂房面积达2.8万平方米，建成和改造生产线4条，PC产量可达120万平方米/年，可覆盖张家界200千米半径范围内的装配式建筑项目。2018年，市中心城市已启动建设的装配式建筑项目有18个，11个为PC结构、7个为钢结构，其中，6个为居住建筑项目，合计总建筑面积25.475万平方米，占市中心城市新开工民用建筑面积比例为16.25%，完成了省定目标任务。

【既有建筑节能改造】 实施既有建筑的节能改造。对市政务中心、喜来登大酒店等5栋公共建筑完成了建筑节能全面改造（含门窗、外墙及屋顶），总面积为3.82万平方米。结合城市棚户区改造和穿衣戴帽工作，对既有居住建筑进行节能改造，共完成了5.13万平方米的既有居住建筑节能改造内容。

（本栏撰稿　朱希青）

城市管理

【概况】 2018年，张家界市城市管理和综合执法局以创建湖南省文明城市、国家卫生城市为统揽，坚持“巩固成果、深化改革、治理源头、长效管理”工作思路，完成“城市管理攻坚年”的各项任务目标，城市管理水平有了新的提高。

（一）提质环境卫生。一是全面推行“3321”环卫保洁工作法。每天出动洒水车、机扫车、高压冲洗车共计98辆，对全城356.5万平方米城市道路实施“三道冲洗、三道机扫、二次普扫、全天保洁”，实现夜间机扫水洗全覆盖、白天保洁净化全覆盖，有效控制扬尘污染。每天完成澧水河城区段35.73万平方米的河堤清扫保洁及359.2万平方米的河面打捞任务。二是开展“百斗千箱”大换颜行动。新设和更换果皮箱1400个，新增扫路车、生产检查车各2台、地埋式垃圾压缩设备1台，取缔了官黎路、大庸桥菜市场等4个垃圾收集点。加强42座公厕和49座垃圾站的日常管理，达到站、厕内外干净整洁无异味。三是狠抓垃圾清运和处理。坚持市城区生活垃圾日产日清日处理，垃圾清运率、无害化处理率均达到100%。据统计，2018年，共处理无害化生活垃圾约13.8万吨、渗滤液近1.8万吨，日均处理生活垃圾380吨、渗滤液50吨。加强3个装修类垃圾收集点的管理。2018年，共转运建筑装修垃圾近7500车，9万吨。四是开展城市清洁日活动。共组织市直单位113个9120人次开展城市卫生清洁日活动，定期对社区、居民楼栋的卫生死角、盲区开展全面清理整治工作，确保可视范围内垃圾死角发现一处，清除一处。五是狠抓环卫突击整治。按照属地管理原则，定期联合社区和街道办事处开展垃圾死角巡查工作，确保可视范围内垃圾死角发现一处，清除一处。同时，针对渣土车带泥造成的路面污染，建立定人员、定车辆的快速反应机制，巡回冲洗，直到恢复路面干净整洁的原貌。

（二）加强城管执法。一是加强渣土扬尘整治。严控工地源头，督促工地配套完善“六要素”。共整治规范建筑工地60个，下达整改通知书169份，立案124起，罚款80万余元。工地扬尘大幅减少，有力改善空气质量。加强渣土运输监管。联合公安交警等部门开展专项行动360余次，例行检查各类运输车辆900余辆次，暂扣违规运输行为车辆460余辆，暂扣行驶证、驾驶证90余份，罚款3万余元，批评教育驾驶员600余人次。加强建筑渣土弃置场监管。投入100万元对立功桥建筑渣土弃置场提质升级，对庄家峪渣土弃置场进行规范整治，封停关闭鼎罐盖等3处存在安全隐患的建筑渣土弃置场。二是强力推进户外广告整治。先后开展“户外广告整治”百日行动和“百路千户广告”大整治行动，共出动执法人员2000余人次，执法车辆400余辆次，开展专项整治行动80余次，发放宣传资料6000余份，下达限期整改通知书867份，立案184起，罚款20余万元，拆除各类广告6200余块、条（布）幅广告2000余条、灯箱广告600余个，面积达3.7万余平方米。三是推进占破道和损绿毁绿整治。发放《张家界市城镇绿化条例》等宣传资料1100余份，宣传教育1300余人次，发现损绿毁绿和占破道问题200余处，清理占用绿地停放的车辆30余辆、摆放的杂物100多处，下达整改通知书67份，立案45起，罚款5万余元。四是全力推进市容环境综合整治。2018年，先后开展南庄路示范街创建、永定区火车北站至禾家村站路段渣土车沿途撒漏、“2018年夏季攻势”暨河长制工作推进会视频短片中环境问题、占道经营、市城区报刊亭、城区巷道和车辆停放秩序、学校及市场周边环境等系列整治行动，市容秩序显著改善。

（三）完善市政设施。一是加强市政设施日常巡查。按照边巡查、边整改的原则，向有关管线管理单位送达整改通知书和工作联系函117份，及时解决下水管堵塞、人行道破损、车行道破损、井圈井盖破损、市政设施被盗等问题115起。二是开展市政设施维护行动。以“百路千巷”大维护行动为抓手，重点维修了市中心城区古庸路、北正街、人民路、天门路等路段破损的车行道和人行道，共维修公交站台5座、车行道和人行道99319.95平方米，修复人行道、护栏、防撞护栏、防撞墙37处，维修侧平石、花池石、锁边石319.35米，对车行道沥青灌缝6518米。三是抓好城市防涝工作。2018年，对市城区所有道路的排水设施全面疏通和清淤。共疏通下水道3825米，清运地下管网淤泥427立方米、道路路障213车，检查和清理明沟1857米、雨水井5237座，维修排水设施100余处。四是加强市城区桥梁维护管理工作。完成了城市桥梁养护专项规划修编工作，维修更换雨水桥159座、桥面伸缩缝423米，修补桥面坑槽绷30余次，约120平方米，清洗叩桥面泄水孔100余处，特别是完成了陈家溪老桥维修加固、鹭鸶湾高架桥安全隐患整改等工作。

（四）重点项目稳步推进。一是加快推进静脉产业园选址。张家界静脉产业园项目重新选址在阳湖坪杨柳湾，已经过市政府常务会议和市委常委会研究同意。2018年，已完成项目更名、土地调规、PPP项目入库、进场道路改线等工作。二是加快推进智慧城管建设。认真按照程序和规范开展相关工作，完成了智慧城管系统平台的项目立项、专家评审和技术审查等工作，现正在进行财评工作。三是加快推进垃圾站（公厕）新建和改造工作。按照“一站一品、一厕一景”工作要求，2018年，市城区新建10座垃圾站（公厕）和提质改造20座垃圾站（公厕），目前，已完成新建垃圾站（公厕）2座，其余8座将在年底前完成主体建设；完成提质改造垃圾站（公厕）12座，其余8座将在年底前完成主体建设的80%。四是实施了二期亮化工程。对澧水河两岸长约20千米河堤的亮化工程进行提质改造，先后完成木龙滩大坝水幕景观亮化和张家界火车站等11处楼宇、市中心城区160个公交站亭、大庸桥公园、子午公园2个公园和机场路等3条道路亮化提质改造。五是完成路名牌改造任务。先后在市中心城区解放路、人民路、北正街、南正街、古庸路等42条道路新建道路路名牌464块。

【城区“禁鞭”办法颁布实施】 2018年12月25日，举行《关于张家界市中心城市禁止燃放烟花爆竹的通告》颁布新闻发布会。一是该《通告》对禁放区域扩大为整个市中心城市范围（含永定区永定、崇文、大庸桥、官黎坪、南庄坪、西溪坪、阳湖坪、后坪、枫香岗、沙堤10个街道行政辖区，武陵源区军地坪街道吴家峪、宝峰路和画卷路社区，索溪峪街道喻家嘴、迎宾路、文风路和黄龙路社区，锣鼓塔、天子山街道办事处以及中湖、协和乡人民政府所在地以及核心景区内），禁放时间为全年。二是除禁止燃放烟花爆竹外，禁放区内已许可的烟花爆竹生产、销售点许可到期后不再延续。相关企业储存、运输、批发经营烟花爆竹的，须依法进行严格审批和监督管理。三是要求各级各部门组织党员干部和公职人员学习《通告》内容，签订责任状和承诺书，落实张家界市中心城市禁止燃放烟花爆竹工作。

（本栏撰稿　庄　哲）

住房公积金管理

【概况】 2018年，张家界市住房公积金业务工作开展稳步向好，特色工作成效显著。全市缴存住房公积金11.83亿元，比2017年增长20.3%；全市住房公积金缴存总额70.67元，提取总额41.39亿元；提取住房公积金6.49亿元，同比增长7.8%；发放个人住房贷款6.19亿元。至年底，累计发放住房公积金贷款37.41亿元，个人贷款余额24.14亿元，个贷率为82.45%，贷款逾期率0.0083%，住房公积金处于安全营运状态。市住房公积金管理中心荣获全省住建系统2018年度单项工作突出单位、2018届省级文明单位、市级综治先进单位和全市部门决算先进单位等荣誉称号，市住房公积金中心党支部被评为市直机关党支部“五化”建设优秀党支部。

【优化简政提升效能】 2018年，全市住房公积金管理部门以“促发展、保民生、强管理、优服务、防风险”为目标，大力推进公积金业务信息系统实现标准化、规范化。在环节上能简则简，在流程上能优则优，在服务上能并则并。全市5个标准化业务大厅，统一实行“前台综合受理、后台分类审批”的综合柜台制，实现了“两个分离”（受理与办理、办理与监督评价相分离）式规范管理，极大地方便了群众办事。自“最多跑一次”改革以来，业务扩展不断提质升级，无论是住房公积金归集扩面，还是贷款业务拓展都有质的飞跃。截至2018年底，除住房公积金现房贷款审批外，其他25项审批事项实现“最多跑一次”。2018年，全市完成公积金提取、贷款审批18332次，群众综合好评率一直在99%以上。其中，桑植县管理部抓住棚改契机，公积金贷款创新高，全年发放贷款1.6亿元，与去年同期相比增长43%；慈利县管理部异地公积金转移业务提速，全年通过平台转入29笔83.12万元，转出18笔26.25万元；永定区教师住房公积金比例从基本工资5%提高到12%，并纳入财政预算。

【公积金归集扩面增量】 2018年，市住房公积金管理中心通过宣传创新，积极开展归集扩面增量工作。充分利用报纸、电视、展板和互联网平台打好宣传组合拳，积极推送“最多跑一次”改革项目清单和住房公积金新政。同时，创新运用微信公众号等新兴技术平台，与服务对象开展“互动式”“体验式”推广，宣传改革，解读政策，答疑解惑；深入开展住房公积金政策进乡镇、进学校、进企业、进社区、进楼盘“五进”活动方式，宣传改革新政策，提升制度影响力和传播度。7月份，市电视台对中心主任进行改革工作专访，市跑改办对改革经验在全市予以推介。8月份，《市委通讯》专题报道本改革。11月份，《张家界日报》专版报道中心改革相关情况。中心干部职工亲身饰演微电影《小方买房》，通过“掌上张家界”、微信、微博等媒体平台进行广泛推送，其故事情节曲折耐人寻味、政策解读详细充实，广大缴存干部职工反响良好。2018年，全市新增缴存单位214个，新增人数0.82万人，实缴单位2189个，实缴职工7.1万人，住房公积金覆盖率达87%，其中，非公企业占12%。全市归集住房公积金11.83亿元，同比增长20.3%；累计归集总额突破70亿元，同比增长20.11%；归集余额29.28亿元，同比增长22.36%。

（本栏撰稿　杜　勇）

2019

生态环境保护

总　类

2018年，全市所有地表水监测断面保持Ⅱ类水质，城市所有在用集中式饮用水源地水质达标率为100%。市城区环境空气质量优良天数340天，优良率为93.2%，同比上升4.4个百分点。PM2.5为32微克/立方米，同比下降23.8%；PM10为58微克/立方米，同比下降13.4%；没有发生重污染天气，张家界市实现环境空气质量达标。

自然生态保护

2018年，张家界市有自然保护地25个，其中，自然保护区8个。张家界市生态保护红线画定面积2951.64平方千米，占国土空间的30.98%，高于湖南省20.23%的平均水平。2017—2018年，绿盾专项行动问题297个，其中，大鲵国家级保护区191个，八大公山国家级保护区53个，索溪峪省级自然保护区53个。聚焦采矿、工矿企业、自然保护区核心区缓冲区水电开发和旅游开发四类问题83个，年内整改销号47个。（本栏撰稿　杨卫文）

土壤环境管理

2018年，张家界市依托省环境监测中心站的技术支持，按照《2018年湖南省生态环境监测方案》部署，制订《2018年张家界市环境监测工作要点》和《2018年张家界市生态环境监测方案》。根据国家和省里的要求，完成重点污染源监督性监测，为管理部门开展执法行动提供科学依据。积极创新、拓展环境监测能力，结合张家界生态优势和实际，进行生态环境监测能力创新，完善生态标本室，根据建立的生态标本室，向国家、省厅申报张家界森林生态系统地面监测站建设，出具张家界森林生态环境地面监测报告。张家界市森林地面试点站2018年已进入国家环境监测方案中，成为国家事权，并于11月30日对国家环境监测总站就张家界森林生态系统地面监测站建设工作进行专题汇报。（樊玲凤）

大气环境管理

2018年，张家界市出台《张家界市蓝天保卫战三年行动计划（2018—2020年）》《张家界市“创建环境空气质量达标城市·蓝天保卫战”2018年度实施方案》《张家界市2018年污染防治攻坚战工作考核评比办法》《张家界市重污染应急天气应急预案》《张家界市特护期大气污染防治实施方案》，大力推进工业污染治理、挥发性有机物综合治理、扬尘整治、机动车排放监管等工作，全市共关闭退出24家采石、采砂场等“散乱污”企业。2家水泥生产企业已完成升级改造。全市高污染燃料禁燃区10蒸吨及以下燃煤小锅炉基本淘汰到位。完成56台高排放公交车辆的淘汰任务，环检和安检同地同步检测。全市126家加油站的油气回收治理完成近90%，县级以上城市建城区的加油站油气回收治理基本完成。依据《张家界市扬尘污染防治条例》，环保、住建、城管和公安交警部门查处多家企业的扬尘违法和渣土车违规运输行为，共收缴罚款62万元。积极开展城市道路机械清扫冲洗和洒水抑尘，市城区机械化清扫率达到75%以上，县城区达到48%以上。餐饮油烟整治工作力度进一步加大。武陵源城区规模以上经营性餐饮企业基本整治到位，其他区县三个灶头以上餐饮服务单位均安装了高效油烟净化装置，中央和省级环保督察交办的高盛澧园三期餐饮企业油烟重复投诉等问题基本整改到位。严格控制秸秆禁烧。各区县政府全部发布禁止露天焚烧秸秆的通告，画定了秸秆禁烧范围，并积极组织宣传和巡查检查。2018年，全市农作物秸秆综合利用率达到84%。严格控制烟花爆竹燃放。张家界市人民政府出台了《关于张家界市中心城市禁止燃放烟花爆竹的通告》。《张家界市大气环境质量达标规划》编制和PM2.5源解析工作基本完成。《张家界市大气污染源排放清单》通过专家评审。张家界市超额完成省定年度环境空气质量改善目标，率先成功创建环境空气质量达标城市。（李伊胜）

水环境管理

2018年，制订出台《张家界市污染防治攻坚战三年行动计划（2018—2020年》《张家界市“碧水攻坚战”2018年度实施方案》。市政府于5月30日召开污染防治“2018年夏季攻势”暨全市河长制工作推进会，将2018年主要水污染防治任务以清单的形式向各区县政府、市直相关单位进行交办。加快推进整治项目建设，向各区县和市直相关部门下达39个整治项目（包含部分打捆项目）。突出抓好工业园区污水集中处理设施建设，着力开展工业园区水环境问题整治。共整治园区水环境问题5个，全市3个园区均建成了污水集中处理厂和在线监控设施，完成率100%。着力保障饮用水源安全。开展乡镇千吨万人和千人以上集中式饮用水水源地划分，完成乡镇水源地保护区划分19个；完成了10个县级及以上饮用水水源地环境问题整治，建成保护区隔离防护栏15900米，规范设置水源保护区界牌、宣传牌、警示牌350块，共整治水源地环境问题90个，各水源地均编制了应急预案。加快城镇污水处理设施建设与改造，继续提升城市污水处理能力。完成武陵源区索溪峪污水处理厂日处理污水2.2万吨的二期扩能提标改造，建成日处理污水1万吨的慈利县蒋家坪污水处理厂。开展重点乡镇污水处理设施建设。2018年，投资1.3亿元，基本建成了10个乡镇污水处理厂主体工程，新增乡镇污水处理能力1万吨。全面加强配套管网建设。2018年，建成污水管网55.7千米，县以上城镇污水处理率提升到95.13%。着力推进畜禽养殖污染治理。出台了《张家界市加快推进畜禽养殖废弃物资源化利用实施方案》《张家界市病死畜禽无害化处理长效机制建设实施方案》。截至2018年底，全市畜禽养殖禁养区累计退养553户，其中，关停畜禽规模养殖场29家；累计完成限养区、适养区的畜禽规模养殖场粪便处理配套设施改造124家，配套率达到94%；启动了湖南张家界大鲵自然保护区退网上岸工作。加快农村环境综合整治。2018年，完成农村环境综合整治任务村200个。启动煤矿矿井涌水污染治理，投资2900万元，完成了3个保留煤矿矿井废水治理和2个已关闭煤矿矿井废水治理。强化船舶、码头污染控制。制订出台了《船舶污染事故应急预案》《港口和船舶污染物接收转运及处置建设方案》《船舶及其有关作业活动污染水域环境应急能力建设规划》《张家界市船舶污染污染物接收转运处置监管联单及联合监管制度》。启动地下水污染防治，开展加油站地下油罐防渗更新改造。全市116个加油站399个地下油罐完成防渗改造，改造率88.7%。全市317条河流、264座上型水库全部实行河长制，市、县、乡、村四级河长体系全面建立。2018年，市、县、乡、村四级河长共开展巡河行动8万余次。继续推进水主要污染物减排。（褚道平）

环境影响评价

2018年，市环保局审批项目46个，梳理8项行政审批事项列入“最多跑一次”改革，承接建设项目环评审批权限下放事项，对环境影响小、依法只需填报登记表项目，由审批改为告知性备案，积极为各类市场主体减轻负担。（陈军山）

环境质量监测

2018年，制订《2018年张家界市环境监测工作要点》和《2018年张家界市生态环境监测方案》。完成重点污染源监督性监测，为管理部门开展执法行动提供科学依据。积极创新、拓展环境监测能力。结合张家界生态优势和实际，进行生态环境监测能力创新。完善生态标本室，积极向国家、省厅申报张家界森林生态系统地面监测站建设，出具张家界森林生态环境地面监测报告。张家界市森林地面试点站2018年已进入国家环境监测方案中，成为国家事权，并于11月30日对国家环境监测总站就张家界森林生态系统地面监测站建设工作进行专题汇报。2018年，对3个国控、8个省控、3个市控、5个饮用水源地和地表水监测断面开展12期监测，开展降水监测87天、功能区噪声监测4期。（王　羽）

环境污染防治和生态保护修复

【农村环境保护】 2018年，推进农村生活垃圾治理。全市所有乡镇集镇按2—3名，行政村按1—2人，配备固定的清扫保洁员，累计建成乡镇垃圾中转站86个，并配备必要的垃圾转运车、收集车，添置相当数量的垃圾箱、垃圾桶，将农村生活垃圾治理经费纳入区县财政预算，“村居收集、乡镇转运、区县处理”的农村生活垃圾收集转运处理体系初步形成。深入推进农村环境综合整治，两区两县农村环境综合整治整体推进任务基本完成，累计投入近3亿元，其中，中央和省级投入近1.5亿元，完成500个重点村整治任务。（王礼发）

【辐射安全监管】 2018年，全市共有核技术利用单位（正常使用）94家，其中，省厅直管4家。全年办理Ⅲ类射线装置辐射安全许可证14家，其中，办理新证3家，许可证延续6家，许可证重新申领4家，许可证变更1家，依法处罚未办理辐射安全许可证单位1家。继续开展放射源安全检查专项行动，全市在用放射源1枚，为Ⅴ类放射源。（刘　晔）

【环境应急】 2018年，全市接报各类污染投诉1373件（其中，水体污染121件，大气污染204件，噪声污染921件，固废污染24件，辐射污染3件，生态环境污染14件，其他污染86件），受理率100%，办结率100%。积极稳妥处置了一起重油泄露污染环境事件。强化预案管理，推动预案体系建设。2018年，新增编制预案企业53家（加油站49

个、中心油库1个、工业园区1个、医废中心1个、食品加工企业1家）。完成工业园区、污水处理厂、垃圾填埋场、饮用水源地、尾矿库等行业预案备案82家。深化环境安全隐患排查和整治力度。联合市卫健委开展医疗废物集中处置和医疗废水污染治理专项整治活动。对违反《方案》管理要求的23家单位，下发了《污染源现场监察意见》，提出具体意见58条。对14家严重违反《医疗废物管理条例》的单位向卫健委提交了建议进行了立案查处的意见，解决了一批突发隐患问题。环境应急能力和标准化建设取得成效，完成了环境应急标准化建设地市二级达标验收工作。加强部门联动机制建设，和市安监局、市消防支队签署应急联动协议。与张家界市12个行业应急救援队建立了应急救援联系机制。（龚　斌）

生态环境保护执法

【概况】 2018年，张家界市打击环境违法行为，立案处罚金额大幅增长，开展“工业污染源全面达标排放计划实施”“关于开展火电、造纸等13个行业工业污染源排查”等执法行动。全市办理行政处罚案件89件，收缴罚款总额1805万元，同比增长142%。按照四个配套办法办理重大环境违法案件16件，其中，查封扣押3件，限产停产6件，移送公安行政拘留6件，刑事拘留1件。慈利县环保局移送给公安部门侦办的特大非法拆解废旧铅酸电池案由公安部、生态环境部、最高检联合挂牌督办，涉案金额达7000万元，抓获犯罪嫌疑人14人，形成严厉打击环境违法行为的高压态势。（田　源）

【危险废物安全监管】 2018年，张家界市加强危险废物安全监管，开展危险废物规范化考核工作，抽查65家企业，其中，达标企业63家，基本达标企业2家。经营单位（4家）达标率为100%。2018年，全市工业危险废物产生量572吨，综合利用处置572吨。医疗废物886吨，安全处置886吨。其他危险废物740.49吨，送有资质的单位进行收集处置。强化危险废物经营许可证管理，全年换证2家。加强危险废物转移管理，跨市转移出废物740.49吨（其中，跨省转移149.63吨），转入医疗废物1338吨（由昌明医废集中处置中心处置）。加强超期贮存危险废物处置力度，安全处置超期贮存危险废物1.7万吨。加大执法力度，刑事立案查处涉危废案1起，行政处罚案2起。（刘　晔）

【环境保护督察】 2017年，中央环保督察组进驻期间，湖南收到中央环保督察组交办信访件4583件，其中涉及张家界市71件。至本年12月31日，完成整改、办结到位71件，责令整改企业251家，立案处罚37起，罚款金额147万元，行政拘留2人，约谈128人次，问责14人次。7月31日，中央环保督察组向湖南反馈督察意见，其中，涉及张家界市9个问题。张家界市狠抓中央环保督察反馈意见整改，制订《张家界市贯彻落实中央环境保护督察反馈意见整改方案》，上报省委省政府，经党中央、国务院审核同意，并于12月18日公开发布，实行“一月一调度一通报、两月一督办一推进、三月一评议一通报”，各地各部门立行立改、即知即改、拉条挂账、逐个整改销号。（李中文）

2019

交通·邮政·通信

交通总类

【交通项目建设】 2018年，张家界市完成交通固定资产投资31.68亿元，占年度计划31.5亿元的100.5%。其中，国省干线新改建完成投资15.96亿元，绕城等干线公路建成通车；农村公路完成投资10.99亿元，实施村通水泥路1850千米，完成农村公路窄路加宽743.28千米、农村公路安保工程556千米；路网改造完成投资3.35亿元；站场建设完成投资0.96亿元，桑植汽车东站及阳和、教字垭、官地坪等客运汽车站建成投入使用；水运建设完成投资0.42亿元。

【交通运输市场】 2018年，全市公路水路客运量、旅客周转量、货运量、货物周转量分别达到6412.53万人次、29.04亿人千米、2237.02万吨、49.25亿吨千米；全市现有2554户道路运输经营业户，14400余名道路运输从业人员；23家旅游客运企业，旅游车辆1290辆；29家班线客运企业，班线车辆1651辆，客运班线达493条；9家公交企业，公共汽车672辆；9家出租车企业，出租车辆1253辆。全市共71个等级客运站，1106个农村客运招呼站；新增通客车建制村37个，建制村通客车率达100%，有力促进农村地区经济社会进步和城乡经济交流。2018年4月，全市启动为期9个月的出租汽车行业运营秩序专项整治行动和创“三优”竞赛活动，活动期间共立案查处出租车不打表、拒载等违规案件152起，停运违规出租车辆71台，出租汽车行业涌现出好人好事54件，评选表彰了张家界飞龙出租汽车公司等3家优秀企业及100名优秀出租车驾驶员，全市出租汽车经营服务水平明显提升。

【春节运输】 2018年春运自2月1日开始至3月12日结束，共计40天，张家界市春运期间共安全发送旅客249.8万人次，同比下降1.2%。公路客运共发放各类包车牌2218块，投入营运客车4036辆，完成客运量178.62万人次，较2017年同期下降2.6%。水路客运发送旅客33.229万人次，较2017年同期增长8.6%。铁路发送旅客25.8万人次，同比下降10.1%。累计起降航班1328架次，同比下降4.67%；完成旅客吞吐量123696人次，同比增长1.72%。整个春运期间未发生一起责任死亡事故，未出现一起旅客长时间滞留情况，未发生一例重大服务质量投诉。

【交通重点改革】 2018年，围绕“最多跑一次”改革目标，梳理“最多跑一次”事项125项，所有行政审批和公共服务事项全部通过“互联网+政务服务”一体化平台进行办理，平台运行以来共受理事项1520件，办结1520件，逐步建立起高效、便民的政务服务体系。颁布实施《张家界市网络预约出租汽车经营服务实施细则（暂行）》，积极引导网约车新业态健康发展。制订了《张家界市道路运输安全“隐患清零”实施细则》《张家界市规范和加强道路运输企业安全管理的实施意见》，大力打击非法营运等其他违规行为，全市道路运输行业保持平稳有序发展。制订《张家界市公路路长制五项制度》等系列相关制度方案，基本建立起“路长制”管理体系。

【交通法治建设】 2018年，《张家界市交通运输局行政处罚自由裁量执行基准（试行）》《张家界市交通运输行政执法公示制度》《张家界市交通运输执法全过程记录制度》《张家界市交通运输重大执法决定法制审核制度》相继出台。“安全生产月”“12·4”宪法宣传日等系列主题法治宣传教育活动成效明显，干部职工依法行政意识进一步增强。全年行政处罚案件查处率100%、结案率100%、行政许可正确率100%。（本栏撰稿 朱斐佳）

铁路运输

【概况】 2018年，张家界火车站发送旅客213.39万人次，日均办理33列旅客列车客运业务。其中，始发旅客列车7对：张家界—长沙2对、张家界—南宁1对、张家界—北京1对、张家界—广州1对、张家界—怀化1对、张家界—深圳1对。张家界火车站有直达北京、上海、广州、深圳、长春、长沙、昆明、南宁、济南、成都、武昌、信阳、郑州、乌鲁木齐等近100个城市的直达列车。张家界火车站秉承“平安、有序、温馨，让旅客体验更美好”的理念，周密部署，精心组织，压实责任，协调配合，多措并举，完成全年各项任务，实现“安全好、秩序好、服务好、应急好、形象好、效益好”的工作目标；在客流量较大时，开足5个人工售票窗口，为退票、改签等人群提供快捷服务；有4个人脸识别验证通道，3个人工验证通道，其中1个人工通道为快速验证通道。每个人脸识别验证通道都安排专人值守，加强宣传和引导，提高旅客自助验证速度，及时制止无票人员尾随前面的旅客通过自助验证机进站的行为。同时，安排管理人员在现场进行重点盯控，督促作业人员严格执行《实名制验证制度》，杜绝无票及“票、证、人”不一致的旅客进站上车。在张家界火车站辐射范围之内兑现铁路对社会“平安出行、有序出行、温馨出行”的庄重承诺。

【张家界火车站运输生产】 2018年，张家界火车站运输生产工作。

一、加强安检工作。提前与保安公司协调人员安排，对安检员定人、定岗、定时、定责充分做好前期准备；要求安检员对进站旅客携带的行李件件过机检查，并对进站人员做到人人手检；行李员对旅客托运的行李包裹件件过机检查，杜绝危险品进站上车；安排管理人员对安检进行重点盯控，密切关注客流情况，在下午旅客密集到发时段，协调安检人员开双机进行安检作业，根据客流情况实行双人手检，并控制旅客进站验证速度，维护好安检秩序。

二、抓好候车组织。根据客流情况合理安排候车室及候车区，杜绝交叉放客，避免旅客对流；与运转加强沟通，严格按照《股道运用方案》接发列车；及时了解列车运行情况，调整旅客候车区和放客时间。

三、加强乘降组织。做好放客前的宣传与排队组织，清理重点旅客，并通过专用通道组织提前进站；放客时采取“提前预检、集中组织、分段截留、分批乘降”方式，组织旅客有序乘降；在地道口、楼梯口、电梯口、站台上等关键部位定岗定人，重点把关，做好宣传和引导；遇大客流时，及时进行疏导，避免发生拥挤踩踏；加强尾子旅客的宣传和引导，避免旅客漏乘、误乘。

四、加强出站组织。加强出站口车票查验。为应对旅客返乡到达的客流高峰，车站整合优化人力资源，对大客流车次增加查堵力量。根据人流量增开出站通道，保证旅客出站安全。同时，抓好堵漏保收工作；联合地方公安维护好出站口秩序，防止旅客拥挤，避免发生踩踏事故；加强出站通道管理。旅客出站后，及时锁闭电动门，杜绝闲杂人员从出站口进入站台。

【张家界火车站后勤保障】 2018年，张家界火车站做好了火车运行的后勤保障工作。一是抓列车上水工作。根据列车运行计划，在列车密集到达的时候，所有上水人员同时进行上水作业。二是加强保洁组织。在搞好基础保洁的前提下，搞好动态保洁，随脏随扫，在放客后等空闲时间节点，开展全面保洁，保持旅客候车的环境干净。三是加强行车组织。在保证安全的前提下，行车部门合理运用股道接发旅客列车，为乘降组织创造最大方便。四是加强设备检查。由安全副站长牵头组织人员对行车设备进行全面检查，由客运副站长牵头组织人员对站内给水、电梯、供暖和消防设备设施进行全面检查，对发现的可题及时汇报联系解决，加强设备质量整治，确保设备运用正常。五是加强人员组织。车站成立以站长、书记为组长，副站长为副组长，客运值班主任、运转值班站长以及综合办管理人员为组员的领导小组，安排专人制订详细工作方案，成立路风监督、后勤保障、售票组织、乘降组织、运输安全以及代售点检查、应急机动等工作小组，各司其职，各尽其责，对各项工作进行全面部署和安排。六是加强外联组织。对停站时间短的大客流过路列车，客运值班员及时与列车长联系，开双门作业，共同加强旅客乘降组织，杜绝发生列车晚开或旅客漏乘、误乘等事件；车站值班站长和车站值班员加强与列车调度员联系，提前与机务、张家界北站沟通，安排好动力和股道，对列车晚点及股道临时变更情况及时通知客运部门做好应对准备。七是加强现场组织。实行站台堵卡常态化，安排专人负责，要求作业人员落实作业标准，杜绝闲杂人员从站台的两头进入车站；严格执行实名制进站验证制度，设置专职管理人员进行现场把关，杜绝无票及“票、证、人”不一致人员进站乘车或送客；严格落实通道门管理制度，坚持“谁使用、谁管理、谁负责”的原则，使用后及时锁闭，利用视频监控、现场检查方式不定期对通道门管理情况进行检查，发现问题及时汇报处理。（本栏撰稿　张途瀚）

公路交通

【概况】 2018年，张家界市建设改造普通国省道公路服务设施7个，公路交通指路标志体系更新工作规范推进。全年完成干线公路大中修及灾毁重建工程62.49千米，实施农村公路安保工程556千米，实施危桥改造50座，创建文明示范路14条110.41千米。开展全市干线公路雨季养护竞赛活动，干线公路路况优良率达85.05%，农村公路PQI中等路以上比例达90.1%。积极实施“法治路政”“智慧路政”建设，建成6套不停车检测系统、5套非现场执法系统和5个治超信息平台，科技治超全面推进。全年全市共检测货运车辆137785台次，查处非法超限超载车辆2586台次，卸载、转运货物18088吨。

【道路交通安全生产】 2018年，张家界市持续推进“隐患清零”行动提质升级，制订印发“隐患清零”实施细则，隐患排查治理流程进一步规范，各级交通运输部门责任进一步明确，“隐患清零”工作全闭环管理基本实现。全年共交办整改隐患2039个，对469台次的营运车辆实行了停运学习。开展了“平安交通”创建活动、“打非治违百日行动”“落实企业安全主体责任年活动”“农村道路交通安全大排查大整治大督查活动”“夏季集中执法行动”等系列专项整治行动。全年共开展交通质量安全监督检查81次，下发通报文件10份、《责令限期整改通知书》27份、《停工通知》4份、《返工通知》1份、《复工通知》4份，工程质量监督覆盖率达到100%。全市交通运输行业领域未发生较大以上安全生产事故。（本栏撰稿　朱斐佳）

水路交通

【水上运输管理】 2018年，张家界市开展水污染防治，印发《张家界市防治船舶及其有关作业活动污染水域环境应急能力建设规划（2018—2020年）》《张家界市港口和船舶污染物接收转运及处置设施建设方案》《张家界市船舶污染事故应急预案》《张家界市船舶污染物接收转运处置联合监管制度》。拆解“僵尸船”9艘，景区旅游船舶实现零污染排放，渡运船舶生活垃圾及污水实行上岸集中处理。（朱斐佳）

民用航空

2018年，张家界荷花国际机场各项工作取得良好成绩。安全形势总体平稳，通过第三轮航空安保审计；运输生产取得新突破，完成旅客吞吐量221万人次，迈入中型机场行列；品质提升初见成效，旅客出行体验明显提升，通过全国中小机场服务质量评价；改革创新加快推进，启动支线机场气象集中预报中心和北斗导航系统试点工作，成立中南地区第一个中小机场管制模拟机培训中心并投入使用，自主改造的航站楼能源和照明集中控制系统投入使用。

一、安全形势总体平稳。始终把安全工作摆在首位。学习习近平总书记关于民航安全工作的重要指示批示精神以及民航局26条和中南局110条工作措施，坚持安全隐患零容忍，全年未发生严重差错以上不安全事件。认真落实安全生产一岗双责，严格执行领导带队检查制度，深入开展安全从业人员作风建设及安全生产违章违规专项整治，把最严安全管理落到实处。创新安全管理方式，开展企业法定自查，确立六个重大风险项目进行重点管控，到期整改率达100%；加强与地方政府的联动，开展场区交通秩序联合执法，确保机场平安稳定。不断强化“三基”（基层建设、基础管理、基本功训练）建设，编制完成净空一体化图，安全基础进一步夯实。推进作风建设，安全管理水平不断提升，以高符合率顺利通过第三轮航空安保审计。

二、品质提升初见成效。立足国际视野和有温度的服务，重点打造“悦登机”服务品牌。提升服务品质，优化保障流程，优化分舱登机、航延旅客改签及行李提取流程；增加人脸识别及无纸化安检通关系统，旅客安检整体放行率提升到每小时170人次，月均航班放行正点率达81.88%。落实民航八项便民服务举措，开展服务质量提升行动，在面向社会公布的20项服务承诺基础上，新增限时候检、母婴服务等8项服务承诺，行李提取增加萌熊吉祥物提示和语音广播提示服务，实现全流程可视。通过全国中小机场服务质量评价和口岸核心能力复核。美化旅客乘机环境，在航站楼设立砂石画、土家织锦等国家级非物质文化遗产展示区，对场区进行绿化亮化，提升旅客出行体验。

三、航空市场快速增长。在张家界市委市政府的大力支持下，加强与航空公司、旅游企业的沟通协调，加大市场开拓力度，运输生产实现快速增长。2018年，保障运输起降2.04万架次，完成旅客吞吐量220.99万人次，同比增长18.42%和24.59%，在全国机场排名第60位。航空通达性进一步增强，全年投入运营的航空公司17家，累计通航城市达41个，开通航线42条，其中，国内航线35条，国际和地区航线7条。新增和加密国内航线11条，新开通张家界到越南河内、胡志明、泰国曼谷、印尼雅加达等国际航线4条。“长张快线”每日7班。

四、改革创新加快推进。学习借鉴上海机场管理经验，深入推进改革创新、挖潜增效、节能降耗，努力向管理要效益，全年完成主营业务收入9991万元，人均创收24.13万元。创新管理模式，调整优化各部室职能，推进绩效管理；健全人才储备机制，制订分公司人才强企实施方案。强化员工培训，开设大小讲堂，推行师带徒，通过服务明星和岗位能手评选来推动知识型、技能型和创新型员工队伍建设。推进试点创新，湖南机场管制模拟机培训中心投入使用并完成了第一批50名管制员的复训，湖南机场气象集中预报服务中心、北斗导航场面运行系统启动试点，自主改造的航站楼能源和照明集中控制系统投入使用。（胡鸿婵）

邮　政

【概况】 2018年，全市邮政实现业务收入1.57亿元，全省排名第八；增幅15.16%，全省排名第三。强化基层党组织建设，被评为2018年度湖南邮政党的建设和纪检监察工作先进单位。

一、转型提质，实现高质量发展。金融业务实现转型提质。全年新增总资产规模7.65亿元。其中，余额3.78亿元，增幅7.38%；代理保险2.54亿元，理财1.33亿元。累计实现新单保费15044.68万元，率先在全省完成中邮保险趸交、期交及长期期交全年计划任务。其中，期交占比19.04%，高于全省平均水平9.01个百分点，排名全省第1位，期交保费绝对值较去年同期增加1622.81万元。金融业务收入首次突破亿元大关，达到10277万元，金融收入占比较上年提高了6.33个百分点。寄递板块实现创新推动。完成寄递事业部改革，开展“百日攻坚”行动，寄递业务呈现“一增两优化”态势。加快八大阵地建设。围绕阵地建设为中心主题深化众创众享机制，4个二级创客团队和4个揽投部、3个营销中心领创单位签约率100%。正式开通张家界至长沙航空邮路，为张家界生鲜寄递提供有力支撑，共出口航空邮件743件。2018年，寄递业务完成收入2094.61万元。渠道平台实现有效联动。启动了第二届邮政919电商节、双十一活动、520创维线上抢购等系统活动，助推张家界“农产品进城，工业品下乡”。全年共招商300余种农产品，运作农产品返城项目10余个。通过开展金融积分兑换活动，实现与金融联动发展，积分商城订单4461笔；累计完成批销额489万元；累计实现零售订单数10.08万笔，简易险规模50.35万元。文化传媒有效融合推进。积极启动网点沙龙活动，“金融+集邮”活动效果初步显现；成功开发“张家界欢迎您”“美丽中国张家界自驾游护照”“绝版张家界”1000册等旅游文化产品。完成2019年报刊大收订流转额计划。全年实现函件收入930万元，增幅23.76%；集邮收入961万元，为计划的100.01%；报刊收入760万元，为计划的105.58%。

二、资源优化，实行精细化管理。人力资源持续优化。坚持“只出不进”的原则，进一步优化市公司本部后台人员；组织实施对市公司、慈利县分公司金库自行值守；招聘38名外包人员和16名大学实习生，解决网点缺员问题；加大后备干部培养；加快技能鉴定工作，通过省公司考核评选5名技师、4名督巡师，70名员工通过邮政特有职业技能鉴定考试。财务管理深入推进全面预算管理，加强成本费用管控。2018年利润目标控制在预算进度内；进一步加强财检工作，开展季度核查；强化审计工作，完成工程审计项目22项，审减金额95.62万元，审减率达47.94%；争取了地方对企业25万元房产税减免政策；推行了对快包的零差价管控，仅此一项节约成本441万元。推进“平安邮政”创建工作。市公司被评为全市综合治理先进单位。通信机要工作连续多年实现全红。金融风险防控持续强化。在省邮政公司2018年市州年度战略绩效打分中，代理金融内控管理部分分值取得满分10分，是全省仅有的三个满分单位之一。

三、抓项目建设，提升核心竞争能力。启动开发区邮件处理中心建设，完成桑植洪家关支局迁址重建项目。强化普遍服务建设，累计投入600多万元改善邮政服务能力建设。对66个非金融服务网点进行限时整顿，促进普服水平提升。

【推进“幸福张邮”建设】 2018年，张家界邮政公司对退休老干部、特困职工、低保户、步班邮路人员、特困职工、员工住院等组织200余人次的慰问。累计组织了10余次工会活动。投资10多万元改造了部分农村支局小家，85%的农村支局已达到了拎包入住的标准。永定区沅古坪支局被评为模范职工之家。累计解决历史欠账1387.5万元。完成市、县区、网点员工生活饮水升级改造。积极开展“树创”活动。桑植县陈家河支局被省邮政工会评为“芙蓉标兵岗”，张家界邮政工会被省公司评为先进单位、2名同志荣获省公司先进个人称号；在省公司“新春开门红”优秀投递员竞赛评比中，全市有4名同志被评为优秀投递员。

（本栏撰稿　庹亚强）

通　信

【中国电信公司张家界分公司】 2018年，中国电信股份有限公司张家界分公司（中国电信张家界分公司）全年主营收入完成3.24亿元，完成预算100.14%，同比增长11.73%。中国电信张家界分公司全年移动用户净增6.34万户，宽带用户净增2.92万户。

一、提速降费。中国电信张家界分公司通过宽带中国、光网城市、天翼4G信号王建设等一系列通信发展攻坚行动，打造有线宽带+无线网络的全光高速宽带网络，“在家有光纤、出门有4G+、到处有WiFi”基本在张家界成为现实。截至2018年底，分公司基本完成覆盖城乡的千兆网络搭建，行政村光网覆盖率达99.77%，FTTH端口占用率由53.04%提升至58.41%。同时，分公司扎实做好移动光网双网提升，非光宽用户迁转96.11%。全年新建4G基站173个，MR覆盖率从年初的93.13%提升到96.01%，业务感知优良率全年均保持在95%以上，4G流量增长156%，语音话务量增长6%。2018年，中国电信张家界分公司取消国内长途漫游费，极大地降低个人月度通信消费成本。“十全十美”家庭套餐一站式解决整个家庭的通信需求。

二、信息化建设。中国电信张家界分公司发挥自身网络优势、技术优势，对全市企事业单位重要通信设施和线路进行保障，并且积极参与、有力推进“智慧城市”“智慧旅游”建设，对天网工程、智慧旅游官网平台等高标准建设维护，提升公共服务水平。

三、服务提升。中国电信张家界分公司实施流量全国通用、手机全网通用等惠民便民政策举措，提升服务。分公司装维服务满意率96.94%，同比提升1.62%；万用户投诉咨询28.73，同比下降1.50%，投诉满意率96.24%，同比提升1.33%。

四、创新改革。2018年，分公司继续推进划小承包和专业化运营，强化倒三角支撑。

五、支撑保障。分公司持续加强安全生产管理和社会治安综合治理，强化审计和风险管控，防范企业风险。同时，分公司全力承接落实扶贫攻坚等工程，彰显央企责任担当。

（金红莲　董明上）

【中国移动通信集团湖南公司张家界分公司】 2018年，中国移动通信湖南有限公司张家界分公司4G基站规模超过3500个，实现市县城区、乡镇、交通干线及行政村覆盖。宽带网络覆盖行政村超过800个，行政村光纤通达率接近99%，覆盖用户超过60万户。客户规模达到97万户，4G客户超过60万户，有线宽带用户超过15万户。开展基层党支部“五化”建设，6个在职党支部均被评为“市直机关优秀党支部”，公司党委被评为“2018年度市直机关党建示范点”。

一、提速降费。新建及升级改造基站上千个，4G网络覆盖率超过99%。开展网络盲点“扫盲行动”“砺剑行动”“精耕行动”“深度覆攻坚会战”，提升网络体验。新增宽带端口6万余个，99%以上的城区、100%的乡镇以及99%以上的行政村实现移动家庭宽带光纤通达，家庭宽带网络速率提升至100M和200M，部分区域达到了1000M。组织“家庭宽带品质领先竞赛”和“家宽百日大会战”，10月底实现宽带装维城镇“双八”和农村“双二十四”。移动网络流量资费下降22.57元/G，平均单价同比下降57.94%。推行组家庭网即送宽带政策，降低农村用户入网门槛。

二、客户服务。475个营业网点遍布全市城乡，为广大市民提供便捷服务。整体客户满意度排全省第2。百万用户申诉率、百万用户不明扣费申诉率低于考核标准，客户投诉量下降3.8%。

三、社会责任。完成元宵灯会、森林保护节等活动及汛期网络与信息安全保障，全年未发生网络信息安全事件及重大网络故障。完成电信普遍服务试点项目21个行政村的建设任务。对口扶贫村八斗丘村加快脱贫。（李 甜）

【中国联合网络通信公司张家界市分公司】 2018年，中国联合网络通信有限公司张家界市分公司（张家界联通）全面实现工作目标。

一、夯实基础管理。推进机关部门精简，提升管理效率。重点落实推进员工“职位体系、激励体系、晋升体系、培训体系”四个体系的建设工作，员工队伍活力不断增强。

二、履行社会责任。2018年，实现红联村综合贫困率降至0.66%，远低于国家规定的2%标准。2018年顺利通过省政府“村出列、户脱贫”验收。红联村村集体经济种植120亩红心猕猴桃与60亩黄花菜、建设60千瓦光伏发电站一座，村集体经济得到进一步壮大。

三、打造精品网络。围绕客户需求，实施4G网络建设及网络质量深度优化，以客户感知为中心，以客户满意为导向，不断提升用户感知度。

四、服务大型活动。2018年1月22日，张家界联通为央视2018年春晚特别节目外景拍摄提供网络保障。提前开展网络监控、线路和机位信号摸排及优化工作。投入人力24人，安排专人现场保障网络，保障车辆2台，线路优化测试80千米，参数优化20站次。拍摄期间，全程3/4G网络畅通，为现场用户提供了良好的网络体验。

五、推动战略合作。2018年5月，张家界联通与张家界有线签署战略合作协议，双方着重于宽带+电视合作、宽带+手机+电视合作、专线合作及其他基于本地政府重点工程“雪亮工程”及具有张家界旅游城市特色的“酒店宽带”等合作项目。此次宽带业务合作双方首先在张家界市永定区基层单元推行，共同推进宽带业务发展。（周 丹）

2019

国内贸易

·张家界年鉴·

总 类

【概况】 2018年，全市商务经济呈现总体平稳、稳中向好的发展态势。全市实现内联引资68.52亿元人民币，同比增长18.36%；共签约重大招商项目50个，签约额1155.23亿元；引进500强企业4家，签约项目5个，投资额78.06亿元；实现外贸进出口10999万美元，同比增长5.2%；实现社会消费品零售总额230.07亿元人民币，同比增长10.1%；实现外派劳务人数1096人，营业额1589万美元，同比分别增长16.1%和16.1%。 (周雪原)

【内贸流通】 2018年，全市完成社会消费品零售总额230.07亿元人民币，同比增长10.1%。完成限上企业培育入库20家，超额完成全年省定15家的目标任务：一是消费促进贡献加大。组织本土企业参加“湘品入沪—2018年湖南名优商品（上海）展示交易周”“2018中国国际食品餐饮博览会”，举办“‘寻美张家界、味约全世界’—2018张家界市大鲵旅游美食文化节暨‘十大名菜名店名厨’评选活动”“2018张家界市‘一县一品’电商扶贫专项活动”。全市共举办“慈利非物质遗产文化节之土家赶年节”“张家界湘西北汽车展”“张家界春天茶会”等展会18次，参展商家1202家，展位数4186个，销售金额5.8亿元。二是电子商务发展更加迅速。张家界武陵山珍馆、区县级电子商务运营中心及部分村级服务站已建成并投入运营，初步形成电商产业聚集势态。张家界市28家企业被湖南省商务厅、湖南省税务局认定为电子商务企业，其中2家被湖南省商务厅认定为湖南省电子商务示范企业，并进入湖南省“电商百强”。电商扶贫成效显著。全市358个贫困村村级服务站已全部建成，实现利益联结农户16689户，58344人，实现农产品交易额7.66亿元。张家界市再度被省商务厅评为电商扶贫全省优秀一类市。三是市场体系建设顺利推进。全市市场共88个，商品成交额56.95亿元。其中，农产品综合市场61个，建材市场12个，专业市场15个。从商品分类销售看，粮油果蔬食品类商品销售27.88亿元，占总成交额54.68%；建材及装潢材料商品销售17.35亿元，占总成交额26.88%；电子产品销售3.95亿，占总成交额6.58%；服装、鞋帽商品销售7.77亿元，占总成交额11.88%。强化成品油市场管理。全市138个地下油罐双层罐改造、防渗池建设已完成80%，2019年将全部完成。充分发挥“12312”商务举报投诉服务平台作用，受理群众投诉咨询事件办结率达100%，有效维护举报投诉者的合法权益。 (漆艳平)

石油销售

【中国石油湖南张家界销售分公司】 2018年，中国石油湖南张家界销售分公司累计投资超过1亿余元用于库站网络建设，在营加油站达到14座，年销售量3.6万吨，上缴税费48万元，提供就业岗位72个。

质量达标。中国石油湖南张家界销售分公司对油品及商品的采购、储存、运输销售等各个环节严格把关，严格执行地罐交接，强化内外部质量抽查，通过加油站现场检查、视频监控回放、随机抽查等措施，确保出库和加油站销售的油品100%合格。昆仑好客便利店商品无质量问题。一年来未发生任何形式的安全数质量环保事故或事件，维护市场及企业的稳定。

投资建设。加大与政府融资平台公司、项目优势的企业的合作力度，坚持新建为主、收购为辅、租赁补充，加大高效市场和战略区域优质站点的开发力度。永定区贯坪加油站、桑植县桑植帅乡路加油站顺利投运。持续推进提质改造。2018年，累计投入资金1000万元，完成8座加油站的提质改造任务。 (米 杰)

【中国石化湖南张家界石油分公司】 2018年，中国石化张家界分公司作为张家界地区成品油销售主渠道，是张家界市最大的成品油经销企业和综合服务提供商，坚持以服务张家界经济社会发展为出发点和落脚点，在税收、就业、维稳、抗灾保供、城乡建设等方面积极为政府排忧解难，努力向“小而精”区域性综合服务商转型，为发展张家界旅游经济做出了积极贡献。

一是管理日益规范化。践行“每一滴油都是承诺”，落实内控制度，强化安全数质量管理，规范企业内部授权和制衡体系，构建专业化、精细化、垂直化的管理体制，增强经营管理的针对性和实效性。特别是数质量管理持续加强，推进质量管理体系换版及第三方认证工作，结合“强基础、防风险、促发展”专项活动，稳步实现油库自动计量和加油站地罐交接，进一步降低各环节油品损耗，提升数质量管理水平。同时，加大非油商品的安全管理力度，杜绝食品安全事故，多次获得市政府及职能部门表扬。

二是经营稳步发展。各类资产超2亿元，是全市销售额最大的企业之一。在营加油站数量固定在50座左右，成品油年销量24万吨，零售量16万吨，非油品业务全口径营业额近8000万元；拥有现代化油库一座，油品储量过万吨，吞吐量超过40万吨，油品供应川、渝、鄂、湘西等周边地区。

三是销售网络控制力度较强。加油网点遍布全市各交通要道、黄金路口。农村网点发展迈上新台阶。加油站防渗改造取得阶段性成效。控制地域内近70%的市场份额。

（易文博）

供销合作

【概况】 2018年，全市供销系统加快供销社基层组织体系、经营服务体系和重点项目建设步伐，推进农业社会化服务创新试点，促进农业适度规模经营，提升为农服务水平和自身发展实力，各项工作取得显著成效。全年完成销售总额381162万元、实现利润总额10940.15万元，分别比上年同期增长34.66%、11.86%。张家界市2018年度在全省供销系统综合业绩考核中获二等奖。张家界市供销改革的经验模式在全省供销改革现场会议上得到上级领导的肯定和推介，省委改革办简报对张家界市供销改革工作进行专版推介。市供销联社获2018年度“市级深化改革先进单位”“市级文明单位”“综治平安单位”“安全生产工作先进单位”等荣誉。

【供销改革】 2018年，张家界市供销合作系统深化改革取得实效。一是强化顶层设计，坚持高位推进。市委市政府主要领导充分肯定近年来张家界市供销改革工作取得的成果，先后多次现场调研供销改革工作，并在申报整市推进供销改革项目、研究具体扶持政策、实施重点项目等方面给予全方位支持。深化供销合作社综合改革重点工作连续几年被写入市政府工作报告，并纳入全市深化改革重点任务。市委召开常委会议，学习传达全省深化供销合作社综合改革现场推进会议精神，并听取了张家界市供销改革的进展汇报。市委主要领导明确要求推广复制岳阳市供销改革的先进经验，为加快张家界市整市推进供销改革工作和研究解决供销改革具体问题奠定了坚实基础。3月28日，张家界市召开全市供销合作社综合改革推进会议，对2018年全市供销改革工作进行安排部署，并对照省市改革目标任务制订下发了《全市供销合作社综合改革2018年工作要点》，明确了全年改革工作重点任务。二是落实专项资金。2018年，市本级财政安排150万元专项资金用于支持供销社基层组织体系建设、经营服务体系建设、农村电子商务体系建设以及农业社会化服务试点等重点改革任务，各区县供销社也争取到30万—150万元不等的专项资金，保障供销改革重点工作的落实。三是强化分类指导，改革试点成效显著。各区县社在市供销联社的统筹指导下，结合实际、突出重点，改革试点工作取得显著成效。永定区社联合市供销联社通过开展土地变性，共同参与市农投公司入股筹建，实现社有资产的保值增值，增强投资经营实力；武陵源区在惠农综合服务体系建设方面，在全市率先实现村级综合服务社全覆盖，武陵源区社参与成立区农旅发公司的组建；慈利县在全市率先完成社员代表大会换届试点工作，并创新打造惠民供销电商服务平台，探索“社区+农村”“线上+线下”的农村电商新零售模式，该项试点工作取得初步成功；桑植县在加快推进农业社会化服务体系建设方面加快试点示范建设，并成功申报2019年度全省供销系统惠农综合服务体系建设示范县项目。

【经营服务】 2018年，张家界市供销系统拓展服务领域，为农服务水平全面提升。一是基本形成农村电商体系。8月18日，市级电商运营服务中心和“张家界特产网”建成投入运营。慈利县、永定区、武陵源区供销社参与建设的县域电商中心投入运营。慈利供销社打造的“惠民供销”电商平台取得阶段性成果。截至2018年底，建成社区、乡村电商站点120多个，发展团购会员3万多人，月订单量达7000多单，县农商银行对该平台授信1亿元，在其服务网点打造乡村银行，为基层群众提供便民金融服务，该平台实现累计交易额600多万元。各区县供销社以惠农服务公司为主体，依托农村综合服务平台，加快建设农村电商服务站点。全市完成新建基层电商站点100个，基本构建形成市有统一平台、县有运营中心、乡村有服务站点的农村电商新格局。二是完善农业社会化服务功能。各区县供销社结合实际，加快在土地托管规模、托管方式和示范基地建设等方面上进行探索并取得突破效应。永定区教字垭镇实施1000亩水稻托管项目；武陵源区实施2200亩莱葛土地托管项目并获得2018年农开项目资金280万元；慈利县苗市镇实施2650亩柑橘土地托管项目；桑植县依托国楚农业公司，在谷罗山、罗家峪村等地开展土地托管服务，打造“有机桑植”品牌，发展有机水稻、有机玉米、有机畜禽产业，全年全县土地托管面积达3万亩。

【重点项目】 2018年，全市供销系统参与全市重点项目建设，带动系统整体发展实力的全面提升。一是完成组建市农业投资公司。以供销社社有资产和部分国有资产为基础，以资产的资本化为途径，打造市级农业投融资平台，为张家界市全面实施乡村振兴战略，推动农业、农产品加工、农业农村服务业、乡村旅游以及美丽乡村建设提供强有力的资金投入保障。二是建成市级电商运营服务中心。在武陵山珍馆打造市级电商运营服务中心和产品展示中心，创建市级电商公共交易平台“张家界特产网”，并在市工业园打造仓储物流配送中心，为全市农村电商发展提供公共服务和平台支持。三是完成武陵山珍馆项目建设。2018年8月18日，武陵山珍馆正式开馆营运，打造武陵山片区11个特色农产品专馆，吸引了武陵山片区数十家农业企业和深圳金逸影院、步步高超市、长沙银行等一批企业入驻，多次承接和举办“冬游张家界”等大型节庆和商业活动。四是签约张家界农副产品交易中心项目。市供销联社引进中农批、中投中财公司在张家界打造农副产品交易中心项目，项目总投资达8亿元，建筑规模在15万平方米以上，项目建成后将成为集商品交易、商贸展览、电子商务、电商配送、仓储物流等功能为一体的现代化大型服务平台。

（本栏撰稿　向　雷）

粮油流通

2018年，张家界市收购粮食162587吨，其中，从外省收购5137吨；收购油脂油料6762吨。实施“走出去”和“请进来”战略。组团参加第二届全国粮食产销协作哈尔滨洽谈会和2018年全国粮食科技活动展会。张家界市参展的魔芋系列产品、大鲵系列产品受到与会者追捧。全市销售粮食167433吨，其中，销往外省4253吨，张家界银澧米业有限公司、慈利县隆源米厂生产的大米销往贵州、广西等地；销售食用油5905吨。张家界丝丝湘食品有限公司生产的“丝丝湘”红薯粉丝销往香港，受到消费者的好评。

（赵　平　张　奎）

烟草专卖

【概况】　2018年，张家界市烟草专卖局（公司）下辖慈利县、桑植县、武陵源区等三个县级烟草专卖局（分公司）。公司拥有固定资产94384万元，从业人员386人。2018年实现税利7.78亿元，同比增长4.9%。

【烟草专卖管理】　2018年，累计查获各类涉烟违法案件400起，查获各类违法卷烟764.55万支，同比增长114%。查获各类违法经营烟叶案件3起，违法烟叶17.723吨。破获国标网络案3起，拘留12人、逮捕11人、判刑7人。建立了“工商牵头、烟草主动、打疏结合、综合治理”的取缔无证经营卷烟运作模式，全市共建立无证经营零售户档案324份，取缔无证经营户45户，转化办证90户；搭建了烟草、公安、邮政共同打击物流寄递涉烟违法犯罪活动的联合执法机制，加强对辖区物流、快递公司网点的监控，全年共登记快递物流企业183家，查获案件103起，查获假私烟97.92万支。

（本栏撰稿　蒋政文）

盐　业

【概况】　2018年，全市调进各类盐6028吨。销售各类盐5710吨。库存964吨。利润亏损128.87万元。

【食盐网点建设】　一是深入县（区）城、乡镇开展市场调查，新增“雪天”网点展示柜52个。二是加强“两个覆盖”工作落实，按照“保份额、稳增长、做品牌”思路，根据市场情况进行适时策略调整，提高盐改过后湖南盐业在张家界境内的市场占有率。三是全面推行外勤365软件与市场基础工作挂钩考核，对市场和终端网络建设进行轨迹管理。四是通过新网点开发、新品上市、商品陈列、终端拜访、地推、百日竞赛，加强对“雪天”碘食盐的宣传推广。

【质量管理】　市场维护和售后服务常态化。在调销存环节做好质量把控，提高对市场质量问题的反应能力。按照统一调度路线图进行日常性市场回访、客情联系、盐品陈列、库存清理、动态管理等工作，及时掌握市场情况，并建立了临期、破包召回和调换制度。

【效能管理】　推行预算、经营环节、不可控费用精细化统筹管理，以销定调、合理库存。完善考核办法，通过纪律约束促作风转变。强化“三基”工作管理。严肃财经纪律，整治经营中不规范行为。坚持POS机收款和三单合一制度。严控经营流程，推行效能提升，倡导节能降耗。

（本栏撰稿　危胜勇）

2019

对外经济贸易

·张家界年鉴·

外经外贸

2018年，张家界市累计进出口总额72785万元，同比增长3.3%。其中，出口68113万元，增长4.6%；进口4672万元，下降12.5%。加工贸易进出口总额2244万元，增长63.6%。其他贸易进出口总额206万元，增长22%。

（一）结构有待优化。全市外贸以出口为主，占进出口总额的93.6%，进口占进出口总额的6.4%。从贸易方式来看，一般贸易占主导地位，进出口总额10624万美元，增长3.9%，占全市进出口总量96.6%；加工贸易有较大增长，进出口额344万美元，增长69.8%，占全市进出口总量3.1%；其他贸易增长23.1%，占全市进出口总量0.3%。从产品结构看，产品进出口有升有降。体育用具、机电产品、鞋类、服装、农产品、人造花等出口产品分别完成510万美元、4275万美元、294万美元、747万美元、449万美元、145万美元，分别增长（或下降）62.9%、93.4%、27.1%、－30.1%、－73.4%、－31.7%。主要产品的进口基本持平。

（二）“破零倍增”取得成效，民营企业占据出口主体地位。外贸“破零倍增”工作取得成效，“破零”企业6家，“倍增”企业3家，进出口主体进一步壮大。全市有进出口实绩企业24家。其中，进出口5000万美元以上企业1家，1000万美元以上企业2家，500万美元以上企业3家。民营企业进出口总额9903万美元，增长2.5%，占全市进出口总量90.03%；三资企业进出口额1096万美元，增长39%，占全市进出口总量9.97%。

（三）主要贸易伙伴进出口继续保持增长，“一带一路”等新兴市场成为外贸新亮点。东盟为最大贸易伙伴，对美国、越南、俄罗斯、中东、非洲贸易快速增长。对东盟双边贸易额18839万元，同比增长2.3%；对美国贸易额7931万元，增长29.8%；对越南贸易额7458万元，增长108.8%；对俄罗斯贸易额2071万元，增长131.1%；对中东地区贸易额6335万元，增长112.4%；对非洲贸易额5107万元，增长656.3%。与“一带一路”沿线国家进出口额4112万美元，增长24.5%。

（四）机电产品、高新技术产品和传统劳动密集型产品出口增长较快。出口机产品28340万元，同比增长89.8%，占全市出口总值的38.9%；高新技术产品1843万元，增长98.9%，占2.5%；传统劳动密集型产品25627万元，增长8.6%，占35.2%。

（五）进口产品以原材料为主。加工贸易企业原材料进口额3547万元，同比增长8.3%，占全市进口总量的75.9%。

（六）搭建“走出去”平台。以市对外劳务合作服务中心为平台，与省内外大型劳务派遣企业建立了合作关系，并与吉首大学（张家界学区）等院校对接，开辟了出国劳务培训基地。中昌进出口贸易有限公司投资的东埔寨农业产业园区已列入湖南省“一带一路”战略重点项目。组织企业参加了湖南（长沙）国际食品展览会、“中博会”、“欧亚博览会”、“中非商品节”、“农博会”等活动，为企业“架桥拓市”。（蔚建新）

口岸开放

2018年，张家界市开拓新兴客源地航线市场，优化航线布局，实现恢复性快速增长目标。执飞对曼谷、河内、胡志明、釜山、香港、台北、雅加达7条航线。其中，河内、胡志明、曼谷为新开定期航线。出入境航班1400架次、出入境旅客17.664万人次，同比增长47.52%、37.28%，位居中部省份非省会口岸第一。国际货物吞吐量154吨（货值240万美元），口岸免税店营业额191.2万元，口岸落地签证5.4367万人次。一是调结构，稳增长。将原来以包机航线为主改善为以定期航线为主，将以往主要依靠对韩航线为主，拓展为与发展东南亚等新兴航线并重，越南、印尼等东南亚入境旅客快速增长，占比达口岸出入境旅客的三分之一。在对韩航线航班没有增加的情况下，客运量依然实现快速增长。开通“长张空中快线”接驳中转客源，解决从长沙中转张家界的国际国内旅客“最后一千米”问题，对接中转客源市场。二是拓功能，扩平台。建成验收公共保税仓，开启了张家界市发展保税监管场所的新篇章。获批水果等进境指定口岸，将推动口岸贸易和国际航空物流发展。向国务院和省政府申请在张家界口岸对11个国家旅游团队实施6天入境免签政策，开拓境外客源和航线，提升张家界国际化水平。实施离境退税试点政策，完善口岸现场离境退税点建设。武陵山珍馆离境退税商店正式挂牌，为拉动入境游客消费建立了平台。三是育动能，培育口岸经济。筹建国际航空物流园，积极打造集快递和冷链仓储、国际物流集疏运为一体的武陵山片区国际航空物流中心。启动规划临空产业园区，研究编制临空产业园发展规划纲要，科学规划，合理布局临空产业发展。创建两个示范区，成功创建我省首个地市级国家生态原产地产品保护示范区、省级出口食品农产品安全质量示范区，促推张家界市特色生态农业提质升级对标国际市场。四是健机制，谋长远。出台国际、港澳台地区航线航班奖励办法和航空物流奖励办法，加强资金规范管理，落实奖励政策，鼓励客货航线航班并重发展。加强机构保障，口岸办职能地位回归，机构改革明确加挂口岸办牌子，口岸管理协调保障作用加强。五是破瓶颈，优化口岸营商环境。破机场净空影响瓶颈。多方呼吁，高层推动，拆除超高的永顺羊峰山风力发电机组，恢复荷花机场净空，解除航班流量受限制约。增加国际停靠机位。增加3个国际机位，配齐监管设施，解决原有国际机位不足问题。完善口岸落地签证网络设施建设，建设完成口岸团体签证网上预受理系统。加强口岸核心能力建设，高分通过海关总署检查组复核督导检查。配合联检单位改革，检验检疫与海关机构合并，通关流程合并再造，环节减少，效率提高，口岸联检工作过渡平稳，通关环境进一步优化。

（朱　睿）

贸易促进工作

2018年，张家界贸易促进系统在推进会议经济发展、推动国际交流合作、拓宽企业国内外市场等方面发力，为张家界市开放型经济发展和国际化建设做出贡献。

一、推进会议经济发展。10月16—17日，协助举办2018丝绸之路工商领导人（张家界）峰会。来自俄罗斯、格鲁吉亚、乌克兰、保加利亚、土库曼斯坦、黎巴嫩、克罗地亚、意大利、瑞士、法国、德国、澳大利亚等84个“一带一路”相关国家和地区的政府代表、驻华使节、国际组织领导、商协会主席、著名企业家以及国际贸易、金融、品牌、旅游、医学专家等400余人出席峰会。40余国驻华使节、30余国政府代表、50余国商协会主席等与会嘉宾，围绕“开放的新时代、发展的新平台、美丽的新湖南”主题，共话“一带一路”国际合作，共促全球经贸繁荣发展。峰会期间发布了《和合与共携手构建国际工商界融合发展的命运共同体——2018丝绸之路工商领导人峰会张家界共识》《中医药针灸与人类健康张家界共识》，形成了《品牌评价旅游目的地》国际标准提案，并发布旅游目的地品牌发展战略。峰会盛况被新华社、中新社刊发新闻通稿，《亚太日报》使用中、英、俄、日四种语言报道峰会，《人民日报》、中央电视台、《光明日报》、《中国文化报》、《中国旅游报》、凤凰卫视等主流媒体以及菲律宾等国媒体对峰会进行了广泛报道。根据张政办函〔2018〕40号文件精神，通过旅行社申报、市贸促会初审、市旅外委和市财政局复核，2018年共计为13家旅行社引进的20个大型会议发放奖励资金55万。其中，国际性会议2个，奖励资金10万，充分调动社会各界推动张家界市会议经济发展的积极性。

二、推动国际交流合作。组织政府及企业代表团参加2018湖南（欧洲）投资贸易洽谈会，紧紧围绕经贸合作、产业对接、旅游推介、友城往来等主题，开展了紧凑的经贸推介、高层会谈、考察对接等活动。张家界市参会代表团全程参加了湖南省代表团的活动，也开展了自己的特色活动。4月27日，“中国张家界（布拉格）丝路驿站”在捷克共和国首都布拉格挂牌。

三、拓宽企业国内外市场。组织企业参加首届柬埔寨国际贸易博览会。在展台上发放宣传资料，展示地方形象，介绍特色产品，与来自各地的批发商和经销商进行了交流和洽谈，张家界市特色产品受到了柬埔寨商务部副部长春达拉的称赞。与金边当地最大的零售食品批发商龙腾（国际）开发有限公司以及品牌批发商柬华国际食品贸易有限公司达成了意向性代理协议。组织企业参加以“新时代、新传承、新发展”为主题的2018中国（吉林）东北亚中医药暨康养产业博览会，助推企业走出去。展会期间，参加了专业论坛、成果发布会、推介洽谈、合作交流等活动。其中，张家界灵洁绿色食品有限公司“鬼谷子”汤茶，与长春中医科大学、吉林市尚善堂中医院、长春中医院附属医院初步达成合作意向。

四、提升服务水平。组织企业和商事法律调解员参加中国贸促会法律事务部在岳阳市举办的“‘一带一路’倡议解读和法律风险防范培训班”，提高行业企业“一带一路”倡议解读和法律风险防范能力、国际市场竞争力，进一步提升张家界市贸促会的商事法律服务能力与水平。在官方网站及时发布各国贸易摩擦预警信息，帮助企业规避风险，更加放心大胆“走出去”，为企业国际化经营保驾护航。

（张　洋）

2019

旅游业

·张家界年鉴·

总 类

【概况】 2018年，张家界市接待国内外游客8521.7万人次，同比增长16.17%。其中，接待过夜游客4181.69万人次，同比增长20.53%；入境游客562.15万人次，同比增长57.96%。实现旅游收入756.8亿元，同比增长21.33%。其中，外汇收入8.86亿美元，同比增长33.56%。全市已有A级旅游景区19家。其中，5A级旅游景区2家、4A级景区9家、3A级景区8家。国家森林公园4个、国家级自然保护区2个。

【全域旅游发展】 2018年，形成具有张家界市优势的适应全域旅游优质发展的体制机制、政策措施、产业体系等。3月13日，张家界市旅游发展暨全域旅游推进大会召开。3月31日，经湖南省第十三届人大常委会第三次会议批准，《张家界市全域旅游促进条例》自2018年5月1日起施行。这是全国首部为促进全域旅游发展而制订的地方性法规。6月9日，张家界西线旅游景区正式对外营业，标志着张家界市"全域旅游、三星拱月"旅游产业格局形成。

【旅游体制机制改革】 一是全域旅游地方立法走在了全国前列。2018年5月1日，《张家界市全域旅游促进条例》正式颁布实行。这是全国首部为促进全域旅游发展而制订的地方性法规。二是旅游市场监管体制机制改革走在全省前列。在成立旅游警察、旅游工商、旅游快速审判机构的基础上，建立旅游检察、旅游纠纷人民调解等旅游综合执法与监管工作机制体制，在全省率先建立1+3+N执法队伍及其运行机制。三是大胆探索和推进旅游门票发票"一票制"和"旅游佣金公对公"结算改革。四是制订出台降低武陵源核心景区门票价格改革实施方案。加大景区门票价格改革调研力度，出台了武陵源核心景区门票降价改革措施，并于9月22日正式执行。五是加快构建提升旅游国际化水平的机制体制。在"一带一路"沿线国家哈萨克斯坦、俄罗斯、捷克建立了"阿斯塔纳丝路驿站""圣彼得堡丝路驿站"，"布拉格丝路驿站"三个"丝路驿站"，初步建立国际合作机制。六是积极推进乡村旅游规范化特色化发展机制建设。

【旅游扶贫】 张家界市主要通过旅游景区扶贫、旅游线路扶贫、旅游商品扶贫、旅游就业扶贫四条途径推动旅游扶贫。充分发挥景区景点带动能力，实行3A级以上景区联系帮扶旅游村，以景区带动农村和周边群众脱贫致富。重点建设"重走红军路"红色经典线路、红岩岭四十八寨宗教朝圣线路、茅岩河徒步穿越线路三条旅游扶贫产业带。把旅游商品开发与促进农民增收结合起来，大力发掘张家界工艺，评选和包装"张家界礼物"，把特色种养、农副产品加工和乡村旅游有效结合起来，"张家界大鲵""张家界茶""张家界生态蔬菜"等发展很快，打响了百寿富硒稻、鱼泉贡米等一批特色旅游农产品品牌。2018年，市旅外委组织53个贫困村近100人参加了旅游专干培训班，开展贫困对象实用技术培训1200人次，完成导游培训700余人次，指导贫困农民就业2600余人。9月13日，全国乡村旅游与旅游扶贫工作推进大会在张家界市成功召开。这是对张家界市旅游扶贫工作的极大肯定。会上，市委书记、市人大常委会主任虢正贵作了《旅游扶贫"张家界样本"》的典型发言。

【红色旅游】 2018年，制订了《张家界市红色旅游进景区活动实施方案》，举办了国际博物馆日、党员入党宣誓、重温誓词等党建活动的主题实践活动，结合"两学一做"学教活动，做优党建旅游线路。在旅游景区设立党建驿站，开展"党旗更鲜艳，游客更满意"主题活动。贺龙故居和纪念馆、红二方面军长征出发地被列入我省红色经典景区名录。11月19日，中国工农红军第二方面军长征出发地纪念馆在桑植县刘家坪白族乡落成。12月8日，在中国工农红军第二方面军长征出发地纪念馆广场召开桑植县第二届白族文化节暨刘家坪旅游风情镇红色文化节。

（本栏撰稿　田洪曼）

旅游景区（点）建设

【旅游项目建设】 2018年，天门山旅游文化产业园区、七星山旅游度假区稳步推进，大庸古城、桃花溪欢乐谷、武陵古镇等项目持续推进，张家界千古情项目顺利推进。

【旅游厕所革命】 截至2018年底，张家界市建成旅游厕所212座。其中，2018年完工旅游厕所118座。制订并下发《全市旅游厕所建设新三年行动计划》。张家界市旅外委委托北京博雅方略旅游景观规划设计编制《张家界市旅游厕所建设新三年规划（2018—2020）》。

【旅游产品供给】 2018年，天门山景区、张家界大峡谷完善景区旅游基础服务设施。武陵源核心景区完成雷电防御系统的托管和移交，推进景区六大基础设施改造工程。冰雪世界、大庸古城等旅游项目正稳步推进。澧水风貌带建设加速，市民休闲广场竣工开放。西线九天洞生态广场、红军体验园、刘家坪红色旅游风情镇等项目正在实施，红二方面军长征出发地纪念馆完工并正式开馆。武陵源核心景区、天门山景区在现有的基础上重点加大"第三"卫生间建设。黔张常高铁建设进展顺利，张吉怀高铁已经开工。6月9日，张家界西线旅游景区正式对外营业，张家界市"全域旅游、三星拱月"旅游产业格局形成。

（本栏撰稿　田洪曼）

旅游市场开发

【旅游活动营销】 2018年，张家界市承办全国乡村旅游与旅游扶贫工作推进大会暨“锦绣潇湘”推介会、天门山99弯盘山公路长板速降活动、高空走扁带活动和高空扁带音乐会、张家界大峡谷玻璃桥“勇者荣耀花式蹦极”挑战赛、黄龙音乐季等活动。这些国际性的体育赛事文化活动为张家界神奇的自然山水增添新的魅力，极大地提升了国际知名度，吸引大量的海内外游客参与。市委、政府领导带队组织或参加由文化和旅游部、省旅发委组织赴境外的旅游促销、友好交流、国际会议等26批次，举办外联人员恳谈会、旅游推介会。

【外界媒体营销】 2018年，西班牙旅行社旅游推广杂志、美国纽约时代广场纳斯达克屏、日本电视台旅游探险类节目《阿Q冒险中》《世界体验极致生活》等境外媒体及央视《消费主张》栏目对张家界市旅游资源进行了宣传推介。全年共接待美国、日本、加拿大、澳洲、越南、韩国、西班牙、奥地利、香港等境外国家和地区来张家界市考察、拍摄的旅行商、媒体36批590人。国内以华东、华南、西南、西北等地来张家界市考察、拍摄的旅行商、媒体44批2115人。

【创新方式营销】 2018年，制订《2018年营销方案》《2018旅游营销奖励实施方案》。启动旅游营销中心建立工作，成立张家界（国际）旅游营销智库。

【长板速降活动】 2018年5月3日，长板速降挑战“天路99弯”活动在天门山国家森林公园举行。此次挑战道路是被誉为“极限道路之王”的天门山“通天大道”，因陡峭曲折又被称为“天路”，99个紧贴悬崖绝壁的弯道环环相扣，180度的发卡弯比比皆是，从空中望去如同九曲回肠、层叠缠绕。中国长板速降运动员卿运辉仅用时18分钟，以最短时间内零失误连续过弯次数最多的表现，滑降全长10.77千米、落差1100米、以奇险著称的天门山盘山公路。

【大峡谷蹦极挑战】 2018年5月26日，“勇者荣耀花式蹦极”挑战赛在张家界大峡谷玻璃桥展开，来自俄罗斯、澳大利亚、英国等多国6名蹦极高手在此挑战260米高的世界最高蹦极台。

【承办东北亚地方政府联合会第十二次全体会议】 2018年10月29日，由张家界市人民政府承办的东北亚地方政府联合会第十二次全体会议在张家界市召开。本次会议以“共商合作共促发展——和平与繁荣的东北亚新时代”为主题，来自中、日、韩、蒙、俄5国29个会员地方政府的100余位代表参加会议。 （本栏撰稿　田洪曼）

旅游行业管理

【旅游市场综合治理】 2018年，市旅游质监所立案查处涉旅案件63件，处罚旅行社27家、旅游从业人员（含导游）36人，罚款和没收违法所得金额共计103万元。6612301平台受理投诉和咨询电话25725个。其中，有效投诉1930个，协调处理投诉1903个，投诉办结率为98.6%，为游客挽回经济损失65.8万元。

【铁腕治旅】 2018年8月30日，全市旅游市场秩序整治大会召开。市委、市政府启动“铁腕治旅”专项整治行动，对外公开服务游客6大承诺，出台《旅游市场秩序监管职责和管辖机制》等6大机制，开展十大专项整治行动。“铁腕治旅”行动取得成果，并在全省各市州推广。

（本栏撰稿　田洪曼）

旅游队伍建设

【张家界市（国际）旅游营销智库】 2018年3月22日，张家界（国际）旅游营销智库成立，成员包括部分旅游行业行政人员、旅游营销策划大师、旅游院校专家教授、主要景区营销管理人才和社会营销高手以及曾长期在旅游部门工作，旅游营销经验丰富，并继续从事旅游研究的专家和国内知名大学旅游学院教授等；组织智库专家和成员考察西线旅游产品，为西线旅游发展建言献策。

（本栏撰稿　田洪曼）

2019

财政·税务

·张家界年鉴·

财 政

【概况】 2018年，张家界市一般公共预算收入完成605420万元，比上年增长7.03%。其中，全市地方收入完成346563万元，比上年增长1.42%；上划中央收入211678万元，比上年增长16.15%；上划省级收入47179万元，比上年增长13.09%。全市一般公共预算支出1755791万元（含中央、省各种补助支出），比上年增长15.24%。

市本级完成一般公共预算收入209659万元，比上年增长4.68%。市本级一般公共预算支出完成374085万元，比上年增长15.65%。

一、强化财税征管。全市各级财税征管部门坚持以收入调度为总抓手，通过凝聚征管合力，不断细化因素分析，深入挖掘增收潜力，使张家界市收入增幅、运行质量和结构效益得到协调同步提升。全市一般公共预算收入完成60.54亿元。同时，通过调整收入结构，严格预算约束，完善征管机制，全市非税收入占比大幅降至32.89%，比去年下降10.86个百分点，降幅居全省前列，在不影响全市可用财力的基础上顺利完成省定限额目标，实现财政收入量质齐升。

二、推进财税改革。继续聚焦重点领域和关键环节，全面深化各项财税改革。一是综合治税格局成效初显。数据广度深度全面拓展，税收预警分析更加翔实。截至2018年底，已采集217类涉税信息1500万余条，设计四大行业预警分析模块，累计查补税款近7000万元。二是政府债务管理日趋完善。如期如实完成全市政府性债务清理核实工作，出台《张家界市严控政府性债务增长、防范化解债务风险的操作性意见》《全市债务风险防范化解十条措施》等一系列制度。2018年，偿还到期债务51.29亿元，全市债务风险得到有效防控。三是全市预算绩效管理改革全面推进。绩效管理制度体系进一步完善，出台《张家界市预算绩效目标管理办法》。开展2017年部门整体支出绩效评价和市级专项资金3年整体绩效评价，财政资金使用效益得到切实提高。

三、突出民生保障。全市严控一般性支出增长，在支出投向上保民生、在监管服务上护民生、在支农政策上助民生，确保全市各项民生政策得到基本落实。2018年，全市各类民生支出累计完成136.75亿元，占一般公共预算支出比重达78.05%。其中，“三农”支出完成29.38亿元，同比增长达38%，为支持全市民生事业发展和加快实施乡村振兴战略提供坚强财力保障。在助力精准扶贫上聚“零钱”为“整钱”，统筹整合涉农资金近12.67亿元，推动贫困村基础设施建设和产业发展。全市发放惠农补贴资金93项约8.73亿元，惠及近192万普通农户；投入资金7.03亿元支持全市环境污染防治和生态保护修复，推进武陵源核心景区移民搬迁，全面推行河长制路长制，全市生态环境明显改善；投入各类教育惠民资金近5.46亿元，改善全市义务教育教学环境，支持超过16万名学生享受助学金等各类补助政策；全面落实社会保障与就业政策，投入财政补助资金约18.76亿元，大幅提高城乡居民各类补助标准、完善特困救助体系，安排就业补贴资金超1.2亿元，改善就业环境，支持大众创业万众创新，全市社会保障和就业水平得到显著提升。

四、服务经济社会发展。围绕推进供给侧结构性改革这一主线，服务全市产业发展和项目建设。一是全力推进“产业项目建设年”活动。深入园区企业结对帮扶、加大专项资金整合投入力度、完善风险补偿机制、落实税收增量奖补等，工业园一批支柱财源得到重点扶持，进一步提升了企业创新发展的后劲。二是加大立项争资力度。准确把握中央和省政策要求，不断加强与中央、省财政厅的汇报衔接，得到了省财政厅的全方位支持，有力地推动张家界市重点产业项目和民生实事项目建设。三是积极落实财政金融服务“三农”政策。完善农村金融服务体系，全年累计为各类农村金融服务单位争取财政奖励或补贴资金近2500万元，全市农业抗风险能力显著增强。

五、提升财政监管效能。统筹发挥政府采购、投资评审、会计管理、财政监督等各项职能作用，重点加强对收入质量、财政政策落实、财经纪律执行、专项资金管理等方面的监管，积极推进“互联网+监督”平台建设，逐步建立了覆盖财政运行全过程的监督机制，完成对全市行政事业单位和国有及国有控股企业财务会计管理制度专项检查，使各部门内控机制得到进一步完善，确保财政资金安全。2018年，全市纳入政府采购管理的资金达21.16亿元，实际采购金额20.02亿元，节约资金1.14亿元；完成财政投资评审项目315个，评审总额71.58亿元，审减15.44亿元，审减率21.57%，有效节约财政资金、提升经济效益。

【预算国库管理】 2018年，张家界市做好财政预算国库管理工作。

一、实现财政收入超预期。一年来，全市各级财政部门积极应对影响收入的诸多不利因素，把实现财政收入任务作为首要工作目标，以组织收入为中心、以均衡入库为重点、以提高收入质量为核心，顺利完成全年收入目标任务。

1.强化财税收入征管。一是协调组织召开全市收入形势分析会，详细研判财税征管工作存在的困难和问题，做到全市一盘棋，步调一致。二是密切关注财政经济运行中的热点、难点问题，做好财政预算执行分析，按月通报各区县财政收入入库进度和名次。

2.实现收入均衡入库。一是建立信息相互沟通、数据相互共享、情况相互通报的工作机制，随时掌握收入入库动态。2018年，全市税收收入达491407万元，较上年增长18.08%，税收收入占一般公共预算收入比重为81.17%，税收占比较上年增长7.6个百分点。二是在注重收入增幅的同时，更加注重收入质量的提高。2018年，全市非税收入占地方收入比重为32.89%，较上年下降10.86个百分点，收入质量持续改善。

3.加大重点税源催缴和督查。一是针对市本级税源下滑、收入大幅短收的情况，多次深入税务部门及企业实地调研，一起分析研究税收入库形势，及时掌握企业产销动态，积极帮助协调企业缴税中存在的具体问题。二是加大对主体税种和区县税收收入的督查、监控和催缴和指导力度，确保应收尽收。

二、实现财政支出“三确保”。坚持“保工资、保运转、保重点”的原则，优化支出结构，进一步加大支出力度。全市一般公共预算支出较上年增加228447万元，增长14.99%。实现“三确保”。一是确保工资性支出。做到随时申报，随时审核，绝不拖延。二是确保民生项目支出。2018年，全市民生支出完成1367512万元，增长16.41%。与GDP相关的八项支出完成1070705万元，增长14%。三是确保资金按时调度。加大向省财政厅的协调联系，得到省财政厅对张家界市调度资金的照顾和倾斜，极大地缓解张家界市财政支出的资金压力。

三、实现国库改革齐推进。张家界市以科学、严谨的制度和强有力的管理手段做好财政国库工作，防范财政资金风险。一是继续完善财政国库管理制度，确保财政资金安全完整，国库集中支付资金规模不断扩大。二是加快国库集中支付电子化改革步伐。市本级所有财政预算资金、专项资金、代管资金已实现支付电子化，实现全业务流程的电子化管理，真正迈入“支付电子化”时代。最大限度地堵住财政资金管理漏洞，有效防范财政资金安全风险。三是市本级工资统发工作取得阶段性成果。按照《张家界市本级工资统发工作实施方案》，相继完成了网络搭建、系统调试、信息录入、网上审核和试点工作，市本级全面实施工资统发各项准备工作已全部到位。

四、实现业务工作规范管理。一是高质量完成2017年度市本级和全市财政总决算、部门决算报表的布置、编报、审核、汇总、上报等工作。其中，预算执行分析、财政总决算及部门决算三大工作均获得省财政厅二等奖，连续第二年获此殊荣，张家界市部门决算公开工作经验在2018年的全省财政国库工作会议上通报表扬。二是做好财政收支旬、月报，做到报送及时、数据准确。三是修改完善、按期编制2017年度《张家界市纳税大户和行业纳税状元统计册》，使市领导及相关部门掌握全市税源分布情况，为全市财源培植及重点税源管控提供依据。五是开展“财源培植年”活动，为工业园区企业解决实际困难和问题，争取省级财源建设项目资金220万元。

【民生保障】 2018年，全市各级财政部门加大投入力度，兜住基本民生底线，让改革和发展成果惠及更多群众。

一、支持农业农村全面发展。一是聚“零钱”为“整钱”，助力脱贫攻坚。财政部门聚焦深度贫困地区，进一步完善涉农资金统筹整合监管机制，加强资金绩效管理，加快资金支出进度，深入开展扶贫领域专项治理，力保张家界市打赢脱贫攻坚战。2018年，全市整合财政涉农资金12.67亿元，保障贫困户产业发展、农村危房改造、农村安全饮水、农村基础设施建设、农村环境连片治理等精准扶贫项目的实施。着力加强惠农补贴资金监管，全市累计发放93类惠农补贴资金共8.73亿元。二是抓机制重长效，推进乡村振兴。贯彻落实中央乡村振兴战略的工作要求，积极发挥财政职能作用，探索建立长效稳定的财政支农机制，积极配合有关部门申报农业特色产业园项目、开展农业特色产业园建设，促进一二三产业融合发展，支持一批本地农业龙头企业做大做强。不断完善农业保险制度，加快农业信用担保体系建设和“财银保”试点，继续推进农业保险保费补贴工作，确保投入力度不断增强。全市全年完成“三农”支出29.38亿元，比2017年增长38%。

二、促进教育事业均衡发展。一是完善资助体系。继续巩固城乡统一、重在农村的义务教育经费保障机制。2018年，全市拨付义务教育学校公用经费补助资金14230万元，为166281名义务教育阶段学生免除学杂费。加快促进高中教育普及，安排拨付资金10571万元，为121352人次农村义务教育阶段学生提供生活补助和膳食补助；安排资金3395万元，为16418人次高中及中职贫困学生提供国家助学金。大力发展普惠性学前教育，安排补助资金775万元资助7755名家庭经济困难幼儿入园。积极开展阳光助学行动，市级财政安排资金600万元，为2200名贫困中小学及中职学生、300名贫困大学新生提供入学资助。二是改善教育环境。积极筹措资金，大力支持解决城市义务教育“大班额”问题。2018年，落实省级、市级奖补资金3125万元，支持全市顺利完成了超大班额的化解工作（325个班，3728名超大班额学生）。加快实施“全面改薄”，安排拨付中央、省级、市级项目及奖补资金20471万元，支持全市农村义务教育薄弱学校、集中连片地区普通高中等改善办学条件。三是继续完善城乡文体基础设施建设。支持公益性文化设施免费开放，大力实施文化惠民工程，筹集资金1.5亿元支持“五馆一院”建设，提升公共文体场馆服务效能。

三、推动社会保障逐年提标。完善社会保障体系，加大财政投入，扩大基本养老、医疗、失业、工伤等社会保险参保覆盖面和财政补助标准，全市社会保障水平得到显著提升。2018年，累计发放养老保险金和医疗保险金超13亿元，城乡居民大病保险实现参保人员全覆盖，投入财政补助资金31901万元，使两项社会保险人均补助标准较去年分别增长21.18%和8.89%。投入财政资金2413万元，基本公共卫生服务补助标准较去年提升10%。继续提高城市和农村最低生活保障水平。2018年，财政补助资金4010万元，将张家界市城市和农村低保标准分别提高了14.28%和12.36%。加大对残疾人事业的保障力度。2018年，张家界市投入资金724万元支持残疾人康复、就业和扶贫工作，残疾人两项补贴标准较去年增长10%。逐步完善城乡统筹的特困人员救助制度。累计发放临时救助、特困人员救助、医疗救助等社会救助资金7467万元，受益10万余人次。

四、推动医疗卫生持续改善。筹措资金支持重点医疗卫生健康项目建设，缓解基层困难群众看病难、看病慢、看病贵的问题，让城乡群众享受到更优质的医疗服务，提升人民群众健康水平。一是抓硬件建设。近年来，市本级财政从政府购买服务资金中挤出5000万元用于支持市人民医院新院建设；安排财政资金1000万元支持10个基层卫生院医疗能力建设；安排资金1000万元支持两区四个社区卫生服务中心建设。二是抓软件提升。深化城市公立医院综合改革，支持基层医疗机构实施基本药物制度，每年安排补助资金367万支持公立医院取消药品加成，完成农村基层教育卫生人才津补贴政策对贫困县的全覆盖，落实中央、省级补助资金660万元，支持贫困区县医疗服务能力提升。

【风险防控】 坚决打好防范化解重大风险攻坚战。落实严控地方政府债务十项举措，强化政府性债务管控。规范PPP与政府购买服务项目，执行负面清单管理。加大政策支持力度，积极稳妥推进融资平台市场化转型。广泛开辟财源，拓展收入渠道。做好“三保”资金兜底保障。加快推进财政预算绩效管理，不断提高资金使用效益。切实防范化解扶贫小额信贷风险，保持对非法集资的高压严打态势，坚决守住不发生区域性风险和大规模群体性事件两条底线。

（一）高度重视，精心部署。我市认真贯彻落实习近平总书记关于防范化解政府性债务风险的指示精神，将切实打赢打好防范重大风险攻坚战作为各项工作的重中之重。市委书记虢正贵，市委副书记、市长刘革安多次组织系统学习中央和省委有关文件精神。多次召开会议专题研究部署全市债务风险防控工作，陆续出台了《关于规范政府举债融资行为防范和化解债务风险的意见》《张家界市政府隐性债务化解方案》《张家界市本级政府隐性债务化解方案》《张家界市投融资决策委员会工作规则》《张家界市防范化解政府性债务风险十条措施》等一系列规范政府性债务管理的政策文件。按照中央、省委部署，成立了由党政主要负责人双牵头的政府性债务管理领导小组，全面领导清理政府性债务工作。在政府性债务管理领导小组的领导下，由市财政局牵头，组织审计、住建、国土等相关部门，成立了市债务办，并抽调5名工作人员，集中办公。

（二）清理核实，摸清底数。经过清理核实，我市隐性债务主要为项目债务，没有因借新还息造成的非项目债务。项目债务又主要以棚改项目为主，且均为合规性项目。隐性债务银行贷款占比62.65%，非标产品融资占比37.35%。根据财政部的最新测算数据，2017年市本级一般债券付息资金占一般公共预算支出3.3%，2017年市本级专项债券付息占政府性基金预算支出7.2%，PPP项目当年支出责任占一般公共预算支出8.5%，均低于三个10%的红线。

（三）多措并举，化解存量。一是细化化债方案。根据省委文件精神，按十年化债期限制订了隐性债务市本级化债方案和全市的化债方案。并按省领导指示，将市本级政府债券和隐性债务近三年需还本付息的资金来源分解到年度、到单位、到项目、到土地出让地块。二是加强预算管理。按照上级文件精神，将棚改项目资金列入年度预算。按照省财政厅相关政策，对我市符合条件的债券进行置换，并积极申报发行土地储备和棚户区改造专项债。全年我市共置换债券7.03亿元，成功发行土地储备专项债券4.48亿元。三是筹集资金化债。由市政府专题协调各相关部门，建立土地出让绿色通道。完成土地出让收入12亿元，比去年增加5亿元，确保主要化债资金及时到位。通过增收节支筹措资金。2018年，市本级财政增收0.75亿元，同时压减一般性支出，盘活财政资金，严控预算追加，挤出资金消化部分存量债务，市本级已偿还到期债务51.29亿元。

（四）严控增量，科学发展。一是规范融资。市政府成立投融资决策委员会，下发《张家界市投融资决策委员会工作规则》，明确计划决策、审批决策、项目调整决策等工作程序，严格落实“谁审批谁监管、谁主管谁监管”的职责，严审项目、严核资金、严控成本、严控风险，保证投融资工作有序安全运行，提高政府投资效益和项目管理水平。凡必须由融资平台公司承担的公益项目，必须制订项目平衡方案，确保项目自身收益覆盖成本，严防新的政府隐性债务发生。二是压减项目。市委、市政府贯彻“停、缓、调、撤”的要求，全市压减128个项目，压减项目投资479.80亿元。其中，压减2018年计划投资额54.98亿元。市本级共压减43个项目，压减项目投资208.04亿元。其中，压减2018年计划投资额25.62亿元。三是转型发展。引进社会资本，在确保政府性债务不增加的情况下推进项目建设。首先是运用PPP模式参与公共基础设施建设，如垃圾焚烧发电项目正在推进之中。其次是引进社会资本参与土地经营项目，如由张家界瑞海置业发展有限公司开发的岩塔菜市场周边城市棚户区改造项目。同时，市委、市政府积极开展招商引资，今年已签约重大项目41个，签约金额914亿元，目前已履约项目22个，履约率59.4%。

（本栏撰稿　王　毅）

国家税务

【概况】 2018年，张家界市税务系统组织入库各项收入54.4亿元，同比增收8.1亿元，增长17.6%。其中，省政府口径收入51.1亿元，同比增收7.8亿元，增长18.1%；市政府口径收入49.2亿元，同比增收7.5亿元，增长17.9%。全年完成各项税收收入52亿元，同比增收7.7亿元，增长17.5%。其中，中央级税收24亿元，同比增收3.2亿元，增长15.1%；省级税收4.7亿元，同比增收0.5亿元，增长12.4%；市县级税收23.3亿元，同比增收4亿元，增长21%。税收增幅在湖南省排第二位。全年入库费金收入2.4亿元，同比增收0.4亿元，增长21.1%。其中，教育费附加7206万元，地方教育附加4805万元，残疾人就业保障金3412万元，水利建设基金3147万元，工会经费3971万元，文化事业建设费545万元，社会保险费372万元。

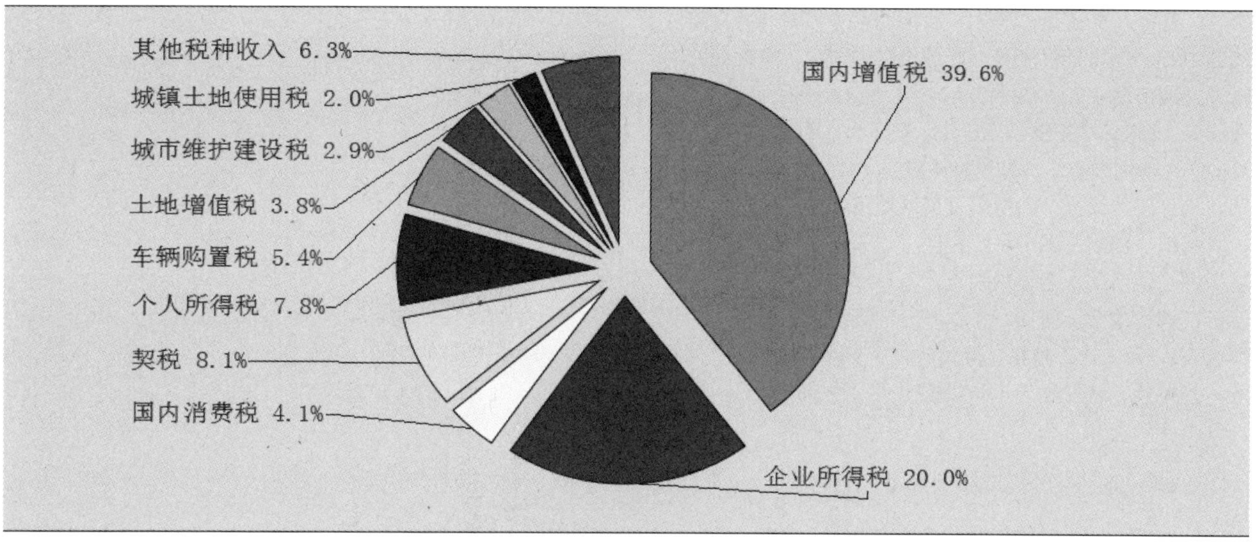

2018年度张家界市税收收入分税种比重示意图

【国税地税征管体制改革】 2018年，张家界市税务系统认真贯彻落实党中央、国务院决策部署，推进国税地税征管体制改革，全力打好机构挂牌、落实“三定”、社会保险费和非税收入征管职责划转三大主攻战。对照《改革方案》和税务总局部署的12大类、近700个具体事项，制订落实集中办公、机构挂牌、“三定”暂行规定等30多个方案。6月27日，成立中共张家界市国家税务局、地方税务局联合委员会。7月5日，市局新机构挂牌。7月20日，县、乡新机构挂牌。8月31日，中共张家界市国家税务局、地方税务局联合委员会改设中共国家税务总局张家界市税务局委员会。9月25日，市局“三定”全面落实。10月25日，县区局“三定”全面到位。同时，信息系统优化整合、内外标识全面统一、规范性文件清理、门户网站和微信公众号全新启动。在推进社会保险费和非税收入征管职责划转上，制订10多项工作方案，积极对接人社、财政等部门完成存量数据清理、档案资料整理、信息系统初步对接、缴费服务能力评估等65项工作任务，新接收的机关事业单位和城乡居民社保费及非税收入平稳征收。

【依法治税】 坚持依法行政，规范重大案件审理、重大执法决定审核、行政审批和规范性文件清理工作，强化普法教育和宣传，开展税法进校园、法庭庭审旁听等活动。强化执法督察，推进内控监督平台运用，排查风险点，在重要环节预设内控点及时预警，加强执法督察和审计监督，核查疑点数据13批次。积极落实改善民生、鼓励高新技术、促进小微企业发展、节能环保等各项税收优惠政策，共计减免税收9.28亿元；深化落实增值税改革新政，减负近5000万元；办理出口退免税2472万元。发挥稽查职能，全年查补税金4941万元。开展打击虚开骗税专项行动，“6·26”特大骗取出口退税案取得重大成果。严厉打击发票违法行为，查补税金1241万元。开展影视行业税收专项整治行动，查补入库税款500万元。强化税收领域扫黑除恶专项斗争，规范税收秩序。

【税政管理】 落实个人所得税改革，多渠道宣传解读个税起征点提高、专项附加扣除政策，完成扣缴客户端推广、历史数据迁移、自然人数据清理等各项任务，新的个人所得税制平稳推进。精细税费征管，加强预测分析，强化228户重点税源监管；整合征管资源，开展金三数据并库工作，共清理数据26类1.7万余条；推进旅游发票门票“一票制”改革，为规范旅游秩序提供新抓手。加强税种管理，主要税种实现全面增收，国内增值税、消费税、企业所得税、个人所得税、契税等9个税种收入迈上亿元台阶，开征环保税入库426万元。深化风险管理，突出重点行业、重点领域、重点税源风险管理，全年推送风险任务880户次，查补税金5564万元。大企业税收管理实现专业化、实体化、一体化运作。强化党政管税，密切财税协作、税警合作、税银互动，加强财税综合信息平台运用，开展预警分析查补税款8445.36万元，堵漏增收成效显著。

【纳税服务】 深化税收领域“放管服”改革，发布办税事项“最多跑一次”清单，152项业务实现“最多跑一次”；整合办税服务厅建设，全市系统5个办税服务厅进驻政务中心。优化办税流程，通过设立咨询台、审批前移、限时办结、设立自助办税终端、推广网上办税、EMS发票寄递服务、云MAS业务服务等方式，抓好“一厅通办”“一窗通办”“一网通办”，办税整体提速30%以上，纳税人获得感、满意度持续提升。持续开展“便民办税春风行动”，认真组织“创响三湘·税励园区”“三问”“三进”“三新”大走访活动，走访纳税人上万户次，发放调查问卷近万份，解答政策疑问1028条；举办33期纳税人学校，培训纳税人1.5万人次。积极支持民营企业发展，面对面“问需求、找短板、帮发展”，升级推出“云税贷”项目，助力民营企业降成本。 （本栏撰稿 鲁明文）

2019

银行·保险·证券

总 类

【概况】 2018年，全市金融系统推动金融改革创新，加强金融风险防范，推动金融业保持平稳发展。

一、金融运行稳健。至12月末，全市金融机构各项存款余额为854.2亿元，同比增长7.4%，增速居全省市州第3位。各项贷款余额662.1亿元，同比增长18.8%，增速居全省市州第2位。全市小微企业贷款余额183.5亿元，同比增长16.4%。全市涉农贷款余额256.2亿元，同比增长22.7%。

二、直接融资有所增加。全市企业直接融资36.11亿元。其中，企业债券融资15.26亿元，中期票据融资10亿元，基金融资10.85亿元。

三、多层次资本市场建设持续推进。向省地方金融监督管理局报送5家重点上市后备企业。完成市涉农企业股改挂牌调查工作，向湖南省股权交易所推荐4家涉农企业进行股改挂牌。

四、保险保障作用有效发挥。全市实现保费收入25.2亿元，同比增长12.6%；各项赔款和给付支出为7.3亿元，同比增长8.6%。12月末，保险深度4.35%，同比增长0.24个百分点；保险密度1485.8元/人，同比增长13%。

五、地方金融产业加快发展。全市金融业实现增加值30.2亿元，同比增长21.06%。年末，全市农信系统存、贷款总量分别达到207.63亿元和139.47亿元，比年初分别增加16.37亿元和21.06亿元，存、贷款总量稳居全市金融机构第一位。组建市融资担保集团。至年末，全市融资担保机构注册资本6.5亿元，在保余额7.9亿元，平均放大倍数1.88倍。3家小贷公司累计发放贷款16笔、1397万元。

六、金融改革创新稳步推进。桑植县成功创建省级金融精准扶贫示范区。全国农地经营权抵押贷款试点县慈利县农地抵押贷款余额2.1亿元，比年初新增8925万元。慈利县、桑植县发放农房抵押贷款，贷款余额1.18亿元。

七、金融风险防控取得实效。开展防范非法集资宣传教育，发放3.2万多份宣传资料，制作宣传展板285块，制作横幅350条，出动宣传车62台次，接受群众咨询1300余次。推进互联网金融整治工作。明确排查重点，采取现场查看、约谈高管等方式开展排查；建立P2P网贷基础信息档案；对辖内3家网贷中介机构的基本情况，采取“一户一档”方式，建立基础信息档案；对重点机构实行监管，坚决守住不发生区域性金融风险的底线，维护社会稳定。

（尚健美）

【金融业运行】 2018年，张家界金融运行情况呈现以下特点：

（一）存贷款增速靠前。2018年末，全市金融机构各项存款余额854.2亿元，同比增长7.4%，增速居全省市州第3位。各项贷款余额662.1亿元，同比增长18.8%，增速居全省市州第2位。

（二）金融运行质量提升。2018年末，全市银行业金融机构不良贷款率低于全省平均水平。全市银行业金融机构实现盈利17.5亿元，同比增长14.4%。

（三）服务实体经济有改善。2018年，在银行业利润持续增长的拉动作用下，全市金融业实现增加值30.2亿元，同比增长21.1%，占地区生产总值5.2%。全市金融业缴纳各项税收4.3亿元，同比增长3.1%，占全市入库税收的8.3%（入库地方税收的12.5%）。年末，全市涉农贷款余额256.2亿元，同比增长22.7%；单户授信余额500万以下的小微企业贷款余额8.7亿元，同比增长50.7%，分别高于全市贷款平均增速3.9、31.9个百分点。

（四）证券交易量持续萎缩且降幅扩大。2018年，全市证券机构股票基金交易量197.4亿元，同比下降26.2%，降幅比2017年扩大7.4个百分点；累计新增交易客户0.8万户，同比下降46.7%，降幅比2017年扩大25.6个百分点。

（五）保险收支平稳增长但增速下降。2018年，全市实现保费收入25.2亿元，同比增长12.6%，增速同比下降11.1个百分点；各项赔款和给付支出为7.3亿元，同比增长8.6%，增速同比下降11.3个百分点。 （刘士嘉）

【发展普惠金融】 出台《张家界市推进普惠金融发展实施方案》；桑植县创建省级金融精准扶贫示范区。推进金融扶贫服务站建设。年末，全市设立金融扶贫服务站358家，实现“三站”融合347家，占比96.93%。 （尚健美）

银行业

【银行业监管】 2018年，中国银行保险监督管理委员会张家界监管分局引导全市银行业机构，一手抓重点领域风险防控，一手抓服务实体经济发展，支持全市经济持续稳定向好发展。

一、牢守金融风险底线。一是突出抓好法人机构风险防控。推动改进法人机构公司治理，将党的领导纳入公司章程；严格董事、监事资格管理，建立主要股东数据库及股东“灰名单”和“黑名单”监测制度；加强对董事会依法决策行为监管，纠正不合规议案；强化对法人机构公司治理、绩效考评的核查评估，支持合法合规扩充资本实力；推动改进业务治理，压缩同业及投资业务规模，纠正超资质购买低评级债券行为，隔夜理财业务得到全面整改。二是大力加强重点领域风险防控。持续加强信用风险管控，全市银行业机构不良率从低到高，张家界市居全省各市州第三名；保持案防高压势态，开展法人机构案防工作评价，督促全市银行机构持续开展案件风险排查，对发生问题的单位实施严格监管问责；加强舆情监测、政务值班和应急值守管理，确保全年无重大舆情事件发生；加强政府融资平台贷款风险监管，督促银行业机构主动配合地方政府整顿隐形债务，摸清底数，严控增量，逐步消化存量。三是深入整治银行业市场乱象。持续做好各项专项整治发现问题的整改和问责，整顿净化张家界市金融市场。四是坚决打击非法金融活动。配合地方政府严厉打击非法金融活动，稳妥有序推进P2P网贷公司的整治验收工作，工作经验在省整治办召开的会议上进行交流。

二、提升服务实体经济质效。2018年，全市银行机构持续加大有效资金供给。12月末，各项存、贷款余额分别为854亿元、662亿元，同比增长7.56%、18.75%；增速分别居全省第3位和第2位；全市存贷比77.52%，居全省第2位。一是加大重点领域信贷支持。督导银行业机构积极参与支持“项目建设年”“产业发展年”“旅游服务年”活动，全力保障重点领域资金需求。12月末，基础设施行业贷款增加25.87亿元，同比增长15.4%。棚户区改造等保障性安居工程贷款增加30.09亿元，同比增长75.5%。房地产相关行业贷款新增50.52亿元，同比增长36.09%。二是降低实体经济融资成本。督促引导银行业严格执行各项金融服务减免费政策，主动加大减费让利力度。各银行业机构全年共取消收费项目145个，精简收费项目19个，降低收费项目标准44个，减免涉企收费247.09万元、利息金额1421.17万元。三是扎实推进普惠金融发展。出台《2018年张家界银行业推进普惠金融发展行动方案》，与市金融办联合开展全市银行业支持民营和小微企业发展服务实体经济推进活动，推动建立银税、银商合作机制，举行现场签约和宣传推介系列活动，重点签约支持企业151家、新增综合授信总额22.08亿元，现场签约支持企业26家、新增综合授信7.06亿元。12月末，全市涉农贷款余额256.2亿元，较去年同期增长22.7%。小微企业贷款余额234.16亿元，较去年同期增长16.81%，小微企业贷款户数20402户，同比增加2207户。四是加大精准扶贫支持力度。会同有关部门考察学习“麻阳金融扶贫”模式，结合实际推动张家界市金融扶贫工作。12月末，全市银行业机构发放扶贫项目贷款41.37亿元，比同期增长15.51%；向建档立卡贫困户发放扶贫小额贷款余额8.64亿元，惠及贫困户18132户；发放创业担保贷款1.56亿元，帮助1366户下岗职工等人员实现再创业；发放异地扶贫搬迁贷款10.5亿元。

三、加强银行消费者权益保护。组织开展银行业消费者权益保护工作考核评价，3·15消费者权益保护等活动。积极稳妥开展信访工作，共处理群众来信7件，接待群众来访22批、29人次，接听投诉咨询电话23个，受理信访事项8个，按要求开展市委交办的信访积案包干化解工作。持续开展送金融知识进校园、金融知识进万家等宣传教育活动。

四、优化银行服务供给结构。指导长沙银行桑植、慈利、回龙路社区支行、小企业信贷中心张家界分中心正式开业，张家界农商行增设2个支行，慈利沪农商村镇银行网点建设进入筹备阶段，全市县域各乡镇银行网点实现全覆盖，全部行政村无银行服务供给空白点。（张　恺）

【中国人民银行张家界中心支行】 2018年，中国人民银行张家界中心支行加强管理，完善机制，各项工作稳步推进，辖区金融运行总体平稳，无案件、无重大责任事故、无严重违纪事件、无信访发生。全年共有108项（次）工作获得上级肯定、推介或获奖。

一、货币政策执行。一是贯彻稳健中性货币政策。印发《货币信贷工作指导意见》，按季发布《信贷运行情况通报》，开展金融精准扶贫、三农、小微货币政策效果评估，引导辖内银行机构加强对薄弱领域的金融服务。实施4次定向降准，合计释放流动性3.92亿元。扶贫再贷款、支小再贷款分别累放8.5亿元、1亿元，余额分别达11.79亿元、1亿元。二是深化小微企业金融服务。协助市政府召开22家重点小微企业融资座谈会，意向贷款金额4.68亿元。积极参与“双联双解”工作，引导银行对10家融资困难的重点工业企业发放贷款1.13亿元。联合市金融办出台《服务小微企业示范窗口创建方案》，明确了10个示范窗口和具体工作措施。三是支持“供给侧”结构性改革。成功举办“湖南省金融支持实体经济市州行·张家界绿色金融行”活动，促成市政府与11家省级金融机构签订十三五期间《金融支持绿色经济战略合作框架协议》，协议总金额达1131亿元，刷新张家界市历史最高纪录。组织召开慈利县2018年政银企洽谈会，签订合同金额达38.7亿元。四是推进金融精准扶贫。印发《张家界市金融精准扶贫示范区创建方案》，将桑植县列为重点创建县。将慈利县列为产业扶贫的重点联系县。协调永定区政府、张家界农商行出台推进乡村振兴的金融支持方案，推动发放产业扶贫贷款。2018年末，全市金融精准扶贫贷款余额81.53亿元，同比增长5.65%。其中，产业精准扶贫贷款余额18.21亿元。推进农地抵押贷款。2018年末，全国试点县慈利县农地抵押贷款余额2.1亿元，实现辖内银行机构100%全参与。五是优化小微企业和民营企业金融服务。以“深化小微企业金融服务”为主题开展全市金融系统党委中心组联组学习，统一思想，明确目标，部署任务。分别联合市金融办、发改委、财政局等部门印发《金融服务实体经济、金融精准扶贫和防控金融风险三年（2018—2020年）行动方案》《关于进一步深化小微企业金融服务的实施方案》《金融服务小微企业示范窗口创建方案》，强化信贷政策引导。协调市财政对银行机构小微企业贷款增速高于全市贷款平均增速的，按增量贷款的1‰安排风险补偿资金。六是加强统计监测分析。加强日常数据质量管控，确保统计数据零差错。突出区域特色，探索建立旅游金融指数监测指标体系，搭建旅游金融分析框架，撰写旅游金融监测分析报告，为上级和地方政府了解全市旅游与金融融合发展情况提供参考依据。

二、金融管理与服务。一是改善支付结算服务。深入推进移动支付便民示范工程，优化全市移动支付受理环境，加快电子支付示范县、移动支付示范街区、示范乡镇建设。2018年，全市非现金交易笔数同比增长39.18%，交易金额同比增长168.24%。先后3次召开优化企业开户推进会，开展现场督导并通报，企业开户时间从5天缩短至3天。二是规范货币金银管理。不断加大反假货币工作力度，自主开发“假币收缴信息监测分析系统”。年内，协助公安部门破获假币案件2起，抓获7名犯罪嫌疑人。建立流通人民币神秘人访查制度，督促银行机构提高现金收付业务水平。三是提升经理国库业务水平。持续开展国库“零差错”竞赛，组织异地交叉应急演练，确保国库资金安全和系统安全。强化监测分析，入选全国16个银行业税负监测点之一，为上级决策提供数据参考。规范国债管理，加强国债宣传。2018年，全市储蓄国债销售总量8137.54万元。四是推进社会信用体系建设。征信查询前置系统、个人信用报告自助查询实现了全覆盖、零案件、零事故目标。推动试点行张家界农商行在全省率先通过央行内部（企业）评级系统上传数据成功。2018年，应收账款质押融资交易额累计127.2亿元，交易增量和增幅创近5年来新高。五是优化外汇管理服务。与张家界商粮局、海关和税务局签署《涉外监管与服务合作备忘录》，推进涉外业务跨部门联合监管。维护外汇市场秩序，查处辖内一起境内个人违规在境外直接投资案件。指导外汇指定银行为一家公司顺利结汇1.18亿港币，用于重点招商引资项目。

三、防范化解金融风险。一是完善机制提升合力。联合市金融办出台全省首个《小额贷款公司反洗钱和反恐怖融资工作方案》，探索开展特定非金融行业反洗钱工作。与商粮局等四家单位联合签署《涉外监管与服务合作备忘录》，探索涉外业务跨部门联合监管与服务。制订《张家界市金融风险处置预案》，提高应急处置能力。二是强化措施落实风控。深入推进央行金融机构评级、反洗钱分类评级、资产质量评估、利率定价行为评估和金融消费权益保护工作评估，作为四家单位之一参加全省央行评级标准化建设。联合市场监管局对征信市场乱象、债券交易和金融广告开展专项整治。三是突出重点坚守底线。积极协助政府防范债务风险。积极防控扶贫小额信贷风险。加大互联网金融和非法金融活动治理。（刘士嘉）

【中国农业发展银行张家界市分行】 2018年，农发行张家界市分行各项工作有序推进，全年累计发放各类政策性贷款24.61亿元。截至2018年末，各项贷款余额68.44亿元，各项存款余额39.87亿元，农发建设基金余额6.91亿元，实现账面利润1.3亿元，不良贷款保持“零”余额。

一、支持脱贫攻坚。以服务脱贫攻坚统领业务高质量发展，充分发挥逆周期调节作用，体现政策性银行在金融扶贫中的模范、支柱和主力军作用。投放精准扶贫贷款4.57亿元。突出支持产业扶贫，投放贷款0.87亿元支持张家界金绿油脂有限责任公司等产业化龙头企业发展，积极培育当地农业特色产业。重点支持基础设施扶贫，投放专项贷款3.7亿元支持桑植县基础设施建设。至2018年末，扶贫贷款余额48.86亿元，占贷款总额的71.39%。

二、支持城乡发展一体化。2018年，结合张家界市棚改任务计划，加大对棚改项目的信贷支持力度，有效促进贫困地区棚户区改造和整体城镇化进程，支持经开区周边、大庸桥片区、西溪坪片区、官黎坪老居委会周边、桑植县朱家台周边、慈利县城镇等8个棚改项目，涵盖市本级、永定区、桑植县和慈利县，实现投放棚户区改造贷款22.53亿元。至2018年末，棚户区改造贷款余额41.64亿元，贷款项目涉及拆迁建筑面积184万平方米，拆迁户数9442户，拆迁人数30378人。

三、支持国家粮食安全战略。立足“三农”主业，顺应粮油市场化改革，认真落实国家粮食调控政策，确保信贷资金及时足额供应。加强粮油库存监管，确保粮油库存安全和收购资金的正常运营。全年发放中央储备粮贷款0.2亿元，收购中央储备粮1.28万吨；发放一次性储备非扶贫贷款0.42亿元，实现跨省移库玉米1.7万吨；发放地方储备粮0.23亿元，轮换地方储备粮1.17万吨。发放去库存挂账贷款6笔，金额0.66亿元。至2018年末，粮油购销储及挂账贷款4.65亿元。（夏珂洋）

【中国工商银行张家界分行】 2018年，中国工商银行张家界分行本外币各项贷款增加11.68亿元，增长15.79%；各项存款增加6.53亿元，增长6.88%。

一、支持重点项目建设。积极融入中部地区崛起、打造国际一流旅游城市目的地、在全域旅游基地建设中发挥龙头作用等“对标提质旅游强市”战略，支持张家界一中、市经投、市棚改、澧水大桥、沙堤大道、慈利排水防涝、大庸古城、大峡谷、茅岩河、魅力湘西等一批政府重点项目和企业，全年累计投放各类贷款26.59亿元，同比多增10.69亿元。

二、扶持民营和小微企业发展。优化小微金融服务，有效缓解融资难、融资贵问题，通过银证通、经营快贷、小企业周转贷款等方式，提高对小企业的服务成效。在张家界银监局举办的2018年银行业支持民营企业和小微企业发展服务实体经济现场签约推介会上现场签约13户，金额2.1亿元。

三、加大转型业务发展力度。协同总行、省分行成功举办了“e支付惠民示范街”启动仪式和工银信用卡“爱购张家界”全球发布会，搭建了“线上线下一体化”和“旅游+金融+互联网”生态圈，打造集“交通、酒店、门票、餐饮、度假”于一体的衣食住行游等一揽子便民利民综合服务线上线下消费场景，充分释放张家界旅游经济发展的新动能。

四、着力增强风险管控能力。密切关注国家政策和监管趋严的新动向，不断强化全面风险管理，全力提高资产质量。加大重点领域、关键环节风险防范，切实提升风险管控水平。深入开展从严治贷“四严”主题活动，狠抓信贷政策制度执行落地，加快不良资产清收处置，全面提升信用风险管控水平。全年累计清收处置不良贷款1.28亿元。按照“外部监管上等级、内控评价上档次、基础管理上台阶”总体工作要求，全行紧紧守住“确保年内不发生案件、较大风险事件、不受到监管处罚”的底线目标，开展了内控合规“压实责任年”、案件警示教育、非法集资风险排查整治、重点领域风险专项排查、整治市场乱象回头看等一系列专项整治教育活动，强化违规责任追究，保障了各项业务的稳健发展。

五、突出从严治党治行。按照新时代党的建设总要求，坚持以党的政治建设为统领，推动全面从严治党主体责任的落实。对党员领导干部、基层党支部书记分别开展了党的十九大精神专题宣讲和培训。出台了“3710”工作制度和三项责任制，持续深化对警示教育和“四风”问题整治，严格落实中央八项规定精神，促进党风、行风、作风不断好转。（陈　朋）

【中国农业银行股份有限公司张家界分行】 中国农业银行股份有限公司张家界分行是张家界市机构分布最广、服务触角最长的国有股份制商业银行。截至2018年末，各项存款总额118.82万元，其中，个人存款总量为68.48亿元，占存款总量的57.63%。各项贷款总额107.38亿元，其中，个人贷款余额达28.08亿元，占贷款总额的26.15%。

一、业务经营。2018年，中国农业银行张家界分行推进业务经营提速提质，开展“春天行动”“激情夏日”“收获金秋”“赢在冬季”等系列业务综合营销活动，各项业务实现又好又快发展。一是各项存款快速增长。始终坚持把组织存款作为全行的第一业务来抓，积极筹措资金，壮大资金实力。实施“一把手”工程，推进网点转型，创新经营机制，加大科技投入，优化服务质量，促进负债业务超常发展。截至2018年末，全行各项存款比年初净增5.13亿元，增长4.32%。其中，个人存款比年初增加4.11亿元，增长6.00%。二是资产规模不断扩大。紧紧围绕旅游、农业、工业、商业、城市建设等产业和重点领域，优化信贷资源配置，做大做强信贷资产业务。截至2018年末，各项贷款比年初增加21.14亿元，增幅达19.69%。在加快信贷有效投入的同时，注重加强风险防范，资产质量明显提高。截至2018年末，全行不良资产率仅有0.77%，比2017年下降0.21个百分点，不良贷款实现了双降。三是创效水平稳步提升。在大力发展传统业务的同时，积极推进金融产品创新，优化业务流程，精心培植新的效益增长点，国际业务、银行卡、网上银行、自助银行、代理保险、理财顾问等业务得到快速发展，创效水平得到了快速提升。截至2018年末，实现营业收入4.72亿元，比2017年多创收7637万元，人均创效水平居全省农行系统前列。

二、金融服务。2018年，中国农业银行张家界分行履行社会责任，发挥金融主渠道作用，优化信贷结构，加大对地方经济的有效投入。一是支持旅游产业，发展壮大旅游经济。2015—2018年，累计投放旅游开发贷款42亿元，支持全市旅游企业完善基础设施、促进转型发展、提升服务品质；累放贷款21亿元，支持武陵大道、杨家界大道、张桑高速，以及城市公交等交通建设。二是支持城市建设。2015—2018年，累计发放贷款8亿元，支持两区两县的商业、住宅小区项目建设，并创新“安家贷”“家装贷”等产品助力农民市民化。2018年末，仅个人贷款就比年初净增5.47亿元。三是支持强工兴商，壮大区域经济。2015—2018年，累计发放贷款15亿元，重点支持民营小微企业做大做强，促进地方经济和城乡市场繁荣发展。四是支持服务“三农”，推动农村经济发展。探索以企业为龙头，农户为主体的“公司+基地+农户”的农业信贷经营模式，实施“公司带动基地、效益辐射到户”的信贷方略。2018年末，涉农贷款比年初净增10.08亿元，有效惠农卡净增60826张。惠农通机具保有量达到1434台，惠农通服务点全年金融性交易笔数达118.40万笔。连续3年被市总工会、市人民银行授予“普惠金融服务竞赛先进单位”和“金融支持‘三农’发展贡献奖”荣誉。五是支持“对标提质”，助力“智慧城市”建设。在智慧民生、智慧商圈、智慧乡村、行业应用四大板块实现全覆盖，取得显著成效。截至2018年末，“智慧商圈”扫码有效商户达535户，“智慧学校”上线12家，“智慧物业”上线8家，“智慧旅游”项目上线4个，“智慧交通”项目上线1个。另外，全省首例“智慧社保”在桑植支行成功上线；独家签订“智慧政务”合作协议；独家上线“微信钱包”水费代缴。

三、内部管理。2018年，中国农业银行张家界分行实现业务经营与其他工作的协调、健康、有效发展。一是强化措施，突出重点，推进风险管理体系建设。加强信用风险、市场风险和操作风险管理，强化风险预警和控制，建立健全合规管理机制。加强制度建设，创新监控工具，完善监控体系，推广应用计算机辅助审计、信贷在线监控、会计监控、反洗钱等监控系统。强化制度制约、机器制约和文化制约，全行的风险管理水平得到固化和提升，连续4年在全省农行系统内评为A类行。二是深化改革，创新机制，推进业务发展提速。以深化内部改革、夯实管理基础为目标，深化人事改革，优化组织架构，创新经营机制，梳理业务流程，一手抓城市业务，一手抓“三农”业务，初步形成城市业务与“三农”业务相互补充、协调发展的新格局。三是优化服务，打造品牌，提升市场竞争能力。一方面加快物理网点改造，另一方面大力推进电子渠道建设，加大硬件投入和功能升级。四是从严治党，从严治行，打造上市银行品牌形象。坚持以党建为引领，将抓执行中央“八项规定”，反“四风”和“两学一做”学习教育制度化、常态化，按照“把支部建到连队”的要求，以每个网点、每个部门为单位成立了党支部，全行的战斗堡垒作用得到了充分发挥。目前，全市农行系统有“湖南省文明单位”2个、“张家界市文明标兵单位”1个、“张家界市文明单位”2个。辖内永定支行被总行授予“五一劳动奖状”荣誉，实现建行以来该项荣誉“零”的突破；有3名员工被授予“中国农业银行五一劳动奖章”。（崔　玲）

【中国银行股份有限公司张家界分行】 截至2018年底，中国银行张家界分行存款合计人民币449909万元，比年初增加13384万元。其中，对公存款192834万元，较上年下降4293万元；个人存款257075万元，较上年新增17677万元。各项贷款合计人民币238713万元，比上年下降26662万元。其中，人民币公司类贷款余额131949万元，比上年下降22455万元；人民币零售类贷款106764万元，比上年下降4207万元。

截至2018年底，中国银行张家界分行不良贷款余额6929万元，全部为个人类（含银行卡）不良，比省分行下达的4季度4373万元控制目标任务相差2556万元。不良率为2.87%，较年初的1.58%上升1.29个百分点。2018年，中国银行张家界分行贷款不良率上升，主要原因系李冠君楼盘出现风险后，应省行要求中国银行张家界分行将冠君一号公馆和二号公馆楼盘按揭贷款下调五级分类至不良，共涉及个人按揭贷款35户，金额2152万元。12月末，逾期非不良余额1551万元，超额完成省分行下达的3000万元控制目标任务1449万元。

2018年，中国银行张家界分行实现净收入15037万元，同比增加1142万元，同比增幅8.22%。拨备前利润实现9466万元，同比增加783万元，同比增幅9.02%；税后利润实现5816万元，同比下降885万元，同比下降13.2%。

一、抓好公司存款和储蓄存款。截至2018年底，中国银行张家界分行公司存款日均新增1.2亿元。其中，行政事业单位存款较年初新增21812万元，完成年度任务的94.83%；储蓄存款新增1.77亿元，日均新增1.32亿元，日均增速全省排名第4。存款较为稳定，未出现大起大落。

二、稳健发展资产业务，推进普惠金融业务发展。2018年，中国银行张家界分行资产业务主要方向是旅游基础设施建设、棚改以及医院等项目；个人贷款的努力方向是楼盘按揭、中银E贷、信用卡分期。截至2018年底，中国银行张家界分行普惠小微企业贷款客户新增6户，累计实现投放2235万元，分行普惠金融银保监考核口径下对公贷款余额5027万元，较年初增长707万元。

三、发展手机银行业务。2018年，召开全行手机银行发展专题推进会，配置专项费用推动手机银行发展，提高手机银行绩效考核比重；强化网点厅堂营销常态化，实现手机银行首推环节的营销常态化；持续开展上门外拓，从代发薪客户入手，以点扩面逐步实现手机银行广泛运用；发动全员营销，加强组织和督导，利用手机银行分享开户功能抢占市场先机，全年分行手机银行月均活跃客户5233户，较上年月均活跃客户数增加2268户，增长率达75.5%。

四、加强风险内控。中国银行张家界分行风险内控绩效考核全省排名有所提升。每月召开风险管理与内部控制委员会工作会（风控会）和内控副职会。制订实施《张家界分行合规操作奖罚规定》《内控案防专项治理实施方案》等制度措施，惩罚处理一批违规操作员工，内控管理制度进一步完善。组织风险管控“50条”、反洗钱、会计达标、SOPS标准流程等内容的学习培训和考试，强化员工合规意识。将风险内控纳入2018年开门红竞赛，表彰风险内控工作先进机构和优秀个人，对全辖内控副职进行轮岗交流。（卓　平）

【中国建设银行股份有限公司张家界市分行】 2018年，中国建设银行股份有限公司张家界市分行各项业务实现持续健康发展。截至2018年末，中国建设银行股份有限公司张家界市分行一般性存款余额153.78亿元，新增15.32亿元；各项贷款余额122.44亿元，全口径融资新增28.98亿元；不良贷款余额2279万元，不良率仅为0.19%，信贷资产质量系统内领先，当地同业最好；全年累计纳税4116万元，比2017年多纳税285万元，居当地非法人金融机构首位。2018年荣获“全国金融五一劳动奖状”，KPI考核连续三年排名全省建行地市行第一，成功创建市级文明标兵单位。

一、加大地方经济建设支持力度。克服贷款指标紧张等诸多困难，勇当重点建设项目融资主力军，全年累计向实体经济投放贷款34.65亿元。助力社会民生项目，重点为全市棚户区改造投放贷款10亿元；助力全市旅游产业提质升级，重点为武陵源核心景区提质升级、西线旅游环保客运等重大项目投放信贷资金共计12.65元；助力重点基础设施建设，重点为机场第二通道及杨家界大道项目、交投高铁综合枢纽项目等投放表内外资金共计12亿元。另外，中国建设银行股份有限公司张家界市分行还为黔张常高铁、张吉怀高铁、荷花机场、安慈高速、宋城千古情等重点建设项目提供资金结算、资金监管、拆迁资金归集等综合金融服务，满足重点项目多元化的金融需求。

二、提升普惠金融服务质效。中国建设银行股份有限公司张家界市分行通过先进、多样、便捷的结算渠道，不断优化金融服务体验，提升民营和小微企业综合金融服务效能。一是积极推动创新金融产品和服务，打通企业融资的“最后一千米”。大力推广“小微快贷”“云税贷”“抵押快贷”“房抵贷”和建行“惠懂你”APP等各类针对民营和小微企业的贷款服务产品，构建线上线下综合服务平台，全方位地满足企业融资需求。二是深入对接解决企业需求，进一步加大服务力度。实施市、县两级联动走访机制，实现银行与企业“面对面、一对一”的交流，从中了解客户痛点，切实解决企业难题。三是继续与市担保集团紧密合作，进一步完善风险共担机制。2018年，中国建设银行股份有限公司张家界市分行普惠金融贷款余额9.09亿元，较年初新增3.75亿元，增幅达到了70%，实现规模和质量双提升。被人民银行张家界中心支行和张家界市总工会评为2018年度“普惠金融服务暨金融扶贫专项竞赛”活动先进单位。

三、强化风险内控管理。中国建设银行股份有限公司张家界市分行推进全面风险管理体系建设，“九类风险”（信用风险、市场风险、流动性风险、操作风险、国别风险、银行账簿利率风险、声誉风险、战略风险、信息科技风险）管控齐头并进。做实风控委会议制度和全面风险管理联席会议制度。对夯实风险内控管理基础、健全风险决策机制、完善风险管理轨迹、传导健康信贷文化等方面的工作进行督察、检查、评估和考核通报。将资产质量作为“生命线”，保持管控力度不减。持续夯实合规基础，巩固提高内控水平。扎实开展安全生产大检查和安全隐患问题专项整治工作，做好信访维稳和舆情管理，始终坚持“第一时间、第一现场、上下联动、守土有责”的原则，积极维护良好的金融秩序和外部稳定大局，连续21年实现安全营运无事故。

四、服务社会民生发展。中国建设银行股份有限公司张家界市分行聚焦“三个能力”建设，推动金融供给侧结构性改革，坚持党建引领，发力“住房租赁、普惠金融、金融科技”三大战略，服务张家界经济社会发展。捕捉百姓关注热点，把水电费、话费、燃气费、社保、医保、新农合、物业管理费等民生领域缴费项目作为重点，率先推进，搭建交通出行、校企园区、公共事业等领域的移动支付场景，实现便民行业全覆盖；优化服务设施和项目，辖内11个营业网点全部开放“劳动者港湾”，为环卫工人、交通警察、出租车司机、快递员等户外劳动者提供“歇歇脚、喝喝水、充充电、上厕所”地方，构建百姓心中有温度、有担当、有责任的“暖心银行”。（刘　靖）

【中国邮政储蓄银行张家界分行】 2018年，本行荣获保护金融消费者权益、金融扶贫扶弱先进单位、金融支持“三农”发展贡献奖称号。

支持小微企业发展。2018年，小企业贷款累计投放13亿元，惠及张家界本地200多家企业。累计给旅游企业投放6.9亿元。其中，给武陵源旅游产业公司、慈利大峡谷玻璃桥项目、张家界国际旅游集团等三家旅游企业授信，授信额度3.5亿元，用信额度1.5亿元。深挖旅游产业链条，加大对客栈行业、线路车行业、出租车行业、农家乐行业的信贷支持力度，旅游客栈贷、线路车贷已实现放款400万元。

支持“乡村振兴”战略。截至2018年底，邮储银行张家界分行累计发放农户保证贷款、联保贷款3.66亿元以上，惠及农户达7382余户，用于农业生产、农业设备购置、种养殖规模扩大、村镇商业经营，其中家庭农场贷款结余3210万元、农村土地承包经营权抵押贷款840万元、财银保贷款590余万元。累计发放再就业小额担保贷款1.85亿元，帮扶下岗职工、大学生、创业农民工等符合各级地方政府规定条件的创业、再就业对象2070余名。本行为符合条件的困难职工发放300万元小额贴息贷款，得到省工会赞扬。承担全市15%的贫困村金融扶贫服务站的建设，完成“三站融合”工作进度。

支持普惠金融工作。中国邮政储蓄银行张家界分行70%以上的网点分布在农村，在每个乡镇都有网点，服务个人客户55万人。运营网络实现全国联网和通存通兑，手机银行、网上银行、电视银行、微信银行等电子渠道齐全，全市自助机具71台，助农取款服务点158个。利用“线上+线下”互联网金融服务平台，重点推荐邮e付、邮e贷、邮e投类产品，以O2O的方式构建场景化的金融生态体系，打造信息化银行、敏捷型银行和智慧型银行；利用渠道优势做好民生代发业务。

做好“阳光信贷”工作。实行客户经理分区分片包干制，落实信贷“八公开”，即贷款品种、申报条件、办理程序、定价方式、收费项目公开和客户经理信息、贷款监督方式、贷款服务承诺公开。对扶贫性质贷款特事特办，采用“绿色通道”审批，限时办结，践行“最快三天放款”的承诺。信贷办理过程中坚决不以理财、基金等各种名义向贷款企业搭售金融产品，坚决不收取除贷款利息之外的贷款承诺费、管理费、顾问费、咨询费等中间业务费用。对于金融扶贫重点区域准予实施特殊的优惠利率政策。

支持金融扶贫工作。2018年，邮储银行累计为结对帮扶的扶贫村和贫困户捐款30万元；对扶贫建档立卡户推出了扶贫小额信贷专属产品“惠农易贷”，通过与市扶贫办、永定区、武陵源区扶贫办等单位沟通对接，截至2018年底，累计为建档立卡户发放扶贫贷款104笔，金额518万。发放行业产业扶贫贷款12笔，金额980万元。选取崇山路线开展“一线一片”旅游扶贫工作，发放小额贷款2000余万元。（巢　越）

【湖南省农村信用社联合社张家界办事处】 截至2018年底，湖南省农村信用社联合社张家界办事处各项存款余额208亿元，较年初增长16亿元；各项贷款余额139亿元，较年初净增21亿元。存贷规模稳居全市金融机构第一位。全市农商银行系统实现经营利润6.26亿元，较去年同期增长5789万元；缴纳各项税费1.65亿元，同比增加2000万元。

一、融入旅游发展。一是支持旅游项目建设。积极参与湖南支持旅游实体经济张家界绿色金融行活动，签订了100亿元的投资框架协议，有7个项目已正式签约，项目履约率30.43%。持续加大对“一线一片”辖内9条户外精品旅游线路沿线贫困农户的信贷支持力度，支持江垭温泉基础设施建设、发展远方的家乡村旅游、创办张家界国聪非物质文化遗产博物馆等。二是支持旅游基础设施升级。扶持旅游酒店客栈、旅游装备制造、旅游特色餐饮、旅游商品加工等小微企业发展，支持张家界山水中天酒店装修升级、张家界学院附属医院建设、众联出租车公司更换车辆等。三是旅游金融服务。打造天子山、索溪峪等一批旅游特色精品网点，加强旅游金融服务、旅游文化传播、旅游信息交换。

二、助力乡村振兴。2018年，全市农商银行涉农贷款累计发放96.13亿元，余额达到103.95亿元，占比75%，较年初增加8.4亿元。一是重点支持农业产业化发展。全面支持农业大户、专业合作社、家庭农场、休闲农庄等新型农业经营主体发展烤烟、蔬菜、水果、大鲵、茶叶、中药材等特色种养殖项目。二是鼓励农民创新创业。张家界农商银行与永定区政府共同制订实施了《金融精准支持农村农民"双创"带动脱贫促进乡村振兴工作方案》，计划投入信贷资金5.8亿元，支持4000户以上"双创"示范户，带动农业产业转型。现已支持"双创"示范户1015户，投入信贷资金1.08亿元。三是继续做好精准扶贫。新增扶贫小额信贷2252户、金额8617万元，累计发放扶贫小额信贷19158户，金额80128万元，存量户数19290户，贷款余额72420万元，建设金融扶贫服务站252个。办事处及各农商银行机关共有105名员工结对帮扶224户贫困户，坚持每月深入贫困户家中，上门走访、了解情况，跟进帮扶措施。四是重点做好农村普惠金融服务。送金融知识下乡，开展集中宣传，惠及千家万户，普及金融知识。

三、扶持小微企业。全市农商银行小微企业贷款余额65.25亿元，占比47%，较年初增长6.64亿元，支持小微企业14131户。单户授信1000万元（含）以下小微企业贷款余额33.81亿元，增速19.33%，较各项贷款同比增速高1.54个百分点，贷款户数13490户，较上年同期增长1480户，综合成本（即贷款加权利率）6.95%，较上年同期下降0.4个百分点，实现"两增两控"目标。一是深化"访问优""两扫五进"（"访问优"，即访客户、问需求、优服务；"两扫五进"，即扫街、扫楼，进村组、进社区、进门店、进园区、进楼宇）营销，充分挖掘小微企业的有效信贷需求。二是创新信贷模式和产品，为小微企业提供"基地+农户""商会+会员""旅游+担保"，以及应收账款、经营权、收费权质押等贷款品种。与市中小企业信用担保公司联合制订旅游担保贷款管理办法，与湖南省农业信贷担保有限公司等3家融资性担保公司进行业务合作。继续加大"两权"抵押贷款投放，共发放农房抵押贷款1.3亿元，发放农地经营权抵押贷款1.6亿元。三是降低融资成本。各农商银行简化优化流程、适度灵活准入、实行利率优惠，小微企业贷款平均利率较同期下降0.4个百分点，给予小微企业切实有效的支持。

四、防控金融风险。2018年，全市农商银行强化工作举措，全力打好防范化解重大风险攻坚战。一是加强信贷风险防控。开展"压不良、控风险"专项活动，修订完善并下发《关于进一步规范信贷操作的通知》等系列文件办法，完善信贷风险监测机制，层层签订《风险防控承诺书》，把好贷款审查关、发放关、管理关。二是加强案件风险防控。强化案防责任落实。层层签订责任状，压实案防安防基本职责；建立健全风险防控工作机制，印发《全市农商银行预警监控中心指导意见》等文件办法，精准防控案件风险工作措施；开展控案防案基本职责落实情况季度督查，落实监管机构检查、督查、专项治理工作，堵塞风险漏洞。三是加强资金业务风险防控。遵守监管和行管规定，按照"资金投放脱虚向实""坚决压缩规模，严格控制展业"工作要求，2018年，全市农商银行系统资金业务规模控制在资产规模的28%以内。

五、加强内部管理。全市农商银行系统推进经营机制转换。一是强化科技支撑。开展"科技提升年"活动，进一步提高"新一代"业务系统运用水平，桌面终端安全管理、系统绩效考核系统、表外贷款管理系统等陆续投入运行，新引进了征信查询机、智慧柜员机等新型自助设备，扩展自助功能，增强体验式服务。二是提升企业形象。优化服务环境，进行网点硬件改造升级，开展流动红旗、"最美"系列评选、神秘人暗访等优质文明服务评比活动。以榜样为名片展示形象亮点，组织拍摄微电影《叶家之的初心》参加省委党员教育中心的"微课堂"评比，拍摄纪实片《需要拉一把的人》参加张家界第二届扶贫微电影大赛获三等奖。三是强化社会责任。全市农商银行开展"普及金融万里行"等主题普惠金融知识宣传活动，承办"打击洗钱犯罪维护金融安全——全省金融系统反洗钱大型现场宣传活动"。

（黎美君）

【华融湘江银行张家界分行】 截至2018年末，华融湘江银行张家界分行存款38.63亿元。其中，对公存款28.27亿元、个人存款10.36亿元。各项贷款余额42.99亿元，较年初增加6.09亿元。

一、业务转型。推进零售业务加快发展、公司业务内涵式发展、小微业务特色发展，发展基础不断夯实。参与"绿色金融行"和"张家界银行业支持民营企业和小微企业发展服务实体经济现场签约推介会"，分别落实签约金额79亿元和2.09亿元。走进园区和市场，深化与担保公司的合作，支持本地小微企业和"三农"，发放"惠农担—粮食贷"等产品8笔，金额490万元。其中，发放"两权"抵押贷款4笔，金额230万元。1000万以下小微贷款余额3.4亿元，较年初增长20.72%，"两增两控"全面达标。开展精准扶贫和对口帮扶工作，落实扶贫资金38万元，为贫困户捐款捐物14万元，58户187名贫困户按期脱贫。客户数量增长。2018年末，对公有效客户349户，较年初增加133户。个人有效客户22595户，较年初增加4491户。其中，VIP客户3808户，较年初增加672户；代发人数较年初增加6350人，行政事业单位代发人数较年初增加1601人。落地国开行拆迁代发近2亿元，留存比率达到40%。手机银行客户较年初增加8855户，网银客户较年初增加8105户，信用卡新增发卡1425张。小微贷款客户207户，较年初增加43户；个人消费贷款客户数3141户，较年初增加1188户。

二、风险防控。打好风险防控"阻击战"和风险化解

“歼灭战”，资产质量得到提升。修订信用风险及资产处置委员会议事规则制度，建立授信业务管理约束机制。出台风险防化处置专项奖惩办法，调整绩效考核办法，将各经营单位的风险考核权重提升至51%，推行风险贷款客户经理绩效薪酬延期支付。加强合规宣导，开展反洗钱、征信合规、运营操作、用印管理、声誉风险等方面的培训检查，全年未出现一起重大操作风险事件。截至2018年底，华融湘江银行张家界分行全口径逾期余额4805.23万元，不良贷款余额2779.52万元，贷款不良贷款率为0.6%，“两率”指标较年初明显下降，控制在总行限额以内。

三、内部管理。推进轻型运营体系建设，加强运营移动设备配置，轻型柜台日均业务量110笔，业务综合分流率达到50%以上。组织开展“金融知识进万家”“守住钱袋子”“3·15金融消费权益”“优化企业开户”等系列消保服务专题活动，提升金融消费者的权责和风险意识。坚持按制度管人管事管效果，相继出台党委纪委工作规则、党委纪委议事规则、执行中央八项规定、党费收缴管理、内部管理等方面10多个规章制度和文件。建立授信台账管理机制，强化公司、零售、小微等前台条线部门对授信业务的统筹管理和专业评审职能，授信项目上报的质量得到提升。坚持成本观念，实施成本约束，注重成本核算，强化成本控制。加强人事、营销、晨会、考勤、着装和营业及办公环境等内部管理。加大安全保卫风险排查和问题整改，开展安防培训和预案演练，安防工作排名全行前列。

（文婷婷）

【长沙银行张家界分行】 截至2018年12月31日，长沙银行张家界分行各项存款余额22.75亿元，比年初增加1.5亿元，增速7.06%；各项贷款余额24.01亿元，比年初增加5.11亿元，增速27.07%。

一、支持地方经济发展。加大对重点项目的信贷支持。2018年5月，长沙银行与张家界市政府签订《金融支持张家界市绿色经济战略合作框架协议》，进一步加大对旅游经济、绿色经济的金融支持力度。建立“专营机构服务、专职团队对接、专业方案解决、专项政策支持、专项行动挖掘”的工作机制，设立小微企业信贷中心，创建“民营和小微企业服务示范窗口”，畅通政银、银担、银企合作的渠道，为小微和民营企业提供专业化、快捷化、全面化的金融服务。

二、推进普惠金融。进一步完善网点布局。2018年，桑植支行、慈利支行、回龙路社区支行先后开业，加大对桑植、慈利县域的金融支持和对社区的金融服务。不断创新金融产品和服务，推动零售业务转型发展，推进农村金融服务站、智慧校园建设等。切实保护金融消费者权益，组织开展各类进社区、进村组、进校园宣教活动，大力宣传普及金融知识。分行营业部获评“湖南省金融知识普及体验基地”。

三、履行社会责任。传递长沙银行“快乐文化”，实施“快乐学堂百千万工程”，援助慈利县苗市东洋小学，举办“长沙银行杯”张家界城市建设摄影大赛等社会公益活动。参与精准扶贫，联点帮扶慈利县甘堰乡川石村，投入资金30万元，川石村帮扶工作队被评为先进工作队。提升窗口服务水平，分行营业部被评为张家界市“青年文明号”，庹乐被评为张家界市“青年岗位能手”。

四、加强风险防控。2018年，分行不良贷款率为0.01%，全年无案件发生，无重大操作风险，实现了稳定健康发展。制订和完善风险合规制度22个，初步建立分行风险合规制度体系；开展合规文化建设“五个一”活动，即“读好一本书、写好一篇文章、开好一次座谈会、组织一次宣讲、开展一次知识竞赛”，进一步增强全员风险合规意识；不断推进“从严治行”，对违规违纪行为从严从重处罚，绷紧“合规之弦”，促进合规经营，确保不发生重大金融风险。

（于　磊）

【交通银行张家界分行】 2018年，交通银行张家界分行各项存款时点余额24.92亿元，较年初新增14.87亿元，余额市场占比5.44%，较年初上升2.57个百分比。人民币各项贷款余额23.66亿元，较年初增加15.91亿万，余额市场占比6.21%，较年初上升3.86个百分点。

一、推进主体业务发展。坚持“一把手抓存款、全行抓存款，全方位抓存款”的存款发展责任制，注重质效提升，以低成本负债为主攻方向，强化公私联动，优化存款结构，以各类竞赛活动增存稳存。个金板块围绕五大板块开展专项行动，聚焦重点客户、重点项目和重点业务，涵盖代发业务、个人资产、基础客群、财富管理等方面，通过理财产品定向配置、持续开展各种营销活动等方式提高资金留存率，实现储蓄存款稳定增长。公司板块通过强化高端营销、综合营销和板块联动，瞄准政府平台、财政等行业进行集中营销，优化综合服务方案，使银企合作向“深”和“宽”方面发展。

二、逐步完善风险防控。全年所有授信客户零逾期，正常类贷款占比100%，逾期贷款和不良贷款均为0。实现安全运营零事故、内控管理零案件。一是授信管理质量更加提高。以上级行授信全流程基础管理综合考核排名为抓手，在交行系统内授信全流程基础综合考核排名继续保持上升，授信全流程考核排名靠前。二是全面风险管理工作机制更加规范。分门别类将颁布的风险管理制度进行整理、编制目录，方便学习和使用。三是加大内控合规管理和案防工作力度。积极推进全员履责的案防责任体系，将案防责任层层落实到部门及个人，及时查找隐患，明确防范重点，严密防范互联网金融、非法集资等外部风险渗透侵害，不断强化员工行为管控，扎实做好安全保卫、保密管理、信息安全、声誉风险管理等基础性工作，有效保障全行安全运营。

三、着力落实安全生产。落实全员履责的案防责任体系，将案防责任层层落实到部门及个人，每周各部门进行案防案例学习。落实专项行动，对全行员工含外包人员进行100%家访和排查，及时查找隐患，明确防范重点，严密防范互联网金融犯罪、非法集资等外部风险渗透侵害，不断强化员工行为管控，扎实做好安全保卫、保密管理、信息安全、声誉风险管理等基础性工作，有效保障全行安全运营。落实安全演练，全年共计进行预案演练五次，内容涵盖防抢、防盗、防诈骗、防暴、防劫持、消防等，有效防范风险，全年未发生重大安全责任事故、未发生各类安防相关案件。

四、持续提高服务水平。以强化基础管理为重点，加强对网点营运工作的检查辅导，提高精细化管理水平。开展岗位练兵，营运基础不断夯实，以提高客户满意度为目标，持续改善服务软硬环境，创新服务形式、规范服务标准、提高服务效率；在张家界市电视、报纸等主流宣传媒体上对分行动态及时进行投稿宣传，让交行品牌影响力扩大，使品牌宣传深入人心；开展学习型组织创建活动，积极响应，各条线的上岗资质考试通过率达100%。

（吴　鹏）

保　险

【概况】 2018年，张家界市有15家保险主体。其中，财产公司9家，人身险公司6家；支公司29家，营销服务部37家，中介公司11家，保险资产总值达40.3亿。从业人员数8881人，同比增长19.1%。全年保险深度4.54%，保险密度1459.74元。

一、市场总体情况。2018年，全市保险业发展势头良好，保费收入25.16亿元，同比增长12.62%，增速居全省第4位。其中，全市健康险保费收入37171.5万元，同比增长40.7%；意外险保费收入9578.3万元，同比增长9.6%；大病保险保费收入4504万元，同比增长27.2%；新农合保费收入3977万元，同比增长33.6%；扶贫特惠保保费收入844万，同比增长7.4%；城乡居民意外伤害基本医疗保费收入2917万元，同比增长80%；游客人身意外险保费收入3919.5万元，同比增长27.3%；承运人责任保险保费收入1523万元，同比增长3.9%。

全年合计税收11322万元（代扣代缴车船使用税4846.3万元；个人所得税3497.6万元；增值税2683万元；房产土地税296万元）。支持旅游业发展。2018年，游客人身意外险保费收入3919.5万元，同比增长27.32%，为1300万游客提供旅游服务保障。积极发展健康意外险，为城乡居民提供有力保障。2018年，张家界市健康意外险保费收入3.72亿元，同比增长29.04%。其中，城乡居民大病保险4504元，新型农村合作医疗保费收入3977万元，城乡居民意外伤害基本医疗2917万。落实“惠及三农”政策，农业保险发展较好。全市农业保险保费收入9164万元，同比增长31.1%。其中，种植险保费6185万元，同比增长27.32%；林木险1016万元，同比增长7.03%；养殖险保费1962万元，同比增长21.02%。打好脱贫攻坚战。2018年，“扶贫特惠保”贫困家庭综合保障保险844万元，惠及用户14.09万人。

承担风险保障能力提升。2018年，共支付各类赔款及给付7.28亿元，增长8.79%。其中，财产险支付赔款3.86亿元，增长13.45%。简单赔付率为45.6%，其中，车险简单赔付率40.8%。寿险赔给付3.43亿元，增长3.52%。其中，死伤医疗给付3942.4万元，同比增长24.2%；年金给付7200万元，同比增长60.7%；满期给付16670.7万元，同比增长－20.8%；意外险赔付1386万元，同比增长10.1%；健康险赔付5049万元，同比增长61.9%。寿险产生退保金26124.6万元，同比下降21.8%。

二、财险市场情况。业务发展稳中有升。财产保险保费收入8.46亿元，增长15.42%，增速排全省第4名，与全省平均增长值基本持平。其中，永定区保费收入47440万元，同比增长14.3%；慈利县保费收入21336万元，同比增长15.8%；桑植县保费收入12102.9万元，同比增长18.3%；武陵源区保费收入3719万元，同比增长5.3%。2018年，财险公司赔付34294.2万元，同比增长15.9%。简单赔付率为44.9%，其中车险简单赔付率42.2%。

车险保费收入54263.5万元，同比增长11%。全市承保车辆数269872台，同比增长21%。其中，商业车险保费收入38917.9万元，同比增长8.3%；交强险保费收入15345.6万元，同比增长18.7%。

非车险业务保费收入30334.4万元，同比增长28.9%，占产险市场35.9%。农业保险和责任保险等政策保障型业务发展态势良好，形成财险增长的新动力。农业险保费收入9164.7万元，同比增长31.1%。责任险保费收入4730.2万元，同比增长12.7%。健康意外保险发展态势较好。其中，健康险保费收入10792.6万元，同比增长47.8%；意外险保费收入3598.5万元，同比增长9.2%。

三、人身险市场情况。一是业务发展总体平稳。人身保险保费收入16.7亿元，增长11.24%，增速排全省第4名，与全省平均增长值基本持平。其中，永定区保费收入93386万元，同比增长1.5%；慈利县保费收入34823万元，同比增长20.3%；桑植县保费收入24620万元，同比增长27.6%；武陵源区保费收入3984万元，同比下降6.1%。二是业务险种结构均衡。个人代理渠道保费110818.4万元，同比增长21.3%。银保渠道保费41550.1万元，同比下降13.9%。团险渠道保费9059.1万元，同比增长21.6%。其他渠道保费5543.7万元，同比增长81.7%。

长短险保费情况。长险首年保费57894.7万元，同比增长－21.7%；长险续期保费97042.1万元，同比增长45.2%；短险保费12034.5万元，同比增长29.7%。

各险种业务情况。寿险保费134345.2万元，同比增长

6.5%。健康险保费26495.1万元，同比增长38.9%。意外险保费6131万元，同比增长27.2%。（张 恺）

【吉祥人寿保险股份有限公司张家界中心支公司】 吉祥人寿保险股份有限公司张家界中心支公司业绩稳步增长，合规经营迈上台阶，整体经营健康有序。

一、业务经营稳中有进。2018年，公司强化基础管理，组织业务推动，加强机构建设，在改善业务结构、促进核心价值业务发展的同时不断夯实基础管理，各条线增长稳定。全年服务客户6万多名，实现保费收入1.478亿。元，其中，团险渠道同比增长163%。良好的业务经营获总公司“2018年度优秀中心支公司”荣誉。

二、客户服务便捷高效。建立以全流程电子化、官网、微信为核心的“E服务”体系，通过移动服务、互联网服务、微信服务等平台新技术的应用，提升客户体验，提高客户满意度，引领服务水平提升。全年处理理赔案796件，赔付金额276.5万元，住院探视47人次，无重大投诉纠纷，各项服务评价指标保持良好状态。获张家界市保险行业协会“2018年度诚信服务履行先进单位”和“2018年度诚信服务考核达标单位”。

三、合规经营持续有效。建立公司合规管理体系，明确各部门风险管理职责，始终贯彻执行并形成风险管理的长效机制，为公司长期稳健发展奠定坚实基础。积极履行反洗钱义务，持续提高反洗钱工作能力。通过公司内网、微信群及会议开展合规宣导，全年共计开展20多余项各类风险排查及问题整改，完善了管理制度，全面提升员工风险及合规意识。公司全年无重大风险发生。

四、公益行动树立品牌。2018年3月，配合总公司完成驻慈利县高峰土家族乡雪莲村驻村帮扶工作，向该村捐赠价值4万多元的办公设备百余套件。2018年5月，参与结对帮扶工作，配合后盾单位结对帮扶建档立卡贫困户9户，完成进村入户走访工作8次，累计捐赠慰问资金1万余元。多次开展义务献血、爱心敬老、爱心帮扶等公益活动，获得社会好评。（余 伟）

【中国人民财产保险股份有限公司张家界市分公司】 中国人民财产保险股份有限公司张家界市分公司2018年实现保费收入4.16亿元，市场份额48.92%，处理各类理赔案35695件，累计承担保险责任金额19700亿元。

一、业务发展

2018年，全市系统实现保费收入41603万元，同比增长17.75%，在全省15个地市公司中排名第6，市场份额达到48.92%。其中，车险保费收入25695万元，商业非车险保费收入6992万元，农险保费收入4417万元，社保保费收入4499万元。

（一）重大承保：2018年，公司承保张家界核心景区、大峡谷、宝峰湖等旅游景点的责任险，项目累计承担风险金额达到5600万元；作为主承保公司，全年为景区的游客提供旅意险风险保障，有效调节旅游纠纷，为张家界良好的旅游口碑贡献力量；续保国网张家界电力公司财产险统保项目，承担风险金额达到55.8亿元；续保大庸府城企财险，承担风险金额达到8.6亿元；续保中国联通张家界市分公司财产险、公众责任险通报项目，承担风险金额达到6.55亿元；开展全市农房统保，为全市农户提供30亿元的住房保障；承保全市巨灾保险，提供风险保障78亿元；承保全市城乡居民大病保险项目，覆盖全市城乡居民，累计承担风险金额1239亿元；承保各类民生类保险，如扶贫特惠保，为贫困人口提供风险保障达到28亿元，残疾人救助保险，为慈利县残疾人提供6.5亿元的风险保障。

（二）重大理赔：2018年6月30日，桑植境内连降暴雨，村民向姓老人一家四口淌水过沟回家时发生意外，其老伴与儿女跌水身亡，村民廖某因意外落水不幸溺毙。得知事故消息后，公司相关工作人员第一时间赶赴事故发生地进行现场查勘，确定该事故属于人保财险公司理赔范围后，立即着手收集相关资料上传公司理赔系统。7月12日，公司向受灾者家属向某支付赔款26万元。其中，20万元为巨灾保险赔款，6万元为扶贫救助责任保险赔款。同日，向受灾者家属廖某支付赔款10万元巨灾保险赔款。2018年5月和7月，先后有游客在张家界旅游出现意外，公司在接到报案后第一时间派出工作人员进行现场查勘，两起案件累计赔付92.2万元。

二、经营品质

2018年，实现报表利润总额3859万元，缴纳税收达到4297.01万元，包括缴纳增值税1195.19万元、车船税2319.9万元、个人所得税730.92万元、土地使用税7.9万元、房产税16.5万元、印花税26.6万元。

三、客户服务

公司致力于服务转型升级，率先在行业内开设直升机救援、理赔午/夜市、“警保联动”主干道路巡查、代办车驾管社会服务、节假日出行保障“心服务”等服务举措，在公司发展壮大过程中，矢志不渝全力以赴提高保险服务经济社会发展的能力和水平，扎实服务好张家界经济社会发展。2018年，处理案件35695件，支出赔款18784万元。全险种理赔案件结案率96.03%，排全省第4位。其中，车险理赔案件结案率95.36%，非车险理赔案件结案率为97.34%。车险万元以下理赔周期5.51天，排全省第2位。

四、服务社会

在2018年的旱灾、暴雨灾害中，发挥保险理赔排头兵和主力军的作用。全市系统广大干部员工坚守承诺，以实际行动践行“人民保险服务人民”的历史使命和责任担当。全年仅政策类保险就支付赔款6425万元，特别是市分公司主承保的巨灾保险的承办，有效化解洪灾风险损失。（吴桂初 卓 姣）

【中国人寿保险股份有限公司张家界分公司】 2018年，中国人寿张家界分公司加快业务发展，稳健经营，取得良好成效。

一是业务队伍平稳发展。公司实现总保费5.31亿元，较2017年增长12.98%，市场份额33.9%，稳居行业第1；长险首年标保达成4865万元；首年期交保费达成1.1亿元；10年期及以上期交保费达成4984万元；保障型业务保费达成3083万元，较2017年增长70.58%；短期险保费达成4633万元，较2017年增长24.45%；续期保费3.4亿元，较2017年增长40.04%。公司销售队伍规模持续扩张，营销队伍规模3012人，较2017年增长11.7%。

二是服务手段不断提升。公司坚持以“一切为了客户，为了一切客户、为了客户的一切”为导向，围绕“流程最优、环节最少、时间最短、服务最佳”的目标，不断提升公司管理效能和服务水平。同时，强化服务与销售融合，推出理赔服务账单、“重疾一日赔”，得到了广大销售人员和客户的好评。95519人工接通率、电话呼入服务满意度、自主回访成功率等指标均有所提升，亿元保费投诉量低于全省系统均值。

三是风险管控扎实有效。公司不断加强对重点地区、重点领域的风险管控，持续防范销售误导、非法集资、洗钱等重点风险。2018年，全市系统没有受到重大行政处罚，没有发生重大违法违纪案件，公司风险预警指标评级年度为A，继续保持全省前列，人民银行反洗钱分类评级全市行业第1、支公司行业第1。

四是全面对接基本医疗。公司承办大病保险项目工作，服务城乡居民人数约71.42万人，管理资金3571万元，补偿支出达2594万元。

五是积极助力扶贫攻坚。全市系统共有扶贫帮扶点4个，投入扶贫相关资金（含物资）约17万元。在广西龙州、湖北郧西等外省的扶贫点电商采购6万元。（张　亮）

【中国平安财产保险股份有限公司张家界中心支公司】 中国平安财产保险股份有限公司张家界中心支公司整体保费收入1.12亿元。其中，车险保费收入9022万元，份额16.61%；财产险保费收入661万，份额9.77%；意健险保费收入777万，份额5.4%；农险729万，份额7.69%；市场份额13.22%，在当地所有财产保险公司排名第2位。

1.个人车险已全面推行并已实现电子投保单、电子保单。减少客户等待时简，降低保单差错率，提高良性体验度；承保、理赔信息更准确。

2.客户查询通道智能化、多维度。支持短信、邮箱、好车主APP、官网进行保单查询；支持人脸识别技术，确保身份验证时，录入准确的客户信息及手机号进行校验。

3.在理赔环节引入创新科技，推出车险理赔爆款项目——信任赔。颠覆传统的车险理赔模式，将保险公司处理理赔、管理理赔变为客户自主理赔，打破客户与保险公司的信任壁垒，引领行业提升服务能力；利用大数据及AI技术推出AI智能定损，系统智能识别损失，减少人工审核耗时，缩短客户等待时间，提升理赔效率。（刘　艳）

【平安人寿张家界中心支公司】 2018年，平安人寿张家界中支公司的总保费收入1.189亿元，同比增长9.2%；个险累计赔付、给付支出5263.5万元，同比增长57.9%。

一、科技赋能金融，助推业务发展

2018年，公司依托“科技＋”策略，以AI技术为核心，推动智能化转型升级，为业务发展提供新动力。通过科技＋销售支持，升级队伍培训和管理模式。一方面，借助直播＋远程视频技术，变革培训模式，将传统线下培训搬到线上，实现优秀讲师资源共享，节约学员通勤成本。另一方面，通过前线内勤工作平台和“口袋E”行销APP，优化管理模式，实现日常数据追踪、面谈、消息传达与经验交流的便捷管理，效率大幅提升。通过科技＋客户经营，持续向精细化经营转型，“金管家”APP全新改版，客户经营能力不断升级，可对用户进行产品服务的最优推荐，精准满足用户需求，并根据推荐效果实时匹配调优，实现千人千面推荐和分群经营。截至2018年12月31日，平安人寿张家界中心支公司金管家累计注册用户数达5万，月均活跃用户数近4166人。通过科技＋客户服务，应用AI技术大幅提升承保、保全、理赔等服务时效，升级“智慧客服”。2018年，平安人寿张家界中心支公司收到16141份投保申请，84.6%通过AI自动核保完成；“智慧客服”累计提供29334次在线保单服务，其中，68.4%通过AI自动完成，日均空中业务受理11.7件，最快用时3分钟；“闪赔”服务持续升级，全年理赔案件4183件中31.62%的案件可在30分钟内完成赔付，最快3分钟完成赔付。

二、优化产品结构，丰富服务场景

平安人寿张家界中心支公司秉承“保险姓保”理念，依托“产品＋”策略，持续深化保障型产品经营。一方面，加大对细分市场的拓展，推出成人返本重疾产品“福满分”。积极拓展保障＋储蓄新市场，推出少儿返本重疾险产品“爱满分”，以满足不同客户多层次的保障需求；另一方面，优化现有保障产品，重疾保障种类提升到80多种，产品竞争力显著提升。不断强化“产品＋”，通过优化“平安RUN”奖励规则，营造服务场景，提高客户、代理人、公司之间的互动频率，提升客户体验，增强客户黏性，促进客户经营效果提升。

三、完善合规体系，防范金融风险

2018年，平安人寿张家界中心支公司在各监管部门指导下，认真落实、执行《保险公司合规管理办法》等相关法律法规及监管规定，建立了包括但不限于反洗钱、防范和处置非法集资、制度内控等工作制度及细则，明确了各部门及机构的职能及责任，针对各监管部门2018年的各项合规要求，重点进行了规划和部署，2018年5—11月，多次开展非法集资风险专项排查及整改活动。加强合规制度管理、操作风险管理、反洗钱自查、反保险欺诈管理等，2018年度未发生群体事件和系统性风险事件，风险防控机制完备，运行良好。

四、聚焦慈善文化，助力精准扶贫

多年来，平安人寿张家界中心支公司一直秉承“执善心、筑大业”的理念，把企业社会责任作为推动公司可持续发展的动力，聚焦“慈善”文化，弘扬“大爱与责任”。2018年，平安人寿张家界中心支公司积极响应国家精准扶贫号召，开展驻村帮扶捐赠扶贫款13万元，助力国家脱贫攻坚。同时，平安人寿致力于教育扶贫。2018年，启动“幕天捐书千城万区”公益行动，为乡村少年募集千万册图书，全市累计参与活动的代理人有800余人，募集书籍1.5万余册，并通过幕天公益流转至乡村学校，助力乡村少年在阅读中成长。2018年9月，平安人寿张家界中心支公司配合分公司，招募3批15位志愿者，前往张家界明园学校开展支教活动，深入贯彻“扶贫必先扶智”的公益理念。　　（欧天丽）

证　券

2018年，张家界旅游集团股份有限公司年末总股本4.05亿股，市值19.60亿元。其中，营业总收入4.68亿元，同比下降14.91%；年末每股收益0.07元，同比下降63.16%；营业税金及附加834万元，同比下降3.35%。张家界市有5家企业进入全省重点上市后备企业资源库。按照“重点储备、精心培育、加速推动”的企业上市工作思路，加快推动张家界市企业境内外上市，力争通过5年的努力，到2025年，全市新增上市公司2家以上。按照《湖南省人民政府关于深入推进农业“百千万”工程促进产业兴旺的意见》（湘政发〔2018〕3号）有关要求，张家界市对4家涉农企业进行了股份制改造，要在2018年4月10日至2020年12月31日在湖南股权交易所股改板挂牌。　　（贺代平）

2018 年张家界市 3 家证券公司营业部经营情况表

单位：万元、户

单位 项目	中信建投营业部		财富证券营业部		国泰君安营业部		合计	
	金额（户）	同比增幅（%）	金额（户）	同比增幅（%）	金额（户）	同比增幅（%）	金额（户）	同比增幅（%）
股票交易额	1375305	-34.64	736574	-27.20	109796	35.58	2221675	-30.51
年底股民户数	58735	2.48	40521	6.49	8465	48.87	107721	6.60
年底股票资产	146978	-27.18	56563	6.04	1499	-80.73	205040	-22.02
营业部收入	1412	-21.59	579	-23.31	54	35.90	2045	-21.19
营业部交税额	191	-24.80	68	-53.10	4	60	263	-34.41

注：国泰君安营业部 2018 年底有一大客户转移出去。

2019

民营经济

· 张家界年鉴 ·

总　类

【私营企业登记管理】　2018年，张家界市私营企业持续增长。商事制度改革等政策的实行，私人投资办企业的门槛降低，民间投资活力得到激发，私营企业登记数量和资本增幅明显。2018年，新登记注册私营企业3873户，增长4.00%；注册资本177.50亿元，减少20.94%，分别占全部新登记企业的93.96%、65.77%，是投资创业的绝对主力。截至目前，私营企业户数15814户，增长31.87%；注册资本988.65亿元，增长21.57%，分别占全部企业的88.77%、71.20%。

【“个转企”“小升规”】　2018年，全市共完成“个转企”337户，完成年度任务数的120.36%；“小升规”89户，完成年度任务数的178%。

【非公经济党建】　2018年，张家界市已组建非公经济党组织共有159个。其中，党总支9个，党支部150个。覆盖非公企业527家、党员1012名。非公经济组织员工入党积极性较高，全年共集中培训100余名入党积极分子与发展对象。非公企业窗口服务单位、旅游服务部门开展党员“亮身份、创优良形象”“亮职责、创优质服务”“亮承诺、创优秀业绩”的“三亮三创”服务全域旅游“三优”活动激情高涨。湘小伍家贸易有限公司党支部、景丽华冰激凌厂党支部、安顺出租车有限公司党支部等非公企业党支部通过设置党员示范岗、党员经营户、党员先锋车，广泛开展承诺服务质量好、承诺无假货、承诺15天无理由退货等创优活动。党组织战斗堡垒和党员先锋模范作用得到发挥、党建促生产经营的效果在这些企业初步形成。

（本栏撰稿　满益群）

个体私营经济

【个体工商户】　2018年，张家界市新登记注册个体工商户增量加快，共新增12156户，比上年增长23.32%；出资金额23.72亿元，增长17.43%。注销数量呈微幅减少，全市共注销个体工商户2940户，比上年增加6.18%，较2017年23.3%的增长速度有所下降。总数增速平稳。2018年末，全市实有个体工商户60526户，比上年增长18.09%；资金数额84.49亿元，增长32.02%。行业分布仍然集中。个体工商户行业分布仍旧集中在批发零售业、居民服务业，住宿餐饮业三大传统行业，这三个行业个体工商户数量占全部个体工商户的比重超过86.94%。2018年，新登记注册批发零售业个体户5181户，占全部新登记注册个体工商户的42.62%，资金数额7.7亿元，占32.49%；全年新登记注册住宿餐饮业个体户3594户，占29.57%，资金数额9.69亿元，占40.85%；全年新登记注册居民服务业个体户1227户，占10.09%，资金数额1.96亿元，占8.26%。2018年末，这三大行业实有户数分别占总量的60.88%、18.10%、7.96%。农村个体工商户快速增长。至年底，全市实有农村个体工商户18473户，增长27.22%，比城镇增幅高12.74个百分点，占个体工商户总数的30.52%；资金数额21.43亿元，增长45.93%，比城镇增幅高18.09个百分点，占个体工商户资金总数的25.73%。

【私营企业】　2018年，张家界市新登记注册私营企业3873户，增长4.00%；注册资本177.50亿元，减少20.94%，分别占全部新登记企业的93.96%、65.77%。至年底，全市私营企业投资者人数28002人，增长17.58%。雇工人数26002人，增长36.02%；实有私营企业户数15814户，增长31.87%；注册资本988.65亿元，增长21.57%，分别占全部企业的88.77%、71.20%。私营企业第一、二、三产业结构比例为1∶1.73∶7.07，主要分布在第三产业，共有11408户，注册资本总额714.62亿元，分别占私营企业总额的72.14%和72.28%。其中，行业排列前5位的分别是批发和零售业，租赁和商务服务业，农、林、牧、渔业，建筑业和制造业，分别为3925户、3187户、1613户、1511户、901户，分别占私营企业总数的24.82%、20.15%、10.2%、9.55%、5.7%。第三产业中私营企业排列前5的行业分别是批发和零售业、租赁和商务服务业、信息传输、软件和信息技术服务业，居民服务、修理和其他服务业以及住宿和餐饮业，分别为3925户、3187户、790户、639户和621户，分别占34.41%、27.94%、6.92%、5.6%、5.44%。2018年，新增私营企业中，第一产业下降26.82%、第二产业增长2.92%，第三产业增长8.29%。按行业分类，下降幅度较大的为电力、热力、燃气及水生产和供应业，农、林、牧、渔业，制造业，分别下降77.27%、26.82%、15.93%。上升幅度较大的为教育业，房地产业，水利、环境和公共设施管理业，居民服务、修理和其他服务业，文化、体育和娱乐业，分别增长347%、103%、73.33%、44.54%、42.65%。

【专业合作社】　2018年，张家界市专业合作社登记注册整体发展趋势放缓，共新登记注册646户，较上年减少9.4%；出资金额16.07亿元，较上年减少14.52%。2018年末，实有专业合作社3140户，增长22.18%；出资金额101.72亿元，增长18.28%。经营规模有所下降，新登记注册专业合作社户均资金为248.77万元，较上年同期户均资金下降5.66个百分点。全部新登记注册专业合作社中，出资金额100万—500万元350户，减少20.45%；500万—1000万元79户，减少14.13%；1000万元以上19户，减少34.48%。截至年底，100万元以上专业合作社448户，占全部专业合作社的69.35%，比上年减少9.35个百分点。业务趋向集中化，专业合作社从事的业务主要集中于种植业、养殖业，农产品加工三大领域。2018年，这三大领域新登记注册专业合作社616户，占全部新登记注册专业合作社的95.36%。其中，从事种植业的444户，占68.73%；养殖业153户，占23.68%；农产品加工19户，占2.94%。2018年末，这三大领域分别为1809户、1045户、121户，分别占57.61%、33.28%、3.85%。（本栏撰稿　李　方）

2019

科学技术与科技服务

·张家界年鉴·

总　类

2018年，全市共有高新技术企业38家，实现高新技术产值56.15亿元，增加值17.87亿元；省级科技园区2家；省级工程技术研究中心2家；省级产业技术联盟3家；省级重点实验室2家；省级科技企业孵化器2家；国家及省级众创空间5家；院士专家工作站1家；国家级星创天地3家、省级星创天地8家。

一、科技项目建设。2018年，扎实推进省市产业项目建设年活动。张家界鸿雁新材料科技有限公司的“固硫催化剂研发及产业化”入选省100个重大科技创新项目，筛选“显齿蛇葡萄系列产品研发及产业化”等20个科技创新项目进行重点培育支持。在国家科技部、省科技厅立项21项，获得资金支持930万元，科学安排2018年度市本级科技创新项目，下达项目39项，安排资金345万元，下达市本级产学研结合创新专项9项，安排资金100万元。对2017年37个省级项目资金到位情况进行了调查，涉及资金2157万元，到位率100%。对2017年度省、市科技创新项目开展绩效考评。其中，省级项目44个资金1782万元，市级项目58个资金500万元。

二、科技管理创新。根据《中共张家界市委张家界市人民政府关于推进科技创新的实施意见》（张发〔2017〕14号）精神，2018年，对上年度获批的1家省级高新区、1家国家级和1家省级众创空间、1家省级科技企业孵化器、8家高新技术企业等进行了后补助，补助资金255万元，占2018年市本级科技发展专项资金的42.5%，进一步激发全市科技创新活力。

三、创新平台建设。2018年，张家界市科技创新平台建设取得显著成效。1月份，张家界经开区获批湖南省高新技术产业开发区；张家界农业科技园获批国家农业科技园区。5月份，张家界市首个院士专家工作站在张家界仙踪林农业科技开发有限公司授牌落地；张家界琵琶洲农业科技开发有限公司获得湖南生态园林植物科普基地授牌；五倍子工程技术研究中心和大鲵繁育与精深加工工程技术研究中心获批省级工程技术中心，实现零突破；武陵源汇智众创空间和桑植县新时代众创空间被认定为省级众创空间；张家界经济开发区创业中心被认定为省级科技企业孵化器；3家星创天地被认定为省级星创天地。　（邓　刚）

工业科技

【高新技术产业】　一是高新技术企业成倍增长。张家界市科技局组织5期高新技术企业认定管理培训，第一批向省高企认定办推荐了11家企业参与认定，第二批向省认定办推荐了18家企业参与认定，通过专家评审、财务核查、国家认定办抽查、公示等程序，张家界市共有20家企业通过高新技术企业认定。截至2018年底，全市高新技术企业总数达到了38家，创历史新高，增速为111%，全省增速排名第1。二是高新技术产业增加值统计稳步增长。2018年，张家界市将新认定的部分高新技术企业纳入了高新技术产业增加值统计范围，纳入统计的企业由69家增加到了80家，举办了2期高新技术产业增加值统计培训班，邀请资深统计人员与相关专家进行操作实务培训。2018年底，张家界市高新技术产业总产值为56.15亿元，相比上年同期增长17.6%；高新技术产业增加值为18.87亿元，相比上年同期增长16.6%。其中，永定区高新技术产业增加值为11.99亿元，相比上年同期增长14.2%；武陵源区高新技术产业增加值为0.11亿元，相比上年同期增长19.6%；慈利县高新技术产业增加值为3.87亿元，相比上年同期增长20.5%；桑植县高新技术产业增加值为1.89亿元，相比去年同期增长24.8%。

【产学研创新专项计划项目】　2018年，为促进张家界市高新技术产业发展，引导并扶持企业与高等院校、科研院所开展广泛的产学研合作，根据《张家界市级产学研结合创新管理暂行办法》相关规定，下发了《关于申报2018年度张家界市产学研结合创新专项计划项目的通知》。经企业申报、业务主管单位推荐，共收到各个企业的16个申请项目。经过形式审查、专家评审、现场考察、党组研究审核等程序，会同市财政局提出了资金使用方案，经市人民政府分管副市长审核同意后，对“高效煤炭固硫催化剂”等9个项目进行了立项公示，与市财政局联合下发了《关于下达2018年市级产学研结合创新专项资金的通知》，下拨了100万元的项目资金，签订了项目任务书。年底，按照《张家界市财政局关于开展2018年度市级财政资金绩效自评工作的通知》要求，结合项目承担单位的自评，9个项目实施情况良好，资金到位率为100%，项目启动率为100%，质量指标达标率为95%，综合评分为95.6分。

【创新创业大赛】　2018年7月7日，在吉大张家界校区举办了张家界市首届创新创业大赛，副市长邹菊芳，市政协副主席、市科协主席覃仕斌，市人大常委会原副主任、吉首大学副校长罗金铭及各区县和高校代表队共200多人出席比赛开幕式。此次比赛张家界市共有126个项目报名参赛。其中，企业组报名53项、团队组报名73项。经海选评审，晋级首届创新创业大赛的项目共有35项。其中，初创企业组5项，成长企业组14项，团队组16项。大赛邀请了8家创投机构、4名省级创投专家和技术专家、6名市级专家，经过激烈的角逐和评选，分别评出企业组和团队组的一、二、三等奖和优秀奖，张家界仙踪林荣获企业组一等奖，“联诚实业”荣获团队组一等奖，慈利县和吉大张家界校

2018 年度张家界市产学研创新专项计划立项项目汇总表

序号	项目名称	申报单位	项目负责人	合作单位	推荐单位	资金（万元）
1	高效煤炭固硫催化剂	张家界鸿雁新材料科技发展有限公司	张小红 18867296999	西北大学麦考克工程学院	慈利县经科局	20
2	生产汽车发电机整流桥支架的模处定型装置研究及产业化	张家界长兴汽车电器有限公司	李新勇 13037445201	张家界航空工业职业技术学院	永定区发科局	16
3	Low-E 节能中空玻璃柔性制造技术集成与示范	张家界永兴玻璃有限公司	屈国聪 18074400087	湖南职业技术学院	闻新区	10
4	尖峰山青钱柳保健茶的开发与研制	张家界高山怡韵茶叶有限公司	钟勇军 13974401603	南京林业大学	桑植县经科局	10
5	超薄复合石材关键技术研发及产业化	张家界立方石业有限公司	林挺云 0744-8868068	湖南工程学院建筑工程学院	闻新区	10
6	药食同源材料对蛋品质量影响的技术研究与应用	湖南畅想农业科技有限公司	董丽婷 17774492779	湖南农业大学食科院	高新区	10
7	桑植白茶研发与推广	张家界西莲茶业有限公司	唐怀廷 13467890316	湖南省茶叶研究所	桑植县经科局	8
8	新型耐磨全密封渣浆泵的研发与生产	张家界天成机电设备制造有限公司	王志强 0744-3339988	张家界航空工业职业技术学院	慈利县经科局	8
9	土家织锦（西兰卡普）研发与应用	张家界旅典文化经营有限公司	丁世举 13974456126	湖南省工艺美术学院	永定区发科局	8
合计						100

区荣获优秀组织奖。张家界市推荐了15家企业和10个团队参加湖南省创新创业大赛，“联创实业”等5家企业和团队入围尽职调查，并获得省赛优秀奖，张家界久瑞生物科技有限公司代表湖南省参加新材料行业的国赛，并荣获国赛优秀奖。在2018年的湖南省创新创业大赛中，市科技局连续4年获得优秀组织奖。

【科技创新平台建设】 2018年，持续推动科技创新平台建设，加强对张家界市的众创空间和科技企业孵化器的指导和支持。2018年，全市共投资2400万元，按省级众创空间标准新建4个众创空间，建设主体分别是市高新区、永定区、武陵源区和桑植县人民政府。武陵源汇智众创空间和桑植县新时代众创空间按省级标准完成了建设，并推荐给省科技厅参与省级众创空间认定，9月25日被省科技厅认定为省级众创空间；永定区众创空间已有14个企业和团队入驻，运营正常；市高新区筹建的张家界众创空间已完成了总工程的建设与装修，年底已入驻运营。张家界市推荐的张家界经济开发区创业中心于9月25日被省科技厅认定为省级科技企业孵化器。截至2018年底，全市共有1家国家级众创空间、4家省级众创空间、2家省级科技企业孵化器。

【市经开区提质升级】 2018年，根据省科技厅《关于2017年省级高新技术产业开发区申报认定工作的通知》，张家界市科技局会同市发改委、市工信局、市高新区等部门，多次赴科技部及省科技厅衔接汇报，得到肯定和支持。1月23日，湖南省人民政府下发《关于设立岳麓高新技术产业开发区等9个高新技术产业开发区的批复》（湘政函〔2018〕12号），同意设立张家界高新技术产业开发区，实行省级高新技术产业开发区政策，取得创建高新区成果。2018年10月完成向市委、市政府、省政府、国务院的申请，拟申报认定国家级高新区。11月22日，国务院批复同意张家界市申报创建国家高新区。

张家界市众创空间与孵化器一览表

序号	名称	运营主体	认定时间	级别
1	慈利县众创空间	慈利县人民政府	2016 年	省级众创空间
2	武陵创享	吉首大学张家界校区	2017 年	国家级众创空间
3	慈利县青年创业中心	慈利县青年创业商会	2017 年	省级众创空间
4	桑植县新时代众创空间	桑植县市场服务中心	2018 年	省级众创空间
5	武陵源汇智众创空间	武陵源区工商业联合会	2018 年	省级众创空间
6	慈利县工业园发达开发建设有限公司	慈利县工业园	2017 年	省级孵化器
7	张家界经济开发区创业中心有限责任公司	张家界市高新区	2018 年	省级孵化器

（本栏撰稿　徐向华）

农业科技

【农业产业化项目建设】 2018年，张家界把项目建设作为科技兴农工作重点，培育和扶持有竞争力的科技型龙头企业，促进农村特色和优势产业发展。积极争取科技项目资金，市科技局农社科共组织推荐申报国家和湖南省科技扶贫专项21个，共立项17个，获资金支持645万。这批项目，技术含量高，市场前景好，产业带动性强，加大贫困地区新品种、新技术示范作用，加快了科技成果转化应用，提高农业产量和效率，起到科技精准扶贫产业引领推广作用。

【农业创新平台建设】 一是抓农业科技园区建设。加快推进永定国家农业科技园区提质升级，积极研究制订和完善园区优惠政策，积极向科技部和省科技厅汇报，争取相关支持政策和资金向园区倾斜。积极组织永定区申报创建国家级农业科技园区。在张家界永定国家农业科技园区创建领导小组指导下，多次召开专题会议，研究安排申报工作，委托湖南农业大学新农村发展研究院编制了《园区总体规划》和《园区建设实施方案》，编写创建国家农业科技园区建设申报书向国家科技部农村开发中心提交了申报资料。年底，科技部国科办发〔2018〕100号文件，永定农业科技园区获批国家农业科技园区。指导武陵源区积极创建省级农业科技园区，邀请湖南农业大学的专家团队对武陵源农业科技园区的几家龙头企业进行了现场指导，并在武陵源协和乡政府召开了现场调研座谈会。12月份，通过了省科技厅组织的园区申报现场答辩工作。2019年4月份，武陵源农业科技园获批省级园区。

二是抓星创天地建设。张家界市共创建8家省级星创天地，3家国家级星创天地。其中，2018年，新增加3家省级星创天地："丑丑同创"茶林河丑柑星创天地、有机桑植星创天地、万宝山农业科技创新星创天地。它们具有明确的实施主体，具有良好的创新创业孵化基地，具有良好的专家团队基础，具有较好的支撑保障体制，为培养带动众多科技特派员、三区人才、大学生、乡土人士深入农村创新创业，为加快农业现代化建设具有重要意义。

【科技人才农技培训】 市科技局和组织、人社等部门联合制订了《张家界市科技人才贫困村"覆盖"工程实施方案》。根据方案，四个区县均组建了专家服务团，并已派出科技人员258名入村开展科技服务，每个贫困县都有一名科技副区县长，同时兼任区县科技专家服务团团长。2018年，两区两县科技人员联系贫困村开展科技服务覆盖率均已达100%。同时，从扶贫科技人员中选择技术水平高、政治素质强、在行业领域内有一定影响力的技术专家，组成粮食、蔬菜、林果、畜牧、水产、良种、经济作物7个科技扶贫专家服务团。科技人员根据当地资源条件，以项目为载体，以技术为依托，帮助驻地引进新品种，实施新项目，围绕农民增收，产业发展，采取灵活多样的方式，开展了科技培训、科技咨询、技术指导及送科技下乡等一系列活动，提供"一对一""一帮一""一带一"的科技服务精准扶贫，形成"龙头企业+科技人才+基地+农户"的运行模式。一年来，累计开展科技培训300多次，培训农民近3万人次，发放宣传资料10万余份，技术咨询1万多人次，帮助群众答疑解惑技术难题近300个，推广新技术、新品种50多个。安置劳动力就业1000余人，辐射带动群众4万余人。科技人才紧紧围绕张家界市主导产业和优势特色产业，认真开展技术服务，充分发挥了科技人才在经济社会发展中的支撑和引领作用。 （本栏撰稿　周化玉）

科普活动与学会工作

【概况】 2018年，张家界市科协推进学会工作和科普活动开展，开创科协事业新局面。

1．实施《全民科学素质纲要》。市科协承担全市全民科学素质提升工作的协调指导工作，推进《张家界市全民科学素质行动计划纲要实施方案（2016—2020）》的实施。召开了张家界市全民科学素质行动计划纲要实施工作推进会，对全民科学素质工作进行全面安排部署。组织纲要办成员单位参加全国全民科学素质工作电视电话会议，并向市委专题汇报会议精神，积极争取相关部门支持。组织领导干部与公务员、学生等参加"第二届全省科学素质大赛"，反响热烈，全民科学素质纲要办职能有效凸显。

2．科普工作。做好国家级、省级"基层科普行动计划"项目组织申报工作。牵头开展全国科普日、科技下乡、科技活动周各类科普主题活动。2018年，张家界市科协被中国科协授予"全国科普日予以表扬单位"，慈利县举办的活动被中国科协评为"全国科普日予以表扬活动"。组织全市青少年各类科技创新竞赛，积极参与省级、国家级大赛，扎实推进青少年科技教育工作。进一步加强科普信息化建设。"科普张家界"开展科技传播540余篇，单月阅读量达3万多人次。2018年，全国科普日期间新增粉丝近8000人，参与科普答题4.02万人次，覆盖全国34个省市338个城市。在《张家界日报》开设"科普之窗"栏目，刊登科学技术、生活常识、卫生保健等科普知识47期。积极推进科普中国e站进社区、进学校。积极参与"五馆一院"设计工作，先后赴合肥、芜湖、南京等地开展科技馆布展设计前期调研，调研科技馆建设理念、展示内容设计及运营管理等情况。

3．学会工作。组织召开了全市学会工作会议，开展经验交流座谈，听取意见与建议。认真落实市委书记虢正贵在2018年科技人才座谈会上讲话精神，推进科技智库建设工作。加强学会监督管理，督促所属学会按时进行年检与换届，促进张家界市所属学术团体健康发展。规范学会内部管理，引导活动开展不正常、运行能力弱、社会认可度低且不按时年检的学会有序退出。推进市救护培训研究会、市气象学会、市老科协等市级所属学会承接政府转移职能。

【科协系统深化改革】 指导区县科协完成深化改革方案编制，完成率达100%。推动各级科协组织建设，扩大覆盖面。首个高校科协于9月在张家界航院成立，实现全市高校科协零突破，高校科协全组织建设在全省全面铺开。指导全市科协系统接长手臂，加强慈利县科协本级组织建设、乡镇（街道）科协组织建设、推进"3+1"试点工作，提升科协工作影响力。提升学会工作影响力。争取党委、政府支持，首次将学会工作经费纳入财政预算，为学会工作深入开展提供坚实的保障。

【首家院士专家工作站入驻挂牌】 2018年5月4日，举行张家界仙踪林农业科技开发有限公司"湖南省院士专家工作站"院士进站授牌仪式，中国工程院院士宋湛谦及其团队入驻张家界仙踪林农业科技开发有限公司，标志着张家界院士专家工作站入驻实现了零突破。院士专家工作站的入驻是张家界市引进高端人才、推进产学研融合、搭建创新驱动载体的重大成果，为张家界生物医药、生物材料深度研发带来示范效应。

【联系科技工作者】 开展以“致敬科技工作者”为主题的2018年“全国科技工作者日”活动。市委、市政府6名市级领导分别走访慰问全市教育、卫生、旅游、农业等行业的10名优秀科技工作者代表。召开全市科技人才座谈会，市委书记虢正贵到会并作重要讲话。组织全市30多名科技工作者代表在禾田居山谷开展系列趣味体育活动，营造良好的节日氛围。开展优秀科技工作者先进事迹专题报道，讲好科技人故事，宣传科技人事迹。

【科技助力精准扶贫】 推进各区县科技助力精准扶贫工程，与永定区科协在温塘镇黑潭村、合作桥乡高万村、教字垭镇七甲坪村开展科技助力精准扶贫农村实用技术培训。与慈利县科协举办2018年科技助力示范项目推进暨科普e站使用技术培训。深入慈利广福桥、三官寺等科技助力项目实地进行考核验收。积极组织全市优秀农技协、优秀农村科普示范基地和优秀农村科普带头人，申报2018年“基层科普行动计划”奖励项目。张家界市永定区茅岩河镇大米界村覃利等2名科普带头人，张家界市永定区谢家垭乡龙阳村、桑植县洪家关乡回龙村、慈利县溪口镇里仁村等19个科技助力示范项目获得国家、省级奖补资金共200万元。

【张家界市全国科普日活动】 2018年，举办以“创新引领时代，智慧点亮生活”为主题的2018年全国科普日活动，以张家界航院主场活动及“科普张家界”微信有奖竞答活动为引领，开启全市联合科普活动，为市民提供丰盛的科普大餐。张家界市各级科协紧扣主题，搭建科普服务平台，围绕科普惠农益民，提高全民科学素质，组织开展形式多样、内容丰富的各类科普活动30余场次，接待群众咨询约3500多人次，义诊1000多人次，制作科普知识宣传展板300多面，共发放各类科普资料200多种4.5万多份，参与活动的科技工作者和科普志愿者达3000余人，受益群众近20万人。

【青少年科技教育】 2018年，组织开展张家界市28届青少年科技创新大赛及第五届青少年鸽子花科技创新奖评选。组织参加省青少年科技创新大赛，共获奖46件。其中，3件获得全国青少年科技创新大赛奖项。在市一中体育馆主办“少年科学家全国机器人大赛张家界选拔赛”，全市100多名选手参加选拔赛。先后组织中小学生参加了“我爱祖国海疆”船模总决赛、“飞向北京”空模总决赛、青少年户外定向越野锦标赛等全国性竞赛，共获奖28项。

（孙一鸣　丁　钰）

知识产权

2018年，全市提交专利申请937件，比上年同期增长34.43%。其中，发明专利304件，比上年同期增长38.81%。专利授权363件，比上年同期增长4.31%。其中，发明专利25件，比上年增长13.64%。每万人有效发明专利拥有量1.0577件，比上年同期增长0.0375件。到2018年底，全市拥有注册商标6310件，中国驰名商标6件，地理标志证明商标5件，马德里国际注册商标3件，湖南省老字号品牌1件。拥有地理标志产品3件，农产品地理标志产品保护3件。出台《关于推进科技创新的实施意见》《张家界市“商标兴市”三年（2018—2020）行动计划》《张家界“商标兴市”三年行动计划（2018—2020）奖励办法》等一系列有关知识产权的政策文件。市财政提高专利资助资金、商标专项经费等知识产权专项经费预算。市工商局出台《商标规范使用提示书》《商标注册建议书》《注册商标法律告知书》《商标注册使用指南》等商标行政指导工作文件。国家知识产权局商标局张家界受理窗口正式运营。全市知识产权政策和工作环境得到优化。开展“护航”“雷霆”专利执法、打击商标侵权“溯源”专项行动等多个知识产权专项执法行动，查处假冒专利案件12件，侵犯商标权案件6件。全市打击侵犯知识产权和制售假冒伪劣商品工作深入开展。2018年，有关行政执法部门立案523起，结案512件，涉案金额486.5万元。检察机关受理侵权假冒案件9件19人，审结9件18人，批捕7件17人。全市两级法院共受理侵权假冒案件4件8人，审结3件6人。2018年，全市打击侵犯知识产权和制售假冒伪劣商品工作在全省年终考评中获得满分。截至2018年底，全市拥有国家知识产权优势企业2家，国家知识产权示范创建企业1家，湖南省知识产权保护示范创建企业2家，湖南省知识产权优势培育企业3家，张家界优势资源和旅游产业知识产权优势培育企业13家。张家界三木能源开发有限公司和张家界康尔佳生物医药科技有限公司开展知识产权贯标工作。2018年，全市有3个项目列入“湖南省知识产权战略实施专项项目”，有4个项目被列入2018年度“湖南省百项专利转化推进计划”。专利质押融资工作得到开展，张家界市共完成专利质押融资780万元。知识产权人才团队建设项目列入市委组织部人才发展专项。全市拥有湖南省中小学知识产权教育试点学校2个。市、区县知识产权管理部门组织开展形式多样的“4·26知识产权宣传周活动”。2018年，市知识产权局分别在慈利县、桑植县、武陵源区和张家界经济开发区举办企业和园区知识产权培训4期，培训200多人次。截至2018年底，全市拥有湖南省知识产权专家顾问1名，湖南省知识产权维权援助专家1名，拥有专利行政执法证人员16人。拥有专利、商标代理机构2家，拥有专利代理师4名。（郗国斌）

气象服务

【概况】 2018年，张家界市气象监测手段和服务能力提升，基础更加牢固。

一、防灾减灾气象服务效益显著。2018年，全市出现17次强度不等的强降水、4次低温雨雪冰冻、夏季三段高温热害并伴随两段中度气象干旱天气。全年共制作发布气象服务材料400余期、气候服务材料70期、预警信号196次，为重大节假日和社会活动制作专题材料30余期，向市委市政府和有关部门领导发布加密短信45次。制作发布粮食产量预报、春耕春播、夏收夏种、秋收秋种气象服务专报和农气旬月报27期，积极主动为各级党委政府领导指挥防灾减灾工作发挥了重要作用，多次受到市委市政府领导的高度肯定与表扬。市委市政府对市气象局2018年度工作评价100%满意。市委书记、市人大常委会主任虢正贵在市委常委研究部署防汛工作会上指出：气象部门工做主动，经常能收到气象预报预警信息，为我们决策防汛调度和工作部署提供方便，希望继续发扬。市委副书记、市长刘革安在全市应对低温雨雪冰冻天气专项工作会上对气象工作高度评价：气象局预报的天气情况很重要，政府相关部门要高度重视！切实做好低温雨雪天气的安全防范和生产生活保障工作，确保人民生命财产安全，确保全市人民大局稳定。在成功应对年底低温雨雪冰冻总结材料上，分管副市长尚生龙批示：张家界气象部门精准预报本轮低温雨雪冰冻天气，提前报告党政部门决策，积极服务社会民生福祉，做了大量卓有成效的工作，把好全市防灾减灾第一道防线。全市气象部门共1名个人获中国气象局重大气象服务表彰，1个集体4名个人获湖南省气象局重大气象服务或业务优秀表彰。

二、公共气象服务有声有色。张家界市气象部门利用手机短信、微信、QQ、钉钉、96121、传真等渠道及时发布预报预警信息，定期为农业、旅游、烟草、环保、交通、铁路、水电、林业等行业提供了针对性较强的专业气象服务产品。开展重要社会活动和节假日专题服务10余次。应对低温雨雪冰冻、春节、高考和国庆等特别时日天气召开新闻发布会6次，部门联动会5次。全年启动应急响应2次。组织参加市政府组织的防汛应急、危险化学品泄漏应对救援演练2次。同时在“3·23”“5·12”“安全生产月”“科技活动周”“全国科普日”等时节开展了形式多样的气象科普宣传。

三、为农气象服务有序推进。及时制作发布为农服务产品，开展了种养大户“直通式”气象服务。永定区局和桑植县局完成了2018年中央三农专项。桑植县成功申报“标准化气象为农服务县”，桑植刘家坪、陈家河以及永定区大庸桥办事处、天门山镇成功申报“标准化气象灾害防御乡（镇）”。推广智慧农气、钉钉、知节天气等业务APP，钉钉信息员活跃度全省第一名。

四、提升气象综合观测能力。2018年1月1日，张家界观测站新址开始对比观测，慈利观测站新址正式启用。6月，张家界国家天气雷达站开始试运行。完成全市光电式数字日照计安装、地面观测自动化改革、地面气象观测站分类命名、降水现象平行观测转入第二阶段等工作。对全市131个区域站及时进行维护，确保数据可靠。组队参加第十三届湖南省气象行业职业技能竞赛暨2018年县级综合气象业务职业技能竞赛，1名队员获装备技术保障单项二等奖。

五、现代化能力增长显著。1月，省气象局和省统计局经省人民政府同意，联合下发了最新的全省气象现代化进展评估报告。从报告来看，张家界总分为90.14分（全省第11名），较上一个评估周期增长7.01分，增长率全省第2名。全省考核的五大类指标中，防灾减灾、预警预报和支撑保障三项指标均列全省第1名。

【防灾减灾气象服务】 2018年，张家界启动气象灾害应急响应2次，应急响应天数共10天。召开6次天气新闻发布会、5次部门联动会。共发布《重大气象信息专报》《专题天气报告》《气象专题汇报》等市级决策服务材料100余期，《地质灾害气象风险预警》2期，共发布各类灾害性预警信号204期447县次43.5万人次。

【人工影响天气】 2018年4月26日，张家界市7门人工影响天气高炮驻点待命，至9月底，共开展人工消雹和增雨抗旱作业28次，发射高炮炮弹428枚。同时，配合省人影办开展飞机增雨作业3次，消雹增雨效果突显，获得了各级党委政府领导和人民群众高度评价。张家界市连续8年获得“全省人工影响天气工作先进单位”称号，有2位同志被评为先进个人。 （本栏撰稿 黄 骏 陈孟琮）

防震减灾

2018年，张家界市巩固提升防震减灾综合能力。

一、地震监测预报。一是加强台网维护管理，不断提高地震监测预报水平。强化措施，规范管理，提高观测资料质量。依托现有监测手段进行综合分析，及时准确地向省地震局报送监测资料。加强台网监测管理，实行24小时震情值班，确保工作人员在岗、仪器设备正常、数据处理准确，为地震监测预报提供及时、准确、连续、可靠的观测数据。二是坚持定期会商制度。积极参与省局的年中、年度地震趋势会商会议，并提交趋势分析报告，积极参与地震信息交流，并要求宏观观测点做好宏观异常零报告，确保资料的连续可靠。三是做好群测群防工作。张家界市共建立19个群测群防观测点，建立了以水井、动物习性为观测主体的宏观观测网，并要求建立台账，每月上报观测资料。同时，规范群测群防观测人员的工作职责及工作流程，加强对观测人员业务知识和责任意识培训，帮助解决问题、困难，加大在群测群防点进行地震知识的宣传，带动周边群众也参与到群测群防的工作中来。

二、地震灾害防御。创建省级地震安全示范社区1个。全市累计创建省市级科普示范学校19个，省市级地震安全示范社区9个。做好5·12防灾减灾宣传活动周工作，制订《张家界市地震局关于开展“5·12防灾减灾宣传周”系列活动工作方案》。在贺龙中学、张家界民族小学开展了防震减灾知识黑板报比赛、手抄报比赛、书法比赛、消防、地震逃生应急演练活动、防震减灾知识讲座等，并进行了评比表彰，进一步普及学生的防震减灾知识，增强学生的防灾避险意识和自救互救能力，活动中还发放防震减灾基础知识通俗读本、中小学生防震减灾知识手册等防震减灾科普知识宣传读本2500余份，防震减灾知识问卷2000多份。

三、地震应急救援。在防震减灾科普示范学校进行了应急疏散演练，这是对学校地震应急处置工作的一次积极的探索和尝试，也是对学校安全措施的一次再落实，是对学校师生员工安全防范意识的一次再强化，是对提高大家安全逃生技能的一次实地演练和培训。派出人员参加省地震局组织的专业业务知识培训班学习，取得了预期的效果。

（卓芙宇）

2019

社会科学

·张家界年鉴·

总　类

【概况】　2018年，张家界市已有市级社科类学会、研究会26个。全年开展社科普及、社科研究、学会管理、征文活动等工作。结合张家界市实际制订《张家界市社会科学普及基地管理办法》和《张家界市社会科学课题立项管理办法》。组织开展习近平新时代中国特色社会主义思想和优秀传统文化“进机关、进社区、进校园、进企业、进农村”等“五进”活动。采取联合出版、资助出版两种方式编辑出版《张家界革命老区大事纪实》和《庸城记忆》两部社科普及重点图书。与张家界市炎黄文化研究会合办《张家界市文化与旅游》内刊。课题研究工作卓有成效，张家界市本级立项重大课题1项、重点课题4项、一般课题6项。

【社科普及】　2018年，制订《张家界市社会科学普及基地管理办法》。组织开展习近平新时代中国特色社会主义思想和优秀传统文化“五进”活动，把习近平新时代中国特色社会主义思想和优秀传统文化送进干部群众的心里。张家界市家庭教育学会配合桑植县委宣传部创办“党员群众讲习所”，采取演讲与互动的方式向党员群众宣讲习近平精准扶贫思想。宣传弘扬家庭美德、社会公德的重要性，得到张家界市委书记虢正贵肯定。“党员群众讲习所”在全市贫困乡村和城市社区得到普遍推广。采取联合出版、资助出版两种方式编辑出版了《张家界革命老区大事纪实》和《庸城记忆》两部社科普及重点图书。与张家界市炎黄文化研究会合办《张家界市文化与旅游》内刊。张家界市财政会计学会利用财政微信公众号、学会工作群等渠道，加大新《会计法》等财会知识普及力度。张家界市图书馆学会开展阅读推广服务和阅读辅导讲座活动。张家界市心理学会积极承接张家界市总工会、团市委和张家界市妇联等群团组织的心理疏导公益项目，为100多名身患各种心理疾病的职工、青年、妇女儿童减轻心理痛苦。张家界市国学会拓展国学弘扬渠道，全年在市外开展弘扬优秀传统文化交流活动10多次。

【社科研究成果】　2018年，在社会科学研究方面进行探索，取得进展。张家界市本级立项重大课题1项、重点课题4项、一般课题6项。

理论研究有深度。聚焦农村三权分设改革，写出调研报告《农村的根本出路在于观念和体制创新》，对农村包干责任制进行反思，提出重建社会主义集体经济道路的设想；围绕乡村振兴战略，写出《乡村振兴的根本出路在体制创新》。以“民以食为天的反思”“土地分合的怪圈”为题，对一家一户这种模式进行多方位剖析，提出乡村振兴的对策在于“体制创新”、“文化创新”和“生态振兴”。撰写习近平新时代中国特色社会主义思想的理论文章《习近平理论创新的主要特征》，从“注重实际的问题导向”“总揽全局的战略思维”“一分为二的辩证方法”“心系百姓的人民立场”“抓实落细的务实精神”“朴实无华的大众文风”等六个方面阐述习近平新时代中国特色社会主义思想的主要特征。

课题立项有高度。与中国工业协会、中国文化战略委员会、国务院参事室等国家智库建立战略合作关系，就“张家界对接一带一路战略”进行研究，形成《张家界对接一带一路战略对策思考》和《中国张家界一带一路国家文旅合作论坛总体方案》等研究成果，提出在张家界市发起建立全球旅游城市命运共同体的倡议，从而加速张家界市旅游国际化，并向世界旅游目的地迈进步伐。

制订《张家界社会科学课题立项管理办法》。《办法》分为七章二十八条，对课题的研究方向、申报条件、评审程序、经费资助与使用等做出明确规定。张家界市党史研究会开展红色文化研究，协助市委党史研究室编辑出版《张家界革命老区大事纪实》和《桑植起义》两本文化图书。张家界市教育学会组织专家对本市十三五在省、市教育学会立项的教育课题研究工作进行实地和网上中期检查评估，促进教育科研工作有序开展。该会还组织省市中小学、幼儿园、特殊教育学校教师教育教学论文评奖活动，促进教师理论水平和专业技能的提高。张家界市金融学会、张家界市钱币学会、张家界市审计学会、张家界市工商学会等学会结合各自实际，深入调查研究，积极著述立论，均取得不错的成绩。

【学会管理】　依据《民间组织登记管理条例》，审查新设立社团的《章程》，审查社团宗旨、研究方向、会员条件、议事规则、会费来源收取与管理以及发起人的政治背景和简历。在年检和换届工作中，坚持报备资料不全的不通过，有违法违纪行为的不通过，经费使用不当的不通过，长年不开展一次活动的不通过。对个别学会财务管理混乱、违规报账的行为进行督查，责令整改，推动学会管理规范化。

【纪念建市30周年征文活动】　为了记录张家界市30年成长足迹，张家界市社科联联合市委宣传部、张家界日报社开展“见证三十年”征文活动，共收到稿件185篇。经过专家评审，评选出优秀征文作品50件，已结集编印。

经济学研究

2018年，张家界市工商行政管理学会确定9个课题作为调研课题。课题确定以后，以张家界市工商局和学会的名义，下发文件，将任务分配到相关科室和区县，明确到责任人，并确定每个课题由一名局领导牵头主抓，做到认领课题任务明确，推进立项课题顺利完成。

张家界市财政会计学会聘请高校及省财政厅会计准则讲师团的专家，来张家界市为会员授课，全年组织3次培训。

张家界市钱币学会组织各会员单位，开展反假货币及人民币知识宣传，全年累计向群众宣讲近4万人次，发放宣传资料6.8万多份，接受咨询1.5万多人次，组织小超人网络答题8300多人，取得较好的社会效益。

张家界市金融学会开展调查研究，服务经济工作。一是学会加强学术交流。组织全市会员单位中心组开展联组学习，围绕“深化小微企业金融服务”集中研讨。二是参与课题研究。开展我国金融控股公司发展现状和风险问题研究、乡村产业振兴与金融合约创新问题研究和张家界市地方政府债务问题研究，并向省金融学会投稿参与重点课题评比。三是会员单位踊跃参与。各会员单位积极调查研究，调研报告水平稳步提升，全年收到16家会员单位结项课题28篇。

教育学研究

2018年，张家界市家庭教育学会开展家庭教育“五进”活动，走进社区文明课堂并开展讲座61场，走进学校开展公益讲座21场次，走进农村开展讲座28场次，走进企业宣讲20场次，走进机关宣讲50场次，2万多人次参与活动。学会讲师团在桑植县利福塔小学开展“家长讲堂在小学班级管理中的运用研究”，在桑植澧源中学开办“澧源中学心灵氧吧”，集体研发“传承孝道、和谐家庭”讲座课程。

张家界市教育学会组织专家对张家界市十三五在省、市教育学会立项的教育科研课题研究工作进行实地和网上中期检查评估工作；组织张家界市高中校长参加省教育学会举办的“首届湖湘高中校长论坛”；组织中小学、幼儿园、特殊教育学校教师进行教育教学论文评奖活动。

张家界市图书馆学会举办《毕兹卡族谱》阅读辅导讲座；协办图书情报武陵山高峰论坛会议。

历史学研究

2018年，张家界市炎黄文化研究会聚焦张家界市旅游改革、社会发展的动态开展研究，为市委、市政府重大战略决策服务；组织会员积极开展“旅游和文化融合发展”“张家界红色文化”“张家界历史文化”“张家界校园文化”等课题研究，发表科研论文12篇、5万多字；编辑内刊《张家界文化与旅游》2期，设有20个专栏，刊发文章91篇，计有40多万字，图片近100幅。

张家界市国学教育研究会为“革命老区贺龙元帅故里”张家界市桑植县洪家关白族乡龙头村开展“加强农村精神文明建设·补齐贫困地区精准脱贫的‘精神短板’·提升农民精神风貌”形式多样、丰富多彩的社科普及活动。会长昌发军就如何传承弘扬家风家训文化、树立文明乡风进行专题讲解，为全村党员干部群众150余人送去丰盛的“精神食粮”。

（本栏撰稿　张心家　宋泓锡　陶结斌）

2019

教　育

·张家界年鉴·

总 类

【概况】 2018年，张家界市有各类学校264所。慈利县被认定为“湖南省现代教育技术实验先进县”。在全省首轮县级教育工作“两项督导评估考核”中，武陵源区、慈利县政府教育工作荣获优秀等次。在全省第二轮县级教育工作“两项督导评估考核”和职业教育督导评估考核中，武陵源区、永定区教育工作荣获优秀等次。在全省第三轮县级政府教育“两项督导评估考核”中，武陵源区政府教育工作和党政主要领导教育工作实绩均达到优秀等次，并被认定为全省第三批教育强区。

【教育经费投入】 2018年，张家界市教育经费投入实现稳增长。一是积极争取中央和省级专项资金的投入。2018年，全市获中央和省级各类教育专项资金51524万元。二是强化县级配套职能。2018年，全市申请到基本教育服务保障工程中央专项资金4685万元，县级配套资金1240万元。其中，义务教育学校建设中央资金1635万元，县级配套资金460万元，建设面积21842平方米；教育基础薄弱县普通高中建设资金1050万元，县级配套资金280万元，建设面积20942平方米；职业中等专业学校建设项目中央资金2000万元，县级配套资金500万元，建设面积10112平方米。三是公用经费补助标准法定增长。2018年，全市落实义务教育经费保障机制专项资金20296万元，按照全国统一标准小学生均600元/年、初中生均800元/年、特殊教育学校生均6000元/年，落实公用经费补助，并对不足100人点校均按100人拨付公用经费，农村寄宿制学生生均增加200元补助；民办学校均按公办学校标准实施公用经费补助。通过以上教育经费筹措途径，基本完善教育经费保障机制，张家界市的济困助学政策得到较好落实，中小学办学条件得到改善。

【教育信息化工程】 2018年，全市推进教育信息化“三通工程”建设取得重大突破。武陵源区、慈利县中小学整体完成“三通工程”建设。全市72.3%乡镇以下学校及教学点完成互联网宽带接入及网络条件下基本教学环境建设，68.5%乡镇以下学校及教学点的班级可利用互联网、多媒体教学设备和网上优质教育资源开展教学，79.3%的教学班级拥有班级学习空间，89.3%的教师实现利用互联网开展研修活动。完成“湘教云”单点登录体系建设与实名认证工作，建立市州、区县学校基于国家教育管理信息系统和省级信息管理系统的技术支撑与服务机制。全市有212所中小学完成“校校通”宽带接入，“优质资源班班通”完成率为72.5%，全市10037名教师注册个人空间。其中，89.3%的教师能利用空间进行网络教研、网上备课和资源汇集享等工作。

【教育基金资助】 2018年，全市奖励性资助大学新生30名，发放资助金15万元，每人5000元。秋季开学，资助2名在读困难大学生，每人资助学费3000元。春节期间，走访慰问中小学优秀教师、困难教师，老有所为、家庭贫困的退休教师60名，每人送去慰问金1000元。9月份，全市完成30名中小学特困教师走访慰问，发放救助资金30万元，每人1万元。推选慈利县广福桥镇中学李惟忠老师、桑植县人潮溪乡中心学校熊华春老师参加“湖南最可爱乡村教师”评选，均获“湖南最可爱乡村教师”称号，每人颁发奖金1万元。12月底，困难教师群体数据库建设完成，全市571名困难教师数据入库。为慈利县庄塌中学争取省教育基金会援助学校建设资金30万元，用于升级改造学生食堂条件；筹资5万元，支持慈利县开展“快乐合唱3+1”活动。

【高校招生考试】 2018年，全市高考报名人数9192人，采集处理报名信息9192人、文字信息9192人、图像信息9192人、体检信息9153人，采集处理享受优惠考生信息8987人、英语口试合格信息4823人、志愿信息11761人。2018年，高校在张家界市录取新生8627人，录取率为93.85%。其中，重点本科录取1617人，录取率17.59%；国家专项计划考生录取440人，录取率4.79%；一般本科录取1882人，录取率20.47%；本科三批录取505人，录取率5.49%；高职专科录取2820人，录取率30.68%。全市有8228人参加高中学业水平考试，全科合格人数7121人，合格率为86.68%。

【市直学校情况】 张家界市教育局已有直属学校3所，即张家界市广播电视大学、张家界市民族中学、张家界市特殊教育学校。市广播电视大学现有在编在岗教职工16人，开设有理工、文科、经营、艺术、师范等5类29个本专科专业，有开放教育在籍学生2800余人。其中，本部有学生1300人，40个教学班。市民族中学是市政府主办的唯一一所完全中学。学校坐落在市中心城区，校园占地面积212亩，建筑面积4.2万平方米，建有初、高中教学楼、综合信息大楼、礼堂、学生公寓、学生食堂以及400米塑胶运动场和球类运动场；现有66个教学班，在校学生近4000人，教职员工256名，系市级示范性普通高中、综合学业水平A类学校。市特殊教育学校占地面积10.9亩，校舍建筑面积达7000多平方米，可容纳20个教学班、300名残疾学生就读。现有9个教学班。其中，聋生班8个，启智班1个。在校残疾学生105人，在编在岗教职工34人，是全市唯一一所九年寄宿制特殊教育学校。

学前教育

【概况】 张家界市有各类幼儿园347所。全市3—5岁幼儿59331名，全市有普惠性幼儿园281所。公办幼儿园在园幼儿数16818名，普惠性民办幼儿园在园幼儿数22774名。全市幼儿专任教师3364人。其中，在编幼儿教师333人，占幼儿教师总数的10%。2018年，全市投资1.6亿元，新建、改扩建乡镇中心幼儿园81所；投资2994万元，建成7所农村独立公办幼儿园。"保育教育规范园"创建工作进展顺利。9月，全市有5所幼儿园完成创建项目并上报至省。

【幼儿教育管理】 2018年9月，张家界市教育局制订《关于开展幼儿园"小学化"专项治理工作实施方案》。11月，联合市发展和改革委员会、市财政局、市人力资源和社会保障局出台《张家界市实施第三期学前教育行动计划（2018—2020年）》，把学前教育事业发展列入各级政府教育督导的重要内容，确保政府责任落到实处，按照示范园、规范园、合格园的等级标准督政府办园行为，促进幼儿园自我发展、增进社会对幼儿教育的解与监督。《计划》坚持"以政府办园为示范和骨干，积极鼓励社会力量办园"的总体思路，坚持"有利于广泛吸纳社会资金，有利于学前教育事业发展，有利于提高办园效益和保教质量"的原则，走出一条多元化筹资办园的路子。2018年，全市幼儿园"小学化"现象得到专项整治，取消小学学前班。

【幼儿教育研究】 2018年9月，在张家界市永定城区全方位推进幼儿园德育课程研究，确立"以习惯养成为切入点，以一日常规活动为基础，21天形成好习惯"研究目标，通过一日活动常规（从入园晨间活动、集体教学、游戏活动、午餐、午休、离园）每个环节的引导与培养，有效促进3—5岁幼儿良好行为习惯的养成和生活自理能力的提高。11月，全市启动通过课题研究促进幼儿教育发展的举措，以《张家界市"非遗"进校园师资队伍建设人才专项项目实施方案》的实施为契机，推进园本课题研究。张家界第一幼儿园的"将非物质文化遗产融入幼儿园教育活动的研究"、张家界民族实验幼儿园的"足球活动提升幼儿合作素养的实践研究"等被确立为市基础教育规划课题研究项目。12月，接受专家组阶段性研究成果评估，获得专家们好评。

【幼儿教育质量】 2018年，全市幼儿教育质量得到较大提升。5月，在湖南省"第二届幼儿园教育能手竞赛活动"中，胡硕娟老师执教的课获省二等奖。6月，在湖南省"幼儿园优秀班级主题环境创设竞赛活动"中，慈利县商业幼儿园钱佳琪老师设计的《可爱的小动物》获省一等奖。为进一步贯彻落实教育部《幼儿园教育指导纲要》，提高幼儿教育质量，转变幼儿教育观念，促进幼师专业成长，展示幼师教学风采与才艺，组织开展全市"幼儿园优秀自制玩、教具展评活动"，评出一等奖3件，二等奖5件，三等奖7件。其中3件推荐到省和国家优秀自制玩、教具展评，获省一等奖2件，国家二等奖1件。在全省"绿色小天使"文艺会演活动中，慈利县山水一鸣幼儿园选送的节目《小蝌蚪找妈妈》获省二等奖。

普通中小学教育

【概况】 2018年，张家界市规划城乡义务教育学校布局规模，科学有序地推进中小学重点项目开展。一是预留和保障城镇学校建设用地，有序扩大城镇学校学位供给。二是建立城乡义务教育学校生源变化动态监测机制，构建与常住人口增长趋势和空间布局相适应的城乡义务教育学校布局建设机制。三是不盲目撤并乡村学校，不集中建设超大规模学校。桑植、慈利两县的芙蓉学校建设是张家界市省定重点建设项目。经县申请、市申报、省批复，项目建设各项前期筹建工作正按计划有序推进。8月15日，完成全过程咨询公司招标工作，并确定天鉴国际工程管理有限公司为中标人。9月27日，省政府下达用地批复。11月23日，通过省住建厅专家评审。12月底，项目地勘、设计、环评、文物勘测、全过程工程咨询管理招标及地勘挂网、项目批复公示等工作全部完成，项目120.93亩的征地拆迁工作基本完成，用地补偿金全部发放到位，完成项目国土测绘、可研报告、地质评估等费用552万元。

【中小学办学条件】 2018年，市教育局将"全面促进教育公平"作为改善办学条件的主要抓手。推进城乡义务教育一体化发展。投资18953万元，完成100所义务教育学校建设任务。市本级财政安排100万元资金，对按期完成建设任务的学校实施奖励。中央资金投入4651万元，完成41所"全面改薄"项目学校建设。截至12月底，全市548所（含348个教学点）义务教育学校已基本达标；启动并实施高中阶段学校建设三年攻坚计划。武陵源区第一中学、慈利县第三中学等普通高中教学楼、宿舍楼改、扩建工程，桑植县第一中学综合大楼新建工程已全面启动。

【大班额化解】 张家界市把化解大班额作为推进全市城乡义务教育均衡发展的重要工作抓手。成立消除大班额工作市级领导机构，制订《张家界市消除义务教育大班额专项行动实施方案》，进一步细化消除大班额工作的目标步骤，明确教育、编制、发改、财政、人社、规划等部门的工作职责，增强工作合力，形成“一地一案、一校一策”的工作格局。张家界市教育局将全面消除义务教育大班额工作，放到全市中小学规划之中的突出位置。2018—2020年，拟增加义务教育学生学位29365个。即，通过新建张家界北门小学、张家界民族小学、张家界崇文学校、张家界崇实小学北校、永定金海实验学校、慈利县铄武学校、通津铺镇赵坪小学、武陵源区索溪中心学校教学楼、武陵源区一中教学楼，增加学位22090个；通过改扩建永定中学、永定区大庸桥小学、张家界崇实小学南校、桑植县瑞塔铺小学、桑植县澧源镇第二小学、桑植县澧源中学、桑植县十一学校、慈利县阳和土家族乡中学、慈利县许家坊土家族乡中学等学校教学楼，增加学位4075个；通过将原张家界市第一中学的校舍资源全部整合到张家界国光实验学校，增加学位3200个。2018年，消除超班额班数719个，增加学位7812个，已完成三年既定目标的26.6%。

【中小学招生管理】 2018年，张家界市印发《关于下达2018年全市普通高中、中等职业学校、技工学校招生计划的通知》，成立以市教育局党工委书记、局长彭发勇为组长的张家界市高中阶段学校招生统筹管理工作领导小组。《通知》规定，严控招生计划。张家界市城区各高中阶段学校招生计划严格按市发改委、市教育局下达的《2018年全市普通高中、中等职业学校、技工学校招生计划》执行；市外中等职业学校在张家界市招生指导计划为600人，具体到校计划按准入审批数执行。张家界市民族中学、张家界侨辉中学、张家界天门中学国际班面向全市招生，其他普通高中只能在辖区范围内招生。张家界市民族中学、张家界市一中、武陵源区一中、慈利县一中、桑植县一中等5所中学50%的计划按初中毕业生数单列到招生范围内的各初中学校招生。张家界市民族中学在永定区、慈利县、桑植县分别录取广益班学生40人、30人、30人。张家界航空工业职业技术学院中职部和张家界市技工学校面向全市招生，张家界航院在永定区、武陵源区、慈利县、桑植县分别招生400人、40人、10人、250人，市技校在永定区、武陵源区、慈利县、桑植县分别招生700人、45人、10人、445人。张家界旅游学校、慈利县职业中等专业学校、桑植县职业中等专业学校部分专业面向全市招生，具体到各区县招生计划由学校与区县教育局衔接。2018年，全市普通高中招生计划8370人，职业学校招生计划5520人，技工学校招生计划1500人。

【中小学德育】 2018年，张家界市教育局下发《关于进一步加强全市中小学中华优秀传统文化教育工作的通知》。6月1日，全市“美德少年”表彰大会在张家界天门小学隆重召开，有31名优秀少年儿童获得表彰。联合新华书店组织举办全市第二届“新华杯”青少年国学知识大赛和“寻找中国少年写作之星”创新作文大赛。在全省国学大赛淘汰赛中，张家界市代表队荣获全省第三名。2018年，张家界市1名学生被评为省级“优秀学生”，56名学生被评为省级“三好学生”，23名学生被评为省级“优秀学生干部”。张家界国家森林公园学校的“绿色的校园生活·生态的育人实践”德育工作经验，被教育部评为“全国德育工作典型经验”。慈利县第一中学、慈利县金慈实验小学被评为“湖南省文明标兵校园”。武陵源区索溪中心学校、桑植县澧源镇第一小学、桑植县人潮溪学校被评为“湖南省文明校园”。

【中考制度改革】 2018年，张家界市中考制度改革稳步推进。一是启动学生评价制度改革。为分析与评价中小学生的素质发展状况，促进学生全面发展，启动中小学生综合素质评价工作。制订《张家界市初中毕业生综合素质评价实施办法》，2018年9月，在全市5所义务教育学校开展试点。二是开展初中英语口语人机听说考试试点。下发《关于做好2018年张家界市初中英语口语人机对话考试试点工作的通知》，明确试点学校、考试对象、考试内容、时间安排、考试分值、组织方式、考试程序、工作要求等。市里安排资金添置考试所用听力设备，试点工作稳步推进。

【中小学教学质量】 2018年，张家界市教育局抓教师培训，先后两次组织新编教材教师培训，参培教师1100人。抓课堂教学。探索综合高中、特色高中教学方法，推进办学模式多元化改革，鼓励普通高中办出特色，在张家界天门中学开办语言特色实验班。抓常规视导。加强高中学校教学常规管理，坚持联考、视导制度，完善综合素质评价和教学质量评价体系，全市教育教学质量稳步提升。2018年高考，全市一本上线1764人，比去年增加483人，增幅38%；二本上线3232人，比去年增加307人，增幅10.5%；600分以上考生554人，是去年的4.3倍。

【中小学办学行为】 2018年，市教育局强化招生考试管理。完善义务教育学校“免试、划片、就近”入学原则，执行以居住证为主要依据的随迁子女义务教育阶段入学政策，严控起始年级大班额，义务教育学校招生乱象得到控制。抓中考制度改革。加强命题、制卷组织管理，确保初中毕业考试安全。少年航校招生工作规范有序，确保生源质量。开展中小学生课后服务试点。其中，永定城区学校试点16所小学、3所初中，自愿参加课后服务学生达2.33万余人，参与面达65%，解决部分学生家长按时接送学生之困难，得到省教育厅、省发改委、市委市政府的高度肯定和赞赏。永定区课后服务试点工作经验作为全省课后服务典型案例上报教育部。

职业教育

【概况】 截至2018年底，张家界市职业中等专业学校办学条件具备良好发展势头。永定区推进张家界旅游学校改扩建工程。慈利县持续加大支持县域职业教育发展的力度。慈利县职业中等专业学校投资1100万元的学生宿舍（第4栋）和投资2000万元中央专项资金的产教融合发展工程建设项目（B3实训楼、C4汽车销售美容维护中心），均已完成投资投入使用。桑植县职业中等专业学校投资1200万元的学生公寓，已完成主体工程。秋季，张家界市中等职业学校招收新生4375名，同比减少642名，下降12个百分点，普职招生同比下降4个百分点，普职分流为45%。中等职业学校的特色专业体系（专业群）持续统筹推进。张家界旅游学校的“旅游服务与管理”被立项为“省级示范性特色专业群”。慈利县职业中等专业学校“旅游服务与管理”“汽车制造与检修”两个特色专业群列被立为“省卓越中等职业学校”重点建设项目。

【职业教育培训】 2018年，出台《张家界市关于全面提高现代职业教育人才培养质量的实施意见》。全市职业教育培训中心运行机制畅通，职业培训资源统筹力度不断加大。截至2018年12月底，永定区职教中心组织开展就业前与产业扶贫等职业技能培训2302人次；慈利县职教中心积极参与劳动力转移、城镇失业人员创业、“两后生”等各类社会培训达1324人次；桑植县职教中心积极参与贫困家庭“两后生”、农村劳动力实用技术等各类培训达1072人次。市教育局组织169名中等职业学校教师参加专业带头人领军能力研修、“双师型”教师专业技能培训、优秀青年教师跟岗访学、中高职衔接专业教师协同研修、紧缺专业教师技术技能传承创新、教师企业实践、兼职教师特聘岗、贫困县和偏远地区学校精准培训、职业院校精品在线开放课程建设与应用培训、武陵山片区中职学校教师教学能力提升定向帮扶培训、一流专业（群）带头人培训、职业院校公共课骨干教师培训、国家安全教育骨干教师培训、中等职业学校班主任培训、信息技术应用能力培训等项目的培训。通过培训学习，职教专任教师业务素质得到明显提升。在全市中等职业学校信息化教学比赛活动中，有75名教师参赛，收到以赛代训、以赛促训的效果。经此赛事遴选49名中青年教师参加湖南省职业院校教师技能（职业能力）比赛活动，荣获省二等奖5个、三等奖9个。

【职业教育成果】 2018年，开展专业技能竞赛、专业技能考核、创业规划大赛等活动，学生实践能力得以展示，教学实践成果显著。全市47名中职学生参加湖南省职业院校技能大赛，荣获中职学生组一等奖1个、二等奖5个、三等奖8个。在湖南省黄炎培职业教育奖创业规划大赛活动中，张家界旅游学校“‘匠心银饭’梦工场”、慈利县职业中等专业学校“快乐周末旅游公司”“手工制茶的传承与创新”等项目荣获省优胜奖。2018年，全市职业中等专业学校毕业学生3576人，就业学生数为3546人，就业率为99.16%。其中，对口就业率为77.04%。

成人教育

【成人教育管理】 2018年，成人教育招收新生1158人。其中，农民大学生535人、国家开放教育542人、奥鹏远程教育81人。截至12月底，在册培训学员4434人。其中，农民学员2052人、其他学员2382人；脱产培训注册在籍学员966人。张家界市成人教育2018年春秋两季开设大学本科专业27个、大学专科专业30个；安排课程339门。其中，本科149门、专科190门。精选设置教学实践内容。投资4万元建立教学实践基地，结合专业课程组织开展以电商营运、社区治理、农村党务等为主要内容的实践教学活动4次。全市组织学员学分考试6496人次，考试科次20577科次，实现考试安全事故零发生。

【成人终身教育】 2018年，有1417名行政执法人员通过资格考试。会同市委老干部局组织参加湖南省离退休干部“走进新时代·筑中国梦”广场舞比赛活动，慈利县退休干部广场舞表演队获省二等奖、市老年大学广场舞表演队获省创意奖。组织干部职工网络在线教育，有参加培训单位85个，在线注册学员9995人，参学率为99.97%，参与考核学员8823人，合格率99.97%，年度综合指标全省排位第3。联手张家界师桥文化传播有限公司开展“六城同创·你我同行”公益巡讲活动。组织10名专家学者，深入街道、社区、乡村、学校、企业，开展巡讲活动15场次。

【成人招生考试】 2018年，张家界市成人高校招生考试报名6764人，比2017年增加603人，增幅9.8%。全市设永定区、慈利县、桑植县3个考区，100个考室，全程组考零事故。高等教育自学考试报考人数大幅度上升。4月，报考人数455人，报考科次达1737科次。10月，报考人数505人，报考科次为1749科。全年报考人数960人，较2017年增幅为165%。确认报考全国硕士研究生资格考试1379名，较2017年增加247人，增幅为21.8%。组织参加中小学教师资格证全国统考，报考人数4650人，报考10241科次，较2017年增幅为85.6%。2018年，组织英语等级考试5008人，成人学士、学位外语水平考试97人。

（本栏撰稿　李祥声　伍贤友）

高等教育

【吉首大学】 国务院学位委员会2018年5月正式下发了《关于下达2017年审核增列的博士、硕士学位授予单位及其学位授权点名单的通知》，经国务院学位委员会第三十四次会议审议批准，吉首大学成为2017年审核增列且需要加强建设的博士学位授予单位。博士学位授予单位的成功获批是学校60周年甲子华诞珍贵的礼物，是学校发展历程中浓墨重彩的一笔，是学校人才培养发展历史上重要的里程碑。学校高度重视博士学位授予单位的申报，按照上级文件精神和要求完成了各项申报工作。从博士学位授予单位和授权点的工作部署，学科特色方向的凝练，申报材料的撰写、论证，支撑材料的收集，专题片和画册的制作，全校上下都给予了大力支持。张家界校区将以博士学位授予单位的获批为契机，用敬业创出新作为，书写美丽“中国梦”的吉首大学新篇章。2018年5月24日，湖南省教育厅下发《关于吉首大学等四所普通高校调整到我省本科一批招生的通知》，吉首大学2018年开始调整到湖南省本科一批录取。学校将以调入本科一批招生为契机，提升人才培养质量，办人民满意的高等教育。张家界校区现有五个学院进入本科一批招生，分别是：旅游与管理工程学院、外国语学院、软件学院、美术学院、土木工程与建筑学院。 （汤 义）

【张家界航空工业职业技术学院】 截至2018年底，学院占地面积762亩，建筑面积16.3万平方米，固定资产总值1.61亿元，现有教职工500余人，在校学生1万余人。学院建有航空制造、航空维修、航空电气、航空服务、旅游管理五大专业群，开设33个专业。其中，航空制造专业群是湖南省一流特色专业群；数控技术专业为湖南省精品专业、省特色专业；旅游管理专业是湖南省特色专业、省中高职衔接试点专业；电气自动化技术、航空发动机装试技术、飞行器制造技术、飞机电子设备维修专业是中国人民解放军定向培养士官指定专业。2018年，被评为中国人民解放军空军定向培养士官定点院校。

一、加强思想政治教育。举办全省高校思想政治教育研究会2018年年会，全省93所高校160余名代表参会。五年高职部团总支被评为“湖南省五四红旗团总支”“全国五四红旗团总支”。

二、提高科研水平。完成近30类各级科研项目和课题申报，征集项目、课题125项，已获准立项27项。全年教职工专利申请100余项，获得授权57项；专家工作室完成专利申请79项。其中，发明专利29项。2018年，学院毕业设计抽查作品合格率达96%，专业技能抽查三年制、五年制合格率均达100%。技能竞赛成绩突出，学院荣获国家职业技能竞赛三等奖1个，全国行业赛一等奖1个，二等奖2个，三等奖3个，湖南省职业技能竞赛一等奖1个，三等奖1个。

三、促进产教融合。和中航工业实习联合会与中国航发南方工业有限公司、贵飞公司等企业合作，开展专业认识、跟岗实习。继续与长沙空乘人力资源公司、湖南厚溥教育科技有限公司、常德东亚汽车有限公司等开展合作办学，民航运输专业近三届毕业生首次就业率均在96%以上，就业对口率在92%以上。

四、加强师资建设。强化师德师风建设，从教学一线教师中评选师德师风“十佳标兵”。全年组织教职工参加各类培训100余项，教育培训290余人次，培训经费近200万元。组织教师培训项目60余个，组织230余人次开展下厂锻炼，安排23人赴国外进行培训。在2018年湖南省教师职业能力竞赛中，张家界航空工业职业技术学院获2个一等奖、2个二等奖、3个三等奖。 （赵 芳）

特殊教育

【概况】 2018年，张家界市有特殊教育学校3所，在校残疾孩子252名，教职员工72名。全市残疾儿童入学率为92.9%。张家界市特殊教育学校是张家界市唯一一所综合性九年寄宿制特殊教育学校。学校占地面积达5336平方米，建筑面积5000平方米，有教学班10个。其中，聋生班5个，智障者班4个，语训班1个。学校康复室、语音室、体能训练室、书法室、缝纫车间等职业技能培养室一应俱全，集义务教育、职业技术教育、医疗与康复教育于一体的综合性特殊教育发展模式已初步形成。完成全市残疾儿童筛查。启动张家界市特殊教育学校、桑植县特殊教育学校搬迁工作。

【特教职业教育】 2018年，张家界市特殊教育将文化知识课与职业技术实践课兼容整合的教育模式趋向成熟，探索“厂校合一”“订单培养”“跟班学习”等职业技术教育模式。根据残疾孩子的残存潜能，投入资金100多万元，添置设备、购置器材、引进技术、落实场地，针对残疾孩子潜能一对一开办中、短期实用性职业技术个别化培训班50个，针对市场需要开设缝纫班、烹饪班、刺绣班、美工班、沙石画、书法班、修理班、微机班、美容班、洗涤班等家政培训班10个。

【特教艺体教育】 2018年，张家界市残疾孩子体育运动队在湖南省特殊教育运动会比赛中获金牌5枚，银牌2枚；在全国特殊教育奥运会中获铜牌2枚。在湖南省第九届残疾人艺术会演中，张家界市特殊教育学校舞蹈节目《祈年》获省二等奖，并被选送颁奖晚会汇报演出，受到省委省政府领导的接见与慰问。

【特教康复教育】 2018年，张家界市特殊教育学校“集体康复、个别康复、家庭康复”三位一体的残疾孩子康复教育模式趋向成熟。为每位残疾孩子量身订制个别化教学方案，在认真实施期、月、周、天教学计划的同时，将学校康复与家庭康复达成无缝链接，并通过IVP教学、亲子课堂，教学开放日，让家长参与康复教育全过程，3名聋儿得到康复。

民办教育

【概况】 2018年，全市有各级各类民办学校585所，覆盖幼儿教育、中小学教育和职业技术教育。

【民办教育发展】 2018年，全市向省教育厅争取民办教育发展专项资金56万元，全市10所民办学校获得资金支持。市财政局预算安排市级民办教育发展专项资金30万元，13所民办学校获得资金支持。区县民办教育发展态势良好。永定区教育局每年为优秀民办学校（园）安排资金4万元作为民办学校奖励经费。市、区县民办学校普惠政策得到落实，在立项、建设过程中与公办学校同等享受用地、税费等方面的优惠政策。张家界市成规模的九年制民办学校——张家界金海实验学校投入使用。学校位于张家界市永定城区澄潭大桥东端，占地面积78亩，建设投资1.8亿元，建筑面积4.8万平方米，43个教学班，2000多名师生员工。慈利信息工程学校是一所成立于1995年，经张家界市教育局审批的民办职业学校。建校23年来，先后被教育部评为“全国民办教育先进单位”，被中国民办教育协会评为“国家级‘守诚信，重质量’示范学校”，被湖南省民政厅评为“省级先进社会团体”。截至2018年底，该学校已发展成为集成人大学教育、中等职业教育和国家农村劳动力转移定点培训等多层次教育于一体的综合性学校。校长饶海洲被湖南省人民政府授予“湖南省民办教育先进个人”称号。2018年，慈利县山水一鸣幼儿园、永定区小天鹅艺术学校被湖南省民办教育协会评为优秀民办学校，黄金秀、吴柏峻评为优秀民办幼儿园园长，舒华、万美翠、李英、吴雅琪被评为优秀民办学校教师。

教育管理

【两项督导评估】 2018年，张家界市教育督导委员会办公室完成对桑植县、慈利县、永定区政府教育工作“两项督导评估考核”。对2017年市级督导评估中建立的各区县问题台账的整改落实情况进行全面督查。通过两督，永定区政府追补教育经费9414万元；慈利县政府追补教育经费5306万元，并计划从2019年开始每年每位教师安排年终绩效考核奖2000元纳入财政预算。桑植县教师医疗保险、住房公积金等社会保险待遇除个人、单位负担部分外均由县财政全额预算。

【教育专项督导】 2018年，市教育督导室开展全市中小学开学工作专项督导。在春季、秋季开学之际，市教育局有关科室负责人，配合省教育督导检查组，对桑植县、慈利县和永定区的开学工作进行专项督导，尤其聚焦校车安全、食品安全和大班额现象等突出问题。对全市230所公、民办幼儿园进行办园行为的专项督导评估，评定优秀等次2所，合格等次228所。出台《张家界市义务教育标准化学校验收细则》，制订全市重点民生项目校（园）评估验收工作方案，会同市统计局，对全市25所重点民生项目校（园）进行专项评估验收。

2018年，市教育督导室对2018年迎接国家义务教育发展基本均衡区县认定的永定区、慈利县和2019年迎检的桑植县，配合省第七督查组对县域义务教育均衡发展进行专项督导，并协助召开省级督查反馈意见会。将《张家界市义务教育城乡一体化均衡发展推进情况调研报告》作为市级重点调研项目上报省人民政府。配合省教育厅对永定区、慈利县进行省“两项督导评估考核”。配合国家、省对慈利县进行义务教育发展基本均衡国家认定。督促区县对省、市反馈的问题台账制进行整改。其中，永定区整改问题218个、慈利县整改问题261个、桑植县整改问题293个。

教师队伍建设

【中小学教师培训】 2018年，张家界市中小学教师培训体系趋于完善。全市中小学教师参加市级以上项目培训达7000多人次。其中，“国培计划”5685人次，“省培计划”667人次，市级培训1000多人次。培训内容包括师德师风、教育理论、教育思想、教育管理、教育技术、教学方法、教学技能、教学诊断、心理健康等。培训把学习、研究、实践、总结、改进五个环节融为一体，互相衔接，让教师具有实实在在的获得感。继桑植县、慈利县之后，永定区成为全省第四批“国培”项目县。

【中小学教师队伍补充】 2018年，在全市应届初、高中毕业生中择优选拔省公费定向培养师范生427名。2018年，为解决教师队伍数量不足全市拓宽教师补充渠道，补充中小学教师720人。其中，特岗教师137人、公费定向师范生119人、部属免费师范生12人、公开招聘252人、人才引进126人、三支一扶17人、三区支教56人、外市调入1人。2018年，有1036人通过教师资格证书认定，合法取得教师资格证书；411名教师申请首次注册合格298人，992人参加中小学教师资格面试合格754人，通过率为75.4%，高于省平均水平6个百分点。

【师资队伍优化】 2018年，出台《张家界市中小学科技创新教育导师团队培养项目实施方案》，完成首批5名市级科技创新教育导师的申报、初审、复审、遴选、确认工作。配合国家银龄讲学计划，全市招募退休讲学教师19人。为市民族中学接收公费师范生3人、引进全日制硕士研究生4人、公开招聘教师5人。2018年，全市306名中小学教师晋升为副高职称，黄庭键、刘飞凡、彭永谦、卓云辉、李新凡等5名中小学教师晋升为正高职称。

【乡村教师支持计划】 2018年，张家界市实行乡村教师收入分配倾斜政策，落实乡村教师300元、500元、700元的补助标准。永定区对农村中小学教师每人每年另外增加补贴3000元。全面落实《张家界市统筹推进县域内城乡义务教育一体化实施方案》，张家界市教育人才发展“双名”工程已启动实施，并按要求报备市委深改领导小组办公室。2018年，市级财政安排专项奖补资金144万元，对评选出的20名市级名优校（园）长、80名市级学科带头人、200名市级骨干教师实行奖励。

教育教学研究

【校本课程研究】 2018年，张家界市中小学校推进全市中小学教育教学改革。天门小学编写的《国学读本》《土家舞蹈》《土家戏剧》《土家体育》《劳动实践》等校本教材，将传统国学、劳动实践、土家族民间艺术融入课堂。慈利一中编写的《综合实践活动课程》《传统文化与高中数学》《春笋》，张家界市一中编写的《中华民族传统体育课程》等校本教材较好地利用学校的教育资源，有效地促进教学质量的提高。

【课堂教学研究】 2018年，张家界市课堂改革模式呈现多元化研究势头。永定区崇实小学南校“三段式”“四段五步”教学模式、武陵源区“三阶段六步骤”教学模式、慈利县金慈实验小学“两导四练”课堂教学模式、桑植县“三主五步”课堂教学改革整体推进模式等教学方法在课堂教学中有效促进学生思维发展与个性开发。2018年，中小学综合实践活动课程在全市自上而下推动，层层培训、个别辅导，每所学校、每个班级、每个学生都能够结合自身实际，选择有意义并且感兴趣的研究主题，进入个性化研究角色。2018年，张家界市认真组织、积极参与省级以上中小学教学比武或优质课赛教活动，并取得很好成果。截至12月底，向全国推荐2名教师的优质课，分别获国家级一等奖1名，二等奖1名；向全省推荐18名教师的优质课，通过专家观摩、评审，获省级一等奖5名，二等奖13名。2018年，市教科院在全市普通高中学校组织开展高三教学视导课与研讨课评选活动，评选出示范课56节。全体高中教师积极参与，潜心研究，精心备课，有效提升全市高中课堂教学改革的整体水平。

【教改课题研究】 2018年，完成湖南省教育科学研究十三五规划课题申报与立项工作。全市向省申报9项课题。其中，1项获省级重点立项课题，6项获省级一般立项课题。9—12月，组织对全市十三五规划课题进行中期检查与评估，重点抽查省级规划课题6项，市级规划课题70项。全市所有教育规划课题重点突出课堂教学研究与改革，为全市中小学教学改革提供优质的范例和成功的经验。

【体育教育研究】 2018年，市教育局在全市中小学推进学生“阳光体育运动”。以开展阳光“体育、艺术2＋1”活动和“一校一品”创建活动为契机，乡镇中心完小以上学校分别举办1次田径运动会、球类比赛和艺术节，让每个学生至少掌握2项终身受益的体育锻炼项目和1项艺术特长。永定区天门小学将土家摆手舞、土家茅古斯舞、土家花灯、足球操等融入大课间活动。崇实小学北校自编土家儿童韵律操。桑植县贺龙中学自编红军操，作为大课间活动的主要内容之一。截至2018年12月底，全市216所中小学校，有专任体育教师665人。高中、初中学校均有200—400米不等的田径场1个、标准篮球场2—10个、乒乓球台10台以上。张家界市一中、张家界国光实验学校、慈利县一中、桑植县一中均建有大型综合体艺馆。张家界国光实验学校、张家界天门小学、武陵源索溪中心学校均投资建设人工草坪足球场，并安装多组灯光，保证学校运动场地对外开放和学生使用。2018年11月7—19日，在张家界国光实验学校举办全市第三届中小学生校园足球比赛，25个全国校园足球特色学校、47支代表队、700多名运动员、教练员及工作人员参赛。在2018年全省中学生田径运动会中，慈利一中代表张家界市参赛，获得金牌2枚，银牌2枚，铜牌2枚，男女团体总分获全省第四名。张家界市一中代表张家界市参加全省中学生健美操比赛，获得3金1银，团体总分获全省第3名。

【艺术教育研究】 2018年，全市第六届艺术展演会举办，100所中小学2000余名学生直接参与展演。选送张家界市民族中学、天门小学代表张家界市参加全省第六届中小学生艺术展演。全市中学建制班级合唱比赛举办，有47个班级2167名学生参与活动。慈利四中高中部代表张家界市参加全省高中建制班比赛，获得全省第1名。张家界市组队参加全省“三独”比赛。慈利县第一中学的张翰文获得独奏组一等奖、桑植县贺龙中学肖月皎、武陵源第一中学陈屾分获独唱组和独奏组二等奖。启动张家界市“非遗”进校园师资队伍建设人才专项项目。全市成立“非遗”名师工作室5个。全市60名音乐教师赴长沙参加2018年全省小学音乐教学竞赛暨观摩研讨活动，慈利县金慈实验小学吴宜静老师、张家界北门小学田倩老师所执教的音乐课分别获省二等奖。慈利县零阳镇一完小朱彩云老师、武陵源第二中学（小学部）陈玲老师所执教的音乐课分别获省三等奖。在全省美术教师基本功大赛活动中，张家界市选送彭晓军、张家正、柳芳琼、黎倩倩等4名美术教师参加角逐，张家界市民族中学彭晓军老师获省一等奖。

【电化教学成果】 2018年，全市向省和全国推优课33堂，获省级优课21堂，部级优课11堂，优课率位全省前列，张家界市教育局获省教育厅优秀组织奖。在第十九届湖南省中小学电脑制作和第十五届湖南省中小学机器人竞赛活动中，张家界市选送学生作品获省一等奖6项、二等奖12项、三等奖21项，部级二等奖1项，三等奖2项。在第二届全省教育教学信息化交流展示系列活动中，张家界市推送教学课例、课件、微课、论文、案例等作品49件，44件作品获奖。其中，省一等奖6件，二等奖25件、三等奖13件；获部级二等奖2件，三等奖6件。在湖南省“特级教师上优课”优秀案例活动中，张家界市推送3堂优秀案例，获省一等奖1堂，二等奖2堂。

（本栏撰稿　李祥声　伍贤友）

2019

文化事业

·张家界年鉴·

总　类

【概况】 2018年，张家界文化工作取得突破。

一、文化艺术创作。集中力量抓创作。新创作了30多个具有鲜明地域特色的剧（节）目。汉剧小戏《赈酒风波》和小阳戏《婆媳买衣》入选第六届湖南艺术节新创现实题材小戏展演活动。《婆媳买衣》于10月14日参加基层院团优秀节目展演活动。古装阳戏《罗帕记》选段《三劝》入选文化和旅游部组织的戏曲百戏盛典参演活动。积极开展惠民活动。市委宣传部、市教育局、市财政局、市文体广新局四家联合出台了《全市戏曲进校园的实施意见》，为全市开展戏曲进校园工作加强了组织保障。组织开展了“送戏曲进万村、送书画进万家”活动。完成惠民演出520场，组织书画家200余人次，到基层为群众送书画作品万余幅。开展了贫困地区送戏下乡活动。为2个贫困县（慈利县和桑植县）的69个乡镇送地方戏曲414场次。组织永定区大戏传承保护中心和张家界百花阳戏艺术团开展了戏曲进校园演出活动。永定区和慈利县组织了“平安创建”、永定区组织了“六城同创”、慈利县组织了“脱贫攻坚大决战”等文艺巡演活动。以汉剧、阳戏、小品、花灯等群众喜闻乐见的节目向干部群众宣传国家政策，展示社会主义新成果，坚定文化自信。

二、公共文化服务。全市有乡镇（街道）文化站78个，经国家评估定级的文化站有35个。共有行政村872个，合格村级文化服务中心共683个，合格比例为78.3%。出台《张家界市群众文艺团队（体）奖励扶持办法》《张家界市政府购买公共文化服务实施方案》。开展元旦、春节期间“我们的中国梦湖湘文化进万家”“我是雷锋家乡人湖湘文化送春风”等系列文化志愿服务活动。4月，张家界市获得文化和旅游部批准创建第四批国家现代公共文化服务体系建设示范项目“打造地域特色多民族民俗文化新名片”。有6个节目、12幅摄影作品和5幅美术作品入围参加第六届湖南艺术节比赛展演。《糊仓》获音乐类金奖，《土家赶年》获音乐类银奖，《白族欢歌》获舞蹈类银奖，《苗山晨风》获少儿类银奖，《青蛙吐泡》获音乐类优秀奖，《鲜艳的红领巾在胸前飘扬》获少儿类优秀奖。张家界元宵灯会、张家界“六月六”民俗文化节获“三湘群星奖”项目类奖。市文化馆馆长覃大钧、永定区文化馆馆长陈华获“三湘群文之星”。

三、文化产业发展。全市有1家国家一级图书馆（永定区图书馆）、2家国家二级图书馆（慈利县图书馆、桑植县图书馆）、1家国家三级图书馆（武陵源区图书馆）。全市上等级文化馆比例为100%。市文化馆、永定区文化馆、慈利县文化馆、桑植县文化馆为国家一级馆，武陵源区文化馆为国家二级馆。市博物馆2018年接待观众32万余人次。省文化厅公布慈利县被列入第一批省级现代公共文化服务体系示范区名单。慈利县龙潭河镇（板板龙灯）、桑植县芙蓉龙白族乡（白族仗鼓舞）被省文化厅命名为2018—2020年度“湖南民间文化艺术之乡”。

四、文化市场管理。开展文化市场安全生产专项整治行动、网络文化市场专项整治行动、夏季互联网上网服务营业场所和演出、娱乐场所专项整治行动。开展文化市场集中整治行动382次，出动执法人员1613人次，检查文化经营场所1925家次，行政处罚立案调查182起，收缴擅自设立地面卫星设施设备37件，收缴非法音像制品160余盒，收缴非法、盗版书刊2000余册。共接收12318电话举报38起，核查处理38起。

五、文物保护利用。争取中央、省级文物保护工程项目8个，补助资金953万元。建立《张家界市不可移动革命文物项目库》，全市不可移动革命文物共计115处。推进文创产品的开发建设。贺龙纪念馆共开发文创产品20种，市博物馆开发文创产品3种。红二方面军长征出发地纪念馆建成开馆。慈利县博物馆申报为国家三级博物馆。建立文物与公安、消防联合检查机制，全市文物安全形势稳定。参与“弘扬优秀传统文化、培育社会主义核心价值观”主题陈列展览策划活动。市博物馆携手张家界市知行全民阅读推广中心打造“学传统文化、讲张家界故事”天门讲坛全民阅读活动品牌，受众达3500余人次。

六、非物质文化遗产保护传承。全市县级及以上非遗保护名录项目共262项。其中，国家级4项，省级16项，市级61项，县级181项。全市县级及以上非遗项目传承人在世共511人。其中，国家级1人，省级13人，市级77人，县级420人。2018年，全市新增国家级非遗传承人3名、省级非遗传承人4名。组织参加“湖南省非遗保护传承培训班”“2018湘鄂赣费用以保护工作者培训班”。组织全市非遗工作培训、普查培训。开展了2018年“文化和自然遗产日”活动，张家界、湘潭、郴州、永州四市非遗、摄影联展巡展活动和元宵非遗周活动，举办元宵非遗周、文化和自然遗产日、武陵源片区土家织锦文化节等活动。非遗进校园活动形成常态化工作机制。

七、对外文化交流。与文化和旅游部、省文化厅建立长效合作机制，完成2018年“欢乐春节”赴俄罗斯、乌克兰、白俄罗斯演出活动，并获驻外大使馆及省厅肯定。完成中国台北奥委会访问张家界外事交流活动接待任务。桑植县非遗保护中心组织参加香港亚太卫视2018中国少数民族歌舞大联欢。由中国驻智利大使馆资助的中智文化艺术中心《中国神话传说》创作组3名智利艺术家深入张家界市武陵源、天门山、大峡谷、黄龙洞景区及军声画院等地访问，采风创作。

八、文化发展保障。2018年，获得地方公共文化服务体系建设专项资金（中央）2325.16万元，比上年增加1690.76万元，增长37.52%。获得省级文化综合发展专项资金194.8万元，比上年增加143万元，增长36.22%。张家界阳戏传习所新创的小戏《交学费》、慈利县瑞凝演艺传播有限公司新创的小戏《青青马桑树》获文化和旅游部戏曲剧本孵化项目扶持。永定区阳戏传习所的《交学费》和《认亲》、慈利县瑞凝演艺传播有限公司的《赈酒风波》、慈利县文化馆的《防疫路上》、桑植县文化馆的《赔猪》获得湖南省文化综合发展资金扶持。完成第三批贫困地区行政村文化服务中心基本文化服务设备配置工作。利用中央专项资金390万元为桑植县195个村配备了电脑、音响、乐器等文化设备。将村级文化服务中心文体设施配备列入重点民生实事项目，利用市财政资金223万元为永定区、武陵源区村级文化服务中心配备基本文化设备。举办2018年张家界市“三馆一站”负责人培训班。组织全市图书馆、文化馆、美术馆、非遗中心、乡镇（街道）综合文化站负责人及部分非遗传承人120余人集中培训。推进全市公共文化服务体系建设。

【元宵灯会】 2018年，张家界元宵灯会在市城区搭建16个大型表演台，展示本土的戏曲、曲艺、器乐、歌舞等非遗及不同门类节目。从正月初九至正月十五，张家界阳戏、高花灯、泼水龙、鬼谷神功、杖头木偶戏、永定大戏、草狮子、三棒鼓、九子鞭、花灯等数十项国、省、市、县级优秀非遗项目轮番上演，湖北来凤、重庆黔江、贵州铜仁等武陵山片区的表演队带着他们的特色节目也来助阵，100多支民间文艺团队、2000多演员与30余万中外游客、周边群众同唱同乐。

【“六月六”民俗文化活动】 2018年，第三届土家族“六月六”民俗文化节在教字垭镇龙洞湖开幕。活动主要分为两部分：祭祀、游行和极具土家族民族特色的节目。土家族“六月六”民俗文化狂欢节主要以“晒”为主题：晒民俗文化、晒乡村艺术。（本栏撰稿　田洪曼）

文物·考古

2018年，张家界文物工作取得较大成绩。

一、文物保护基础工作。文物安全形势总体平稳。组织实施安全检查368次，检查文物保护单位308处，整改安全隐患33项。建立文物与公安、消防联合检查机制，组织开展联合检查活动3次。完成北社区苏维埃政府旧址修缮工程等6项文物保护工程，争取中央文保项目3个、省级文保项目5个，项目资金合计953万元。系统编制完成桑植起义旧址、桑植县委旧址等19处省保的四有档案。组建张家界市文物保护专家库，建立张家界市不可移动革命文物项目库。第十批省级重点文物保护单位及第八批全国重点文物保护单位申报工作稳步推进。

二、文博公共文化服务体系建设。红二方面军长征出发地纪念馆顺利开馆。慈利县博物馆成功申报为国家三级博物馆。张家界市馆藏青铜器、馆藏竹木漆器、纺织品文物保护修复项目进展顺利。成功报批市博物馆、慈利县博物馆、贺龙纪念馆可移动文物预防性保护和数字化保护利用项目、永定区湘鄂川黔革命根据地纪念馆陈列布展补助项目。全市各博物馆、纪念馆全年免费接待约120万人次，提供免费讲解2385场次。

三、文物考古工作。完成张家界市天问路道路及地下综合管廊建设工程等10个建设项目的考古调查、勘探申报工作，共计出土器物204件（套）。（田洪曼）

图书馆

【24小时自助图书馆】 2018年，启动“书香永定”24小时自助图书馆项目建设。永定区完成区图书馆一楼、人民广场、中商广场三个24小时自助图书馆建设并投入试运行。永康社区、国光中学两个24小时自助图书馆正在建设。

【“书香张家界”全民阅读活动】 2018年3月份，张家界市博物馆报告厅每月举办两场“书香张家界·天门讲坛”活动，邀请省内各大院校的教授、讲师以及社会知名人士参与讲座。与张家界电视台FM102.4“张家界之声”联合开办广播节目《读书时间》，每天分上下午两个时间段播出，邀请读书爱好者参与节目。（本栏撰稿　田洪曼）

【新华书店张家界市分公司】 2018年，湖南省新华书店有限责任公司张家界市分公司实现两个效益协调发展。截至2018年底，公司售书网点18家。其中，校园书店10家，特色书店5家。在职员工82人，年图书发行量1.04亿元。产业规模与发展能力大幅攀升。

政治性图书发行。把党和国家的重要文件、文献的发行作为工作的重中之重，进行认真的部署和安排，将《习近平谈治国理政第二卷》《十九大系列读物》《2018新时代热点面对面》《习近平新时代中国特色社会主义思想三十讲》等读本送至各单位。公司各中心门店对重点政治读物发行设立专柜，满足当地党政机关、企事业单位订购和一般性市场需求，体现新华书店作为社会主义精神文明阵地和宣传阵地的作用。

教材发行。把做好教材发行、保证“课前到书”、努力服务教育教学工作、积极当好教育事业的服务商作为一项坚定的政治任务毫不懈怠地认真履行。2018年，义务教育阶段教材“课前到书”率100%，共为16万人次学生供应免费教材2000余万元，提供免费新华字典40余万元。公司在搞好教材发行工作的同时，为配合教学所需，一直全力为学生提供与教材配套的教辅资料。教辅资料征订由教育主管部门审定品种、学校代订、物价核价等严格程序，全市公司真正做到“教辅发行，服务教学，家长自愿，惠及学生”，没有出现一起违规发行教辅现象，新华书店教辅愈来愈被学校认可、学生接受。

一般图书发行。抓实实体门店平台建设和线上平台建设，提升门店购书环境和服务质量，设置阅读区、休息区，精心组织各类读书活动和主题营销活动，为广大读者提供舒适的购书环境和阅读平台。3月10日，本土红色读物《守望初心》首发式在市分公司回龙路门店举行，市人民政府副市长欧阳斌主持首发式，市委副书记刘绍建致辞。此后，又先后在桑植和吉大张家界学院举行报告会，全市发行2000册。

社会公益事业。投资近80万元的慈利一中店于2018年8月开业，成为校园内的一道文化景观。书香里公益书店成长为张家界市区引领阅读的一张文明名片。组织国学大赛、创新作文大赛活动。其中，国学大赛在全市成功举办张家界市复赛，并组队参加全省决赛，张家界代表队获得第3名的佳绩。做好“共享阅读，传递爱心，关爱扶贫村图书室建设”活动，联合市委宣传部牵头教育局、扶贫办等5家单位出台张宣发〔2018〕7号《关于印发〈张家界市共享阅读传递爱心关爱贫困村图书室建设公益活动方案〉的通知》文件，各单位可按人平均300—500元为干部职工购买专购图书的爱心卡，将“共享阅读传递爱心”主题营销活动在全市推开，筹集爱心图书4.3万册。建设24小时自助智能书店，与交通银行合作先在市委大院布局一台可借阅、可销售的自助书店。开展送书下乡、摆摊设点，组织图书流动供应工作。全年开展送书下乡活动110余次，各门店均设立农业科技图书专架专柜，积极协助“农家书屋”建设，2018年高质量完成860余个、380余万元的农家书屋图书配送工作。（沈思妤）

档案工作

2018年，张家界档案事业取得成就。

一、档案资源建设。全面加强对机关、企事业单位、重大活动、重大建设项目及民生档案的接收力度。至2018年底，全市各级综合档案馆馆藏档案达54万卷（册）71万件。其中，市综合档案馆馆藏档案达5.6万卷（册）30万件。不断优化档案资源结构，围绕我市红色、旅游、民族三大档案资源优势，先后开展了贺龙及红二方面军、土家文化、党和国家领导人来张、张家界籍抗战老兵等系列特色、重点档案征集保护工作。从芬兰征集百年前张家界老大庸照片1000多张，档案史料3000多件，举办了“张家界记忆”老照片征集活动。开展了红色档案专题征集活动，赴全国19个县市征集红色档案1650多件。此外，还征集旅游档案照片1257张，党和国家领导人及省部级领导来张照片1200余张。

二、档案基础设施建设。市委、市政府高度重视市国家综合档案馆建设，新馆占地面积16480.8平方米（计24.72亩），总建筑面积为14800平方米，估算总投资12000万元。党的十八大以来，全市各级国家综合档案馆新建面积达1.2万平方米。永定区、武陵源、慈利、桑植4个区县均列入《中西部地区县级综合档案馆建设规划》，获得中央投资近2000万元。目前，慈利、桑植、武陵源新馆已经竣工验收并交付使用。永定区馆正在筹建之中。

三、服务中心大局。挖掘档案价值，对馆藏到期应开放的档案进行鉴定和统计。目前，市档案馆有110个全宗12万卷档案已向社会开放。强化档案查阅利用。全市档案馆共接待社会各方面查阅利用档案资料的人员5909人，利用档案13981卷6893件，有效地发挥档案的凭证和参考作用。加强对“三重”档案监管指导。结合市委、市政府工作要点，抓好精准扶贫档案工作，制订《张家界市精准扶贫档案管理工作实施方案》和《精准扶贫档案征集管理办法》，全面促进我市精准扶贫工作。推进农村土地承包经营权确权登记档案工作，指导各区县为全市农户建档。为全市机构改革、乡镇区划调整服务，全市各级机构改革单位档案处置工作有序推进。抓好档案开发利用，围绕全市经济社会文化建设发展，结合档案资源建设工作，重点开展《芬兰档案里的大庸》国家重点编研项目的申报工作，并正在组织实施。启动了《红二方面军长征文献资料汇编》档案编研工作。

四、档案信息化建设。市委、市政府高度重视档案信息化工作，市政府常务会议专题研究档案信息化建设工作，并以市委办、政府办名义出台《关于加强新形势下档案数据资源建设的意见》与《张家界市档案信息化建设方案》，并把档案信息化建设资金纳入财政预算，保障工作顺利开展。全市档案信息化工作启动，在全市基础条件好的30个市直单位，开展档案信息化目录录入的试点工作。至2018年底，全市数字化档案资源近3000GB。市档案馆加速推进馆藏数字化工作，全文数据16万页，文件级目录数据2万条。

五、依法治档。档案执法检查全面铺开。开展法治宣传，结合七五普法，举办了6·9国际档案日宣传活动，制订了《关于开展“国际档案日”宣传活动的通知》，全市上下联动举行了系列宣传活动，参加国家档案局“宝葫芦”杯征文活动，开展了接地气、吸引人档案文化宣传，接待群众咨询500余人次，发放宣传资料1800余份，制作展板45块，张贴宣传标语57幅，增强了全民档案意识。加大检查力度。制订了《2018年区县档案工作目标考核方案》《关于开展市直单位文件材料归档工作年度检查工作》。推进“互联网+政务服务”工作，将行政审批和公共服务事项纳入市政府一体化平台。实行法律顾问制度。为依法行政提供参谋服务。社会档案意识有效提升。充分发挥门户网站平台作用，开展档案工作与形象宣传，档案宣传的传播力和影响力不断提升。（章飞斌）

2019

新闻广电

·张家界年鉴·

总　类

2018年，张家界广电事业得到发展。

一、公共文化服务。扎实推进农村广播村村响、户户通工程建设。全市完成77个乡镇1258个行政村“村村响”工程建设任务、“户户通”工程建设任务54600万户。其中，永定区20042户，武陵源区334户，慈利县17280户，桑植县16944户。建设过程中，张家界市按照“技术先进、安全可靠、经济可行、保证长效”的原则，精心规划，编制“村村响”建设方案，县、乡、村三级均建前端，三级联动，可管可控，并与山洪地质灾害防洪预警广播系统整合。在资金筹措上，除中央、省级财政补助以外，不足部分由各级政府兜底安排。同时，切实加强后期管理，将管理维护资金纳入了财政预算。慈利县每年安排100万元专项工作经费。

二、行业监管。深入推进“扫黄打非”五大专项行动，抽查印刷厂27家，书店31家，报刊亭13，快递公司33家，打字复印店52家，宗教寺院7家，宾馆酒店46家，网站10家，共办理了“扫黄打非”行政处罚案件7起。2018年张家界市“扫黄打非”工作形势保持平稳，出版物市场秩序良好，没有发现大案要案线索和问题。（田洪曼）

出　版

【概况】 2018年，张家界市出版、版权工作狠抓落实，各项工作成效显著。

一、加强市场监管。完成印刷企业和出版物发行企业的年检年审、年度统计、内部资料换证审核，完成新闻机构驻地方机构年度核验工作。对全市4家出版物市场和4家印刷企业开展安全检查，规范出版物市场。加强对新闻出版行业协会的指导，组织印刷企业法人和生产负责人参加2018“世界媒体艺术之都”中部（长沙）印刷产业博览会，开展法规培训并颁发证书，行业协会作用进一步发挥。开展文化市场集中整治行动382次，共出动执法人员1613人次，检查文化经营场所1925家次，行政处罚立案调查33起。上网营业场所“文网卫士技术”监管软件服务端在线率达90%以上，安装率89.5%，居全省前三。

二、开展“扫黄打非”。召开全市“扫黄打非”工作会议，表彰2017年“扫黄打非”工作先进集体、个人。组织“护苗·网络安全课”进校园、“护苗·绿书签”等活动，扩大“扫黄打非”舆论宣传。开展“清源”“净网”“护苗”“秋风”“固边”专项行动，检查文化经营场所268家次，行政处罚立案调查47起，收缴非法音像制品893余盒，收缴非法、盗版书刊1600余册。

三、推进全民阅读。市城区新建5个24小时自助图书馆。做好春节期间全市农家书屋开放工作，延长开放时间，举办各类活动，丰富群众文化生活。启动“书香张家界”阅读活动，与张家界市广播电视台联合开办《读书时间》电台广播，举办24期“书香张家界、天门讲坛”活动。联合张家界知行全民阅读推广中心举办第二期“阅读推荐人”培训。完成贺龙中学等全民阅读共建点的图书配送工作，在全市举行“共享阅读、传递爱心”关爱贫困村图书室建设公益活动。

四、开展宣传教育。联合市工商局等，借助“4·26世界知识产权日”，发放宣传资料，开展宣传普及教育活动，提升社会公众版权意识。

【张家界市2018年“扫黄打非”工作会议】 2018年3月22日上午，张家界市召开2018年“扫黄打非”工作会议，主要任务是总结2017年“扫黄打非”工作，安排部署2018年全市“扫黄打非”工作。市委常委、市委宣传部部长、市“扫黄打非”领导小组组长郭天保出席会议并讲话，副市长、市人民政府副市长、市“扫黄打非”领导小组组长邹菊芳主持会议。（本栏撰稿　张　南）

报刊·网络

【张家界日报】 2018年，张家界日报社围绕“三大攻坚战”“六城同创”“重点工程进行时”“庆祝改革开放四十周年”等栏目和专版载体，各项工作取得较好成效。

一、宣传亮点。开设“走转改”专栏，鼓励记者采写鲜活新闻，基层新闻比重明显加大。发扬“走转改”精神，组织记者深入基层采访报道，挖掘一批有影响、有深度的事例。据统计，张家界日报社开设专栏共刊登“走转改”宣传稿件62篇，内容涵盖脱贫攻坚、乡村振兴、经济建设、项目落实、民生改善等方面，全方位、多视角地反映全市各行各业取得的丰硕成果。

策划“新春走基层”栏目，刊发《桑植四千干部进村入户促春耕》《小年火热牛洞口》，反映新形势下干部群众践行社会主义核心价值观，努力工作、用心生活的美好情景。发掘先进感人事迹，如《爱在冰天雪地里传递》里合力拯救生命的王广智、黄翠云和向国友，《85岁老人与112棵桃树》中在政策帮扶下自强不息的杨应山。报道深入挖掘不同领域、不同类型的典型事迹和模范人物，使“走转改”的过程成为促进社会主义核心价值体系建设的过程。

二、舆论引导。2018年，《张家界日报》编发1600多个版，均没有出现舆论导向错误，没发生大的差错。新闻报道讲高度、选角度、重精度、求深度，重要报道刊发及时。专栏“在习近平新时代中国特色社会主义思想指引下”见报频率在每周两期以上；“六城同创你我同行”见报每周两次，发稿103篇；“曝光台”保持每天见报，发图600多幅；“天门时评”见报每月3篇左右，发稿150多篇。围绕重大事件组织稿件，配发评论。张家界市绩效考核获2018年度全省优秀和二类地区第一，《张家界日报》组织系列报道3篇并配发评论；围绕中心工作撰写言论50多篇。针对突发事件快速响应引导舆论。8·9涉旅事件带来重大舆情，《张家界日报》第一时间刊发一组3篇评论，还原事件真相。开设“对标提质旅游强市”“项目建设看今朝”等专栏，宣传张家界市精准扶贫精准脱贫的工作经验、先进典型，《迁住新居心里暖》《贫困户当股东》《让贫困户吃上香喷喷的“产业饭”》等报道宣传脱贫攻坚工作先进群体和各种经验成果；《西线步步出深闺》中，记者深入建设工地现场，聚焦建设者生产和生活场景，

三、创新宣传。对《旅游周刊》进行提质升级，组织策划《黄龙洞委托经营20年》《西线来了》《旅游扶贫的“张家界做法”》《青山志》等特刊，完成对西线旅游提质升级、全国乡村旅游与旅游扶贫工作推进大会暨“锦绣潇湘”推介会等宣传报道。用1—2个专版或系列报道的形式，完成20多期重大选题的专题报道。这些专题报道主要包括：创建国家生态原产地生态保护区；撸起袖子加油干——武陵源春季旅游工作；张家界打造全球旅游购物基地；21名国际艺术大师同绘张家界；张家界境外旅游发展深度报道；关注张家界旅游综合改革——“一票制”和“公对公”结算改革；天门山高空音乐会；张家界大峡谷花式蹦极；张家界临空经济发展纪实；张家界红色旅游发展；张吉怀旅游联盟发展；张家界联合国教科文组织世界地质公园2018年再评估；平安满意在张家界；旅游扶贫看慈利；2018黄龙音乐季；八大公山首届高山葡萄节；张家界“铁腕治旅”旅游市场秩序专项整治行动启动及阶段性成果；张家界非遗保护性产业发展；天门山翼装飞行世锦赛；2018丝绸之路工商领导人（张家界）峰会；“织秋牧笛溪”武陵山首届土家织锦节暨牧笛溪守秋汇；“张家界正式迈入全国中型机场行列”——航空口岸发展；“锦绣”张家界——土家“锦绣”产业发展，等等。

挖深挖新典型人物宣传。《旅游周刊》深入基层一线，推出大批先进人物报道：全国五一劳动奖项获得者袁谋文、扶起摔倒老人的伍良彬、舍己救人的英雄导游叶佳等。落实报社组织的“天南地北张家界人”栏目计划，周刊负责人带队去北京、天津两地，深入采访了贺帅女儿贺捷生将军、梅兴保副市长以及一批京津地区企业家朱松林、李金初、覃大雄等等。

【新媒体平台】 2018年，新媒体平台推送单条新闻稿件3500条；2万＋稿件10多条，5万＋稿件一条，6万＋稿件一条。

一、正确引导舆论。推出学习《党的十九大报告》书法创作大赛，推出重点工程项目报道：《今天，三名全国人大代表走进大会堂》、张家界建市三十周年特辑《三十而立张家界》；宣传节庆活动：元宵节期间、春节期间，推出宣传张家界文化的元宵专题、《张家界在央视等你》；针砭时弊组织撰稿：针对旅游市场秩序问题推送《要珍惜“张家界”这块招牌》等有影响力和传播力的稿件。

二、创新宣传途径。采用多元化的宣传样式，制作快闪H5《别眨眼，看张家界儿女为〈厉害了我的国〉燃情打call！》，为张家界人民自发观影《厉害了我的国》鼓与呼；制作祝福张家界30岁生日的链接以及新闻战线第十九个记者节表彰大会和“不忘初心·红色家园行”主题采访H5《我们在路上》。搭建新闻对外传输的出口，与新华社、腾讯网建立合作机制，探索中小型节庆活动的直播融合模式，引进大型直播设备，全方位探讨媒体融合宣传模式，在新华社现场云进行桑植塞家坡葡萄节、慈利县二坊坪占甲桥丰收节以及走马坪白族乡乡前村坪村丰收节小型直播活动，有来自全国的50多万人观看直播活动。

三、服务社会民生。挖掘大批感人至深的新闻故事：《归来》《暖心！大雪封山，慈利上演了生命大救援！》《一个号码温暖山里人家》《他为什么把鸭子看得比命重要》《一库鱼起，贫困户笑开》《六一，山里孩子拿出一个本子，所有人都哭了》等；写出大批带着浓浓乡味稿件，如《200年，给你榨出浓浓乡愁》；曝光一大批涉旅违规违法案件，如《铁腕治旅！张家界再次曝光一批涉旅违法违规案件》以及社会失信人名单；传递社会正能量，如《被别人种了22年的地，终于要回来了》《张家界司机的最后遗言——“帮我拉下手刹，我车上有30多名游客”》等等。为群众反映实际问题开办网络窗口，帮助江苏老爷爷罗荣军找到失散近50年的兄弟姐妹，并撰稿《归来》，获张家界市好新闻一等奖。（本栏撰稿　朱浩仁）

【湖南日报社张家界分社】 2018年，湖南日报社张家界分社出精品力作，为全市经济社会发展营造出良好的舆论氛围。

服务“全域旅游”“脱贫攻坚”等中心工作。《张家界“旅游＋”助推优质发展》《美丽中国的“张家界名片”》等稿件在《湖南日报》、新湖南、华声在线刊发后，在全市范围内引发大范围转发，扩大了湖南日报集团的影响力。《好风景带来脱贫好“钱景”》《美丽嬗变》等三百多条稿件，为全市脱贫攻坚造势，赢得了各级党委政府重视。同时，围绕“项目建设”“解放思想”“六城同创”等中心工作，分社累计刊发七百多条稿件，为张家界经济社会发展营造出良好舆论氛围。

精制张家界“改革开放四十周年”特刊。2018年是改革开放40周年，也是张家界建市30周年。湖南日报社张家界分社在《湖南日报》推出“改革开放四十周年·张家界

印记”特刊，共12个版面，总结在改革开放大背景下张家界的发展历程，数位市领导对此给予高度评价；在新湖南张家界频道“改革开放四十周年”专题中，12篇文章点击累计突破50万。

打造有影响力的新媒体宣传平台。2018年以来，新湖南张家界频道、华声在线张家界频道就张家界经济社会发展的各个方面，进行全方位报道，累计刊发稿件近3000条，50多条稿件点击突破10万。新湖南张家界频道“书记市长在忙啥”“我家住在澧水边”“天门激荡势如虹”等专题栏目的推出针对不同的宣传主题，提前进行分类策划，推出大量优秀稿件，点击量均达到40万以上。华声在线张家界频道根据网络媒体特点，就内容建设、专题设置等方面进行优化，栏目建设紧靠省委、市委中心工作，取得了良好的宣传效果。张家界分社利用直播、H5、长图等多种传播形式，将新闻产品直观化、可视化、浓缩化、互动化，强化两个新媒体频道的品牌影响力，2018黄龙音乐季视频与图文直播点击量当天即破20万，水利宣传H5累计点击15万，改革开放40周年张家界历程长图点击超过20万。

（宁　奎）

广播·电视

2018年，张家界市广播电视台新闻综合和公共两个电视频道，开办有四档新闻栏目，每日自办新闻节目时长50分钟，已播出新闻类节目时长1746小时。张家界之声广播频率办有新闻类栏目1档，每周新闻节目时长10小时；新媒体平台爱视网开设的视听窗口，集纳台属各媒体新闻栏目，并对中央、省、市重点新闻报道及时进行推送。全台执行节目播出三审制，安全播出率达100%。

一、新闻宣传。规范会议报道和领导活动报道，加强新闻头条建设，以准确宣传习近平新时代中国特色社会主义思想，宣传党的主张、传播党的声音为内容。高质量完成党的十九大精神，全国、省市“两会”精神，市委七届五次全会精神，“新春走基层”“我们的春节”等声势较大、影响面广、反响强烈的宣传任务；高频次开设《在习近平新时代中国特色社会主义思想指引下——新时代新作为新篇章》《六城同创你我同行》《脱贫攻坚》《致敬劳动者》等专栏；高规格启动《新时代热点话题谈心录·2018》《污染防治2018夏季攻势》等大型主题宣传，全年共播发各类相关稿件1480余条，占全年播发稿件的40%。

开设“六城同创曝光台”，推动各类问题的整改落实。由市纪委、市委组织部、市委宣传部联合主办的《电视问政面对面》栏目，聚焦“脱贫攻坚、六城同创、教育”三大重点领域，强化监督执纪，共播出七期“特别节目：监督执纪进行时”。全年广播、电视独立制作了以社会主义核心价值观、贯彻党的十九大精神、精准脱贫、扫黑除恶等为题材的公益宣传片22条，播放各类公益宣传99430次，播出时长1062小时，广播播出8824次，播出时长110小时，弘扬了主流价值。

2018年，完成上稿405条次。其中，央视上稿110条，较上年同期增长35%。播出时长1分钟以上的正稿64条，《全国敬老爱老助老模范——贺晓英》获湖南广播电视奖一等奖，《大巴司机唐军：用生命换回37名游客安全》获湖南广播电视奖二等奖，湖南新闻奖、湖南省广播电视信息奖均有所斩获。对外宣传呈现出“有力度、有温度、有深度”的良好态势。协助央视《直播长江》栏目对澧水流域沿线生态环境长达3分钟的直播，充分展现张家界市践行生态理念取得的成果。

二、融合发展。2018年5月18日，随着高清频道顺利播出，张家界广播电视台节目实现了高清化升级改造。完成了高清制作系统、高标清同步播出系统、多功能语播室系统、广播电台数字直播系统建设和演播厅舞台舞美、LED屏幕改造，较国家2020年全国实现高清节目传输的要求，提前了两年。10月1日，爱视网研发的“智慧张家界”APP项目投入测试。12月1日，上线试运行。逐步促进广播、电视和新媒体内容资源的互联互通，为融合发展、转型升级打下了坚实的基础。

三、内容创新。开办了讲述式专题栏目《走进张家界》，紧扣张家界旅游大主题，深挖本土旅游特色资源，自开播以来，受众反响良好，特别是以张家界旅游发展30年为背景摄制的特别系列《30年记忆我们的故事》，引起观众共鸣，广受好评。《30年记忆：吴冠中与张家界》《宋家景：我与旅游执手的那三年》通过见证者口述历史，还原张家界旅游发展的艰难历程和辉煌成果；《陈志冬：大峡谷的这个“掌门人”有点酷》上传爱视网当天获点击量5966次，并在微信平台上被多次转载，引发线上热烈讨论。《美丽乡村行》栏目，以秀美乡村为着眼点，以典型推介、农科指导、脱贫攻坚为主要内容，通过外景主持人的深度体验，展示张家界市乡村的生态美景和休闲农业。3月改版后，全年共推介分享身边的致富典型、美丽乡村建设和脱贫攻坚的故事38期。

四、热心公益。开展“关爱残疾儿童”“关爱留守儿童”“炎夏送清凉”等系列爱心活动，救助困难家庭400余户。5年来，通过爱心助学慈善义演，共资助贫困学生800余名，发放助学资金321.9万元，募集善款400余万元。高考期间，张家界之声广播电台对已持续7年的“爱心送考”活动进行直播，展示高考路上爱心相伴的感人故事。全媒体新闻中心、张家界之声广播电台、爱视网多次关注和无偿发布找人、寻物、农作物滞销等应急事件，使老百姓从中受益。

五、弘扬传统文化。张家界市广播电视台持续打造电视春节联欢晚会，融注传统文化内容，彰显传统文化魅力。2018年张家界广播电视台春节联欢晚会于2018年2月8日晚正式上演，整场晚会共13个节目，囊括了歌舞、杂技、小品、魔术、戏曲、朗诵等多种艺术形式，展示了全市上下认真贯彻落实党的十九大精神，深入实施“对标提质、旅游强市”战略取得的可喜成绩。春晚采取电视与网络同步直播方式，当晚网络点击量突破80万大关。据腾讯大数据显示，此次直播观看地区覆盖全国27个省，4个直辖市及台湾、香港地区，独立访客数达24万余人，创张家界市网络直播历史新高。《读书时间》以“引导全民学习阅读风尚”为己任，每期选择一个读书人物，将美文阅读与人物故事融为一体，寓教于乐。

六、少儿产业发展。举行小记者团选拔活动，参团人员稳固在800人左右。艺术培训学校，开办有少儿播音员主持人班、少儿双语播音班、表演班，先后策划了《少儿红楼梦》演员选拔、艺术培训学校汇报演出、少儿春晚主持人选拔、新年新诗会，潮童星少儿模特大赛，充分展示少儿艺术风采，挖掘少儿艺术潜质。举办7期少儿夏令营，让孩子体验军营生活、感受名校魅力，拓展孩子视野，激发孩子学习积极性。

七、合法经营。贯彻执行《广告法》《大众传播媒介审查规定》等法律法规，严把广告审核关，规范广告播出流程，全年拒播涉嫌违规的各类广告近30条次，涉及广告金额100余万元。电视、广播荧屏得以净化。全年未发生虚假违法广告播出事件，实现“零违法、零处罚”目标。

（石乙贝）

2019

文学艺术

·张家界年鉴·

总 类

【张家界市文联四届四次全委（扩大）会议】 2018年4月10日，张家界市文联四届四次全委（扩大）会议暨2018年工作会召开。会议对2017年市文联系统先进单位及先进个人，“百花竞春中国梦”市文联成立20周年文艺会演优秀节目进行表彰。

【张家界市校园文联成立】 2018年3月27日，市校园文联第一次代表大会暨成立大会召开。会议审议通过《张家界市校园文学艺术界联合会章程》、会费标准。选举产生市校园文联第一届理事会、主席、副主席、主席团委员。

【第二届张家界国际旅游诗歌节】 2018年12月9—11日，“绝版张家界诗约全世界”2018第二届张家界国际旅游诗歌节在张家界举行。本届张家界国际旅游诗歌节开展写给张家界的精美短诗——“张家界大峡谷杯”全民诗歌创作大赛、首届“张家界大峡谷”杯中国张家界·国际旅游诗歌奖评选、2018第二届张家界国际旅游诗歌节开幕式、第二届中国张家界·国际旅游诗歌高峰论坛、著名诗人吉狄马加诗歌分享会、第二届“行吟中国”张家界国际旅游诗歌朗诵音乐会等主体活动。全球各地的诗人汇聚一堂，为张家界吟诵。写给张家界的精美短诗——“张家界大峡谷杯”全民诗歌创作大赛收到参赛作品12280多首。

文 学

【孙开华研讨会】 2018年3月19日，《保卫台湾——孙提督与子女们》改稿会暨中国慈利孙开华研讨会召开。中国作协、湖南省作协、张家界市作协、慈利县作协的作家、评论家、学者、文学爱好者齐聚一堂，就杨慈安作品《保卫台湾——孙提督与子女们》展开深入交流，进行点评、提出修改意见。中国作协创联部民族处处长陈涛宣布《保卫台湾——孙提督与子女们》一书作为湖南省2017年度唯一一部长篇历史小说列入中国作协重点扶持作品。

【“山水行吟诗歌”笔会】 2018年4月25—28日，省诗歌学会、市文联联合举办“山水行吟诗歌”笔会，30余名省内外诗人深入红色土地“苦竹寨”体验生活，在大峡谷、玻璃桥、天子山纵情山水，寻找灵感。《诗歌世界》以专号的形式刊发诗人以采风张家界山水主题而创作的诗歌、散文随笔、摄影作品。

艺 术

【陈复礼、陈勃摄影艺术长廊落户张家界市】 2018年4月28日，陈复礼、陈勃摄影艺术长廊在天子山建成并向中外游人免费开放。艺术长廊展出创作于张家界及世界各地的代表作50余幅，旨在永远铭记为张家界旅游发展做出巨大贡献的老一辈摄影艺术家，让他们的名字和艺术作品如同张家界的三千奇峰，永远屹立在人们心中。

【锦绣张家界中国画作品展】 2018年4月19日，由省美术家协会、省国画学会、市文联联合举办“献礼建市30周年·‘锦绣张家界’中国画作品展”。本次展览共展出表现张家界自然风光和民俗人文为题材的水墨画作品118件。其中，艺术家们集体策划创作一幅高1.5米、长50米，以张家界自然风光和民俗人文为题材的巨幅中国画作品《锦绣张家界》捐赠给市博物馆永久收藏。

【“长沙银行杯”张家界城市建设摄影大赛】 2018年12月25日，市委宣传部、市文联、长沙银行张家界分行、市摄影家协会共同举办“长沙银行杯”张家界城市建设摄影大赛颁奖仪式。刘毅作品《魅力之城》获一等奖，彭立平作品《渐变的南门口》（组照）和郭立亮作品《骑行张家界》获二等奖，韩远谋作品《张家界火车站蜕变影像记忆》（组照）、张潘作品《发展中的长沙银行张家界支行》（组照）、朱经伟作品《梦乡》获三等奖，还评出了优秀奖115幅。 （本栏撰稿 王樱洁 杨次洪）

2019

卫生与健康

·张家界年鉴·

总 类

2018年，张家界市卫生健康部门行风建设成效卓著。加强行风建设和医德医风教育，落实行风建设“九不准”，以“零容忍”态度开展医药购销领域和医疗服务中不正之风以及医保基金安全专项整治。市人民医院升格为三级甲等综合医院。二级以上公立医院综合服务满意度较以往大幅上升。风险防控进一步强化。严肃党内生活，强化组织管理，出台《贯彻落实市委市政府〈关于进一步纠正“四风”的十条禁令〉的实施意见》《关于进一步规范张家界市医疗卫生计生行业党和国家工作人员操办婚丧喜庆事宜的通知》等文件。市卫生计生综合监督执法局党支部、市疾控中心党支部、市中心血站党支部被评定为市直机关优秀党支部。10个市直管民营医疗机构均完成党组织建立和党的工作“两个覆盖”。张家界市获“全国卫生专业技术资格考试和护士执业资格考试湖南考区优秀考点”荣誉称号，艾滋病性病丙肝综合防治工作先进单位，妇幼健康重点工作目标考核全省母婴安全保障工作先进单位，全省人口和计划生育工作良好单位。卫生计生委被评为全省“两癌”免费检查重点民生实事项目先进集体，第一批档案目录数据录入先进单位，安全生产工作先进单位，食品安全工作优秀单位。（彭　旭）

医药卫生体制改革

2018年，“三医”联动改革向纵深推进，出台《张家界市深化医药卫生体制改革规划（2018—2020年）》《张家界市深化医药卫生体制改革2018年重点工作任务》《张家界市建立健全现代医院管理制度实施方案》等文件。7家公立医院薪酬制度改革试点稳步推进，严格实施公立医院及其主要负责人绩效考核，市人民医院按照年度绩效考核结果兑现薪酬。全市二级以上公立医院管理章程试点工作启动实施。桑植县公立医院综合改革受到省人民政府办公厅通报表彰。下发《张家界市开展紧密型医联体建设的实施方案》，加快推进城市医疗集团、县域医共体、专科联盟、远程医疗协作网等多种形式的医联体建设，全市公立医院分级诊疗人次同比增长510.48%。引进“中国家医”平台，在全市实施家庭医生信息化电子签约服务工作。出台市区属公立医院按病种收付费文件，明确106种病种收费标准、医保支付标准，以医保支付方式改革为抓手推动全民基本医保制度提质增效。出台《张家界市公立医疗机构药品集中配送实施办法》，实行药品购销“两票制”，全市12家二级及以上公立医疗机构在全省乃至全国率先实施公立医疗机构“以量换价”药品集中配送新机制，药品“两票制”执行率100%，药品价格明显降低，国产药品在省挂网价格基础上下浮10%，进口药品下浮为3%，医用耗材阳光挂网采购率达95%以上。联合市民政局、市发改委、市财政局等8部门下发《关于印发张家界市医疗卫生与养老服务相结合的实施方案的通知》，将永定区列为医疗卫生与健康养老服务融合发展改革试点单位，为张家界市医养结合服务业发展提供了政策支持。推进“双随机、一公开”和“执法全过程记录”制度，组建161名医疗机构评审专家库，更加规范、健康、有序推进张家界市医疗机构行政审批，深化“放管服”改革，进一步优化部分事项审批程序，最多跑一次事项达到90%。（杨云华　林成军）

公共卫生、卫生应急和医疗服务

【概况】 2018年，张家界市乙丙类传染病总报告发病率连续5年维持在低发病率水平，麻疹、乙脑等重大传染病发病率处于全省较低水平。市区、桑植县、永定区艾滋病性病丙肝综合防治工作受到省疾病预防控制中心通报表彰。市重点民生实事项目重性精神疾病患者救治救助任务全面完成，对无责任主体的农民工尘肺病患者实施救治救助。全市以乡镇为单位的疫苗接种率达90%以上，疫苗可控疾病发病率处于历年同期较低水平。全市消灭疟疾工作和慈利县维持消除血吸虫病状态通过省级复核。推动卫生应急事业，普及公众急救知识，构建自救互救体系。“救”在身边——急救操比赛获省一等奖。推动爱国卫生管理立法，市七届人大常委会第十四次会议通过《张家界市爱国卫生条例》。慈利县、桑植县成功创建省级卫生县城。武陵源索溪峪国家卫生镇顺利通过复审。全年成功创建省、市级卫生镇3个、卫生村115个，省、市级文明卫生单位209个。巩固提升病媒生物防制工作，市城区蝇类密度控制工作达到国家B级密度控制标准。农村改厕和城乡环境卫生整洁行动深入推进，农村环境卫生面貌明显改观。

医疗服务方面，全市二级及以上医疗机构均出台10条以上改善医疗服务具体举措并向社会公示。推进打击非法行医及医保基金安全专项整治，整顿和规范医疗秩序。健全医疗质量安全巡查、点评、约谈、通报、处罚5项制度，建立由14个市级质控中心组成的监控网络，强化病原微生物实验室生物安全监管。不断加强人才引进及培养力度，全市医疗机构新进临床人员参加住院医师规培率三级医院达100%、二级医院达70%以上。全市二级以上中医院全部设立了“治未病中心”，能提供中医药服务的乡镇卫生院（社区卫生服务中心）和村卫生室比例分别达到90%和65%以上。武陵源区军地坪街道社区卫生服务中心被评为“2017年全国优质服务示范社区卫生服务中心”。推动医德医风建设，弘扬高尚医德，4个单位获评省级优质护理服务表现突出的集体，8人获评省级优质护理服务表现突出个人。慈利县疾病预防控制中心获全省卫生计生工作先进集体称号，1人获“湖南省白求恩奖”。

截至2018年底，全市医疗卫生机构总数为1103个。医疗卫生机构床位8729张。卫生人员方面。全市卫生人员总数为9140人，每千常住人口执业（助理）医师2.15人，每千常住人口注册护士2.57人，每千常住人口专业公共卫生机构人员0.51人，每万常住人口全科医师数1.57人。全市医疗卫生机构总诊疗人次达583.57万人次，比上年增加0.33万人次。其中，医院249.87万人次（占42.82%），基层医疗机构313.38万人次（占53.70%），其他医疗机构20.32万人次（占3.48%）。无甲类传染病报告。乙类传染病报告发病率为376.60/10万，死亡率为2.48/10万。乙类传染病报告发病5768例，死亡38例。报告发病数居前5位的病种依次为乙肝（2129例）、肺结核（1712例）、梅毒（1014例）、艾滋病（83例）、淋病（81例），共占报告发病总数的81.01%。（石江锋　谭小林）

【医疗生育保险】 2018年，全市职工医保参保累计达13.59万人，全市新增参保5720人，基金总收入8.01亿元，基金总支出5.26亿元，当期结存2.75亿元，累计结存11.29亿元；城乡居民参保136.04万人，实现参保率持续稳定在95%以上的目标，基金总收入9.04亿元，基金总支出8.99亿元，当期结存0.05亿元，累计结存5.46亿元。生育保险参保11.24万人，新增参保5570人，基金总收入2808万元，基金总支出2459万元，当期结存349万元，累计结存6659万元。进一步扩大异地就医直接结算范围，将省内就诊医疗机构由长沙市扩大到各市州的主要三级医院，及时、足额上解异地就医结算资金2709万元，资金上解率100%。出台《张家界市基本医疗保险支付方式改革实施办法》，继续推行以总额预算付费为主，按病种付费、床日付费、人次付费为辅的多元付费方式，定点医疗机构全部实行医疗保险基金总额预算管理，将7个单病种付费工作纳入了医保协议管理。出台张家界市开展打击欺诈骗取医疗保障基金专项行动方案和专项行动自查工作回头看工作方案，核查定点医疗机构124家、零售药店74家，核查比例分别达到85%、14%，发现违法违规定点医药机构146家。其中，约谈限期整改62家、通报批评55家、暂停医保服务25家、解除医保服务协议3家。发现违法违规参保人员3人。其中，暂停结算1人、移交司法1人，挽回基金损失411.27万元。围绕“基本医疗有保障”要求，全市资助建档立卡贫困人口参加城乡居民医保个人缴费2852万元，将25936人建档立卡贫困人口100%纳入城乡居民基本医保制度和大病保险制度覆盖范围，11060人次享受基本医疗费用报销比例提高10%待遇，涉及医疗费用879万元，4984人次享受大病保险补偿起付线降低50%待遇，合计补助资金1130万元，综合报销比例超过85%。各区县实现健康扶贫“一站式”结算。

（寇　杰）

【老年人健康管理服务】 2018年，张家界市城乡居民中65岁以上常住居民数为22.635万人，占比为13.16%。基层医疗卫生机构采取定期巡诊、免费健康体检及健康宣传教育等方式开展老年人健康管理服务工作，共为20.3185万名老年人建立了健康档案，建档率为89.77%。其中，有13.5829万人接受年度免费健康体检等健康管理服务，体检率及健康管理服务率为60.01%。

【建设区域医学检验中心】 2018年3月，市人民政府与湖南圣湘生物科技有限公司签订战略合作协议，市人民医院联手湖南圣湘生物科技有限公司建设一个区域医学检验中心。

【通过蝇类密度控制B级水平考核验收】 2018年9月17—19日，省爱卫办组织考核验收专家组对市城区蝇类防制达标工作进行考核验收。19日，在华天大酒店4楼会谈厅，召开市城区蝇类防制达标考核验收汇报暨意见反馈会，省专家组一致同意张家界市通过蝇类密度控制B级考核验收。

【市人民医院】 2018年，市人民医院扎实推进各项工作，医疗服务能力、核心竞争力和品牌影响力大幅提升。全年门诊量68.62万人次，下降2.04%；出院病人5.10万人次，增加3.54%；手术2.27万台次，增加24.36%；平均住院日9.82天。实现总收入7.52亿元，完成预算101.64%。其中，医疗收入7.22亿元，完成预算112.13%。医院资产保值增值，职工待遇稳步提升。

一、学科建设。凸显专科特色。增设胸痛、卒中、男科、肛肠、小儿遗尿症等专科门诊，单设东区骨科、全科医学科等临床科室，成立放射介入、肛肠等亚专业学组。成立胸痛、卒中、创伤、危重孕产妇救治、危重儿童和新生儿救治“五大中心”，胸痛中心、卒中中心通过省级验收。与湘雅、省人医、北大二院、上海东方医院等知名医院及专家团队开展业务合作。非体外循环心脏不停跳冠脉搭桥术、先心病房间隔缺损修补术、动脉导管结扎术、急诊PCI、主动脉夹层等新技术新项目填补张家界市医疗技术空白。举办湘西北泌尿外科微创会议和麻醉学术交流会、潇湘脑科学与脑疾病专家研讨会、武陵山片区急诊联盟会议和超声年会等20场学术盛会，提高学术话语权和行业影响力。

二、医疗服务。严格依法执业，落实手术分级授权和抗菌药物使用分级管理制度，执业医师处方准入考核及医护电子化注册全覆盖。规范诊疗行为，对227个病种实施临床路径管理，召开质量讲评会40余次、全院性死亡病历讨论27次，非计划再次手术较上年下降17.12%，加强病历质量、急危重症和住院超过30天患者管理，开展优秀病历评选。加强药事管理，成立抗菌药物AMS小组，规范临床小药柜和特殊药品管理，点评处方3万张、病历3000份，合理用药会诊1397次，基药使用率和抗菌药物使用指标达标。加强院感管理，落实院感监测与数据直报，手卫生依从性达72.34%，院感漏报率同比下降1.48%。落实七项制度，持续推行医疗无缝隙管理及巡查工作全覆盖。全年，院领导参加晨交班152次，夜查房66次，业务查房12次，下发巡查通报52期，全院大会诊163次。改善医疗服务，推出便民惠民服务措施20项，开展MDT、预约诊疗、预出院、远程医疗、下收下送等服务。加强应急管理。畅通“三无”急危重症患者绿色通道，落实“胸痛、卒中患者优先”、先救治后付费和24小时值班值守，开展应急培训与演练15次，提升应急救援能力。创新业务培训，严抓“三基三严”（“三基”：基本理论、基本知识、基本技能；“三严”：严格要求、严密组织、严谨态度），深入一线开展医疗法规、病历书写、抗菌药物、院感等培训，对考核不合格人员实行轮岗轮训。

三、人才科研。落实《关于推进张家界人才行动计划加快建成全域旅游人才高地的实施意见》，多渠道、多形式引进人才21人，院领导结对联系119名人才；选拔一批青年才俊参与医院管理，选送37名青年骨干进修，选派2名业务精英出国研修，邀请16名国内知名专家常驻指导业务；畅通人才晋升晋级通道，完善薪酬及奖励制度，落实人才福利待遇。医学研究稳步推进。科研立项27项，批准6项，其中，国家级1项、省级2项、市级3项；发表国家级论文124篇，其中，SCI1篇；申报“三新”项目142项。医学教育扎实开展。完成湖南师大医学院本科临床专业课教学任务；新招录全日制硕士研究生13名、住培学员20名，31名住培学员合格结业；完成20名全科转岗医生培训与考核；接收实习生538名。医学院校深度合作。推进湖南师大医学院硕士研究点，吉大研究生培养创新基地、全科医学及护理专硕培养点落户我院，成为吉大医学院和湖南医药学院附属医院、教学医院；新增临床与护理硕士生导师6名，师资队伍获多项荣誉。学术交流广泛开展。选送362人参加交流学习，举办学术讲座、学术沙龙67次，参训6000余人次。

四、医院改革。持续推进公立医院人事制度改革，实行医师编制管理、护士技师劳动合同制管理、后勤服务外包社会化管理新模式。完成公立医院薪酬制度改革试点任务，坚持向临床一线倾斜、向医生倾斜、向高精尖倾斜。持续推行公立医院医药价格改革，实行药品采购集中配送和“两票制”。落实分级诊疗制度。邀请省内外知名专家会诊及指导业务93次；与47家基层医疗机构组建医联体及专科联盟，下转病人率达5%，选派21名医务人员开展技术帮扶，接受基层单位进修人员45名。

（本栏撰稿　石江锋　谭小林）

中医药事业

【概况】　2018年，出台基层中医药服务能力提升工程十三五行动计划。桑植县成功创建省中药材种植基地示范县。加强中医药服务能力建设，建设1个国家临床重点专科，遴选建设9个中医特色优势专科。强力推动3家中医医疗机构复核评审，1家中医医疗机构升格。着力推进市中医院、慈利县中医院、桑植县民族中医院与辖区内乡镇卫生院等中医医联体、医共体建设工作，全市基层卫生医疗机构85%以上能开展中医药技术服务。加大基础设施建设力度，3家中医院大楼相继完工投入使用，5所乡镇卫生院中医馆完成建设。推进中医药继承创新和人才培养，举办中医住院医师规范化培训和全科中医医生培训。申报11项中医药科研课题，7项顺利结题。桑植县中医院获批全国基层名老中医药专家传承工作室，2人荣获全国老中医药专家学术经验继承工作指导老师称号。

【“2018年健康湖南行”在桑植县民族中医院举行】　2018年6月22—23日，由省中医药管理局、省中医药和中西医结合学会主办、市卫生计生委协办的“2018年健康湖南行——三下乡活动（桑植站）”在桑植县民族中医院举行，市卫生计生委副主任刘祥斌出席活动开幕式。此次活动以“关注百姓健康普及卫生健康知识倡导健康生活方式”为主题，旨在进一步提升桑植县群众健康意识、传播健康知识，加强基层百姓的自我防病保健意识和能力。

（本栏撰稿　罗启文　宋新任）

计划生育和妇幼健康

【概况】　2018年，全市出生1.7万人，二孩占比51.08%，出生人口性别比107.59，比上年下降3.78个比点，出生人口素质、性别结构优化。市县两级危重孕产妇和新生儿救治中心建设切实加强，孕产妇死亡率和5岁以下儿童死亡率在控制线以下。农村适龄妇女“两癌”免费检查、孕产妇产前免费筛查等两项省重点民生实事项目全面完成年度任务，市卫生计生委被省妇联、省卫生健康委、省财政厅授予全省“两癌”免费检查重点民生实事项目先进集体。全市免费孕前优生完成检查8487人，目标人群覆盖率73.16%。优化一、二孩生育服务登记程序，全面推行网上办证、一站式服务和承诺制，为群众提供高效便捷服务。全市办理一、二孩生育服务登记12667人，再生育审批654人。全面落实计划生育奖扶制度，实现计划生育特殊家庭联系人制度、就医“绿色通道”和家庭医生签约服务率

“三个全覆盖”。积极开展双向“区域协作”，流动人口信息采集率、反馈率分别达97.8%、99.9%，流动人口卫生计生基本公共卫生服务覆盖率达93%。永定区卫生计生局荣获全国流动人口动态监测调查优秀单位，2人获评全国流动人口动态监测调查优秀个人。深入开展生育关怀行动，投入“三结合”（计划生育工作与发展农村经济相结合、与帮助农民勤劳致富奔小康相结合、与建设文明幸福家庭相结合）贴息贷款、计生系列保险项目资金300余万元。

【全市人口和计划生育工作考核评估情况】 2018年12月23日，省委办公厅下发《关于2018年度全省人口和计划生育工作考核评估情况的通报》（湘办〔2018〕52号）：张家界市获市州良好单位；慈利县获县市区优秀单位；永定区、武陵源区、桑植县获县市区良好单位。

【全市卫生与健康、人口和计划生育、创建国家卫生城市推进大会】 2018年2月5日，全市卫生与健康、人口和计划生育、创建国家卫生城市推进大会在市委礼堂召开。会议由市委副书记刘绍建主持，市人民政府副市长邹菊芳作工作报告，市委书记、市人大常委会主任虢正贵讲话。会议就2018年卫生与健康、人口和计划生育、创建国家卫生城市推进工作做出了安排。

【提高计生特殊家庭扶助标准】 2018年3月，财政部门下发《关于调整计划生育家庭特别扶助制度扶助标准的通知》，独生子女死亡扶助标准将由原来的340元/人/月提升至450元/人/月，独生子女伤残扶助标准将由原来的270元/人/月提升至350元/人/月。2018年湖南省财政厅湖南省卫健委下发《关于调整计划生育家庭特别扶助制度扶助标准的通知》，独生子女死亡扶助标准在国家由原来的450元/人/月提升至500元/人/月，独生子女伤残扶助标准将由原来的350元/人/月提升至400元/人/月。按照《关于建立计划生育特殊困难家庭扶助关怀工作机制的指导意见》（张政办发〔2017〕18号）要求，张家界市将独生子女死亡、伤残家庭夫妻的特别扶助金在国家和省的基础上每人每月增加100元，增加的部分随特别扶助金一并发放。

（本栏撰稿　刘　俊　徐　丹）

健康扶贫工作与基层卫生

2018，张家界成立市健康扶贫工作领导小组。开展健康扶贫2018年秋季攻坚行动，普查比对贫困人口信息数据，宣传健康扶贫政策。持续落实“三个一批”工程，救治国家规定集中救治的大病贫困患者2.6万例，救治率99%，完成省定考核指标。全面实行医保报销、大病保险报销、民政医疗救助、财政医疗补助的“一站式”即时结算服务。建档立卡贫困户家庭医生签约率、城乡居民医保参保率均达100%。派驻强有力工作队推进帮扶村脱贫攻坚，建立挂图作战机制，实行精准扶贫脱贫，截至2018年底，66户建档立卡户脱贫，38户享受危改政策。（盛孝辉）

创建国家卫生城市工作

【概况】 2018年，市、区县均成立创建国家卫生城市领导小组，加强各级创卫机构建设。印发创卫问责办法，倒逼责任落实。建立“一办十组”工作制，召开推进会，研究解决创卫过程中遇到的困难和问题。

【专家指导创卫工作】 2018年5月7—9日，国家卫生城市评审专家何爱华教授来张家界市指导创卫工作。7日下午，在市人民政府副市长邹菊芳，市人大常委会原副主任、市创卫办主任邓大渊，市卫生计生委党工委书记、主任王江华的陪同下，何爱华教授现场调研张家界市创卫工作。8日下午，何爱华教授在永定区委中心组第三次集中（扩大）学习上进行“认真学习十九大精神深入开展国家卫生城市创建”专题讲座。9日上午，市委理论学习中心组举行2018年度第三次集中学习暨创建国家卫生城市专题报告会。会上，何爱华教授作创建国家卫生城市专题辅导报告。

（本栏撰稿　陈俊祥）

红十字会工作

2018年，张家界市红十字会各项工作取得较好成效。

一、推动无偿献血工作。张家界市红十字会与市中心血站加强合作，审核推荐100多人次申报国家级、省级无偿献血表彰。结合“5·8红十字日”“6·14献血日”等主题活动，开展无偿献血宣传活动，全市无偿献血工作取得较好成绩，保障全市临床医疗用血需要和安全。

二、推进造血干细胞志愿捐献。张家界市红十字会持续招募造血干细胞志愿捐献者，举办“高校行——造血干细胞科普知识讲座”等宣传活动，参加讲座志愿者超过1500人。截至2108年底，张家界市红十字会已累计采集血样1288人份。2018年，全市招募新增182名志愿捐献者加入中华骨髓库，通过中华骨髓库配型成功2例。其中，桑植县志愿者朱德政于7月5日在中南大学湘雅附一医院血液科进行造血干细胞捐献，挽救一名白血病患者的生命，省红十字会、市政府分别对其进行嘉奖和慰问。

三、开展人体器官（组织）捐献。张家界市人体器官捐献工作稳步推进。2018年，张家界市红十字会协调、见证完成6例18个器官捐献。

四、普及应急救护培训。采取点点对接、由点及面的方式，推进普及应急救护培训。应急救护培训工作深入社区、机关单位、学校，采取分行业、分区域和特别针对的方式，开展不同形式的普及培训和救护员培训。2018年，全市完成5期初级急救员培训，培训初级急救员350名，完成8场次3000人的应急救护知识普及培训任务。

五、开展备灾救灾。参与市政府《自然灾害救助应急预案》制订，开展防灾减灾宣传，参与市政府办组织的“5·12”防灾减灾日宣传活动；结合市级文明单位创建活动，加强备灾仓库的建设、改造与救灾物资的储备、管理。

六、开展人道救助和项目援建。市县两级红十字会整体联动，开展“博爱送万家”活动，筹措、发放包括米、油、棉被、慰问金等共计30多万元的慰问款物，为2000余名群众送去党和政府的温暖和关怀。申报“小天使基金”，救助白血病患儿，全年有8名患者获得24万元资助；申报“天使阳光”基金救助工作，全年有2名先天性心病患儿获得共6万元救助资金；向省红十字会申请人道救助金，全年有62人申报成功，获31.5万元救助资金。项目援建方面，争取项目资金40万元，确保桑植县“博爱家园”建设项目圆满完成。

七、加强旅游应急救护队伍建设。吸收有能力的人才加入救护救援志愿队伍。争取市委组织部人才开发专项资金，组织旅游应急救援救护人才团队建设，对西线旅游行业服务人员和张家界大峡谷服务人员进行应急救护培训；举办张家界市旅游应急救护人才团队建设骨干培训班。成功举办全市第一届应急救护大赛。（陈胜男）

2019

体　育

·张家界年鉴·

总 类

【概况】 2018年，张家界市体育事业全面、协调、可持续发展。

一、群众体育。新建城市体育公园1座、健身步道60余千米、社区健身场8处，新增社区健身路径30余条，覆盖面达95%以上。配备农民健身工程280多套。全民健身挑战日参与人数2000多人，主、承办各类群众体育赛事10场次以上。2018年，首届“健康湖南”全民运动会，张家界赛区参与活动人数超20万人次。全市常年锻炼人数已占总人口的33%。组织科学健身培训展示3次，宣传展示群众健身项目10项，参与群众3万人。按照《张家界市全民健身实施计划（2016—2020年）》要求，2018年起在全市开展“全民健身示范村”创建，正在有序推进。

二、竞技体育。业余训练：以体校为主阵地，培训初级竞技体育人才。选拔体育苗子60多人进入市体校集训，向省级运动队输送运动员3人、省级体学输送运动员10人。新建1500平方米体育训练馆一座，结束体校无固定训练场历史。常年训练重点项目3个，在校运动员近50人。体教结合：与教育部门开展武术进校园活动，建设传统体育项目重点校。竞赛成绩：张家界市派出330人代表团参加湖南省十三届全运会18个项目的比赛，青少年组获金牌43.5枚，金牌总数排名较上届前进3位至全省11位，赛会金、银、铜牌17、17、15枚，排13位，与上届持平；成年组总分列全省12位，综合成绩排位实现历史性突破。

三、体育产业。体育产业仍以体育彩票销售为主，其他体育产业与文化、旅游产业结合，呈快速发展之势，全市体育产业法人单位达145家。2018年，体育彩票销售网点97个，销售额15129.47万元。2018年7月9日，张家界冰雪世界和慈利红岩岭户外拓展运动欢乐园2个项目成功入选全国优选体育产业项目名录库。12月份，慈利红岩岭户外拓展运动欢乐园被国家体育总局评为全国体育旅游精品景区。

【全国老年人门球系列赛张家界站】 2018年3月30日—4月3日，2018年全国老年人门球系列赛张家界站在张家界市市民广场举行，此次活动由中国老年人体育协会主办，湖南省体育局、张家界市人民政府承办，张家界市文体广电新闻出版局、湖南省老年人体育协会、张家界市武陵源区人民政府、张家界武陵源风景名胜区管理局协办。2018年全国老年人门球系列赛计划举办5站，采取体育+旅游的模式。此系列赛均采用多渠道报名方法，在原来由省（区、市）老年人体协组队报名的基础上，增加市（区、县）老年人体协及门球俱乐部、爱好者均可组队报名参加。张家界站是第一站赛事，共有来自福建、贵州、河北、河南、江西、四川、湖南等省内外共45支队伍参赛，张家界市共有12支队伍参赛。2018年全国老年人门球系列赛（张家界站）竞赛项目为五人制团体赛，比赛分为小组赛和淘汰赛。

【张家界首届“健康湖南”全民运动会】 2018年5月9号，发布《关于印发“健康湖南——美丽张家界”全民运动会组委会成员名单的通知》《关于举办首届“健康湖南——美丽张家界”全民运动会的通知》《首届“健康湖南——美丽张家界”全民运动会实施方案》。在市广播电视台广播厅举行首届“健康湖南——美丽张家界”全民运动会张家界赛区启动仪式。张家界市区县海选和市级选拔赛项目个数为：全市选拔赛18项、市直海选赛18项，永定区海选赛11项，武陵源区海选赛13项，慈利县海选赛14项目，桑植县海选赛13项，活动为期4个月，直接参加赛事活动10万人次，组团参加首届“健康湖南”全民运动会16个项目的总决赛。

【“走红军走过路·徒步穿越大湘西”活动】 2018年5月11—13日，“徒步穿越大湘西”活动在桑植县举行。活动路线为芭茅溪—四门岩—穿洞峡—五道水，全程30千米，有来自全国各地的户外爱好者、户外运动俱乐部会员、地方全民健身者爱好者和“穿越大湘西”全国粉丝群体等约1500多人参加。徒步路线以山路为主，沿途将经过芭茅溪盐局旧址等红色景点。活动期间还举行野外露宿篝火晚会和桑植非遗项目展示。

【2018年全国小篮球联赛】 2018年，全国小篮球联赛（湖南赛区）预、决赛分别于5月12—26日、6月22—23日在永定区、慈利县、桑植县及长沙工业职院体育馆举行。82支代表队、630名小队员参加比赛，桑植二小梦二队荣获“体育道德风尚奖”，并获U12女子组第二名；桑植二小梦六队获U10混合组第四名；北门小学飞梦队获U8组第八名；慈利恒卓队获U12第八名。张家界市篮球协会获“湖南省小篮球联赛优秀赛区”称号。本赛事开通全国全程直播平台，直播318场比赛，近百家多媒体进行报道。

【2018年全国U19青年男子篮球联赛决赛】 2018年，全国U19青年男子篮球联赛决赛于7月19—25日在桑植贺龙体育馆举行。由中国篮球协会、张家界市文体广电新闻出版局主办，张家界市篮球协会、桑植县文体广电新闻出版局承办，张家界市篮协、桑植县篮协具体执行。比赛通过预、复赛，有来自全国8支俱乐部137名队员争夺全国9—16总名次。央视、省市县电视台进行报道了本次赛事，150家媒体转载，微博点击率突破100万。

【全国皮划艇激流回旋青年锦标赛暨U系列总决赛在武陵源区举行】 2018年8月16—19日，全国皮划艇激流回旋青年锦标赛暨U系列总决赛在张家界市武陵源区举行。比赛共设U23、U18、U16、U14四个组别，男子单人划艇、女子单人划艇、男女混划等24个项目，来自全国12支代表队200余名运动员参加比赛。经过四天比赛，湖南、广东、贵州队分获2018年全国皮划艇激流回旋U23及青少年锦标赛暨全国皮划艇激流回旋青少年U系列赛总决赛体育道德风尚奖，浙江队王剑、辽宁队李川、张庆胜、福建队黄燕芝等19名运动员被评为体育道德风尚奖获得者。央视、湖南卫视对赛事进行了宣传报道，国内200多家媒体进行转载，北欧时报等国际媒体转载超过41家，微博点击突破220万。

【湖南省首届“环天门山”国际自行车邀请赛】 2018年10月13日，湖南省首届“环天门山”国际自行车邀请赛开赛，来自世界各地骑行选手和骑行爱好者共2000余人参加。

【湖南省第七届天门山“天路”自行车挑战赛】 2018年10月14日，湖南省第七届天门山“天路”自行车挑战赛在著名的景区张家界天门山99道弯盘山公路正式开赛，来自湖南、湖北、贵州、广西、浙江、河南、江西、广东、北京、福建、甘肃、四川、安徽、辽宁、陕西、江苏、深圳等地1500人参赛。陈湘源代表环湘农业车队再次在大众组夺冠，男子山地精英组冠军由江西快客车队小将吴兴栋获得，江西巨星车队王祥梅获得女子组冠军，男子公路组冠军由森地客鑫元鸿车队的吴云飞获得。

【首届“健康湖南”全民运动会轮滑总决赛】 2018年11月23—25日，首届“健康湖南”全民运动会轮滑总决赛暨2018年湖南省轮滑锦标赛在桑植举行。比赛分为成年组、青年组、少年组、幼儿组等4个组别共22个项目进行，比赛分速度轮滑和自由式轮滑两项，共有来自全省的300多名轮滑爱好者参加比赛，体现了首届“健康湖南”全民运动会“接地气、高人气”的特质。最终，省直机关代表队、吉首铁骑兵团轮滑俱乐部等代表队获得本次比赛的一等奖。

【全国新年登高健身大会】 2018年12月16日，“中国体育彩票”2018全国新年登高健身大会在武陵源拉开帷幕。活动吸引来自广西、北京、陕西、湖北、四川、江苏等12个省市的2000余名健身人群及徒步爱好者参加。

【创建后备人才基地工作】 2018年4月，张家界市业余体育学校启动创建湖南省柔道后备人才基地各项工作。

【青少年业余训练】 2018年，市体校开展业余训练工作，选拔皮划艇、柔道、举重、摔跤4个青少年项目集训优秀运动员苗子共计58人，备战湖南省第十三届运动会。通过运动员的刻苦训练，35名优秀运动员代表张家界市参加了2018年9月在衡阳举行的湖南省第十三届运动会，取得8枚赛会金牌。 （本栏撰稿 田洪曼）

2019

社会生活

·张家界年鉴·

人民生活

【居民收入】 2018年，张家界市全体居民人均可支配收入16465元，比上年增长9.5%。按常住地分，城镇居民人均可支配收入24825元，比上年增长8.2%。其中，工资性收入13170元，比上年增长4.2%；经营净收入5173元，增长63.8%；转移净收入5363元，增长12.4%；财产净收入2312元，下降2.8%。农村居民人均可支配收入9562元，比上年增长10.0%。其中，工资性收4135元，比上年增长11.6%；经营净收入2661元，增长5.6%；转移净收入2642元，增长12.1%；财产净收入124元，增长11.2%。（唐亚亚）

【城乡居民消费】 2018年，张家界市人均消费支出14501元，比上年增长21.0%。按常住地分，城镇居民人均消费支出18933元，比上年增长16.9%。八大类消费呈“四涨四跌”态势。其中，食品烟酒类支出增长27.8%，居住类支出增长48.4%，交通通信类支出增长16.9%，教育文化娱乐类支出增长11.1%；衣着类支出下降3.6%，生活用品及服务类支出下降12.5%，医疗保健类支出下降15.0%，其他用品和服务类支出下降35.9%。农村居民人均生活消费支出10843元，比上年增长26.0%。八大类消费支出全部上涨。其中，食品烟酒类支出增长10.1%，衣着类支出增长44.8%，居住类支出增长42.3%，生活用品及服务类支出增长24.6%，交通通信类支出增长22.6%，教育文化娱乐类支出增长17.6%，医疗保健类支出增长42.5%，其他用品和服务类支出增长42.8%。（万　露）

【各区县居民收入】 2018年，张家界市4个区县居民收入平稳增长。武陵源区和永定区全体居民人均可支配收入高于全市平均水平，桑植县全体居民人均可支配收入尚未达到全省平均水平的80%。按常住地分，城镇居民人均可支配收入四区县分别为：永定区27946元，增长8.1%；武陵源区29722元，增长7.8%；慈利县24008元，增长8.9%；桑植县17093元，增长9.2%。农村居民人均可支配收入分别为：永定区10118元，增长11.2%；武陵源区13148元，增长9.3%；慈利县10659元，增长9.5%；桑植县8183元，增长13.5%。（万　露）

2018年张家界各区县居民收入主要情况表

地区	全体居民人均可支配收入			城镇居民人均可支配收入			农村居民人均可支配收入		
	2018年	2017年	增速	2018年	2017年	增速	2018年	2017年	增速
	元	元	%	元	元	%	元	元	%
张家界市区	16465	15033	9.5	24825	22944	8.2	9562	8692	10.0
永定区	19269	17603	9.5	27946	25845	8.1	10118	9099	11.2
武陵源区	23540	21726	8.3	29722	27571	7.8	13148	12029	9.3
慈利县	15892	14469	9.8	24008	22042	8.9	10659	9734	9.5
桑植县	11390	10164	12.1	17093	15653	9.2	8183	7210	13.5

婚姻·家庭

【婚姻登记】 2018年，张家界市办理婚姻登记18247对。其中，结婚登记9972对，离婚登记4677对，补发结婚证3411对，补发离婚证187对。涉港澳结婚登记5对，离婚登记1对。（朱庆华）

【社会救助对象家庭经济状况核对】 严格执行居民家庭经济状况核对部门联席会议制度，形成了政府主导、民政牵头、部门配合、资源共享的居民家庭经济状况核对机制。2018年，低保受托核对54728人次，预警1490人次。（杨松柏）

【《反家庭暴力法》宣传活动】 2018年，根据省妇联要求，在全市范围内开展“建设法治张家界·巾帼在行动”宣传活动，开展家庭律师社区行讲座12次，通过12338维权服务热线，接待信访案件123起。举办“三八维权周”、禁毒、防艾、普法、扫黑除恶等宣传活动24场次，法律咨询

问题1000多个，发放宣传资料1万余份。（陈凌英）

妇女·儿童·老人

【儿童福利保障】 全市有3个儿童社会福利机构，机构内收养133个儿童。永定区儿童机构具有养护、医疗康复、教育等综合功能。全市有5个流浪儿童救助保护机构，全年救助流浪儿童164人次。2018年，全市有580名散居孤儿，集中供养133名孤儿。从2018年1月1日起，儿童基本生活费最低保障标准提高至散居800元/月/人，集中供养1200元/月/人。（朱庆华）

【留守儿童保护】 2018年，全市共有留守儿童35966名，困境儿童5586名，均已录入“全国农村留守儿童、困境儿童信息管理系统”。为提升基层儿童工作服务能力，夯实工作基础，各区、县，乡、镇（街道）党委政府设立“儿童督导员”，村（居）设立“儿童主任”，均以实名制将相关个人信息录入“全国村居儿童主任（乡镇督导员）管理系统”。出台《张家界市农村留守儿童之家建设实施方案》。全市已按标准建成91所留守儿童之家。（朱庆华）

【乡村振兴巾帼行动】 全市发放扶贫宣传资料31396份，参与巾帼扶贫的妇女干部、妇联执委、巾帼志愿者870多人，建立5个家门口就业示范基地、12个扶贫车间。开展技能、月嫂培训45期，举办巾帼招聘会5场次，提供就业岗位2000多个，1500多名妇女实现本地就业。启动“湘女关爱保”工作，完成保额149.06万元。落实十九大报告关于“健全留守妇女和儿童、老年关爱服务体系”建议，市政府第九次常务会议通过《张家界市进一步加强农村留守妇女关爱服务工作实施方案》，为全省首例。（陈凌英）

【适龄妇女“两癌”免费检查】 2018年，省、市财政共投入检查经费400.4万元，农村完成检查28972人，覆盖率达101.3%。全市新纳入城镇适龄妇女1万人免费检查。（卓　鑫）

【保障妇女儿童权益】 2018年，张家界法院强化妇女儿童司法保护，成立家事专业审判团队，推行婚姻冷静期、心理测评干预、案后跟踪回访等制度，妥善审理教育、就业、医疗、工伤等涉民生案件2198件。（屈平　周小晖）

【基本养老服务补贴】 2018年，张家界市4个区（县）全部建立基本养老服务补贴制度，补贴人数9266人，覆盖目标人群92.80%。武陵源区和慈利县覆盖率100%。（余　毅）

【高龄津贴及百岁长寿保健补助】 落实老年人津贴发放制度，实行老年人优惠政策。为90岁以上老人发放高龄生活补贴100元/人/月，发放百岁老人长寿保健补贴400元/人/月。（余　毅）

【农村社区居家养老服务示范县】 2018年，永定区启动农村社区居家养老服务示范县建设，推动农村养老服务设施建设。（余　毅）

福利·救济

【社会福利事业】 一、社会救助投入。全市支出医疗救助金3540.2376万元，救助困难群众92780人次；积极推进临时救助制度规范发展，累计支出临时救助金4166.83万元，救助困难人员49089人次；集中供养孤儿133人，共有儿童收养救助服务机构8个。普遍建立健全社会保障和社会救助标准与物价上涨联动机制。其中，城市低保保障1.449万人，发放最低生活保障经费6561.44亿元；农村低保保障3.2178万人，发放最低生活保障经费7983.79亿元。全面落实五保对象在县、乡定点医疗机构住院基本医疗费全额减免政策，城市特困和农村特困基本生活救助供养年标准分别达到7488元/人/年和4160元/人/年；全市城乡医疗救助“一站式”即时结算服务实现全覆盖。

二、社会福利普惠。建立高龄老年人津补贴制度，区县均建立百岁老人长寿保健补贴制度，补贴标准达400元/人/月。为分散和集中供养孤儿每人每月发放800元和1200元的基本生活费。据市慈善总会数据，全年募集各类慈善款物200余万元，慈善援助400余人次。全年发行福利彩票达2.8604亿元。所有县市区均实现65岁及以上老年人免费乘坐城市公交车。

【慈善救助项目】 2018年，张家界市慈善总会实施“金叶慈善医疗卡”项目，让患病家庭成员得到及时医疗救助，共发放“金叶慈善医疗卡”1000张，总价值50万元，共救助426人；“爱心改变命运”助学项目，争取爱心企业大力支持，着力解决贫困学子的上学难问题，累计救助30位贫困学生，共发放助学金9万元。联系爱心企业湖南东辰集团与我市贫困学子结对帮扶，解决8名考上一本的大学生四年学费32万元整；以大病、特困、受灾群众为救助重点，全年累计救助困难群众100余人，共发放救助资金40万余元；“迎新春送温暖”为300余名困难群众送去党和政府的关怀，发放慰问金8万余元；接受定向捐赠200余万元，为我市打赢脱贫攻坚战贡献了慈善应有的力量。

（本栏撰稿　曹祖伟）

【最低生活保障】 2018年底，城乡低保保障标准分别为480元/月和3700元/年，分别保障1.449万人和3.2178万人，月人均救助水平分别为325元和175元。全年累计发放低保资金14545.23万元。（杨松柏）

【残疾人两项补贴】 2018年3月，下发《张家界市2018年残疾人两项补贴重点民生实事项目实施方案》，开展残疾人两项补贴提标工作，从50元/人/月提高到55元/人/月。2018年12月，发放困难残疾人生活补贴8381人，重度残疾人护理补贴17275人，发放两项补贴1845.3425万元。（余　毅）

【福利彩票销售管理】 2018年，张家界市销售福利彩票2.8604亿元，增幅4.82%，增幅位居全省第三，筹集公益金7259万元，增幅4.79%，上缴国家税收239.2万元。县级市场销售增势稳定，所有区县销售均为正增长。其中，永定区全年销售8908万元，居全市第一；慈利县销售6768万元，增幅11%，增幅居全市第一。（戴志辉）

残疾人事业

2018年，张家界市以贫困残疾人脱贫攻坚为重点，夯实事业发展基础，提升残疾人基本公共服务，增强残疾人获得感，推动残疾人事业全面发展。

贫困残疾人脱贫攻坚工作整体推进。将残疾人脱贫融入全市脱贫攻坚整体布局，将残疾人两项补贴、教育资助政策、残疾人参加城乡居民医疗保险和最低缴费档次的养老保险全额代缴三项助残惠残政策落实情况纳入脱贫攻坚考核指标中。将残疾人两项补贴提标至55元/人/月，为1.6万余名重度和7000余名贫困残疾人发放补贴1600多万元。推动残疾人单独施保，将未脱贫建档立卡贫困户中靠家庭供养且无法单独立户的重度残疾人和三级智力、精神残疾人参照单人户纳入农村低保。实施“农村残疾人阳光增收计划”，570名残疾人得到实用技术培训，评选表彰10户残疾人阳光致富带头人（示范户），其中3户被评为全省“阳光致富带头人（示范户）”，1户被评为全省“最美阳光致富示范户”。开展电商助残扶贫和妇女手工制作扶贫，20名残疾人参加了电商扶贫培训，10名残疾人参加了妇女刺绣技能培训。制订《张家界市残疾人就业扶贫示范基地建设管理实施方案》，2家和4家企业分别被认定为省级和市级就业扶贫示范基地。实施“阳光家园”计划，630名残疾人接受托养服务。实施残联系统连村帮户工程，市、区县残联共结对帮扶5个村，帮助50户残疾人家庭脱贫。扎实开展驻村帮扶工作，全年共投入40万元，支持慈利县二坊坪镇二坊坪村、高溪村基础设施建设、集体经济投入及结对帮扶34户建档立卡贫困户。

推进残疾人康复服务。完成包含100名“0—6岁残疾儿童抢救性康复”重点民生实事项目任务在内的371名残疾儿童精准康复服务项目。实施站立计划、天使助行、精准脱贫光明行等康复项目，为80名残疾人适配助视器并进行康复训练，为125名残疾人安装义肢、矫形器，为10名肢体残疾儿童进行矫治手术，为200名白内障、胬肉患者免费开展复明手术，配发辅具1200余件。完成7个残疾人社区康复站建设。为所有在康复机构进行康复训练的残疾儿童购买意外伤害保险。

稳步推进残疾人教育就业工作。开展“贯彻特殊教育提升计划”落实情况调研，加强对三所特校的办学支持和指导。为60名残疾青壮年文盲提供扫盲教育，为75名学龄前儿童提供助学服务，为273名贫困残疾人家庭子女、残疾人大学生、高中生实施扶残助学。依法推进按比例安排残疾人就业工作，规范残保金征收，全年全市征收残保金3412万元，其中市本级1271万元。举办残疾人就业专场招聘会，开展残疾人就业援助月活动，扶持80名残疾人自主创业，对210名残疾人开展职业技能提升培训，组队参加省第六届残疾人职业技能竞赛。

加强残疾人维权。做好残疾人信访维权及法律救助工作，建立法律顾问周二、周四坐班接访制度。完成110户家庭无障碍改造任务，876名残疾人获得机动车燃油补贴。出台《张家界市残联信访救助审批制度》，全年为120余名残疾人提供救助，发放救助金15万余元。做好市政协七届一次会议第7号和第89号提案的协办工作。

积极开展残疾人宣传文体活动。拍摄全市残疾人事业十二五发展成就专题片，开展“小康路上、残健同行”有奖征文等活动。举办市第三届残疾人艺术会演，5支代表队22个节目参加了5个类别的比赛。组织参加省第九届残疾人艺术会演，获3个二等奖、1个三等奖。举办市第四届残运会，118名运动员参加了7个项目的比赛，19人刷新了本市残运会的27项纪录。选派35名运动员参加省第十届残运会，取得了25金15银10铜的佳绩，首次三榜均进入前十（其中，金牌榜第九名，奖牌榜第九名，团体总分榜第十名），并获体育道德风尚奖。

基层残疾人组织得到加强。市、区县残联均召开了代表大会完成换届，组成13人代表团参加省残联第七次代表大会，推荐市聋协主席参加中国残联第七次代表大会。市残联机关组织建设得到加强，配齐了党组班子，将原市残疾人辅助器具中心（自收自支）改设为市残疾人康复托养中心（全额拨款），并增加全额拨款事业编制1名。完成了10个基层残疾人组织规范化建设。

残疾人专项服务设施建设有序推进。市残疾人康复中心建成完工，市残疾人托养中心于7月开工建设。桑植县残疾人托养中心已经建成，桑植县残疾人康复中心开工建设，慈利县残疾人托养康复中心完成主体施工。

残疾人工作基础得以夯实。开展残疾人工作调研，并形成调研报告。以全国助残日为重点开展微心愿认领、市领导走访慰问贫困残疾学生等系列助残活动。做好动态更新和年度统计工作，按照新修订的《残疾人证管理办法》核发残疾人证。强化协会管理，市聋人协会在民政部门登记注册，成为我省首家“合法”的市州级聋人协会。探索第三方评估机制，开展民生实事残疾儿童康复项目第三方考评工作。接受市委第三巡察组巡察并做好各项巡察整改工作。（唐登浩）

2019

区县概况

·张家界年鉴·

永定区

中共区委书记　祝云武
区人大常委会主任　全有军
区　　　　长　朱法栋
区政协主席　欧湘云

【概述】 2018年，永定区辖14个乡镇，6个街道。土地总面积2169平方千米。其中，耕地面积31.76千公顷。年末总人口47.83万人，常住人口46.94万人，城镇常住人口25.8万人，农村常住人口21.14万人，城镇化率54.96%。出生率11.04‰，人口自然增长率4.67‰。全年降水量1243.6毫米，最高气温39.5℃，最低气温-4.8℃，全年日照时间1412.7小时，无霜期天数311天。

地区生产总值235.9亿元，同比增长7.7%。其中，第一产业实现增加值18.3亿元，第二产业实现增加值39.1亿元，第三产业实现增加值178.5亿元，分别增长3.3%、7.0%、8.3%。一、二、三产业对GDP的贡献率分别为3.4%、18.2%、78.4%，分别拉动GDP增长0.3、1.4、6.0个百分点。三次产业结构由上年的8.2∶19.3∶72.5调整为7.7∶16.6∶75.7。

工业增加值27.44亿元，比上年增长5.6%。规模工业企业90家，实现总产值53.8亿元，增长15.2%，增加值15.9亿元，增长7.1%，实现利润2.8亿元，增长35.8%。

农林牧渔服务业总产值299508万元，增长3.6%。粮食作物播种面积42万亩，烤烟播种面积1.68万亩，蔬菜种植面积20.43万亩。产量：粮食143295吨，烤烟2339吨，蔬菜373646吨；出栏生猪、牛、羊分别为15.81万头、1.28万头、6.54万只，出笼家禽154.01万羽，肉类产量21755吨，水产品产量4861吨。封山育林面积16428公顷，森林覆盖率73.12%。年末自然保护区7个，自然保护区面积3243.4公顷。全年完成造林面积1666.66公顷，完成荒地造林面积800公顷。新增农田有效灌溉面积260公顷，新增高效节水灌溉面积400公顷。年末全区农产品加工企业发展到243家，实现销售收入19.08亿元，利税1.42亿元。休闲农业经营收入8.88亿元。农民专业合作社145家，家庭农场61家，专业大户285户。三品一标农产品认证25个，现代农业产业园区6个。休闲农业经营主体545个，休闲农业和乡村旅游接待人次757万人次。

社会消费品零售总额107.13亿元，增长10.2%。实际利用外资7591万美元，增长6.9%。实现外贸进出口总额7192万美元，增长3.9%。其中，出口总额6526万美元，增长5.5%。接待国内外游客4004.89万人次，增长17.1%。其中，接待境外游客303.2万人次，增长77.8%；接待过夜游客1902.89万人次，增长20.4%。全年实现旅游总收入407.35亿元，增长21.5%。

固定资产投资总量188.62亿元，比上年增长13.3%。其中，固定资产投资（不含农户）下降14.0%；房地产开发投资增长106.0%。施工项目191个，其中，5000万以上项目51个，5000万以下项目103个，房地产项目37个，增长13.3%。

交通运输、仓储和邮政业增加值129059万元，增长2.3%。航空起落架次20441架次，增长18.4%。航空旅客吞吐量220.99万人次，增长24.6%；航空货邮吞吐量1176吨，下降17.6%。铁路旅客发送量215.41万人次，增长1.1%；铁路货物发送量1.79万吨，下降75.5%。公路旅客运输量2013万人次，增长5.0%；旅客周转量46013万人千米，增长5.0%；货物运输量1174万吨，增长5.0%。邮政业务总量5751.6万元，增长5.8%。电信业务总量165242万元，增长165.16%。

财政投入科技经费1844万元。专利申请580件，增长57.6%。年末高新规模以上工业企业数34家，完成高新技术产品产值271773万元，增长17.5%；实现高新技术增加值119914万元，增长14.2%。中等职业教育在校生3468人，普通高中校生15300人，普通小学在校生38703人，特殊教育在校生80人，幼儿园在园幼儿18037人。小学适龄儿童入学率100%。小学毕业生升学率100%。初中阶段毛入学率99.3%，初中升学率93.7%，九年义务教育巩固率89.1%。高中阶段教育毛入学率93.4%。拥有各类民办学校137所，民办学校在校学生17742人。落实义务教育保障资金8283万元，发放中职国家助学金477.69万元，资助中职学生4491人次，落实中职免学费资金819.14万元，免学费资助中职学生6383人次，发放普通高中国家助学金345.79万元。有艺术表演团体100个，博物馆1个，纪念馆1个，公共图书馆1个，24小时自助图书馆3个，农家书屋184个，文化馆1个。广播综合人口覆盖率99%；电视综合人口覆盖率99%。放映农村公益电影3828场。国家级非物质文化遗产保护名录1个，省级非物质文化遗产保护名录6个。有体育场地667个，全年开展全民健身项目18项次，参加全民健身人数14.256万人；新建农民体育健身工程的行政村22个。有医疗卫生机构361个，卫生技术人员1559人，年末医院床位数3899张。

城镇新增就业3502人。年末城镇登记失业率为2.53%，失业人员再就业人数1200人。新增农村劳动力就业3504人。

年末城镇各种社区服务设施285个。其中，综合性社区服务中心74个。各类收养性社会福利机构25个。全区拥有敬老院24所。年末共有59542人纳入城市居民最低生活保障，发放城市居民最低保障经费1984.81万元。年末纳入农村居民最低生活保障103345人，发放农村居民最低生活保障经费2164.46万元。改造贫困残疾人家庭无障碍户30户，抢救性康复贫困残疾儿童32人。全年销售社会福利彩票8908.6万元，筹集福彩公益金2389.7万元，直接接受社会捐赠615万元。新建城乡养老服务示范点5所。年末全区6603人享受农村计划生育家庭奖励扶助政策，全年累计发放奖扶资金633.888万元。303人享受农村计划生育特别扶助政策，全年累计发放特扶资金233.04万元。

企业养老保险参保人数61253人，企业养老保险征缴基金52894万元。机关事业单位在职养老保险16748人，失业保险总参保人数42733人，失业保险征缴基金1761万元。城乡居民养老保险参保人数23.35万人，城乡居民养老保险征缴基金1859万元。工伤保险征缴基金4225万元。城镇职工医疗保险征缴基金43762万元。生育保险征缴基金1546万元。城乡居民医疗保险登记参保人数36.74万人，城乡居民医疗保险征缴基金24553万元。社会保障卡持卡人数32.94万人。实施城市棚户区改造2120套，实施农村危房改造2613户。

全体居民人均可支配收入19269元，增长9.5%。城镇居民人均可支配收入27946元，比上年增长8.1%。农村居民人均可支配收入10118元，增长11.2%。人均自有住房面积58平方米，比上年增加7平方米，增长13.7%。

【永定区图书馆再获“国家一级馆”称号】 8月28日，第六次全国县级以上公共图书馆评估定级公告出炉，永定区图书馆再次喜获“国家一级馆”称号，这也是该馆连续第二次荣膺“国家一级图书馆”称号。

【尹家溪镇马儿山村获评首批省级同心美丽乡村】 9月17日，省委统战部授予尹家溪镇马儿山村等30个村为第一批省级同心美丽乡村。马儿山村离张花高速公路茅岩河出口5千米。近年来，该村接待游客量15万余人次。

【张家界市永定区金海实验学校揭牌】 8月23日，“中共张家界市永定区金海实验学校支部委员会、张家界市永定区金海实验学校”揭牌。张家界金海实验学校是永定区政府签约引进长沙金海教育集团，联手打造的一所九年寄宿制学校。学校占地78亩，建设总投资1.8亿元，建筑面积4.8万平方米。

【张家界莓茶助力永定区“一县一特”脱贫致富】 2018年，永定区将莓茶作为“一县一特”的主导特色产业进行培育发展，全区莓茶种植面积达5万亩，集中在茅岩河镇、罗塔坪乡、三家馆乡、桥头乡、罗水乡等5个茅岩河流域的乡镇。全区从事莓茶种植、加工、销售的农业企业、合作社等农业新型经营主体已发展到40余家，省市级龙头企业11家。2018年莓茶产业实现产值5亿元，带动山区4000多户农户脱贫，实现近万名农村富余劳动力就业，为茶农人均增收2000—4000元。2010年，永定区“茅岩莓茶”被农业农村部认证为国家农产品地理标志产品。2015年“茅岩莓”商标已被国家市场监督管理总局认定为中国驰名商标，其产品已通过国家有机产品认证。

（本栏撰稿 张 兵 梁英杰 唐智勇）

武陵源区

中共区委书记 朱用文
区人大常委会主任 许忠亮
区长 郑小胡
区政协主席 余开平

【概述】 武陵源区位于湖南省西北部武陵山脉中部，隶属于张家界市，与永定、慈利、桑植三县区交界。东邻慈利县三官寺乡、阳和乡、许家坊乡。南抵永定区合作桥乡、新桥乡和大庸桥街道。西与永定区教字垭、桥头和桑植县瑞塔铺等乡镇接壤。北同桑植县竹叶坪、走马坪、空壳树三乡毗连。地处北纬29°16′25″—29°24′25″、东经110°22′30″—110°41′15″。2018年，武陵源区辖2个乡4个街道。土地总面积397.58平方千米，耕地面积2.72千公顷。年内气温最高38.8℃、最低气温-6.8℃，年降水量1536.4毫米，森林覆盖率达85.18%。年末户籍总人口55892人（少数民族52541人），城镇人口35893人，乡村人口19999人。人口出生率13.8‰，自然增长率9.7‰。

地区生产总值59.73亿元，同比增长7.5%。第一产业增加值1.76亿元，增长3.5%；第二产业增加值8372万元，增长9.9%；第三产业增加值5.71亿元，增长7.6%。三次产业结构比为2.9∶1.4∶95.7。财政总收入5.18亿元，地方财政预算收入3.06亿元。

农林牧渔业总产值2.91亿元，增长3.7%。农业产业化龙头市级企业12家。农民专业合作社92家，年内新增3家。家庭农场42家，年内新增4家。继续出台《武陵源区农业产业化发展奖扶办法》，申报新认证“三品一标”（无公害农产品、绿色食品、有机食品、农产品地理标志）农产品4个。

工业增加值2407万元，增长5.9%。规模工业销售产值5767万元，增长20%。建筑业增加值5875万元，增长12%。

社会消费品零售总额16.82亿元，增长10.3%。其中，城市消费品零售额13.55亿元，增长10.3%。农村消费品零售额3.27亿元，增长10.5%。外贸进出口总额25万美元，同比下降50.2%。实际利用外资1843万美元，增长3586%。实际利用内资5亿元，增长8.0%。旅游综合收入265.52亿元，增长21.4%。接待国内外游客3028.89万人次，增长15.1%。其中，接待境外游客246.2万人次，增长39.6%。景区景点中黄龙洞接待149.25万人次、宝峰湖接待78.59万人次、天子山索道接待240.09万人次、黄石寨索道接待29.61万人次、观光电车接待126.36万人次、百龙天梯接待331.11万人次、杨家界索道接待55.79万人次。演艺场所中魅力湘西接待125.82万人次、烟雨张家界接待62.62万人次、梦幻张家界接待40.86万人次、溪布街景区接待429.85万人次。全区A级旅游景区数共5个。其中，AAAAA级景区1个（武陵源风景名胜区），AAAA级景区3个（宝峰湖旅游区、黄龙洞旅游区、溪布老街非遗文化体验基地），AAA级景区1个（大鲵生物科技馆）。

固定资产投资31.58亿元，增长12.6%。批复政府投资项目18个，备案企业投资项目25个，社会发展项目4个，争取资金6795万元。

武陵源中心城区距张家界机场和火车站34千米，距G5513长张高速公路阳和入口26千米，距S10张花高速公路张家界西入口28千米。连接市城区和景区的武陵山大道年底全线建成通车。张吉怀高速铁路和黔张常铁路即将通车。现有等级公路总里程300.271千米。其中，国道22.854千米，省道86.553千米，县道98.888千米，乡道47.65千米，村道43.813千米，专用道0.513千米。等外公路共98.414千米。固定电话用户1.12万户，移动电话用户7.59万户，互联网宽带用户3.18万户。

专利申请45件，增长66.7%。其中，发明专利21件，实用新型11件，外观设计13件。发明专利授权5件。

打好防范化解重大风险攻坚战。摸清全区债务底数，按照“停、缓、调、撤”的总体思路，科学调整投资项目，压减政府投资6.67亿元。认真厘清政府和平台公司责任边界，剥离平台公司政府融资职能。加快推进社会招商项目，培植壮大财源，政府债务风险整体可控。

打好精准扶贫攻坚战。认真落实脱贫攻坚“两个责任”，扎实抓好产业扶贫、行业扶贫，全力实施“旅游+扶贫”战略，加快推动农业向旅游业转型、农村向乡村旅游目的地发展、农民向旅游从业者转变、农产品向旅游商品提质，打造天子山辣椒、中湖鱼泉贡米、协和莱葛和索溪峪土家织锦四大旅游扶贫产业，5500余名农民从事旅游服务业，贫困群众户均增收超过2200元。发放金融小额贷款2200万元、产业分红资金360万元、阳光助学金171万元，报销贫困人口医药费779万元，聘用贫困户“三员”（生态护林员、乡村卫生保洁员、乡村公路养护员）261名，脱贫退出37户118人，脱贫攻坚成果得到全面巩固。

打好污染防治攻坚战。深入学习习近平生态文明思想，牢固树立“绿水青山就是金山银山”的发展理念，出台《深入实施长江经济带发展战略推动武陵源绿色发展高质量发展的实施意见》，实施核心景区保卫战，统筹推动蓝天保卫、碧水守护、净土攻坚、大地增绿、城乡洁净“五大行动”。核心景区非法经营、非法营运整治效果明显，天子山、袁家界移民搬迁签订协议143户、拆除房屋1.6万平方米。严格落实河长制，发布区级河长令，大力开展河道“乱种、乱排、乱倒、乱建”专项清理行动，索溪水电站退出发电功能，索溪峪污水处理厂实现通水达标，中湖、天子山集镇污水处理厂即将完工，饮用水源水质达标率达100%。严控秸秆垃圾焚烧、烟花爆竹燃放，PM2.5、PM10分别下降4.7%、16.7%，城区环境空气质量优良天数达336天，优良率达96.6%。中央、省级环保督察82个反馈交办问题全面整改到位，成功创建国家生态文明建设示范区。

获评全省“社会治安综合治理先进县市区”，同时在全省平安县市区考核评估中保持“平安区县”称号。获评“全国法治县市区创建活动先进单位”。

【“张家界千古情”景区开工建设】 2018年4月26日，宋城演艺“张家界千古情”景区在武陵源区索溪峪街道百花洲开工建设。项目总投资约10亿元，预计2019年7月与中外游客见面。“张家界千古情”景区占地146.9亩，南临张清公路，北依索溪河，距离武陵源核心景区、宝峰湖、黄龙洞景区约5分钟车程。项目由中国演艺第一股、连续八届获得全国文化企业30强的宋城演艺发展股份有限公司投资建设，定位为文化演艺、主题公园、生态景观、文化街区、科技游乐于一体的旅游文化综合体。

【张家界市首届民宿旅游文化节暨武陵源第三届农耕文化节】 2018年5月17日，张家界市首届民宿旅游文化节暨武陵源第三届农耕文化节活动在武陵源区中湖乡五号山谷乡村度假民居启动。启动仪式上，张家界市民宿（客栈）代表集体宣读《张家界民宿（客栈）品牌宣言》并签名。武陵源区为全区被评为三星、四星级的民宿（客栈）颁发奖牌和奖金。天子山剁辣椒、渔泉峪贡米、协和莱葛、土家织锦等特色农产品进行展示。活动当天，当地村民和中外游客一道在稻田间的泥水中开展插秧接力、稻田排球、拔河、鸡罩捕鱼等趣味农耕活动，共同感受农耕民俗文化，体验乡村民宿旅游乐趣。本次活动为期3天，由张家界市人民政府指导，武陵源区人民政府、张家界武陵源风景名胜区和国家森林公园管理局、张家界市旅游和外事侨务委员会主办。

【武陵源核心景区门票降价】 2018年8月6日，省发改委公布《关于降低武陵源核心景区门票价格的批复》，降价后的新标准将于2018年9月22日起执行，有效期5年。武陵源核心景区门票（包含环保车车票）实行淡旺季价格收费，每年3月至11月为旺季，12月至次年2月为淡季。其中，旺季普通门票降为每人次225元（原旺季普通门票为245元），淡季普通门票降为每人次115元（原淡季普通门票为136元），门票连续四日有效。武陵源核心景区年票（包含环保车车票）价格为每人次298元，游客购票后一年内可不限次数进入景区。景区对旅行社团购、网络提前购票的游客实行价格优惠：旺季普通门票为每人次182元，淡季普通门票为每人次91元。景区对6周岁（不含6周岁）以下或身高1.3米（含1.3米）以下的儿童、70周岁（含70周岁）以上老年人、残疾人凭有效证件实行免票；对6周岁（含6周岁）—18周岁（不含18周岁）未成年人、全日制大学本科及以下学历在校学生、60周岁（含60周岁）至70周岁（不含70周岁）的老年人凭有效证件实行半票优惠。香港、澳门、台湾等入境游青少年，凭有效身份证明，实行同等门票价格优惠。现役军人、军队离退休干部凭有效证件实行半票优惠。景区内交通运输工具价格对上述门票优惠对象实行半价优惠。景区不得在出售门票的同时代收保险费，应向自愿购买保险的游客设立单独收费窗口。

【2018黄龙音乐季】 2018年11月25日，在第三届博鳌国际旅游传播论坛颁发的国际旅游传播大奖——博鳌旅游奖中，2018黄龙音乐季荣登年度节庆活动榜榜首。全国共有10个节庆品牌获得这一殊荣，2018黄龙音乐季是湖南省唯一入选的节庆活动。2018黄龙音乐季于2018年8月5日至8月30日在世界自然遗产地武陵源风景名胜区举办，由武陵源区人民政府、张家界武陵源风景名胜区和国家森林公园管理局主办，黄龙洞投资股份有限公司具体承办执行。音乐季包括钢琴艺术周、声乐艺术周、合唱艺术周三大活动，设475个奖项，总计488.5万元艺术发展资助金。其间，黄龙音乐季共吸引1万名海内外音乐爱好者直接报名参加，带动10万人前来张家界武陵源“跟着音乐旅行”。特别是活动开幕式上全球首创的“峰林音乐会”，让世界顶级的山水邂逅最唯美的音乐，引得3.5亿人次通过电视、网络收看这一壮阔场面。黄龙音乐季诞生于2016年，以“竞技、教育、快乐”为宗旨，每年8月的第一个周末在张家界武陵源黄龙洞景区举办，是目前国内最具观赏性的大型音乐展演、比赛、交流活动。

【助推全域旅游发展】 建成通车武陵山大道、杨家界大道、环景区公路南线，基本完成吴家峪和天子山游客服务中心、黄石寨环山游步道一期建设，顺利开通空中田园观光游览线，投入使用第二批旅游厕所10座，全面完善景区厕所环保设施。“五号山谷”获评“全球十大必睡民宿”，协和乡特色民宿群在全国乡村旅游与旅游扶贫大会上得到重点推介，杨家界等6个村居成功入选湖南省大湘西地区文化生态旅游精品线路景点集群。“黄龙音乐季”产生重大影响，荣获“博鳌旅游大奖”，空中田园在央视首秀，湖南卫视《汉语桥》到武陵源拍摄播出，黄石寨国际高空扁带对抗赛等系列活动反响热烈，景区知名度、美誉度进一步提升。扎实开展“铁腕治旅”十大专项整治行动，全面取缔包厢购物，严厉打击“野马”导游、追客赶客等不法行为，旅游市场秩序进一步好转。深化服务全域旅游创“三优”、服务游客“三必须”、景区管理服务竞赛等活动，旅游服务水平不断提高。

【实施乡村振兴战略】 2018年，武陵源区实施乡村振兴战略，建设美丽乡村，多措并举促提质，实现良好开局。整合涉农资金9700万元，实施安全饮水、道路通达等项目117个，完成自然村通水泥路省定任务。投入资金2300万元，建成23个农村综合服务平台。深化农村改革，有序推进宅基地所有权、资格权、使用权“三权分置”，完成土地承包经营权确权颁证。大力推进农业现代化，充分发挥科技扶贫专家服务团作用，创新成立农业旅游发展有限公司，积极申报省级农业科技园，全区商品蔬菜基地面积达1万亩、市级龙头企业12家，建成农民专业合作社92家、家庭农场42家。深化人居环境改善，投入资金1900多万元，完成整治项目15个，取缔畜禽养殖场18家，农村环境面貌得到大幅改善，成功创建省级美丽乡村示范村5个、市级美丽乡村示范村9个，“四美”（人居美、环境美、生态美、乡风美）武陵源人居环境改善特色经验在全市推介。

【参与“六城同创”】 全面启动《武陵源风景名胜区总体规划》评估修编，拆除违法违规建设1.6万平方米。岩门二街、四街、六街、天际桥、岩门大桥建成通车，索溪大道一标段基本完工，武陵西路“白改黑”加快推进。宝峰路、未央路等5条主干道完成路灯改造，毛儿岩、犀牛寨等五大片区基本完成综合整治，天马路改扩建绿化工程夺得省建设工程“芙蓉奖”。市区至武陵源城区天然气管道建设进展顺利，市政设施维护、小区物业管理等生活“微服务”得到群众广泛认同。新增交通“电子眼”13处、停车场4处、公共停车位620个，率先在全市实现“科技治超”。建成使用宏源农贸市场、宝峰路夜市城，完成中湖农贸市场主体建设，实现城区、集镇餐厨剩余物统一收集、集中处理。省级文明城区创建顺利通过第三方评估，国家卫生城市创建取得阶段性成果，索溪峪蝉联“国家卫生镇”，天子山民族旅游特色小镇粗具雏形。

【民生领域投入】 完成省市交办民生实事项目18件，全年民生支出达7亿元，城乡居民人均可支配收入达29777元、13172元，分别增长8%、9.5%。机关幼儿园、区一中高中教学楼、中湖鱼泉峪村小投入使用，中小学校食堂领域突出问题得到有效整改，义务教育“超大班额”全面消除，中国关心下一代教育基地在索溪中心学校成功挂牌。新增城镇就业930人，农村劳动力转移就业415人，城镇“零就业家庭”实现清零。报销城乡居民、干部职工医药费2700万元，发放困难群体救助资金1700万元，追回农民工工资1600万元。岩门新村二期、沙坪安置区四期、宋家边安置区等房源项目建设稳步推进，完成“改扩翻”项目2453户，发放住房补贴430万元。国家食品安全示范城市创建有序推进，“舌尖上的安全”得到有效保障。成功举办“书香武陵源”“欢乐潇湘”等大型活动，协和杨家坪村成为湖南首批社会主义核心价值观建设示范点。扎实开展七五普法，连续第四次获评“全国法治县市区创建活动先进单位”。创新建立“121”全域旅游警务机制，大力开展“扫黑除恶”专项斗争，社会治理成效显著。安全生产形势稳定可控，监管水平处于全省前列。

（本栏撰稿　高　建）

慈利县

中共县委书记　邱初开
县人大常委会主任　赵群策
县　　　　长　高靖生
县政协主席　吴淑元

【概述】　2018年，慈利县辖15镇、10乡（含7个土家族乡）。土地面积3492.02平方千米，常用耕地面积43.59千公顷。年末户籍总人口69.96万人。其中，少数民族人口41.3万人。城镇常住人口28.98万人。人口出生率9.96‰，人口自然增长率2.27‰。年内气温最高值38.7℃，最低值－6.7℃，年降水量1280.7毫米。

地区生产总值192.23亿元，比上年增长7.1%。其中，第一产业增加值27.21亿元，增长3.6%；第二产业增加值52.77亿元，增长7.3%；第三产业增加值112.26亿元，增长8.0%。三次产业结构比由上年的15.2∶29.6∶55.2优化为14.2∶27.4∶58.4。地方财政收入7.85亿元，增长6.5%。城镇居民人均可支配收入24008元，农村居民人均可支配收入10659元，分别增长8.9%和9.5%。

农林牧渔业总产值43.31亿元，增加值27.88亿元，分别增长3.6%和3.7%。其中，种植业产值24.87亿元，增加值18.20亿元，增长3.6%；林业产值4.16亿元，增加值3.32亿元，增长3.8%；畜牧业产值11.73亿元，增加值4.98亿元，增长3.8%；渔业产值1.62亿元，增加值1.01亿元，增长1.0%；农林牧渔服务业产值0.92亿元，增加值0.45亿元，增长8.3%。粮食种植面积58.59千公顷。主要产品产量：粮食总产量30.55万吨（其中，稻谷17.47万吨），棉花0.07万吨，玉米9.97万吨，薯类2.65万吨，油料4.17万吨，烤烟0.49万吨，水果19.35万吨，茶叶0.19万吨，蔬菜27.89万吨，禽蛋0.89万吨，水产0.63万吨，肉类总产量4.9万吨。出栏肉猪55.33万头、出笼家禽225.1万羽，发展大鲵50.25万尾。农业产业提质增效。实施“硒有慈利”品牌战略，开发万居杜仲雄花、洞溪七姊妹辣椒、隆悦红薯粉丝、老山翁茶油、一界农户蜂蜜等系列富硒产品，茶叶、商品蔬菜分别扩大到3.85千公顷、6.67千公顷，杜仲发展到10千公顷，种植中药材3.33千公顷。“好粮油”项目稳步推进，建成富硒水稻绿色高产高效示范片3.69千公顷。通过调结构提品质扩基地拓销路，加速农业产业现代化进程。年内新增各类示范经营主体112家、市级以上龙头企业13家，农民专业合作社、家庭农场分别发展到499家、403家。引导农业规模经营，农机总动力突破60万千瓦，综合机械化率31%。深入开展质量强县行动，强化农产品质量监管，大力推广测土配方施肥，发展绿肥施肥面积10千公顷。产业融合步伐加快，农家乐发展到138家，新增休闲观光农庄15家，琵琶生态农业文化园创成省级休闲农业与五星级乡村旅游企业。

全部工业增加值43.36亿元，增长6.6%。规模以上工业企业增加到93家，总产值36.15亿元，增长8.7%，实现增加值11.36亿元，增长7.0%，上缴利税0.63亿元，下降10.4%。销售产值35.59亿元，增长9.2%，产销率98.6%。规模工业实现利税总额2.69亿元，增长4.1%；利润总额2.05亿元，增长9.6%。建筑业实现增加值9.51亿元，增长12.0%。房地产开发投资12.7亿元，增长30.3%。年内商品房销售面积35.4万平方米，增长131.8%；商品房销售额15.3亿元，增长187.2%。销售商品房2124套，增长122.6%。社会消费品零售总额66.82亿元，比上年增长10.0%。其中，城镇消费品零售额54.16亿元，增长10.0%；乡村消费品零售额12.65亿元，增长9.9%。按消费形态分类，其中，批发业4.77亿元，增长6.6%，零售业50.19亿元，增长10.2%；住宿业2.80亿元，增长13.9%，餐饮收入9.06亿元，增长9.0%。招商引资态势强劲。坚持“走出去”和“请进来”相结合，与恒大集团、德国齐柏林等一批国内外500强企业和知名品牌企业建立友好关系。坚持“在谈项目抓签约，签约项目抓落地”的工作思路，以招商引资促进主导产业形成，聚集项目资金，全年签约项目30个，其中重点项目20个。构建“亲”“清”政商关系，营造“亲商、爱商、护商”人文环境，不断优化投资环境。实际利用内资17.18亿元，增长8.0%，实际利用外资3628万美元，全年外贸进出口总额2303万美元，增长20.3%。其中，出口总额2288万美元，增长21.7%。全年接待游客894.58万人次、实现旅游总收入52.07亿元，分别增长16.5%、20%。推动全域旅游蓬勃发展，大峡谷、江垭温泉、万福温泉、朝阳地缝等景区景点基础设施不断完善，“渔浦书院”国学教育基地、湘西印象碾子铺建成运行。创建省级旅游名村6个、三星级以上乡村旅游点9个，禾田山谷、四十八寨、红岩岭等15条精品户外旅游线路持续升温。以“峡谷”“温泉”“仙山”为核心的旅游品牌和“一中心一龙头两走廊四板块”的旅游开发开放新格局基本成型，资源优势开始转化为经济优势。开展“铁腕治旅”专项整治行动，健全完善旅游市场秩序综合监管机制，着力打造游客平安满意的旅游消费环境。推动电商快速发展，全国电子商务进农村综合示范县项目稳步推进，县电子商务公共服务中心建成营运，建成乡村电子商务公共服务站180个，中景电子商务有限公司成为全省首批电商百强企业。新建改造乡村农贸市场6个，培育限额以上商贸流通企业6家，个体工商户增加到15627户。金融体系进一步完善，长沙银行落户慈利。

重点项目强力推进。全县84个重点项目完成投资55.98亿元，已开工项目68个，竣工项目21个。其中，市级以上重点项目17个，完成投资18.01亿元。以加快推进新型城镇化为动力，不断促进城乡区域协调发展，逐步完善城乡功能。深入实施“提质繁南、拓城兴北”计划，县城总体规划（2016—2030）编制完成，环城南路、万福东路、白宫城路、紫霞路改造完工。古城北路、迎宾大道建成通车，新区自来水厂、天然气配气站扩建配套管网工程、双安组团滨河路、万福西路、永安南端立体交通等市政项目抓紧实施。放马洲公园开放运行，五雷山公路沿线房屋美化工程基本完工。共享单车投入使用，绿色、低碳生活理念加快形成。2个污水处理厂建成投运，污水处理率达到89.5%。镇村面貌不断改善，江垭镇纳入国家重点镇建设，完成赵家岗、阳和、甘堰等乡镇街道综合整治，稳步推进三官寺乡旅游特色风情镇建设，老棚村获评为第五批中国传统村落。着力创建国家卫生县城和省级文明县城。日常清扫保洁力度不断加大，严格执行“五无五净”“日产日清”标准。实行最严格的巡查执法制度，查处各类违规行为66起，乱丢乱扔、乱泼乱倒、焚烧垃圾、损坏设施等不良现象得到有效遏制。大力开展市容秩序专项整治，重点规范户外广告，严厉打击占道经营、噪声扰民、乱停乱靠行为。拆除陈旧破损户外广告162处，违停拖车398台。加大烟花爆竹禁放、建筑工地施工、商业促销宣传、KTV娱乐等噪声管控力度，全力保障“高考、中考”环境。积极开展控违拆违专项行动，依法行政强拆违法建筑1300平方米。启动实施乡村振兴，出台《慈利县乡村振兴战略实施意见》，大力开展农村建房管理、综合整治、垃圾治理、厕所革命、污水治理、农业面源污染、村庄规划、美丽乡村创建、道路整治行动。新增乡村振兴试点村18个，按照“五化五通三有”标准，建成美丽乡村38个。新建水池295个、小水窖572口，铺设饮水管道965千米。建成乡镇垃圾压缩站9个，投放垃圾清运车辆31台、垃圾桶8000多个。深入开展“绿盾”“绿剑”“野生动物保护”“春雷2018”专项行动，完成义务植树120万株，实施石漠化治理等工程项目营造林4000公顷，森林火灾发生率大幅下降。开展河道保洁行动，县乡村各级河长联动治水护河实现巡查员和保洁员全覆盖。治理生猪养殖场90家，拆解栏舍41579平方米。全年空气优良率达95％。乡风民风得到改善，组织开展文明户、卫生户、致富标兵、好媳妇、敬老模范等各类评比，引导农民树立文明新风、淳朴民风、良好家风。以文化室、健康小屋、广场健身舞等为载体，倡导健康爱好，培育美善人生。

新建通村公路1242千米，提质改造农村公路420.5千米，自然村公路821.5千米，窄路加宽348千米。零龙、杨通、清江等干线公路建成通车，安慈高速进入全面施工。建成农村客运站2个，农村招呼站20个，实施安防工程254千米，改造危桥15座。全县行政村客运班线通达率100%，群众出行更为便捷。全年火车旅客发送量38万人次，公路旅客运输量1510万人次，公路货物运输量1060万吨，水路旅客运输量21万人次。年末全县民用汽车保有量5.34万辆，增长22.4%；私人汽车保有量5.1万辆，增长22.3%。其中，年内新注册汽车7518辆，增长8.3%，新注册轿车3430辆，增长10.9%。

有高新技术企业和生产高新技术产品的企业27家，实现高新技术产品产值12.72亿元，增长21.6%，增加值3.87亿元，增长20.5%。高新技术产品销售收入7.35亿元，下降16.2%，实现利润总额2682万元，税金总额727万元。申请专利221件。其中，发明专利申请90件，增长57.9%；授权专利144件，增长35.8%。商标注册346件，年末注册商标存量1215件。教育优质均衡发展，投资1.5亿元，完成义务教育基础设施项目32个，县职专学生公寓建成使用。义务教育均衡发展和教育工作督导评估分别通过国家级和省级验收。超大班额、大班额分别消除62个、148个，补充教师281人，培训教师2629人次。高考成绩再创历史新高，本科录取1642人，北大招录4人，飞行员录取4人。师风师德得到传承，广福桥中学李惟忠被评为2018年“全省最可爱的乡村教师”。

有卫生机构466个。其中，医院13个、妇幼保健院1个，乡镇卫生院32个，村卫生室344个。有卫生技术人员3149人。其中，执业医师和助理医师994人，注册护士1180人。实有床位4239张。为24107个建档立卡贫困户、85906人提供医疗保障，全县建档立卡贫困人口的基本医疗做到应保尽保。新建健康档案13051人，累计建档591997人。完成适龄妇女“两癌”检查15220人，完成孕产妇免费产前筛查4480人。新生儿疾病筛查率为95.18%，孕产妇0死亡，5岁以下儿童死亡率7.77‰。医药卫生体制改革稳步推进，分级诊疗、家庭医生签约服务有效开展，县人民医院妇儿大楼、中医医院门诊综合楼、6个乡镇卫生院建设正在推进，新建“五化”村卫生室200个，疾病防控及时有效。县人民医院荣获全国无偿献血先进单位，慈利县被评为省级无偿献血先进县。

有广播电台1座，电视发射台和转播台1座，公共图书馆1座，藏书量达14.33万册，农家书屋藏书96.75万册，接待读者40.7万人次，博物馆1个，文化馆1个，艺术表演团体8个，全县广播、电视人口覆盖率分别为98%和99%，有线电视用户7.8万户。公共文化服务设施不断延伸，广播电视和农家书屋实现行政村全覆盖。农村公益电影放映7663场次，各类艺术团体表演400场次。档案馆1个，开放各类档案0.48万件。所有文化场馆全年免费对外开放。有各类体育场馆75个，游泳池8个，体育运动场56个，各种训练房11个，公共文化体育设施面积113万平方米。全民健身运动参加人数28万人次。新建农民健身工程的建制村13个。慈利县广播电视台荣获“改革开放40年全国百家县级广播电视台”称号。公共文化云在全省率先上线运行，图书馆、文化馆总分馆建设全面启动。雅韵慈利、书香慈利、送戏下乡、全民健身等文化惠民活动蓬勃开展，汉剧《赈酒风波》荣获市第二届廉政文化优秀节目创作会演一等奖。慈利县成为全省第一批现代公共文化服务体系示范区，县博物馆被评为国家三级馆。深入开展非遗进校园、非遗扶贫晚会等系列活动。成功举办湘鄂边老苏区第二十一届“贺龙杯”篮球友谊赛和“健康中国湖南行，走红军走过的

路”穿越大湘西慈利站活动。（朱立辉）

【慈利县妇幼保健院成为湖南省首批妇幼健康联合体单位】 2018年1月3日上午，湖南省妇幼保健院业务副院长周绍明一行来到慈利县妇幼保健院，进行“湖南省妇幼健康服务联合体”授牌。授牌结束后，随行的省妇幼保健院专家们分别指导慈利县妇幼保健院妇产科、儿科规范性交班、查房工作，手把手带教妇科、产科手术各1台，并对3份疑难病例进行讨论，义诊30多位门诊妇产科患者，有效提升慈利妇保院的医疗护理水平。

【“硒有慈利”首届年货节】 2018年2月7日，“硒有慈利”首届年货节暨大鲵·健康产业成果汇报年会在慈利县人民广场开幕。开幕式上，年货节摊位业主做诚信宣誓。随后，“硒有慈利”首届年货节暨大鲵·健康产业成果汇报年会正式启动。本届“硒有慈利”年货节由慈利县委、县人民政府主办，为期6天（2月7—12日），涵盖县域公用品牌“硒有慈利”各富硒产品、县龙头企业特色产品以及县精准扶贫户自家土特产，有50多家企业200多种产品，能满足群众对年货采办的不同层次需求。年货节融入电商元素，群众可通过二维码付款，还可以通过扫二维码线上下单，线下提货，既加快当地农产品上行，又培养了群众的电商意识，让更多的慈利人了解慈利县公用品牌“硒有慈利”的同时推动电子商务进农村工作的开展，助力精准扶贫。年货节期间，活动现场还开展一系列的促销活动，线上线下同时举办，包括一元秒杀、9.9尝鲜、低价促销、买一送一活动等，丰富市民购物乐趣。慈利县特色农产品区的洞溪剁辣椒、富硒生态米、红薯粉丝、山茶油、茶叶、土蜂蜜等产品赢得群众的认可，扶贫专区的农民手工农产品、富硒冰糖橙、腊味、清水鱼、翘板鱼等产品销售一空。2月12日，“硒有慈利首届年货节”完美收官。整个活动线上线下交易额达1070万元。其中，线下交易额615万，线上交易额455万元。

【慈利县15家农村合作经济组织入驻产业孵化园】 近年来，慈利县农村合作经济组织取得蓬勃发展。由供销联社创办领办的农民专业合作社有38家，入社成员5836户，带动农户18970户。种养基地达到1733公顷，生产经营涉及柑橘、茶叶、养猪、养鸡、养蜂、瓜果、辣椒、水稻、农资、土地托管等多种产业、多种服务，涌现出湘慈柑橘、裕农茶叶、福兴养蜂、三怪山鸡、双阳农资等一批有影响、有实力、有口碑的农村合作经济组织，在推动全县农业产业发展、繁荣农村经济、助力脱贫攻坚等方面发挥积极作用。2018年月9日，慈利县举行农村合作经济组织入驻产业孵化园仪式，15家农民专业合作社入驻产业孵化园。

【九溪古城历史研究考古调查勘探成果】 由慈利县文物局主导，特邀湖南大学岳麓书院专家及学者，对九溪古城开展为期半年的历史研究及考古调查勘探工作。发现一批新遗迹、新文物，弄清了九溪卫城的基本历史、布局、遗迹。九溪古城保存状况基本完整，对以后研究湘西北地区的卫所制度具有重要意义。经论证，确认宋设索口寨，立栅为城，依山傍水。明洪武二十三年（1390）在九溪设卫建城。城墙用石块砖头叠就周九里十三步，高丈八尺，门四皆有楼，北门壕堑四百八十丈，东西南三门，以溇水为濠。城似弓箭形。卫署设北门八宝街，住行政长官，主管卫辖区政治，其辖区甚宽，统麻寮、添平、安福、澧洲四所，北起湖北鹤峰，下至湖南安乡，纵长五百五十华里，即今湘鄂边区十县。卫城内还有游击衙门（今九溪完小地址）专管军事练武作战，现有校场坪、打靶坪等地名，存城衙门（西街中）专管卫城内民事纠纷。

【慈利县首批工会活动基地授牌】 慈利县总工会在2016年推荐的第一批乡村户外职工活动基地和2017年推荐的乡村旅游扶贫职工活动基地的基础上，经过实地考察评估和指导，向全县推荐一批具有丰富人文历史、独特自然景观、地理位置适合的场所，作为慈利县第一批工会活动基地，基地共15个（万福温泉、江垭温泉、琵琶花海、大水泉农家乐山庄、禾田居山谷、龙峰山庄、樟树村红军树广场、四十八寨、泳乐汇水世界、金慈银澧茶旅农庄、南山桃源、板栗山生态农庄、黄花溪、焦嘎洲农家乐、红岩岭），有效期限为2018年5月至2020年5月。2018年4月28日，在慈利县琵琶花海举行首批工会活动基地授牌仪式。

【“山里·碾子铺”试运营】 2018年2月，张家界首家大型土家文化体验式购物中心“山里·碾子铺”进行试运营，打开“土司贡品+旅游体验”全新模式。山里·碾子铺位于阳和土家族乡杨家坪村，在这里游客可领略土家文化，购买地方特色产品，品尝土家特色美食。这里有土家民俗文化，游客跟着土家阿哥阿妹，体验土司神灵博物馆、民俗文化长廊，领略神秘的土司文化。走过400平方米的博物馆，就是4000多平方米土司贡品展卖区，区内有来自“张家界礼物”“硒有慈利”“山里·碾子铺”等品牌的1200多种匠心土产，游客现场试吃现做现卖的土家美食，在购物的同时，多了一份旅游的乐趣。

【慈利县“企业上云”】 2018年5月7日，慈利县召开“企业上云”推进会，开启慈利县中小企业“上云”之路，帮助企业提高资源配置效率，提供创业创新平台，全力推动“企业上云”发展。推进会上，中国联通慈利县分公司、中国电信慈利县分公司、中国移动慈利县分公司等企业专家从制造业与互联网融合创新的角度，介绍“企业上云”在企业中的应用，剖析云技术与智能制造的协同融合。此次“企业上云”之路由县经信科局牵头，云服务商和企业要相互协作、相互配合，遵从三个一点“上云企业出一点，云服务商让一点，财政资金补一点”的原则，共同推动上云工作开展。

【《慈利县城总体规划（2016—2030）》获省政府批复】 2018年6月，省人民政府批复同意《张家界市慈利县城总体规划（2016—2030）》。批复明确，在《总体规划》确定的201.1平方千米规划区范围内，实行城乡统一规划管理。根据县域内不同地区的条件，做大做强中心城区，重点发展江垭镇、阳和乡、通津铺镇、龙潭河镇等基础条件好、发展潜力大的重点镇，优化村镇布局，加强对村镇建设的指导，推进城乡基本公共服务均等化。到2030年，慈利县中心城区发展到20万人，建设用地规模控制在20平方千米。贯彻先规划后建设的原则，进一步增强中心城区空间布局的合理性，坚持节约集约利用土地。批复要求完善城市基础设施体系，建设张家界市东部交通枢纽，促进张家界市东线旅游发展。建设资源节约型和环境友好型城市。加强城区环境综合治理，严格控制污染物排放，提高污水处理率和垃圾无害化处理率。创造良好的人居环境。坚持以人为本，统筹安排关系人民群众切身利益的教育、医疗、市政等公共服务设施的规划布局和建设，创建宜居环境。加强城中村、城乡接合部整治和改造，疏解老城功能，增加公共绿地和交通用地，优化澧水、溇水、零溪河的环境品质，启动慈利滨水景观带建设，推进生态修复和城市修补工作，提高城市居住和生活质量。

【张家界大峡谷玻璃桥获世界桥梁亚瑟·海顿奖】 2018年6月11日，第35届国际桥梁大会在美国华盛顿召开。以世界最高最长及科技创新而闻名的张家界大峡谷玻璃桥获得大会颁发的亚瑟·海顿奖。张家界大峡谷玻璃桥以《老子》的“大音希声，大象无形”的哲学美学思想进行文化设计和定位，其独特的造型创新设计，受到世界桥梁界和工程界的充分肯定和褒奖。该桥长430米，宽6至15米，离地近300米，为多功能异型悬索玻璃桥，除人行功能外，还兼具开展蹦极、秋千、滑索、T台、走钢丝等多用途。从玻璃桥投入市场以来，接待游客620万人，上缴税收2.2亿元。

【慈利县“警务实战指挥平台”获知识产权】 2017年12月18日，慈利县公安局警务实战指挥平台投入使用。警务实战指挥平台将所有风险隐患一图展示，已建成全网布控、研判分析、动态资源采集、一体化管控、警务一张图等16大功能模块。平台数据不断充实，已涵盖58类数据资源，归入数据36亿余条，日增长数据总量1327万余条，为智能预警、数据建模、情报研判、精准处置提供有力支撑。2018年8月6日，国家版权局向慈利县公安局颁发《计算机软件著作权登记证书》，慈利县公安局“警务实战指挥平台”正式取得自主知识产权。

【农村集体产权制度改革】 2018年8月22日，慈利县启动农村集体产权制度改革工作，开展农村集体资产清产核资，对经营性资产、非经营性资产、资源性资产以及现金和债权债务分类清查，登记造册，逐级上报。通过清产核资，建立农村集体资产管理、登记、使用、处置、报告等各项制度，建立农村集体资产监督平台，推动资产管理制度化、规范化、信息化。零溪镇象鼻嘴村、三官寺土家族乡大峡谷村作为试点村。

【慈利县博物馆被评为国家三级博物馆】 慈利县博物馆是张家界市首家县级历史博物馆，收藏文物1万余件。其中，国家一级文物15件，二级文物114件，三级文物575件。在全省县级单位居首位。慈利县博物馆展区总面积500平方米，展出文物300余件，分三个主题展厅，第一展厅是“宗教胜地”，展出道教、佛教、土家信仰三个部分的文物。第二展厅是“楚汉古城”，展出公元前的历史文物。第三展厅是“土家之家”，展出富有慈利特色、充满生活气息的土家生活器物。2011年4月20日正式对公众开放。慈利县博物馆参加了国家三级博物馆评估定级申报，经过自评申报、省级博物馆行业组织评定、全国博物馆评估委员会组织专家复核并报请国家文物局备案等程序，2018年9月，被中国博物馆协会授予国家三级博物馆。

【慈利县电商公共服务中心启动】 慈利县引进农村淘宝项目，推进“全国电子商务进农村示范县”项目落地，建立农村淘宝网点70多个、扶贫网店120多家；“互联网+农业”“互联网+工业”“互联网+旅游”等新型商业业态正在形成，推动慈利产品走向市场。大鲵、七姊妹辣椒、冠山米等多种产品通过电商平台销往外地。2018年10月8日上午，慈利县电商公共服务中心启动仪式暨“硒有慈利”品牌形象旗舰店开业仪式举行，该中心总投资300万元，建筑面积1680平方米，首批入驻企业18家。设置有运营管理、产品展示、商务接待、电商培训等功能区域，集资源整合、企业孵化、主体培育、站点管理、运营支撑、政务服务等功能为一体，为全县电商企业、创业个人提供全方位的电商配套服务，将有效打通城乡物流、信息、服务渠道，构建电商综合服务平台，实现“农产品进城”和“工业品下乡”的双向流通。

【慈利县获湖南省创新创业带动就业示范县荣誉】 2018年10月9日，慈利县荣获2017年度湖南省创新创业带动就业示范县，成为全省10个创新创业带动就业示范县之一。

【“金慈红茶”获“茶祖神农杯”全省名优茶评比金奖】 2018年10月26日，在“2018第十届湖南茶叶博览会”上，由张家界仲生源生物科技有限公司选送的金慈银澧牌“金慈红茶”获全省茶祖神农杯名优茶评比金奖。张家界仲生源生物科技有限公司是慈利县一家集种、制、销一体化的茶叶生产企业，研发金慈银澧牌“金慈红”红茶，在品牌定位上，主打原始野生，绿色无污染。

【袁任远故居成为红色资源学教基地】 2018年，投入资金110万元修缮完成的袁任远故居先后被中共慈利县委组织部授牌“慈利县党员教育培训基地”，中共张家界市纪委授牌“张家界市廉政文化教育基地”、中共张家界市委宣传部授牌“张家界市爱国主义教育基地”、张家界市社会科学界联合会授牌“张家界市社会科学普及基地”。5月18日，在慈利县三官寺土家族乡袁任远故居，举行张家界市爱国主义教育基地揭牌仪式。11月5日，袁任远故居廉政文化教育基地正式揭牌。从2018年5月到12月底，先后有347批次、6000余名干部群众到三官寺土家族乡株木岗村的袁任远故居参观学习，故居出现参观热、学习潮，这块红色资源成为干部群众喜爱的爱国主义和廉政文化学习教育基地。 （本栏撰稿 朱立辉）

桑植县

中共县委书记 刘卫兵

县人大常委会主任 皮运舰

县 长 赵云海

县政协主席 熊正元

2018年，桑植县辖12个镇，11个乡（其中，5个白族乡），共299个村（居）民委员会。土地总面积3474平方千米，耕地面积31.47千公顷。2018年末，全县总户数16.79万户，总人口46.75万人。其中，男性24.38万人、女性22.37万人，少数民族人口43.45万人；常住人口38.94万人。其中，城镇17.14万人、农村21.8万人。人口出生率11.2‰，自然增长率4.89‰。年内气温最高38.9℃，最低－1.3℃，年降水量1362.3毫米。

地区生产总值966649万元，增长7.1%。增速与去年同比下降1.4个百分点。其中，第一产业114956万元，增长3.5%；第二产业167474万元，增长7.8%；第三产业684219万元，增长7.5%。人均生产总值24818元，同比增加1477元。

经济结构调整稳步推进。一二三产业构成由上年的11.6∶19.9∶68.5调整为11.9∶17.3∶70.8。其中，工业增加值占地区生产总值的比重为15.3%，同比下降0.96个百分点。三大产业对经济增长的贡献率分别为5.7%、22.9和71.4，分别拉动经济增长0.4、1.6、5.1个百分点。

全面小康建设稳步发展。全面小康社会总实现程度为84.8%。其中，经济发展、人民生活、社会发展、民主法治和生态文明的实现程度分别为76.4%、71.2%、100%、94.5%、92.9%。

经济社会发展中存在的主要问题有：经济结构调整和发展方式转变的任务艰巨；节能减排和经济发展下行的压力较大；保障和改善民生特别是提高居民收入、降低贫困发生率的任务艰巨等。

财政总收入6.05亿元，同比增长10.3%。其中，地方财政收入3.51亿元，增长2.2%。一般公共预算支出39.15亿元，增长17.5%。化解债务4.13亿元。金融机构年末全县各项存款余额133亿元，比年初增加13.71亿元。其中，个人存款86.25亿元，比年初增加6.99亿元，人均储蓄存款为22140元。各项贷款余额83.16亿元，比年初增加19.88亿元。华融湘江、长沙银行了设立分支机构。各保险公司稳步发展，全年完成保险业收入1.91亿元。

金融机构服务实体经济的能力有新提升。应对重大考验，防范化解重大风险、精准脱贫、污染防治三大攻坚战艰难推进。重大风险有效防范。坚持严控增量和化解并重，“停、缓、调、撤”建设项目30个，减少投资26亿。统筹管理政府性债务，编制中长期偿还债务计划，化解债务4.13亿元。推进融资平台公司转型发展，由12家整合为2家。超前谋划城乡建设用地增减挂钩工作，全年完成项目5批次，新增农用地5521亩，交易结余指标1635亩，创收3.4亿元。精心组织存量土地出让，实现土地出让收入2.6亿元，有力保障了县级财政平稳运行。脱贫攻坚超常突破。55个贫困村出列，19032名建档立卡对象稳定脱贫，贫困发生率降至4.93%。全面铺开农村基础设施建设，新建、改造农村公路1208千米，建设里程是十二五期间总和的2.5倍。实施贫困村人饮工程119个，受益人口13.56万人。完成71个村农网升级改造。新建、改扩建农村综合服务平台298个、村卫生室240个。创新实施“四个一”扶贫工程，422家各类经营主体与7.3万贫困人口建立持续稳定的利益联结机制，人均增收1000元以上。开发公益性岗位1173个，新增贫困劳动力转移就业1481人。举办“产业扶贫·牵手百村”签约大会，70家农业产业化龙头企业、县级特色企业与92个贫困村集中签约。全面推行“新时代党员群众讲习所”，助力脱贫攻坚的成功经验在全市推广。政策保障体系全面形成，“阳光三保障”落地生根。推行“阳光院模式”保障住房安全。实施易地扶贫搬迁2017户7220人，农村危房改造3627户。推行教育扶贫“桑植模式”保障义务教育，我县首创的“县级农村教师公费定向培养计划”已在全省推广，惠及更多的贫困家庭，全县招收县级免费师范生150名，培养定向就业学生32名培训贫困人口2.07万人，发放助学金1835.2万元。推行“城乡医保一卡通，医疗结算一站式”保障基本医疗，五重医疗保障体系基本建立，贫困人口住院实际报销比例达87%以上，全市现场会推介我县创新做法。污染防治攻坚力度空前。严格落实《环保税法》，开出全市首张环境保护税票，强化中央、省环保督查交办反馈问题整改落实，投入资金2.7亿元，关闭煤矿3家、非煤矿山5家，关停水电站10家，取缔河道采砂点39处，退养拆除养殖场35家，拆除网箱18.5万平方米，建成污水处理厂2个，完成入河排污口整治57处。深入推进碧水守护、蓝天保卫、净土攻坚、大地增绿、城乡洁净“五大行动”。全县地表水水质优于二类、饮用水源地水质达标率100%。完成造林绿化2.8万亩，森林覆盖率72.06%。城区空气优良率96.71%。

工业园区迈入发展建设的快车道。2018年，桑植县工业园区确定了以“一轴三区五组团”的空间结构布局和绿色发展的总体发展定位。园区分A、B、C三区，分布于澧源镇、利福塔、瑞塔铺三镇。园区区位交通优势明显，已实现30分钟抵达张家界黄花国际机场，未来2小时直达长株潭经济圈，3小时贯通成渝、武汉经济圈，眺望珠三角、东盟博览会、东南亚经济圈，一个立体化交通网络正在形成，随着交通条件的不断改善，园区迈入发展建设的快车道。园区现有入园企业42家。其中，规模企业20家。截至2018年底，园区企业生产总值13.05亿元。其中，工业企业生产总值10.1亿元，同比增长21.8%，规模以上工业企业实现增加值3.68亿元，同比增长24.5%，占全县78.7%；上缴税金约0.87亿元，同比增长76.35%；固定资产投资1.85亿元。其中，工业固定资产投资0.86亿元。

园区2018年计划实施项目共3个，分别为高铁站广场项目、园区三四期标准厂房项目，高铁产业新区污水处理厂项目。截至目前，高铁站广场项目已完成征地拆迁、EPC招标工作；园区三四期标准厂房项目已完成项目基础工程；高铁产业新区污水处理厂项目正在开展初步设计，征地拆迁等前期工作。

2018年园区新增入园企业6家，分别为深圳峰亚电子有限公司、桑植晟通生物科技有限公司（暨广州康甸园汽车装饰品有限公司在桑植注册）、桑植县胡氏家族服装有限公司、乡滋味农产品开发有限公司、张家界市湘禾光电科技有限公司、张家界江龙食品有限公司。另有意向入园项目5个。其中，2个项目提出购地申请，3个项目提出租赁标准厂房。

农业和农村经济结构进一步优化，产业升级效果显现。农林牧渔业总产值18.07亿元，增长3.5%。实现农业增加值11.71亿元，增长3.6%。主要产品产量：粮食13.95万吨（其中，稻谷7.81万吨），油料2.07万吨（其中，油菜籽1.8万吨），烟叶7333吨（其中，烤烟7271吨），水果3.34万吨（其中，柑橘2.19万吨），茶叶988吨，蔬菜29.64万吨，肉类总产量1.56万吨，肉猪出栏16.27万头，肉用牛出栏0.93万头，肉用羊出栏5.94万只，水产品总产量1846吨。全县年末农业机械总动力202777千瓦，39625台，同比分别增加0.1%，8.6%。烟叶、蔬菜、大鲵、茶叶、油茶、中药材、蜂蜜等产业规模稳步扩大。

工业稳步发展。工业增加值12.77亿元，同比增长7%。全县规模以上工业企业34个。固定资产投资增长速度加快。全年固定资产投资34.74亿元，比上年增加12.8%，建筑业增加值4亿元，同比增长11.5%。其中，城镇投资27.59亿元，同比增加7.9%，房地产开发投资7.15亿元，同比增加36.7%。中国供销·武陵山三农国际电商物流园项目在澧源镇长潭村动工开建。建成村级电商服务站48个，成功获得国家电子商务进农村示范县称号。

商品市场稳中趋活。社会消费品零售总额39.3亿元，比上年增长10.1%。按行业分：批发业13.28亿元，增长12.1%，零售业12.32亿元，增长14.5%，住宿业6.86亿元，增长4.4%，餐饮业6.85亿元，增长5%。全年出口总额1478万美元，同比减少5.7%；实际使用外资0美元，实际使用内资11.2亿元，同比增长18.1%。拥有各类市场26个。旅游业继续保持高速增长，全年接待游客593.34万人次，实现旅游收入31.86亿元，分别增长15.1%和20.2%。

交通条件大大改善。全县公路通车里程为5546千米。其中，高速公路19.6千米，国道77.5千米，省道373.5千米，县乡道1187.4千米。2018年末，全县实有营运客车352辆，6885座，营运货车590辆，2035吨。全年完成客运量747万人次，货运量260万吨。全年邮电通信完成业务总量1.87亿元，比上年增长10%。年末固定电话用户1.23万户，移动电话用户31.55万户。

科教事业进程加快。全县拥有各类专业技术人才5120人。全年签订技术合同2项，技术成果金额1249万元；申请专利65件。其中，发明专利30件。

教育事业稳步发展。全县有各类学校65所。其中，完全中学3所，中等职业技术学校2所，独立初中10所，九年一贯制学校19所，中心小学21所，片完小9所，教学点158个（其中，有学生教学点78个，无学生教学点80个），特殊教育学校1所。年内在校中小学生数为59954人。其中，小学33373人，初中16600人，普高7634人，职高2347人。幼儿园88所。其中，公办25所，民办63所。在园幼儿12445人。中小学在职教职工3780人。其中，特岗教师98人。九年制义务教育已在全县基本普及，年末小学适龄儿童入学率为100%，小学毕业升学率99.7%。高中阶段教育毛入学率为90.2%。全年发放各类教育资助款84073人次、5614万元。

文体事业进一步繁荣。年末拥有电影发行机构1个，电影院1个，图书馆1个，体育馆1个，文化站23个，均基本保持稳定。全县电视综合人口覆盖率99%，年末拥有有线电视用户6.97万户。

新闻宣传扎实有力。一是对外宣传范围广。围绕脱贫攻坚、红色旅游、项目建设、产业发展等进行重点宣传，在报刊《人民日报》《湖南日报》《张家界日报》等主流媒体发稿1000余篇。其中，《人民日报》2篇，省级媒体《湖南日报》发稿30余篇（条）。其中，头版头条2条，报道了我县教育扶贫、市州头条3条。在央视、湖南卫视、湖南经视、张家界市电视台等电视媒体共刊播100余条。其中，央视5条，湖南卫视、湖南经视上稿50余条。二是开展网络宣传。围绕县委中心工作，积极推进媒体深度整合，开创《脱贫攻坚》《六城同创》《大美桑植》《聚焦产业扶贫》《点赞扶贫人》等11个栏目，大力宣传我县“三大攻坚战”。桑植新闻网发稿3905篇，“时刻桑植”微信公众号发布313期，桑植手机报发布215期。“时刻桑植”作为新媒体发展重头戏，订阅已达2.7万人。三是提质网络舆情监控促安全。建立网上舆论监测、问政监督、网下联动、舆情研判处置、扶贫舆情核实等工作制度，确保网上舆情及时办结；并积极引导和管控，有效防止较大舆情发生。共监测舆情448条，处置回复420条，及时化解红十字会医院、八大公山易地搬迁等较大舆情5次。办好官媒“时刻桑植”、桑植新闻网、公众信息网和红网手机报，真正起到“压舱石”和“定音锤”的作用。四是积极推荐湖南好人、中国好人线索。全县共推荐了150余名湖南好人候选人，12人在省文明网上榜公示，张茗伟等6人被评为“湖南好人”，推荐佘协雨等3人为感动湖南人物候选人；全年共完成500条中国好人线索上报，金则先获评“中国好人”，是继贺晓英之后的又一名上榜人。全县各级作家、作者共发表各类文学体裁作品321篇（首）。其中，省级以上刊物发表28篇（首）。出版作品4部。

公共文化体系建设稳步推进。一是公共文化服务不断完善。完成全县23个乡镇的农村广播“村村响”设备安装和调试并投入运行；加强对卫星直播户户通设备后期维护和投入使用；完成40个村23个综合文化服务中心示范点价值126万元文化器材配送工作；完成532个“农家书屋”图书补充更新；完成“送戏下乡”60场，“送电影下乡”共放映6360场，完成率均为100%；启动实施县文化传承中心项目。二是加强非物质文化遗产保护与传承。完成经典文化村镇申报，洪家关村、刘家坪白族乡等2个单位成功入选“湖南省首批经典文化村镇”。4个项目入选市级非遗项目，5人被评为市级非遗传承人；尚生武、周纯勤两名传承人被命名为第五批国家级非遗代表性传承人，非遗中心主任侯碧云被文化和旅游部授予全国非物质文化遗产保护工作先进个人。三是文物保护利用力度加大。完成了贺满姑烈士纪念亭装修布展工作；完成了苦竹河传统村落的保护利用、官地坪镇东流坪一品诰命夫人刘氏墓修缮、罗峪整编旧址修缮工程；完成湘鄂川黔革命根据地桑植革命旧址群保护规划编制；启动申报遴选第八批全国重点文物保护单位相关工作；红二方面军长征出发地纪念馆建成并免费开放。

文体事业发展活跃。一是“两馆一站”继续免费开放。二是积极配合全省无线电视覆盖提质工程。王家界电视转播台1000w无线数字电视发射机正常运转。三是活跃群众文化。组织开展了正月县城区元宵灯会群众文化活动，近万人次参加；举办了“中国第十四届粽叶文化节”群众性文艺活动，活跃了民间文艺氛围；全年“送戏下乡”60场，“送电影下乡”6360场。四是文联工作发展平稳。五是非物质文化遗产保护取得成效。“陈洋盘的故事”“打算棋”“百根冰”“桑植围鼓”4个项目成功通过省级非物质文化遗产保护评审。

医疗卫生保健事业平稳发展。全县拥有医疗卫生机构382个。其中，医院6个，乡镇卫生院23个，村卫生室310个，诊所、卫生所、医务室40个，专防站所3个，妇幼保健站1个；年末执业（助理）医师数740人、同比减少1.6%，年末医院、卫生院床位数2414张、同比增长4.4%，每千人拥有床位6.2张。基本医疗保险覆盖率稳定在100%。设立新农合服务大厅，实行一站式服务。建档立卡贫困患者有10707人次、救助资金支出总额6218万元；建档立卡贫困患者政策内住院费用报销比例到达100%（合规费用全报销），全县参保住院报销比例为88%（一般农户为56.9%），人均住院费用负担为794元（一般农户为1977元）。所有建档立卡贫困人口住院均实行了先诊疗后付费，新农合制度平稳运行。城乡居民参加基本医疗保险人数为38.5万人、征缴基金2.59亿元。居民家庭医生签约率达52.4%。其中，慢病患者、妇女儿童、老年人、残疾人等重点人群签约率达66.5%，计生特殊家庭和建档立卡贫困人口实现签约全覆盖。

城乡居民生活水平逐步提高。年末有百岁以上老人22人，全年发放百岁老人补助5.79万元；基本养老服务补贴覆盖率达到94%。全年城乡居民人均可支配收入11390元，同比增长12.1%。其中，工资性收入5178元，经营净收入3295元，转移性收入2468元；城乡居民人均消费性支出9892元，同比增长7.9%；城乡居民家庭恩格尔系数为30.5%。

全年城镇居民人均可支配收入17093元、同比增长9.2%。其中，工资性收入8611元，经营净收入4840元，转移性收入2509元；城镇居民人均消费性支出17034元；城镇人口占总人口比重为44%，比上年末提高1.1个百分点。

全年农村居民人均可支配收入8183元，同比增长13.5%。其中，工资性收入3247元，经营净收入2426元，转移性收入2444元；农村居民人均消费支出8181元。年末农村贫困人口2.06万人，同比减少1.93万人，贫困发生率为4.9%，同比降低4.7个百分点。

民生进一步改善。全县新增城镇就业2621人，新增农村劳动力转移就业3960人。城乡居民医疗保险登记参保人数为38万人、征缴基金2.59亿元；城乡居民养老保险参保人数为27.6万人、征缴基金0.21亿元。年底城市、农村低保对象分别为0.35万人和1.46万人，同比分别减少0.1万人和0.03万人；月人均补助分别为430元和267元，同比分别增加10元和14元。

环境质量状况有所改善。全年优良以上空气质量达标率97%，地表水三类或优于三类水质达标率为100%。城镇污水处理率88.6%，农村生活污水处理率63%，农村垃圾集中处理率90%。全年单位GDP能耗为0.516吨标准煤/万元，同比下降7.9%。

安全生产工作基本保持稳定。2018年，全县各类生产安全事故死亡4人，交通事故死亡6人，火灾事故死亡2人。亿元GDP生产安全事故死亡率0.04人，每万人口交通事故死亡率0.15人，每万人口刑事犯罪率7.1人，每万人口火灾事故死亡率0.05人。

社会治安进一步加强。城区电子视频监控工程稳步推行，全县增加2276个电子监控摄像头，覆盖全县298个村居委会，升级改造城区“平安城市”视频监控189个，大大提高了全县的社会治安管控能力。不断加强对公共场所、特种行业、危爆物品的监管力度，在预防和减少可防性案件方面收效明显，完成了城内宾馆安装前台信息设备系统，联网率高达100%。（熊东建）

2019

人　物

·张家界年鉴·

2018年度全国三八红旗手

【饶建亚】 女，1970年9月出生，大学本科学历，桑植县人民医院呼吸内科主任。24年来她一直在临床一线，工作兢兢业业，任劳任怨，精心诊治患者健康出院4万余人，抢救危重病人3000余例，成功率达98%，参加义诊38次，接待病患者1.3万多人次，撰写论文10余篇。经过她和团队努力，呼吸内科被市里评为重点专科，被省卫生厅授予“优质护理服务先进病房”。工作之余，饶建亚和丈夫还参加了桑植县爱心公益活动“10帮1”，长达8年时间关注贫困家庭贫困儿童，共捐款1万余元，无偿献血2000毫升。曾先后被评为湖南省“三八红旗手”、湖南好人、张家界市“最美班组长”。2019年3月被评为2018年度全国三八红旗手。 （吕佳骋）

全国五一劳动奖章

【袁谋文】 女，土家族，1973年12月出生，中共党员，大专学历，湖南省张家界市武陵源风景名胜区和国家森林公园管理局门票管理中心吴家峪经营部部长。以她名字命名的党代表工作室被评为“全市优秀党代表工作室”。她是售票员，10年零差错售出400万张门票；她是咨询员，善待每一位慕名而来的游客。有一次，她主动用轮椅把一位腿脚不便的山西客人送上景区环保车，并叮嘱司机给予照顾。20多年来，她始终把游客当亲人，以共产党员标准严格要求自己，急游客之所急，想游客之所想，用辛勤的汗水和真诚的微笑温暖每一位远方来客的心。因业绩突出，2011年她当选为湖南省第十次党代会代表；2013年设立“袁谋文党代表工作室”，通过服务游客有问必答、有难必帮、有诉必果”三必须”，为游客提供全方位服务，受到游客的一致好评；2014年她被评为全市优秀共产党员；2016年她又当选为湖南省第十一次党代会代表；2017年，她获得“全国三八红旗手”的荣誉称号；2018年荣获“全国五一劳动奖章”。六年来共接待来访8000余人次，开展应急救助500多次，处理投诉满意率100%。 （赵慧文）

2019

主要统计资料

·张家界年鉴·

张家界市2018年国民经济和社会发展统计公报

2018年，在市委、市政府坚强领导下，全市上下坚持以习近平新时代中国特色社会主义思想为指导，认真贯彻落实中央、省各项决策部署，坚持稳中求进工作总基调，对标高质量发展要求，全力打好三大攻坚战，以深化供给侧结构性改革为主线，深入实施“对标提质，旅游强市”发展战略和“11567”总体思路，有效应对各种风险和挑战，统筹推进稳增长、促改革、调结构、惠民生和防风险各项工作，全年经济运行稳中向好，实现了经济健康发展与社会和谐稳定。

一、综合

初步核算，全年地区生产总值578.92亿元，比上年增长7.5%。其中，第一产业增加值58.76亿元，增长3.5%；第二产业增加值102.57亿元，增长6.4%；第三产业增加值417.59亿元，增长8.4%。按常住人口计算，全市人均地区生产总值37719元，增长7.2%。

全市三次产业结构为10.2∶17.7∶72.1。第三产业增加值占地区生产总值的比重比上年提高3.6个百分点；工业增加值占地区生产总值的比重为13.3%，比上年下降3.4个百分点；非公有制经济增加值增长7.9%，占地区生产总值的比重为63.5%。第一、二、三产业对经济增长的贡献率分别为4.9%、17.8%和77.3%。其中，工业增加值对经济增长的贡献率为11.7%。按区县分，永定区地区生产总值235.93亿元，比上年增长7.7%；武陵源区地区生产总值59.73亿元，增长7.5%；慈利县地区生产总值192.23亿元，增长7.1%；桑植县地区生产总值96.66亿元，增长7.1%。

二、农业

全年农林牧渔业实现增加值61.2亿元，比上年增长3.7%。其中，农业增加值40.59亿元，比上年增长3.5%；林业增加值7.17亿元，增长3.6%；牧业增加值8.57亿元，增长3.7%；渔业增加值2.42亿元，增长0.9%。

全年粮食种植面积127.1千公顷，比上年增长4.2%；棉花种植面积0.8千公顷，增长14.9%；糖料种植面积0.2千公顷，增长3.0%；油料种植面积45.3千公顷，增长0.1%；蔬菜种植面积37.5千公顷，增长3.0%；烟叶种植面积6.5千公顷，下降2.3%。

全市拥有农产品加工企业867家。其中，国家级及省级龙头企业24家。农产品加工企业实现销售收入65.89亿元，实现利税4.65亿元；农民专业合作社1890个，专业大户4756户，家庭农场1243个，年末农业机械总动力115.02万千瓦，增长0.2%。

全市三品一标农产品认证有效数67个。其中，无公害农产品2个，绿色食品53个，有机食品9个，农产品地理标志3个。省级现代农业产业园区21个，市级现代农业产业园区25个。全年稻田综合种养0.83万亩，比上年增长67.2%。土地托管面积46.88万亩，增长11.9%。秸秆还田面积143.64万亩，增长99.5%。名优特水产品养殖15.41万亩，减少12.8%。名优特水产品产量3200吨，减少13.9%。

全年出栏生猪89.94万头，比上年减少0.3%。出栏牛4.41万头，增长1.6%。出栏羊29.42万头，减少0.5%。年末存栏生猪57.7万头，比上年减少1.2%。

表1　2018年主要农产品产量及增长情况

指标	绝对值（万吨）	比上年 ±%
粮食	60.24	1.9
油料	8.26	2.84
棉花	0.07	2.97
烤烟	1.45	－0.7
茶叶	0.35	12.01
蔬菜	95.28	－0.77
猪肉	6.72	－0.41
牛肉	0.46	－2.76
羊肉	0.5	－0.7
水产品	1.32	－3.16
禽蛋	1.28	1.95

三、工业和建筑业

全市全部工业实现增加值77.18亿元，比上年增长5.2%。其中，规模以上工业增加值增长7.0%。在规模以上工业中，非公有制经济增加值增长5.4%，省级及以上产业园区工业增加值增长10.5%。按地域分，永定区增长7.1%，武陵源增长6.4%，慈利县增长7%，桑植县增长7%。规模以上工业中，按经济类型分，国有企业工业增加值增长12.9%，股份制企业增长5.2%，外商及港澳台投资企业增长55.7%。按行业分，农副食品加工业增长16.5%，化学原料及化学制品制造业下降11.6%，医药制造业增长85.2%，非金属矿物制品业增长0.8%，有色金属冶炼和压延加工业下降6%，汽车制造业增长5%，计算机、通信和其他电子设备制造业增长28.7%，电力、热力生产和供应业增长24.8%。

全年规模以上工业主要产品中，大米3.8万吨，比上年增长123.5%；饲料1.9万吨，增长18.8%；水泥192.2万吨，下降2.3%；原煤25.45万吨，下降25.9%；发电量13.37亿千瓦时，下降10.65%。

全年规模以上工业企业主营业务收入79.2亿元，比上年增长6.9%。实现利润总额6.2亿元，增长43.5%。分经济类型看，国有企业实现利润0.02亿元，下降194.8%；股份制企业5.9亿元，增长41.5%；外商及港澳台投资企业0.2亿元，增长140.8%；其他内资企业0.1亿元，增长8.9%。分企业规模看，大中型企业实现利润0.03亿元，增长1.9%；小型企业5.8亿元，增长47%；微型企业0.3亿元，增长5.6%。规模以上企业每百元主营业务收入中的成本为79.4%，年末资产负债率为44.9%，企业亏损面为11%，产品销售率达98.5%。规模以上工业出口交货值1.6亿元，下降46.7%。

全年建筑业增加值25.5亿元，比上年增长18.5%。全市房屋建筑施工面积424万平方米，增长7.9%。其中，新开工面积218万平方米，增长50.6%。房屋建筑竣工面积168万平方米，上涨16.6%。

四、固定资产投资

全年固定资产投资（不含农户）比上年增长10.2%。其中，项目投资比上年下降3.8%，占固定资产投资总量72.2%。分经济类型看，国有投资增长5.9%，非国有投资增长13.9%，民间投资增长22.4%。分投资方向看，工业投资增长3.7%，民生投资增长59.3%，生态投资增长41.5%，基础设施投资下降18.4%，高新技术产业投资下降40.9%，工业技改投资增长12.7%。分地区看，永定区投资增长13.3%，武陵源区投资增长12.6%，慈利县投资增长12.6%，桑植县投资增长12.8%。

项目投资本年资金来源合计比上年下降10.9%。其中，国家预算资金下降42.4%，国内贷款下降44.3%，自筹资金下降3.6%。施工项目个数比上年增长40.1%。其中，本年新开工项目增长43.4%。本年投产项目个数下降30.9%。固定资产计划总投资增长17.8%。

全年房地产开发投资比上年增长77.5%。其中，商品住宅投资增长92.6%。商品房施工面积429万平方米，增长14.2%。商品房竣工面积35.9万平方米，增长30.4%。商品房销售面积107万平方米，增长20.3%。商品房销售额60.8亿元，增长54.3%。其中，住宅销售额46.4亿元，增长62.9%。年末商品房待售面积9.7万平方米，下降50.9%，比上年末减少10万平方米。

表2　2018年固定资产投资增长速度

指标	比上年增长（%）
固定资产投资（不含农户）	10.2
第一产业	－20.7
第二产业	38.4
其中：采矿业	265.3
制造业	－10.8
电力、热力、燃气及水生产和供应业	85.6
建筑业	750.7
第三产业	7.3
其中：交通运输、仓储和邮政业	0.8
信息传输、软件和信息技术服务业	27
批发和零售业	－31.5
住宿和餐饮业	264

续上表

房地产业	61
租赁和商务服务业	105.7
科学研究和技术服务业	－96.2
水利、环境和公共设施管理	－35.4
居民服务、修理和其他服务业	－47.9
教育	0.4
卫生和社会工作	126.1
文化、体育和娱乐业	74.5
公共管理、社会保障和社会组织	－55

五、国内贸易和物价

全市社会消费品零售总额230.1亿元，比上年增长10.1%。按经营地分，城镇消费品零售总额201亿元，增长9.5%；乡村消费品零售总额29.1亿元，增长14.2%。按行业分，批发业52.4亿元，增长10.3%；零售业135.5亿元，增长10.6%；住宿业14.8亿元，增长8.1%；餐饮业27.3亿元，增长8.4%。按地区分，永定区107.1亿元，增长10.2%；武陵源区16.8亿元，增长10.3%；慈利县66.8亿元，增长10.0%；桑植县39.3亿元，增长10.1%。

表3　2018年社会消费品零售总额及其增长速度

指标	零售额（亿元）	比上年±%
社会消费品零售总额	230.1	10.1
限额以上法人批发零售业商品零售额	55.89	12.34
其中粮油、食品类	9.03	12.9
饮料、烟酒类	3.17	36.14
服装、鞋帽、针纺织品类	2.37	20.4
化妆品类	0.45	36.6
金银珠宝类	0.78	40.8
日用品类	1.37	35.7
五金、电料类	0.21	－40.8
体育、娱乐用品类	0.18	－16.8
书报杂志类	0.37	48.7
电子出版物及音像制品类	0.44	53.1
家用电器和音像器材类	3.02	－6.8
中西药品类	0.47	－15.6
文化办公用品类	0.79	39.4
通信器材类	1.11	35.4
汽车类	5.84	－0.6

全体居民消费价格比上年上涨2.5%。商品零售价格上涨2.6%，工业生产者出厂价格上涨3.2%，工业生产者购进价格上涨3.5%。

表4　2018年居民消费价格比上年涨跌幅度

指标	上年=100(%)
居民消费价格	102.5
其中食品烟酒	102.6
衣着	102.8
居住	105.5
生活用品及服务	102
交通和通信	102.5
教育文化及娱乐	99
医疗保健	101.2
其他用品和服务	101.3

六、对外经济

全年外贸进出口总额10999万美元，比上年增长5.2%。其中，出口10294万美元，增长6.6%。分区县看，永定区实现外贸进出口总额7192万美元，武陵源实现25万美元，慈利县实现2303万美元，桑植县实现1478万美元。分产销国别（地区）看，出口美国0.78亿元人民币，增长31.9%；出口东盟1.87亿元人民币，增长1.8%；出口日本0.38亿元人民币，增长24.9%；出口欧盟0.69亿元人民币，降低17.3%。

全年实际利用外资金额1.31亿美元，增长10.7%。新批境外投资企业2家，新批外商投资项目5个，外派劳务1100人。实际引进境内市外资金68.52亿元。引进2亿元以上境内市外项目9个，2亿元以上项目实际到位资金31.57亿元。

表5　2018年进出口总额及其增长速度

指标	绝对数（亿元）	比上年增长（%）
进出口总额	7.27	3.3
出口额	6.81	4.6
按贸易方式分		
其中：一般贸易	7.04	9.8
加工贸易	0.23	63.6
按重点商品分		
其中：机电产品	2.91	89.9
高新技术产品	0.2	98.9
农产品	0.65	－74.1
进口额	0.47	－12.5
按贸易方式分		
其中：一般贸易	0.36	－27.9
加工贸易	0.11	170.3
按重点商品分		
其中：机电产品	0.08	－3.5
高新技术产品	0.02	－38.4
农产品	0.35	1.4

七、交通、邮电和旅游

年末，全市公路通车里程9014千米。其中，高速公路通车里程168千米。铁路营业里程117千米，铁路电气化率100%。年末，民用汽车保有量15.02万辆，比上年增长16.4%；私人汽车保有量13.81万辆，增长17.13%。

全市客货运输换算周转量52.17亿吨千米，比上年下降4.9%。公路货物周转量47.4亿吨千米，增长0.4%；水运货物周转量1.85亿吨千米，下降61.7%；公路旅客周转量2.9亿人千米，增长3.2%；水运旅客周转量0.02亿人千米，增长37.6%。

表6　2018年全市交通运输客、货运量情况

指标	单位	绝对数	比上年 ±%
货运量			
铁路	万吨	1.79	－75.52
公路	万吨	2170.49	－1.5
水运	万吨	66.53	－61.9
民航	万吨	0.12	－17.55
客运量			
铁路	万人	215.41	1.1
公路	万人	6226.27	3.3
水运	万人	186.62	7.6
民航	万人	220.99	24.59

全年电信业务总量（2015年不变价）65.08亿元，比上年增长183.3%，邮政业务总量（2010年不变价）2.47亿元，增长14.4%。年末固定电话用户9.7万户，下降0.25%；年末移动电话用户148.59万户，增长5.6%。其中，本年净增5.97万户。年末互联网宽带用户45.02万户，增长41.42%。

全市旅游等级区（点）19家。其中，4A级及以上11家。全市星级宾馆36家，星级宾馆床位数1.14万张。旅行社149家。全市全年接待国内游客7959.55万人次，比上年增长14.04%；入境游客562.15万人次，增长57.96%。旅游总收入756.8亿元，增长21.3%。分区县看，永定区接待游客4004.89万人次，增长17.1%，旅游收入407.4亿元，增长21.5%；武陵源区接待游客3028.89万人次，增长15.1%，旅游收入265.5亿元，增长21.4%；慈利县接待游客894.58万人次，增长16.5%，旅游收入52.07亿元，增长20%；桑植县接待游客593.34万人次，增长15.1%，旅游收入31.86亿元，增长20.9%。

八、财政、金融和保险

全年一般公共预算收入60.54亿元，比上年增长7.03%。其中，地方财政收入34.66亿元，增长1.4%；上划中央收入21.17亿元，增长16.2%；上划省级收入4.72亿元，增长13.1%。地方财政收入中，税收收入23.26亿元，增长21%；非税收入11.4亿元，下降23.7%。一般公共预算支出175.2亿元，增长15%。

表7　2018年全市社会民生领域财政支出情况

	绝对数（亿元）	比上年 ±%
一般公共服务	20.55	19.2
教育	23.55	13.3
科学技术	0.91	41.5
公共安全	7.71	－13.2
社会保障和就业	22.66	14.2
医疗卫生与计划生育	15.38	13.1
节能环保	6.34	22.5
城乡社区	9.97	28.6

年末，全市金融机构本外币各项存款余额854.24亿元，同比增长7.35%。其中，住户存款余额489.65亿元，增长8.95%；非金融企业存款余额184.30亿元，增长0.12%。本外币各项贷款余额662.10亿元，增长18.75%。其中，住户贷款余额259.04亿元，增长20.95%；非金融企业及机关团体贷款403.01亿元，增长17.38%。从贷款对象看，个人住房消费贷款118.37亿元，增长29.50%；中小微企业贷款320.55亿元，增长22.38%。

表8　2018年末金融机构本外币存贷款余额及其新增额

指标	年末余额（亿元）	比上年增长（%）
各项存款	854.24	7.35
其中：境内存款	854.00	7.36
# 住户存款	489.65	8.95
活期存款	213.67	5.24
定期及其他存款	257.98	12.01
非金融企业存款	184.30	0.12
活期存款	153.46	0.86
定期及其他存款	30.84	－3.44
非银行业金融机构存款	1.51	－22.88
境外存款	0.25	－22.59
各项贷款	662.10	18.75
其中：境内贷款	662.05	18.75
# 住户贷款	259.04	20.95
短期贷款	80.93	19.40
中长期贷款	178.12	21.68
非金融企业及机关团体贷款	403.01	17.38
短期贷款	32.49	－0.57
中长期贷款	370.25	19.20
境外贷款	0.05	4.91

年末，全市境内上市公司1家。A股上市公司总股本4.05亿元，A股上市公司总市值19.60亿元。全市直接融资总额59.63亿元，比上年下降12.2%。全年保险机构原保险保费收入25.2亿元，比上年增长12.6%。其中，寿险保费收入16.7亿元，增长11.2%；财产险保费收入8.5亿元，增长15.4%。原保险赔付支出7.3亿元，增长8.6%。其中，寿险赔付支出3.4亿元，增长3.5%；财产险赔付支出3.9亿元，增长13.5%。

九、教育和科学技术

全年普通高中毕业生7901人，中等职业教育毕业生2907人，初中学校毕业生16632人，普通小学毕业生18803人。在园幼儿48976人。小学适龄儿童入学率99%，高中阶段教育毛入学率91.7%。年末全市各类民办学校523所，民办学校在校学生37000人。发放普通高中国家助学金1600万元，落实义务教育保障资金20452万元。发放中职国家助学金1800万元，资助中职学生8900人次；落实中职免学费资金3000万元，中职免学费资助中职学生1.17万人次。

表9　2018年各级学校招生、在校及毕业生情况

单位：人

指标	招生人数	在校（学）人数	毕业人数
中等职业教育	3614	9977	2907
普通高中	9071	25859	7901
初中学校	18952	55130	16632
普通小学	19176	113425	18803
特殊教育	182	413	7

全市拥有省级工程技术研究中心2个，省级重点实验室2个。全年登记科技成果14项，签订技术合同16项，技术合同成交金额0.63亿元。专利申请量937件，比上年增长34.4%。其中，发明专利304件，增长38.8%。授权专利363件，增长4.3%。其中，发明专利授权量25件，下降26.5%。大专院校、工矿企业专利申请量分别为72件和166件，专利授权量分别为7件和12件。年末，全市检验检测机构3个，法定计量检定机构1个。特种设备5946台，比上年增加10.3%。强制检定计量器具2.2万台件。全年重点工业产品质量监督抽查381批次，抽查合格率91.6%。全年发放食品生产许可证54张。

十、文化、卫生和体育

年末，全市有艺术表演团体2个，群众艺术馆、文化馆5个，公共图书馆4个，博物馆、纪念馆7个。全年放映农村公益电影1.8万场。全市有电视台3个，电视综合人口覆盖率99.0%。有线电视用户8.33万户，比上年减少40.5%。广播电台1座，广播综合人口覆盖率93.5%，比上年提高6个百分点。国家级非物质文化遗产保护目录4个，省级非物质文化遗产保护目录16个。年末，全市有档案馆5个，已开放各类档案5.46万卷（件），比上年增加19.9%。

年末，全市共有卫生机构1103个。其中，医院32个，妇幼保健院5个，社区卫生服务中心（站）20个，诊所、卫生所、医务室204个，村卫生室728个。卫生技术人员9140人，比上年增长6.8%。其中，执业医师和执业助理医师3303人，注册护士3949人。疾病预防控制中心5个，卫生技术人员204人。卫生监督所（中心）5个，卫生技术人员61人。医院拥有床位7349张，增长16.8%。乡镇卫生院78个，拥有床位2768张，卫生技术人员1792人。

全市体育场地2051个。其中，体育馆3座，游泳池28个，运动场131个，各种训练房72个。全市经常参加体育锻炼人数60万人，开展全民健身项目20项次。新建农民体育健身工程的行政村49个。全年获得全国冠军1个。

十一、人口、人民生活和社会保障

年末，全市常住人口153.79万人。其中，按城乡分，城镇人口75.66万人，占比49.2%；乡村人口78.13万人，占比50.8%。按性别分，男性78.17万人，女性75.62万人。全年出生人口1.78万人，出生率10.5‰，比上年提高1.18个千分点；全年死亡人口1.03万人，死亡率6.4‰；人口自然增长率4.11‰。年末，全市常住人口城镇化率49.2%，比上年提高1.18个百分点。

全年全市全体居民人均可支配收入16465元，比上年增长9.5%，扣除价格因素实际增长7%。城镇居民人均可支配收入24825元，增长8.2%，扣除价格因素实际增长5.7%。农村居民人均可支配收入9562元，增长10%，扣除价格因素实际增长7.5%。

表10　2018年全市城乡居民人均收入构成情况

	金额（元）		金额（元）
城镇居民人均可支配收入	24826	农村居民人均可支配收入	9562
其中：工资性收入	13170	其中：工资性收入	4135
经营净收入	3479	经营净收入	2661
转移净收入	2814	转移净收入	124
财产净收入	5363	财产净收入	2642

全市新增城镇就业10068人。其中，下岗失业人员再就业3006人。年末城镇登记失业率2.05%，比上年下降1.7个百分点。年末，参加城镇基本医疗保险参保人数148.63万人。其中，城镇居民基本医疗保险参保人数135.05万人，城镇职工基本医疗保险参保人数13.58万人。参加城镇基本养老保险职工人数20.25万人，比上年增加8.46%。其中，参保职工15.35万人，参保离退休人员4.9万人。新型农村养老保险登记参保人数95.59万人。参加工伤保险职工人数15.51万人。参加生育保险职工人数11.31万人。参加失业保险职工人数10.52万人。年末，领取失业保险金职工人数0.21万人。获得政府最低生活保障的城镇居民1.45万人，发放最低生活保障经费6561.44万元；获得政府最低生活保障的农村居民3.22万人，发放最低生活保障经费7983.79万元。年末，各类收养性社会福利单位床位4997张，收养各类人员4159人。城镇建立各种社区服务设施850个。其中，综合性社区服务中心155个。全年销售社会福利彩票28604万元；筹集福彩公益金1814.7万元；直接接收社会捐赠1830万元。

十二、资源、环境和安全生产

全市已发现的矿种50种。已探明资源储量的矿种28种。其中，能源矿产2种，金属矿产8种，非金属矿产17种，水气矿产1种。实施地质勘查项目（含续作项目）3个。年末，全市耕地面积11.91万公顷。全年批准建设用地0.03万公顷，全年补充耕地0.04万公顷。实施市以上土地综合整治项目12个，建设规模0.3万公顷。全年开工各类水利工程200处，新增节水灌溉面积0.1万公顷。

年末，全市森林覆盖率70.99%，活立木蓄积量2899.66万立方米。全年完成造林面积0.53万公顷，年末实有封山育林面积0.93万公顷。年末，全市自然保护区8个。其中，国家级2个，省级3个。自然保护区面积5.45万公顷。城市污水处理率95.22%，城市人均公园绿地面积9.72平方米。黑臭水体整治乡镇46个。城镇棚户区改造1.37万套，农村危房改造0.91万户。

全市规模工业综合能源消费量27.11万吨标准煤，比上年下降18.02%。其中，六大高耗能行业综合能源消费量22.95万吨标准煤，下降13.72%。全社会用电量26.75亿千瓦时，比上年增长8.42%。其中，工业用电量7.25亿千瓦时，增长1.04%；居民生活用电量9.78亿千瓦时，增长11.32%。市城区空气质量达标率93.2%，比上年提升4.2个百分点。

全市全年发生各类生产经营性安全事故29起，比上年下降40.82%。死亡25人，下降39.02%。

说明：

[1]本公报数据为初步统计数，所有数据均来源于市直相关部门。

[2]地区生产总值、各产业增加值绝对数按现价计算，增长速度按不变价计算。

[3]部分数据已作四舍五入处理，存在与分项合计不等情况。

（市统计局供稿）